全本全注全译丛书

中华经典名著

邱　锋　常孙昊田◎译注

论　衡 中

中華書局

卷第十一

谈天篇第三十一

【题解】

本篇名为谈天，但实际上所讨论的不止如此。天到底是气还是实体，地到底有多宽广，是此篇主要讨论的两个问题。

王充在本篇中秉持着疾虚妄的观念，批判、问难了儒书以及诸子学说中关于天地性质与大小的虚妄之言，并结合实际观察到的自然现象推理得出了天是实体，地十分广大，并不限于中国这个范围的结论。

儒书言："共工与颛顼争为天子不胜①，怒而触不周之山②，使天柱折③，地维绝④。女娲销炼五色石以补苍天⑤，断鳌足以立四极⑥。天不足西北⑦，故日月移焉；地不足东南，故百川注焉⑧。"此久远之文，世间是之言也⑨。文雅之人⑩，怪而无以非⑪，若非而无以夺⑫，又恐其实然⑬，不敢正议。以天道人事论之⑭，殆虚言也⑮。

【注释】

①共工与颛顼（zhuān xū）争为天子不胜：共工与颛顼争帝一事，另见于《淮南子·天文训》《列子·汤问》。共工，传说中的上古诸

侯,又称"共工氏""康回""孔壬"。

②触:撞。不周之山:即不周山,上古传说中的山名,位于昆仑山西北。

③天柱:传说中支撑天的柱子。

④地维:古代神话中系在大地四角用以维系大地的绳子。维,系物的大绳子。绝:断。

⑤女娲(wā):传说中的上古女帝王。销炼:熔炼。

⑥鳌(áo):传说中海中的大龟。立:支撑,树立。四极:古代神话传说中四方的擎天柱。极,边缘,边界。

⑦不足:残缺。

⑧注:流入。

⑨是:承认,肯定。

⑩文雅:有学问,有知识。

⑪非:责备,反对。

⑫若:或者。夺:驳倒,消除。

⑬实然:确实这样。

⑭天道:自然的道理。

⑮殆:大概。

【译文】

儒者的书上说:"共工与颛顼争做天子却没有成功,因此愤怒地用头去撞不周山,结果使支撑天的柱子折断了,维系大地四角的绳子断绝了。于是女娲就熔炼五色石来修补苍天,砍掉鳌的腿来支撑天的四边。由于天的西北角因此残缺,所以日月就往那里移动;大地的东南方也因此残缺,所以众多的江河都向那里流去。"这是很久远的文字记载,是人们都十分认同的说法。有学问的人感到奇怪却难以指出此种说法的不对,或者认为不对却无法予以驳斥,又恐怕它确实如此,因此不敢正面加以议论。其实用自然的道理和人类社会的事实来论述,这一说法恐怕是没有根据的。

　　与人争为天子，不胜，怒触不周之山，使天柱折，地维绝，有力如此，天下无敌。以此之力，与三军战^①，则士卒蝼蚁也，兵革毫芒也^②，安得不胜之恨^③，怒触不周之山乎？且坚重莫如山，以万人之力，共推小山，不能动也。如不周之山^④，大山也，使是天柱乎^⑤？折之固难。使非柱乎^⑥？触不周山而使天柱折，是亦复难^⑦。信^⑧，颛顼与之争，举天下之兵，悉海内之众^⑨，不能当也^⑩，何不胜之有？

【注释】

①三军：此处泛指为一国的军队。

②兵革：兵器和甲胄。兵，兵器。革，甲胄。毫芒：毫毛麦芒，形容极其细微。

③安：怎么，如何。恨：怨恨。

④如：像。

⑤使：假使，如果。

⑥使非柱乎：上文言"使是天柱乎"，疑本句"柱"字前脱一"天"字。

⑦复：又，还是。

⑧信：果真，确实。

⑨悉：尽其所有。

⑩当：匹敌，对等。

【译文】

　　跟别人争着做天子却没有取胜，愤怒得用头去撞不周山，使得支撑天的柱子折断了，维系大地四角的绳子断绝了，有如此大的力量，在天下就没有敌手了。凭借这样的力量，与三军交战，那么敌方的士兵就像蝼蚁一样，武器甲胄就像是毫毛麦芒一样不堪一击，这怎么还会有战败的怨恨，而发怒去撞不周山呢？况且要论坚固厚重没有比得过山的，用一万个人的力量,共同去推一座小山,也是无法推动的。像不周山,是一座大山,假使它是支撑天的柱子呢?要折断它确实困难。假使它不是支撑天的柱子呢?头撞不周山使得支撑天的柱子折断,也是很困难的。如果共工真的能够头撞不周山而使得"天柱折,地维绝",那么与他争做天子的颛顼,就是动员天下所有的军队,用尽四海之内的人力,也是难以与共工匹敌的,共工怎么会打不赢呢?

　　且夫天者^①,气邪?体也^②?如气乎,与云烟无异^③,安得柱而折之?女娲以石补之,是体也。如审然^④,天乃玉石之类也。石之质重,千里一柱,不能胜也^⑤。如五岳之巅^⑥,不能上极天乃为柱^⑦。如触不周^⑧,上极天乎?不周为共工所折,当此之时,天毁坏也。如审毁坏,何用举之^⑨?"断鳌之足,以立四极",说者曰^⑩:"鳌,古之大兽也,四足长大,故断其足,以立四极。"夫不周,山也;鳌,兽也。夫天本以山为柱,共工折之,代以兽足,骨有腐朽,何能立之久?且鳌足可以柱天,体必长大,不容于天地,女娲虽圣,何能杀之?如能杀之,杀之何用?足可以柱天,则皮革如铁石,刀、剑、矛、戟不能刺之^⑪,强弩利矢不能胜射也^⑫。

【注释】

①且夫:发语词,通常用在进一步发表议论的句首。

②也:疑当作"邪"字。邪,语气助词,表示疑问。

③与云烟无异:底本无"与",递修本"云"前有"与"字,据补。

④审:果真,确实。

⑤胜:胜任。

⑥五岳:指东岳泰山、西岳华山、南岳霍山(后改为衡山)、北岳恒

　　山、中岳嵩山。古代认为天下之山它们最为高大,故并称为五岳。
　　岳,高大的山。巅:山顶。

⑦乃:而。

⑧触:疑为衍字。

⑨何用:用何,用什么。

⑩说:解说,解释。

⑪戟(jǐ):古代一种长杆兵器。

⑫弩(nǔ):弓的一种。矢:箭。

【译文】

　　而且所谓的天,是气呢? 还是实体呢? 如果天是气,那么就跟云烟没有什么区别,怎么会有支撑它的柱子而且还被折断了呢? 女娲熔炼五色石补天,那么天就是实体了。如果确实是这样,天就是玉石之类。石头的质地重,即使每一千里支撑一根柱子,也不能够承受得起天的重量。像五岳的山顶都不能够高达天上而成为支撑天的柱子,不周山能够高达天上吗? 不周山被共工折断,在这个时候,天就崩塌了。如果天确实崩塌了,那么用什么去支撑它呢? 所谓的"砍下鳖的腿来支撑起天的四边",相信这件事的人解释说:"鳖,是上古时代的大兽,四条腿又长又粗,所以砍断它的腿可以支撑起天的四边。"不周山是山,鳖是兽。天本来是用山来作为天柱的,共工折断了天柱,女娲用鳖的腿来作为替代,兽骨会腐朽,怎么能支撑得长久呢? 而且鳖的腿既然可以用来作为柱子来撑住天,它的体型必定很长很大,不可能容纳于天地之间,女娲虽然神明,怎么能够杀得死它呢? 如果真的能杀死它,那么是用什么东西杀的呢? 鳖腿可以作为柱子来撑住天,那么它的皮就应该像铁、石一样坚硬,刀、剑、矛、戟不能刺穿它,强弓利箭也无法射穿它。

　　察当今天去地甚高①,古天与今无异。当共工缺天之时②,天非坠于地也。女娲,人也,人虽长,无及天者。夫其补天之时,何登缘阶据而得治之③? 岂古之天,若屋庑之形④,去人不远,故共工得败之⑤,女娲得补之乎? 如审然者,女娲多前⑥,齿为人者⑦,人皇最先⑧。人皇之时,天如盖乎⑨?

【注释】

①去:离。

②缺:毁坏。

③登缘:登攀。阶据:依靠。阶,凭借。

④若:如同,像。屋庑(wǔ):指屋顶。庑,泛指房屋。

⑤败:毁坏。

⑥多:疑作"已"字,形近而误。已,通"以"。汉代"以"字多写为"目"。

⑦齿:始。

⑧人皇:古代传说中的三皇(天皇、地皇、人皇)之一。

⑨盖:车盖。

【译文】

观察现今的天离地很高,远古时期的天与当今的天没有什么区别。当共工毁坏天的时候,天并没有坠落到地上。女娲是人,人长得再高,也够不到天。那么她补天的时候,是攀登着何物,依靠之而得以补天的呢? 难道古时候的天像屋顶一样,离人很近,所以共工可以毁坏它,女娲可以修补它吗? 如果真是这样,女娲之前,开始作为人的,以人皇为最先。人皇的时候,难道天像车盖一样吗?

说《易》者曰①:"元气未分②,浑沌为一③。"儒书又言:"溟涬濛澒④,气未分之类也。及其分离,清者为天,浊者为地。"如说《易》之家、儒书之言⑤,天地始分⑥,形体尚小,相去近也⑦。近则或枕于不周之山⑧,共工得折之,女娲得补之也。

【注释】

①《易》:《周易》,儒家经典之一。

②元气:即气。王充认为气是构成人和万物的物质元素,是天地星
　宿在不断运动中自然而然地施放出来的。

③浑沌:清浊不分。

④溟涬(mǐng xìng):自然之气混混茫茫的样子。濛澒(méng
　hòng):宇宙形成前的混沌状态。

⑤如:按照。

⑥始:开头,开始。

⑦相去:相距。

⑧或:也许。

【译文】

　　解释《周易》的人说:"元气还未分开的时候,是浑然一体的。"儒者的书上说:"混混沌沌模糊不清是气还未分离的状态。等到气分离开来,清气化为天,浊气化为地。"按照解释《周易》的人的观点以及儒者之书上所说的,天地刚分离时,形体还小,相互间的距离很近。因为天地间的距离很近,所以天也许就枕在不周山上,所以共工能够通过折断不周山而毁坏它,女娲也能够补好它。

　　含气之类①,无有不长②。天地,含气之自然也,从始立以来③,年岁甚多,则天地相去,广狭远近,不可复计。儒书之言,殆有所见。然其言触不周山而折天柱,绝地维,消炼五石补苍天④,断鳌之足以立四极,犹为虚也⑤。何则?山虽动⑥,共工之力不能折也。岂天地始分之时,山小而人反大

乎？何以能触而折之？以五色石补天，尚可谓五石若药石治病之状⑦，至其断鳌之足以立四极，难论言也。从女娲以来久矣，四极之立自若⑧，鳌之足乎？

【注释】

①含气之类：这里指包括天地在内的自然万物。

②长：增长，成长。

③始立：开始产生。

④消：通"销"，熔化。下文言"断鳌之足以立四极"，本句"补"前疑脱一"以"字。

⑤犹：也，还。

⑥虽：疑作"难"字。繁体"雖""難"形近而误。

⑦药石：治病用的药品和石针，泛指药物。

⑧自若：一如既往，不变常态。

【译文】

包含元气的万物，没有不增长的。天地，是包含有元气的自然体，从开始形成以来，年代已经很久远了，那么天与地之间距离的远近，也就无法再计算了。儒者之书所说的话，也许是有它的见解的。但是它说共工头撞不周山而折断了支撑天的柱子，弄断了维系大地的绳子，女娲熔炼五色石来补苍天，砍掉鳌的腿来撑住天的四边，这就是假话了。为什么呢？因为山是难以动摇的，以共工的力量不可能撞断它。难道天地刚刚分离的时候，山小而人反倒大吗？要不怎么能撞断它呢？女娲用五色石补苍天，尚且可以说五色石就像药石治病一样可以把天补上，至于她砍断鳌的腿来撑住天的四边，这就很难说了。从女娲以来时间已经很久了，天的四极还是和以前一样，难道它们是鳌的腿在支撑着吗？

邹衍之书①，言天下有九州②，《禹贡》之上所谓九州也③；《禹贡》九州，所谓一州也，若《禹贡》以上者九焉④。《禹贡》九州，方今天下九州也，在东南隅⑤，名曰赤县神州。复更有八州⑥，每一州者四海环之，名曰裨海⑦。九州之外，更有瀛海⑧。此言诡异⑨，闻者惊骇，然亦不能实，然否相随⑩，观读讽述以谈⑪。故虚实之事，并传世间⑫，真伪不别也。世人惑焉，是以难论⑬。

【注释】

①邹衍（约前306—前240）：战国末期齐国人，稷下学宫学者，阴阳家的代表人物。主要提出"五德终始说"与"大九州说"。著作有《邹子》《邹子终始》，皆已亡佚。事见《史记·孟子荀卿列传》。

②天下：此处指中国。九州：据《史记·孟子荀卿列传》记载，邹衍提出"大九州说"，认为中国所处之地只是世界上八十一州之一，名为"赤县神州"。每九州组成一个单位，其外有小海环绕，称为"大九州"。九个"大九州"另有大海环绕，再往外便是天地的边际。

③《禹贡》之上所谓九州也：《禹贡》中将中国分为兖、冀、荆、豫、扬、青、徐、梁、雍九个州。《禹贡》，《尚书》中的一篇。

④若：如同，像是。

⑤隅（yú）：角落。

⑥复：还。更：另外。

⑦裨（pí）海：小海。

⑧瀛（yíng）海：大海。

⑨诡异：稀奇古怪。

⑩然否：是与非。

⑪讽述：传诵。

⑫并：同时，一齐。

⑬难（nàn）论：诘难，辩论。难，责难，问难。

【译文】

邹衍的书中，说天下有九州，就像《尚书·禹贡》中所说的九州一样；《禹贡》所说的九州，实际上只是邹衍所说的"大九州"中的一个州，像《禹贡》上所记载的九州，天下一共存在有九个。《禹贡》所记载的九州，就是现今中国所在的九州，位于大地的东南角，叫赤县神州。另外还有八个州，每一个州都被海四面环绕着，这海叫"裨海"。九个州之外，又有"瀛海"环绕。这一说法怪异奇特，听说过的人都感到震惊，但是又不能证实，是与非相伴随，只是阅读转述来加以谈论。所以虚虚实实的事情，都同时在社会上流传，真假难辨。世人对此感到迷惑，因此需要对这些说法加以责难与评论。

案邹子之知不过禹①。禹之治洪水，以益为佐。禹主治水，益之记物②。极天之广③，穷地之长④，辨四海之外⑤，竟四山之表⑥，三十五国之地⑦，鸟兽草木、金石水土，莫不毕载⑧，不言复有九州。淮南王刘安，召术士伍被、左吴之辈⑨，充满宫殿，作道术之书⑩，论天下之事。《地形》之篇⑪，道异类之物⑫，外国之怪，列三十五国之异，不言更有九州。邹子行地不若禹、益，闻见不过被、吴，才非圣人，事非天授，安得此言？案禹之《山经》、淮南之《地形》，以察邹子之书⑬，虚妄之言也。

【注释】

①知：知识，见闻。

②益之记物:《别通篇》言"益主记异物",疑本句"之"当作"主"
　字。主,负责,主持。记,记载。物,各种事物。

③极:穷,尽。

④穷:尽。

⑤辨:通"遍"。

⑥竟:穷尽。四山:四方的山。表:外。

⑦三十五国:指《山海经》所记载的除中国以外的国家(今本《山海
　经》所记为三十九国)。

⑧毕:全部。载:记载。

⑨辈:类。

⑩道术之书:此处指《淮南子》。

⑪《地形》:指《淮南子·地形训》。

⑫道:说,讲述。

⑬察:详究,核对。

【译文】

　　考察邹衍的见识不会超过禹。禹治理洪水的时候,曾用伯益作为
辅佐。禹主持治理洪水,伯益负责记载各种事物。极尽天地最辽远的地
方,遍及四海之外,穷尽四山之表,三十五国的地域,鸟兽草木、金石水
土,没有不全部记载下来的,但是不曾说过九州。淮南王刘安招致术士
伍被、左吴之类的人,人数多到充满宫殿,让他们作《淮南子》来谈论道
术以及天下之事。《淮南子·地形训》一篇记载了不同种类的事物和外
国的怪异之事,列出三十五国的差异,也没有提出九州的说法。邹衍走
过的地方不如禹和伯益多,见闻不会超过伍被、左吴,论才智也不是圣
人,这一说法也不是上天传授给他的,怎么能提出这种说法? 考察禹的
《山海经·山经》与淮南王的《淮南子·地形训》,用它们来分析邹衍的
书,可以证明它们都是些没有根据的说法。

太史公曰：“《禹本纪》言河出昆仑^①，其高三千五百余里^②，日月所于辟隐为光明也^③，其上有玉泉、华池^④。今自张骞使大夏之后^⑤，穷河源，恶睹《本纪》所谓昆仑者乎^⑥？故言九州山川，《尚书》近之矣^⑦，至《禹本纪》《山经》所有怪物，余不敢言也^⑧。”夫弗敢言者，谓之虚也。昆仑之高，玉泉、华池，世所共闻，张骞亲行无其实。案《禹贡》，九州山川，怪奇之物、金玉之珍，莫不悉载，不言昆仑山上有玉泉、华池。案太史公之言，《山经》《禹纪》，虚妄之言。

【注释】

①《禹本纪》：古书名，现已失传。河：黄河。昆仑：昆仑山。在今新疆、西藏间。

②三千五百余里：《史记·大宛列传》作“二千五百余里”。

③于：《史记·大宛列传》作“相”。辟：躲避，避开。

④玉泉、华池：《史记·大宛列传》作“醴泉、瑶池”。按王念孙《读书杂志·三之六》，《史记》本作“华池”，“瑶池”系元以后改之。

⑤张骞（qiān，约前164—前114）：西汉时汉中成固（今陕西成固）人。于汉武帝建元二年（前139）与元狩四年（前119）两次出使西域，打通了汉朝与西域诸国的交通，加强了西域与中原的交流与发展，因功被封为博望侯。事见《史记·大宛列传》《汉书·张骞李广利传》。大夏：汉代时西域国名，在今阿富汗北部。

⑥恶（wū）：何，哪里。睹：见。

⑦《尚书》：此处指《尚书·禹贡》。

⑧余：我。

【译文】

太史公司马迁说：“《禹纪》说黄河源出于昆仑山，昆仑山高两千五百多里，是太阳和月亮相互避开隐藏其所发出光亮的地方，在山顶上有玉泉、华池。如今从张骞出使大夏之后，探寻到黄河的源头，哪里看见过《禹本纪》所记载的昆仑山呢？所以说对于九州山川的记载，只有《尚书·禹贡》较为接近实际的情况，至于《禹本纪》《山经》所记载的奇怪的事物，我是不敢论说的。”所谓的不敢论说，就是认为它虚妄无据。昆仑山的高，还有玉泉、华池，是世人都听说过的，至于张骞亲自到过记载中昆仑山所在的地方，却没有如记载一般的事物。考察《尚书·禹贡》，九州的山川，怪异奇特的事物，金玉一类的珍宝，都记载了，但没有说昆仑山上有玉泉、华池。根据司马迁的说法，《山经》《禹本纪》都是虚妄无据的记载。

凡事难知，是非难测。极为天中[①]，方今天下，在极之南，则天极北，必高多民[②]。《禹贡》“东渐于海[③]，西被于流沙”[④]，此则天地之极际也[⑤]。日刺径千里[⑥]，今从东海之上会稽鄞、鄮[⑦]，则察日之初出径二尺，尚远之验也[⑧]。远则东方之地尚多。东方之地尚多，则天极之北，天地广长，不复訾矣[⑨]。夫如是，邹衍之言未可非，《禹纪》《山海》《淮南·地形》未可信也[⑩]。邹衍曰：“方今天下，在地东南，名赤县神州。”天极为天中，如方今天下，在地东南，视极当在西北。今正在北[⑪]，方今天下在极南也。以极言之，不在东南，邹衍之言非也。如在东南，近日所出，日如出时，其光宜大。今从东海上察日[⑫]，及从流沙之地视日，小大同也。相去万里，小大不变，方今天下，得地之广[⑬]，少矣[⑭]。

【注释】

①极：天极，此处指天的北极。

②高：疑作"尚"，形近而误。意为天极之南有中国，则极北亦必尚多人民。

③渐：入，到。

④被：及，至。流沙：古代指我国西北部的沙漠地区。

⑤极际：最边沿的地方，边际。

⑥刺径：直径。

⑦会稽：郡名。秦始皇二十五年（前222）置，治所在吴县（今江苏苏州）。鄞（yín）：县名。属会稽郡，东汉时县治在今浙江奉化东。鄮（mào）：县名。属会稽郡，在今浙江宁波鄞州区鄮山北。

⑧验：证明。

⑨不复：不能。訾（zī）：通"赀"，钱财。这里指衡量、估量。

⑩《山海》：疑为《山经》之误，上文有"禹之《山经》""《山经》《禹纪》"并其证（黄晖说）。

⑪今正在北：据文意，疑"今"后脱一"极"字。

⑫察：看。

⑬广：宽度，面积。

⑭少：小。

【译文】

凡事难以识别，是非难以测定。天极是天的正中，现在的中国位于天极的南面，那么天极的背面，一定还存在着很多的人。《尚书·禹贡》记载"东面到海，西面至流沙"，是说那里就是天地的最边缘了。太阳的直径有一千里，现在从东海边上会稽郡的鄞县和鄮县来看，则观察到太阳初升时的直径只有二尺，这就是距离太阳还很远的证明。距离太阳还很远，那么东方的地域还很辽阔。东方的地域还很辽阔，那么天极的北面，天地的广阔，就更难以估量了。照这样来说，邹衍所说的话就无可指责了,《禹本纪》《山海经·山经》《淮南子·地形训》都不可信了。邹衍说:"如今中国所在的地方,位于大地的东南角,名为赤县神州。"天极是天的正中,如果当今的中国处在大地的东南方,观察天极所在的位置就应该在西北方。如今天极正好处在北面,当今的中国就处在天极的南面。以天极来说,当今的中国不在大地的东南面,所以邹衍所说的是错误的。如果中国处在大地的东南方,那么就靠近于太阳升起的地方,等到太阳升起的时候,它发出的光芒就应该更亮。如今从东海上观察太阳,和从沙漠地区观察太阳,大小都一样。两地相距万里,所看见的太阳大小不变,可见现今中国占有的土地面积,是非常小的。

　　雒阳^①,九州之中也^②,从雒阳北顾^③,极正在北。东海之上,去雒阳三千里,视极亦在北。推此以度^④,从流沙之地视极,亦必复在北焉^⑤。东海、流沙,九州东西之际也,相去万里,视极犹在北者^⑥,地小居狭,未能辟离极也^⑦。日南之郡^⑧,去雒且万里^⑨。徙民还者^⑩,问之,言日中之时,所居之地,未能在日南也。度之复南万里^⑪,日在日之南^⑫,是则去雒阳二万里,乃为日南也。

【注释】

①雒阳:即洛阳,东汉都城。因建于洛水之北而得名,旧址在今河南洛阳东北。

②中:中心,正中。

③顾:看,望。

④度(duó):推论,推测。

⑤亦:也。复:还是。

⑥犹:还,仍。

⑦辟离：远离。辟，宽广，开阔。

⑧日南：郡名。汉武帝元鼎六年（前111）设置，治所在西卷县（今越南广治省广治西北广治河与甘露河合流处）。

⑨且：将近。

⑩徙：迁移。还：归来。

⑪复南：再往南。复，再。

⑫日在日之南：前一个"日"，据文意，疑当作"地"字。

【译文】

　　洛阳位于九州大地的中心，从洛阳向北观望，天极正处于北面。东海之上，距离洛阳三千里，观察天极也在北面。按此推测，从流沙看天极，它也必然还是在北面。东海与流沙，是中国东西两边的边界，相距万里，观察天极都还是处在北面，这是因为地方狭小，未能远离天极的缘故。日南郡，距离洛阳将近一万里。有迁徙到那里然后回来的人，问他们，都说太阳在正午的时候，他们所居住的地方，也不在太阳的南面。以此推测，要再向南一万里，那个地方才在太阳的南面，也就是说距离洛阳两万里的地方，才是太阳的南面。

　　今从雒地察日之去远近①，非与极同也，极为远也。今欲北行三万里，未能至极下也②。假令之至③，是则名为距极下也④。以至日南五万里⑤，极北亦五万里也。极北亦五万里，极东西亦皆五万里焉。东西十万⑥，南北十万，相承百万里⑦。邹衍之言："天地之间，有若天下者九。"案周时九州⑧，东西五千里，南北亦五千里。五五二十五，一州者二万五千里。天下若此九之，乘二万五千里，二十二万五千里。如邹衍之书，若谓之多，计度验实⑨，反为少焉。

【注释】

①去：距离。

②极下：天极的下面。

③假：如果。

④距：到，至。

⑤以至日南五万里：王充假定洛阳距离日南（太阳的南边）之地为两万里，洛阳向北走三万里到达天极之下，所以说天极之下距离日南之地为五万里。

⑥东西十万：据文意，疑本句"万"字后疑脱一"里"字。下句相同。

⑦相承百万里：南北十万里与东西十万里相乘，面积应当是一百万万平方里。相承，相乘。承，通"乘"。

⑧周时九州：周朝时中国的面积。

⑨验实：核实。

【译文】

　　如今从洛阳观察与太阳距离的远近，与在洛阳观察天极的远近，二者的距离并不相同，天极要更远一些。现在即使想往北走三万里，也不能到达天极的下方。如果走到了，那就叫做到了天极之下的地方。天极之下距离位于太阳南面的地方有五万里，则天极之下的北面也有五万里。天极之下的北面有五万里，那么天极之下的东面与西面也都有五万里。这样东面到西面有十万里，南面到北面有十万里，相乘就是一百亿平方里。邹衍说的："天地之间，有像中国这样大小的州有九个。"考周代的九州，东西宽是五千里，南北长也是五千里。五五二十五，也就是一个州有两万五千平方里。天下像这样的州有九个，九乘两万五千平方里，是两亿两千五百万平方里。像邹衍书上的记载，如果认为它是说多了，按照计算的结果来核实，反倒应该认为他是说少了。

　　儒者曰："天，气也，故其去人不远。人有是非，阴为德害^①,天辄知之^②,又辄应之,近人之效也^③。"如实论之,天,体,非气也。人生于天,何嫌天无气^④? 犹有体在上,与人相远。秘传或言^⑤:天之离天下,六万余里。数家计之^⑥,三百六十五度一周天^⑦。下有周度,高有里数。如天审气,气如云烟,安得里度? 又以二十八宿效之^⑧,二十八宿为日月舍^⑨,犹地有邮亭为长吏廨矣^⑩。邮亭著地,亦如星舍著天也^⑪。案附书者^⑫,天有形体,所据不虚。犹此考之^⑬,则无恍惚^⑭,明矣。

【注释】

①阴:暗中,暗地里。德:善行。害:恶行。

②辄:就。

③效:证明,验证。

④何嫌:怎么能够怀疑。嫌,怀疑。

⑤秘传:指纬书,是汉代儒生用神学解释儒家经典的一种书。

⑥数家:精通天文历算的人。

⑦三百六十五度:我国古代学者认为太阳是围绕着地球转的,并根据太阳每年环绕地球运行一周的时间是三百六十五天多,于是把一周天分割为三百六十五等分多,每一等分叫一度,共有三百六十五度多。一周天:天球的一周。

⑧二十八宿:我国古代学者把沿黄道与赤道分布的一部分恒星划成二十八个星座,叫二十八宿。

⑨舍:古人认为二十八宿是日、月、行星运行时停留、休息的地方,每一个星宿叫一舍。

⑩邮亭:古代官吏出巡或传送文件停歇的地方,又称"驿"。长吏:地方长官的总称。廨(xiè):官吏居住办事的房舍。

⑪著:附着。

⑫附书者:上文有"秘传",疑本句"附"当作"传"字。"傳"因形近误写为"傅",后转写为"附"。

⑬犹:通"由"。

⑭恍惚:恍恍惚惚,不易捉摸。

【译文】

儒生说:"天是气,所以它离人不远。人有是非对错,暗中做了好事或者是坏事,天就会知道,又会做出相应的报应,这就是天离人近的证明。"如实而论,天是物质实体,不是气。但人是天禀受气而产生的,又怎么能怀疑天没有气呢? 可见还有一个实体的天在它释放的气之上,与人相离很远。纬书有的说:天距离地,有六万多里。按天文历算家的计算,三百六十五度是天球的一周。天的转动可以用周度来量,天的高度可以用里数来计算。如果天确实是气,气就像云烟,怎么能够用里度来计算呢? 再用二十八宿来证明,二十八宿是日、月停留的地方,就像地上有邮亭作为地方官吏停宿的地方一样。邮亭附于地,就像是星舍附着在天上一样。考察纬书上所写的,天有形体,所凭借的依据不假。由此推究,天并非是恍惚不可捉摸的,这是很明显的了。

说日篇第三十二

【题解】

本篇始于探讨关于太阳运行的问题,随后谈及对于天地日月星雨的认识,比较集中地反映了王充的宇宙观。

王充认为天地平正无边,之间相距有六万里。日月星辰雨露等都是由气生成,日月星辰都附着于天,随着天的转动而转动,雨露则是从地上升腾上天而又落回地面。由于人眼能力的限制,看东西时会产生看近处的东西清楚、运动得快、高;远处的东西模糊、运动得慢、低等错觉,因此看天像是斜放着的车盖;日月星辰是圆的而且它们的运动有上有下,有出有落;同时也会将不是日月星辰的东西误认为是日月星辰。王充运用其生活中的感知以及逻辑推理,驳斥了当时流传的关于日月星辰的虚妄之说。

儒者曰:“日朝见,出阴中^①;暮不见,入阴中。阴气晦冥^②,故没不见^③。”如实论之,不出入阴中。何以效之^④?夫夜,阴也,气亦晦冥,或夜举火者,光不灭焉。夜之阴,北方之阴也;朝出日,入所举之火也^⑤。火夜举,光不灭;日暮入,独不见,非气验也^⑥。夫观冬日之出入,朝出东南,暮入西南。东南、西南非阴,何故谓之出入阴中? 且夫星小犹见,日大反灭,世儒之论,竟虚妄也⑦。

【注释】

①"日朝(zhāo)见"二句:古代盖天说认为,天像斜放着的车盖(类似撑开的伞),天的中心在北边,太阳附着在天上,随天绕着北极由东向西运转。当太阳运转到北极以北就不见了,叫日入;从北极以北运转回来又可以被看见,叫日出。汉代的阴阳五行家认为北方属阴,阴气盛;南方属阳,阳气盛。所以说太阳早晨出现是从阴中出来。朝,早晨。见,同"现",出现。

②阴:阴气。晦冥:昏暗。

③没:沉没,隐没。

④效:证明。

⑤入:当作"人",形近而误。

⑥非气验也:据文意,疑"气"前脱一"阴"字。

⑦竟:毕竟,归根到底。

【译文】

儒生说:"太阳早晨出现,是从阴气中出来的;日落后看不见,是又进入阴气中去。阴气昏暗,所以太阳隐没看不见了。"按实际情况来说,太阳并不是从阴气中出来,也不是回到阴气中去。用什么来证明呢? 晚上属阴,气很昏暗,如果有人在晚上举着火把,火光并不会熄灭。夜晚的阴气,和北方的阴气是一样的;早晨升起的太阳,就跟人拿着的火把一样。夜晚举着火把,火光不会熄灭;日暮落山,偏偏看不见,这证明晚上看不见太阳不是阴气昏暗的缘故。我们观察冬天太阳的起落,早晨从东南方升起,傍晚向西南方落下。东南方和西南方并不属阴,怎么能说太阳从阴气中升起又落回到阴气中去呢? 况且星星很小晚上还看得见,太阳那么大反而隐没不见,可见世上儒生的说法,归根到底是虚妄之言。

儒者曰："冬日短，夏日长，亦复以阴阳^①。夏时，阳气多，阴气少，阳气光明，与日同耀，故日出辄无郭蔽^②。冬，阴气晦冥，掩日之光，日虽出，犹隐不见，故冬日日短，阴多阳少，与夏相反。"如实论之，日之长短，不以阴阳。何以验之？复以北方之星。北方之阴，日之阴也^③。北方之阴，不蔽星光，冬日之阴，何故犹灭日明^④？由此言之，以阴阳说者^⑤，失其实矣。

【注释】

①亦：也。复：又，还是。以：因为，由于。

②辄：就。郭蔽：遮蔽，遮盖。

③"北方之阴"二句：下文言"冬日之阴，何故独灭日明"，疑本句"日"前脱一"冬"字。

④犹：能够，可以。

⑤说：解释。

【译文】

儒者说："冬天白昼短，夏天白昼长，也是因为阴气和阳气的缘故。夏天的时候，阳气多，阴气少，阳气光明，与太阳同光辉，所以太阳出来就没有障碍遮蔽。冬天的时候，阴气昏暗掩盖住了太阳的光亮，太阳虽然升起了，也像被遮掩着看不见一样，所以冬天白昼短，正是阴气多阳气少的原因，与夏天正相反。"按实际情况来说，白昼的长短与阴气和阳气没有关系。用什么来证明呢？还是用北方的星来证明。北方的阴气和冬天的阴气一样。北方的阴气并没有遮掩星的光亮，冬天的阴气，怎么能使太阳的光亮消失呢？由此来说，用阴气和阳气的多少来解释白昼的长短，是不符合实际情况的。

实者,夏时日在东井①,冬时日在牵牛②。牵牛去极远③,故日道短④;东井近极,故日道长。夏北至东井,冬南至牵牛,故冬、夏节极⑤,皆谓之至⑥;春秋未至,故谓之分⑦。

【注释】

①日在东井:指人站在地球上看,太阳沿着黄道向赤道北面移动而至东井。东井,井宿,二十八宿之一,朱鸟七宿的第一宿,有星八颗,即"双子座"。

②牵牛:牛宿,二十八宿之一,玄武七宿的第二宿,有星六颗,即"摩羯座"。

③牵牛去极远:牵牛离天北极远。根据汉代张衡的浑天说,一周天为三百六十五度多,自北极到赤道为一周天的四分之一,即九十一度多。黄道与赤道斜交,黄道距离赤道最远的两个点(即冬至点和夏至点)相距二十四度(今二十三度二十七分)。冬至点在斗宿二十一度,去极一百一十五度多。夏至点在井宿二十五度,去极六十七度多。王充采用的是当时流行的冬至点在牵牛初度的说法。去,离。极,指天北极。

④日道短:白昼短。日道,指在地球上看,太阳出没所经过的轨迹,在此也有白昼的意思。

⑤冬、夏节极:指冬、夏的节气到了白天最短和最长的时刻。节,节气。极,顶点。

⑥皆谓之至:都用"至"来命名的节气,即日到东井称夏至,日到牵牛称冬至。每年西历六月二十二日前后,太阳到达东井,即黄道上最北的一点,此时为夏至,那一天北半球白昼最长。每年西历十二月二十二日前后,太阳到达牵牛,即黄道上最南的一点,此时为冬至,那一天北半球白昼最短。

⑦分:阴阳相半,昼夜均等,寒暑平稳,所以称为分。此处指以"分"

命名的节气，即春分与秋分。每年西历三月二十一日前后，太阳沿黄道由南半天球进入到北半天球时到达黄道与赤道的交叉点，此时称为春分。每年西历九月二十三日前后，太阳沿黄道由北半天球进入到南半天球时到达黄道与赤道的交叉点，此时称为秋分。

【译文】

实际上，夏天的时候太阳处在东井，冬天的时候太阳处在牵牛。牵牛离天北极很远，所以白昼短；东井靠近天北极，所以白昼长。夏天时太阳向北移动至东井，冬天时太阳向南移动至牵牛，所以冬、夏的节气到了白昼最短与最长的时刻，就都以"至"为名；春、秋太阳没有移动到这两个星宿，所以称作"分"。

　　或曰①："夏时阳气盛，阳气在南方，故天举而高②；冬时阳气衰，天抑而下③。高则日道多，故日长；下则日道少，故日短也。"日阳气盛④，天南方举而日道长，月亦当复长。案夏日长之时，日出东北，而月出东南；冬日短之时，日出东南，月出东北⑤。如夏时天举南方，日月当俱出东北；冬时天复下⑥，日月亦当俱出东南。由此言之，夏时天不举南方，冬时天不抑下也。然则夏日之长也，其所出之星在北方也⑦；冬日之短也，其所出之星在南方也⑧。

【注释】

①或：有的人。

②举：升。

③抑：降。下：低。

④日阳气盛：上文言"夏时阳气盛，阳气在南方，故天举而高"，疑本句"日"前脱一"夏"字。

⑤月出东北:上文言"日出东北,而月出东南",疑本句"月"前脱一
　"而"字。

⑥复下:又降低了。复,又,再。

⑦星:此指东井。

⑧星:此指牵牛。

【译文】

　　有人说:"夏天的时候阳气旺盛,阳气在南方,所以天就升高了;冬天
的时候阳气衰退,天就降低了。天高则太阳运行的路程就长,所以白昼
长;天低则太阳运行的路程短,所以白昼短。"夏天阳气盛,天的南方升
高而太阳经过的路程长,那么月亮经过的路程也应当长。考察夏天白昼
长的时候,太阳从东北方升起,月亮从东南方升起;冬天白昼短的时候,
太阳从东南方升起,而月亮是从东北方升起。按说夏天的时候天的南方
升高,那么太阳和月亮都应该从东北方升起;冬天的时候天又降低了,太
阳和月亮也应当一起从东南方升起。由此而言,夏天的时候天的南方并
不会升高,冬天的时候天的南方也不会降下来。既然这样,那么夏季的
白昼之所以长,是因为太阳出于北方的东井的缘故;冬天白昼短,是因为
太阳出于南方的牵牛的缘故。

　　问曰:"当夏五月日长之时在东井①,东井近极,故日道
长。今案察五月之时,日出于寅②,入于戌③。日道长,去人
远,何以得见其出于寅入于戌乎?"日东井之时④,去人、极
近⑤。夫东井近极,若极旋转⑥,人常见之矣。使东井在极旁
侧,得无夜常为昼乎⑦!日昼行十六分⑧,人常见之,不复出
入焉。儒者或曰:"日月有九道⑨,故曰日行有近远,昼夜有
长短也。"夫复五月之时,昼十一分,夜五分;六月,昼十分,
夜六分;从六月往至十一月,月减一分。此则日行月从一分

道也⑩,岁日行天十六道也⑪,岂徒九道？

【注释】

①五月：农历五月。

②寅：我国古代用地支将一昼夜均分为子、丑、寅、卯、辰、巳、午、未、申、酉、戌、亥十二个时辰,寅时相当于凌晨三点到五点。同时又用子、丑、寅、卯、辰、巳、午、未、申、酉、戌、亥按照顺时针方向来表示方位,子为正北,午为正南,寅则为东北。此处所说的太阳出现的方位与时间,与寅所代表的相一致。

③戌（xū）：表示时间相当于下午七点到九点,从方位看相当于西北。

④日东井之时：上文言"夏时日在东井""当夏五月日长之时在东井",疑本句"日"后脱一"在"字。

⑤人：指当时住在北半球的汉朝人。

⑥若：顺,沿着。

⑦得无：岂不是。

⑧十六分：王充将一昼夜分为十六等分,每年农历二月春分,太阳昼夜各行八分,此后每月昼行递增一分,夜行递减一分。到五月夏至,太阳昼行十一分,夜行五分。在此以后,每月昼行减一分,夜行增一分,到八月秋分,又变成昼夜各行八分。

⑨日月有九道：汉人多以为日行黄道而月行九道。所谓九道,就是按黄道的东、南、西、北方位各分为两道（阴阳五行家称之为青道、赤道、白道、黑道）,加上黄道,便为九道。立春、春分,月出黄道东青道；立夏、夏至,月出黄道南赤道；立秋、秋分,月出黄道西白道；立冬、冬至,月出黄道北黑道。九道的说法,已经反映出将月球轨道与黄道加以区别的观念。

⑩日行月从一分道：指太阳的运行每月遵循一分道长的路程。即冬至以后每月递增一分道,夏至后每月递减一分道。这是从四季昼

夜时刻的变化来推论太阳的运行。一分道,指太阳经过"一分"所走的路程。

⑪岁日行天十六道:六,当作"二"字。上文所说太阳每个月所行的轨道皆有不同,则一年十二个月,太阳运行轨道也应有十二道。"十六"应当受上文所说太阳一昼夜行十六分而讹。

【译文】

有人问:"当夏五月白昼最长的时候,太阳处在东井,东井靠近天北极,所以太阳运行的路程长。现在考察五月时,太阳寅时从东北方升起,戌时向西北方落下。既然太阳走过的路程长,离人又远,为什么能知道太阳是寅时从东北方升起,戌时向西北方落下呢?"因为太阳处于东井的时候,实际上离人与天北极很近。东井靠近天北极,太阳沿着天北极旋转,这样,人们就经常能看见东井和太阳了。假使东井在天北极的旁边,岂不是夜晚就经常成为白昼了!这样,太阳白昼运行十六分,人们就能常常看见它,那就不再有日升日落的现象了。有的儒者说:"太阳和月亮的运行有九道,所以说太阳运行有时远有时近,白昼与黑夜有时长有时短。"还是就五月这个时候来说,太阳白天运行十一分,晚上运行五分;六月时,太阳白天运行十分,夜晚运行六分;从六月往后到十一月,白天时太阳运行每月减少一分。这就是太阳运行每月所遵循的一分道的原则,每年,太阳运行都有十二道,哪里只有九道呢?

或曰:"天高南方,下北方。日出高,故见;入下,故不见。天之居若倚盖矣①,故极在人之北②,是其效也③。极其天下之中④,今在人北,其若倚盖,明矣。"曰:明既以倚盖喻⑤,当若盖之形也。极星在上之北,若盖之葆矣⑥;其下之南,有若盖之茎者⑦,正何所乎⑧?夫取盖倚于地,不能运⑨,立而树之,然后能转。今天运转,其北际不著地者⑩,触碍,何以能行？由此言之，天不若倚盖之状，日之出入不随天高下，明矣。

【注释】

①天之居若倚盖：古代盖天说认为，大地是方的，天像一个斜放着的车盖（类似撑开的伞）笼罩着大地。这样，天就南边高，北边低，天极向北边靠。居，固定。倚，偏朝一边。

②极：北极星。

③是：这。

④其：据文意，疑当作"在"字。

⑤明既：据文意，当为"既明"之误倒。

⑥葆：车盖。此处指保斗，车盖正中的帽顶。

⑦茎：这里指在车盖正中支撑车盖的杆子。

⑧所：处所，地方。

⑨运：运转。

⑩际：边际。不：疑为衍文，上文言"取盖倚于地"，则本句应为天著于地。著：接触。

【译文】

有人说："天的南方高，北方低。太阳升起来的时候越来越高，所以看得见；落下去时越来越低，所以看不见。天的形状就像斜放着的车盖，所以北极星在人的北面，这就是天像斜放着的车盖的证明。北极星是天的正中，现在处在人的北面，那么天像一个倾斜着的车盖，这就很明白了。"我认为，既然用斜放着的车盖来比喻天，那么天就应该像是车盖的形状。北极星在我们上空的北面，就像车盖的帽顶；那么在它的下方的南边，就应该有个像在车盖正中支撑车盖的柄，它正处在什么地方呢？再说，拿个车盖斜放在地上，它是不能转动的，把它树立起来，它才能够转动。现在天在运转，它的北边与地相接触的地方，要是碰到了障碍，怎

么还能运转呢？由此说来，天不像斜倚着的车盖的形状，太阳的起落不
随着天的高低而变化，这是很明白的。

　　或曰："天北际下地中^①，日随天而入地^②，地密鄣隐^③，
故人不见。然天地，夫妇也，合为一体。天在地中，地与天
合，天地并气，故能生物。北方阴也，合体并气，故居北方。"
天运行于地中乎？不则北方之地低下而不平也^④？如审运
行地中^⑤，凿地一丈，转见水源^⑥，天行地中，出入水中乎？
如北方低下不平，是则九川北注^⑦，不得盈满也。

【注释】

①北际：北边。下：落入。

②日随天而入地：这是浑天说的观点。浑天说认为，天地都是球形，
　天大地小，地在天中。天地依靠着气与水而浮立。天的一半覆在
　地上，一半绕于地下。日月星辰随天运转，运动到地下就看不见。

③密：严密，没有空隙。鄣（zhàng）：同"障"，遮蔽。

④不（fǒu）：同"否"。

⑤审：真的，确实。

⑥转：旋，不久。

⑦九川：指所有的河流。九，形容数目多。注：倾泻。

【译文】

　　有人说："天的北边落入地中，太阳也因为随着天运转而落入地里，
由于大地质地严密，把太阳遮蔽得很严实，所以人看不见太阳。既然如
此，那么天与地，就像是夫妇一样结合成一体。天在地中，地与天结合，
天地之气相并，所以能产生万物。北方属阴，天与地要合体并气，因此一
起居住在北方。"天是在地中运行吗？或者，是北方的地面低下而倾斜

了？如果天真的在地中运行，凿地一丈深，马上就能看见水源，那么天在地中运行，是在水中出没吗？如果北方地面低下倾斜，那么所有的江河就应该向北倾注，就不会水满盈地了。

实者，天不在地中，日亦不随天隐，天平正，与地无异。然而日出上，日入下者，随天转运，视天若覆盆之状①，故视日上下然，似若出入地中矣。然则日之出，近也；其入远，不复见，故谓之入。运见于东方②，近，故谓之出。何以验之？系明月之珠于车盖之橑③，转而旋之，明月之珠旋邪？人望不过十里，天地合矣，远非合也。今视日入，非入也，亦远也。当日入西方之时，其下民亦将谓之日中④。从日入之下，东望今之天下，或时亦天地合。如是，方天下在南方也⑤，故日出于东方，入于⑥。北方之地，日出北方，入于南方。各于近者为出，远者为入。实者不入，远矣。临大泽之滨⑦，望四边之际与天属⑧；其实不属，远若属矣。日以远为入，泽以远为属，其实一也。泽际有陆，人望而不见。陆在，察之若望⑨；日亦在，视之若入，皆远之故也。太山之高⑩，参天入云，去之百里，不见埵块⑪。夫去百里，不见太山，况日去人以万里数乎⑫？太山之验，则既明矣。试使一人把大炬火夜行于道⑬，平易无险，去人不一里⑭，火光灭矣。非灭也，远也。今日西转不复见者，非入也。

【注释】

①覆盆：扣着的盆子。
②见：同"现"，出现。

③橑（lǎo）：古代车伞盖的骨架，伞弓子。

④其下民：《晋书·天文志》《隋书·天文志》皆作"其下之人"，疑"民"字前脱一"之"字。

⑤方天下在南方也：下文言"方今天下在东南之上"，本书《谈天篇》亦云"方今天下在极之南"，疑"方"字后脱一"今"字。下文言"方今天下在东南之上"，疑"南"字前脱一"东"字。

⑥"故日出于东方"二句："于"字下疑脱"西方"二字。日出东方，入于北方违背常识。据文意，王充认为太阳运行到某特定的地方，则距离那个地方近的人就认为是日出，远的地方的人就认为是日落。下文说北方之地的人也认为太阳升起于北方，朝南方落下。当今中国处于天下东南方，太阳应该从东方升起，西方落下。

⑦泽：湖泊。滨：水边。

⑧属（zhǔ）：相连。

⑨察之若望：上句言"人望而不见"，疑本句"望"当作"亡"字，声近而误。亡，无。

⑩太山：即泰山。

⑪埵（duò）块：小土堆。

⑫数：计算。

⑬把：握，拿。

⑭去人不一里：上文言"人望不过十里"。本书《书虚篇》："盖人目之所见，不过十里；过此不见，非所明察，远也。"疑本句"不一"当为"十"字之误。

【译文】

实际上，天不在地中运行，太阳也不随着天隐没于地下，天的平正与地也没有不同。然而太阳之所以出来时向上，降落时往下，是因为太阳随着天转动运行，看天好像一个倒扣着的盆子的形状，所以看太阳的运行像是上升下降似的，就好像是从地中升起又落入地中。其实，能看见太阳升起,是因为太阳离人近;看见太阳落入地中,是因为太阳距离人远,人看不见了,所以说它进入地下了。太阳运行出现在东方,距离人近了,所以叫日出。用什么证明呢?把明亮的珠子系在车盖的辐条上,转动车盖,珠子本身转动了吗?人向前望去不到十里的地方,天地就合在一起了,其实这是远的缘故,并不是天地真正合在了一起。现在人们看见太阳落下时进入到地下,并不是太阳真正进入了地下,也是距离人远的缘故。当太阳落入西方的时候,正处在它下方的人也会认为是在正午。从太阳落下去的地方向东看现在中国所处的地方,天地或许也结合在一起了。按这样来看,现在的中国处于天下的东方,因此人们看见太阳从东方升起,从西方落下。在北方的土地上,人们就会看到太阳从北方升起,从南方落下去。各地相对于太阳的距离来说,距离太阳近的时候叫日出,远的叫日落。实际上太阳并没有进入到地中,而是距离我们远了。站在大湖的边上,看见四面的湖水边沿与天空相连接;其实天与水并没有连接在一起,是因为距离我们很远所以看起来就像连接在一起了。太阳因为距离人远了所以被认为是入于地下,湖水因为远就好像是与天相接,它们的实质是一样的。大湖的另一边有陆地,人远望而看不见。陆地是存在的,观察它却又像是没有一样;太阳也是存在的,看它就好像是进入了地中,这都是因为离人很远的原因。泰山很高,高出空际插入云霄,但在距离百里的地方看泰山,连个小土堆的样子都看不见。既然离开百里就看不见泰山,何况太阳离人的距离要用万里为单位来计算呢?泰山的验证就已经很清楚的了。假使一个人拿着火把夜晚在路上行走,地面平坦没有障碍,但只要离开人们十里,火光就消失了。不是火光消失了,而是离人太远的原因。现在太阳向西运行而不再能被看见,也并不是它落入地下了。

问曰:"天平正与地无异,今仰视天,观日月之行,天高南方下北方,何也?"曰:方今天下在东南之上,视天若高,日月道在人之南①，今天下在日月道下，故观日月之行，若高南下北也。何以验之？即天高南方②，之星亦当高③。今视南方之星低下，天复低南方乎④？夫视天之居，近者则高，远则下焉。极北方之民以为高，南方为下。极东、极西，亦如此焉。皆以近者为高，远者为下。从北塞下⑤，近仰视斗、极⑥，且在人上⑦。匈奴之北⑧，地之边陲⑨，北上视天，天复高北下南，日月之道，亦在其上。立太山之上，太山高；去下十里，太山下。夫天之高下，犹人之察太山也。平正，四方中央高下皆同。今望天之四边若下者，非也，远也。非徒下⑩，若合矣。

【注释】

①日月道：日月运行的轨道。道，轨道。

②即：如果。

③之星亦当高：下文云"今视南方之星低下，天复低南方乎？"疑本句"之"字前脱"南方"两字。

④复：又。

⑤塞：边塞。

⑥斗：北斗星。极：北极星。

⑦且：将。

⑧匈奴：汉朝北边的少数民族。

⑨边陲（chuí）：边疆，边沿。

⑩非徒：不仅。

【译文】

有人问道："既然天的平正与大地没有什么不同，可是现在仰望天空，观察太阳和月亮的运行，却是天的南方高而北方低，这是为什么呢？"

回答是：当今的中国处在天下的东南方，所以看天好像很高，太阳和月亮运行的轨道在人们的南面，现在中国在太阳和月亮运行轨道之下，所以观察太阳和月亮的运行时，就感到南方高而北方低。如何来证明呢？假使天的南方高，那么南方的星星也应当高。现在看到南方的星星低下，那么天的南方又变低了吗？这其实取决于人们所观察天的位置，观察离人近的天时就感到天高，观察离人远的天时就感到天低。最北边的人认为天高的地方，最南边的人却认为低。最东面与最西面，也是这样的情况。都是以相对于人近的天为高，远的天为低。从北部边塞之下，就近仰望北斗星与北极星，二星将处在人们的头顶之上。匈奴的北面，是大地的边沿，从北面仰望天空，天反而是以北方为高，南方为低，日月运行的轨道，也是在他们的头顶上面。站在泰山的顶上，觉得泰山很高大；下泰山后再远离泰山十里，再看泰山，就觉得泰山变低了。天的高低就像人观察泰山一样。天平平正正，四面和中央的高度都是一样的。如今看天的四边好像是低了，其实不是天的四边真的比中央低，而是离人远的原因。而且看起来天的四边不仅仅是低了，天地好像都结合在一起了。

儒者或以旦暮日出入为近，日中为远；或以日中为近，日出入为远。其以日出入为近，日中为远者，见日出入时大，日中时小也。察物近则大，远则小，故日出入为近，日中为远也。其以日出入为远，日中时为近者，见日中时温，日出入时寒也。夫火光近人则温，远人则寒，故以日中为近，日出入为远也。二论各有所见，故是非曲直未有所定。如实论之，日中近而日出入远。何以验之？以植竿于屋下[①]，夫屋高三丈，竿于屋栋之下[②]，正而树之，上扣栋[③]，下抵地，是以屋栋去地三丈。如旁邪倚之[④]，则竿末旁跌[⑤]，不得扣栋，是为去地过三丈也。日中时，日正在天上，犹竿之正树去地三丈也。日出入，邪在人旁^⑥，犹竿之旁跌去地过三丈也。夫如是，日中为近，出入为远，可知明矣。试复以屋中堂而坐一人，一人行于屋上，其行中屋之时，正在坐人之上，是为屋上之人，与屋下坐人相去三丈矣。如屋上人在东危若西危上^⑦，其与屋下坐人相去过三丈矣。日中时，犹人正在屋上矣，其始出与入，犹人在东危与西危也。日中，去人近，故温；日出入，远，故寒。然则日中时日小，其出入时大者，日中光明故小；其出入时光暗，故大。犹昼日察^⑧，火光小；夜察之，火光大也。既以火为效，又以星为验，昼日星不见者，光耀灭之也；夜无光耀，星乃见。夫日月，星之类也。平旦、日入光销^⑨，故视大也。

【注释】

①植：树立。

②屋栋：房屋的正梁。

③扣：叩击，此处是碰着的意思。

④邪：偏斜。倚：靠。

⑤竿末：此处指竿子的顶部。末，末梢。跌：倒下。

⑥邪在人旁：上文言"日正在天上"，疑本句"人"当作"天"字。

⑦危：屋脊。若：或。

⑧昼日：白天。

⑨平旦：平明，天刚亮时。日入：傍晚。销：微弱。

【译文】

　　有的儒生认为太阳在早晨刚升起的时候与傍晚落山的时候距离人近，正午时距离人远；又有人认为正午时太阳距离人近，日出与日落时距离人远。那些认为太阳在日出与日落时距离人近的，是因为看到刚升起时与落山时的太阳大，正午时的太阳小的原因。观察物体时，近的就显得大，远的就显得小，所以说日出日落时太阳离人近，正午时离人远。那些认为日出日落时太阳离人远，正午时离人近的，是因为正午时气温高，日出日落时气温寒冷的原因。火光近人就感到温暖，远就感到寒冷，所以认为太阳在正午时距离人近，日出日落时距离人远。这两种说法各有见地，所以是非曲直无法确定。按照实际情况来说，太阳正午时距离人近而日出日落时距离人远，用什么来证明呢？把一根竹竿树立在屋下，房屋高三丈，在屋子的正梁之下，把竹竿笔直地竖立起来，竹竿的尖顶着屋梁，下端抵着地，这样竹竿的长度就和屋梁离地的距离一样刚好三丈。如果把竹竿从别的位置斜着靠向屋梁，那么竹竿就会向一边倒下，顶端不会扣着屋梁，这是因为现在屋梁距离竹竿底部的距离超过三丈了。正午的时候，太阳在天的正中，就像竹竿笔直地树立时末端离地的距离刚好是三丈一样。日出日落时，太阳斜着在人们的旁边，就好像竹竿向一旁倒下时屋梁距离竹竿底部的距离超过三丈一样。像这样，太阳在正午时离人近，日出日落时离人远，就可以理解清楚了。试再以在屋子的正中坐一个人为例证，令一个人在屋顶上行走，当他走到屋顶正中的时候，正好在坐着的人的上面，这时屋顶上的人与屋中坐的人的距离为三丈。如果屋顶的人走到最东边的屋脊或者是最西边的屋脊时，他和屋内坐着的人的距离就超过三丈了。正午时的太阳，就像人在屋顶的正中；刚出来与落下的太阳，就像是人在东边的屋脊与西边的屋脊上。太阳正午时距离人近，所以气候温暖；日出日落时距离人远，所以寒冷。那么正午时太阳小，日出日落时显得大，是因为正午时阳光明亮，所以太阳显得小；日出日落的时候光线黯淡，所以太阳显得大。就如同白天看火，光亮小；晚上看火，光亮大一样。既然用火做了证明，再拿星星来验证一下，白天星星之所以看不见，是因为太阳的光辉淹没了星光；夜晚没有阳光，星星就出现在天空中。太阳和月亮，跟星星是同类的。清早和黄昏光线微弱，所以太阳看起来就大了。

儒者论："日旦出扶桑①，暮入细柳②。扶桑，东方之地③；细柳，西方之野也。桑、柳，天地之际，日月常所出入之处。"问曰④：岁二月八月时，日出正东，日入正西，可谓日出于扶桑，入于细柳。今夏日长之时，日出于东北，入于西北；冬日短之时，日出东南，入于西南。冬与夏，日之出入，在于四隅⑤，扶桑、细柳，正在何所乎？所论之言，犹谓春、秋，不谓冬与夏也。如实论之，日不出于扶桑，入于细柳。何以验之？随天而转，近则见，远则不见。当在扶桑、细柳之时，从扶桑、细柳之民，谓之日中。之时⑥，从扶桑、细柳察之，或时为日出入。若以其上者为中，旁则为旦夕，安得出于扶桑，入细柳？

【注释】

①扶桑：亦作"榑桑"，一指东海中的神木，一指古代传说中的国名。《梁书·东夷诸国传》："扶桑在大汉国东二万余里。"按下文，此处是指东海中的神木。

②细柳：又称为"柳谷""昧谷""蒙谷"。古代传说中西方日落之处。

③东方之地：底本无"之"，《艺文类聚》卷一、《太平御览》卷四引《论衡》文皆有"之"字，据补。下文"之"字同此。

④问曰：此处是王充对儒生的问难。

⑤四隅（yú）：四方。隅，角落。

⑥之时：据文意，疑"之"前脱"日中"二字。

【译文】

儒者说："太阳早晨从扶桑升起，傍晚落入细柳。扶桑，是东方的一个地方；细柳，是西方的一个地方。扶桑、细柳是天地的边沿，是太阳与月亮天天升起与落下去的地方。"那么请问：每年二月和八月的时候，太阳从正东方升起,落入正西方,可以说太阳是从扶桑升起而落入细柳。如今夏天白昼长的时候,太阳从东北方升起,落入西北方;冬天白昼短的时候,太阳从东南方升起,落入西南方。冬天与夏天的时候,太阳的起落在天的四角,那么扶桑和细柳又正处在什么地方呢? 儒生讲的这番话,春天、秋天还可以这样说,到了夏天与冬天就不能这样说了。按实际情况来说,太阳不是从扶桑升起又落入细柳的。怎么来证明呢? 太阳随着天转动,距离人近时就能被看见,距离人远的时候就看不见。当太阳运行到扶桑或细柳的时候,从处在扶桑或细柳的人的角度来看,就认为当时是正午时分。当我们处于正午的时候,从处在扶桑或细柳的人的角度来看,或许正是日出与日落的时候。如果以太阳处在自己的头顶上作为一天的正午,而在两旁为早晨与晚上,怎么能说太阳是升起于扶桑,落入细柳呢?

儒者论曰:"天左旋①,日月之行,不系于天,各自旋转②。"难之曰:使日月自行,不系于天,日行一度,月行十三度③,当日月出时,当进而东旋,何还始西转? 系于天,随天四时转行也。其喻若蚁行于硙上④,日月行迟天行疾,天持日月转⑤,故日月实东行而反西旋也。

【注释】

①天左旋:此为盖天说与浑天说的观念。盖天说认为天运行像推磨,浑天说认为天的运行像车轮运转。左旋,由东向西旋转。

②"日月之行"几句:此为宣夜说的观念。宣夜说认为天是无边无际的,是没有形体的,日月众星并不附着在天上,而是浮生在虚空,凭借气而运动。系,挂,悬。此处为附着的意思。

③"日行一度"二句:日行一度,古代学者将一周天分为三百六十五

度多,作为观察日、月、五星运行的尺度。太阳每天运行一度,月亮每天运行十三度的记载,最早见于《淮南子·天文训》。

④若蚁行于硙(wèi)上:用蚂蚁在磨盘上行走而随磨盘相反的方向旋转做比喻,来说明日月附在天上运行但却随着天相反的方向运动的情况,此为盖天说的说法。硙,磨盘。见《晋书·天文志》。

⑤持:携带,带着。

【译文】

儒者议论说:"天由东向西旋转,太阳和月亮的运行,不是附着在天上,而是各自旋转运行的。"那么请问:假使太阳和月亮是各自运行,不附着在天上,太阳每天运行一度,月亮每天运行十三度,那么当太阳和月亮出来的时候,应该进而由西向东旋转,为什么每天反而由东开始向西旋转运行呢?太阳和月亮由东向西旋转,是因为它们附着在天上,随天四时转动运行的缘故。打个比方就像是蚂蚁在磨盘上爬行一样,因为太阳和月亮的运行慢,天的运行快,天带着太阳和月亮转动,所以太阳和月亮实际上是由西向东运行,但看起来却反像是向西旋转了。

或问:"日、月、天皆行,行度不同①,三者舒疾②,验之人、物,为以何喻③?"曰:天,日行一周。日行一度二千里,日昼行千里,夜行千里。骐骥昼日亦行千里④。然则日行舒疾与骐骥之步相似类也。月行十三度,十度二万里,三度六千里,月一日一夜行二万六千里⑤,与晨凫飞相类似也⑥。天行三百六十五度,积凡七十三万里也⑦,其行甚疾,无以为验,当与陶钧之运⑧,弩矢之流⑨,相类似乎?天行已疾⑩,去人高远,视之若迟。盖望远物者,动若不动,行若不行。何以验之?乘船江海之中,顺风而驱⑪,近岸则行疾,远岸则行迟。船行一实也,或疾或迟,远近之视使之然也。仰视天之运,不若骐骥负日而驰^⑫,比日暮而日在其前^⑬。何则？骐骥近而日远也。远则若迟,近则若疾,六万里之程^⑭,难以得运行之实也。

【注释】

①行度:运行的度数。

②舒疾:慢与快。

③为以何喻:疑当作“何以为喻”。

④骐骥昼日亦行千里:骐骥,底本作“麒麟”,然此处“昼日亦行千里”,是说行动迅速,不当为“麒麟”。《初学记》卷一、《太平御览》卷四引《论衡》文皆作“骐骥”,据改。下文“麒麟”亦同。骐骥,千里马。

⑤一日一夜:底本作“一旦夜”,《初学记·日部》《太平御览》卷四、《玉海》卷一引《论衡》皆作“一日一夜”,据改。

⑥凫(fú):野鸭。

⑦积:乘积。凡:一共。

⑧陶钧:制作陶器用的转轮。

⑨弩(nǔ)矢之流:箭矢的飞行速度。弩,利用扳机射箭的弓。矢,箭。流,流动,此处是指箭的飞行。

⑩已:很。

⑪驱:行驶。

⑫负日:在太阳底下。负,背。

⑬比:到了。

⑭六万里:王充认为天与地相距六万里。

【译文】

有人问:“太阳、月亮和天都在运行,运行的度数不同,三者的速度有慢有快,用人和物来验证,拿什么来做比喻呢?”我以为:天,每日运行一周。太阳每天运行一度是两千里，白天运行一千里，晚上运行一千里。骐骥白天也跑一千里。那么太阳每天运行的快慢跟骐骥奔跑的速度差不多。月亮每天运行十三度，十度为两万里，三度是六千里，月亮一天一夜要运行两万六千里，跟早晨野鸭的飞行速度相似。天每日运行三百六十五度，乘积共为七十三万里，它运行得很快，没有可以用来做验证的东西，大概当与陶钧的运转与射出去的箭矢的飞行速度相类似吧！天虽然运行得很快，由于离人又高又远，以此看起来天好像运行得很慢。大凡看远处的物体，活动的东西看起来就好像没有活动一样，运行的东西就好像没有运行一样。用什么来证明呢？在江海之中乘船，顺风行驶时，靠近岸边就觉得船行驶得快，远离岸边就感觉船行驶的速度慢。其实船行驶的速度是一样的，觉得船的速度时快时慢，是因为作为参照的物体距离人的远近不同造成的。抬头看太阳的运行，似乎不如骐骥在太阳底下奔跑的速度快，但等到傍晚的时候，太阳却在骐骥的前面。为什么呢？这是因为骐骥距离人近而太阳距离人远的原因。距离人远就好像速度慢，距离人近就好像速度快，人与天相距六万里的距离，很难了解到太阳运行的真实情况。

儒者说曰："日行一度，天一日一夜行三百六十五度。天左行，日月右行，与天相迎。"问日月之行也[1]，系著于天也，日月附天而行[2]，不直行也[3]。何以言之？《易》曰："日月星辰丽乎天，百果草木丽于土[4]。"丽者，附也。附天所行，若人附地而圆行[5]，其取喻若蚁行于硙上焉。问曰："何知不离天直自行也？"如日能直自行，当自东行，无为随天而西转也[6]。月行与日同，亦皆附天。何以验之？验之似云[7]。云不附天，常止于所处。使不附天[8]，亦当自止其处。由此言之，日行附天明矣。

【注释】

①问:疑为衍字。

②附:依附。

③不直行也:下文言"何知不离天直自行也","如日能直自行,当自东行",疑本句"直"后脱一"自"字。直,径直。

④"《易》曰"几句:引文见《周易·离卦·象辞》。《易》,《周易》。丽,附着。乎,于,在。

⑤圆行:转着圈行走。

⑥无为:不必。

⑦似:当为"以"字之讹,形近而误。

⑧使不附天:下文言"日行附天明矣",疑本句"使"后脱一"日"字。使,假使,如果。

【译文】

儒者说:"太阳每天运行一度,天一日一夜运行三百六十五度。天由东向西运行,太阳和月亮由西向东运行,正好与天相迎而行。"太阳和月亮的运行,是附着在天上的,太阳和月亮依附于天运行,不是直接自己运行的。为什么这样说?《周易》上说:"日、月、星星都附着于天,各种果实和草木都附着于地。"丽,是附着的意思。日月附着于天运行,就像人在地上转着圈行走一样,要打比方的话,就像是蚂蚁在磨盘上朝相反方向爬行一样。有人问:"怎么知道日月不能离开天直接自己运行呢?"如果太阳能够自己运行,那应该由西向东运行,没理由跟随着天向西旋转了。月亮的运行与太阳相同,也是附着于天。拿什么来证明呢? 可以用云来证明。云并没有附着于天,所以不随着天运行,而常常在原来的位置上停留。如果太阳不附着于天,那么也应该自己停留在原来的地方。如此来说,太阳的运行附着于天是很明白的了。

问曰①:"日,火也。火在地不行,日在天何以为行?"

曰:附天之气行,附地之气不行。火附地,地不行,故火不行。难曰:"附地之气不行,水何以行?"曰:水之行也,东流入海也。西北方高,东南方下,水性归下,犹火性趋高也②。使地不高西方,则水亦不东流。难曰:"附地之气不行,人附地,何以行?"曰:人之行,求有为也。人道有为,故行求。古者质朴,邻国接境,鸡犬之声相闻,终身不相往来焉③。难曰:"附天之气行,列星亦何以不行④?"曰:列星著天,天已行也,随天而转,是亦行也。难曰:"人道有为故行,天道无为何行?"曰:天之行也,施气自然也。施气则物自生,非故施气以生物也⑤。天不动⑥,气不施,气不施,物不生,与人行异。日月五星之行,皆施气焉。

【注释】

①问曰:"问曰"以及下文的"难曰"都是假设别人提出的问难。

②趋:归附,趋向。

③终身:一辈子。

④列星:群星,众星。

⑤故:故意。

⑥天不动:底本无"天",《黄氏日抄》卷五十七引《论衡》文,"不"前有"天"字,据补。

【译文】

有人问:"太阳是一团火。火在地上不能运行,太阳在天上为什么又运行呢?"回答是:附着于天的气运行,附着在地上的气不运行。火附着在地上,地不运行,所以火也不运行。问难的人说:"附着于地上的气不运行,水为什么流动呢?"回答是:水流动,是向东流入大海。因为地的西北方高,东南方低,水的本性就是流向低的地方,就像火的本性趋向高处一样。假使大地不是西面高，那么水也不会向东面流。责难的人说："附着于地的气不运行，那么人附着于地，为什么行走呢？"回答是：人能行走，是因为有所追求有所作为的原因。为人之道是要有所作为，所以要到处奔走去追求。古代的人淳朴，就是邻国接壤，鸡犬之声能够相互听到，也是终身不相互往来。责难的人说："附着于天的气运行，那么众星为什么又不运行？"回答是：众星附着在天上，天已在运行，众星随着天旋转，这也是在运行了。责难的人说："人在世上要有所作为，所以到处奔走，那么天道是无所作为的，为什么天要运行呢？"回答是：天之所以运行，是因为自然而然地施放出气的缘故。施放出气那么万物就会自然产生，而不是故意施放气而产生万物。天不运转，就不会施放出气，不施放气，就不会产生万物，天的运行与人的行走并不一样。日月与五星的运行都是天施放了气的缘故。

儒者曰："日中有三足乌①，月中有兔、蟾蜍②。"夫日者，天之火也，与地之火无以异也。地火之中无生物，天火之中何故有乌？火中无生物，生物入火中，燋烂而死焉③，乌安得立④？夫月者，水也。水中有生物，非兔、蟾蜍也。兔与蟾蜍久在水中，无不死者。日月毁于天⑤，螺蚌汩于渊⑥，同气审矣。所谓兔、蟾蜍者，岂反螺与蚌邪？且问儒者：乌、兔、蟾蜍死乎？生也？如死，久在日月，燋枯腐朽。如生，日蚀时既⑦，月晦常尽⑧，乌、兔、蟾蜍皆何在？夫乌、兔、蟾蜍，日月气也，若人之腹脏，万物之心膂也⑨。月尚可察也，人之察日，无不眩⑩，不能知日审何气⑪，通而见其中有物名曰乌乎⑫？审日不能见乌之形，通而能见其足有三乎⑬？此已非实。且听儒者之言，虫物非一⑭，日中何为有乌，月中何为有兔、蟾蜍?

【注释】

①三足乌:古代神话中的神鸟,因三足而得名。《淮南子•精神训》:"日中有踆乌。"高诱注:"踆,犹蹲也,即三足乌。"

②兔:《太平御览》卷四引刘向《五经通义》:"月中有兔与蟾蜍何?月,阴也;蟾蜍,阳也,而与兔并,明阴系于阳也。"蟾蜍(chán chú):癞蛤蟆。《初学记•卷第一》引《淮南子》:"羿妻姮娥窃之奔月,托身于月,是为蟾蜍,而为月精。"

③燋(jiāo)烂:烧焦糜烂。燋,通"焦",烧焦。

④立:住止,此处指生存。

⑤日:据文意,疑为衍文。毁:坏,此处指月缺。

⑥螺蚌:螺与蚌。亦泛指有贝壳的软体动物。汩(gǔ):汩没,沉没。杨校宋本、朱校元本并作"泊"。渊:深水潭。

⑦时:有时。既:食尽。

⑧月晦:谓月尽,多指农历每月最后一日,这天晚上月亮是看不见的。

⑨心膂(lǚ):心与脊骨。膂,脊梁骨。

⑩无不眩:下文言"仰察一日,目犹眩耀",疑本句"无"字前脱一"目"字。眩,眼花缭乱。

⑪审:究竟。

⑫通:通"庸",岂。而(néng):通"能"。

⑬通而能见其足有三乎:上文言"通而见其中有物名曰乌乎?"而,通"能"。本句"而能"两字意义重复,故疑"能"为衍文,似为"而"之旁注误入正文。

⑭虫物:泛指动物。

【译文】

儒者说:"太阳中有三只脚的乌鸦,月亮中有兔子和蟾蜍。"其实,太阳是天上的火，与地上的火没有什么不同。地上的火中没有活着的东西，天上的火中为什么有乌鸦呢？火中没有活着的东西，活着的东西进入火中，就会被烧焦而死，乌鸦怎么能在其中生存呢？月亮是水。水中有活着的东西，但不是兔子和蟾蜍。兔子和蟾蜍长期泡在水中，没有不死的。月亮在天上残缺，螺蚌也沉没在深水潭中，它们属于同一种气，这是很明白的了。月亮中所谓的兔子与蟾蜍，难道与螺蚌不是同一类的吗？姑且问问儒生：乌鸦、兔子、蟾蜍是死的呢？还是活的呢？如果是死的，长期处在太阳与月亮里，它们早就焦枯腐烂了。如果是活的，太阳有时会因为日蚀而完全消失，月亮经常在月末时消失，那么乌鸦、兔子、蟾蜍又在什么地方呢？所谓的乌鸦、兔子、蟾蜍，都是日月的气，就像人的腹脏，万物的心和脊梁骨一样是看不见的。月亮还可以观察，人看太阳就没有不头晕目眩的，不能知道太阳中究竟是什么气，又怎能看清它里面有动物名叫乌鸦的呢？如果不能看清太阳中乌鸦的形状，又怎能看清它的脚是三只呢？这已经不符合实际了。姑且听从儒生的说法，然而动物不止有一种，太阳中为什么只有乌鸦，月亮中为什么只有兔子和蟾蜍呢？

儒者谓："日蚀，月蚀也[①]。"彼见日蚀常于晦朔[②]，晦朔月与日合[③]，故得蚀之。夫春秋之时，日蚀多矣。《经》曰[④]："某月朔，日有蚀之。"日有蚀之者，未必月也。知月蚀之，何讳不言月[⑤]？说[⑥]："日蚀之变，阳弱阴强也。"人物在世，气力劲强，乃能乘凌[⑦]。案月晦光既，朔则如尽，微弱甚矣，安得胜日？夫日之蚀，月蚀也。日蚀谓月蚀之，月谁蚀之者？无蚀月也，月自损也。以月论日，亦如日蚀[⑧]，光自损也。大率四十一、二月，日一食；百八十日，月一蚀。蚀之皆有时，非时为变，及其为变，气自然也。日时晦朔，月复为之乎？夫日当实满，以亏为变，必谓有蚀之者，山崩地动，蚀者谁也？

【注释】

①月蚀也：下文言"故得蚀之""知月蚀之"，疑本句"也"前脱一"之"字。

②晦朔：农历每月月末日及初一日。朔，农历每月初一叫"朔"。

③合：重合。

④《经》：此指《春秋》。

⑤讳：避讳，回避不说。

⑥说：下文言"或说：'日食者，月掩之也'"，疑本句"说"字前脱一"或"字。

⑦乘凌：掩覆，欺压。

⑧如：疑为"知"字之讹，形近而误。

【译文】

儒者说："日蚀是因为月亮侵蚀了太阳。"他们经常在月末和月初看见日蚀，以为月末和月初时月亮与太阳重合，所以月亮能够侵蚀太阳。春秋时期，日蚀发生了很多次。《春秋》记载："某月初一，发生了日蚀。"发生日蚀的现象，未必是月亮侵蚀了太阳。如果知道太阳是被月亮侵蚀的，为什么回避不提及月亮呢？有人说："日蚀这种变异现象，是阳气衰弱而阴气强盛造成的。"世上的人和动物，气力强劲的才能欺压弱小的。考察月亮每到月末时光已经用尽，初一时也像月末时用尽了一样，光线微弱得很，怎么能胜得过太阳呢？其实日蚀和月蚀是一样的。如果说日蚀是月亮侵蚀了太阳，那么月蚀时月亮又是被谁侵蚀了呢？可见并不是谁侵蚀了月亮，而是月亮自己亏损了。根据月蚀来推论日蚀，也就知道日蚀时，阳光是太阳自己减弱的。大概四十一、二个月，会发生一次日蚀；一百八十天，会发生一次月蚀。日蚀、月蚀的发生都有一定的时间规律，违背此时间规律就是发生了变异，至于发生变异，也是气自然造成的。日蚀的时间总是发生在月末和月初,又是月亮造成的吗? 太阳应该充实圆满,认为亏损就是变异,就一定认为有什么东西侵蚀了太阳,那么山崩地动,又是谁侵蚀的呢?

　　或说:"日食者,月掩之也。日在上,月在下,障于日之形也①。日月合相袭②,月在上,日在下者,不能掩日;日在上,月在日下③,障于日,月光掩日光④,故谓之食也。障于月也,若阴云蔽日月不见矣。其端合者⑤,相食是也。其合相当,如袭辟者⑥,日既是也。"日月合于晦朔,天之常也。日食,月掩日光,非也。何以验之? 使日月合,月掩日光,其初食崖当与旦复时易处⑦。假令日在东,月在西,月之行疾,东及日,掩日崖,须臾过日而东⑧,西崖初掩之处光当复,东崖未掩者当复食。今察日之食,西崖光缺,其复也;西崖光复,过掩东崖复西崖,谓之合袭相掩障,如何?

【注释】

①日:当作"月"字。上文言"日食者,月掩之也",下文亦言"月光掩日光","障于月也,若阴云蔽日月不见矣",皆云月形障日光。日在月上,日光不得为日形所障,此为常识。下文亦同此。

②袭:重合。

③日:据文例,疑为衍文。

④月光掩日光:据下文言"日食,月掩日光","使日月合,月掩日光",又《周髀算经》云"月光生于日所照,魄生于日所蔽,当日则光盈,就日则明尽",疑本句"光"字疑为衍文。当时之人已经认为月光生于日光,月光不可能掩日光。

⑤端:一端,一边。

⑥辟：通"璧"。递修本作"璧"。

⑦崖：边际。旦：当"且"字之讹，形近而误。且，将要。易处：变换位置。

⑧须臾：一会儿，片刻。

【译文】

有人说："日蚀是月亮遮盖了太阳造成的。太阳在上面，月亮在下面，太阳被月亮的形体挡住了。日月重合在一起，月亮在上面，太阳在下面时，月亮就不会遮掩住太阳；太阳在上面，月亮在下面，太阳被月亮遮住了，月亮也遮掩了太阳光，所以叫日蚀。太阳被月亮遮蔽，就像是阴云把太阳、月亮遮蔽住而看不见一样。太阳和月亮的一边相重合，我们看到日月相互侵蚀的景象就是这样产生的。要是太阳和月亮重合在一起完全相等，就像重叠的两块玉璧那样，这就是日全食了。"太阳和月亮在月末和月初相重合，这是天上的常态。日蚀是月亮遮掩住日光，这是不对的。怎么来证明呢？假使日月重合在一起，月亮遮掩住了日光，那么起初被遮掩的那一边应该跟将要恢复时所遮掩的地方不同。假使太阳在东面，月亮在西面，月亮运行得快，等到向东运行到太阳所在的地方，遮掩住太阳的边沿，那么一会超过太阳继续向东运行，西边开始时被遮掩的地方阳光就应当恢复了，东边没有被遮盖住的地方又该继续被侵蚀。如今观察日蚀，太阳西边的光被遮掩了，过一会就恢复了光亮；西边的光亮一恢复，月亮又移过去遮住了东边，这样西边恢复了光亮，怎么能说是日月相重叠遮掩呢？

儒者谓："日月之体皆至圆①。"彼从下望见其形②，若斗筐之状，状如正圆。不如望远光气③，气不圆矣④。夫日月不圆，视之若圆者⑤，人远也⑥。何以验之？夫日者，火之精也；月者，水之精也。在地，水火不圆，在天，水火何故独圆？日月在天犹五星^⑦，五星犹列星。列星不圆，光耀若圆，去人远也。何以明之？春秋之时，星霣宋都^⑧，就而视之，石也，不圆。以星不圆，知日月五星亦不圆也。

【注释】

①至：极，非常。

②彼：他们，此处指儒者。

③如：当作"知"字，形近而误。

④气不圆矣：上文言"状如正圆"，下文亦言"夫日月不圆，视之若圆者"，疑本句"不"当作"若"字。

⑤视之若圆者：底本无"之"字，《晋书·天文志》《隋书·天文志》及《太平御览》引《论衡》文，"视"字后皆有"之"字，据补。

⑥人远也：下文言"列星不圆，光耀若圆，去人远也"，疑本句"人"字前脱一"去"字。

⑦犹：如同。五星：指金、木、水、火、土五星。

⑧星霣（yǔn）宋都：事见《春秋公羊传·僖公十六年》。星，流星。霣，坠落。宋都，春秋时宋国的国都，在今河南商丘东南。

【译文】

儒生认为："日、月的形体都非常圆。"他们从下向上看见日、月的形体，好像是斗筐的形状，像个正圆。然而他们不知道这是因为瞭望远方的光气，它的形状就像圆的一样。其实，日、月本来不圆，之所以看起来像是圆的，是因为离人很远。用什么来证明呢？太阳，是火的精气构成的；月亮，是水的精气构成的。在地上，水火不呈圆形，在天上，水火为什么偏偏是圆的呢？日、月在天上就像是金、木、水、火、土五星一样，五星又如同众星一样。众星不是圆的，但是星光闪耀却像是圆的，这是离人很远的原因。用什么来证明呢？春秋时期，流星坠落在宋国的都城，靠近一看，是一块石头，并不是圆的。根据流星不是圆的这一事实，就可以知道日、月、五星也不是圆的。

儒者说日及工伎之家^①，皆以日为一。禹、益《山海经》言日有十，在海外东方有汤谷^②，上有扶桑，十日浴沐水中；有大木，九日居下枝^③，一日居上枝。《淮南书》又言^④："烛十日^⑤。尧时十日并出，万物焦枯，尧上射十日^⑥，以故不并一日见也。"世俗又名甲乙为日^⑦，甲至癸凡十日，日之有十，犹星之有五也。通人谈士^⑧，归于难知，不肯辨明。是以文二传而不定，世两言而无主。

【注释】

①工伎之家：旧时指祝、史、射、御、医、卜和各种手工业者。伎，旧指医、卜、历算之类方术。也泛指其他各种技艺。

②汤（yáng）谷：古代传说中东方极远处，太阳升起的地方。又称"阳谷""旸谷"。《山海经·海外东经》："下有汤谷。汤谷上有扶桑，十日所浴。"郭璞注："谷中水热也。"

③居：在。

④《淮南书》：指《淮南子》，西汉淮南王刘安召集门客编写的书。

⑤烛：照。

⑥尧上射十日：据《淮南子·本经训》，尧让他的臣子后羿上射十日。

⑦世俗：社会上的一般人。名甲乙：以甲乙为名字。即用甲、乙、丙、丁、戊、己、庚、辛、壬、癸作为太阳的名字来纪日。

⑧通人：学识渊博，贯通古今的人。谈士：善于言辞的人。

【译文】

儒者和巫卜、工匠们说到太阳，都认为太阳只有一个。禹和伯益撰著的《山海经·海外东经》上面说太阳有十个，在海外东方有一个地方叫汤谷，其上有一棵扶桑树，十个太阳在这里的水中洗澡；那里有一棵大树，九个太阳在树的低枝上，一个太阳在树的高枝上。《淮南子》又说："有十个太阳照亮大地。尧的时候十个太阳同时出现在天上，万物都被晒得焦枯，于是尧向天射那十个太阳，因此十个太阳才不同时出现在一天。"社会习俗又用甲、乙、丙、丁、戊、己、庚、辛、壬、癸作为太阳的名称来计日，从甲到癸一共有十个太阳，太阳有十个，就像星有五颗一样。那些博通古今与善于辞令的人，都把这个说法的对错归结为难以说明白的难题，不肯去辨明它。因此，一个太阳和十个太阳这两种文字记载都分别流传下来而没有定论，而世人也对这两种说法莫衷一是。

诚实论之，且无十焉①。何以验之？夫日犹月也，日而有十，月有十二乎②？星有五，五行之精③，金、木、水、火、土各异光色。如日有十，其气必异。今观日光，无有异者；察其小大，前后若一。如审气异，光色宜殊；如诚同气，宜合为一，无为十也。验日阳遂④，火从天来。日者，大火也⑤，察火在地，一气也，地无十火，天安得十日？然则所谓十日者，殆更自有他物⑥，光质如日之状⑦，居汤谷中水⑧，时缘据扶桑⑨，禹、益见之，则纪十日⑩。

【注释】

①且：发语词。

②月有十二乎：古代用十二地支，即子、丑、寅、卯、辰、巳、午、未、申、酉、戌、亥计月，故王充如此反问。

③五行：即金、木、水、火、土。精：精气。

④日：当作"以"，隶书"日""目"形近而误。阳遂：古代利用日光来取火的凹面铜镜。

⑤"日者"二句：据上文言"夫日者，天之火也"，疑本句"大"当作"天"。

⑥殆：大概。更：另外。他：别的。

⑦质：质地。

⑧中水：据文意，当作"水中"。

⑨缘：攀援。据：停留。

⑩纪：通"记"，记载。

【译文】

按照实际情况来说，并没有十个太阳。用什么来证明？太阳好比月亮一样，太阳如果有十个，那么月亮有十二个吗？星有五颗，它们是由五行的精气构成的，金、木、水、火、土五星的光色各不相同。如果太阳有十个，构成它们的精气必然不同。现在观察太阳的光色，没有什么不同的地方；观察太阳的大小，前后好像是一样的。如果构成十个太阳的气确实不属一种，那么每个太阳所发出的光色也应该不同；如果真的同属于一种气，那就应该合为一个，不能有十个。用阳遂来检验太阳，得知火是从天上来的。太阳，就是天火，考察在地上的火，是同一种气，地上没有十种不同的火，天上怎么能有十个太阳呢？那么所谓的十个太阳，大概另外自有别的东西，它的光色质地如同太阳的样子，处在汤谷的水中，时而攀援停留在扶桑树上，禹和伯益看见了，就记载成了有十个太阳。

数家度日之光①，数日之质②，刺径千里③。假令日出是扶桑木上之日，扶桑木宜覆万里④，乃能受之⑤。何则？一日径千里，十日宜万里也。天之去人万里余也⑥，仰察之，日光眩耀⑦，火光盛明⑧，不能堪也⑨。便日出是扶桑木上之日⑩，禹、益见之，不能知其为日也。何则？仰察一日，目犹眩耀，况察十日乎？当禹、益见之，若斗筐之状，故名之为日。夫火如斗筐^⑪,望六万之形^⑫,非就见之即察之体也^⑬。由此言之,禹、益所见,意似日非日也^⑭。

【注释】

①数家:天文历算家。度:计量。

②数:推算。

③剌径:直径。

④覆:遮盖。

⑤受:承受。

⑥天之去人万里余也:本书《谈天篇》言"天之离天下,六万余里",又下文言"望六万之形,非就见即察之体也","天之去地六万余里",疑本句"万里余"当作"六万余里"。

⑦"仰察之"二句:下文言"仰察一日,目犹眩耀",疑本句"日"当作"目"。

⑧火光:此处指日光。

⑨堪:胜任,承受。

⑩便:即便,即使。

⑪火:日为天上之火,故此处指太阳。

⑫望六万之形:据文意,疑本句"万"字后脱一"里"字。

⑬之:疑为衍文。即:就近。

⑭意:意料,推测。

【译文】

　　天文历算家计量太阳的光,推算了太阳的形体,得知太阳的直径为一千里。假使升起的太阳是攀援在扶桑树上的太阳,那么扶桑树就应该大到能遮盖万里的地方,才能够承受住十个太阳。为什么呢? 因为一个太阳的直径是一千里,十个太阳就该有万里了。天与人的距离是六万多里,抬头看太阳,会眼光昏花,因为阳光太明亮了,人无法忍受。即使升起的太阳是攀援在扶桑树上的太阳，禹和伯益看见了，也无法知道它们是太阳。为什么呢？抬头看一个太阳，就感到眼光昏花，何况是看十个太阳呢？当禹和伯益看见它们，像斗筐的形状，所以就将它们称为太阳。太阳像是斗筐是从六万里之外观察到的形状，不是就近处看到的形状。由此来说，禹和伯益看见的，大概是像太阳而不是太阳的东西。

天地之间，物气相类①，其实非者多。海外西南有珠树焉②，察之是珠，然非鱼中之珠也③。夫十日之日，犹珠树之珠也，珠树似珠非真珠，十日似日非实日也。淮南见《山海经》④，则虚言真人烛十日⑤，妄纪尧时十日并出。

【注释】

①相类：相似。

②珠树：又名"三珠树"，传说中的一种树，叶子像珍珠。参见《山海经·海外南经》："三珠树在厌火北，生赤水上。其为树如柏，叶皆为珠。"

③鱼中之珠：指珍珠。

④淮南：淮南王刘安。

⑤真人：仙人。

【译文】

天地之间，万物的气相类似而实际上不同的东西是很多的。海外西南方有一种珠树，它的叶子乍看是珍珠，可并非是珍珠。那十个所谓的太阳像太阳，就像珠树的树叶像珍珠一样，珠树的叶子像珍珠而不是真正的珍珠，十个太阳像太阳而不是真正的太阳。淮南王看见《山海经》就虚构说仙人用十个太阳照明，于是就虚妄地记载说尧的时候十个太阳同时出现。

　　且日，火也；汤谷，水也。水火相贼^①，则十日浴于汤谷当灭败焉。火燃木，扶桑，木也，十日处其上^②，宜燋枯焉。今浴汤谷而光不灭，登扶桑而枝不燋不枯，与今日出同，不验于五行^③，故知十日非真日也。且禹、益见十日之时，终不以夜。犹以昼也，则一日出，九日宜留，安得俱出十日？如平旦日未出，且天行有度数，日随天转行，安得留扶桑枝间，浴汤谷之水乎？留则失行度，行度差跌^④，不相应矣。如行出之日与十日异，是意似日而非日也。

【注释】

①相贼：相克。

②处：居。

③验：验证，符合。

④差跌：同"蹉跌"，失足摔倒，比喻失误。

【译文】

　　况且太阳是火，汤谷是水。水火相克，那么十个太阳浸泡在汤谷之中就应该熄灭毁坏了。火燃烧木头，扶桑树是木，十个太阳居在树上，扶桑树就应该被烧焦枯死了。如今它们浸泡在汤谷里而光不熄灭，攀登上扶桑树而树枝不被烧焦枯死，与当今太阳升起的情况相同，这不符合五行相克的道理，所以知道这十个太阳不是真正的太阳。况且禹和伯益看见十个太阳的时候，终究不是在晚上。如果在白天，那么一个太阳出来，另外九个太阳就应该留下来不出现，怎么能十个太阳同时升起呢？如果是黎明太阳没有出来的时候，则天的运行有一定的度数，太阳是随着天旋转运行的，怎么能停留在扶桑树的树枝间，浸泡在汤谷的水里呢？太阳如果停留在扶桑树上、汤谷的水里，那就不符合运行的度数，运行的度数就要发生差错，就与太阳随天运行的规律不相应了。如果随天运行而出现的太阳与那十个太阳不同,这就可以推断那十个物体就只是像太阳而不是太阳了。

《春秋·庄公七年》^①:"夏四月辛卯,夜中,恒星不见^②,星霣如雨。"《公羊传》曰:"如雨者何? 非雨也。非雨,则曷为谓之如雨^③? 不修《春秋》曰^④:'雨星^⑤,不及地尺而复^⑥。'君子修之^⑦,曰:'星霣如雨。'"不修《春秋》者,未修《春秋》时《鲁史记》,曰"雨星,不及地尺而复。"君子者,孔子。孔子修之曰"星霣如雨"。孔子之意以为地有山陵楼台,云"不及地尺",恐失其实,更正之曰"如雨"。如雨者,为从地上而下,星亦从天霣而复,与同,故曰"如"。夫孔子虽云"不及地尺"^⑧,但言如雨^⑨,其谓霣之者,皆是星也。孔子虽定其位,著其文,谓霣为星,与史同焉。

【注释】

①庄公七年:前687年。庄公,鲁庄公(前706—前662),春秋时期鲁国君主。

②恒星:这里指常见的星星。

③曷为:为什么。曷,同"何"。

④不修《春秋》:指没有经过孔子笔削删改过的《春秋》,即鲁史记。

⑤雨星:像降雨一样落下的星星。

⑥复:还,返。

⑦君子:指孔子。

⑧云:当为"去"字之讹,形近而误。不及地尺:是鲁国旧史的内容,孔子因为其失实,故在《春秋》中将此句删去。

⑨但言:只是说。

【译文】

　　《春秋·庄公七年》记载:"夏四月辛卯日,夜晚看不见常见的星,而流星像下雨一般落下来。"《公羊传》解释说:"像下雨一样是什么意思?意思是不是雨。不是雨,为什么说像雨似的?没有经过孔子删修过的《春秋》上说:'星像雨一样降下来,在离地不到一尺时又升回到天上。'孔子修改为:'流星像下雨一般落下来。'"没有删修的《春秋》,就是指没有经过孔子修订的鲁国史书,它上面说:"星像雨一样降下来,在离地不到一尺时又升回到天上。"君子,就是指孔子。孔子删修之后说"流星像下雨一般落下来"。孔子的意思认为地上有山丘楼台,说"离地不到一尺",恐怕违背实际情况,就更正为"像下雨一样"。所谓像下雨一样,就是认为雨是从地面升腾而又从天上落下来的,流星也是从天上坠落下来又回到天上去的,与下雨的情况相同,所以说"像"。孔子虽然删去了"离地不到一尺",只是说"像下雨一样",可是他认为坠落下来的,都是星。孔子虽然确定了流星的位置,但是写下了这样的文字,说坠落的是星,这与鲁国史书的记载相同。

　　从平地望泰山之巅①,鹤如乌,乌如爵者②,泰山高远,物之小大失其实。天之去地六万余里,高远非直泰山之巅也③。星著于天④,人察之,失星之实,非直望鹤乌之类也。数等星之质百里⑤,体大光盛,故能垂耀⑥。人望见之,若凤卵之状,远失其实也。如星霣审者,天之星霣而至地,人不知其为星也。何则?霣时小大,不与在天同也。今见星霣如在天时,是时星也⑦;非星,则气为之也。人见鬼如死人之状,其实气象聚⑧,非真死人。然则霣星之形,其实非星。孔子云正霣者非星⑨,而徙正言如雨非雨之文⑩,盖俱失星之实矣⑪。

【注释】

①巅:山顶。

②爵:通"雀"。

③非直:不仅仅是。直,但,特。

④著:附着。

⑤数:推算。等:疑为衍文。

⑥垂耀:向下发出光芒。

⑦时:据文意,当作"非"。下文言"非星,则气为之也",顺承此文。

⑧聚:疑为衍文。

⑨云:当作"未",形近而误。上文言"其谓贯之者,皆是星也",又言"谓贯为星,与史同焉",是孔子也认为贯星就是天上的星,但是王充在此段是论证贯星非为星,所以按照文意,应该是说孔子没有订正"贯为星"的错误观念,故"云"当作"未"。正:订正。

⑩徒:疑为"徒"之讹,形近而误。徒,只是。

⑪盖:发语词。俱:都。

【译文】

从平地瞭望泰山的顶峰,鹤的大小像乌鸦,乌鸦的大小像山雀,这是因为泰山又高又远,因而物体的大小失去了它的实际面貌。天离地六万多里,这样高这样远的距离远非泰山顶峰的高度所能比拟的。星附着在天上,人看见星,已经失去了它们的实际面貌,其失实程度不只是从地面看泰山顶峰上的鹤和乌鸦所能比拟的。推算星的质地有百里大小,形体巨大,光明强盛,所以光芒能照耀地面。而人们看见的星,就像是凤凰卵的形状,这是因为星离人很远失去了它真实面貌的原因。如果星从天上坠落是真的,那么天上的星坠落到地上,人们也不知道那就是星。为什么呢?因为星坠落下来时的大小与在天上时看到的大小不同。如今看到坠落下来的星与在天上时的大小一样,这就不是星了;既然不是星,那就是气构成的了。人看见鬼像死人的样子,其实是气聚集在一起像死人的样子，并不是真正的死人。那么坠落下来像星的东西，其实不是星。孔子没有订正从天坠落的不是星这一个错误，只是订正说星坠落像下雨而不是雨的说法，这同以上说法一样，都是不符合星的实际情况的。

《春秋左氏传》："四月辛卯①，夜中恒星不见，夜明也；星霣如雨②，与雨俱也③。"其言夜明，故不见，与《易》之言"日中见斗"相依类也④。日中见斗，幽不明也⑤；夜中星不见，夜光明也。事异义同，盖其实也。其言与雨俱之，集也⑥。夫辛卯之夜明，故星不见；明则不雨之验也，雨气阴暗，安得明？明则无雨，安得与雨俱？夫如是，言与雨俱者非实。且言夜明不见，安得见星与雨俱？

【注释】

①四月辛卯：鲁庄公七年四月辛卯。

②如：像。

③与雨俱也：今本《左传·庄公七年》作"与雨偕也"。

④斗：北斗星。依类：类似。引文见《周易·丰卦》。

⑤幽：昏暗。

⑥集：一齐落下。

【译文】

《春秋左氏传》记载："四月辛卯，夜晚看不见常见的星，是夜晚光线明亮的原因；星像下雨一样坠落，而且与雨同时落下来。"《左传》说夜空明亮，所以看不见常见的星，这与《周易·丰卦》上所说的"正午时看见了北斗星"相类似。正午时能看见北斗星，是因为阳光昏暗不明的原因；晚上看不见星，是夜空明亮的原因。事情不同但道理相同，大概它们都是事实。《左传》所说的"和雨一齐降下来"，是说星与雨一同降下。因为辛卯日的夜晚夜空明亮,所以看不见星;夜空明亮就是没有下雨的证明,构成雨的气是很阴暗的,怎么可能很明亮呢? 夜空明亮就没有雨,星怎么可能和雨一齐落下来呢? 像这样,说星与雨一同降下来就不是事实。再说,夜空很明亮连星都看不见,怎么能看见星跟雨一齐落下来呢?

又僖公十六年正月戊申①,霣石于宋五,《左氏传》曰:"星也。"夫谓霣石为星,则谓霣为石矣。辛卯之夜,星霣,为星,则实为石矣。辛卯之夜,星霣如是石,地有楼台,楼台崩坏。孔子虽不合言及地尺②,虽地必有实数③,鲁史目见④,不空言者也;云"与雨俱",雨集于地,石亦宜然。至地而楼台不坏,非星明矣。

【注释】

①僖公十六年:前644年。僖公,鲁僖公(前659—前627),春秋时期鲁国君主。

②合:赞同。

③虽:疑作"离"字。繁体"離""雖"形近而误。

④目见:亲眼见到。

【译文】

还有鲁僖公十六年正月戊申日,有五颗陨石落在宋国,《左传》说:"是星。"说陨石是星,就是说落下来的就是石头了。那么辛卯日的晚上,像星一样坠落下来的东西被称为星,那实际上就是石头了。辛卯日的晚上,坠落的星如果是石头,那么地面上有楼台,楼台就会被砸坏。孔子虽不赞同在离地不到一尺时又升回到天上,那么陨石离地一定有确实的数字,鲁国的史官亲眼看见,不会凭空乱说;说"流星与雨一齐降下来",雨会落在地上,石头也该落在地上。落在地上而楼台不被砸坏,那么掉下来的不是星,这是很明白的了。

　　且左丘明谓石为星,何以审之①? 当时石霣轻然②,何以其从天坠也③? 秦时三山亡④,亡有不消散⑤,有在其集下时必有声音⑥,或时夷狄之山从集于宋⑦,宋闻石霣,则谓之星也。左丘明省⑧,则谓之星。夫星,万物之精,与日月同。说五星者,谓五行之精之光也。五星、众星同光耀,独谓列星为石,恐失其实。实者,辛卯之夜,霣星若雨而非星也,与彼汤谷之十日,若日而非日也。

【注释】

①审:知道,知悉,察知。

②轻:《史记·乐书》:"石声硁。"疑本句"轻"当为"硁"之讹。硁(kēng),击石声。

③何以其从天坠也:据文意,疑本句"以"字后疑脱一"知"字。

④亡:消失不见。

⑤有:据文意,疑为"者"字之讹。

⑥有:通"又"。

⑦或:也许。从:疑为"徙"字之讹。繁体"從""徙"形近而误。

⑧省:省略。

【译文】

　　况且左丘明说陨石是星,是如何知道的呢? 当时石头坠落下来砰然作响,怎么知道它是从天上掉下来的呢? 秦朝时有三座大山不见了,不见了的并不会消散,在它们一齐落下的时候一定有声音,或许是夷狄地区的山飞过来落在宋国,宋国人听到了石头坠落的声音,就认为它是星。左丘明在撰写《左传》的时候减省了文字,就说是星。星是万物的精气构成的,跟日、月相同。论说五星的人,认为五星是五行精气的光。五星和群星一样光芒闪耀,而只说群星是石头,这恐怕不符合实际的情况。实际上,辛卯日的夜晚,坠落的流星像下雨一样但坠落的并不是星,就跟汤谷的十个太阳一样,好像是太阳,但并不是真正的太阳。

儒者又曰:"雨从天下。"谓正从天坠也。如当论之,雨从地上,不从天下。见雨从上集,则谓从天下矣,其实地上也。然其出地起于山①,何以明之?《春秋传》曰②:"触石而出③,肤寸而合④,不崇朝而遍天下⑤,惟太山也⑥。"太山雨天下,小山雨一国,各以小大为近远差⑦。雨之出山,或谓云载而行,云散水坠,名为雨矣。夫云则雨⑧,雨则云矣。初出为云,云繁为雨⑨。犹甚而泥露濡污衣服⑩,若雨之状。非云与俱,云载行雨也⑪。

【注释】

①然:然而。起:开始。

②《春秋传》:此处为《春秋公羊传》。

③触:接触,此处是贴着的意思。

④肤寸:亦作"扶寸"。古代长度单位,一指为寸,一肤为四寸。比喻极小的空间。《公羊传·僖公三十一年》何休注曰:"侧手为肤,按指为寸。"侧手为伸直四指,四指宽度为肤,一指的宽度为寸。

⑤崇朝:一个早晨。崇,终。朝,早晨。遍:《春秋公羊传·僖公三十一年》"遍"字后有"雨"字。

⑥惟太山也:上述引文原文见《春秋公羊传·僖公三十一年》。

⑦差:差别,不同。

⑧则:即。

⑨繁:盛。

⑩犹:若,如果。而:如,同。泥露:厚的露水。濡(rú)污:沾湿。
　濡,浸。

⑪行雨:据文意,疑为"雨行"之误倒。

【译文】

　　儒者又说:"雨是从天上降下来的。"这是说雨是直接从天上降下来。按照实际情况来说,雨是从地面升上去的,不是直接从天上降下来的。人们看到雨从天上落下来,就认为雨是直接从天上降下来的,其实雨是从地面升上去的。然而,雨从地面升上去,是由山中开始的,怎么来证明呢?《春秋公羊传·僖公三十一年》上说:"云紧贴着山石出来,肤寸之间都云气密集,不到一个早上的时间,雨就下遍天下,这只有泰山是这样的。"泰山的雨能下遍天下,小山的雨能下遍一国,这分别由山的大小而造成了下雨范围远近的差别。雨从山里出来,有人说是云载着雨走,云一散开,水珠坠落,就称作雨。其实云就是雨,雨就是云。刚产生的时候是云,云一多就成为雨。如果云非常浓,就如同厚厚的露水一样会沾湿衣服,跟雨淋湿衣服的样子差不多。可见并不是云和雨在一起,云载着雨走的。

　　或曰:"《尚书》曰:'月之从星,则以风雨①。'《诗》曰:'月丽于毕,俾滂沱矣②。'二经咸言③,所谓为之非天,如何?"夫雨从山发,月经星丽毕之时,丽毕之时当雨也④。时不雨,月不丽,山不云,天地上下自相应也。月丽于上,山烝于下⑤,气体偶合⑥,自然道也⑦。云雾,雨之征也,夏则为露,冬则为霜,温则为雨,寒则为雪。雨露冻凝者,皆由地发,不从天降也。

【注释】

①"《尚书》曰"几句：引文见《尚书·洪范》。从，靠近。星，指箕宿和毕宿。

②"《诗》曰"几句：引文见《诗经·小雅·渐渐之石》。丽，附着，此处为靠近的意思。毕，毕宿，又称"天浊"，二十八宿之一，白虎七宿的第五宿，有八颗星。俾（bǐ），使。滂沱（páng tuó），下大雨的样子。沱，同"沱"，大雨貌。

③二经：指《尚书》与《诗经》。咸：全，都。

④当：正当。

⑤烝（zhēng）：蒸发。

⑥气：蒸发的水汽。体：月亮。偶合：巧合。

⑦自然道：自然之道，自然而然的过程。

【译文】

有人说："《尚书·洪范》上记载：'月亮靠近箕宿和毕宿，就会刮风下雨。'《诗经·小雅·渐渐之石》记载：'月亮靠近毕宿，就会下起滂沱大雨。'这两部经书都这样说，那么所谓雨不是天上形成的说法，又该怎么解释呢？"因为当雨从山中产生，正是月亮运行经过并靠近毕宿的时候，月亮靠近毕宿的时候正好下雨。不下雨的时候，月亮也不靠近毕宿，山中也没有云生出，天地上下之间就是如此自然相应。月亮在天上靠近毕宿，山在地上蒸发出云气，云气的产生与月亮的运行恰巧相遇，这就是自然而然的过程。云雾，是雨的征兆，夏天则变为露水，冬天就凝固为霜，天气温和就化为雨水，天气寒冷就变为雪花。雨露霜雪，都是由地面升腾产生的，并不是直接从天上降下来的。

答佞篇第三十三

【题解】

本篇通过一问一答的形式回答了有关佞人,特别是如何识别佞人的问题。王充认为佞人是为了一己私利而玩弄权术的人,有为身为己、利欲熏心、言行不一、阿谀奉承、巧施权术的特点,同时王充也认为必须是以权术建立功效的人才算得上是佞人。

此篇也列举了识别佞人的方法,只要考察他们的动机、手法以及言行是否一致,就可以识破他们的伪装。王充认为佞人虽可以得势一时,但最终还是会以遇祸而终。

本篇体现了王充衡量贤才思想的一部分,而最终区分贤佞的标准,还是建立在道德的层次之上,可见王充关于贤才的标准,仍旧是在道德上立说的。

或问曰①:"贤者行道②,得尊官厚禄矣,何必为佞③,以取富贵?"曰:佞人知行道可以得富贵,必以佞取爵禄者,不能禁欲也;知力耕可以得谷,勉贸可以得货④,然而必盗窃,情欲不能禁者也⑤。以礼进退也⑥,人莫不贵⑦,然而违礼者众,尊义者希⑧,心情贪欲,志虑乱溺也⑨。夫佞与贤者同材,佞以情自败;偷盗与田商同知⑩,偷盗以欲自劾也⑪。

【注释】

①或:有人。

②道:正道,此处指先王之道。

③佞(nìng):花言巧语,谄媚奉承。

④勉:努力。贸:经商。货:财货,财富。

⑤情:感情,指私心。

⑥进退:当官或者辞官。

⑦贵:尊重。

⑧希:少。

⑨溺:沉湎而无节制,执迷不悟。

⑩田:农夫。商:商人。知:同"智",才智。

⑪自劾(hé):自陷于法网。劾,揭露罪状。

【译文】

有人问:"贤能的人行先王之道,就能得到高官厚禄,人们为什么一定要谄媚奉承,来取得富贵呢?"我认为:谄媚奉承的人知道行先王之道就可以获得富贵,但却一定要以谄媚奉承来取得爵位与俸禄,是因为不能克制自己的贪欲;明知努力耕作可以获得粮食,勤劳经商可以获得财富,然而一定要去盗窃别人的财货,是因为私心贪欲不能得到克制。按照礼义决定自己当官或者是隐退,这样的人没有不被尊重的,然而世上还是违背礼义的人多,遵奉礼义的人少,这是私心贪婪使得人神智混乱而执迷不悟的缘故。其实,谄媚奉承的人与贤能的人才智相同,只是谄媚奉承的人因为私心而自取灭亡;偷盗的人与农民、商人才智相同,只是偷盗的人由于贪心而自投法网。

问曰:"佞与贤者同材,材行宜钧①,而佞人曷为独以情自败②?"曰:富贵皆人所欲也,虽有君子之行,犹有饥渴之情③。君子则以礼防情④,以义割欲⑤,故得循道⑥,循道则无祸;小人纵贪利之欲⑦,逾礼犯义⑧,故进得苟佞⑨,苟佞则有罪。夫贤者,君子也;佞人,小人也。君子与小人,本殊操异行⑩,取舍不同⑪。

【注释】

①钧:通"均",相等,相同。

②曷(hé)为:为什么。曷,何。

③犹:还。

④防:防止,克制。

⑤割:断绝,抑制。

⑥循道:遵循正道。循,遵循。

⑦纵:放纵。

⑧逾:越过,违犯。

⑨进:疑为衍文。苟:不正当。

⑩本:本来。殊:不同。

⑪取舍:指行动的准则。取,追求。舍,放弃。

【译文】

有人问:"佞人与贤人才智相同,才智和品行应该是相称的,那么佞人为何偏偏因为私心而自取灭亡呢?"我认为:富贵是人们都希望得到的东西,即使有了君子的操行,还是会有饥渴的私欲。只是君子可以用礼来克制私心,用义来抑制私欲,所以能够遵循先王之道,遵循先王之道的人就没有灾祸;小人放纵贪利的欲望,违犯礼义,所以才会采取不正当的手段来献媚讨好,不正当的献媚讨好就会犯下罪过。贤人,是君子;佞人,是小人。君子与小人本来就操行不同,行为取舍的标准也不一样。

问曰:"佞与谗者同道乎? 有以异乎?"曰:谗与佞,俱小人也,同道异材,俱以嫉妒为性,而施行发动之异。谗以口害人,佞以事危人;谗人以直道不违,佞人依违匿端;谗人无诈虑,佞人有术数。故人君皆能远谗亲仁,莫能知贤别佞。难曰:"人君皆能远谗亲仁,而莫能知贤别佞,然则佞人意不可知乎?"曰:佞可知,人君不能知。庸庸之君,不能知贤;不能知贤,不能知佞。唯圣贤之人,以九德检其行,以事效考其言。行不合于九德,言不验于事效,人非贤则佞矣。夫知佞以知贤,知贤以知佞;知佞则贤智自觉,知贤则奸佞自得。贤佞异行,考之一验;情心不同,观之一实。

【注释】

①谗:说别人坏话。同道:同样,同等,一丘之貉。

②发动:动机。

③以:疑为衍文。直道:直言,公开地说。不违:不讳,不避,不隐瞒自己的意见。

④依违:模棱两可。匿:藏。端:思绪。此处指观点,动机。

⑤诈虑:欺诈的心计。诈,欺骗。

⑥术数:权术,阴谋诡计。

⑦难(nàn):责问。

⑧意:疑为"竟"字之讹,形近而误。竟,终。知:识别,察觉。

⑨以九德检其行:见《尚书·皋陶谟》,原文为:"行有九德……宽而栗,柔而立,愿而恭,乱而敬,扰而毅,直而温,简而廉,刚而塞,强而义。"大意是:人的德行有九种……态度豁达而又能恭敬谨慎;性情温和而又有主见;行为谦逊而又严肃认真;有才干但不马虎疏

忽;善听意见而能刚毅果断;行为正直而态度温和;从大处着眼又
能从小处着手;刚正而不鲁莽;勇敢而又善良。九德,用来考察一
个人性情真伪的九项道德标准。检,检验。

⑩事效:政绩,功效。

⑪则:而是。

⑫以:乃,才。

⑬自:自然而然。觉:察觉。

⑭得:被发觉,被识别出。

⑮一验:同一检验标准,指"九德"。

⑯一实:同一种效果。

【译文】

　　有人问:"佞人与说坏话陷害别人的谗人是一丘之貉吗?还是说二
者是有区别的?"我认为:谗人与佞人都是小人,是同一路货色,只是采
取的手段不同,都是以嫉妒为本性,但做法与动机却不同。谗人是用言
语害人,佞人是以事害人;谗人公开直言,不隐藏自己的意见,佞人则模
棱两可,隐藏自己的动机;谗人没有欺诈的心计,佞人则玩弄权术诡计。
所以国君可以疏远谗人而亲近仁人,却不能识别贤人与佞人。有人会驳
难说:"君主都能够疏远谗人而亲近仁人,却不能识别贤人与佞人,那么
佞人就不能被识别出来了吗?"我认为:佞人可以被识别出来,但君主往
往不能识别。平庸的君主,不能识别贤人;不能识别贤人,就不能识别佞
人。只有圣贤之君,通过九条道德标准来检验一个人的行为,根据办事
的效果来考察一个人的言论。如果行为不符合九条道德标准,言论经不
起办事功效的检验,这样的人就不是贤人而是佞人了。国君能认清佞人
才能识别贤人,能识别贤人才能认清佞人;认清了佞人就自然能发觉贤
能智慧之人,认清了贤人就会自然识别出奸佞之人。贤人与佞人有不同
的操行,考察他们时要用相同的道德标准;他们的情感动机有异,观察他
们时要用相同的考功准则。

问曰:"九德之法,张设久矣①,观读之者,莫不晓见,斗斛之量多少②,权衡之县轻重也③。然而居国有土之君④,曷为常有邪佞之臣与常有欺惑之患?"曰:无患斗斛过⑤,所量非其谷;不患无铨衡⑥,所铨非其物故也。在人君位者,皆知九德之可以检行⑦,事效可以知情,然而惑乱不能见者,则明不察之故也⑧。人有不能行⑨,行无不可检;人有不能考,情无不可知⑩。

【注释】

①张设:设立。

②斗(dǒu):古代容量单位,一斗等于十升。斛(hú):古代容量单位,一斛等于十斗。

③权衡:此处指秤。权,秤砣。衡,秤杆。县(xuán):挂,称。

④居国:在位。有土:拥有领土。

⑤无患斗斛过:据文例,疑本句"无"字前脱一"曰"字。过,差错。

⑥铨(quán)衡:衡量轻重。铨,衡量轻重的器具。即秤。

⑦之:疑为衍文。

⑧明不察:眼睛不亮,意思是注意力没有放在佞人身上,没有用"九德"的标准去考察佞人。

⑨行:为,指考察。

⑩知:识别。

【译文】

有人问:"用九条道德标准检验一个人操行的方法,已经设立很久了,读过《尚书·皋陶谟》的人,没有不知道的,就好比拿斗斛来量多少,拿秤来称轻重一样。但是当今在位的君主,为什么常常身边会有奸邪的佞臣,常常会有被欺骗迷惑的祸害呢?"我认为:不怕斗斛本身不准确,问题在于所量的不是该量的谷物；不怕没有秤，问题在于所称的不是该称的东西的缘故。处于人君之位的人，都知道用"九德"可以检验一个人的操行，根据办事的实际功效可以了解人的情感动机，然而仍旧昏乱不能发现佞人，是因为没有完全考察明白的缘故。只有不善于考察的人，没有不能够考察的行为；只有不善于考察的人，没有不能识别的思想动机。

　　问曰："行不合于九德①，效不检于考功②，进近非贤③，非贤则佞。夫庸庸之材，无高之知，不能及贤，贤功不效，贤行不应④，可谓佞乎？"曰：材有不相及，行有不相追⑤，功有不相袭⑥。若知无相袭⑦，人材相什百⑧，取舍宜同。贤佞殊行，是是非非⑨。实名俱立，而效有成败；是非之言俱当⑩，功有正邪⑪。言合行违⑫，名盛行废⑬，佞人。

【注释】

①合：符合。

②效：功效，指办事的效果。考功：考核官吏功绩。

③进近：接近。

④不应：不具备。应，合。

⑤不相追：赶不上。

⑥不相袭：比不上。袭，及。

⑦若：或。

⑧人：疑为衍文。相：相差。

⑨是是非非：好的就是好的，坏的就是坏的。是是，以是为是。非非，以非为非。

⑩言：评论。当：恰当。

⑪邪：错。

⑫言合：言论合于道。行违：行为违反道。

⑬名盛行废：名气很大，操行败坏。

【译文】

有人问："操行不符合九条道德标准，办事的功效经不起考核官吏准则的检验，这种人很接近于不贤，不是贤人那就是佞人了。那些平庸之材，没有高明的才智，比不上贤人，不能建立贤人的功绩，不具备贤人的操行，可以叫这种人为佞人吗？"我认为：人与人相比，才能有够不上的，操行有赶不上的，功绩有比不上的。即使智力比不上，才能相差十倍百倍，但是行为取舍的标准应该是相同的。贤人与佞人的操行迥然不同，但好的就是好的，坏的就是坏的。一个人的实际德行与名声即使都很不错，但是他办事的结果也会有成功有失败；对是非的评价虽然都很恰当，但是他办事的结果也会有对有错。只有那些言论符合先王之道而行为却与之背道而驰，名声很大却操行败坏的人，才是佞人。

问曰："行合九德则贤，不合则佞，世人操行者①，可尽谓佞乎？"曰：诸非皆恶②，恶中之逆者③，谓之无道；恶中之巧者④，谓之佞人。圣王刑宪⑤，佞在恶中；圣王赏劝⑥，贤在善中。纯洁之贤，善中殊高⑦，贤中之圣也。善中大佞⑧，恶中之雄也⑨。故曰：观贤由善，察佞由恶。善恶定成⑩，贤佞形矣⑪。

【注释】

①世人：世上的普通人。操行：操守，品行。

②诸：凡是。非：操行不好。

③逆：犯上作乱。

④巧：伪诈，指善于弄虚作假。

⑤刑宪:刑罚法令。

⑥劝:勉励。

⑦殊:极,最。

⑧善中大佞:上文言"恶中之巧者,谓之佞人","圣王刑宪,佞在恶中",疑本句"善"当作"恶"字。

⑨雄:魁首。

⑩定成:断定。

⑪形:显露。

【译文】

有人问:"如果操行符合九条道德标准的人就是贤人,不符合的就是佞人,那么那些只具备社会上一般操行的人能说都是佞人吗?"我认为:凡是操行不好的人都是恶人,恶人中犯上作乱的,叫无道;恶人中善于弄虚作假的,叫佞人。圣王制定的刑罚与法令中,佞人被列在恶人当中;圣王奖赏与劝勉的对象中,贤人被列在善人中。纯笃廉洁的贤人,是善人中最高尚的,是贤人中的圣人。恶人中最大的佞人,是恶人中的魁首。所以说:由善人中可以考察出贤人,由恶人中可以考察出佞人。只要断定出善人与恶人,那么贤人与佞人也就显露出来了。

问曰:"聪明有蔽塞①,推行有谬误②,今以是者为贤,非者为佞,殆不得贤之实乎?"曰:聪明蔽塞,推行谬误,人之所歉也③。故曰:"刑故无小,宥过无大④。"圣君原心省意⑤,故诛故赏误⑥。故贼加增⑦,过误减损,一狱吏所能定也,贤者见之不疑矣。

【注释】

①聪明:视听。聪,听力好,此处指听力。明,视力好,此处指视力。

蔽塞：壅塞，堵塞。蔽，被蒙蔽，看不清。塞，闭塞，听不见。

②推行：做事。

③歉：欠缺。

④"刑故无小"二句：见《尚书·大禹谟》。刑，刑罚。故，故意，此处指故意犯法。小，小罪。宥（yòu），宽赦。过，过失，此处指无心而犯的罪行。

⑤原心省（xǐng）意：考察犯罪的动机。原，推究。省，考察。

⑥贳（shì）：宽赦。

⑦贼：危害，此处指犯法。加增：加重刑罚。

【译文】

有人问："耳目视听有堵塞遮蔽的时候，做事有发生错误的时候，如今只把操行符合'九德'与做事有功效的人当作贤人，否则就认为是佞人，恐怕没有把握到贤人的实质吧？"我认为：耳目视听堵塞遮蔽，做事发生错误，这是人都会有的缺点。所以《尚书》说："明知故犯，即使罪再小也要严惩；无心之过，就算错误再大，也可以宽恕。"圣明的君主要考察犯罪的动机，所以能严惩明知故犯的人，宽赦误犯过失的人。故意犯法就加重处理，误犯过失可以从轻发落，这是一个狱吏都能决定的，那么圣王依动机能够考察出贤人也是肯定的了。

问曰："言行无功效，可谓佞乎？"苏秦约六国为从①，强秦不敢窥兵于关外②；张仪为横③，六国不敢同攻于关内④。六国约从，则秦畏而六国强；三秦称横⑤，则秦强而天下弱。功著效明，载纪竹帛⑥，虽贤何以加之？太史公叙言众贤，仪、秦有篇⑦，无嫉恶之文，功钧名敌⑧，不异于贤。夫功之不可以效贤，犹名之不可实也。仪、秦，排难之人也⑨，处扰攘之世⑩，行揣摩之术⑪。当此之时，稷、契不能与之争计⑫，禹、皋陶不能与之比效。若夫阴阳调和,风雨时适,五谷丰熟,盗贼衰息,人举廉让^⑬,家行道德之功^⑭,命禄贵美,术数所致^⑮,非道德之所成也。太史公记功,故高来祀^⑯,记录成则著效明验^⑰,揽载高卓,以仪、秦功美,故列其状^⑱。由此言之,佞人亦能以权说立功为效^⑲。无效,未可为佞也。

【注释】

①苏秦约六国为从(zòng):据文例,疑"苏"字前疑脱一"曰"字。约,缔结盟约。从,合纵,即六国联合抗秦。

②窥兵:采取军事行动。窥,暗中观望,伺机图谋。关外:函谷关以东的地区。

③横:此处意为"连横",指秦与六国分别结为联盟。

④关内:关中,指函谷关以西的地区。

⑤三秦:秦国。秦亡以后,项羽将原先秦国的故地关中地区分封给章邯、司马欣、董翳三名秦国降将,所以后人又将秦国称为三秦。

⑥竹帛:泛指书册史籍。

⑦仪、秦有篇:指《史记》分别有苏秦、张仪二人的传记,即《苏秦列传》与《张仪列传》。

⑧敌:相等。

⑨排难:帮助别人排除患难,摆脱困境。

⑩扰攘(rǎng):纷乱,战乱。

⑪揣摩之术:指"合纵"与"连横"之术。揣摩,悉意探求,以合于本旨。此处指探求研究君主的心理。

⑫争计:比较计谋。

⑬举:举止,行为。

⑭家:人。功:通"公",公义。

⑮术数：指治国方略。

⑯来祀：来年，后代。祀，年。

⑰记录成则著效明验：此句疑有脱误。

⑱状：情况，事迹。

⑲权：权术。说（shuì）：游说。

【译文】

有人问："人的言论与行为没有功效，可以称其为佞人吗？"我认为：苏秦游说六国合纵抗秦，使得强大的秦国不敢向关外出兵；张仪促成连横，使得六国不敢共同进攻关内。六国结盟合纵，则秦国畏惧而六国强大；秦国一施行连横，则秦国强大而六国弱小。苏秦、张仪行合纵连横之术，功绩卓著效果明显，被记载在书籍史册之中，即使是贤人又怎么能超过他们的功绩呢？司马迁在《史记》中叙述过许多贤人的事迹，苏秦与张仪在《史记》中分别有传，其中并没有憎恶他们的文字，功绩与名声均相当，与贤人没有两样。一个人功绩的大小不能证明他的贤德，就像名声不能用来断定人的实际品德一样。苏秦与张仪是替君主排忧解难的人，处于战乱的时代，推行合纵、连横的主张。此时，后稷和契也不能与他们争计谋，禹和皋陶也不能和他们比功效。如果说阴阳调和，风调雨顺，五谷丰收，盗贼减少甚至消失，人人都廉洁谦让，是人们遵行道德教化的功效，那么禄命显贵美好，则是权术所致，并非是道德所能成就的。司马迁记载功绩，是有意向后代加以推崇，因此在记录成就时便突出其效果，广泛收录卓越的人物，因为苏秦、张仪的功绩显著，值得赞美，因此在《史记》中记载了他们的事迹。由此说来，佞人也能够以权术游说建立功绩，做出成效。可见没有功效的，是不能称为佞人的。

难曰："恶中立功者谓之佞。能为功者，材高知明。思虑远者，必傍义依仁①，乱于大贤②。故《觉佞》之篇曰③：'人主好辨④，佞人言利⑤；人主好文，佞人辞丽⑥。'心合意同，偶当人主⑦,说而不见其非⑧,何以知其伪而伺其奸乎⑨?"曰:是谓庸庸之君也,材下知昏,蔽惑不见。后又贤之君⑩,察之审明,若视俎上之脯⑪,指掌中之理⑫,数局上之棋⑬,摘辕中之马⑭。鱼鳖匿渊⑮,捕渔者知其源;禽兽藏山,畋猎者见其脉⑯。佞人异行于世,世不能见,庸庸之主,无高材之人也。

【注释】

①傍:靠,借。

②乱:混淆,混杂。

③《觉佞》:篇名。《论衡》一书中,《讲瑞》一篇后有《指瑞》,《实知》一篇后有《知实》,故《觉佞》或许是《答佞》的姊妹篇。

④辨:通"辩",辩论。

⑤言利:言语犀利而多虚言。

⑥辞丽:文章华美。

⑦偶:碰巧。当:投合。

⑧说:同"悦"。

⑨伺:察觉。

⑩后又:疑为"若大"二字之讹,"后"与"若","又"与"大"皆形近而误。

⑪俎(zǔ):切肉的砧板。脯(fǔ):干肉。

⑫理:纹理。

⑬局:棋盘。棋:棋子。

⑭摘:数,点。辕:车辕。

⑮匿:潜藏。渊:深水潭。

⑯畋(tián)猎:打猎。脉:行踪。

【译文】

有人会驳难说:"恶人中建立功效的称之为佞人。而能建立功效的人,才智一定很高明。深谋远虑的人,他们一定依靠仁义,混杂在大贤之中。所以《觉佞》篇说:'君主喜欢辩论,佞人就言辞犀利;君主喜欢文采,佞人便文章华美。'与君主心意相同,碰巧投合了君主的心意,君主由于喜欢便看不见他的错误,怎么能了解他们的虚假并察觉他们的奸邪呢?"我认为:这指的是平庸的君主,才能低下,头脑糊涂,被蒙蔽迷惑而不能明察。至于圣贤的君主,就能察看得清楚明白,就像是看砧板上的肉脯,指出手掌中的纹理,数出棋盘上的棋子,指点车辕中的马匹一样。鱼鳖潜藏在深渊之中,但捕鱼的人知道它们生息的地方;禽兽躲藏在深山中,但打猎的人能发现它们的行踪。佞人的操行与一般人不同,但一般人看不出来,而平庸的君主,就是没有高超才智的人。

难曰:"'人君好辨,佞人言利;人主好文,佞人辞丽。'言操合同,何以觉之?"曰:《文王官人法》曰①:"推其往言,以揆其来行②,听其来言,以省其往行,观其阳以考其阴③,察其内以揆其外。"是故诈善设节者可知④,饰伪无情者可辨⑤,质诚居善者可得⑥,含忠守节者可见也。人之旧性不辨⑦,人君好辨,佞人学求合于上也⑧。人之故能不文⑨,人君好文,佞人意欲称上⑩。上奢,己丽服;上俭,己不饬⑪。今操与古殊⑫,朝行与家别。考乡里之迹⑬,证朝庭之行,察共亲之节⑭,明事君之操⑮,外内不相称,名实不相副,际会发见⑯,奸为觉露也⑰。

【注释】

①《文王官人法》:指《大戴礼记·文王官人法》。官人,选拔人才任以适当官职。

②"推其往言"二句:底本作"推其往行,以揆其来言",《大戴礼

　　记·文王官人法》作"推其往言,以揆其来行",据改。揆(kuí),
　　判断,衡量。

③阳:表面的行为。阴:暗中的行为。

④设节:伪装清高。

⑤无情:不真实。情,真实。

⑥质诚:质朴诚实。居善:为善。得:被发觉。

⑦旧性:原来的性格。

⑧上:君主。

⑨故能:原有的才能。

⑩称上:迎合君主。

⑪饬(shì):修饰,打扮。

⑫古:过去。

⑬迹:行为。

⑭共(gōng)亲:供养父母。共,通"供"。

⑮明:弄清。

⑯际会:缝隙,这里是破绽的意思。见:同"现"。

⑰奸为:诡诈虚假。为,同"伪",伪装。觉露:暴露。

【译文】

　　有人会驳难说:"'君主喜欢辩论,佞人就言辞犀利;君主喜欢文采,佞人便文章华美。'既然佞人的言论操行都与君主心意投合,又怎么能察觉出他们呢?"我认为:《大戴礼记·文王官人法》上说:"推究他以前说过的话来衡量他后来的行动,听他现在所说的话来检查他过去的行为,观察他公开的表现来考察他背地里的行为,考察他的内心的想法来判断他外在的言行。"所以伪装善良,故作清高的人是可以被知道的,装饰虚假而不真实的人是可以被辨清的,质朴诚实为善的人是可以被发觉的,心怀忠诚坚持节操的人是可以被发现的。佞人原来的才性本来不善于辩论,由于君主喜欢辩论,佞人便学辩论以迎合于君主。佞人本来没有作文的才能，由于君主喜欢文采，佞人便学作文以符合君主的爱好。君主奢侈，佞人就穿着华丽的服饰；君主节俭，佞人就不修饰打扮。佞人现在的操行与其以往并不一样，在朝廷上的行为也与在家有别。考察他们在乡里的行为，来验证他们在朝廷上的行为，观察他们供养双亲的仪节，来弄清他们侍奉君主的操行，如果内外不相称，名实不相符，破绽就会显现出来，那么奸邪虚假就被发觉和揭露出来了。

　　问曰："人操行无恒①，权时制宜②，信者欺人③，直者曲挠④。权变所设⑤，前后异操；事有所应，左右异语。儒书所载，权变非一⑥。今以素故考之⑦，毋乃失实乎⑧？"曰：贤者有权⑨，佞者有权。贤者之有权，后有应⑩；佞人之有权，亦反经⑪，后有恶。故贤人之权，为事为国⑫；佞人之权，为身为家。观其所权，贤佞可论；察其发动，邪正可名。

【注释】

①无恒：不能固定不变。恒，永恒，不变。

②权：衡量，斟酌。

③信：诚实。

④曲挠：不正直。挠，曲。

⑤权变：随机应变，施行权宜之计。

⑥非一：不止一种。

⑦素：平素。故：原来的。

⑧毋乃：只怕是。

⑨权：权宜之计，变通之计。

⑩后有应：据文意，疑本句"后"字前脱"反经"二字。应，回应，此处指好的结果。

⑪反经:违反常规。

⑫事:职事。

【译文】

有人问:"人的操行不会永恒不变,有时会权衡时势采取适当的措施,诚实的人有时也会骗人,正直的人有时也会不正直。一个人斟酌时势变化而有所安排,因此前后行为可以不一样;一件事为了适应需要,因此不同的场合可以说不同的话。儒书上记载,权宜变通的事例不仅一种。现在只是用平素一贯的言行来考察他们,只怕是不符合实际情况吧?"我认为:贤者有权宜之计,佞人也有权宜之计。贤者施行权宜之计,违反了常规,后来会有好的结果;佞人施行权宜之计,也违反常规,但后来会得到坏的结果。所以说贤人施行权宜之计,是为了公事和国家;佞人施行权宜之计,是为了自己和私家。考察他们所施行的权宜之计,就可以评论出贤人与佞人了;考察他们的动机,就可以分辨奸邪与正直了。

问曰:"佞人好毁人①,有诸②?"曰:佞人不毁人。如毁人,是谗人也。何则?佞人求利,故不毁人。苟利于己,曷为毁之?苟不利己于③,毁之无益。以计求便④,以数取利⑤,利则便得⑥。妒人共事,然后危人。其危人也,非毁之;而其害人也,非泊之⑦。誉而危之⑧,故人不知;厚而害之⑨,故人不疑。是故佞人危而不怨⑩;害人,之败而不仇⑪,隐情匿意为之功也⑫。如毁人,人亦毁之,众不亲,士不附也,安能得容世取利于上?

【注释】

①毁:诋毁,诽谤。

②诸:"之""乎"的合音。

③已于：据文意,当作"于己"。

④便：利益,好处。

⑤数：术数,权术。

⑥则：据文意,疑为"取"字之讹。

⑦泊：通"薄",薄待。

⑧誉：称赞。

⑨厚：厚待。

⑩是故佞人危而不怨：据文意,疑当作"是故佞人危人,人危而不怨"。

⑪之：疑为"人"字之讹,形近而误。败：遭到灾祸。

⑫功：精善,巧妙。

【译文】

有人问："佞人喜欢诋毁别人,有这种事吗?"我认为：佞人不会诋毁别人。如果诋毁别人,这样的人就是谗人了。为什么呢? 因为佞人追求私利,所以不诋毁人。如果一个人有利于己,为什么要去诋毁他呢? 如果一个人无利于己,诋毁他也没有好处。佞人用计谋求得好处,用权术得到利益,利益和好处便得到了。如果嫉妒与他一起当官的人,才会在之后去危害别人。佞人危害别人,不是去诋毁别人；害人,也不是薄待别人。佞人用称赞别人的方法去危害人,所以别人不知道；用厚待别人的方法去危害人,所以别人并不怀疑。因此佞人危害别人,别人遭到危害却不怨恨他；损害别人,别人遭到损害却不仇恨他,这就是佞人将自己的真实意图隐藏得很巧妙的缘故。如果诋毁别人,别人也要诋毁他,弄得众人不亲近,士人不依附,他怎么能在社会上容身而从君主那里取得利益呢?

问曰："佞人不毁人于世间①,毁人于将前乎②?"曰：佞人以人欺将，不毁人于将。"然则佞人奈何③？"曰：佞人毁人，誉之；危人，安之。"毁危奈何？"假令甲有高行奇知④，名声显闻，将恐人君召问⑤，扶而胜己，欲故废不言，常腾誉之⑥。荐之者众，将议欲用，问人人⑦，必不对曰⑧："甲贤而宜召也⑨。何则？甲意不欲留县，前闻其语矣，声望欲入府⑩。在郡则望欲入州，志高则操与人异⑪，望远则意不顾近。屈而用之⑫，其心不满，不则卧病⑬。贱而命之则伤贤，不则损威⑭。故人君所以失名损誉者⑮，好臣所当臣也⑯。自耐下之⑰，用之可也；自度不能下之⑱，用之不便。"夫用之不两相益，舍之不两相损。人君畏其志⑲，信佞人之言，遂置不用⑳。

【注释】

①世间：这里指一般人面前。

②将：郡将，州郡长官。汉朝称州刺史为州将，称郡太守为郡将，抑或单称曰将。

③奈何：怎么办，怎样做。

④甲：某人。知：同"智"。

⑤将恐：唯恐。人君：此处指郡守一类的地方长官。

⑥腾誉：大力赞扬。

⑦人人：据文意，当作"佞人"。

⑧不：据文意，疑为衍文。

⑨宜：应该。

⑩声：声称。望：希望。府：官署。

⑪操：操行。

⑫屈：屈才。

⑬不则：否则。不，同"否"。

⑭威：威望。

⑮人君：此处亦指郡守。

⑯臣：任命为部下。当：底本作"常"，递修本作"当"，繁体"當""常"
　　形近而误，据改。

⑰下：指地位高的人对地位低的人以礼相待，这里指迁就。

⑱自度（duó）：自己衡量，自忖。度，估计。

⑲畏其志：害怕他志向太高。

⑳置：搁置，废弃。

【译文】

　　有人问："佞人不在一般人面前诋毁别人，会在官长面前诋毁别人
吗？"我认为：佞人是利用别人去欺骗官长，而不在官长面前诋毁别人。
又问："那么佞人是如何做的呢？"我认为：佞人要诋毁别人，就先在表面
上赞扬他；要危害别人，就先在表面上安抚他。"那么怎样诋毁、危害别
人呢？"假如甲有高尚的操行和超凡的才智，声名显赫，佞人怕甲被郡守
召见询问，提拔甲而超过自己，想要借别的理由使甲被废置不用而又不
说他的坏话，就常常对甲大加赞扬。由于推荐甲的人有很多，在郡守商
议要征辟任用他时，来询问佞人的意见，佞人一定会说："甲很贤能应该
被召见任用。为什么呢？甲的意思是不想留在县里，过去听他说过希望
进入郡府。在郡里则希望进入州府，由于志向高远所以操行就与一般人
不同，眼光太远所以心思就不会关心近处。屈才而任用他，他心里就会
不满意，不满意就托病不应召。任命他以低下的官职，又会戕害了贤人，
戕害贤人又会损害威信。所以说郡守之所以会折损声誉，是因为喜欢把
可以做部下的人都当作部下的缘故。郡守如果估量自己可以迁就他，任
用他是可以的；若不能迁就他，任用他就没有好处了。"任用他，双方都
不会有补益；不任用他，双方都不会有损害。郡守害怕甲的志向太高，就
相信了佞人的话，就对甲弃置不用了。

问曰:"佞人直以高才洪知考正世人乎[①]? 将有师学检也[②]?"曰:人自有知以诈人[③],及其说人主,须术以动上,犹上人自有勇威人[④],及其战斗,须兵法以进众[⑤]。术则从横[⑥],师则鬼谷也[⑦]。传曰:"苏秦、张仪从横习之鬼谷先生,掘地为坑,曰:'下,说令我泣出,则耐分人君之地。'"苏秦下,说鬼谷先生泣下沾襟[⑧],张仪不若[⑨]。苏秦相赵,并相六国。张仪贫贱往归,苏秦座之堂下[⑩],食以仆妾之食[⑪],数让激怒[⑫],欲令相秦。仪忿恨,遂西入秦。苏秦使人厚送[⑬]。其后觉知,曰:"此在其术中,吾不知也,此吾所不及苏君者。"知深有术,权变锋出[⑭],故身尊崇荣显,为世雄杰。深谋明术,深浅不能并行[⑮],明暗不能并知[⑯]。

【注释】

①直:仅仅。洪:大。考正:观察,揣摩。正,底本作"上",递修本作"正",据改。

②将:或者,还是。检:法式,榜样。

③人自有知以诈人:据文意,疑本句"人"字前疑脱一"佞"字。

④上人:此处指有本领的武将。威人:使人敬畏。威,压服。上文言"有知以诈人""须术以动上",疑本句"威"字前脱一"以"字。

⑤进众:指挥军队进攻。

⑥从横:即"合纵""连横"之术。

⑦鬼谷:鬼谷子。传说为战国时期楚国人,隐居于鬼谷,因以为号。长于养性持身与纵横捭阖之术。《史记》记载苏秦、张仪均跟随鬼谷子学习纵横之术。

⑧泣下沾襟:哭得眼泪把衣襟都沾湿了。襟,衣襟。

⑨不若:不如。

⑩座之堂下：坐在堂下，此为一种失礼的行为。

⑪仆妾之食：男女奴仆所吃的粗劣的饭菜。仆妾，男女奴仆。

⑫让：责备。

⑬厚送：赠给厚礼送他去秦国。

⑭锋出：形容高明而出奇。

⑮深浅：指计谋奥妙的内在与浅显的表面。

⑯明暗：指权术的明显与隐晦。

【译文】

有人问："佞人只是凭借高超的才能和宏大的智慧来观察揣摩世人的，还是有老师作为学习的榜样呢？"我认为：佞人自有才智可以欺骗人，但是他游说君主的时候，就需要一套权术来打动君主了，就像有本领的武将自有勇武之气对人产生一种威压，但等到打仗时，就必须运用兵法来指挥军队进攻。佞人的权术就是合纵连横之类，老师则是鬼谷子一类人。传记中说："苏秦、张仪的合纵连横之术是从鬼谷先生那里学来的，鬼谷先生在地上挖了一个坑，说：'能下到坑里通过游说使我的眼泪流出来，就能得到君主分封的土地。'"苏秦跳下去，说得鬼谷先生眼泪沾湿了衣襟，而张仪就不如苏秦。苏秦在赵国做相国，后来同时做了六个国家的相国。张仪当时贫困低贱，前去归附苏秦，苏秦让他坐在堂下，拿仆人的饭菜给他吃，又多次责备以激怒张仪，想促使张仪去秦国做相国。张仪愤恨不满，于是西去秦国。苏秦派人以厚礼相送。张仪后来有所察觉，说："我这是落在了苏秦的权术之中，而自己还不知道，这就是我不如苏秦的地方。"苏秦智谋深邃有权术，权宜变通出奇制胜，所以自身尊贵受人推崇，成为世人称颂的英雄豪杰。深邃的计谋，高明的权术，它奥妙的内在不会与它浅显的表面一同表现出来，它明显易知的地方不会和其隐晦难治的地方一同被人看明白。

问曰："佞人养名作高①，有诸？"曰：佞人食利专权②，不养名作高。贪权据凡③，则高名自立矣。称于小人，不行于君子。何则？利义相伐④，正邪相反。义动君子，利动小人。佞人贪利名之显，君子不安下则身危。举世为佞者⑤，皆以祸众⑥。不能养其身，安能养其名？上世列传⑦，弃宗养身⑧，违利赴名⑨，竹帛所载，伯成子高委国而耕⑩，於陵子辞位灌园⑪。近世兰陵王仲子、东郡昔卢君阳⑫，寝位久病⑬，不应上征，可谓养名矣。夫不以道进⑭，必不以道出身⑮；不以义止⑯，必不以义立名。佞人怀贪利之心，轻祸重身，倾死为僇矣⑰，何名之养？义废德坏，操行随辱⑱，何云作高⑲？

【注释】

①养名：千方百计博取好名声。作高：抬高自己。

②食：通"嗜"，贪求。专：垄断。

③贪：通"探"，求。凡：要，此处指要位。

④相伐：自相矛盾。伐，攻击，矛盾。

⑤举：全。

⑥众：通"终"。

⑦上世：上古。列传：列叙臣民事迹。

⑧宗：尊崇，尊贵。

⑨赴：奔走，追求。

⑩委：弃。

⑪於（yú）陵子：即陈仲子。战国时齐国人，隐居於陵（今山东邹平南），楚王请他为相，拒不应召，逃往外地，替人浇灌菜园。见《史记·鲁仲连邹阳列传》）。

⑫兰陵：古县名，在今山东枣庄东南。王仲子：即王良。两汉之际人。王莽专权时托词有病，不肯做官。见《后汉书·王良列传》。

东郡：底本作"东都"，据《后汉书·独行传》改。东郡，郡名。秦王嬴政五年（前242）置，治所濮阳县（今河南濮阳西南）。昔卢君阳：人名。姓昔卢，又叫索卢放，汉光武帝时任谏议大夫，因病辞官，后屡征不应。见《后汉书·独行列传》。

⑬寝：止，引申为放弃。位：官职。

⑭进：当官。

⑮出身：献身。

⑯止：辞官。

⑰倾死：死亡。僇（lù）：通"戮"，杀害。

⑱随：从而。辱：污浊，混浊。

⑲云：有。

【译文】

有人问："佞人通过培养名声来抬高自己，有这回事吗？"我认为：佞人贪图私利，垄断大权，并不会通过培养名声来抬高自己。因为谋得权柄，占据要职，崇高的名望自然就树立起来了。这种行为受到小人的推崇，而君子却不这样做。为什么呢？因为道义与私利是相互矛盾的，正直与奸邪是相反的。道义可以打动君子，私利则使小人动心。佞人贪图私利与名声的显赫，君子若是不甘居其下就会自身难保。察看世上所有的佞人，都是以遭祸而告终。连身体都难以保全还怎么培养名声呢？上古史传所记载的，都是那些放弃尊贵地位而修养自身的品德，抛弃物质利益而追求崇高名望的人，像是史册中所记的伯成子高放弃国君之位去耕地，於陵子不受相位而去为人浇灌菜园那样的事迹。近代兰陵的王仲子，东郡的昔卢君阳，放弃官位，托词久病，不接受君主的征召，可以称得上培养名声了。不遵循道义去做官，就不会因道义而献身；不根据道义辞官，就不会按照道义来树立名声。佞人怀有贪图私利的心，轻视后患，只看重自身的富贵，这样就会遭到杀身之祸，还谈什么名声的培养？道义被废弃，品德败坏，从而操行污浊，还说什么抬高自己？

　　问曰："大佞易知乎？小佞易知也？"曰：大佞易知，小佞难知。何则？大佞材高，其迹易察^①；小佞知下，其效难省^②。何以明之？成事^③，小盗难觉，大盗易知也。攻城袭邑，剽劫虏掠^④，发则事觉，道路皆知盗也^⑤。穿凿垣墙^⑥，狸步鼠窃^⑦，莫知谓谁^⑧。曰^⑨："大佞奸深，惑乱其人，如大佞易知^⑩，人君何难？《书》曰^⑪：'知人则哲^⑫，惟帝难之^⑬。'虞舜大圣，骥兜大佞。大圣难知大佞，大佞不忧大圣^⑭，何易之有？"是谓下知之^⑮，上知之。上知之，大难小易；下知之，大易小难。何则？佞人材高^⑯，论说丽美^⑰。因丽美之说^⑱，人主之威^⑲，人立心并不能责^⑳，知或不能觉。小佞材下，对乡失漏^㉑，际会不密^㉒，人君警悟，得知其故。大难小易也。屋漏在上，知者在下^㉓。漏大，下见之著；漏小，下见之微^㉔。或曰："雍也仁而不佞^㉕。"孔子曰："焉用佞？御人以口给^㉖，屡憎于民^㉗。"误设计数^㉘，烦扰农商，损下益上，愁民说主^㉙。损上益下，忠臣之说也^㉚；损下益上，佞人之义也。"季氏富于周公，而求也为之聚敛而附益之^㉛。'小子鸣鼓而攻之可也^㉜。'"聚敛，季氏不知其恶，不知百姓所共非也。

【注释】

①迹：行迹。

②效：效果，此处指留下痕迹。省（xǐng）：察觉。

③成事：已有的事例。

④剽（piào）劫：抢劫。

⑤道路：指路上的行人，泛指众人。

⑥穿凿：挖。垣（yuán）墙：院墙，围墙。垣，矮墙。

⑦狸步：形容像狸猫一样步子敏捷。鼠窃：形容像老鼠偷吃东西一样使人难以察觉。

⑧谓：为。

⑨曰：据文例，疑本句"曰"字前脱一"难"字。

⑩佞：底本作"盗"，递修本作"佞"，据改。

⑪书：《尚书》。

⑫哲：明智。

⑬惟：即使，虽然。引文见《尚书·皋陶谟》。

⑭忧：害怕。

⑮是谓下知之：据文例，疑本句"是"字前脱一"曰"字。

⑯佞人材高：据文意，疑本句"佞人"当作"大佞"。

⑰丽美：奢丽华美。

⑱因：凭借着。

⑲威：折服。

⑳人立心并不能责：据文意，疑本句"立"字当作为"主"字之讹，形近而误。

㉑对乡：对答。乡，通"向"。失漏：谬误。

㉒不密：有破绽。

㉓知者：知道屋漏的人。

㉔微：不明显。据文意，"下见之微"句下疑脱"大易小难也"一句。

㉕雍：冉雍，字仲弓，孔子学生，孔子曾称赞其德行。仁而不佞：有仁德而不会花言巧语。

㉖御：对抗，对付。口给（jǐ）：口才流利，善于争辩。

㉗民：今本《论语·公冶长》作"人"。

㉘计数：计谋术数，此处指建议，措施。

㉙愁：忧，劳。

㉚说：理论，主张。

㉛求：冉求，孔子学生，季康子的家臣。聚敛：搜括财物。附益：增加。

㉜小子鸣鼓而攻之可也：据文意及《论语·先进》，疑本句前脱"子曰"二字。小子，孔子对学生的称呼。

【译文】

有人问："大佞容易被识别呢，还是小佞容易被识别呢？"我认为：大佞容易识别，小佞难以识别。为什么呢？大佞才智高超，他的行迹容易被人察觉；小佞才智低下，他的痕迹难以察觉。用什么来证明呢？举一个现成的例子，小盗难以察觉，大盗容易被发现。攻打城池，袭击村邑，抢劫掳掠，这些事一旦发生就会被察觉，众人就都知道有盗贼了。挖墙打洞，像狸猫一样脚步敏捷，像老鼠偷吃东西一样隐蔽，就没人知道是谁干的了。有人会驳难说："大佞老谋深算，能够迷惑扰乱别人，如果他们容易被识别，君主为何会难以识别他们呢？《尚书·皋陶谟》上说：'能鉴察人的品行才能就是明智了，这一点连帝舜都很难做到。'虞舜是大圣，驩兜是大佞。大圣难以识别出大佞，大佞不害怕大圣，怎么能说大佞容易识别呢？"我认为：这就是说从下层的社会上识别佞人与从上层的庙堂识别佞人是两回事。就庙堂上来说，大佞难以识别，小佞容易识别；就社会上来说，大佞容易识别，小佞难以识别。为什么呢？大佞才智高超，论说时辞句奢丽华美。凭借着奢丽华美的言辞，使君主折服，君主内心并不会责备他，才智有时也难以察觉。小佞才智低下，对答失错，破绽显露，君主就会警觉，就能识破他的计谋。所以说从上层庙堂上看大佞难以识别而小佞容易识别。房屋顶上漏雨，知道屋漏的人在屋里。漏雨的地方大，下面的人看见的就明显；漏雨的地方小，下面的人看见的就不明显。这就像是从下层社会上看大佞容易识别而小佞难以识别。有人对孔子说："冉雍有仁德而不会花言巧语。"孔子说："为什么一定要能说会道呢？用狡辩来对付人，总是会被人讨厌的。"错误地提出一些主张，烦扰农民和商人，使百姓利益受损而君主得利，使人民愁困而使君主高兴。使君主利益受损而百姓得利，是忠臣的主张；使百姓利益受损而君主得利,是佞人的主张。"季康子比周公富有,但冉求还为他搜刮财物使他更加富有。孔子说:'弟子们可以敲起鼓去声讨他。'"搜括财物,季康子不知道那是罪恶,不知道是人民都反对的。

卷第十二

程材篇第三十四

【题解】

本篇在于评论儒生与文吏二者才能高下,故名为《程材》。程材,即衡量考较才能。儒生指研习五经的知识分子,文吏则是指通习政务的官吏。王充所处的时代,通晓文书法令的文吏在政府中占据了重要的地位,当时的人看见文吏仕途顺利,儒生沉沦不得意,就认为儒生才智不如文吏。王充认为单单是以处理政务的能力作为衡量人才的标准是不全面的,而使得世人形成这种观念的原因,是因为地方长官的无能,无法自己处理政事,事事依靠文吏而造成的。王充认为儒生与文吏各有所长,儒生长于教化,文吏长于政事,但二者在才智与操行方面都有高下之分。在王充看来,儒生的才能与操行都是超过文吏的,体现了王充对于儒生的推崇以及对文吏的蔑视。

论者多谓儒生不及彼文吏^①,见文吏利便^②,而儒生陆落^③,则诋訾儒生以为浅短^④,称誉文吏谓之深长。是不知儒生,亦不知文吏也。儒生、文吏皆有材智,非文吏材高而儒生智下也,文吏更事^⑤,儒生不习也^⑥。谓文吏更事,儒生不习,可也;谓文吏深长,儒生浅短,知妄矣^⑦。

【注释】

①彼：那些。文吏：熟悉和掌握文书、法令的官吏。

②利便：处境顺利，飞黄腾达。

③陆落：沉沦下僚，不得志。

④诋訾（zǐ）：诋毁。浅短：见识短浅，才智低下。

⑤更事：经历丰富，有办事经验。更，经历。

⑥不习：没有做过，缺乏办事经验。不，未，没有。

⑦知：疑为衍文。

【译文】

评论者大多认为儒生比不上那些文吏，看见文吏仕途通达顺利而儒生沉沦不得志，就诋毁儒生认为他们浅薄无能，称赞文吏认为他们才智高超。这是不了解儒生，也不了解文吏啊。儒生与文吏都有才智，并不是文吏才高而儒生智能低下，只是文吏有处理政事的经验而儒生没有经验罢了。说文吏有办事经验，儒生没有办事经验，是可以的；说文吏才智高超，儒生浅薄无能，这种说法就荒谬了。

　　世俗共短儒生①，儒生之徒亦自相少②。何则？并好仕学宦③，用吏为绳表也④。儒生有阙⑤，俗共短之；文吏有过，俗不敢訾。归非于儒生，付是于文吏也⑥。夫儒生材非下于文吏，又非所习之业非所当为也⑦，然世俗共短之者，见将不好用也。将之不好用之者，事多己不能理⑧，须文吏以领之也⑨。夫论善谋材⑩，施用累能⑪，期于有益⑫。文吏理烦⑬，身役于职，职判功立⑭，将尊其能。儒生栗栗⑮，不能当剧⑯，将有烦疑，不能效力，力无益于时，则官不及其身也。将以官课材⑰，材以官为验⑱，是故世俗常高文吏，贱下儒生。儒生之下，文吏之高，本由不能之将⑲。世俗之论，缘将好恶⑳。

【注释】

①短：看不起。

②自相少：自己互相瞧不起。少，不足，看不起。

③宦（huàn）：做官。

④绳表：犹表率。取法的标准。绳，准绳，模范。表，标准，榜样。

⑤阙（quē）：缺点，过错。

⑥付：给予。是：对，正确。

⑦非所当为：不应当学的，此处指没有用处的。

⑧理：处理，解决。

⑨领：主持。

⑩论：评论，衡量。谋：商量，此处是选择的意思。

⑪施（yì）：通"貤"，按一定的顺序排列。用：才能，才用。累：按一
　　定的顺序排列。

⑫期：希望。

⑬理烦：处理繁杂的事务。

⑭职判：本职工作做得好。判，通"辨"，明晰，完备。

⑮栗栗：即"慄慄"，戒慎恐惧的样子。

⑯当：担当。剧：繁杂的工作。

⑰课：评价。

⑱验：证明。

⑲不能：无能。

⑳缘：顺着，沿着。

【译文】

　　社会上的人都诋毁儒生，儒生们自己也相互轻视。这是为什么呢？
因为他们都向往着做官并学习当官的本领，都将文吏作为取法的标准。
儒生犯了过错，世俗之人就一起来批评他们；文吏有了过错，人们就不敢
非议。把错的东西归罪于儒生，把正确的东西都归功于文吏。其实，儒

生的才能并不比文吏低下,也不是他们所学的知识没有用处,然而一般人都瞧不起儒生,是因为看见地方长官不喜欢任用儒生的缘故。地方长官不喜欢任用儒生,是因为有很多事务自己不能亲自处理,需要文吏来主持办理。衡量和选拔优秀的人才,区别他们的能力高低,都是希望有益于政务的办理。文吏善于处理繁杂的事务,尽力供职,做好本职工作,能够有实际的功效,所以地方长官就推崇他们的能力。儒生事事小心翼翼,战战兢兢,不能担当繁杂的工作,地方长官有了繁难疑问,也不能替他解决,他们的能力对于处理时务没有用处,那么就轮不到他们做官了。地方长官通过授予官职的高低来评价人的才能,人才能的大小又以是否当官作为证明,所以社会上的一般人常常看重文吏,轻视儒生。儒生被轻视,文吏被推崇,其根本是源于无能的地方长官。可见社会上一般人的看法,是顺着地方长官的好恶而产生的。

今世之将①,材高知深②,通达众凡③,举纲持领,事无不定。其置文吏也,备数满员④,足以辅己志。志在修德,务在立化,则夫文吏瓦石,儒生珠玉也。夫文吏能破坚理烦⑤,不能守身⑥,身则亦不能辅将⑦。儒生不习于职,长于匡救⑧,将相倾侧⑨,谏难不惧⑩。案世间能建蹇蹇之节⑪,成三谏之议⑫,令将检身自救⑬,不敢邪曲者,率多儒生⑭。阿意苟取容幸⑮,将欲放失⑯,低嘿不言者⑰,率多文吏。文吏以事胜⑱,以忠负⑲;儒生以节优,以职劣。二者长短,各有所宜。世之将相,各有所取。取儒生者,必轨德立化者也⑳;取文吏者,必优事理乱者也。

【注释】

①今:若。

②知:同"智"。

③凡:要旨,要略。

④备数满员:填满吏员的名额。备,齐备。

⑤破坚理烦:解决困难问题,处理繁琐事务。

⑥守身:保持节操。

⑦身:疑为衍文。

⑧匡救:匡正扶救,此处指纠正地方长官的过失。

⑨相:汉代诸侯国的丞相,由汉朝中央任命,地位相当于郡守。此处
　　将相连用,指地方长官。倾侧:倾斜,此处指行为邪僻不正,偏离
　　正道。

⑩谏难:冒着危险进行规劝。

⑪蹇蹇(jiǎn):忠心耿耿的样子。蹇,通"謇",正直,忠贞。

⑫三谏之议:《公羊传·庄公二十四年》载,曹国大夫曹羁规劝曹国
　　君主,因为不被君主采纳,共规劝了三次,最后不得已离开曹国。
　　儒家认为曹羁的做法符合君臣之义。议,通"义"。

⑬检:检点。自敕(chì):告诫自己。敕,诫饬,告诫。

⑭率:大体上。

⑮阿(ē)意:迎合他人的意旨。阿,迎合。取容:取悦,讨喜欢。

⑯放失:同"放佚",放纵不受约束。失,通"佚",放纵。

⑰嘿(mò):同"默",沉默。

⑱事:处理行政事务。胜:占优势。

⑲负:欠缺。

⑳轨德立化:遵循道德,提倡教化。轨,遵循。

【译文】

　　像是当今的地方长官,才智高深,通晓各种事务的要略,掌握着政务
的纲领,事情没有不能决断的。他们设置文吏,填满空缺的名额,是为了
保证文吏足够辅佐自己,实现处理政务的需求。假如地方长官的意愿在

于培养道德,推行教化,那么文吏的价值就如同瓦石,而儒生的价值就如同珠玉一样了。文吏能够解决困难的问题,处理繁杂的事务,却不能保持自身的节操,那么也就不能辅佐地方长官。儒生不熟悉处理政务,却擅长于纠正过失,地方长官的行为偏离正道时,冒着危险去劝谏也不惧怕。考察世上能够树立正直忠诚的节操,实现三谏之义,使地方长官检点自身,告诫约束自己,不敢做偏离正道的事的人,大多是儒生。迎合地方长官意志,不择手段地讨地方长官欢心和宠幸,地方长官放纵不轨时,却低头沉默的人,大多是文吏。文吏以擅长处理事务为其长,忠诚正直方面则为其短;儒生以保持自己的节操为优势,但在处理政务时有所欠缺。文吏与儒生二者互有长短,各有合适的工作。当今的地方长官,对他们各有所选取。重用儒生的地方长官,一定是遵循道德,推行教化的人;重用文吏的地方长官,一定是重视事功与处理繁杂政务的人。

　　材不自能则须助,须助则待劲①。官之立佐,为力不足也;吏之取能,为材不及也。日之照幽②,不须灯烛;贲、育当敌③,不待辅佐。使将相知力④,若日之照幽,贲、育之难敌⑤,则文吏之能无所用也。病作而医用,祸起而巫使。如自能案方和药⑥,入室求祟⑦,则医不售而巫不进矣⑧。桥梁之设也,足不能越沟也;车马之用也,走不能追远也⑨。足能越沟,走能追远,则桥梁不设,车马不用矣。天地事物,人所重敬,皆力劣知极⑩,须仰以给足者也⑪。今世之将相,不责己之不能,而贱儒生之不习,不原文吏之所得得用⑫,而尊其材,谓之善吏。非文吏,忧不除;非文吏,患不救。是以选举取常故⑬,案吏取无害⑭。儒生无阀阅⑮,所能不能任剧⑯,故陋于选举⑰,佚于朝庭⑱。

【注释】

①劲：指有能力的人。

②幽：黑暗。

③贲、育：孟贲与夏育，传说中古代的两个大力士。

④知力：智慧与能力。

⑤敌：抵挡。

⑥案方：开药方。和药：配药。

⑦求祟：指求神捉鬼来消除灾祸的行为。

⑧售：施展。进：用。

⑨追：及，到。

⑩知极：智慧用尽，指才识不够。极，穷，尽。

⑪仰：依赖。给足：充足。

⑫原：察，追究原因。得用：得到重用。

⑬常故：指久为文吏而熟知政事办理流程的人。

⑭案：考核。无害：汉代考核官吏的常用评语，指能按法令办事不出差错。害，违碍不通。

⑮阀阅：功绩与资历。阀，功绩。阅，阅历。

⑯任：胜任。

⑰陋于选举：指选举时处于下等。陋，低劣。

⑱佚：失。

【译文】

自己才能不足就需要外在的辅助，需要辅助就要依靠能力强的人。地方长官配备辅佐，是因为自己能力不足；选择有能力的属吏，是因为自己才干不够。太阳照耀黑暗，不需要灯烛的帮助；孟贲、夏育御敌，不依靠助手。假如地方长官的智慧能力，能够像太阳照耀黑暗那样高明，孟贲、夏育那样难以抵挡，那么文吏的才能就没有施用的地方了。疾病发作医生就有人请，灾祸发生巫卜就有人用了。假如自己能够开方配药，会作法消灾，那么医术就不得施展，巫卜就没有用处了。桥梁的架设，是因为人的脚不能够跨越河沟；车马的使用，是因为人不能依靠跑步到达很远的地方。要是人的脚能够跨越河沟，依靠跑步就能到达很远的地方，那么桥梁就不用架设了，车马也没有用处了。天地间的事物，人们之所以特别崇敬它，是因为能力低下，智慧不足，需要依赖它来补足。当今的地方长官，不责备自己没有才能，却轻视儒生不熟习政务，不推究文吏得到重用的原因，而推崇他们的能力，认为他们是好的官吏。认为没有文吏，就不能排除烦忧；没有文吏，就不能解救患难。所以选举时经常选熟知政事办理流程的人，考核官吏时常取按法令办事不出差错的人。儒生没有处理政务的功绩与经历，所具备的能力不能胜任繁杂的事务，所以在选举时处于劣势，不被朝廷任用。

聪慧捷疾者①，随时变化，学知吏事②，则蹑文吏之后③，未得良善之名。守古循志④，案礼修义⑤，辄为将相所不任⑥，文吏所呲戏⑦。不见任则执欲息退⑧，见呲戏则意不得，临职不劝⑨，察事不精⑩，遂为不能⑪，斥落不习⑫。有俗材而无雅度者⑬，学知吏事，乱于文吏⑭，观将所知⑮，适时所急，转志易务⑯，昼夜学问，无所羞耻，期于成能名文而已⑰。其高志妙操之人⑱，耻降意损崇，以称媚取进，深疾才能之儒⑲。泊入文吏之科⑳，坚守高志，不肯下学㉑。亦时或精暗不及㉒，意疏不密，临事不识，对向谬误㉓；拜起不便，进退失度㉔；奏记言事㉕，蒙士解过㉖，援引古义㉗；割切将欲㉘，直言一指㉙，触讳犯忌；封蒙约缚㉚，简绳检署㉛，事不如法㉜；文辞卓诡㉝，辟刺离实㉞，曲不应义㉟。故世俗轻之㊱，文吏薄之㊲，将相贱之㊳。

【注释】

①聪慧捷疾者:头脑灵活,行动迅速的人。此处指儒生中一些善于见风使舵,投机取巧的人。

②知:懂得,会。

③踵:续。

④守古循志:遵循先王之道,坚持自己的志向。古,古道,指先王之道。循,遵循,坚持。

⑤案:依照,按照。修:研究,学习。

⑥辄:往往,总是。任:信任,重用。

⑦毗(pí)戏:卑视,戏弄。毗,通"卑",卑视,轻视。戏,戏弄。

⑧见:被。执:坚持。息退:告退,退职。

⑨劝:勤勉。

⑩察事:官府侦探民间情况。

⑪为:谓,认为。

⑫斥落:数落,指责。习:亲近。

⑬雅度:宽大的器量。

⑭乱于文吏:与文吏同流合污。乱,混杂。

⑮知:当作"之",据文意改。之,往,想要。

⑯易:改变。

⑰名:以……而闻名。

⑱妙:美好。

⑲疾:痛恨。

⑳洎(jì)入:浸入,流入。科:类,列。

㉑下学:指屈就向文吏学习他们所通习的知识本领。

㉒精暗:熟练。暗,通"谙",熟悉。

㉓对向:对答。

㉔进退:指进见、辞别长官。度:法度,此处指礼节。

㉕奏记:向上级陈述书面意见。

㉖蒙:疑为"荐"字之讹。荐士,推荐人才。解:开脱。过:过错,存在的问题。

㉗援引:引证。古义:典故。

㉘割:断绝,抑制。切:批评。

㉙一指:一针见血。

㉚封蒙约缚:封固捆扎公文函件。

㉛简绳检署:在封扎好的函件上系标签署名,或在封泥上加印。简,竹简,木简。署,签名。

㉜法:制度标准。

㉝卓诡:高超出奇,与众不同。卓,高远。诡,异于众。

㉞辟刺:乖僻悖理。辟,乖僻。刺,违犯,悖理。离实:背离真实。

㉟曲:迂腐。应:符合。

㊱轻:轻视。

㊲薄:鄙薄。

㊳贱:看不起。

【译文】

儒生中见风使舵,投机取巧的人,随着时势而变化,学习并掌握了文吏的技能,于是接续在文吏之后被任用,但也不能得到好的名声。而遵循先王之道,坚持自己的志向,遵循礼制,修养道义的儒生,就不被地方长官所重用,遭受文吏的卑视戏弄。不被重用就执意要辞官退职,被卑视戏弄就抑郁不得志,因而办事不勤勉,了解民情就不仔细,从而被认为没有能力,被长官数落而不被亲近。而那些仅有一般的才能没有宽大器量的儒生,学会了文吏的技能,与文吏混在一起,窥测长官的意图,根据当时所急,转变原有的志向,改变当前的事业,日夜学问于文吏,并不感到羞耻,只是希望能够成为以熟知文书法令为名的文吏罢了。而那些有崇高志向与美好节操的人,耻于降低自己高尚的志向,损害自己崇高的品德去献媚求官，因而深恨那些见风使舵以及仅有一般才能而没有宽大器量的儒生。等到自己流入文吏的行列时，仍旧坚守自己高尚的志向，不肯屈就向文吏学习他们所通习的知识本领。有时处理事务不熟练，考虑问题粗疏，遇事不知如何处置，回答长官的问题时出错；跪拜不熟练，进见与辞别长官时行为不合礼节；上疏陈述己见议论政事时，推荐人才为贤人开脱过错，引经据典来辩解；劝诫谴责长官勿放纵私欲，直言一针见血，触犯了长官的忌讳；封扎公文，在封扎好的函件上系标签署名，在封泥上加印，这些事务未能按照规章制度办理；说话时言辞高深，乖僻悖理而不符合实际情况，迂腐不合常道。因此社会上一般人轻视他们，文吏鄙薄他们，地方长官看不起他们。

　　是以世俗学问者，不肯竟经明学①，深知古今，急欲成一家章句②。义理略具，同超学史书③，读律讽令④，治作情奏⑤，习对向，滑习跪拜⑥，家成室就，召署辄能⑦。徇今不顾古⑧，趋雠不存志⑨，竞进不案礼⑩，废经不念学。是以古经废而不修⑪，旧学暗而不明⑫，儒者寂于空室⑬，文吏哗于朝堂⑭。材能之士，随世驱驰⑮；节操之人，守隘屏窜⑯。驱驰日以巧，屏窜日以拙。非材顿知不及也⑰，希见阙为⑱，不狎习也⑲。盖足未尝行⑳，尧、禹问曲折㉑；目未尝见，孔、墨问形象。

【注释】

①竟：穷尽。

②章句：章句之学，指汉代经学家将经书分段、断句，并按照一段、一句来解说经义的治学方式。通习一家章句，即可入仕。

③同超：疑作"因趋"，形近而误。趋，追求，讲究。史书：指作为文

吏所要掌握的文字、书法。史，令史，汉代掌管文书的官吏。

④讽：背诵。

⑤情奏：疑作"请奏"，指公文。情，疑作"请"，形近而误。

⑥滑习：熟习。

⑦署：供职。辄：就，立即。

⑧徇：迎合，迁就。

⑨雠：出售。

⑩竞进：争着往上爬。案：根据。

⑪是以：因此。

⑫旧学：经学。

⑬寂：寂寞，冷冷清清。

⑭哗：喧哗。此处形容得意的样子。

⑮驱驰：奔走效劳。

⑯守隘：本指把守要道，此喻坚守节操。屏：放逐，排斥。窜：放逐。

⑰顿：通"钝"。

⑱希：少。阙：少。

⑲狎（xiá）习：亲近熟习。

⑳尝：曾经。

㉑曲折：这里指道路。

【译文】

所以社会上一般做学问的人，不愿意彻底地钻研五经通晓圣道，在深刻了解古今方面下功夫，而急于成就一家章句之学。只要稍微习得一点义理，于是就去学习当文吏所要熟习的档案文书，熟读背诵法令，习作公文，练习答对，熟习跪拜礼节，在家练习好后，一旦被召去供职就能立刻胜任。迎合如今的风气而不顾古代的先王之道，急于推销自己而放弃高尚的志向，争着向上升迁而不遵循礼义，荒废经书而不再想着学习。所以经书被废弃，没有人再研习，经学从而被隐没而不能被发扬光大，儒生冷清地待在家里,文吏则在朝堂上得意扬扬。那些见风使舵以及仅有一般才能而没有宽大器量的儒生,就顺应世俗奔走钻营;有高尚节操的人,则坚守节操,被排斥与疏远。奔走钻营的人一天比一天显得精明强干,而被排斥疏远的人则一天比一天显得笨拙迟钝。并不是他们的能力低下智力比不上,而是见得少,干得少,不熟习的缘故。没有到过的地方,即使是尧、舜也要探问道路的情况;没有亲眼见过的东西,即使是孔子、墨子也要问问它们的模样。

　　齐郡世刺绣①,恒女无不能②;襄邑俗织锦③,钝妇无不巧。日见之,日为之,手狎也。使材士未尝见,巧女未尝为,异事诡手④,暂为卒睹⑤,显露易为者,犹愦愦焉⑥。方今论事⑦,不谓希更⑧,而曰材不敏;不曰未尝为,而曰知不达,失其实也。儒生材无不能敏,业无不能达,志不有为⑨。今俗见不习,谓之不能;睹不为,谓之不达。

【注释】

①齐郡:底本作"齐部",据《意林》、《太平御览》卷八百一十五改。齐郡,郡、国名。西汉以临淄郡改置,治所在临淄县(今山东淄博东北)。东汉改为国。世:世世代代。

②恒女:普通的妇女。

③襄邑:县名。秦置,治所在今河南睢县。

④异事:陌生的事。诡手:生手。

⑤卒:同"猝",仓促,匆忙。

⑥愦愦(kuì):昏昧无知。

⑦方今:如今,当今。

⑧希更:经历得少。

⑨不有：据文意，疑作"有不"。

【译文】

　　齐郡的人世代从事刺绣，普通的女子没有不会的；襄邑的人一般都会织锦，连愚笨的妇女织锦的技术都十分高超。这是因为天天看，天天做，手就熟练了。假使有才能的儒生未曾见过，巧手的女子未曾做过，生事生手，偶尔干一下，匆忙瞟一眼，那么即使是浅显明白，容易干的事，还是会糊里糊涂地干不好。如今谈到处理政务，不说儒生经历少，而说他们才干不聪敏；不说未曾做过，而说智慧不够，这是不符合实际情况的。儒生的才能没有不聪敏的，职务没有不能胜任的，只是他们并不愿意去干。如今社会上的人看见儒生不熟习处理文书的工作，就说他们不能干；看见他们不去从事文吏的工作，就认为他们能力达不到。

　　科用累能①，故文吏在前，儒生在后，是从朝庭谓之也②。如从儒堂订之③，则儒生在上，文吏在下矣。从农论田，田夫胜；从商讲贾④，贾人贤；今从朝庭谓之文吏。朝庭之人也，幼为干吏⑤，以朝庭为田亩，以刀笔为耒耜⑥，以文书为农业，犹家人子弟，生长宅中，其知曲折⑦，愈于宾客也⑧。宾客暂至⑨，虽孔、墨之材，不能分别。儒生犹宾客，文吏犹子弟也。以子弟论之，则文吏晓于儒生⑩，儒生暗于文吏⑪。今世之将相，知子弟以文吏为慧⑫，不能知文吏以狎为能；知宾客以暂为固⑬，不知儒生以希为拙⑭，惑蔽暗昧，不知类也⑮。

【注释】

　　①科：分别。累能：排列能力高下。累，按一定的顺序排列。
　　②庭：通"廷"，下同。

③儒堂：指学习儒家经书的地方。订：评定。

④商、贾（gǔ）：经商，做买卖。

⑤干吏：汉代郡县中负责具体事务的吏员。

⑥刀笔：写字的工具。秦汉时期公文用笔写在简上，错了则用刀刮去。耒耜（lěi sì）：古代耕地的农具。

⑦曲折：指宅院内房屋、道路的情况。

⑧愈：胜过。

⑨暂至：刚刚来到。

⑩晓：通晓，熟悉。

⑪暗：此处指生疏。

⑫文吏：据文意，"文吏"二字为误，疑当作"久"字，"知子弟以久为慧"与下文"知宾客以暂为固"正反为文。慧：聪明。

⑬固：浅陋，这里指不了解情况。

⑭希：少，指对文书、法令接触、处理得少。

⑮类：类比。

【译文】

区别效用排列能力的高低，之所以文吏在前，儒生在后，是因为这是从朝廷的视角来说的。如果从通习经书的角度来评价，则是儒生在前，文吏在后。从务农的角度来评论种田，农夫胜一筹；从商业的角度来讲做生意，商人最高明；如今从朝廷的角度看，文吏就是最有才能的。朝廷里供职的人，年纪小的时候就担任负责具体事务的吏员，把朝廷当作田亩，把刀笔当作农具，把撰写公文当作从事农耕，就像是家里的子弟，生长在宅院之中，对于宅院内房屋、道路布局的了解情况，胜过宾客。宾客刚到时，即使有孔子、墨子这样才智，也不能认清房屋、道路的布局。儒生就像宾客，文吏就像子弟。用家人子弟比客人熟悉自家宅院来类比，那么文吏比儒生更加熟习处理政务文书，儒生相比文吏则显得生疏。如今的地方长官，知道子弟是因为做文吏而聪明，却不知道文吏是因为熟习文书才显得能干；知道宾客是因为刚来所以不了解情况，却不知道儒生是因为接触文书太少而显得笨拙，糊涂不明，不懂得类比。

　　一县佐史之材①，任郡掾史②；一郡修行之能③，堪州从事④。然而郡不召佐史，州不取修行者，巧习无害⑤，文少德高也⑥。五曹自有条品⑦，簿书自有故事⑧，勤力玩弄，成为巧吏，安足多矣⑨？贤明之将，程吏取材不求习⑩，论高存志不顾文也⑪。称良吏曰忠，忠之所以为效⑫，非簿书也。夫事可学而知，礼可习而善，忠节公行不可立也⑬。文吏、儒生皆有所志，然而儒生务忠良⑭，文吏趋理事⑮。苟有忠良之业⑯，疏拙于事，无损于高。

【注释】

①佐史：县的低级官吏。

②任：胜任。掾（yuàn）史：汉代中央和地方机构中属官的通称。

③修：汉代无"修行"之官，疑作"循"，形近而误。循行，门下循行的省称。官名。汉制，郡守散吏有门下循行，类似门下客，不主实事。

④堪：胜任。从事：官名。汉代三公及州郡长官自己选任的僚属，又称"从事史"。

⑤巧习：非常熟练。

⑥文少：佐史、循行一类的小官没有学习过文法，也少有机会处理公文，因此对于文书法律的知识储备少。德高：汉代乡官中，如三老，孝悌力田，要劝导乡里，帮助风化，所以说德高。

⑦五曹：汉成帝设置尚书台的五个部门，此处泛指政府各部门。曹，汉代从中央到地方各级政府分科办事的部门。条品：章程。

⑧簿书：公文。故事：成例，旧例。

⑨安：何。多：称赞。

⑩程：衡量，品评。

⑪论：通"抡"，选择。存：省察。

⑫效：效验，作用。

⑬公：公正。立：成。

⑭务：勉力而为之。

⑮理：处理，办理。

⑯苟：假如。业：事业。

【译文】

　　县里一个佐史的才能，足以胜任郡里的掾史；郡里一个循行的能力，可以胜任州里的从事。但是郡里不召用佐史，州里不起用循行，是因为从熟练处理文书政事不出差错的标准来看，他们虽然道德高尚但却在处理公文的能力方面有所欠缺。五曹办事自有章程，公文书写自有旧例，只要勤勉练习，就能成为熟练的文吏，这有什么值得称赞的呢？贤明的官长，评价任用官吏的标准是才能而不是是否熟习文书，选择德行高尚的，考察其志向是否符合正道，至于文书法令的熟习并不是重要的。称赞好的官吏就说其忠诚，忠诚的表现不是在处理公文上。职事可以通过学习来通晓，礼节可以通过练习而精通，但忠贞的节操和公正的操行是不容易造就的。文吏和儒生都有志向，然而儒生追求忠贞善良，文吏追求能办好政事。如果以忠良的品德为其追求，那么即使在处理政事方面生疏、笨拙，也无损于品德的高尚。

　　论者以儒生不晓簿书，置之于下第①。法令、比例②，吏断决也③。文吏治事，必问法家④。县官事务⑤，莫大法令。必以吏职程高⑥，是则法令之家宜最为上。或曰："固然。法令⑦，汉家之经⑧，吏议决焉。事定于法，诚为明矣。"曰：夫五经亦汉家之所立^⑨，儒生善政大义^⑩，皆出其中。董仲舒表《春秋》之义^⑪，稽合于律^⑫，无乖异者^⑬。然则《春秋》，汉之经，孔子制作，垂遗于汉^⑭，论者徒尊法家，不高《春秋》，是暗蔽也。《春秋》、五经义相关穿^⑮，既是《春秋》^⑯，不大五经^⑰，是不通也^⑱。五经以道为务^⑲，事不如道^⑳，道行事立，无道不成。然则儒生所学者，道也；文吏所学者，事也。假使材同，当以道学。如比于文吏，洗洿泥者以水^㉑，燔腥生者用火^㉒。水火，道也，用之者，事也，事末于道^㉓。儒生治本，文吏理末，道本与事末比，定尊卑之高下，可得程矣。

【注释】

①下第：下等。

②比例：在汉代，凡法令上没有规定，而比照类似条文处理事务或判案，经皇帝批准后具有法律效力的条款，叫"比"或"比例"。

③断决：判案，判决。

④法家：精通法令的人。

⑤县官：古代指天子。《史记·绛侯周勃世家》司马贞《索引》言："县官谓天子也。所以谓国家为县官者，《夏官》王畿内县即国都也。王者官天下，故曰县官也。"

⑥吏职：文吏从事的工作，此处指精通法令，善于按照法令办事。

⑦法令：此处指萧何制定的法令。

⑧汉家之经：汉代把萧何制定的法令也看作经书，用当时只有经书才采用的二尺四寸的竹简书写，并称其为《律经》。

⑨汉家之所立：武帝立五经为官学，并设立五经博士教授。

⑩善政：完美的政治主张。大义：大道义。

⑪表：阐述，发挥。

⑫稽合：考校。稽，考核，查考。

⑬乖异：不一致，背离。乖，违背，违反。异，不同。

⑭垂遗：流传到后代。

⑮关穿：贯穿。

⑯是：肯定。

⑰大：推崇。

⑱通：通达。

⑲道：原理，法则。

⑳事：具体的事务。

㉑洿（wū）泥：污泥。洿，污秽。

㉒燔（fán）：焚烧。

㉓末：最后。

【译文】

　　评论的人根据儒生不熟悉文书簿册，所以将他们放在下等之列。法令和比例是文吏断案的依据。文吏处理政事，一定要请教精通法令的人。天子治理天下，以法令为最高准则。如果一定要以精通法令、善于依法办事作为衡量一个人能力高下的标准，那么精通法令的人应该要列在最上等了。有人说："确实是这样。萧何制定的法令是汉朝的经典之一，官吏断案定罪都取决于它。具体事务的处理以法令为标准，这是很明白的。"我认为：五经也是汉朝所设立的，儒生完美的政治主张和崇高的仁义道德都出自五经之中。董仲舒阐释的《春秋》大义，与今天的法律是相符合的，没有什么违背与不同的地方。然而《春秋》是汉朝的经典，是孔子所作，流传到汉代的，评论者只尊崇熟习法令的人，不推崇《春秋》，这是愚昧不明的表现。《春秋》是五经之一，它们的思想与道理是相互贯通的，既然肯定《春秋》的地位，却不推崇五经，这是不通达的表现。五经以阐述原则、道理为要务，具体的事务不如原则重要，按照原则办事，事情就办成了，不按照原则办事，事情就办不成。这样看来，儒生所学的，正是原则、道理；文吏所学的，是具体的事务。如果才能相同，就应该以学习道的儒生为高。儒生如果和文吏相比，就像用水洗去污泥，用火烹煮腥生的食物。水与火，就像是原则与道理，使用它们，就是处理具体的事务，具体的事务相较于原则可谓是细枝末节。儒生处理的是原则上的事情，文吏只是处理细枝末节的事，属于根本的原则道理与属于细枝末节的具体事务相比，确定二者的尊卑高下，是完全能够比较清楚的。

尧以俊德①，致黎民雍②。孔子曰："孝悌之至③，通于神明。"张释之曰④："秦任刀笔小吏⑤，陵迟至于二世⑥，天下土崩。"张汤、赵禹⑦，汉之惠吏⑧，太史公序累⑨，置于酷部⑩，而致土崩⑪。孰与通于神明令人填膺也⑫？将相知经学至道⑬，而不尊经学之生，彼见经学之生，能不及治事之吏也⑭。

【注释】

①俊：美。

②致：使。黎民：百姓。雍：和。以上两句参见《尚书·尧典》。

③孝悌（tì）：孝顺父母，尊敬兄长。至：极，顶点。

④张释之：字季，南阳堵阳（今河南方城东）人。汉文帝时累迁公车令、中郎将，后任廷尉。景帝时任淮南相。

⑤刀笔小吏：处理日常文书事务的吏员。是一种蔑称。

⑥陵迟：衰颓，每况愈下。

⑦张汤（？—前115）：西汉杜陵（今陕西西安东南）人。武帝时任廷尉、御史大夫等职。与赵禹共同编订律令，著有《越宫律》二十七篇。赵禹（？—前100）：斄（今陕西武功西南）人。武帝时历任御史、太中大夫、廷尉等职，著有《朝律》六篇。

⑧惠吏：精明强干的官吏。惠，通"慧"。

⑨序累：编排次序。

⑩酷部：指将张汤、赵禹放入《酷吏列传》中。

⑪致：招致。

⑫膺（yīng）：胸。

⑬至道：最高的原则。

⑭能：能力。

【译文】

尧凭借着美德使百姓和睦。孔子说："孝顺父母，尊敬兄长，达到了极点，就能感动上天。"张释之说："秦朝任用刀笔小吏，待衰败到秦二世时，天下就土崩瓦解了。"张汤和赵禹是汉朝精明强干的官吏，司马迁在《史记》中论列次序，将他们归入到《酷吏列传》，认为是他们制定施行的酷法导致了地方的叛乱。他们与因孝顺而感动神明的人相比，谁更加令人感到气愤呢？地方长官虽然懂得经学蕴含着至高的原则，但不尊重学习经学的儒生，因为他们看见研习经书的儒生的行政能力赶不上处理具体政事的文吏。

牛刀可以割鸡，鸡刀难以屠牛。刺绣之师，能缝帷裳①；纳缕之工②，不能织锦。儒生能为文吏之事，文吏不能立儒生之学。文吏之能，诚劣不及③；儒生之不习，实优而不为。禹决江河④，不秉锄锸⑤；周公筑雒⑥，不把筑杖⑦。夫笔墨簿书，锄锸筑杖之类也，而欲合志大道者躬亲为之⑧，是使将军战而大匠斫也⑨。

【注释】

①帷裳：帐幕和衣裳。

②纳缕之工：缝补破衣服的工匠。纳，缝补。缕，破旧衣服。

③诚：确实。

④决：疏通。

⑤秉：拿。镢（jué）锸（chā）：古代两种挖土工具。

⑥周公筑雒（luò）：成王时为巩固对东方的统治，在周公主持下修筑雒邑城。雒，雒邑。在今洛阳东北。

⑦筑杖：砸地基，夯土墙的工具。

⑧合：疑为"令"字之讹，形近而误。躬亲：亲自。躬，身。

⑨斫（zhuó）：砍。

【译文】

宰牛的刀可以杀鸡，杀鸡的刀难以用来宰牛。刺绣的工匠，能够缝制帐幕和衣裳；缝补破衣服的工匠，不能织锦缎。儒生能干文吏的工作，文吏不能成就儒生的学术。文吏的才能，确实低劣赶不上儒生；儒生不熟习文书工作，实际上是才能超过文吏但不愿意去学的缘故。禹疏通江河，不会亲自拿着镢锸去掘土；周公营建雒邑，不会亲自拿着筑杖去筑城。那些笔墨文书就像是镢锸筑杖一类的工具，想要让有志于大道的人亲自去做这些具体的事务，这等于叫将军亲自上战场拼杀，高级工匠亲自去砍木头一样。

说一经之生①，治一曹之事，旬月能之②；典一曹之吏③，学一经之业，一岁不能立也④。何则？吏事易知，而经学难见也⑤。儒生摘经⑥，穷竟圣意；文吏摇笔，考迹民事⑦。夫能知大圣之意，晓细民之情⑧，孰者为难？以立难之材⑨，含怀章句十万以上⑩，行有余力。博学览古今，计胸中之颖⑪，出溢十万。文吏所知，不过辨解簿书⑫。富累千金，孰与赀直百十也？京廪如丘⑬，孰与委聚如坻也⑭？世名材为名器,器大者盈物多⑮。然则儒生所怀,可谓多矣。

【注释】

①说:讲解,研习。

②旬:十天。

③典:掌管。

④立:成。

⑤见:了解,懂得。

⑥擿(tī):揭示,发挥。

⑦考迹:考察,研究。民事:关于百姓之事。

⑧细民:百姓。

⑨难:困难的事情,指精通经学。

⑩含:包藏,掌握。

⑪颖:聪明智慧。

⑫辨解:分辩解释。辨,通"辩"。

⑬京:高,大。廪:粮仓。丘:小山。

⑭委聚:积聚。坻(chí):水中小洲,比喻粮堆低小。

⑮盈:盛,装。

【译文】

　　能够通一经的儒生,去负责一曹的事务,十来天个把月就能胜任了;掌管一曹事务的文吏,去学习一部经书,一年也难以学成。为什么呢?因为文吏负责的事情容易学会,而经学难以学懂。儒生解释经文,要穷尽圣人的思想;文吏处理文书,是为了考察百姓之事。能够理解圣人的思想,跟了解百姓之事,哪一个困难一些呢?凭借着能够学懂经学的才能,掌握经书的章句,就是十万字以上,他的能力还是有余力的。至于学识渊博,通览古今的人,计量他们的才智,要远远超过能掌握十万字章句的人。文吏懂得的不过是分辩解释文书簿册罢了。富有千金的人与财产只有百十个钱的人相比,哪个富有呢? 粮食堆得像小山与粮食堆得像小坻,哪个多呢? 世上把有才能的人比作名贵的宝器,器皿大装的东西就多。那么儒生所怀有的才智,可以说是很多了。

蓬生麻间①,不扶自直;白纱入缁②,不染自黑。此言所习善恶,变易质性也。儒生之性,非能皆善也,被服圣教③,日夜讽咏④,得圣人之操矣。文吏幼则笔墨,手习而行,无篇章之诵,不闻仁义之语。长大成吏,舞文巧法⑤,徇私为己⑥,勉赴权利⑦。考事则受赂⑧,临民则采渔⑨,处右则弄权⑩,幸上则卖将⑪。一旦在位,鲜冠利剑⑫;一岁典职,田宅并兼。性非皆恶,所习为者,违圣教也。故习善儒路⑬,归化慕义,志操则励变从高,明将见之⑭,显用儒生⑮。东海相宗叔庠⑯,广召幽隐⑰,春秋会飨⑱,设置三科⑲,以第补吏⑳,一府员吏,儒生什九。陈留太守陈子瑀㉑,开广儒路,列曹掾史,皆能教授。簿书之吏,什置一二。两将知道事之理,晓多少之量,故世称褒其名㉒,书记纪累其行也。

【注释】

①蓬:一种容易倒伏的草本植物。

②缁(zī):黑色。

③被服:亲自深刻地接受某种事物。圣教:孔孟之道。

④讽咏:诵读。

⑤舞文巧法:故意玩弄文字,巧于利用法令,以达到邪恶的目的。巧法,弄法。

⑥徇私:营私。徇,曲从。

⑦勉赴：竭力追求。

⑧考事：审理案件。

⑨临民：治理百姓。采渔：榨取，掠夺。

⑩处右：处在高位。右，古代以右为尊。

⑪幸上：得到皇帝宠幸。

⑫鲜冠利剑：头戴华丽的帽子，身佩锋利的宝剑。形容耀武扬威的样子。

⑬儒路：儒家。

⑭明将：高明的地方长官。

⑮显用：重用。

⑯东海相：东海国的相。东海，郡、国名。原为东海郡，东汉时在此设置王国。宗叔庠：即宗均。《后汉书》：“宗均字叔庠，南阳安众人也。永平元年迁东海相。”

⑰幽隐：这里指隐居在偏僻地方的读书人。

⑱春秋会飨（xiǎng）：汉代每年三月和十月，由郡县设酒宴款待地方上年老而有道德学问的人。飨，用酒食款待人。

⑲三科：汉朝选用博士所划分的三个等级。科，等。

⑳第：次第，先后。

㉑陈留：郡名。西汉元狩元年（前122）置，治所在陈留县（今河南开封东南）。

㉒称褒：赞扬。褒，表扬，赞扬。

【译文】

　　蓬草生长在麻中间，不用扶它自然会长直；白纱放进黑色的液体中，不用染它自然会变黑。这话是说学习的东西的好坏，会改变人的本性。儒生的本性，不会都是好的，接受先王之道的教导，日夜诵读经书，才得到了圣人的操行。文吏从幼年起就学习写字作文，只是手上练习而已，并不诵读儒家的经书，没听闻过儒家的仁义之语。长大做了文吏，舞文弄法，徇私为己，极力追求个人的权力与利益。审理案件就接受贿赂，治理百姓就搜刮掠夺，处在重要职位就滥用权柄，受到皇帝宠幸就卖官鬻爵。一天在位，就头戴华帽腰佩宝剑耀武扬威；一年掌权，就兼并掠夺房屋田产。他们的本性并非都是坏的，是所学所做的违背了先王之道。所以在儒家门下学习好的东西，归于教化而仰慕仁义，志向和操行就会得到磨炼而变得高尚，贤明的地方长官看见了这一点，就会重用儒生。东海国相宗叔庠，广泛招求隐士，春秋两季设置酒宴来款待他们，根据才能分设三等，按照次第先后补充官吏，一府的官吏中，儒生占十分之九。陈留郡的太守陈子瑀，广开儒生门路，选入各曹的掾史，都能讲授儒家经书。处理文书的文吏只占十之一二。两位地方长官都明晰道和事之间的关系，清楚二者所应占的多少的比重，所以世人颂扬他们的名声，史籍记载他们的事迹。

量知篇第三十五

【题解】

本篇如王充在篇首第一句所说的,是从所接受的知识来比较儒生与文吏的高下,因此本篇名为《量知》,即衡量知识学问之高下。王充认为儒家经学是当时最高等的学问。文吏因未曾学习过经学,故而"不晓政治""不能言事",是一群"贪利禄""好为奸"的"尸位素餐"之徒;儒生则因熟习先王之道,因此身怀节义,"知虑光明,见是非审",是能够忘危直谏,"以道事将"的饱学之士,忠义之人。在此,王充对于儒生的推崇,可谓溢于言表。

《程材》所论①,论材能行操,未言学知之殊奇也②。夫儒生之所以过文吏者,学问日多③,简练其性④,雕琢其材也⑤。故夫学者所以反情治性⑥,尽材成德也。材尽德成,其比于文吏,亦雕琢者,程量多矣⑦。贫人与富人,俱赍钱百⑧,并为赙礼⑨。死哀之家,知之者,知贫人劣能共百⑩,以为富人饶羡有奇余也⑪;不知之者,见钱俱百,以为财货贫富皆若一也。文吏、儒生皆有似于此。皆为掾吏⑫,并典一曹⑬,将知之者,知文吏、儒生笔同⑭,而儒生胸中之藏⑮,尚多奇余;不知之者,以为皆吏⑯,深浅多少同一量⑰,失实甚矣。地性生草,山性生木。如地种葵、韭,山树枣、栗⑱,名曰美园茂林,不复与一恒地庸山比矣⑲。文吏、儒生,有似于此。俱有材能,并用笔墨,而儒生奇有先王之道⑳。先王之道,非徒葵、韭、枣、栗之谓也㉑。恒女之手,纺绩织经㉒;如或奇能㉓,织锦刺绣,名曰卓殊㉔,不复与恒女科矣㉕。夫儒生与文吏程材,而儒生侈有经传之学㉖,犹女工织锦刺绣之奇也。

【注释】

①《程材》:指本书《程材篇》。

②学知:学问和知识。殊奇:差异。殊,不同。奇,异。

③日多:一天天地增多。

④简练其性:通过引导和培养,消除恶性,滋长善性。简练,经过挑选并磨砺。简,选择。性,王充指人天生具有的善或恶的道德属性。

⑤雕琢:精雕细刻,精心培养。

⑥反情:逆反泛滥无度的淫欲之情而使之归于道。治:治理,改造。

⑦程量:衡量。

⑧赍(jī):拿东西送给别人。

⑨赙(fù)礼:送给丧家的礼物。亦指赠送礼物以助人治丧。赙,拿钱财帮助别人办理丧事。

⑩劣:仅,只。共(gōng):通"供"。

⑪饶羡:富足。奇(jī)余:多余。奇,余数。

⑫掾吏:官府中佐助官吏的通称。

⑬典:管理。曹:汉代从中央到地方各级政府分科办事的部门。

⑭笔同:文笔,文字水平相同。笔,文笔,文字水平。

⑮藏：收存的东西，此处指学问。

⑯吏：此处指属吏。

⑰量：数量。

⑱树：栽种，培植。

⑲复：再。恒：平常。庸：普通。比：相同。

⑳先王之道：即孔孟之道。

㉑非徒：不但，不仅。徒，仅仅。

㉒纺绩：纺纱。经：疑为"纴"字之讹，《墨子·节葬下》《汉书·食货志下》《汉书·严助传》皆作"纺绩织纴"。织纴（rèn），织布。纴，织布帛的线。

㉓或：有。奇能：特殊的本领。

㉔卓殊：卓越，特异。卓，高。殊，超过。

㉕科：同类。

㉖侈有：富有。

【译文】

上篇《程材》所论述的内容，只涉及了儒生与文吏之间才能与操行，并没有讨论儒生与文吏在学问与知识方面的差异。儒生之所以超过文吏，是因为通过学习，他们的学问一天天地增多，同时引导磨炼了他们的善性，消除了恶性，塑造培养了他们的能力。因此学习是为了节制情欲磨炼善性，完善自己的才能与品德。才能与品德完备了，儒生与那些在处理公文簿册方面同样下过苦功的文吏相比，就要高明得多了。穷人与富人，都送给人一百钱，同样作为帮人办理丧事的礼金。办理丧事的人家，了解情况的，知道穷人只能提供一百钱，认为富人家里富足而多有余；不了解情况的，看见两人送的都是一百钱，就认为两人的钱财贫富都一样。文吏与儒生都有些像这种情况。他们都是掾吏，都管理着一个部门，地方长官中了解他们的，知道文吏与儒生的文字能力相同，但儒生胸中所藏的学问，还多得很；不了解他们的，就认为他们都是属吏，学问的深浅多少都是一样的,这就太不符合实际情况了。地性长草,山性长树,如果在地里种上冬葵与韭菜,山上种植枣树和栗子树,称之为美园茂林,就不再跟平常的地与普通的山相提并论。文吏与儒生也有些像这种情况。他们都有才能,都使用笔墨来写文章奏疏,但是儒生相较于文吏更多习得了先王之道。先王之道,不仅仅是冬葵、韭菜、枣树、栗树这类普通的东西可比的。普通女子的手,能纺纱织布;如果有的女子具有特殊的才能,能够织锦刺绣,就称其为卓越,不再跟普通女子同类了。儒生与文吏比较才能的高下,儒生富有经传方面的学问,就像是女子有巧于织锦刺绣的特别本领一样。

贫人好滥①,而富人守节者,贫人不足而富人饶侈②;儒生不为非,而文吏好为奸者,文吏少道德而儒生多仁义也。贫人、富人,并为宾客,受赐于主人,富人不惭而贫人常愧者,富人有以效③,贫人无以复也④。儒生、文吏,俱以长吏为主人者也⑤。儒生受长吏之禄,报长吏以道;文吏空胸⑥,无仁义之学,居住食禄⑦,终无以效,所谓尸位素餐者也⑧。素者,空也,空虚无德,餐人之禄,故曰素餐。无道艺之业⑨,不晓政治,默坐朝庭⑩,不能言事,与尸无异,故曰尸位。然则文吏所谓尸位素餐者也。居右食嘉⑪,见将倾邪⑫,岂能举记陈言得失乎⑬? 一则不能见是非,二则畏罚不敢直言。《礼》曰⑭:"情欲巧⑮。"其能力言者⑯,文丑不好者⑰,有骨无肉,脂腴不足⑱,犯干将相指⑲,遂取间郄⑳。为地战者不能立功名㉑,贪爵禄者不能谏于上。文吏贪爵禄,一日居位,辄欲图利㉒,以当资用,侵渔徇身㉓,不为将贪官显义㉔,虽见太山之恶㉕,安肯扬举毛发之言㉖? 事理如此㉗,何用自解于尸位素餐乎㉘？儒生学大义，以道事将㉙，不可则止㉚，有大臣之志㉛，以经勉为公正之操，敢言者也，位又疏远。远而近谏，《礼》谓之谄㉜，此则郡县之府庭所以常廊无人者也㉝。

【注释】

①贫人：贫穷的人。滥：无节制。此处引申为胡作非为。语出《论语·卫灵公》："小人穷斯滥矣。"

②饶侈：富足。

③效：报效，回报。

④复：报答，回报。

⑤长吏：此处指县以上的地方长官。

⑥空胸：胸中空乏，指没有学问。

⑦住：据文意，疑为"位"字之讹。

⑧尸位素餐：占据着官位不做事，白白领受着俸禄。尸位，形容人像尸一样占据着位置而不做事。尸，古人祭祀祖先时，常用年幼的兄弟代表被祭祀的人，放在被供奉的位置上，叫作"尸"。战国以后改为画像或塑像。素餐，白白地吃饭。餐，吃。

⑨道：先王之道。艺：六艺，即六经。

⑩朝庭：即朝廷。庭，通"廷"。

⑪居右：处于重要官位。右，古代以右为尊。食嘉：享受好的待遇。

⑫倾邪：行为邪僻不正，偏离正道。

⑬举记：上书。记，奏记。陈言：论述。

⑭《礼》：《礼记》。

⑮情欲巧：疑本句有脱漏。《礼记·表记》："子曰：'情欲信，辞欲巧。'"

⑯其：那些。力言：鼎力进谏。

⑰文丑不好：文章写得不好。者：疑为衍文，因涉上文"者"字而衍。

⑱脂腴（yú）不足：文章修饰润色不够。腴，肥肉。

⑲犯干：触犯，违犯。相：上下文皆为四字句，故疑"相"为衍文。指：旨意，意向。

⑳间郤（xì）：空隙，间隔。指关系疏远。郤，通"隙"。

㉑地：地位。战：争斗。

㉒辄：就。

㉓侵渔：侵夺，从中侵吞牟利。侵，掠夺。渔，榨取。徇身：徇私，满足自己的欲望。

㉔不为将贪官显义：疑"贪官"二字为衍文。显：显露，宣扬。

㉕太山之恶：非常大的罪恶。太山，泰山。

㉖安：哪里。毛发：形容十分细小。

㉗事理：以为"理事"之误倒。本书《程材篇》言："文吏趋理事。"

㉘何用：用何，凭什么。

㉙事：侍奉，帮助。

㉚止：息，结束，此处指辞官隐退。

㉛志：志向，抱负。以上三句参见《论语·先进》，原文作："所谓大臣者，以道事君。不可则止。"

㉜"远而近谏"二句：见《礼记·表记》，原文作："事君远而谏，则谄也。"谄（chǎn），巴结，奉承。

㉝廓（kuò）：空。

【译文】

穷人好胡作非为而富人遵守礼节，是因为穷人贫困而富人富足的缘故；儒生不为非作歹而文吏喜欢作奸犯科，是因为文吏缺少道德而儒生富于仁义的缘故。穷人和富人同时作为宾客，接受主人的赏赐，富人不感到惭愧而穷人常感到受之有愧，是因为富人有用来回报的东西，而穷人没有可用来回报的东西。儒生与文吏都像宾客一样把上级长官当作主人。儒生接受长官发放的俸禄，通过奉行先王之道来帮助长官作为回报;文吏胸腹空乏,没有仁义之学,身居官位,领受俸禄,始终没有用来回报长官的东西,这就是人们所说的"尸位素餐"。素,就是空,胸腹空虚无道德,白吃人家的俸禄,所以叫"素餐"。不知先王之道,六经之学,又不通晓政治,默默地坐在朝廷上,不能进谏或议论政事,与祭祖时的尸一样,所以叫"尸位"。这样说来文吏就是所说的那种"尸位素餐"的人。身居重要的职位,领受着丰厚的俸禄,即使看见地方长官的行为邪僻不正,又怎么可能向他们上书陈述利害得失呢? 一是他们不能够看清是非,二是他们害怕受到惩罚而不敢直说。《礼记·表记》说:"内心的感情要诚信真实,言辞要巧妙。"那些能够竭力进谏的人,文章写得不好,有框架而内容干瘪,缺乏修饰润色,违犯了长官的意旨,于是就遭到疏远。为了地位而不停争斗的人不可能建立功绩与名望,贪图爵位俸禄的人不可能向长官进谏。文吏贪图爵位俸禄,一旦当官,就想要谋取私利供自己享用,掠夺榨取财物来满足自己的欲望,而不是替地方长官显扬仁义,即使见到了如泰山一般巨大的罪恶,哪里肯说出半句有关地方长官过错的话来呢? 像他们这样处理事务,凭什么将自己从"尸位素餐"的指责中解脱出来呢? 儒生学习大道理,用先王之道来辅佐地方长官,要是不被重用就辞官隐退,有着成为国之大臣的志向,用经书上的道理来勉励自己要有公正的操行,是敢于直言进谏的人,但是其地位又差地方长官很远。地位疏远却硬要接近并劝谏地方长官,《礼记·表记》称这是阿谀奉承,这就是郡县的官府中常常空无贤人的缘故。

　　或曰:"文吏笔札之能[1],而治定簿书[2],考理烦事[3],虽无道学[4],筋力材能尽于朝庭,此亦报上之效验也[5]。"曰:此有似于贫人负官重责[6],贫无以偿,则身为官作[7],责乃毕竟[8]。夫官之作,非屋庑则墙壁也[9]。屋庑则用斧斤,墙壁则用筑锸。荷斤斧[10],把筑锸,与彼握刀持笔何以殊? 苟谓治文书者报上之效验⑪，此则治屋庑墙壁之人，亦报上也。俱为官作，刀笔、斧斤、筑锸钩也⑫。抱布贸丝⑬，交易有亡⑭，各得所愿⑮。儒生抱道贸禄，文吏无所抱，何用贸易？农商殊业，所畜之货⑯，货不可同⑰，计其精粗，量其多少，其出溢者名曰富人⑱，富人在世，乡里愿之⑲。夫先王之道，非徒农商之货也，其为长吏立功致化⑳，非徒富多出溢之荣也。且儒生之业，岂徒出溢哉！其身简练㉑，知虑光明㉒，见是非审㉓，尤可奇也。

【注释】

①笔札之能：书写文章、奏疏的能力。札，书简。

②簿书：文书。

③考理：考察处理。烦事：繁杂的事务。

④道学：儒生学习的先王之道。

⑤报上：指报答地方长官。效验：证明。

⑥负：欠。官：官府。责：同"债"。

⑦官作：汉代指为官府服劳役。

⑧毕竟：终了，指还清债务。

⑨屋庑（wǔ）：屋顶。也泛指房屋。庑，古代堂下周围的走廊、廊屋。

⑩荷：扛。

⑪苟：假如。

⑫钧：通"均"，等。

⑬抱布贸丝：以物易物。商品交换的一种形式。贸，交换。

⑭有亡：有无。亡，无，没有。

⑮愿：希望。

⑯畜：积蓄，积储。

⑰可：当，应该。

⑱出溢：远远超过旁人。溢，过头，超出。

⑲乡里：同乡的人。愿：羡慕。

⑳其：先王之道。为：帮助。化：教化。

㉑简练：锻炼，考验。

㉒知虑：智慧与思想，此处指一个人的心地。

㉓审：明了，清楚。

【译文】

有人说："文吏有写文书、奏章的能力，并且可以处理好公文，审理繁杂的事务，虽然没有学习过与先王之道有关的知识，但他们的体力才能全都贡献给了朝廷，这也是回报长官的表现。"我认为：这有点像穷人欠了官府很多债，因为贫穷而无法偿还，就亲自去为官府服劳役来抵债，这样债才能还清。官府的劳役，不是盖房屋就是筑墙。盖房子就用斧斤，筑墙就用筑锸。扛斧斤，把筑锸，与那些手持刀笔的文吏有什么不同？假如说能够处理文书就是回报长官的表现，那么盖房筑墙的人也是回报长官了。都是为官府服役，刀笔与斧斤、筑锸的作用相等。用布换丝，交换有无，各自能得到所希望得到的东西。儒生以先王之道换取俸禄，文吏没有什么才能，用什么东西来交换呢？农、商是不同的行业，所积储的货物不应该相同，估量它们的优劣，计算它们的多少，那些数量远远超出别人的就被称为富人，富人在社会上，同乡的人都很羡慕他们。然而先王之道，不是农夫、商人的货物可以相比的，它能帮助长官建立功绩，宣达教化，如此所得到的荣誉不是仅仅因为富有所得到的荣誉能比的。况且儒生所建立的业绩，岂止是在数量上超过别人呢！他们自身经过磨炼，心地光明磊落，能够明辨是非，这是尤其珍贵的。

蒸所与众山之材干同也①，代以为蒸②，熏以火，烟热究浃③，光色泽润，炳之于堂④，其耀浩广，火灶之效加也⑤。绣之未刺,锦之未织,恒丝庸帛,何以异哉?加五采之巧⑥,施针缕之饰⑦,文章炫耀⑧,黼黻华虫⑨,山龙日月。学士有文章之学⑩,犹丝帛之有五色之巧也。本质不能相过,学业积聚,超逾多矣。物实无中核者谓之郁⑪,无刀斧之断者谓之朴⑫。文吏不学,世之教无核也⑬,郁朴之人,孰与程哉⑭?骨曰切,象曰瑳⑮,玉曰琢⑯,石曰磨,切瑳琢磨,乃成宝器。人之学问知能成就,犹骨象玉石切瑳琢磨也。虽欲勿用,贤君其舍诸⑰?孙武、阖庐⑱,世之善用兵者也,知或学其法者⑲,战必胜。不晓什伯之阵⑳,不知击刺之术者,强使之军㉑,军覆师败,无其法也㉒。

【注释】

①蒸:把木材、麻秆经过加工后用来烧火照明的叫蒸。干:树干。

②代:疑为"伐"字之讹,形近而误。

③究:极,尽。浃(jiā):透彻。

④焫(ruò):点燃。

⑤效:效用。加:施加。

⑥巧:精巧的花纹。

⑦缕:丝线。饰:装饰。

⑧文章:花纹图案。

⑨黼黻(fǔ fú):古代服饰上绣的文饰。黼为黑白相间的斧头图案,黻为黑青相间,为两"己"相背组成的图案。华虫:野鸡形的图案。

⑩文章之学:指写文章的才华。

⑪物实:植物的果实。中核:内核。

⑫断:疑为"斲"(斫)字之讹,形近而误。斫(zhuó),砍削。朴:未经加工的木料。

⑬世之教：儒家经书记载的学说与主张。

⑭孰：谁。程：衡量，比较。

⑮象：象牙。瑳（cuō）：通"磋"。

⑯琢：雕琢。

⑰诸："之""乎"的合音。

⑱孙武：春秋末期齐国人。军事家，曾为吴国大将，著有《孙子兵法》。阖（hé）庐：春秋末期吴国君主。

⑲知：据文意，疑为"如"字之讹，形近而误。

⑳什伯之阵：此处为列队摆阵的意思。什伯，伯，通"佰"。古代军队的一种编制，十人为"什"，百人为"佰"。

㉑强：硬要。军：指挥军队。

㉒法：孙武、阖庐的兵法。

【译文】

蒸这种东西本来与山上的树干是同一种东西，砍伐树干将其作为蒸，将其用火熏烤，用烟火的热量将它全部烤透，使其光色润泽，在堂屋里点燃它，它的光芒能照耀得很广，这是火灶的效用施加于它的缘故。绣未刺，锦未织，跟平常的丝帛，有什么两样呢？刺上五颜六色的精致花纹，用针线绣上各种装饰的图案，于是花纹图案绚丽多彩，有了黼黻、华虫、山、龙、日、月等图案。儒生具有文采，就像是丝帛刺上五颜六色精致的花纹一样。其本质并不超过一般人，但是学问积累以后，就超过很多了。植物的果实没有内核的叫郁，树木未经刀斧砍削的叫朴。文吏不学习儒家所宣扬的先王之道，就像是果实没有内核一样，这种"郁朴"的人，能与谁比呢？加工骨器叫切，加工象牙器叫瑳，加工玉器叫琢，加工石器叫磨，可见原料要经过切、瑳、琢、磨，才能成为珍贵的器物。人的学问、知识、才能的形成，就像是制造骨器、象牙器、玉器、石器时的切、瑳、磨一样。有了才能即使自己不想被任用，贤明的君主又怎么肯舍弃他呢？孙武、阖庐，都是世上善于用兵的人，如果有人学会了他们的兵法，打仗一定会胜利。不懂得列队摆阵,不知道搏击刺杀方法的人,强行让他指挥军队,军队就会战败覆灭,这是因为没有掌握孙武、阖庐兵法的缘故。

谷之始熟曰粟。舂之于臼^①,簸其秕糠^②,蒸之于甑^③,爨之以火^④,成熟为饭,乃甘可食。可食而食之,味生肌腴成也。粟未为米,米未成饭,气腥未熟,食之伤人。夫人之不学,犹谷未成粟,米未为饭也。知心乱少^⑤,犹食腥谷,气伤人也。学士简练于学,成熟于师,身之有益,犹谷成饭,食之生肌腴也。铜锡未采,在众石之间,工师凿掘,炉橐铸铄^⑥,乃成器。未更炉橐^⑦,名曰积石^⑧。积石与彼路畔之瓦、山间之砾^⑨,一实也。故夫谷未舂蒸曰粟,铜未铸铄曰积石,人未学问曰矇^⑩。矇者,竹木之类也。夫竹生于山,木长于林,未知所入。截竹为筒,破以为牒^⑪,加笔墨之迹,乃成文字,大者为经^⑫,小者为传记^⑬。断木为椠^⑭,析之为板^⑮,力加刮削,乃成奏牍^⑯。夫竹木,粗苴之物也^⑰,雕琢刻削,乃成为器用。况人含天地之性,最为贵者乎!

【注释】

①舂(chōng):把谷类的外壳捣掉。臼(jiù):舂米的器具。

②簸:扬米去糠。秕(bǐ)糠:瘪谷和米糠。秕,粮食籽粒中空或不饱满。

③甑(zèng):古代蒸饭的瓦器。

④爨(cuàn):烧火煮食物。

⑤知心乱少:据文意,疑作"知少心乱","少"与"乱"分别形容"知"与"心"。知少心乱,指知识贫乏思想混乱。

⑥炉橐（tuó）：冶炉与风箱。橐，古代冶炼时用来鼓风的器具，多为
　皮质袋装，相当于现在的风箱。铸铄（shuò）：冶炼。

⑦更：经历。

⑧积石：矿石。

⑨砾（lì）：碎石。

⑩矇（méng）：愚昧。

⑪牒：古代可供书写的简札。

⑫大者：用来书写六经的竹简长二尺四寸。

⑬小者：用来书写传、记、诸子书内容的竹简长一尺。

⑭椠（qiàn）：备书写用的木板。古代削木为牍，未经书写的素牍称
　"椠"。

⑮析：剖开。

⑯奏牍（dú）：书写奏章的简牍。牍，写字用的木简。

⑰粗苴（jū）：粗糙。苴，通"粗"。

【译文】

　　谷子刚成熟的时候叫粟。把它放到臼里舂，簸去瘪谷和糠壳，之后放在甑里蒸，用火去烧煮，蒸熟成为饭，才香甜可吃。等到可以吃的时候再吃，谷的美味才能显现出来，人吃下去才能长出肌肉。粟没有舂为米，米没有蒸成饭，气味生腥没有蒸熟，吃了生腥之气就会伤人。人不学习，就像谷子没有成熟为粟，米没有蒸熟成饭一样。知识贫乏思想混乱，任用他们，就像人吃了生腥的谷子，腥气伤人一样有害。儒生在学问上钻研磨炼，在老师的教导之下成熟起来，本身有益于社会，任用他们，就像是谷米蒸熟成饭，吃了能够长出肌肉一样有益。铜和锡在没有被开采出来的时候，处在众多的石头之间，经过工匠的开凿挖掘，经过炉火的冶炼和铸造，才成为器具。没有经过炉火冶炼的，被称为积石。积石与路边的瓦片、山间的碎石，是一样的。所以谷子没有经过舂和蒸叫粟，铜没有经过冶炼铸造叫积石，人没有经过学习问师被称为愚昧。愚昧的人，

就如同竹木一类的东西。竹子生长在山上,树木生长在林子里,不知道要被用在哪里。把竹子截断做成竹筒,破开竹子做成竹片,用笔墨在上面书写,才能留下文章,长的竹简用来写录经书,短的竹简用来书写传记。劈开木头做成椠,剖开椠做成木片,用力加以刮削,才能成为写奏章的木简。竹子与木头,都是粗糙的东西,经过人的雕琢刻削,才能成为器物用具。何况人是含有天地赋予的灵性,万物中最为高贵的一类呢?

　　不入师门,无经传之教,以郁朴之实,不晓礼义,立之朝庭①,植笔树表之类也②,其何益哉?山野草茂,钩镰斩刈③,乃成道路也。士未入道门,邪恶未除,犹山野草木未斩刈,不成路也。染练布帛④,名之曰采⑤,贵吉之服也。无染练之治⑥,名縠粗⑦,縠粗不吉,丧人服之⑧。人无道学,仕宦朝庭⑨,其不能招致也⑩,犹丧人服粗,不能招吉也。能斫削柱梁,谓之木匠;能穿凿穴坎⑪,谓之土匠;能雕琢文书,谓之史匠⑫。夫文吏之学,学治文书也,当与木土之匠同科,安得程于儒生哉?御史之遇文书⑬,不失分铢⑭;有司之陈笾豆⑮,不误行伍⑯。其巧习者,亦先学之,人不贵者也,小贱之能,非尊大之职也。无经艺之本⑰,有笔墨之末⑱,大道未足而小伎过多,虽曰吾多学问,御史之知、有司之惠也⑲。饭黍粱者餍⑳,餐糟糠者饱,虽俱曰食,为腴不同。儒生文吏,学俱称习㉑,其于朝庭,有益不钧㉒。郑子皮使尹何为政,子产比于未能操刀使之割也㉓。子路使子羔为费宰,孔子曰:"贼夫人之子。"㉔皆以未学,不见大道也。医无方术㉕,云:"吾能治病。"问之曰:"何用治病?"曰:"用心意。"病者必不信也。吏无经学,曰:"吾能治民。"问之曰:"何用治民？"曰："以材能。"是医无方术，以心意治病也，百姓安肯信向㉖，而人君任用使之乎？手中无钱，之市㉗，使货主问曰"钱何在"㉘，对曰"无钱"，货主必不与也㉙。夫胸中无学㉚，犹手中无钱也，欲人君任使之，百姓信向之，奈何也㉛？

【注释】

①庭：通"廷"，下同。

②筰（zuó）：古代将一些竹做的器物称作"筰"，此处指竹竿。表：古代将立在路边指示方向的木柱称为"路表"，树立在宫殿外供上疏用的木柱称为"谏表"。此处泛指木柱。

③斩刈（yì）：砍伐。刈，割。

④练：把丝绢漂洗、煮熟，使之柔软洁白。

⑤采：多色的丝织品。

⑥治：加工。

⑦縠（hú）粗：未经煮染的粗糙纺织品。縠，绉纱一类的纺织品。

⑧丧人：死了人。

⑨仕宦：做官。

⑩招致：带来好处。

⑪穴坎：洞穴。穴，洞穴。坎，坑。

⑫史匠：擅长写公文的人。

⑬御史：官名。西周为侍从属吏。春秋、战国时为史官。因在君主左右，常有鉴察地方的差遣，汉代为御史大夫属官。此处指掌管文书的官吏。遇：对待，办理。

⑭分铢：比喻极细小。分，古代重量单位，十分为一钱。铢，古代重量单位，二十四铢为一两。

⑮有司：主管某部门的官吏，此处是主管祭祀的官吏。笾（biān）豆：笾和豆。古代礼器。笾，祭祀时装果品的竹器。豆，祭祀时装

肉食的器皿。

⑯行伍:行列。

⑰本:根本,基本。

⑱末:细枝末节,这里指不重要的东西。

⑲知:同"智"。惠:通"慧"。

⑳饭:吃。黍(shǔ)粱:泛指粗粮。餍(yàn):饱。

㉑习:熟习。

㉒钧:通"均"。

㉓"郑子皮使尹何为政"二句:子皮想任命尹何为地方官,子产说尹何还年轻,不懂事,就如同一个人还不会拿刀就让他去宰牛一样,一定会伤到自己。郑,春秋时期的诸侯国,在今河南中部新郑一带。子皮,郑国的上卿。尹何,人名。见《左传·襄公三十一年》。

㉔"子路使子羔为费(bì)宰"几句:子路让年轻的子羔做费邑的长官,孔子反对说:"这是害了别人的子弟。"费,春秋鲁国季氏邑,在今山东费县东北。宰,邑宰,地方长官。贼,害。见《论语·先进》。

㉕方术:指医术。

㉖信向:信赖。

㉗之市:到市场去。之,到。

㉘使:假使。

㉙与:给予。

㉚无学:底本作"不学",《太平御览》卷六百七、卷八百三十六引"不"并作"无",据改。

㉛奈何:怎么行呢?

【译文】

　　未拜入老师门下,没受到经传的教育,以这种胸腹空乏未经雕琢的内在,不晓得礼义,站在朝廷之上,就像是树了一根竹竿,立了一根木柱一样,对朝廷有什么益处呢?山野的草长得茂盛,用镰刀割除,才能辟出道路。读书人没有熟习先王之道的时候，其邪恶之性没有去除，就像是山野之中的杂草乱木没有砍去割掉，不能成为道路一样。染煮过的布帛，叫采，是制作在高贵吉祥的场合所穿服装的材料。没有染煮加工过的叫縠粗，穿着縠粗做的衣服是不吉利的，是死了人才穿的。一个人未学习先王之道，在朝廷上做官，他不能给朝廷带来什么益处，就像是死了人穿上縠粗做的衣服不能招来吉祥一样。能砍削木头做柱梁的人，叫木匠；会凿穴打洞的人，叫土匠；能写作润色文书的人，叫史匠。那些文吏的学问，只是学习如何处理文书，应当与木匠、土匠同类，怎么能跟儒生相比呢？御史处理文书，不出丝毫差错；主管祭祀的官吏摆放祭品，不会摆错行列。那些能够熟练完成这些工作的人，也是事先学习过的，人们并不会推崇他们，是因为他们掌握的只是一些低贱的本领，担任的不是值得尊重的重要职务。没有学习经学这一根本性的知识，只有要弄笔杆这种微不足道的本领，大道理懂得不够而小伎俩太多，即使自称自己的学问渊博，也不过是御史的那种智能，主管祭祀官吏的那种聪明罢了。吃精粮细米而饱与吃糟糠而饱，虽然都是吃，但对滋养人体所起的作用是不同的。儒生与文吏，都声称对于所学的知识十分通晓，但他们对于朝廷而言，所能产生的好处是不相同的。郑国的子皮想让尹何做地方官，子产将这比作一个人不会拿刀却让他去割东西。子路让子羔去做费邑的长官，孔子说："这是害了别人的子弟。"这都是因为他们没有学习先王之道，未见过大道理。医生不会医术，说："我能治病。"有人问："用什么来治病呢？"回答说："用心意。"生病的人一定不会相信他。官吏不懂经学，说："我可以治理百姓。"有人问："用什么来治理百姓呢？"回答说："用才能。"这就与医生不会医术，用心意治病一样，百姓怎么能信任拥护他，君主怎么会信任使用他呢？手中无钱，到市场上去，如果老板问："钱在哪里呢？"回答说"没有钱"，老板一定不会给他东西。胸中没有学问，就像手里没有钱一样，想要君主信任使用他，百姓信任拥护他，这怎么可能呢？

谢短篇第三十六

【题解】

本篇名为《谢短》，"谢"意为询问。王充在本篇中不断地提出各种问题来诘难儒生与文吏，使得他们的短处暴露出来。当时儒生自认为"通大道"，凭借着"能说一经"而看不起文吏；文吏也以"晓簿书"而轻视儒生。双方并无自知之明，并不知道在自己的职业范围内双方各有不足。王充向儒生提出了许多涉及五经，而一般儒生无法解答的问题；向文吏提出形成行政流程的历史渊源的问题。最后王充认为儒生与文吏"无一阅备，皆浅略不及，偏驳不纯，俱有阙遗"，根本没有资格去嘲笑别人，并指出根本原因是儒生与文吏都"闭暗不览古今"。

本篇王充不但继续表达了对文吏的不满，还表达了对于当时儒生群体的意见，认为那种只知道谨守师法，背诵章句的儒生只能算是儒生群体中最低级的，真正的儒生应该在通晓经书的同时还要博览古今，体现出王充对于经学与人才的认识。

《程材》《量知》①，言儒生、文吏之材不能相过②，以儒生修大道③，以文吏晓簿书④，道胜于事⑤，故谓儒生颇愈文吏也⑥。此职业外相程相量也⑦，其内各有所以为短，未实谢也^⑧。夫儒生能说一经，自谓通大道，以骄文吏^⑨；文吏晓簿书，自谓文无害^⑩，以戏儒生^⑪。各持满而自藏^⑫，非彼而是我，不知所为短，不悟于己未足。《论衡》训之^⑬，将使愧然各知所之^⑭。

【注释】

①《程材》《量知》：指本书《程材篇》《量知篇》。

②过：超出，胜过。

③以：因为。修：学习，掌握。大道：先王之道。

④晓：通晓。簿书：公文簿册。

⑤道：此处指原则，先王之道就是先王治理天下所遵循的原则。事：具体的事务。

⑥颇：很，甚。愈：胜过。

⑦程：比较。量：衡量。

⑧实：真正地，如实地。谢：询问。

⑨骄：傲视，瞧不起。

⑩文无害：指擅长处理文书不出差错。

⑪戏：戏弄，嘲弄。

⑫持满：自满，骄傲。持，怀。藏（zāng）：同"臧"，善，高明。

⑬训（chóu）：应答，应对。

⑭愧（shì）然：形容脸红的样子，此处为羞愧的意思。愧，即"奭"，通"赩（xì）"，红色。之：疑为"乏"字之讹，形近而误。

【译文】

　　《程材篇》《量知篇》，说的是儒生与文吏的才能不相上下，只是因为儒生修习的是先王之道，而文吏通晓的只是处理公文的方法流程，先王之道所体现的原则胜过单个具体的事务，所以儒生远胜过文吏。这是在不同的职业之间相互比较衡量,而对于他们各自职业内部所存在的不足,还没有确实地对他们加以问难。儒生能够解说一部经书的大意,就说自己通贯先王之道而傲视文吏;文吏通晓于处理公文簿册的流程,就说自己擅长处理公文不会有差错,以此来嘲弄儒生。他们内心都以此自满,自以为高明,认为对方有错而自己正确,不知道自己的短处在哪里,不明白自己还有不足的地方。我将在《论衡》中解答这一问题,使他们各自都羞愧地了解到自己的短处。

夫儒生所短,不徒以不晓簿书①;文吏所劣,不徒以不通大道也,反以闭暗不览古今②,不能各自知其所业之事未具足也③。二家各短,不能自知也,世之论者,而亦不能训之,如何④?

【注释】

①不徒:不仅仅。以:因为。

②反:复,还。闭暗:闭塞不明。不览古今:不通古今。

③业:从事,掌握。具足:完备,全面。

④如何:怎么行呢?

【译文】

儒生的短处,不仅仅在于不了解公文的处理流程;文吏的不足,不仅仅在于不通晓先王之道,还在于他们闭塞蒙昧,不通古今之事,不能各自意识到对于他们所从事的事业,他们的了解还是不全面的。儒生与文吏他们各自都有短处,而自己不能知晓,社会上的人,也不能够指出其不足,这怎么行呢?

夫儒生之业,五经也①。南面为师②,旦夕讲授,章句滑习③，义理究备④，于五经，可也。五经之后，秦、汉之事，不能知者，短也。夫知古不知今，谓之陆沉⑤，然则儒生，所谓陆沉者也。五经之前，至于天地始开，帝王初立者，主名为谁⑥，儒生又不知也。夫知今不知古，谓之盲瞽⑦。五经比于上古，犹为今也。徒能说经，不晓上古，然则儒生，所谓盲瞽者也。

【注释】

①五经：指《易》《书》《诗》《礼》《春秋》。

②南面：坐北朝南，是古代表示尊贵的位置。

③滑习：非常熟悉。

④究备：十分完备。究，穷尽。

⑤陆沉：泥古不知今而显得迂腐愚昧。

⑥主：君主。

⑦盲瞽（gǔ）：盲人。瞽，失明的人，盲人。

【译文】

儒生的事业，是研习五经。南面为师，早晚讲授经文，将章句背得滚瓜烂熟，将义理掌握得十分完备，这对于五经来说，算是不错的了。但是五经之后的时代，秦、汉时期的事情，却不知道，这就是儒生的不足之处了。如果只了解古代的事而不了解当代之事，这种人就被称为迂腐愚昧，那么儒生就是所说的那种迂腐愚昧的人。五经之前的时代，从天地初开始，第一个立为帝王的人叫什么名字，儒生又不知道。如果只知道当代之事而不了解古代之事，这种人就称之为盲人。五经记载的时代跟上古相比，就像是现代了。只能解说经书，不通晓上古史事，那么儒生就是所说的盲人了。

儒生犹曰①："上古久远,其事暗昧②,故经不载而师不说也。"夫三王之事虽近矣③,经虽不载,义所连及④,五经所当共知⑤,儒生所当审说也⑥。夏自禹向国⑦,几载而至于殷⑧? 殷自汤几祀而至于周⑨? 周自文王几年而至于秦? 桀亡夏而纣弃殷,灭周者何王也? 周犹为远,秦则汉之所伐也⑩。夏始于禹,殷本于汤,周祖后稷,秦初为人者谁⑪? 秦燔五经⑫,坑杀儒士,五经之家所共闻也。秦何起而燔五经⑬? 何感而坑儒生⑭? 秦则前代也,汉国自儒生之家也⑮。从高祖至今朝几世⑯? 历年讫今几载⑰? 初受何命⑱? 复获何瑞⑲? 得天下难易孰与殷、周? 家人子弟学问历几岁,人问之曰:"居宅几年? 祖先何为?"不能知者,愚子弟也。然则儒生不能知汉事,世之愚蔽人也⑳。温故知新,可以为师㉑。古今不知,称师如何㉒?

【注释】

①犹曰:还可以说。

②暗昧:隐晦不明。

③三王:指夏、商、周三代。近:据文意,疑当作"远",或"近"字前脱一"非"字。

④连及:连贯。

⑤五经所当共知:据文意,疑"五经"后脱"之家"两字,下文言"五经之家所共闻"。五经之家,研习经学的人。

⑥审:清楚。

⑦向国:即"享国",指王朝统治的时间。向,通"享"。

⑧载:年。殷:今河南安阳,商朝曾迁都于此,故商朝亦称为"殷"。

⑨祀:年。

⑩伐:诛灭。

⑪为人者:治理人的人,指君主。为,治理。

⑫燔(fán):烧。

⑬起:起因。

⑭感:通"憾",怨恨。坑:活埋。

⑮家:国家,此处指朝代。

⑯几世:几代。

⑰历:经历。讫(qì):通"迄",到。

⑱命:天命。

⑲复:又。瑞:祥瑞。

⑳愚蔽:愚昧无知。

㉑"温故知新"二句:原文见《论语·为政》。本意是:复习旧的知识,可以从中得到新的知识,凭这一点也可以成为老师了。王充将其中的"故"与"新"解释为"古"与"今"。

㉒如何:怎么能?

【译文】

儒生还可以说:"上古时期距离现在已经很久远了,那时发生的事情隐晦难明,因此经书上没有记载,老师也没有讲过。"夏、商、周三代的事情虽然久远,经书虽然没有记载,但是三代所行的先王之道与五经是相贯通的,是研究五经的人都应该知道的,儒生应该能够清楚地加以述说的。夏朝从禹统治开始,经过多少年到殷朝?殷朝自汤开国,经过多少年到周朝?周朝自文王以后经过多少年到秦朝?桀使夏朝灭亡,纣使商朝灭亡,那么使周朝灭亡的是哪个王呢?要是周朝还算久远,秦朝就是汉朝所诛灭的。夏朝由禹建立,殷朝由汤建立,周朝的始祖是后稷,秦朝的第一个君主是谁呢?秦朝烧五经,坑儒生,这是研习五经的人都听过的事。秦朝因为什么原因而烧五经?又有什么怨恨要坑杀儒生呢?要是秦朝还算前代的话，那么汉朝就是儒生所生活的时代。从高祖刘邦即位到今朝共经历了几代？一共经过了多少年？最初禀受了什么样的天命？又获得了什么样的祥瑞？汉朝取得天下，与殷、周二代相比谁更困难，谁更容易？家里的孩子读了几年书之后，有人问他："你在这里住了几年了？你的先祖是干什么的？"如果他不知道，这就是愚笨的孩子。那么儒生不知道汉朝的事情，就是愚笨的人了。复习旧的知识，可以从中得到新的知识，凭这一点也可以成为老师了。儒生古今之事都不知道，怎么能南面称师呢？

彼人问曰："二尺四寸①，圣人文语②，朝夕讲习，义类所及③，故可务知④。汉事未载于经，名为尺籍短书⑤，比于小道⑥，其能知，非儒者之贵也。"

【注释】

①二尺四寸：汉代书写经书的竹简长二尺四寸，此处指经书。

②文语：精辟的话。文，美，善。

③及：关联。

④务：努力从事。

⑤尺籍短书：当时除经书以外的一般性书籍使用的简只有一尺多长。籍，通"籍"。

⑥比：类，近。小道：小道理。

【译文】

那些儒生会反问说："经书上记载的是圣人的精辟之论，早晚讲授学习，所涉及的都是义理道义一类的内容，所以应该努力地去弄懂。汉朝的事没有记入经书，只是写在了普通的书籍之中，近似于小道末技之类，即使能有所了解，也不是儒生引以为贵的。"

儒不能都晓古今，欲各别说其经，经事义类，乃以不知为贵也！事不晓，不以为短，请复别问儒生，各以其经旦夕之所讲说①。

【注释】

①旦夕：昼夜。讲说：讲习，解说。

【译文】

儒生不能对古今之事都有所了解，只是想各自分别讲述他们所研习的经书，可是经书的内容与古今之事所蕴含的义理是相同的，而儒生竟然以不知古今之事为贵！如果不通晓古今之事，还不认为这是短处，那么请让我用他们研习的经书中朝夕所讲述的内容，再分别问一问儒生吧。

先问《易》家①："《易》本何所起？造作之者为谁？"彼将应曰："伏羲作八卦②，文王演为六十四③，孔子作《彖》《象》《系辞》④。三圣重业⑤，《易》乃具足⑥。"问之曰："《易》有三家，一曰《连山》⑦，二曰《归藏》⑧，三曰《周易》。伏羲所作，文王所造，《连山》乎？《归藏》《周易》也⑨？秦燔五经，《易》何以得脱？汉兴几年而复立？宣帝之时，河内女子坏老屋⑩，得《易》一篇，名为何《易》？此时《易》具足未？"

【注释】

①《易》家：研习《易》的儒生。

②伏羲：传说中的上古帝王。八卦：相传为伏羲创制。构成《易》的八个基本符号，分别由"—"（阳爻），"- -"（阴爻）组成，名称是乾（☰）、坤（☷）、震（☳）、巽（☴）、坎（☵）、离（☲）、艮（☶）、兑（☱），分别代表天、地、雷、风、水、火、山、泽八中自然事物。

③文王演为六十四：传说周文王通过把八卦两两重合配成六十四组，成为六十四卦，每一卦都有说明，这就是《易》的正文，被称为经。演，推演，发展。

④《彖（tuàn）》《象》《系辞》：即《彖辞》《象辞》《系辞》，它们与《文言》《说卦》《杂卦》《序卦》相传均为孔子所作，用来解释《易》的文字，被称为传。

⑤三圣：指伏羲、文王、孔子。重：沿袭，继续。业：事业。

⑥乃：才。

⑦《连山》：古《易》之一，相传以艮（☶）为首，故名。

⑧《归藏》：古《易》之一，相传以坤（☷）为首，坤为地，"万物莫不归而藏其中"，故名。

⑨也：通"邪"，疑问语气词。下文疑问句尾的"也"与此同。

⑩河内：郡名。西汉高祖二年（前205）置，治所在怀县（今河南武陟西南）。坏：拆。

【译文】

首先请问讲习《易》的儒生："《易》是依据什么而创作的？作者是谁？"他们会回答说："伏羲作八卦，周文王推演成六十四卦，孔子作《彖辞》《象辞》《系辞》。三位圣人接续创作《周易》的事业，《周易》才完备。"再问他们："《易》有三家，一叫《连山》，二叫《归藏》，三叫《周易》。伏羲所制作的，文王所创造的，是《连山》吗？还是《归藏》《周易》呢？秦焚毁五经，《易》为什么能幸免于难？汉朝兴起以后，经过多少年重新把《易》立为五经博士？汉宣帝的时候，河内郡一个妇人拆毁旧房子时，得到《易》一篇，名叫什么《易》呢？这时的《易》完备了没有呢？"

问《尚书》家曰："今旦夕所授二十九篇①，奇有百二篇②，又有百篇③。二十九篇何所起？百二篇何所造？秦焚诸书之时，《尚书》诸篇皆何在？汉兴，始录《尚书》者何帝④?初受学者何人?"

【注释】

①二十九篇:指西汉今文《尚书》二十九篇。

②奇:另外。百二篇:《尚书》的一种版本,《汉书·儒林传》记载, "世所传百两篇者,出东莱张霸,分析二十九篇,以为数十。又采 《左氏传》《书序》作为首尾,凡百二篇"。

③百篇:《尚书》据传经孔子删定为一百篇。

④始录:开始收录。

【译文】

请问讲习《尚书》的儒生:"现在你们朝夕讲授的《尚书》是二十九 篇,另外还存在一百零二篇和一百篇的《尚书》版本。二十九篇版本的 《尚书》起源于什么? 一百零二篇版本《尚书》的作者是谁? 秦朝焚毁 各类书籍的时候,《尚书》各篇都被藏在了什么地方? 汉朝兴起以后,开 始收录《尚书》的是哪位皇帝? 最初得到传授的是谁?"

问《礼》家曰:"前孔子时,周已制礼,殷礼,夏礼,凡三 王因时损益①,篇有多少,文有增减。不知今《礼》,周乎? 殷、夏也?"彼必以汉承周,将曰:"周礼。"夫周礼六典②,又 六转③,六六三十六,三百六十,是以周官三百六十也④。案 今《礼》不见六典⑤,无三百六十官,又不见天子⑥。天子 礼废何时? 岂秦灭之哉? 宣帝时,河内女子坏老屋,得佚 《礼》一篇⑦,十六篇中⑧,是何篇是者⑨? 高祖诏叔孙通制作 《仪品》⑩,十六篇何在而复定《仪》?《礼》见在十六篇⑪,秦 火之余也⑫。更秦之时⑬,篇凡有几?

【注释】

①凡：共，总。因：根据。损益：增减。

②六典：《周礼》记载，周代将朝廷的事务分属于六个主管部门，即天官治典（主管行政）、地官教典（主管农业，风俗教化）、春官礼典（主管礼仪制度）、夏官政典（主管军事）、秋官刑典（主管刑法）、冬官事典（主管建筑与手工业生产），每一官之下，又有六十官。典，法。

③六转：指用六乘六十。转，相乘。

④是以：因此。周官三百六十：六官之下共分为三百六十个官职。

⑤案：考察。

⑥天子：此处指与天子相关的礼仪。

⑦佚：丢失，失传。

⑧十六：底本作"六十"。下文言："《礼》见在十六篇""十六篇何在""今《礼经》十六"，据改。

⑨是：后一个"是"，指河内女子发现的佚礼。

⑩《仪品》：指叔孙通所做的《汉仪》十二篇。

⑪见在：现存。

⑫秦火：指秦始皇烧诗、书。

⑬更：经历。

【译文】

请问讲习《礼》的儒生："先于孔子的时候，周朝已经制定了礼，还有殷礼、夏礼，总共三代，礼都是根据当时的实际情况有所增减，篇数有多有少，文字有增有减。不知道现在的《礼》，是周朝的礼呢？还是殷朝、夏朝的礼呢？"他们一定认为是汉朝承袭周制，而会回答说："是周朝的礼。"周朝的礼制把政务分给六个部门，每部门六十个官职，再用六相乘，六六三十六，共三百六十，因此周代共有三百六十个官职。考察现在的《礼》并没有六个管理政务的部门，没有三百六十个官职，又没有关于天子的礼的记载。关于天子的礼是什么时候废除的呢？难道是秦朝烧毁了吗？宣帝时，河内郡一个妇人拆毁旧房子时，得到失传的《礼》一篇，现在的十六篇《礼》当中，哪一篇是原先失传的《礼》呢？高祖命叔孙通创制《仪品》时，十六篇的《礼》在哪里而要重新创制《仪品》呢？现在的《礼》十六篇，是秦朝焚书后剩的残余，那么在秦朝的时候，《礼》又有多少篇呢？

　　问《诗》家曰："《诗》作何帝王时也？"彼将曰："周衰而《诗》作，盖康王时也①。康王德缺于房②，大臣刺晏③，故《诗》作④。"夫文、武之隆，贵在成、康⑤，康王未衰，《诗》安得作⑥？周非一王，何知其康王也？二王之末皆衰⑦，夏、殷衰时，《诗》何不作？《尚书》曰："诗言志，歌咏言。"⑧此时已有诗也⑨。断取周以来⑩，而谓兴于周。古者采诗，诗有文也，今《诗》无书⑪，何知非秦燔《五经》，《诗》独无余礼也⑫？

【注释】

①盖：大概。康王：周康王，周朝君主。

②德缺于房：指贪恋女色。房，这里指内室。

③刺：讽刺。晏：晚，此处指起床晚。

④《诗》：指《诗经》第一篇《关雎》。《关雎》为讽刺康王而作的说法，见刘向《列女传·仁智》。

⑤贵：疑为"遗"字之讹，本书《儒增篇》言"遗在成、康"。遗，留，此处为延续的意思。

⑥安得：怎么能。

⑦二王：夏、商两代。末：末代。

⑧"诗言志"二句：出自《尚书·尧典》，意为诗是用来抒发思想感

情的,歌是用来唱诗的。咏,唱。

⑨此时:指尧、舜时期。

⑩断取周以来:此处意为《诗经》是孔子截取周朝以来的诗所编成的。断取,截取。

⑪今《诗》无书:此处指现在的《诗经》没有记载周以前的诗。书,书写,记载。

⑫礼:疑为"札"字之讹,形近而误。札,书简。

【译文】

请问讲习《诗》的儒生:"《诗》创作于哪一位帝王统治的时期?"那些儒生会回答说:"周朝开始衰败的时候,《诗》开始创作,大概创作于周康王的时代吧。周康王贪恋女色,大臣讽刺他因贪恋女色而起床上朝晚,所以创作了《诗经·关雎》。"周文王、周武王隆盛的事业,一直延续到了周成王、周康王的时代,周康王的时代周朝还没有衰落,《诗》怎么能创作出来呢?周朝并非只有一个君王,怎么知道《诗》就是康王时期创作的呢?夏朝、商朝的末代都已经衰败,夏、殷衰败的时候,《诗》为什么没有创作呢?《尚书·尧典》中说:"诗是用来抒发思想感情的,歌是用来唱诗的。"可见,当时就已经有诗了。只是因为现在的《诗》截取收录的是周朝建立以后的诗,所以就认为诗兴起于周朝。古时帝王派人到民间采集诗歌,每首诗都有其文字记载,现在的《诗》中没有周以前的古诗,怎么知道不是秦朝焚毁五经的时候,把周朝以前的诗都烧完了,以至于周朝以前的古诗没有留下来一篇呢?

问《春秋》家曰:"孔子作《春秋》,周何王时也?自卫反鲁,然后乐正①,《春秋》作矣。自卫反鲁,哀公时也②。自卫,何君也?俟孔子以何礼③,而孔子反鲁作《春秋》乎?孔子录史记以作《春秋》④,史记本名《春秋》乎?制作以为经,乃归《春秋》也⑤?"

【注释】

①"自卫反鲁"二句:出自《论语·子罕》。反,同"返"。

②哀公:鲁哀公。

③俟(sì):对待。

④史记:指鲁国史官所记的史书。

⑤归:馈,给,赋予。

【译文】

请问讲习《春秋》的儒生:"孔子作《春秋》,是在周朝哪一位君主在位的时期呢? 孔子从卫国返回鲁国,然后鲁国的乐得到了审定与整理,《春秋》于此时开始写作。孔子从卫国返回鲁国,是在鲁哀公的时候。他从卫国返回鲁国时,卫国的君主是谁? 卫国君主用什么礼节来对待孔子,从而使孔子回到鲁国就要写《春秋》呢? 孔子摘录鲁国史记来写作《春秋》,鲁国的国史本来就叫《春秋》呢? 还是孔子将其摘录为经书以后,才称其为《春秋》的呢?"

　　法律之家①,亦为儒生②。问曰:"《九章》③,谁所作也?"彼闻皋陶作狱④,必将曰:"皋陶也。"诘曰:"皋陶,唐、虞时,唐、虞之刑五刑⑤,案今律无五刑之文。"或曰:"萧何也⑥。"诘曰:"萧何,高祖时也,孝文之时⑦,齐太仓令淳于意有罪⑧,征诣长安⑨,其女缇萦为父上书⑩,言肉刑壹施⑪,不得改悔。文帝痛其言⑫,乃改肉刑⑬。案今《九章》象刑⑭,非肉刑也。文帝在萧何后,知时肉刑也。萧何所造,反具肉刑也⑮? 而云《九章》萧何所造乎⑯?"古礼三百⑰,威仪三千⑱,刑亦正刑三百⑲,科条三千⑳。出于礼,入于刑,礼之所去,刑之所取,故其多少同一数也。今《礼经》十六㉑,萧何律有九章,不相应,又何?《五经》题篇㉒,皆以事义别之㉓,至《礼》与《律》独经也㉔,题之,礼言《昏礼》㉕,律言《盗律》何㉖?

【注释】

①法律之家:专门从事研究、讲解法律的人。

②为:是。

③《九章》:即《九章律》,西汉初期萧何根据秦朝的法律拟定,包括《盗律》《贼律》《囚律》《捕律》《杂律》《具律》《户律》《兴律》《厩律》。按文意,此处为法律的代称。

④作狱:指当司法官,建立司法制度。

⑤五刑:五种刑法。分别为墨刑、劓刑、剕刑、宫刑、大辟。见《尚书·尧典》。

⑥萧何:沛县(今江苏沛县)人。秦朝时曾为沛县吏,辅佐刘邦建立汉朝,官至相国,封为酂侯。

⑦孝文:汉文帝。

⑧齐:汉初分封的诸侯国,在今山东北部。太仓令:大司农属官,管理太仓(国家总粮库)的粮食出纳。淳于意:底本作“淳于德”,《史记·仓公列传》作“淳于意”,据改。古“悳”(古“德”字)字与“意”字相似,故因形近而误。

⑨征诣(yì):召往。此指押送到。征,召,这里指押送。诣,到。长安:西汉都城,在今西安西北。

⑩缇萦(tí yíng):淳于意的小女儿。

⑪肉刑:指摧残人的肉体的刑罚,如刺面、割鼻、断足等。

⑫痛:感动。

⑬改肉刑:废除肉刑。以上事参见《史记·孝文本纪》《史记·仓公列传》。

⑭象刑：象征性的刑罚。《白虎通义·五刑》记载："犯墨者蒙巾，犯劓者以赭著其衣，犯膑者以墨蒙其膑处而画之，犯宫者履杂扉，犯大辟者布衣无领。"这里王充是将汉代刑法中，如剃光头以表示侮辱等的刑罚称为象刑。

⑮肉：据文意，疑当作"象"。

⑯而（néng）：通"能"。

⑰古礼：《礼》中的纲目条文。三百：与下文的"三千"都是举大数，表示很多。

⑱威仪：对礼节仪式的具体规定。

⑲正刑：刑法的纲目。

⑳科条：刑法的细目。以上参见《尚书·吕刑》。

㉑《礼经》：即《仪礼》。

㉒题篇：题写篇目。

㉓事义：各篇的具体内容。

㉔至：至于。独：据文意，疑为"犹"字之讹，形近而误。犹，同样。

㉕《昏礼》：《仪礼》中的一篇。昏，同"婚"。

㉖《盗律》：《九章律》中的一篇。

【译文】

专门研究讲解法律的人，也是儒生。请问："《九章》是谁所作的？"他们听说过皋陶曾当过虞舜时期的司法官，一定会回答："是皋陶所作的。"我要反问他们："皋陶为司法官是在尧、舜的时代，尧、舜时代的刑法有墨刑、劓刑、剕刑、宫刑、大辟这五种，考察今天的法律，并没有关于五刑的条文。"有人说："是萧何制作的。"我要反问："萧何是高祖时期的人，文帝的时候，齐国的太仓令淳于意有罪，被押送到长安，他的小女儿缇萦为父亲上书，说肉刑一旦施行，残缺的身体就再也不能复原了。文帝被她的话所感动，于是废除了肉刑。考察现今的《九章律》采取的是象刑，没有肉刑。文帝的时代在萧何之后，我们知道文帝时期还存在有肉刑。《九章律》如果是萧何所作,怎么反而是象刑呢？怎能说《九章律》是萧何制定的呢?"古代礼仪的纲目条文有三百条,具体的科条细目有三千条,刑法也是同样,纲目有三百条,细目有三千条。违反了礼,就要被判刑,礼所反对的,就是刑法要惩罚的,所以礼与刑法条文数目的多少是相同的。如今的《礼》有十六篇,萧何制作的《九章律》只有九章,二者的篇数并不对应,这又是为什么？前人为五经各篇所定的题目,都是根据各篇的内容分别命名的,至于《礼》与《九章律》同样都是经书,给它们各篇题写篇名,为何《礼》中的一篇叫《昏礼》,《九章律》中的一章叫《盗律》呢?

夫总问儒生以古今之义,儒生不能知,别名以其经事问之①,又不能晓,斯则坐守信师法②,不颇博览之咎也③。

【注释】

①名:据文意,疑为"各"字之讹,形近而误。上文言"欲各别说其经"。

②坐:因为。守信师法:墨守笃信师法。信,底本作"何言",本书《效力篇》言"诸生能传百万言,不能览古今,守信师法,虽辞说多,终不为博",据改。师法,汉代经学传授中,某一经的大师被任为博士之后,他的经说就叫"师法"。

③颇:稍微。咎:过失,错误。

【译文】

以古今的事义来问儒生,儒生不知道,分别用他们熟习的经书中的事情来问他们,还是不清楚,这就是他们墨守笃信师法,而不愿稍微多读点书的过错。

文吏自谓知官事,晓簿书。问之曰:"晓知其事,当能究达其义①，通见其意否②？”文吏必将罔然③。问之曰：“古者封侯，各专国土④，今置太守令长⑤，何义？古人井田⑥，民为公家耕，今量租刍⑦，何意？一业使民居更一月⑧，何据？年二十三儒⑨，十五赋⑩，七岁头钱二十三⑪，何缘？有腊⑫，何帝王时？门户井灶⑬，何立？社稷、先农、灵星⑭，何祠⑮？岁终逐疫⑯，何驱？使立桃象人于门户⑰，何旨⑱？挂芦索于户上⑲，画虎于门阑⑳，何放㉑？除墙壁书画厌火丈夫㉒，何见？步之六尺，冠之六寸，何应㉓？有尉史、令史㉔，无承长史㉕，何制？两郡移书曰‘敢告卒人’㉖，两县不言，何解？郡言事二府㉗，曰‘敢言之’㉘，司空曰‘上’㉙，何状㉚？赐民爵八级㉛，何法？名曰‘簪裹’‘上造’㉜，何谓？吏上功曰伐阅㉝，名籍墨将㉞，何指㉟？七十赐王杖㊱，何起？著鸠于杖末㊲，不著爵㊳，何杖？苟以鸠为善，不赐鸠而赐鸠杖，而不爵㊴，何说？日分六十㊵，漏之尽自㊶，鼓之致五㊷，何故？吏衣黑衣㊸，宫阙赤单㊹，何慎㊺？服革于腰㊻，佩刀于右，舞剑于左㊼，何人备㊽？著钩于履㊾，冠在于首，何象？吏居城郭㊿，出乘车马，坐治文书。起城郭(51)，何王？造车舆(52)，何工？生马，何地？作书，何人王(53)？”造城郭及马所生，难知也，远也。造车作书，易晓也，必将应曰：“仓颉作书，奚仲作车(54)。”诘曰：“仓颉何感而作书？奚仲何起而作车？”又不知也。文吏所当知，然而不知，亦不博览之过也。

【注释】

①究达：通晓。

②通见：透彻了解。

③罔然：精神恍惚，发呆的样子。罔，迷惑，昏乱。

④专：独自统治。

⑤太守：汉代郡的最高长官。令长：汉代万户以上郡的长官称令，万户以下的称长。

⑥井田：相传古代的一种土地制度。以方九百亩为一里，划为九区，因形如"井"字，故称"井田"。四周八区为私田，收入归于私家，中间一区为公田，收入归于官府。

⑦量租刍（chú）：收实物地租。量，计算。租，田赋。刍，草。

⑧业：据文意，疑当作"岁"字。更：更卒。汉代成年男子，二十三至五十六岁之间要服兵役两年，叫"正卒"，每年在本地服役一个月，叫"更卒"。

⑨儒：据文意，疑为"傅"字之讹，形近而误。傅，登记，指在官府登记开始服役。

⑩赋：算赋，汉代的一种人头税，不论男女在十五到五十六岁之间每人每年都要交一百二十钱。因此一百二十钱叫一"算"。

⑪头钱：口赋。汉代收取七岁到十四岁儿童不论男女每人每年二十三钱，因七岁始换牙，故称为"口赋"。

⑫臘（là）：同"腊"，古代十二月祭祀祖先的仪式。

⑬门户井灶：指门神、户神、井神、灶神。

⑭社稷：土地神与谷神。先农：最初教人们耕种的农神。灵星：掌管农业的神。

⑮祠：祭祀。

⑯岁终：年底。逐疫：古时腊月禳祭，驱逐疫鬼。逐，驱赶。疫，瘟疫，此处指瘟疫之鬼。

⑰使：疑为"梗"字，又误夺在"立"字前，当作"立桃梗"。《后汉书·礼仪志》："百官官府，各设桃梗。"又下文皆作"挂芦索于户

上""画虎于门阑",若此句为"使立桃象人于门户",则句式与下
文不同。桃梗象人,桃木做的假人。

⑱旨:意思。

⑲芦索:用芦苇编的绳子。古人认为芦索是用来缚鬼的,所以挂芦
索在门口以驱鬼。

⑳画虎于门阑:古代认为老虎吃鬼,所以在门框画老虎,用来驱鬼。
门阑,门框。

㉑放:效法,模仿。

㉒除:修治。厌火丈夫:指能够制服火的火神。

㉓何应:是为了与什么相应。《史记·秦始皇本纪》记载,秦朝按照
五德终始说的原则规定自己为水德,相应的数为六,故制度多以
六为度。

㉔尉史:汉代地方上掌管军队的官吏,此处指郡的尉史。令史:地方
上掌管文书的官吏,此处指郡的令史。

㉕承长史:即"丞长史"。东汉建武十四年(38)后边郡不再设丞,
由长史兼丞之职,故有"丞长史"之称呼。承,通"丞",指郡丞,
郡太守的辅佐。长史,西汉边境各郡,除郡丞外,还设长史辅佐太
守管理军事。

㉖移书:递交文书。敢告卒人:当时郡守间通信的客套语,意思是不
敢告诉本人,只敢告诉对方手下之人,表示对对方的尊重。

㉗言事:上书报告事情。二府:指太尉府、司徒府。

㉘敢言之:郡守对二府上书时用的表敬词,意为自己地位低,不配与
他们说话,只敢大胆地说两句。

㉙司空:东汉时期主管土木工程的最高长官,与司徒、太尉合称"三
公"。上:郡守对司空上书时的表敬词。

㉚状:陈述。

㉛赐民爵八级:汉代沿袭秦朝的爵位制度,分为二十级。由于皇帝

即位，改元等大事而授予普通百姓爵位，一般不得超过八级。参见《汉书·百官公卿表》。

㉜簪裹（zān niǎo）：秦汉时爵位名，列为第三级。原意是用丝带装饰的马。上造：第二级爵位，原意为由君主赏赐而成。

㉝上功：记功。伐阅：功绩和资历。伐，功绩。阅，经历。

㉞籍：登记。名籍墨将：指对立有功劳的吏卒的表扬名册。

㉟指：旨意，意向。

㊱七十赐王杖：汉朝会赐给七十岁以上的老人刻有鸠的拐杖，叫"王杖"。

㊲著：置，此处指刻上。鸠（jiū）：斑鸠一类的鸟。末：梢，顶端。

㊳爵（què）：通"雀"，古人认为雀为官爵的象征。

㊴而不爵：此三字疑为衍文。

㊵日分六十：古代计时把一天分为一百刻，夏至时白天最长，为六十刻。日，白天。

㊶漏之尽自：漏为古代的计时器，里面装水，并刻有一百度，水滴尽就是一昼夜。自，疑为"百"字之讹，形近而误。

㊷鼓之致五：古代将一夜分为五个时段，每个时段击鼓一次，也叫"更"，五更即天明。

㊸衣黑衣：前一个衣指穿。黑衣，汉代的吏穿黑衣。

㊹官阙（què）：宫廷，此处指宫廷护卫。单：通"禅"。禅衣，古代的一种礼服。

㊺慎：思，考虑。

㊻革：鞶革。皮制的束衣大带。

㊼舞：疑为"带"字之讹，"舞""带"隶书形近而误。

㊽人：疑为衍文。

㊾钩：通"绚（qú）"，鞋头上的装饰品。

㊿城郭：此处指城市。

㉕起：筑。

㉒车舆（yú）：车子。

㉓王：疑为衍文。

㉔奚仲：传说中夏朝之人，古代车子的创造者。

【译文】

　　文吏自以为知晓官府政务，又通晓公文处理的流程。请问文吏："懂得这些事情，就应该能通晓它们背后的道理，透彻了解它们的意义对不对吗？"文吏听了一定会茫然不知所对。再问文吏："古代分封诸侯，都是诸侯独自统治一方国土，现在实行郡县制，地方上分别设置郡守、县令、县长，这是什么道理呢？古代实行井田制，老百姓出劳役为公家耕种，现在是征收田赋和刍草等实物地租，这有什么用意？一年让百姓当一个月的更卒，是以什么为根据的呢？二十三岁开始登记为国家服役，十五岁开始交纳算赋，七岁开始交纳二十三钱的口赋，是什么缘由呢？腊祭，兴起于哪个帝王的统治时期？门神、户神、井神、灶神，为什么要设立这些神呢？社稷、先农、灵星，怎样祭祀这些神呢？年底各家驱赶瘟疫，驱赶的是什么鬼呢？把桃梗像假人一样立在门前，是什么目的呢？在门上挂芦索，画虎在门框中，是效法什么呢？修整墙壁画上厌火丈夫的画像，是出于何种认识呢？以六尺为一步，以六寸为帽高，是为了与什么对应呢？一般的郡有尉史、令史，而没有丞长史，制度为什么是这样的呢？两郡互致文书时要说'敢告卒人'，而两个县之间不这样说，怎么解释呢？郡守向太尉、司徒二府上书时说'敢言之'，对司空要说'上'，为什么要这样说呢？赐给普通百姓爵位最高不超过八级，这是基于哪条法令呢？爵位名叫'簪袅''上造'，是什么意思呢？给官吏记功叫'阀阅'，把名字记载在用墨笔写的功劳簿里，用意是什么呢？七十岁以上的老人被赐予王杖，起因是什么呢？在王杖的顶端刻上鸠，而不刻雀，为什么要制作这种手杖呢？假如鸠是善鸟，不赐给老人鸠鸟而赐给鸠杖，这怎么解释呢？夏至的白天有六十刻，漏壶滴尽是一百刻，夜晚的更鼓要敲五次，是什么缘故呢？官吏身穿黑色的衣服，宫廷卫士穿红色的禅衣，这是出于怎样的考虑呢？腰间佩戴皮革做的小包，刀佩在右边，剑带在左边，为什么要这样装束呢？绚饰在鞋上，戴帽在头上，是象征什么呢？官吏居住在城市，外出乘坐车马，坐着处理文书。那么修建城郭，是哪个君王发明的呢？造车子，是哪个工匠发明的呢？产马，最早是在什么地方呢？创造文字，最早的是什么人呢？"最早建造城郭的君王与最早产马的地方，是很难知道的，因为时间太过久远了。但是造车创作文字，是容易知道的，文吏一定会回答说："仓颉创造了文字，奚仲制造了马车。"我要反问："仓颉是感触到了什么而创造了文字？奚仲是受到什么启发制造了车子？"他们又不知道。这些都是文吏应该知道的，然而他们却不知道，这也是不肯多读书的过错啊。

　　夫儒生不览古今，何知一永^①？不过守信经文，滑习章句^②，解剥互错^③，分明乖异^④。文吏不晓吏道，所能不过案狱考事^⑤，移书下记^⑥，对卿便给^⑦。之准无一阅备^⑧，皆浅略不及，偏驳不纯^⑨，俱有阙遗^⑩，何以相言？

【注释】

①一永：一切久远的事情。永，远。

②滑习：非常熟悉、熟练。

③解剥：犹剖析。剥，剥开，分析。互错：彼此交错。

④分明：辨明，解释清楚。乖异：不一致，背离。乖，违背，矛盾。异，不同。

⑤案：审。狱：案件。考：考察，推求。

⑥下记：给下级发公文。

⑦卿：疑作"乡"，"乡"字繁体"鄉"与"卿"形近而误。乡，通

"向"。对向,对答。便给:说话流利。

⑧之准:据文意,疑为"准之"误倒。准,衡量。阅备:完备。

⑨偏驳不纯:片面杂乱不纯正。偏,片面。驳,杂乱。

⑩阙遗:缺点和不足。阙,缺误,疏失。

【译文】

儒生不通古今之事,怎么能知道一切久远的事情? 不过是墨守笃信经文,熟习章句,能解说分析互相错乱的文句,解释清楚那些经书中相互矛盾与不同的地方罢了。文吏不通晓做吏所应该了解的道理,他们的能力不过是审判案件考察事务,递交文书下发公文,对答流利而已。衡量文吏与儒生,他们没有一个是全面完备的,掌握的知识都很浅陋琐碎,片面杂乱并不纯正,他们同样都有缺点与不足,怎去说呢?

效力篇第三十七

【题解】

本篇的主旨在于论述如何考察并发挥人的能力，故名为《效力》。上接《程材》《量知》《谢短》三篇的内容，继续讨论关于人才的话题。王充认为真正有能力的人，不是文吏以及仅能讲说一部经书的儒生，而是那些博览古今的文儒。但是要发挥文儒的能力，一定要有长官的举荐提拔，否则他们也只能"却退窜于岩穴"。历史上的管仲、商鞅、申不害、萧何、韩信等人之所以能建立功绩，就是因为他们得到了强有力君主的重用。有能力之人也需要有能力之主的任用提拔，但是当时的地方长官却没有能力发现并任用这样的文儒，故文儒只得"抱其盛高之力，窜于闾巷之深"了。

此篇表达了王充对于人才的认识以及自己怀才不遇的愤懑，也揭示了东汉当时选拔制度的弊端，使得一批有能力的贤才不得重用的现实。

《程才》《量知》之篇^①，徒言知学，未言才力也。人有知学，则有力矣。文吏以理事为力，而儒生以学问为力。或问扬子云曰："力能扛鸿鼎、揭华旗，知德亦有之乎？"^②答曰："百人矣^③"。夫知德百人者，与彼扛鸿鼎、揭华旗者为料敌也④。夫壮士力多者,扛鼎揭旗;儒生力多者,博达疏通⑤。故博达疏通,儒生之力也;举重拔坚⑥,壮士之力也。《梓材》曰⑦:"强人有王开贤⑧,厥率化民⑨。"此言贤人亦壮强于礼义⑩,故能开贤,其率化民。化民须礼义,礼义须文章⑪,行有余力,则以学文⑫。能学文,有力之验也。

【注释】

①《程才》《量知》:指《程材篇》与《量知篇》。

②"或问扬子云曰"几句:原文见扬雄《法言·孝至》。或,有人。扛(gāng),举。鸿,大。揭,拔。华旗,有龙、鸟等装饰图案的大旗。知,同"智"。

③百人矣:百倍于普通人罢了。

④彼:那个。料:衡量,比较。敌:对等。

⑤博达:博览群书,通达古今。疏通:对群书的内容能够透彻地理解,融会贯通。

⑥坚:坚固,结实。此处指栽得很牢固的华旗。

⑦《梓(zǐ)材》:《尚书》中的一篇。

⑧强人:有能力的人,此处指贤臣。有:通"右",佐助,帮助。

⑨厥(jué):其,他。率:率领。化民:教化百姓,改变风气习俗。引文今本古文《尚书·梓材》作:"戕败人宥。王启监官,厥乱为民。"大意是:对被冤枉的人加以宽宥。王设监官,这种治理方法是为了百姓。这是因为今古文的不同产生的差异。

⑩贤人:即上文的强人。壮强于礼义:在掌握礼义方面很突出。

⑪文章:此处指经书。

⑫"行有余力"二句:出自《论语·学而》。大意是:人在能够笃行遵守孝、悌、信、爱等道德要求以后,还有闲暇余力,就可以学习六

经了。文,六经之文。

【译文】

《程材篇》和《量知篇》只讨论了人的知识学问,并没有论及人的才力。人有了知识学问,就有了能力。文吏以处理官府事务为能力,儒生以学问为能力。有人问扬子云说:"力气大的人可以扛起大鼎,拔起大旗,人的智慧和道德也能有这种远超过普通人的吗?"他回答说:"扛起大鼎、拔起大旗这种大力气是百倍于普通人的。"这就是说智慧与道德方面百倍于普通人的人,与那个能够扛起大鼎,拔起大旗的人是对等的人才。力气大的壮士,能够扛起大鼎、拔起大旗;能力强的儒生,能够博览群书,通晓古今,透彻地理解经书的内容并将其融会贯通。所以说能够博览古今,疏通经书是儒生的能力;能够举起重鼎,拔起大旗,是壮士的能力。《尚书·梓材》说:"贤臣辅佐君主任用贤能的人,并且他能统率并教化百姓。"这是说贤人在礼义方面也很突出,所以能任用其他贤人,统率教化百姓。教化百姓需要礼义,礼义要依赖经书才得以记载下来,人在能够笃行遵守孝、悌、信、爱等道德要求以后,还有闲暇余力,就可以学习六经了。能够学习经书,就是有能力的表现。

问曰:"说一经之儒①,可谓有力者?"曰:非有力者也。陈留庞少都每荐诸生之吏②,常曰:"王甲某子③,才能百人。"太守非其能,不答。少都更曰④:"言之尚少⑤,王甲某子,才能百万人。"太守怒曰:"亲吏妄言⑥!"少都曰:"文吏不通一经一文⑦,不调师一言⑧;诸生能说百万章句,非才知百万人乎?"太守无以应。夫少都之言,实也,然犹未也⑨。何则?诸生能传百万言⑩,不能览古今,守信师法,虽辞说多⑪,终不为博。殷、周以前,颇载六经,儒生所不能说也⑫。秦、汉之事,儒生不见⑬,力劣不能览也。周监二代⑭,汉监周、秦。周、秦以来，儒生不知；汉欲观览，儒生无力。使儒生博观览，则为文儒⑮。文儒者，力多于儒生，如少都之言，文儒才能千万人矣。

【注释】

①说：讲解，研习。

②陈留：郡名。西汉元狩元年（前122）置，治所在今河南开封东南陈留城。庞少都：人名。诸生：儒生。之吏：去做官。

③王甲某子：泛指某某人。

④更：还。

⑤尚：还。

⑥亲吏：对亲近属吏的称呼，此处指庞少都。

⑦不通一经一文：下文言"不调师一言"，据文例，疑本句前一"一"字为衍文。

⑧调：周密完备，此处指理解掌握。

⑨犹：还。

⑩传（zhuàn）：解释。

⑪辞说：言辞，指掌握的解释经书的言辞。

⑫儒生所不能说也：不，疑为衍文。据文意，殷、周之事载于六经，故儒生应当能解说；秦、汉之事不见于经，故儒生不知。《谢短篇》言："夫儒生之业，五经也。南面为师，旦夕讲授，章句滑习，义理究备，于五经，可也。五经之后，秦、汉之事，不能知者，短也。"义与此同。且下文只云"周、秦以来，儒生不知"，未言殷、周之事儒生不知，可证。

⑬见：见识，此处为讲解明白。

⑭监：通"鉴"，鉴戒。

⑮文儒：按《超奇篇》的说法，指能够博览古今，并且能采掇传书，上

书奏记的儒生。

【译文】

有人问："能够讲解一部经书的儒生，可以称作有能力吗？"我认为：算不上是有能力的人。陈留郡的庞少都每次推荐儒生去做官，常常说："王某某人，才能百倍于常人。"太守并不认为他推荐的人有此等的能力，所以不加理睬。庞少都又说："这样说他的能力还是太少，王某某人，才能百万倍于常人。"太守生气地说："你是在胡说八道。"庞少都说："文吏不能通晓经书中的一篇，不能理解老师教导过的一句话；儒生能够记诵解说百万字的章句，这难道不是才能百万倍于常人吗？"太守无法反驳。庞少都的说法是符合实际的，但还是不够全面。为什么呢？儒生能够记诵解说百万言的章句，但是不能通览古今，墨守笃信师法，虽然言辞很多，但是始终不能说是博学。殷、周以前的事情，六经中略有记载，所以儒生可以解说。秦、汉的事情，儒生也不明白，这是由于他们能力不足，不能博览的缘故。周朝以夏、商二代作为借鉴，汉朝以周、秦作为借鉴。周、秦以来的事情，儒生并不知道；汉朝想要借鉴周、秦的事迹，儒生却无能为力。假使儒生能够博览古今之事，他们就能够成为文儒。文儒的能力强于儒生，如果像庞少都所说的那样，文儒的才干能力是要千万倍于常人了。

曾子曰："士不可以不弘毅，任重而道远。仁以为己任，不亦重乎！死而后已，不亦远乎！"①由此言之，儒者所怀，独已重矣②；志所欲至③，独已远矣。身载重任④，至于终死，不倦不衰，力独多矣。夫曾子载于仁而儒生载于学，所载不同，轻重均也。夫一石之重⑤，一人挈之⑥，十石以上，二人不能举也。世多挈一石之任，寡有举十石之力⑦。儒生所载，非徒十石之重也。地力盛者，草木畅茂，一亩之收，当中田五亩之分⑧。苗田⑨,人知出谷多者地力盛⑩,不知出文多者才知茂,失事理之实矣。夫文儒之力过于儒生,况文吏乎?能举贤荐士,世谓之多力也。然能举贤荐士,上书曰记也⑪。能上书曰记者,文儒也。文儒非必诸生也,贤达用文则是矣。谷子云、唐子高章奏百上⑫,笔有余力,极言不讳,文不折乏⑬,非夫才知之人不能为也。孔子,周世多力之人也,作《春秋》,删五经⑭,秘书微文⑮,无所不定。山大者云多,泰山不崇朝办雨雨天下⑯。夫然⑰,则贤者有云雨之知,故其吐文万牒以上⑱,可谓多力矣。

【注释】

①“曾子曰”几句:原文见《论语·泰伯》。士,指儒生。弘,广大。毅,刚毅,坚强。

②独:作语助,如同“其”。已:非常。

③志:志向,理想。

④载:担负。

⑤石:古代重量单位,每石为一百二十斤。

⑥挈(qiè):提。

⑦寡:少。

⑧当:相当。分:成数,此处指产量。

⑨苗田:种庄稼的田地。苗,禾苗。

⑩谷:泛指粮食。

⑪曰记:当作“白记”。曰,当作“白”,形近而误。“下记”“奏记”“白记”,汉时人常说的话。白记,奏记,给君主、上级写报告。下同。

⑫谷子云:谷永,西汉时长安(今陕西西安西北)人。博学经书,工

于笔札,多次上书成帝。曾任太常丞,光禄大夫,后任大司农。唐
子高:即唐林,沛(今江苏沛县)人。仕王莽,以谏疏著世。

⑬折乏:贫乏。折,亏,却。

⑭删五经:孔子曾对五经进行删改,赋予义理,才使得五经原文从古
代的文献汇集变为经书。

⑮秘书微文:即"秘经""秘文",汉代的人托名孔子编造的纬书。

⑯泰山:古人认为泰山是最高的山。崇朝:终朝。从天亮到早饭时。
崇,通"终"。朝:早晨。办:据本书《明雩篇》"不崇朝而辨雨天
下",当作"辨"字,"办"的繁体"辦"与"辯"形近而误。辨,通
"遍"。雨雨:据本书《明雩篇》,此处衍一"雨"字。

⑰夫:句首发语词。然:这样,如此。

⑱吐文:撰写文章。万牒:形容著述丰富。牒,书写用的木板。

【译文】

曾子说:"儒生心胸不可以不宽广,意志不可以不刚毅坚强,因为他
们肩负的责任重大而又要经过长时间艰苦奋斗。把施行仁德作为自己
的责任,不是很重大吗!到死这种努力才会停止,不是很遥远吗?"由此
看来,儒生所怀有的抱负,是非常重大的;志向中所要到达的目标,是非
常远大的。身上担负着重任,一直到最终死去,也不倦怠不松懈,他们的
能力是很强的了。曾子在仁德方面担负着责任,儒生在学问方面担负着
责任,所担负的责任不同,但重要性是一样的。一石重的东西,一个人就
能够提起来,重于十石的东西,两个人也举不起来。世上有很多人能提
起一石重的东西,但很少有人具有能举起十石重的东西的能力。儒生所
担负的重任,不是十石的重量可以相比的。地力旺盛的土地,草木长得
很繁茂,一亩的收成,相当于中等田地五亩的产量。对于田地来说,人们
知道出产粮食多的田地地力强,却不知道写作文章多的人才智高,这是
不符合事理的实际情况的。文儒的能力超过一般的儒生,更何况是不如
儒生的文吏呢?能够举荐贤人的人,世人就说他们的能力强。然而能够

举荐贤人的人，也是能够向上级提呈文书报告的人。能够向上级提呈文书报告的人，就是文儒了。文儒不一定是儒生，凡是贤明通达，能够著书作文的就是文儒。谷子云、唐子高上奏了百篇奏章，笔力游刃有余，能毫不隐晦地说出自己要说的话，文笔也不让人感到贫乏，若不是那种有才智的人，是不可能做到的。孔子是周朝能力很强的人，他作《春秋》，删改五经，编写纬书，上古的传世文献没有不经过他删定的。山越大，云就越多，所以泰山上的云形成的雨不到一个早上就可以下遍天下。这样看来，贤者的智慧就像是泰山的云雨那样多，所以他们撰写文章的数量在万牒以上，可以说是能力很强了。

世称力者，常褒乌获①，然则董仲舒、扬子云，文之乌获也。秦武王与孟说举鼎不任②，绝脉而死。少文之人，与董仲舒等涌胸中之思③，必将不任，有绝脉之变。王莽之时，省五经章句皆为二十万④，博士弟子郭路夜定旧说⑤，死于烛下，精思不任⑥，绝脉气灭也。颜氏之子⑦，已曾驰过孔子于涂矣⑧，劣倦罢极，发白齿落⑨。夫以庶几之材⑩，犹有仆顿之祸⑪，孔子力优，颜渊不任也。才力不相如，则其知思不相及也⑫。勉自什伯⑬，鬲中呕血⑭，失魂狂乱，遂至气绝。书五行之牍⑮，书十奏之记⑯，其才劣者，笔墨之力尤难⑰，况乃连句结章⑱，篇至十百哉！力独多矣！

【注释】

①褒：赞扬。乌获：战国时秦国的大力士。

②秦武王（前329—前307）：战国中期秦国君主。孟说（？—前307）：秦国的大力士。不任：不能胜任。

③涌：喷溢，腾跃，此处指抒发。

④省：减少，删定。

⑤博士：官名。此处指五经博士，专门负责注解、传授五经的官员。
郭路：人名。旧说：此处指五经原来的章句。

⑥精思：精力智慧。

⑦颜氏之子：指颜渊。

⑧驰过：追赶。涂：道路。

⑨发白齿落：传说颜渊和孔子一起登泰山，因远望千里之外，眼力不
能胜任，下山之后头发变白牙齿脱落，因病死去。王充认为颜渊
头发变白牙齿脱落，是因为他把精力都用在学习上，辛勤努力，气
力用尽，才最终死去。参见本书《书虚篇》。

⑩庶几之材：有近乎圣人的才能，后来成为贤人的代称。

⑪仆顿：谓精疲力竭而仆倒。仆，向前跌倒。顿，困顿，精疲力尽。

⑫知思：智慧。

⑬什：同“十”。佰：同“百”。

⑭鬲（gé）：通“膈”，胸腹。

⑮书：写。牍：文件，书信。

⑯书：疑涉上文“书”字而衍。奏：竹简，此处指一根竹简。记：公文。

⑰尤：犹，尚且。

⑱连句结章：写成文章。

【译文】

世上的人称道大力士，常赞扬乌获，那么董仲舒、扬子云，就是著书作文方面的乌获了。秦武王与孟说比试举鼎，不堪重负，经脉崩断而死。缺乏文才的人如果要抒发出与董仲舒一样的文思，定会不堪重负，有血脉枯竭的灾难。王莽新朝时期，减省五经的章句为二十万字，博士弟子郭路连夜删定原有的章句，死在灯烛之下，这是因为精力才思不能胜任，导致血脉枯竭元气消亡的缘故。颜回也曾经在仁德的道路上追赶过孔子，弄得疲倦衰弱，发白齿落。像颜回这样才能接近于圣人的贤人，尚

且还有力竭仆倒的灾祸，可见孔子的才能之强，颜回是难以追及的。才力不相同，就是他们各自的智慧不相等。勉强自己去做超出自己能力十倍、百倍的事情，就会从胸中吐血，失魂狂乱，以至气绝而死。写只有五行字内容的书信文件，十块竹简的公文，那些才能低下的人，都感觉到书写困难，何况是要连结词句书写文章，达到数十上百篇呢！这种能力是很强的！

江河之水①，驰涌滑漏②，席地长远③，无枯竭之流，本源盛矣。知江河之流远，地中之源盛，不知万牒之人胸中之才茂，迷惑者也。故望见骥足④，不异于众马之蹄，蹑平陆而驰骋⑤，千里之迹⑥，斯须可见⑦。夫马足人手，同一实也，称骥之足，不荐文人之手⑧，不知类也。夫能论筋力以见比类者，则能取文力之人立之朝庭⑨。故夫文力之人，助有力之将⑩，乃能以力为功。有力无助⑪，以力为祸⑫。何以验之？长巨之物，强力之人乃能举之。重任之车⑬，强力之牛乃能挽之⑭。是任车上阪⑮，强牛引前，力人推后⑯，乃能升逾⑰。如牛羸人罢⑱，任车退却，还堕坑谷，有破覆之败矣。文儒怀先王之道，含百家之言⑲，其难推引，非徒任车之重也⑳。荐致之者㉑，罢羸无力，遂却退窜于岩穴矣㉒。

【注释】

①江：长江。河：黄河。

②滑漏：指水流很通畅。

③席：凭借。此处为顺着的意思。

④骥：千里马。

⑤蹑（niè）：踩，踏。平陆：平地。驰骋（chěng）：飞奔。

⑥迹：形迹。

⑦斯须：须臾，立刻。

⑧荐：推崇。

⑨文力：文采，写文章的能力。立之朝庭：指当官。庭，通"廷"。

⑩助：疑当作"因"，或涉下文而误。下文意为：文力之人需得到有力之长官推荐才得发挥才力，犹如"重任之车"需要强力之牛的牵引，强力之人的推动才得以爬上坡道。故此处应为借助的意思。将：地方长官。

⑪无助：指没有人推荐、任用，或遭到无力之将的使用。

⑫祸：祸害，此处指遭到排挤、打压。

⑬重任之车：装满了重物的车子。

⑭挽：拉，牵引。

⑮是：是以，因此。任车：即"重任之车"。阪（bǎn）：山坡，斜坡。

⑯力人：强力之人。

⑰逾：越过。

⑱羸（léi）：瘦。罢：疲。

⑲百家：各种学术流派。

⑳非徒：不仅。

㉑荐致：推荐，引荐。

㉒遂：就。窜：流落，伏匿。岩穴：山洞。比喻偏僻之地。

【译文】

长江、黄河的水，奔腾澎湃，顺着地势，一泻千里，没有枯竭的时候，这是它们的源头水源旺盛的缘故。知道长江、黄河的水流长远，是因为发源地的水源旺盛，不知道著作丰富的人是因为胸中的才气旺盛，这是糊涂的人。因此看见千里马的蹄子，看不出跟一般马的蹄子有什么不同，当它在平地上飞奔的时候，千里马的样子，马上就可以看出来了。其实马蹄与人手是相同的,只称赞千里马的蹄子,而不推崇文人的手,这是不懂得类推的缘故。要是在谈论人的力气的时候能够类推到文采上的人,就能够选拔出有文采的人到朝廷上任官。因此有文力的人,只有凭借着有能力的长官的推荐和帮助,才能通过自己的能力去建立功业。如果有能力而没有人的推荐和任用,那么有能力反而会招来祸害,从而受到排挤、打压。用什么来证明呢?又长又大的东西,只有力气很大的人才能举起它。装载着重物的车子,只有力气大的牛才能拉得动。因此,载着重物的车子上坡,只有力大的牛在前面拉,力大的人在后面推,车子才能爬上坡。如果牛瘦人乏,任由车子后退,就会坠落到深谷之中,造成摔坏翻车的恶果。文儒胸怀先王之道,广纳百家学说,他们难以被推举,其难度,远胜于推引装载着重物的车子的困难。如果推举他们的人软弱无力,他们就会被迫流落到偏僻的地方去了。

河发昆仑①,江起岷山②,水力盛多,滂沛之流③,浸下益盛④,不得广岸低地,不能通流入乎东海。如岸狭地仰⑤,沟洫决泄⑥,散在丘墟矣⑦。文儒之知,有似于此。文章滂沛,不遭有力之将援引荐举⑧,亦将弃遗于衡门之下⑨,固安得升陟圣主之庭⑩,论说政事之务乎?火之光也,不举不明。有人于斯,其知如京⑪,其德如山,力重不能自称⑫,须人乃举,而莫之助,抱其盛高之力,窜于闾巷之深⑬,何时得达?奔、育⑭,古之多力者,身能负荷千钧⑮,手能决角伸钩⑯,使之自举,不能离地。智能满胸之人,宜在王阙⑰,须三寸之舌,一尺之笔,然后自动⑱。不能自进⑲,进之又不能自安⑳,须人能动,待人能安。道重知大,位地难适也。

【注释】

①发:发源。昆仑:昆仑山,古人认为黄河发源于昆仑山。

②起:起源。岷山:古人认为长江发源于此。

③滂沛:形容水势浩大。

④浸:逐渐。

⑤仰:高。

⑥沟洫(xù):沟渠,指小的支流。泆(yì):通"溢",泛滥。

⑦丘墟:空旷荒凉的地方。

⑧遭:遇。援引:推荐,提拔。

⑨衡门:横一根木头当门,指简陋的住宅。

⑩升陟(zhì)圣主之庭:到朝廷做官。陟,提拔,升迁。

⑪京:疑当作"泉"。下文有"其德如山","京"意为高丘,语意重
复。疑为隶书"泉""京"形近而误,《韩诗外传》有"智如泉源",
可证。

⑫称:举。

⑬闾(lú)巷之深:胡同的最深处,此处指偏僻的地方。

⑭累(ào):传说中的大力士。育:夏育,传说中的大力士。

⑮千钧:极言其重。钧,古代重量单位,一钧为三十斤。

⑯决角伸钩:扭断牛角拉直铜钩。

⑰王阙:朝廷。

⑱自动:指到朝廷去做官。

⑲进:进用,指到朝廷去做官。

⑳安:安稳,指官位得到稳固。

【译文】

黄河发源于昆仑山,长江起源于岷山,水力盛大,浩浩荡荡的流水,
越往下游水势越盛,如果没有广阔的河岸和低下的地势,就不能顺畅地
流入东海。如果长江、黄河下游的河岸狭窄地势高耸,水就会倒灌入支

流,造成决口泛滥,漫流在山野之中了。文儒的智慧,类似于这种情况。他们文才横溢,如果没有受到有能力的地方长官的提拔举荐,也会被遗弃在穷乡僻壤,又怎么能到圣明之主的朝廷上做官,谈论国家大事呢?火把,不将其举高就显示不出它的明亮。假如有这样的人,他的智慧如泉水一样源源不绝,德行如山一样崇高,能力强但是不能自己举荐提拔自己,需要有别人的推荐才能获得提拔,但是没有人推荐他,那他只好怀着强大高超的能力,流落在偏僻荒远的地方,什么时候才能飞黄腾达呢?奡、夏育,是古代的大力士,一人能负担千钧的重量,手能扭断牛角,拉直铜钩,可是让他把自己提起来,双脚却不能够离开地面。满怀智慧与才能的人,应当在朝廷上做官,但是必须要先经过能说会写之人的推荐,然后他才能去朝廷做官。他们不能通过自己去朝廷做官,即使做了官,官位也不可能稳固,必须靠人推荐才能去朝廷做官,必须靠人帮助官位才会稳固。这是因为他们负担的道义重,具有的智慧高,难以得到适合于自己能力的职位。

小石附于山,山力能得持之;在沙丘之间,小石轻微,亦能自安。至于大石,沙土不覆,山不能持,处危峭之际①,则必崩坠于坑谷之间矣。大智之重,遭小才之将②,无左右沙土之助,虽在显位,将不能持③,则有大石崩坠之难也。或伐薪于山④,轻小之木,合能束之。至于大木,十围以上⑤,引之不能动,推之不能移,则委之于山林⑥,收所束之小木而归。由斯以论,知能之大者,其犹十围以上木也,人力不能举荐,其犹薪者不能推引大木也⑦。孔子周流,无所留止,非圣才不明,道大难行,人不能用也。故夫孔子,山中巨木之类也。

【注释】

①危峭:高而陡的悬崖峭壁。危,高。

②小才:底本作"信",递修本作"小才",据改。

③持:扶助。

④伐薪:砍柴。

⑤围:计量周长的约略单位。旧说尺寸长短不一,现多指两手或两臂之间合拱的长度。

⑥委:舍弃。

⑦薪者:砍柴的人。

【译文】

小石头依附在山上,山的力量能足够支撑起它;处在沙丘之间,小石头由于轻微,也能不依靠外力安稳地待在那里。至于大石头,沙土不能将其覆盖,山不能支撑起它,处在高峻陡峭的悬崖之上,就一定会崩坠到深谷之中。智慧高明的人,遇到才能低下的地方长官,没有周围的人像沙土一样的扶助,即使身处显赫的位置上,长官不能使他的地位稳固,那就有像大石头崩坠到深谷那样的危险。有人到山上砍柴,轻小的木柴合并于一处就能捆起来。至于十围以上粗的大木头,拉它不能动,推它不能走,只好把它丢弃在山林里,收拾起捆扎好的小木柴回家。照这样说,智慧能力高的人,他就像是十围以上粗的大木头,一般人的能力不能举荐他,就像是砍柴的人不能推拉动大木头一样。孔子周游列国,没有国家留用他,并不是圣人的才能不高明,而是因为先王之道太深奥而难以施行,一般的君主难以任用他的缘故。这样看来,孔子就像是山中巨木那样的人。

桓公九合诸侯①,一匡天下②,管仲之力。管仲有力,桓公能举之,可谓壮强矣。吴不能用子胥,楚不能用屈原,二子力重,两主不能举也。举物不胜,委地而去,可也。时或恚怒^③，斧斫破败^④，此则子胥、屈原所取害也。渊中之鱼，递相吞食^⑤，度口所能容^⑥，然后咽之^⑦，口不能受，哽咽不下^⑧。故夫商鞅三说孝公^⑨，后说者用，前二难用，后一易行也。观管仲之《明法》^⑩，察商鞅之《耕战》^⑪，固非弱劣之主所能用也。

【注释】

①九合：多次召集。九，形容次数多。

②一匡天下：纠正混乱局势，使天下安定下来。一，一概，一切。匡，匡正，改正。

③恚（huì）怒：生气，忿恨。恚，恨。

④斫（zhuó）：砍。

⑤递相吞食：指大鱼吃小鱼。递相，依次，顺次。

⑥度（duó）：估计。

⑦咽：吞食。

⑧哽咽：被堵塞住。

⑨商鞅三说（shuì）孝公：商鞅初入秦时，曾三次向秦孝公献策。前两次谈了"帝王之道"，孝公不满意，第三次谈到"强国之术"，才被孝公重视，任用他主持变法。说，劝说别人听从自己的意见。事见《史记·商君列传》。

⑩《明法》：《管子》中的一篇。

⑪察：看。《耕战》：《商君书》中的一篇，今本作《农战》。

【译文】

齐桓公多次召集诸侯会盟，纠正混乱局势，使天下安定下来，这靠的是管仲的能力。管仲有能力，齐桓公能重用他，就可以说齐国是很强大了。吴王不能任用伍子胥，楚王不能任用屈原，这两个人的能力很强，而两位君主不能重用。重物举不起来,就把它丢弃在地上离开,这样做算是好的。但有时人会因此而发怒,用斧头把货物砍烂毁坏,这就是伍子胥与屈原遇害的原因。水中的鱼,常常是大鱼吃小鱼,估计嘴能够容纳,然后再吞食进去,要是嘴巴装不下,就会卡住喉咙吞不下去。因此商鞅三次游说秦孝公,最后一次的建议被采纳,是因为前两次游说的内容难以采用,最后一次的容易施行。看管仲的《明法》,读商鞅的《耕战》,他们提出的观点本来就不是能力低劣的君主所能采用的。

六国之时,贤才之臣,入楚楚重①,出齐齐轻②,为赵赵完③,畔魏魏伤④。韩用申不害⑤,行其《三符》⑥,兵不侵境,盖十五年⑦。不能用之⑧,又不察其书,兵挫军破,国并于秦。殷周之世,乱迹相属⑨,亡祸比肩⑩,岂其心不欲为治乎?力弱智劣,不能纳至言也⑪。是故碓重⑫,一人之迹不能蹈也⑬;砲大⑭,一人之掌不能推也。贤臣有劲强之优,愚主有不堪之劣⑮,以此相求⑯,禽鱼相与游也⑰。

【注释】

①重:此处指强大。
②出:离开。轻:此处指衰弱。
③为:帮助。完:保全。
④畔:通"叛",背离。伤:损伤,削弱。
⑤申不害(前385—前337):郑国人。战国中期法家,曾任韩昭侯的相,著有《申子》六篇,已经散佚,仅存《大体》一篇。事见《史记·老子韩非列传》。
⑥《三符》:《申子》中的一篇,现已佚。
⑦盖十五年:据《史记·韩世家》"昭侯八年,申不害相韩……二十

二年,申不害死。"共十五年。盖,大概。

⑧不能用之:《汉书·艺文志》:"《申子》六篇。名不害,京人,相韩昭侯,终其身诸侯不敢侵韩。"申不害终身相韩,不当言"不能用之"。盖本句上有脱文。据《史记·老子韩非列传》:"非见韩之削弱,数以书谏韩王,韩王不能用。"此处指韩非。

⑨乱迹:动乱的事情。相属:相互连接。

⑩比肩:并肩,一个挨着一个。比,并。

⑪至言:高明的意见。

⑫是故:因此。碓(duì):古代一种用脚踏的捣米器具。

⑬迹:脚印,此处指脚。

⑭砣(wèi):底本无,递修本"大"字前有"砣"字,据补。砣,石磨。

⑮不堪:不胜任,此处指不能任用贤臣。劣:短处。

⑯相求:此处指相处在一起。求,匹配。

⑰相与:一起。

【译文】

战国的时候,有贤能的臣子,到楚国楚国就强大,离开齐国齐国就衰弱,帮助赵国赵国就能保全,背离魏国魏国就被削弱。韩昭侯重用申不害,按其《三符》所记载的思想治国,使别国的军队不敢侵犯韩国的领土,大概有十五年之久。后来韩国不能重用韩非,又不用他书中的思想治国,导致军队挫败,国家被秦国吞并。殷周时代,战乱频仍,一个接着一个的诸侯遭遇亡国之难,难道他们心里不想国家安定太平吗?是因为他们能力弱智慧低,不能够采纳高明的意见的缘故。因此碓太重,靠一个人的脚是踩不动的;石磨太大,靠一个人的手是推不动的。贤良的臣子有能力强的优点,昏愚的君主有不能重用贤臣的缺点,在这种情况下,贤臣要和愚主相处在一起,就像要飞禽与鱼一起游泳一样。

干将之刃①,人不推顿,茷瓠不能伤②;筍簵之箭③,机不能动发④,鲁缟不能穿⑤。非无干将、筱簬之才也,无推顿发动之主,苽瓠、鲁缟不穿伤,焉望斩旗穿革之功乎⑥? 故引弓之力不能引强弩⑦,弩力五石,引以三石,筋绝骨折,不能举也⑧。故力不任强引,则有变恶折脊之祸⑨;知不能用贤,则有伤德毁名之败。论事者不曰才大道重⑩,上不能用⑪,而曰不肖不能自达⑫。自达者带绝不抗⑬,自炫者贾贱不雠⑭。

【注释】

①干将:古代的宝剑。

②苽(gū)瓠(hù):两种草本植物,可作为蔬菜。苽,同"菰"。今名茭白,可食。

③筱(xiǎo)簬(lù)之箭:指良箭。筱、簬,两种做箭杆用的好竹子。

④机:弩机,古代弩上的发动机关。

⑤鲁缟(gǎo):春秋时期鲁国出产的白色细绢。穿:穿透。

⑥旗:军旗。革:皮质的盔甲。功:功效,作用。

⑦弩:利用扳机射箭的弓。

⑧举:动。

⑨变:违背。这里指损折、损伤。恶:疑为"要"字之讹。要,同"腰"。变要,损伤腰部。

⑩论事者:评论事情的人。

⑪上:指君主和上级官吏。

⑫不肖:不贤。

⑬带:跟着人走,此处为引领、带领的意思。抗:举,指被提拔任用。

⑭自炫者:指炫耀自己货物好的商人。炫,炫耀。贾(jià):同"价"。雠(chóu):售。

【译文】

干将宝剑的锋刃，如果没有人将它用力切割下去，它连菰和瓠都切不开；用筱、簵做的良箭，如果没人能扣动扳机，它连鲁缟都不能射穿。并非是没有干将宝剑、筱和簵做的良箭的才能，而是因为没有用剑劈砍扣动弩机的人，所以连菰和瓠都砍不开，鲁缟都射不穿，哪里还能指望发挥它们砍倒敌方旗帜，射穿敌方铠甲的作用呢？所以说，只凭借能拉开一般弓的力气是拉不开强弩的，要用五石的力才能拉开的弩，让只有三石力的人去拉，就是用力到筋断骨折，也拉不开。所以力气不够而硬要去拉强弩，就会有损伤腰部折断脊骨的祸患；才智不相称而硬要任用贤人，就会有损害德行，败坏名誉的恶果。议论的人不说因为贤人才高志广，不能被君主任用，而说是因为不够贤能，不能靠自己取得高官厚禄。想要依靠自己而飞黄腾达的人也需要别人的引领，否则是难以被提拔任用的，就像炫耀自己货物好的商人，没人欣赏，价格再便宜也卖不出去一样。

案诸为人用之物，须人用之，功力乃立①。凿所以入木者②，槌叩之也③；锸所以能撅地者④，跰蹈之也⑤。诸有锋刃之器，所以能断斩割削者，手能把持之也，力能推引之也。韩信去楚入汉⑥，项羽不能安⑦，高祖能持之也⑧。能用其善，能安其身，则能量其力，能别其功矣。樊、郦有攻城野战之功，高祖行封，先及萧何，则比萧何于猎人，同樊、郦于猎犬也⑨。夫萧何安坐，樊、郦驰走⑩，封不及驰走而先安坐者，萧何以知为力，而樊、郦以力为功也。萧何所以能使樊、郦者⑪，以入秦收敛文书也⑫。众将拾金，何独掇书⑬，坐知秦之形势⑭，是以能图其利害⑮。众将驰走者，何驱之也。故叔孙通定仪,而高祖以尊;萧何造律⑯,而汉室以宁。案仪律之功,重于野战;斩首之力,不及尊主。故夫垦草殖谷,农夫之力也;勇猛攻战,士卒之力也;构架斫削⑰,工匠之力也;治书定簿,佐史之力也⑱;论道议政,贤儒之力也。人生莫不有力,所以为力者,或尊或卑。孔子能举北门之关⑲,不以力自章⑳,知夫筋骨之力,不如仁义之力荣也。

【注释】

①功力:作用。立:树立。此处为发挥的意思。

②凿所以入木者:下文言"锸所以能撅地者",疑本句"入"字前脱一"能"字。

③叩:击。

④锸(chā):挖土的工具。撅:掘。

⑤跖(zhí):脚掌。

⑥去:离开。

⑦安:安置,重用。

⑧持:任用。

⑨"樊、郦有攻城野战之功"几句:汉初,刘邦在分封功臣时,以丞相萧何功劳最大,文武大臣多不服气。刘邦就用猎人与猎狗的关系比喻说,冲锋陷阵攻城克敌,好比追捕猎物的猎狗,运筹帷幄计划周详,好比指挥猎狗的猎人。猎人和猎狗的功劳不可相提并论。萧何的功劳正像是猎人,而各位的功劳就和猎狗一样。众人听后,就不便再参言了。事见《史记·萧相国世家》。樊,樊哙。郦,郦商。汉初将领,因功封周曲侯,曾任右丞相。行封,论功行赏。

⑩驰走:奔走,这里指冲锋陷阵。

⑪使:差遣,指使。

⑫以：因为。文书：公文档案以及地图。

⑬何：萧何。掇（duō）：拾取，收集。

⑭坐：因。秦之形势：秦朝统一六国以后天下关隘要害等情况。

⑮是以：所以。图：谋取。利害：利弊。

⑯律：法律，萧何制定的《九章律》，成为汉代的基本法律。

⑰构架：指搭盖房屋。构，架。

⑱佐史：郡县的低级官吏。

⑲举北门之关：《吕氏春秋·慎大览》记载，孔子可以把城门洞放下的闸门举上去，可他却不愿意让人知道他有这种力气。关，古代城门洞上沉重的活动闸门，可以随时放下，阻拦敌人进攻。

⑳章：同"彰"，炫耀。

【译文】

考察凡是被人所使用的东西，必须有人用它，其作用才能发挥出来。凿子之所以能凿进木头，是因为有锤子敲击它；锸之所以能掘起土，是因为有脚踩它。各种有锋利刀刃的器物，之所以能斩断割削东西，是因为用手能够握住它，用力能够推拉它。韩信离开楚国投靠刘邦，是因为项羽不能重用他，而高祖能够任用他。能够利用他的长处，给他稳固的地位，就能衡量他的能力，区别他的作用。樊哙和郦商都有攻城野战的功绩，高祖论功行赏时，最先封赏萧何，是因为把萧何比作猎人，而把樊哙、郦商比作猎狗。萧何安坐在朝廷上，樊哙、郦商冲杀在战场上，封赏时不先考虑冲锋陷阵的人而先封赏安坐朝廷的人，这是因为萧何是以智慧作为其效力的凭借，而樊哙、郦商是以武力立功的。萧何之所以能驱使樊哙、郦商，是因为他随高祖入咸阳的时候收集了秦朝宫廷的文书、档案、地图。当时众将领都收取金银，只有萧何收集文书，因此知道了天下关隘要害等情况，所以能知晓各地行军布阵的利害。众将领驰骋战场，都是萧何在背后驱使他们的。因此叔孙通制定朝仪，高祖的地位由此更加尊贵；萧何主持制定法律，汉朝因此得以安宁。看来朝仪、法律的作用，比征战更加重要;斩杀敌人的能力,比不上使君主受到尊崇的能力。所以说,耕田除草种植五谷,是农夫的能力;勇猛冲杀攻战,是士兵的能力;砍削木头,搭盖房屋,是工匠的能力;处理公文簿册,是佐史的能力;论说先王之道,议论国家大事,是贤儒的能力。人生下来都有一定的能力,只是用来发挥能力的职业,有尊有卑。孔子能举起城门洞里放下的闸门,但却不以此夸耀,因为他知道发挥筋骨之力,不如发挥仁义的力量荣耀。

别通篇第三十八

【题解】

　　本篇题为《别通》,旨在如何识别"通人"。王充在本篇花费了大量的篇幅去描述"通人"所具有的特质,也就是识别通人的标准。他认为"通人"应该知识渊博,能够胸怀"古今之事,百家之言",懂得"治国肥家之术",而且还能够讥刺批判世上庸俗的风气与言论。"通人"不但相较于富人值得尊敬,而且胜过那些"守信一学""不览古今,论事不实"、昏聩闭塞的儒生,他认为儒生与"通人"的区别除了才智不及以外,还在于是否有追求知识的欲望与动力,讽刺了那些饱食终日,无所事事的儒生,认为他们与动物没有区别。

　　在识别与任用"通人"方面,王充认为关键在于地方长官是否博通。他认为当时的长官大多数都是一些庸人,因为命运好才能够当官,因此不能够识别"通人",更不用说破格提拔任用了,这也揭露了当时官员昏聩无能的一面。

　　富人之宅,以一丈之地为内①。内中所有,柙匮所赢②,缣布丝绵也③。贫人之宅,亦以一丈为内。内中空虚,徒四壁立,故名曰贫。夫通人犹富人④,不通者犹贫人也,俱以七尺为形，通人胸中怀百家之言，不通者空腹无一牒之诵^⑤，贫人之内^⑥，徒四所壁立也^⑦。慕料贫富不相如^⑧，则夫通与不通不相及也。世人慕富不荣通，羞贫不贱不贤，不推类以况之也^⑨。夫富人可慕者，货财多则饶裕，故人慕之。夫富人不如儒生，儒生不如通人。通人积文，十箧以上^⑩，圣人之言，贤者之语，上自黄帝，下至秦、汉，治国肥家之术^⑪，刺世讥俗之言，备矣。使人通明博见，其为可荣，非徒缣布丝绵也。萧何入秦，收拾文书，汉所以能制九州者^⑫，文书之力也。以文书御天下，天下之富，孰与家人之财？

【注释】

① 内：内室。这里指贮藏室。

② 柙（xiá）：匣子，柜。匮：同"柜"。赢：底本作"嬴"，递修本作"赢"，据改。赢，充满。

③ 缣（jiān）：细绢。

④ 通人：指通晓古今，博览五经的人，相当于《效力篇》中的"文儒"。犹：如同。

⑤ 牒：写字用的木简。诵：读。

⑥ 贫人之内：据文意，疑本句"贫"字前脱一"犹"字。

⑦ 四所：四面，四处。

⑧ 慕料：估量。此处为分辨得出，看得出的意思。

⑨ 推类：类推。况：比较，对照。

⑩ 箧（qiè）：箱子。

⑪ 肥家：使家庭和睦富足。《礼记·礼运》有"父子笃，兄弟睦，夫妇和，家之肥也"。

⑫ 九州：传说夏禹分中国为九个州，所以后人将"九州"作为中国的

　　代称。

【译文】

　　在富人的住宅中,以一丈方的地方作为储藏室。其中所陈放的,箱子和柜子所装的,都是绢布丝绵之类的东西。在穷人的住宅中,也以一丈方的地方作为储藏室。但是其中空空荡荡,只有四面墙壁立在那里,所以称其为穷。博通之人就如同富人一样,不博通之人就如同穷人一样,他们都以七尺为躯,博通的人胸中怀有百家的学说,不博通的人腹中空虚,连一枚竹简所记之事都没有读过,就像是穷人家的储藏室,只有四面墙壁立在那里罢了。能够看出穷人与富人不能相比,那么也就应该知道博通之人与不通之人是不相等的。世人美慕富人而不以能够博通经史为荣耀,看不起穷人却不以不贤为卑贱,这是不懂得用类推的方式来进行比较对照。富人之所以值得美慕,是因为钱财多而富裕,所以人们美慕富人。其实富人不如儒生,儒生不如通人。通人积累的知识学问有十箱子书那么多,圣人的言论,贤者的话语,上自黄帝,下至秦、汉,治国理家的方法,讥刺和批判世上庸俗鄙薄风气的言论,他们全都能够掌握。如果一个人通达事理,见识广博,那么他值得尊崇之处,就不仅仅是像拥有绢布丝绵之类的物品所能得到的荣耀相比的了。萧何进入秦都咸阳,收集了秦朝的文书档案以及地图,汉朝之所以能够统治天下,就是这些文书所发挥的作用。依靠文书能够统治天下,一个国家的财富与一个人家的财富相比较,哪一个多呢?

　　人目不见青黄曰盲[1],耳不闻宫商曰聋[2],鼻不知香臭曰痈[3]。痈、聋与盲,不成人者也。人不博览者,不闻古今,不见事类[4],不知然否[5],犹目盲、耳聋、鼻痈者也。儒生不览,犹为闭暗,况庸人无篇章之业[6],不知是非,其为闭暗甚矣!此则土木之人,耳目俱足,无闻见也。涉浅水者见虾[7],

其颇深者察鱼鳖⑧，其尤甚者观蛟龙。足行迹殊⑨，故所见之物异也。入道浅深⑩，其犹此也。浅者则见传记谐文⑪，深者入圣室观秘书⑫。故入道弥深⑬，所见弥大。人之游也，必欲入都，都多奇观也。入都必欲见市，市多异货也。百家之言，古今行事，其为奇异，非徒都邑大市也。游于都邑者心厌⑭，观于大市者意饱，况游于道艺之际哉⑮！

【注释】

①青黄：青色与黄色，此处泛指颜色。

②宫商：古代以宫、商、角（jué）、徵（zhǐ）、羽为五音。此处泛指声音。

③痈：疑当作"齆"。《太平御览》卷三百六十七引《论衡》文作"齆"，又《诸病源候论》："鼻气不宣调，故不知香臭，而为齆也。"与上文"鼻不知香臭"正相符。"痈"繁体写作"癰"，与"齆"形近而误。下同。齆（wèng），鼻子堵塞，闻不到气味。

④见：识别。事类：各种事物。

⑤然否：是非。

⑥篇章之业：研习经学。篇章，指经书。

⑦涉：蹚水，从浅水中走过去。

⑧颇：稍微。

⑨迹：足迹。这里指足迹所至，也就是所到的地方。殊：不同。

⑩入：进入，此处为掌握的意思。

⑪谐文：指小说一类的作品。

⑫入圣室：入圣人之室，形容对圣人之学的掌握理解达到很高的水平。观秘书：指阅读学习记载圣人之学最为精微内容的书籍。

⑬弥：更加，越。

⑭厌：满足。

⑮游：此处指博览，钻研。艺：经。

【译文】

　　人的眼睛看不见颜色叫盲，耳朵听不见声音叫聋，鼻子闻不出气味叫齆。患有齆、聋与盲这样的疾病，就不是一个健全的人了。人若是不博学广览，不知古今之事，不能识别世间万事万物，不明辨是非，就像是眼瞎、耳聋、鼻齆的人一样。儒生不博学广览，尚且会变得闭塞不明，何况那些俗人没有读过经书，不明是非，他们就更加地闭塞不明了。这就像是泥塑木雕的人偶，耳目都齐备，就是听不见、看不见。趟过浅水的人能看见虾，走过水稍深一点的地方，人就可以看见鱼鳖，到达水特别深的地方的人，就能看见蛟龙了。因为足迹所到达之处不同，所以见到的东西也不一样。人们对先王之道的理解掌握，也像是涉水一样。对先王之道理解浅薄的人，就只知道看一些传记小说之类的东西，而理解深刻达到很高水平的人，就可以阅读记载先王之道最为精微内容的书籍了。所以说，对先王之道的理解越深刻，见闻便越加广博。人们外出游玩，一定都希望到都城看一看，因为都城中有很多奇异的景观。去了都城一定想要去市场看一看，因为市场里有许多奇异的货物。各家的学说，古今人物的事迹，它们的奇异，不仅仅是用都城与市场中的奇异货物就能相比的。游览都城的人感到满足，逛大市场的人觉得满意，何况是博览经书，钻研先王之道呢！

　　大川旱不枯者，多所疏也①。潢污兼日不雨②，泥辄见者③，无所通也④。是故大川相间⑤，小川相属⑥，东流归海，故海大也。海不通于百川，安得巨大之名？夫人含百家之言，犹海怀百川之流也，不谓之大者，是谓海小于百川也。夫海大于百川也，人皆知之，通者明于不通，莫之能别也。润下作咸⑦，水之滋味也。东海水咸，流广大也；西州盐井⑧,源泉深也。人或无井而食,或穿井不得泉,有盐井之利乎? 不与贤圣通业⑨,望有高世之名,难哉! 法令之家⑩,不见行事⑪,议罪可不审⑫;章句之生⑬,不览古今,论事不实。

【注释】

①多所疏:指与大河相连通的小支流多。疏,通。

②潢(huáng)污:低洼积水的地方,浅水坑。兼日:连日。

③辄:就。见(xiàn):同"现"。

④无所通也:没有水源与其相通。

⑤是故:因此。间:间隔。

⑥相属(zhǔ):相接连,相继。

⑦润下:水向下流。作:为。

⑧西州:汉代称凉州为西州,以其在中原之西得名。此指四川一带。

⑨不与贤圣通业:不与圣贤致力于同样的学问,此处意为不习圣贤之学。

⑩法令之家:此处指司法官吏。

⑪行事:以往的判例。

⑫可:据上下文例,疑为衍文。审:确实,恰当。

⑬章句之生:仅熟习一家章句而不能博览古今的儒生。

【译文】

大河在旱季的时候不干涸,是由于有许多的支流与它相通。积水的小坑如果连续几天不下雨,底下泥土就会露出来,这是因为没有水源与其相连通。因此大河相互间隔,小河将它们相互连接,一齐向东流进海里,所以海才能够变得宽广。大海如果不与千百条河流相通,怎么会有宽广之名呢? 人胸怀各家的学说,就像是海怀有千百条江河之水一样,这样的人如果不被称为学问渊博,就像是说大海要比河流还要小。大海要比河流宽广,这是人人都知道的事情,博通的人比不通的人要高明,却

没有人能意识到。水的性质是滋润万物,向下流淌而味道为咸,咸是水
所具有的味道。东海的水咸,是因为海的面积广大;四川一带有许多的
盐井,是因为水的源头很深的缘故。有的人没有盐井而想吃盐,有的人
打井却打不到盐卤,这样的人,能享受到有盐井那样的好处吗? 不学习
圣王之道,而希望享有高于世人的名声,困难啊! 负责司法的官吏,不了
解以往的判例,论罪量刑就不可能罪刑相当;仅熟习一家章句而不能通
晓古今的儒生,评论事情就不会符合实际情况。

　　或以说一经为是①,何须博览。夫孔子之门,讲习五
经,五经皆习,庶几之才也②。颜渊曰:"博我以文③。"才智
高者,能为博矣。颜渊之曰博者,岂徒一经哉?我不能博五
经④,又不能博众事,守信一学⑤,不好广观,无温故知新之
明⑥,而有守愚不览之暗⑦。其谓一经是者,其宜也。开户
内日之光⑧,日光不能照幽,凿窗启牖⑨,以助户明也。夫一
经之说,犹日明也,助以传书⑩,犹窗牖也。百家之言令人晓
明,非徒窗牖之开,日光之照也。是故日光照室内,道术明
胸中。开户内光,坐高堂之上,眇升楼台⑪,窥四邻之廷⑫,
人之所愿也。闭户幽坐,向冥冥之内⑬,穿圹穴卧⑭,造黄泉
之际⑮,人之所恶也。夫闭心塞意⑯,不高瞻览者,死人之徒
也哉⑰!

【注释】

①是:对,合理。这里有足够的意思。

②庶几之才:有近乎圣人的才能,后来成为贤人的代称。

③博我以文:用各种文献来丰富我的知识。以,用。引文见《论

语·子罕》。

④我：疑为衍文。

⑤守信：墨守笃信。

⑥明：聪慧，聪明。

⑦守愚：安于愚昧的状态。暗：愚昧，昏昧。

⑧户：门。内：同"纳"。

⑨启牖（yǒu）：打开窗户。启，开。牖，窗。

⑩传书：解释经书的著作。

⑪眇（miǎo）：高。

⑫廷：同"庭"，庭院。

⑬冥冥（míng）：黑暗。

⑭圹（kuàng）：墓穴。

⑮造：到。

⑯闭心塞意：闭塞视听，思想僵化。

⑰徒：类，辈。

【译文】

有的人认为能够解说一部经书就已经足够了，还有什么必要去博览群经呢？孔子的门生，讲习五经，等将五经全都掌握了，那就是近乎圣人的贤才了。颜渊说："用各种书籍文献来丰富广博我的知识。"才智高深的人，才能够做到博览古今。颜渊所说的广博，难道只是能解说一部经书吗？不能通习五经，又不能博知各种事物，只是死守笃信一家之说，不喜欢广泛地观览，没有温故而知新的聪明，反而有保守愚蠢不爱博览的愚昧。这样的人认为能解说一部经书就足够了，这是理所当然的了。开门让阳光照射进屋内，阳光照射不到的幽暗之处，就需要凿出窗户，以辅助门来使房屋更加明亮。一部经书的内容，就像是太阳的光从门中射入房屋一样，通过传记来辅助学习，就像是打开窗户一样。各家的学说，使人通晓道义明白事理，不仅仅是将窗户打开，让阳光照入屋子这样的事就可以相比的。因此阳光可以照亮室内,先王之道使人的心胸变得明朗。打开门让阳光照进室内,坐在高大的堂屋中,登上楼台的最高处,察看四邻的庭院,这是人们所希望的。关上门坐在幽暗之中,面对黑暗的内室,挖掘一个墓穴睡在里面,到地下的深处,这都是人们所厌恶的。思想闭塞,不能高瞻远瞩博览古今,那这就与死人是同类的了!

　　孝武皇帝时①,燕王旦在明光宫②,欲入所卧处③,三户尽自闭④,使侍者二十人开户,户不开。其后旦坐谋反自杀⑤。夫户闭,燕王旦死之状也⑥。死者,凶事也,故以闭塞为占⑦。齐庆封不通⑧,六国大夫会而赋诗,庆封不晓,其后果有楚灵之祸也⑨。夫不开通于学者,尸尚能行者也。亡国之社⑩,屋其上⑪,柴其下者⑫,示绝于天地⑬。《春秋》薄社,周以为城⑭。夫经艺传书,人当览之,犹社当通气于天地也。故人之不通览者,薄社之类也。是故气不通者,强壮之人死,荣华之物枯。

【注释】

①孝武皇帝:汉武帝。下文“燕王旦在明光宫,欲入所卧处,三户尽自闭”发生在昭帝元凤元年,此时武帝已死,王充所说有误。

②燕王旦(?—前80):燕刺王刘旦,汉武帝第四子。昭帝时与上官桀谋反失败,畏罪自杀。明光宫:即明光殿,燕王的宫殿。

③处:《太平御览》卷一百八十四、《古今合璧事类备要·别集》卷十五引《论衡》文,“卧”字后有一“处”字,据补。

④三户尽自闭:底本作“户三百尽闭”,《太平御览》卷一百八十四引《论衡》文作“三户尽闭”。又《汉书·燕刺王刘旦传》有:“殿上户自闭,不可开。”故“百”疑为“自”形近而误,又误置“尽”上。

全句当为"三户尽自闭"。

⑤坐：因。

⑥状：征兆。

⑦占：卜问，预测。此处指预兆。

⑧庆封不通：指庆封没有学问。庆封，春秋时齐国大夫。据《左传·襄公二十七年》，在宋国向戌举行弭兵之会时，各国大夫皆赋诗，未记载庆封赋诗。同年春，鲁国叔孙豹宴请来聘的庆封，庆封行为不如礼，叔孙豹以《诗经·相鼠》讽刺他，他也没听懂。

⑨楚灵之祸：《左传·昭公四年》记载，楚灵王伐吴，"执齐庆封，而尽灭其族"。

⑩社：古代帝王或诸侯祭祀土地神的地方，凡是天子或诸侯都立有社，于是社的存亡就成为国家存亡的标志。

⑪屋其上：从上面盖住。屋，覆盖。

⑫柴其下：在下面塞上柴草。

⑬示绝于天地：因社立于露天，表示上通于天，下通于地。将社从上面盖住，下面用柴草塞住，则表示这个社与天地隔绝，它所代表的国家就不受天地的保佑了。

⑭"《春秋》薄社"二句：《穀梁传·哀公四年》："亡国之社，以为庙屏，戒也。"范宁注："殷都于亳，武王克纣，而班列其社于诸侯，以为亡国之戒。"《汉书·五行志》："董仲舒、刘向以为亡国之社，所以为戒也。"《韩诗外传》卷十："亡国之社，以戒诸侯。"亳社著戒，是春秋家旧说。薄社，即"亳社"。商朝的社。商朝前期建都于亳，因以为名。因商朝灭亡，在此指代亡国之社。城，疑当作"戒"。

【译文】

武帝的时候，有一次燕刺王刘旦在明光殿，想回到卧室中去，但是明光殿的三扇门全都自己关上了，刘旦命令侍从二十人去开门，却打不开。

在那以后，刘旦因谋反罪而自杀。门户紧闭，就是刘旦将死的征兆。死，是一件凶事，因此以闭塞为死的预兆。齐国的大夫庆封学问不广博，六国大夫会盟时照例赋诗，庆封不会，以后他果然遇到了被楚灵王抓起来并杀掉的灾祸。在学问方面不能开明贯通的人，就如同行尸走肉一样。灭亡了的国家的社，要在它的上面盖起屋顶，下面用木柴垫起，来表示它与天地相隔绝了。《春秋》上说薄社是亡国之社，周朝将其作为戒鉴。经传这样的书，人们应该多阅读，这就好像社应该与天地相连通而受天地之气一样。所以那些没有通览经传的人，就与薄社是一类的了。因此不与天地相通气，健康强壮的人就会死，生长繁荣茂盛的植物就会枯萎。

　　东海之中，可食之物，集糅非一①，以其大也。夫水精气渥盛②，故其生物也众多奇异③。故夫大人之胸怀非一④，才高知大，故其于道术无所不包。学士同门高业之生，众共宗之⑤。何则？知经指深⑥，晓师言多也。夫古今之事，百家之言，其为深多也⑦，岂徒师门高业之生哉？甘酒醴不酤饴蜜⑧，未为能知味也。耕夫多殖嘉谷⑨，谓之上农夫；其少者，谓之下农夫。学士之才，农夫之力，一也。能多种谷，谓之上农，能博学问，谓之上儒⑩，是称牛之服重⑪，不誉马速也⑫。誉手毁足，孰谓之慧矣！

【注释】

①集糅：混杂，掺杂。集，犹杂，参杂。

②夫：递修本作"海"。渥盛：丰盛。渥，浓郁。

③生：产生，构成。

④大人：此处指"通人"。胸怀非一：掌握的不仅仅是单一方面的知识，而是掌握各方面的知识。

⑤宗：尊重，尊崇。

⑥指：意旨。

⑦其：代指"通人"。

⑧醴（lǐ）：甜酒。酟（tiān）：和，调味。饴蜜：蜜糖。

⑨殖：种植。嘉谷：好谷。

⑩谓之上儒：据文意，疑"谓"字前脱一"不"字。

⑪称：赞扬。服：负。

⑫誉：称赞。

【译文】

东海之中，可以吃的东西聚集混杂不止有一种，这是因为东海很大的缘故。水的精气浓厚旺盛，所以它生出的东西众多且奇特。因此，通人所掌握的学问并非只有一种，他们才高智足，所以在有关于先王之道的学问这一方面，通人是全面掌握而无所不包的。同在一个老师门下求学，学业精深的学生，大家都十分尊敬他。为什么呢？因为他对于经义的理解很深刻，对师法经说通晓得多。古往今来的事理，各家各派的学说，通人了解掌握得又多又深刻，难道仅仅是经学博士门下课业较好的学生就能相比的吗？只知道甜酒甘美，不知道调入蜜糖之后更甜，这不能算是懂得美味。农夫能种出许多优质的谷子，就称之为良农；那些能种出的谷子少的，被称为劣农。读书人的才能与农夫的能力是一样的。能够多种谷物，就称其为良农，能够有广博的学问，却不称其为鸿儒，这就等于只称赞牛能负重，而不知道赞扬马跑得快。称誉人的手而诋毁人的脚，谁会说这样的人聪明呢？

县道不通于野，野路不达于邑，骑马乘舟者，必不由也①。故血脉不通，人以甚病②。夫不通者，恶事也，故其祸变致不善。是故盗贼宿于秽草③，邪心生于无道，无道者，无道术也。医能治一病谓之巧,能治百病谓之良。是故良医服百病之方④,治百人之疾;大才怀百家之言,故能治百族之乱⑤。扁鹊之众方,孰若巧之一伎⑥?子贡曰:"不得其门而入,不见宗庙之美,百官之富。"⑦盖以宗庙、百官喻孔子道也。孔子道美,故譬以宗庙;众多非一,故喻以百官。由此言之,道达广博者⑧,孔子之徒也。

【注释】

①由:经过。

②甚:严重。

③秽草:杂草。

④服:掌握。

⑤百族之乱:泛指各种变乱。族,家族,宗族。

⑥孰若巧之一伎:据上文,言"医能治一病谓之巧",疑本句"巧"字后脱一"医"字。

⑦"子贡曰"几句:引自《论语·子张》。原本是子贡说孔子的话,意思是人们之所以没有看到孔子高尚的道德,就像没有了解住宅内部情况一样,是因为找不到大门进去,所以就看不到里边宗庙的雄伟,房舍的多样。百,形容多。官,房舍。

⑧达:疑当作"述","达""述"形近而误。述,通"术","道述"即"道术"。上文"无道者,无道术也",下文"深知道术",皆以"道术"连文。

【译文】

县城的道路不通到乡村,乡村的道路不通向城镇,骑马乘船的人,一定不会经过这样的道路。因此血脉不畅通,人们就认为是重病。闭塞不通是一件坏事,所以它向坏的方向演变就会导致不好的后果。所以盗贼多藏在杂草丛中,邪恶之心多因无道而产生,无道,就是不知道义学术。能治疗一种疾病的医生被称为巧医,能治疗各种疾病的医生被称为良医。所以说良医掌握着各种治病的药方,能治疗各种人的疾病;才高之人胸怀各家学说,所以能治理各种变乱事故。扁鹊能治百病的本领,和巧医只能治疗一种病的技能相比,谁更高明呢?子贡说:"没有找到大门走进去,就看不到宗庙的威严壮丽,多种多样的房屋。"这大概是用宗庙的宏丽和房屋的繁复来比喻孔子的学术。孔子的学术思想精深,所以拿宗庙的威严壮丽来比喻;博大宏富,所以用房屋建筑的多样来比喻。由此说来,对于学问道义能够通达广博的人,就与孔子是一类人了。

殷、周之地,极五千里①,荒服、要服②,勤能牧之③。汉氏廓土④,牧万里之外,要、荒之地,褒衣博带⑤。夫德不优者不能怀远⑥,才不大者不能博见。故多闻博识⑦,无顽鄙之訾⑧;深知道术,无浅暗之毁也。人好观图画者,图上所画,古之列人也⑨。见列人之面,孰与观其言行?置之空壁,形容具存,人不激劝者,不见言行也。古贤之遗文,竹帛之所载粲然⑩,岂徒墙壁之画哉!空器在厨,金银涂饰,其中无物益于饥,人不顾也⑪。肴膳甘醲⑫,土釜之盛⑬,入者乡之⑭。古贤文之美善可甘⑮,非徒器中之物也,读观有益,非徒膳食有补也。故器空无实,饥者不顾;胸虚无怀⑯,朝廷不御也⑰。

【注释】

①极:最远。

②荒服、要服:《尚书·禹贡》记载,古代以王都为中心,将王都以外的地方按远近为标准分为五服,分别为甸服、侯服、绥服、要服、荒服。五服按照远近分别承担不同的义务。要服、荒服距离最远,

　　此处指最边远的地区。

③勤:通"仅"。牧:治理。

④廓土:开拓疆土。廓,扩张,开拓。

⑤褒衣博带:长袍大带。这是当时中国的习俗,此处意为教化已经
　　远达边远地区。

⑥怀远:安抚边远地区的人民,使其归顺于朝廷。怀,安抚。

⑦博识(zhì):记住的东西多。识,记住。

⑧顽鄙:愚钝鄙陋。顽,愚蠢。鄙,鄙陋,无知。訾(zǐ):指责。

⑨列人:按次序排列的人。列,按顺序排列。古代国称"列国",传
　　称"列传",以"列"为称,为古代常用语法。

⑩竹帛:泛指书籍。粲然:显著明白。

⑪顾:看。

⑫肴膳:饭菜。醢(hǎi):肉酱。

⑬土釜:砂锅。盛:装。

⑭乡:通"享",受用,吃。

⑮可甘:可口,指文章内容。

⑯怀:包藏。这里指没有学问。

⑰御:使用。

【译文】

　　殷、周的领土,最远能达五千里,像是荒服、要服这些最为边远的地区,仅仅只能控制那里。汉朝开拓疆域,统治的区域能达万里之外,要服、荒服这些地区的人们,也受到教化而身穿长袍大带。德行不深厚就不能使远方之人前来归附,才智不高超就不能获得广博的见识。所以说听闻多见识广,就不会被人指责为愚蠢鄙陋;深刻地理解先王之道,就不会被批评为浅薄无知。人们喜欢鉴赏图画,是因为图上所画的是古代的名人。但是观看名人的画像,怎么能比得上去考察他们的言论与行迹呢?把名人的画像挂在空白的墙壁上,他们的形体与容貌俱在,但是人

们并不会被它所激励劝勉,是因为没有看到他们的言论与行迹。古代圣贤留下来的文章,在竹简帛书上记载得明明白白,岂是挂在墙壁上的画像就能相比的! 空空的器皿放在厨房里,尽管用金银涂饰,但因其中没有食物能够充饥,人们也不会理睬它。美味的佳肴,即使用砂锅装着,走进厨房的人也会去吃它。古代圣贤的文章内容与形式都十分吸引人,不仅仅是盘中的佳肴就能相比的;阅读它所获得的好处,不仅仅是饭食对人身体的补益就能相比的。所以说,器皿空无一物,饥饿的人就不会理睬它;胸中空虚没有学问的人,朝廷是不会任用的。

剑伎之家①,斗战必胜者,得曲城、越女之学也②。两敌相遭,一巧一拙,其必胜者,有术之家也③。孔、墨之业,贤圣之书,非徒曲城、越女之功也④。成人之操⑤,益人之知,非徒战斗必胜之策也⑥。故剑伎之术,有必胜之名;贤圣之书,有必尊之声。县邑之吏,召诸治下⑦,将相问以政化⑧,晓慧之吏⑨,陈所闻见⑩,将相觉悟,得以改政右文⑪。圣贤言行,竹帛所传,练人之心⑫,聪人之知⑬,非徒县邑之吏对向之语也⑭。

【注释】

①剑伎之家:擅长击剑的人。

②曲城:古地名,在今山东莱州东北。此处指曲城侯,以剑术闻名,见《史记·日者列传》。越女:春秋时期越国的一个女子,善于击剑,越王曾聘请她为教官。参见《吴越春秋》卷九。

③术:技艺,本领。

④非徒:不仅。功:功效,作用。

⑤操:操行,品德。

⑥策：计谋。此处指剑术。

⑦诸："之""于"的合音。

⑧将相：泛指地方长官。政化：政治与教化。

⑨晓慧：聪明。

⑩陈：陈述。

⑪改政：改善政事。右：古代以右为尊，引申为重视。

⑫练：染练，感化。

⑬聪：使人变得聪明。知：同"智"。

⑭对向：对答。

【译文】

擅长剑术的人，在战斗中一定会取胜，是因为他学会了曲城侯、越女的剑术。两敌相遇，一方灵巧一方笨拙，其中必能取胜的，是有战术技巧的那一个。孔子、墨子的学说，圣贤的著作，不仅仅是曲城侯、越女的作用可以相比的。培养人的操行，增加人的知识，不只是在战斗中必胜的剑术所能相比的。所以说击剑之术，有可以使人战斗必胜的名声；圣贤之书，有使人学习之后必受尊崇的声誉。郡守将县里的官吏招至帐下来当自己的部下，询问他们地方的政治教化，聪慧的官吏，就会陈述自己的所见所闻，使得郡守有所觉悟，开始改善政治崇尚教化。圣贤的言论与行迹，为书籍所记载并流传，能够感化人心，提升人的智慧，不仅仅是县城的官吏所对答的话语就能相比的。

禹、益并治洪水，禹主治水，益主记异物，海外山表①，无远不至，以所闻见作《山海经》。非禹、益不能行远，《山海》不造②。然则《山海》之造，见物博也。董仲舒睹重常之鸟③，刘子政晓貳负之尸④，皆见《山海经》，故能立二事之说。使禹、益行地不远，不能作《山海经》；董、刘不读《山海经》，不能定二疑⑤。实沉、台台⑥，子产博物⑦，故能言之；龙见绛郊⑧，蔡墨晓占⑨，故能御之⑩。父兄在千里之外，且死⑪，遗教戒之书⑫，子弟贤者，求索观读，服膺不舍⑬，重先敬长，谨慎之也；不肖者轻慢佚忽⑭，无原察之意⑮。古圣先贤，遗后人文字，其重非徒父兄之书也，或观读采取，或弃捐不录⑯，二者之相高下也，行路之人，皆能论之，况辩照然否者⑰，不能别之乎！

【注释】

①表：外。

②造：创作。

③董仲舒睹重常之鸟：据说汉武帝时，有人献上一只怪鸟，无人认识，只有东方朔根据《山海经》的记载，叫出了它的名字。此事见于《山海经》书首的刘歆上《山海经》奏。此处载"董仲舒睹重常之鸟"，应该是事有异说。睹，见，此处指认识。重常，也作"鸐鹤"，鸟名。

④刘子政晓贰负之尸：据说汉宣帝时，有人发现山洞中有一具反缚双手的尸体，无人认识，只有刘向根据《山海经》的记载，说这是贰负之尸。此事见于《山海经》书首的刘歆上《山海经》奏。贰负，传说是尧的臣子，因罪被尧捆起双手，戴上脚镣，囚禁在疏属山上。

⑤定：确定，解决。

⑥实沉：星宿名，即二十八宿中的参宿。这里指传说中主管参宿的神。台台：即"台骀"，传说中的汾水神。

⑦子产博物：据《左传·昭公元年》记载，子产看望生病的晋平公，叔向问他："据卜者说，平公的病是实沉、台骀在作祟，但没人知

道,请问这是什么神?"子产回答:"实沉是参宿神,台骀是汾水神。"

⑧见:同"现"。绛(jiàng):春秋时晋国国都,在今山西曲沃西北。

⑨蔡墨:春秋时晋国太史。晓:精通。占:占卜。

⑩故能御之:蔡墨听说龙出现了,便宣称龙是可以饲养的。御,饲养。参见《左传·昭公二十九年》。

⑪且:将。

⑫遗:留。教戒:教诲。

⑬服膺:犹"服膺",谨记在心。

⑭轻慢佚忽:随随便便,漫不经心。

⑮原察:推究考察。

⑯弃捐:抛弃。录:采纳,接受。

⑰辩:通"辨",区别。

【译文】

禹和伯益共同治理洪水,禹主持治水,伯益负责记载各种奇异的事物,大海以外,高山之上,没有哪个遥远的地方没有到过,于是就把所见所闻写成了《山海经》。不是禹和伯益,就不能走这么远,《山海经》也就创作不出来。所以说《山海经》能被写出来,是因为禹、伯益见到的东西广博的缘故。董仲舒认识重常鸟,刘向认识贰负的尸体,都是因为见过《山海经》,所以才能马上说出这两件事来。如果禹、伯益走的地方不远,就不能写作《山海经》;董仲舒、刘向没有读过《山海经》,也不能解答以上两个问题。实沉、台骀,因为子产博学,所以能回答它们是参宿神与汾水神;龙出现在绛的野外,蔡墨精通占卜方术,所以说龙是可以饲养的。父亲与兄长在千里之外,将要死去时,留下教诲告诫的遗书,子弟中贤良的人,一定会要过来读,并记在心中,不会忘记,敬重先辈,所以郑重其事地对待它;子弟中不贤良者,就会随意轻忽,根本没有去体会了解父兄遗嘱的想法。古代圣贤留给后代的文章,它们的重要性不仅仅是父兄的遗书,有人能阅读并体会它的内容,有的人则抛在一边不愿理会,这两者的高下,连普通的路人都能评说清楚,何况是那些能够明察是非的人,还会分辨不出来吗?

孔子病,商瞿卜期日中①。孔子曰:"取书来,比至日中何事乎②?"圣人之好学也,且死不休,念在经书,不以临死之故③,弃忘道艺,其为百世之圣,师法祖修④,盖不虚矣!自孔子以下,至汉之际,有才能之称者,非有饱食终日无所用心也⑤,不说五经则读书传⑥。书传文大,难以备之⑦。卜卦占射凶吉⑧,皆文、武之道⑨。昔有商瞿能占爻卦⑩,末有东方朔、翼少君⑪,能逢占射覆⑫。道虽小,亦圣人之术也,曾又不知⑬。人生禀五常之性⑭,好道乐学,故辨于物。今则不然,饱食快饮⑮,虑深求卧,腹为饭坑,肠为酒囊,是则物也。倮虫三百⑯,人为之长,天地之性人为贵⑰,贵其识知也。今闭暗脂塞⑱,无所好欲,与三百倮虫何以异? 而谓之为长而贵之乎?

【注释】

①商瞿(前522—?):字子木,孔子学生。期:时间,此处指孔子的死期。日中:中午。

②比至:等到。

③以:因为。

④师法:以孔子为师而效法他。祖修:以孔子为祖而遵循他的说教。修,循,遵循。

⑤非有:没有。非,未尝。

⑥书传:泛指五经以外的各种书籍。

⑦备:全面地掌握。

⑧占:占卜。射:猜度,推测。

⑨文:周文王。武:周武王。

⑩占爻卦:算卦。

⑪末:后代。翼少君:翼奉,字少君。汉元帝时为博士,治《齐诗》, 会律历阴阳之占。

⑫逢占:占卜。逢,底本作"达",《汉书·东方朔传》《风俗通义·正 失篇》并云"朔逢射占覆",据改。射覆:古代一种游戏,将事物预 先覆盖起来,供人猜测。

⑬曾:乃,却。

⑭禀:承受。五常:仁、义、礼、智、信这五种道德规范。

⑮快饮:痛饮。

⑯倮(luǒ)虫三百:《大戴礼记·易本命》记载,倮虫有三百六十种, 人是倮虫的首领。倮虫,没有羽毛鳞甲遮身的动物。倮,赤体。

⑰性:性命,生命。

⑱闭暗脂塞:此处形容愚昧无知。脂,凝固。塞,堵塞。

【译文】

孔子病重,商瞿占卜到孔子的死期是正午时分。孔子说:"拿书来, 不然到中午又有什么事可干呢?"圣人好学,在快要死的时候都不停止, 心思全在经书之上,并不会因为临近死亡的缘故,而舍弃忘掉道义、经 书,孔子作为时代尊奉的圣贤,被大家效法学习,这实在是名不虚传啊。 从孔子以来,到汉朝的时候,那些被称为有才能的人,没有一个是饱食终 日而无所用心的,不是在讲说经书就是在阅读各种传注书籍。这些书籍 的内容庞大,很难全面地把握。用卜卦来占测吉凶,都是周文王、周武 王曾采用过的方法。从前有商瞿能占卦,后来有东方朔、翼少君通晓占 卜射覆。这些虽是小技,但也是圣人使用过的方法,现在的人却连这些都不知道。人生来就禀受着仁、义、礼、智、信这五常之性，爱好道义，乐于学习，所以能区别于其他动物。现在却不是这样，追求吃得饱，喝得痛快，稍用心思就想睡觉，肚子成了饭坑，肠子成了酒囊，这就成为一般的动物了。倮虫有三百六十种，人是倮虫的首领，天地之中有生命的东西，人最为尊贵，尊贵之处就在于人拥有知识。如今的人闭目塞听，愚昧无知，对于学习没有一点爱好与追求，这与众多倮虫有什么区别？还能说人是倮虫之长而最为尊贵吗？

　　诸夏之人所以贵于夷狄者①，以其通仁义之文，知古今之学也。如徒作其胸中之知以取衣食②，经历年月，白首没齿③，终无晓知，夷狄之次也④。观夫蜘蛛之经丝以罔飞虫也⑤，人之用诈⑥，安能过之？任胸中之知，舞权利之诈，以取富寿之乐，无古今之学，蜘蛛之类也。含血之虫，无饿死之患，皆能以知求索饮食也。

【注释】

①诸夏：指居住在中原地区的华夏族。夷狄：居住在边远地区的民族。

②如徒作其胸中之知以取衣食：下文有"任胸中之知"，疑本句"作"当作"任"，形近而误。任，凭借。知，同"智"。

③白首没齿：头发变白，牙齿掉光。形容过了一辈子。

④次：行列，类。

⑤经丝：织网。罔：网罗，此处指捕捉。

⑥诈：底本为"作"，《太平御览》卷九百四十八引《论衡》文作"诈"，据改。下文言"舞权利之诈"，即上承此句。

【译文】

华夏之人之所以比夷狄尊贵，是因为他们通晓仁义礼乐，知道古今的学问。如果仅凭借他们自身所具有的先天的本能来谋取衣食,那么积年累月,白首终生,到最后都不能知晓仁义道德,那就和夷狄是一类的了。观看蜘蛛吐丝织网来捕捉飞虫,人能够采用的欺诈手段,怎么能超过蜘蛛呢?凭借先天的本能,玩弄争夺权力的诡谋,以谋取富贵长命的快乐,而没有通晓古今的学问,这就跟蜘蛛是同类的了。有血的动物,没有饿死的忧虑,是因为都能够用本能去寻找食物。

　　人不通者,亦能自供①,仕官为吏②,亦得高官。将相长吏,犹吾大夫高子也③,安能别之④?随时积功⑤,以命得官,不晓古今,以位为贤,与文之异术⑥,安得识别通人,俟以不次乎⑦?将相长吏不得若右扶风蔡伯偕、郁林太守张孟尝、东莱太守李季公之徒⑧,心自通明,览达古今,故其敬通人也如见大宾。燕昭为邹衍拥彗⑨,彼独受何性哉?东成令董仲绶⑩,知为儒枭⑪,海内称通,故其接人⑫,能别奇律⑬。是以钟离产公以编户之民⑭,受圭璧之敬⑮,知之明也⑯。故夫能知之也,凡石生光气⑰;不知之也,金玉无润色。

【注释】

①供:供养,满足需求。

②官:疑当作"宦",形近而误。若为"官",则与下文"亦得高官"重复。《程材篇》《状留篇》皆以"仕宦"连文。

③犹吾大夫高子也:高子是春秋时齐国执政大夫。齐国大夫崔杼杀了齐庄公,高子不敢讨伐。大夫陈文子对其不满,到各国去乞兵讨伐崔杼,但没有一国支持他。他就骂他们跟高子一样。参见《论语·公冶长》。

④之:指不通的人。

⑤时：时势，时运。

⑥之：据文意，疑当作"人"。文人：此处代指的是通人。异术：遵循
　的原则不同。

⑦俟：待。不次：不拘常次，破格提拔。次，等级，顺序。

⑧右扶风：西汉行政区之一。在长安以西，地位相当于一个郡，它的
　最高长官也叫"右扶风"。郁林：郡名。西汉武帝元鼎六年（前
　111）时灭南越王国后置，治所在布山（今广西桂平西南）。东
　莱：郡名。汉高帝置，治所在掖县（今山东莱州）。

⑨燕昭：燕昭王（前335—前279），战国时期燕国君主。拥彗：扫
　地。彗，扫帚。

⑩东成：即"东城"，县名。秦置，属九江郡，治所在今安徽定远东南。
　东汉属下邳郡。董仲绶：人名。事迹不详。

⑪知：同"智"。儒枭（xiāo）：儒生中最杰出的人。枭，雄，首领。

⑫接人：待人。

⑬奇律：卓越与平庸。奇，卓越。律，常，引申为平常、平庸。

⑭钟离产公：钟离县的产公。事迹不详。钟离，县名。本春秋楚邑，
　吴置为县，战国时属楚，后入秦，属九江郡，治所在今安徽凤阳东
　北。编户之民：指普通百姓。

⑮圭璧之敬：受到高度的尊重。圭、璧，两种玉制的礼器。

⑯知：了解。之：指钟离产公。

⑰凡石：普通的石头。

【译文】

　　没有通贯渊博学问的人，也能自己供养自己，做官也能谋得高位。地方的长官像齐国的大夫高子一样昏庸，怎么能够识别出那些不学无术的人呢？他们靠着时运积累了功绩，凭借命运得到官职，不通晓古今，靠着官位高而被称作贤明，他们与通人所遵循的原则迥异，怎么能识别通人，破格提拔他们呢？地方长官没有像右扶风蔡伯偕、郁林太守张孟尝、

东莱太守李季公之类的人,他们心中本就通达明白,博览通晓古今,所以他们敬重通人就像会见尊贵的宾客一样。燕昭王为邹衍扫地,他独自禀受了什么天性呢?东城令董仲绶,按才智来说是儒生中的出类拔萃者,海内都称颂他的通达,所以他与人交往时,能识别出他是卓越还是平庸。因此钟离县的产公能以一个普通百姓的身份受到他高度的敬重,这是因为董仲绶对他有深入的了解。所以说,能被了解,普通的石头也能发出光辉;不能被了解,就是金玉也没有光泽。

自武帝以至今朝①,数举贤良②,令人射策甲乙之科③,若董仲舒、唐子高、谷子云、刘伯玉④,策既中实⑤,文说美善,博览膏腴之所生也⑥。使四者经徒能摘⑦,笔徒能记疏⑧,不见古今之书,安能建美善于圣王之庭乎?孝明之时,读《苏武传》⑨,见武官名曰"栘中监"⑩,以问百官,百官莫知。夫《仓颉》之章⑪,小学之书⑫,文字备具,至于无能对圣国之问者⑬,是皆美命随牒之人多在官也⑭。"木"旁"多"文字且不能知⑮,其欲及若董仲舒之知重常⑯,刘子政之知贰负,难哉!

【注释】

①今朝:指汉章帝时期。

②举贤良:汉代选拔官吏的科目之一。文帝为询访政治得失,始诏"举贤良方正能直言极谏者",中选者授予官职,武帝时复诏举贤良或贤良文学。

③射策:汉代考试法之一。主考者将问题书写在竹简上,由考生抽题解答。甲乙之科:汉代考试制度分为甲乙丙三科,中甲科者任郎中,乙科任太子舍人,丙科任文学掌故。见《汉书·儒林传》。

④刘伯玉：底本作"丁伯玉"，误。据《汉书·扬雄传》，刘棻，字伯玉，为刘歆之子。

⑤中（zhòng）实：这里指在射策中都能有针对性地作答。中，射中，这里指正对上。实，通"质"，箭靶。

⑥膏腴（yú）：肥美，此处指内容丰富的书。

⑦摘：摘录。

⑧记：据文意，疑为衍文。

⑨《苏武传》：指《汉书·苏武传》。

⑩栘（yí）中监：汉初官名。掌管鞍马鹰犬射猎等物。因马厩在栘园中，故称"栘中监"。

⑪《仓颉》：字书。

⑫小学：指文字学。

⑬圣国：对汉朝的尊称，此处指汉明帝。

⑭随牒：指官吏按照年资选拔升迁。牒，名牒，指登记官吏资格和升迁次序的书簿。

⑮文：疑为"之"字之讹，形近而误。

⑯及：达到。若：如同。

【译文】

从武帝一直到本朝，多次举贤良，让人们通过射策考试，分甲乙科录取，像董仲舒、唐子高、谷子云、刘伯玉这些人，对策都能有针对性地回答出来，而且文章内容完善，形式优美，这是他们广泛阅读内容丰富的书籍的结果。如果他们四人阅读经书只能摘录其中的话，动起笔来只会替经书作注，没有看过古今其他的书籍，怎么能在圣王的朝堂上写出好文章来呢？明帝的时候，曾经读《汉书·苏武传》，看见苏武所任的官名叫"栘中监"，以此询问朝廷百官，他们没有一个人知道这是什么官。《仓颉》这样的小学之书，所有文字都完备地记载在上面，至于没有人能回答明帝提出的问题，是因为凭借着命好以及按年资升迁的人多在朝廷的缘故。"木"字旁一个"多"字尚且不认识,他们想要像董仲舒一样认识重常鸟、刘向知道贰负之尸一样知识渊博,那太难了。

　　或曰:"通人之官,兰台令史①,职校书定字,比夫太史、太枓②,职在文书,无典民之用③,不可施设④。是以兰台之史,班固、贾逵、杨终、傅毅之徒⑤,名香文美,委积不绁⑥,大用于世。"曰:此不继周世通览之人。邹衍之徒,孙卿之辈,受时王之宠⑦,尊显于世。董仲舒虽无鼎足之位⑧,知在公卿之上⑨。周监二代⑩,汉监周、秦,然则兰台之官,国所监得失也⑪。以心如丸卵⑫,为体内藏⑬;眸子如豆⑭,为身光明。令史虽微,典国道藏⑮,通人所由进⑯,犹博士之官⑰,儒生所由兴也。委积不绁,岂圣国微遇之哉⑱,殆以书未定而职未毕也⑲。

【注释】

①兰台令史:官名。西汉时设置,负责校勘、整理书籍,掌管文书。兰台,汉朝宫中的藏书处。

②太史:官名。秦汉称太史令,主管天文历算、记史。太枓:即"太祝",官名。主管祭祀。枓,通"祝"。

③典:治理。用:作用,能力。

④施设:陈设,布置。此处是使用的意思。

⑤班固(32—92):字孟坚,扶风安陵(今陕西咸阳东北)人。汉明帝时期曾任兰台令史,著作有《汉书》《白虎通义》。贾逵(30—101):字景伯,扶风平陵(今陕西咸阳西北)人。曾任侍中与左中郎将。著作有《春秋左氏传解诂》《国语解诂》等。杨终(?—100):字子山,蜀郡成都(今四川成都)人。明帝时期为校书郎,

永元中征拜中郎，著作有《春秋外传》十二篇。傅毅（？—90）：
字武仲，扶风茂陵（今陕西西安北）人。章帝时任兰台令史。

⑥委积：堆积，停留。绁（yì）：通"跇"，超越，此处指提拔升官。

⑦时王：当时的君主。

⑧鼎足之位：像是三公一样的高位。鼎作为国家的象征，有三足，因
　　此将主管朝政的三公比喻为鼎的三足，将像三公一样的高位说成
　　是鼎足之位。

⑨公卿：三公九卿。泛指朝廷的大臣。

⑩监：通"鉴"，借鉴。二代：指夏、商。

⑪国所监得失也：国家通过掌管与熟习典籍的兰台令史处得到对于
　　前代的认识，以鉴政治得失。

⑫丸卵：形容很小。

⑬内藏：内脏。

⑭眸（móu）子：眼中的瞳仁。

⑮道藏（zàng）：储藏重要典籍文书的地方。藏，储存东西的地方。

⑯进：进身。

⑰博士：指五经博士，精通并教授讲解五经的官员。

⑱微遇：冷遇，不重视。

⑲殆：大概。

【译文】

有人说："通人所做的官，不过是兰台令史，以校勘书籍删定文字为
职，跟太史、太祝一样，职务只在掌管文书，没有治理百姓的能力，所以
不可以用他们去治理百姓。所以兰台令史，像班固、贾逵、杨终、傅毅这
些人，名声好听，文章华美，但是始终停留在原来的官位上，不能升官晋
级而被当世重用。"我认为，他们没有接续周朝那些通贯博览的人。像
是邹衍之类，孙卿之辈，深受当时君主尊宠，在社会上具有尊贵显赫的地
位。董仲舒虽然没有三公那样高的官位，但他具有的知识却在三公九卿

之上。周朝以夏、商二代为镜鉴，汉代以周、秦为镜鉴，那么兰台令史的官职，就是国家借鉴前代得失的关键。心脏如丸卵一样小，却是人体的主要脏器；瞳仁像豆子那么小，却能使人看到光明。兰台令史虽然官阶低微，但是他们掌管着国家重要的经典文书，通人就是从当兰台令史开始进身做官的，就像五经博士，是儒生进身做官的开始一样。停留在原来的官职上，没有升官晋级，哪里是朝廷对他们不重视呢，大概是因为书籍还没有校订好，任务还没有完成吧。

超奇篇第三十九

【题解】

本篇的主题是在探讨何为超等的奇才，所以名之曰《超奇》。王充在文中将儒生分为四个等级："能说一经者为儒生，博览古今者为通人，采掇传书以上书奏记者为文人，能精思著文连结篇章者为鸿儒。"且认为"故儒生过俗人，通人胜儒生，文人逾通人，鸿儒超文人"。

王充认为"鸿儒"是"超而又超""奇而又奇"的"世之金玉"，不但博古通今，还能够灵活运用具有的知识，写出既文采斐然又"有深指巨略，君臣治术"的著作。但是由于当时之人有"高古而称所闻，前人之业，菜果甘甜；后人新造，蜜酪辛苦"的偏见，因此"鸿儒"并没有得到应有的尊崇。王充反对这种偏见，提出"睹非，却前退置于后；见是，推今进置于古"这种实事求是的人才评论标准，并依据此标准推崇阳城衡、扬雄、桓谭、周长生四人为鸿儒。

通书千篇以上^①，万卷以下，弘畅雅闲^②，审定文读^③，而以教授为人师者^④，通人也^⑤。杼其义旨^⑥，损益其文句^⑦，而以上书奏记^⑧，或兴论立说、结连篇章者^⑨，文人鸿儒也。好学勤力，博闻强识^⑩，世间多有；著书表文^⑪，论说古今，万不耐一^⑫。然则著书表文，博通所能用之者也^⑬。入山见木，长短无所不知；入野见草，大小无所不识。然而不能伐木以作室屋，采草以和方药者^⑭，此知草木所不能用也。夫通人览见广博，不能掇以论说^⑮，此为匣生书主人^⑯，孔子所谓"诵《诗》三百，授之以政，不达"者也^⑰，与彼草木不能伐采^⑱，一实也。孔子得史记以作《春秋》^⑲，及其立义创意，褒贬赏诛^⑳，不复因史记者^㉑，眇思自出于胸中也^㉒。凡贵通者，贵其能用之也。即徒诵读^㉓，读诗讽术虽千篇以上^㉔，鹦鹉能言之类也。衍传书之意^㉕，出膏腴之辞^㉖，非俶傥之才^㉗，不能任也。夫通览者，世间比有^㉘；著文者，历世希然。近世刘子政父子、扬子云、桓君山^㉙，其犹文、武、周公并出一时也，其余直有^㉚，往往而然^㉛，譬珠玉不可多得，以其珍也。

【注释】

①通：通读。

②弘畅雅闲：此指对文章内容十分熟悉。弘，大。雅，甚。闲，熟练。

③审定文读（dòu）：校审订正文字，分章断句。审，审查，分析。定，确定，判断。读，句读，断句。

④以：用来。

⑤通人：在此篇中，指读了许多书但不能发挥运用的人，与《别通篇》全面肯定的，以及本篇所指的"文人""鸿儒"这一类的"通人"有所不同。

⑥杼（shù）：通"抒"，发挥。其：此处指古书。义旨：意义与宗旨。

⑦损益其文句：指能灵活引用古书的词句。

⑧上书奏记：指向上级官吏或皇上写报告，提书面意见。

⑨兴论立说：指提出独到的见解与主张。结连篇章：指写出有系统性的文章，汇集成书。

⑩博闻强识（zhì）：见闻广博，记忆力强。识，记住。

⑪表文：写出文章。表，显露，此处为写出的意思。

⑫耐（néng）：同"能"。

⑬所：而。

⑭和方药：配方调药。者：底本无，递修本"药"字后有一"者"字，据补。

⑮掇（duō）：拾取，拿。

⑯匿生书主人：藏书家。生，据文意，疑为衍文。

⑰达：通达，此处指会应用。引文见《论语·子路》。

⑱彼：那些。上文言"入山见木……入野见草"，疑本句"彼"字后脱一"见"字。

⑲史记：此处指鲁国的编年史。《春秋》：儒家经典之一，据传是孔子根据鲁国的史书删削而成的。

⑳赏诛：赞赏和责备。

㉑因：因袭，依照。

㉒眇（miào）思：同"妙思"。眇，通"妙"，精深。

㉓即：如果。徒：仅仅。

㉔讽：读。术：艺，经。

㉕衍：引申。传（zhuàn）书：这里泛指古书。传，指解释经书内容的书籍。

㉖膄腴（yú）：美好。

㉗俶傥（tì tǎng）：卓越超群。

㉘比有：到处都有。

㉙桓君山（前23—56）：即桓谭，字君山，沛国相（今安徽淮北市西北相山区）人。通五经，疾谶纬，官至议郎给事中。著有《新论》

　　二十九篇。

㉚直:通"值",偶然。

㉛而然:如此。

【译文】

　　通读文章千篇以上,万卷以下,对文章的内容十分熟悉,能够校审订正文字,分章断句,且以此来教授生徒,为人老师的人,就是通人。能够发挥古书的意旨,灵活地运用古书中的文句,用来上奏呈疏,或者发表见解提出主张,写出系统的文章,汇编成书的人,是文人、鸿儒。好学,勤奋努力,见识广博,记忆力好,这种人世上有很多;能著书撰文,评说古今,这样的人,万人之中都没有一个。这样看来,能够著书写文章的,是知识渊博而又善于运用知识的人。走进山里看见树木,树的高矮没有不知道的;来到野外看见药草,药草的大小没有不认识的。但是不能砍伐树木来修造房屋,不能采集药草用来配方调药,这是认识这些草木而不能运用啊。通人读的书、见的事都很多,却不能用以论说事理,这样的人叫藏书家,孔子所说的"能背诵《诗》三百篇,让他去处理政事,却干不了"的人,和那些见到草木却不能采伐利用的人,是一样的。孔子利用鲁国史书来撰写《春秋》,等到他创立新意,书中褒贬毁誉等原则,不再因袭鲁国史书的内容,这些精深的思想是通过孔子自己深思熟虑而产生于胸中的。凡是以通晓古今为可贵的人,是以能运用所掌握的古今知识为可贵之处。如果只能熟读书籍,那么即使读诗诵经达到千篇以上,也只是鹦鹉能学人说话而已。能引申经传的意旨,写出美妙的文章,不是卓越超群的人才,是不可能胜任此职的。能通览经传的人,世上到处都有;能著书立说的人,历代却稀少得很。近代的刘向刘歆父子、扬雄、桓谭,他们就像周文王、周武王、周公同时出现在一个时代一样,在其他时代偶尔才会出现像他们一样能著书立说之人,且往往都是如此,就像是珍珠宝玉不可多得,是因为它们十分珍贵的缘故。

故夫能说一经者为儒生^①，博览古今者为通人，采掇传书以上书奏记者为文人，能精思著文连结篇章者为鸿儒。故儒生过俗人，通人胜儒生，文人逾通人^②，鸿儒超文人。故夫鸿儒，所谓超而又超者也。以超之奇，退与儒生相料^③，文轩之比于敝车^④，锦绣之方于缊袍也^⑤，其相过远矣。如与俗人相料，太山之巅埵^⑥，长狄之项跖^⑦，不足以喻^⑧。故夫丘山以土石为体，其有铜铁，山之奇也。铜铁既奇，或出金玉。然鸿儒，世之金玉也，奇而又奇矣。

【注释】

①故夫：因此。说：讲解。

②逾：超过。

③料：比较。

④文轩：装饰华丽的车子。轩，古代一种有围棚的车子。敝：破，坏。

⑤方：比。缊（yùn）袍：旧袍子。缊，新旧混合的丝绵。

⑥太山：泰山。巅埵（diān dì）：山顶和山脚。巅，山顶。埵，通"垤"，小土堆，此处指山脚。

⑦长狄：传说是古代的一个少数民族，身材十分高大。项：据文意，疑当作"顶"，形近而误。跖（zhí）：脚掌。

⑧喻：说明。

【译文】

所以说能解说一部经书的人为儒生，博览古今的人是通人，能摘取经传中的内容用以上奏呈疏的是文人，能够以精深的见解著书立说的人是鸿儒。因而儒生胜过一般人，通人胜过儒生，文人胜过通人，鸿儒超过文人。因此那些鸿儒就是超等之中的超等人才。以鸿儒这种超等的奇才，向下与儒生相比，就像用装饰华丽的车子与破车相比，精美的绣袍与

旧棉袍相比,他们之间相差太远了。如果与一般人相比,他们间的差距
即使是泰山的山巅与山脚,长狄人的头顶到脚掌之间那样大的距离,也
不足以说明。所以说山以泥土石头为主体,其中若是有铜、铁,就是山中
的珍贵之物了。铜、铁虽已罕见,有时还会产出黄金、美玉。鸿儒就是世
上的金玉,是珍贵中的珍贵之物。

奇而又奇,才相超乘①,皆有品差②。儒生说名于儒
门③,过俗人远也。或不能说一经④,教诲后生;或带徒聚
众,说论洞溢⑤,称为经明⑥;或不能成牍⑦,治一说;或能陈
得失⑧,奏便宜⑨,言应经传⑩,文如星月。其高第若谷子云、
唐子高者⑪,说书于牍奏之上⑫,不能连结篇章;或抽列古
今⑬,纪著行事⑭,若司马子长、刘子政之徒⑮,累积篇第,文
以万数,其过子云、子高远矣,然而因成纪前,无胸中之造。
若夫陆贾、董仲舒⑯,论说世事,由意而出,不假取于外⑰,然
而浅露易见,观读之者,犹曰传记。阳成子长作《乐经》⑱,
扬子云作《太玄经》⑲,造于助思⑳,极睿冥之深㉑,非庶几之
才㉒,不能成也。孔子作《春秋》,二子作两经㉓,所谓卓尔蹈
孔子之迹㉔,鸿茂参贰圣之才者也㉕。

【注释】
①超乘:超越,超过。
②品差:等级。
③说(shuì):通"税",引申指停留,寄托。
④或:有的人。
⑤洞溢:透彻充分。洞,达,透彻。溢,满。

⑥经明：通晓经书。

⑦牍：古代书写用的木简，此处指公文。

⑧陈：陈述。

⑨便（biàn）宜：方便，适宜。

⑩应：符合。

⑪高第：高等。

⑫说书：引经据典。说，解释，引证。

⑬抽列古今：从自古到今的书籍中抽出资料排列起来。

⑭行事：往事。

⑮徒：类。

⑯若夫：至于。

⑰假：借。

⑱阳成子长：姓阳成，名衡，东汉初年人。曾补《史记》，著《乐经》。今均已佚。

⑲《太玄经》：扬雄的著作，十卷。

⑳助：疑为"眇"字之讹，形近而误。上文言"眇思自出于胸中"，可证。

㉑窅冥（yǎo míng）：深远难见。窅，深。冥，暗。

㉒庶几之才：比喻接近于圣人的贤人。

㉓二子：即阳成衡与扬雄。两经：指《乐经》与《太玄经》。

㉔卓尔：形容高超的样子。

㉕鸿：宏达。茂：精美。参贰圣之才：指具有和孔子相提并论的才能。参贰，并列为三，并列为二，意思是相提并论。参，同"叁"。马宗霍按：此文"贰圣"疑指文王、周公。文王演《周易》，而扬子云作《太玄经》拟之；周公制礼作乐，而阳成子作《乐经》拟之，故曰参贰圣之才。参马宗霍《论衡校读笺识》。

【译文】

才能突出的人之中还有更突出的，他们的才能一个高过一个，都有高低之分。儒生托名在儒学之门，远远超过一般人。他们有的难以解说一部经书，不能教诲后学；有的人能够教授众多的学生，讲解经书内容透彻充实，能称为通晓经书；有的人不能写完一份公文，提出一种主张；有的人能陈述国家政治得失，提出合适的建议，言论符合经传之旨，文章如星月一般灿烂。他们中一流的像是谷永、唐林这类人，能在公文奏疏之中引经据典，却不能写出系统的文章汇集成书；有的人能论列古今，记述往事，就像是司马迁、刘向这类人一样，累积材料编成篇目，文章数万余言，他们超过谷永、唐林可以说是很远了，然而他们只是承袭以前现成的记载，并没有自己独到的见解。至于陆贾、董仲舒，评说国家之事的言论，是根据自己的想法说出来的，并没有借鉴他人观点，但是却内容浅显，义理不深，读过的人，还只能称其为传记。阳城衡作《乐经》，扬雄作《太玄经》，它们都是在经过精深的思索之后写作出来的，所以能够穷尽深远隐晦的大道理，不是拥有接近圣人的才能，是不能写成的。孔子作《春秋》，阳城衡和扬雄二人作《乐经》和《太玄经》，二人真称得上是卓越高超，能遵循着孔子的足迹，有着能够与孔子相比的宏大精深的才能。

王公子问于桓君山以扬子云①。君山对曰："汉兴以来，未有此人②。"君山差才③，可谓得高下之实矣。采玉者心羡于玉④，钻龟能知神于龟⑤。能差众儒之才，累其高下⑥，贤于所累。又作《新论》⑦，论世间事，辩照然否⑧，虚妄之言，伪饰之辞，莫不证定⑨。彼子长、子云说论之徒⑩，君山为甲。自君山以来，皆为鸿眇之才⑪，故有嘉令之文⑫。笔能著文，则心能谋论⑬，文由胸中而出，心以文为表⑭。观见其文，奇伟俶傥⑮，可谓得论也⑯。由此言之，繁文之人⑰，人之杰也。

【注释】

①王公:指王莽。子:据文意,疑为衍文。

②"汉兴以来"二句:引文见《太平御览》卷四百三十二引《新论》。

③差才:区别人才。差,区别等级。

④羡:溢,超过。

⑤能:疑当作"者",上文言"采玉者心羡于玉",可证。钻龟者,指用
　龟甲占卜吉凶的人。知:同"智",智慧。

⑥累:按次序排列。

⑦《新论》:桓谭的著作。

⑧辩照:辩明。

⑨证:证实。定:确定。

⑩说论:兴论立说。

⑪鸿眇(miǎo):博大精深。

⑫嘉令:美好的。

⑬谋论:谋划。

⑭表:外表。

⑮俶傥(tì tǎng):卓异不凡。

⑯得论:精辟的论述。

⑰繁:多。

【译文】

　　王莽向桓谭打听扬子云是个什么样的人。桓谭回答说:"自从汉朝建立以来,没有过扬雄这样的人才。"桓谭区别人才,可以说是符合才能高下的实际情况了。采玉的人心地比玉还美,用龟甲占卜的人智慧比龟要高。桓谭能区别众多儒生的才能,排列出他们的名次,那他的才能比那些被他排列的人还要高。桓谭又作《新论》,论述世事,辩明是非,虚假荒诞的话语,虚伪巧饰的言辞,全部都被一一订正。在阳城衡、扬雄这些兴论立说的人当中,桓谭当属第一。桓谭以来的那些文人、鸿儒都具

有博大精深的才能，所以都写出了美好的文章。他们能用笔写出文章，那么心中就能谋划，文章由心中所出，思想用文章来表达。阅读他们的文章，奇特宏伟，卓越超群，可以说是得当而精辟的论述。由此说来，文章写得多的人，就是才智超群的人了。

　　有根株于下①，有荣叶于上②；有实核于内，有皮壳于外。文墨辞说，士之荣叶、皮壳也③。实诚在胸臆④，文墨著竹帛⑤，外内表里，自相副称。意奋而笔纵⑥，故文见而实露也⑦。人之有文也，犹禽之有毛也⑧。毛有五色，皆生于体。苟有文无实⑨，是则五色之禽，毛妄生也⑩。选士以射⑪，心平体正，执弓矢审固，然后射中。论说之出，犹弓矢之发也；论之应理，犹矢之中的⑫。夫射，以矢中效巧⑬；论，以文墨验奇。奇巧俱发于心，其实一也。

【注释】

①根株：植物的根和主干部分。株，植物的茎。

②荣：花。

③士：读书人。

④实诚：真情实意。胸臆：心中。

⑤竹：竹简。帛：古代书写用的丝织品。

⑥奋：兴奋，激动。纵：流畅。

⑦见：同“现”。

⑧禽：泛指鸟兽。

⑨苟：如果。

⑩妄：无故，凭空。

⑪选：选拔。以：用。

⑫的：目标，靶子。

⑬效：验证。

【译文】

植物在下面有根茎，上面才会有花和叶；果实里面有果核，外面才会有皮和壳。文章言辞，是读书人的花叶与皮壳。真情实意在心中，文章写在竹简与丝帛上，文章表达的与胸中所想的，自然是相一致的。心有所思才能运笔写作，所以文章写成，心中所想也就表露出来了。人有文才，就如同鸟兽有毛一样。禽兽的毛五颜六色，都长在身体上。如果写文章言辞华丽却内容空洞，这就像鸟兽五颜六色的羽毛，是胡乱长出来的。用射箭来选拔士，士要心平气和，身体端正，手持弓箭安稳牢固，然后才能射中靶子。发表论说，就像是射箭一样；论说符合道理，就像是箭射中靶子一样。射箭，是通过箭矢射中目标来验证射手技巧；论说，是以文章来检验立论之人的超群。超群的思想与灵巧的箭术都是发于内心的，它们的实质是一样的。

文有深指巨略①，君臣治术，身不得行，口不能绁②，表著情心③，以明己之必能为之也④。孔子作《春秋》，以示王意⑤。然则孔子之《春秋》，素王之业也⑥；诸子之传书，素相之事也⑦。观《春秋》以见王意，读诸子以睹相指。故曰：陈平割肉，丞相之端见⑧；孙叔敖决期思，令尹之兆著⑨。观读传书之文，治道政务，非徒割肉决水之占也⑩。足不强则迹不远，锋不铦⑪，则割不深。连结篇章，必大才智鸿懿之俊也⑫。

【注释】

①深指巨略：深远的意旨，重要的谋略。指，意旨。略，谋略。

②绁（yì）：通"泄"，陈述。

③表著:表达。

④以明己之必能为之也:后一个"之",指"深指巨略,君臣治术"。

⑤示:表达。王意:指做君主的道理。

⑥素王:指有做王的能力与政治影响力而没有王位的人,儒家专门以此来称呼孔子。素,空。

⑦素相:与素王相对,指有能力与政治影响力而没有相位的人。王充在《定贤篇》中认为桓谭就是素相。

⑧"陈平割肉"二句:据《史记·陈丞相世家》记载,陈平还是百姓的时候,因为替乡里分祭肉很公平,曾受到人们的称赞,后人因此论说这就是他当丞相的苗头。端,苗头。

⑨"孙叔敖决期思"二句:据《淮南子·人间训》记载,孙叔敖在治理蒋邑的时候,疏通过期思河。从这件事,楚庄王看出了他有当令尹的才能。决,疏通。期思,古河名,在今河南固始西北。兆,迹象。著,显现。

⑩占:占验,预兆。

⑪铦(xiān):锋利。

⑫鸿懿(yì):博大完美。懿,完美。

【译文】

文章中蕴含着深远的意旨,重要的谋略,君臣治国的方法,由于作者无法自己施行,又无法通过话语表达出来,所以通过写文章来陈述自己的看法,以证明如果有机会自己是一定能够实现它的。孔子作《春秋》,是用来论述做君主应遵循的道理。既然这样,那么作《春秋》就是素王的事业;诸子所作的传,就是素相的事业。阅读《春秋》可以看到君主应遵循的道理,读诸子书可以看到做丞相应遵循的道理。所以说:观看陈平分祭肉,能从他所表现出的品质中看出他以后当丞相的苗头;通过孙叔敖疏通期思河一事,能从他所遵循的道理中显现出他以后当令尹的迹象。阅读传书里的文章,其中关于治国之道与处理政务的内容,不只是分割祭肉、疏通河水所表现的道理所能比的。脚不强健就不能致远,锋刃不利就不能切得很深。能著书撰文的,一定是那些才智高超之人当中的出类拔萃者。

　　或曰:著书之人,博览多闻,学问习熟,则能推类兴文①。文由外而兴,未必实才学文相副也②。且浅意于华叶之言③,无根核之深④,不见大道体要⑤,故立功者希。安危之际,文人不与⑥,无能建功之验,徒能笔说之效也。

【注释】

①推类:类推。兴文:写出文章来。

②相副:相符合。副,符合。

③且:发语词。华:花。

④根核:指树根、草根。核,通"荄(gāi)",草根。

⑤大道体要:指治理国家的根本原则。大道,治理国家的大道理。
　体要,人体的重要部位,这里指纲要,要领。要,同"腰"。

⑥不与:不参与。

【译文】

有的人说:那些能著书的人,是因为见识广博,熟习学问,所以就能通过类推而写出文章。文章是根据外界的见闻而写出来的,实际的才能未必与学识、文章相符。寄肤浅的见解于漂亮的文辞之中,没有深刻的思想作为基础,见不到有关治理国家根本原则的内容,所以能建立功业的人很少。每当国家处在安危存亡的重要关头,文人都不能参与其中,没有建立功绩的表现,只有用笔写文章的作用。

　　曰:此不然。周世著书之人皆权谋之臣,汉世直言之士皆通览之吏^①，岂谓文非华叶之生，根核推之也？心思为谋，集札为文^②，情见于辞，意验于言。商鞅相秦，致功于霸，作《耕战》之书^③。虞卿为赵^④，决计定说行^⑤，退作《春秋》之思^⑥，起城中之议^⑦。《耕战》之书，秦堂上之计也^⑧。陆贾消吕氏之谋^⑨，与《新语》同一意^⑩。桓君山易晁错之策^⑪，与《新论》共一思。观谷永之陈说^⑫，唐林之直言^⑬，刘向之切议^⑭，以知为本^⑮，笔墨之文，将而送之^⑯，岂徒雕文饰辞，苟为华叶之言哉^⑰？精诚由中^⑱，故其文语感动人深。是故鲁连飞书，燕将自杀^⑲；邹阳上疏，梁孝开牢^⑳。书疏文义，夺于肝心^㉑，非徒博览者所能造，习熟者所能为也。

【注释】

①通览之吏：博览群书的官吏。

②札：古代用来书写的木片。

③《耕战》：《商君书》中的一篇，今本作《农战》。

④虞卿：战国时人，曾游说赵孝成王，被任为"上卿"，食邑在"虞"，故称"虞卿"。为：帮助。

⑤决计定说：提出计谋和主张，指虞卿替赵国出谋划策，与齐、魏联合抗秦。行：实用，采用，指虞卿的主张被赵孝成王采用。

⑥《春秋》：指《虞氏春秋》。据《史记·虞卿列传》记载，虞卿为了营救自己的朋友魏国人魏齐，舍弃了在赵国的官位，跑到魏国，后因不得志而著书立说，写了《虞氏春秋》。

⑦起城中之议：此段恐有脱漏，具体意思不明。起，递修本作"赵"。

⑧秦堂上之计：指商鞅在秦国朝堂上向秦孝公提出改革的建议。堂，这里指君主议论政事的地方。

⑨陆贾消吕氏之谋：据《史记·陆贾列传》记载，汉高祖死后，惠帝

即位,政权实际掌控在吕后手里。后来惠帝、吕后相继去世,吕氏
欲起兵作乱,陆贾建议陈平联合太尉周勃铲除诸吕,迎立汉文帝。

⑩《新语》:陆贾的主要著作。

⑪桓君山易晁错之策:从现存的《新论》中可以看出,桓谭主张施行
分封,认为这是巩固国家的根本措施。这与晁错的主张是对立
的。易,改变。晁错,景帝时任御史大夫,建议减少或取消诸侯王
的封地,借以巩固加强中央集权。后被陷害而死。

⑫观谷永之陈说:指谷永为汉成帝提供的各种建议。

⑬直:底本作“宜”,递修本作“直”,据改。直,坦率。

⑭切:恳切。

⑮知:见解,思想。

⑯将:扶,助。

⑰苟:随便。

⑱精诚:真挚的情感。

⑲“是故鲁连飞书”二句:据《史记·鲁仲连列传》记载,燕国一个
将领占领了齐国的聊城,后因遭人陷害,不敢回燕,又不愿降齐,
于是死守聊城,鲁仲连便写信用箭射入城内,信中分析了燕将的
困难处境。燕将读了信后认为回燕、降齐都没有好处,就自杀了。
鲁连,鲁仲连(约前305—约前245),战国时齐人。

⑳“邹阳上疏”二句:据《史记·邹阳列传》记载,邹阳因事被汉文
帝的儿子梁孝王逮捕,在狱中上书自述冤屈,因而获释,并被梁孝
王拜为上客。邹阳(约前206—前129),西汉人,以文辩知名。

㉑夺:用力冲开,进发。

【译文】

我认为:这么说是不对的。周代著书立说的人,都是能出谋划策的
大臣;汉朝能直言劝谏的人,都是博览群书的官吏,怎么能说文章的创作
不是像花、叶的生长那样,是由根促成的呢? 心中思考出谋略,将它们汇

集在简牍上形成文章,感情在文辞中表现出来,思想在文章中体现出来。商鞅相秦,以帮助秦国实现霸业为功绩,于是写了《耕战》一书。虞卿辅助赵国,提出的计策和主张被赵孝成王所采纳,后来去职隐退而创作《虞氏春秋》,就是虞卿在赵国都城邯郸给赵王提出的建议的那些内容。《耕战》一书的内容,就是商鞅在秦国朝堂上向秦孝公提出的建议。陆贾铲除吕氏的计谋,与他所作的《新语》中所表达的思想是一样的。桓谭反对晁错削藩的观点,与他《新论》中所表达的观点相一致。看谷永的上书陈词,唐林的坦率直言,刘向的恳切建议,都是以见解为根本,通过笔墨文章,将思想表达出来,难道只是雕饰文辞,随便写出漂亮的言辞吗?真挚的情感发自内心,所以文章的话语才能深切地感动人心。所以鲁仲连写信用箭射入城内,燕将读后自杀;邹阳在狱中上书辩诉冤屈,梁孝王读后将其释放。文章的思想内容,是从内心迸发出来的,并非只是博览群书的人就能创作出来的,熟习学问的人就能书写出来的。

　　夫鸿儒希有,而文人比然①,将相长吏,安可不贵②?岂徒用其才力,游文于牒牍哉③?州郡有忧,能治章上奏,解理结烦④,使州郡连事⑤,有如唐子高、谷子云之吏,出身尽思,竭笔牍之力,烦忧适有不解者哉⑥!古昔之远,四方辟匿⑦,文墨之士,难得纪录,且近自以会稽言之⑧。周长生者⑨,文士之雄也,在州,为刺史任安举奏⑩;在郡,为太守孟观上书⑪,事解忧除,州郡无事,二将以全⑫。长生之身不尊显,非其才知少、功力薄也,二将怀俗人之节,不能贵也。使遭前世燕昭⑬,则长生已蒙邹衍之宠矣。长生死后,州郡遭忧,无举奏之吏,以故事结不解⑭,征诣相属⑮,文轨不尊⑯,笔疏不续也。岂无忧上之吏哉?乃其中文笔不足类也⑰。

【注释】

①比然：比比皆是，到处都有。

②安：怎么。贵：尊重。

③游文：舞文弄墨。牒牍(dié dú)：公文。牒，古代可供书写的简札。牍，古代写字用的木板。

④结：绳结，这里指困难的事物。

⑤连：疑为"遭"字之讹。

⑥适：疑当作"曷"。曷，一作"遏"，与"适"的繁体"適"形近而误。曷，通"何"。

⑦辟匿：偏僻隐蔽。辟，幽僻，偏僻。

⑧且：暂且。会稽：郡名。秦置，汉因之，治所在吴县(今江苏苏州)。

⑨周长生：周树，会稽(治今江苏苏州)人。东汉文学家、史学家。著有《洞历》。

⑩为：替。刺史：汉武帝以后分全国为十三个州，每州设置一名对地方进行监督的长官，叫"刺史"。任安：东汉初年人。举奏：起草奏章。

⑪孟观：东汉初年人。

⑫二将：指任安与孟观。将，指州郡的地方长官。全：指官位得以保全。

⑬燕昭：燕昭王。

⑭以故：因此。

⑮征诣(yì)：召往。诣，到。相属：这里指丞相府的属官"司直"，其职务是辅佐丞相审查和处理犯罪的官吏。

⑯文轨：为文的典范、榜样。不尊：不受到重视。

⑰类：比。

【译文】

鸿儒少有，而文人比比皆是，地方长官怎么能不尊重他们呢？难道只是用他们的才能，在公文上舞文弄墨吗？州郡有了忧患，他们能写文章上奏，解决处理困难繁杂的事务。假如州郡遭遇难以处理的事务，有了像唐林、谷永这样的官吏，尽心尽力，充分发挥他们写文章的能力，那些烦恼和忧愁还有什么消除不了的呢！古代太过久远，四方边境又偏僻隐蔽，有文墨才能的人难以被记录下来，暂且就近以自己家乡会稽郡的事来说。周长生，是文人中最杰出的人物，在州府时，为刺史任安起草奏章；在郡府时，为太守孟观上书，解决了麻烦事，消除了忧患，使州郡无事，任安、孟观的官位也得以保全。周长生没有得到尊崇显赫的地位，这不是因为他才智低下，建功出力少，是因为两位长官怀着俗人的节操，不能尊重他。假如遇到前代的燕昭王，那么他早就蒙受邹衍那样的恩宠了。周长生死后，州郡遇到忧患，再也没有能够起草奏章的官吏，因此问题纷繁错乱而难以解决，地方长官被征召到丞相府去接受审查，这是因为周长生这样能作文的榜样不受尊重，因而不再有像周长生那样擅长写奏疏的人的缘故。难道是没有替地方长官分忧的官吏吗？是他们这些人的文笔远不能和周长生相比啊。

　　长生之才，非徒锐于牒牍也①，作《洞历》十篇，上自黄帝，下至汉朝，锋芒毛发之事②，莫不纪载，与太史公《表》《纪》相似类也③。上通下达，故曰《洞历》。然则长生非徒文人，所谓鸿儒者也。

【注释】
①锐：精，擅长。
②锋芒毛发：比喻细小轻微。
③《表》《纪》：指《史记》中的《表》与《本纪》。
【译文】
周长生的才能，不只是擅长于书写公文，他还写了《洞历》十篇，上自黄帝，下至汉朝，连细小轻微的事，都没有不记载的，与司马迁《史记》中的《表》《本纪》相类似。由于古今上下贯通，所以叫《洞历》。这样看来周长生不只是个文人，而是个称得上鸿儒的人了。

　　前世有严夫子^①，后有吴君高^②，末有周长生。白雉贡于越^③，畅草献于宛^④，雍州出玉^⑤，荆、扬生金^⑥。珍物产于四远幽辽之地^⑦，未可言无奇人也。孔子曰："文王既没^⑧，文不在兹乎^⑨！"文王之文在孔子，孔子之文在仲舒。仲舒既死，岂在长生之徒与^⑩？何言之卓殊^⑪，文之美丽也！唐勒、宋玉^⑫，亦楚文人也，竹帛不纪者，屈原在其上也。会稽文才，岂独周长生哉？所以未论列者^⑬，长生尤逾出也。九州多山，而华、岱为岳^⑭；四方多川，而江、河为渎者^⑮，华、岱高而江、河大也。长生，州郡高大者也。同姓之伯贤^⑯，舍而誉他族之孟^⑰，未为得也。长生说文辞之伯，文人之所共宗^⑱，独纪录之，《春秋》记元于鲁之义也^⑲。

【注释】

①严夫子（约前188—约前105）：姓庄，名忌，西汉人。东汉时，因避汉明帝刘庄的讳，故改称为严忌。

②吴君高：即吴平，东汉人。与袁康合著《越纽录》，即今《越绝书》。

③雉（zhì）：野鸡。越：古代南方地名。

④畅草：一种珍贵的香草。宛（yù）：通"郁"，指郁林郡。《说文解字》记载，畅草为郁林郡所献之物。

⑤雍州：古九州之一。据《尚书·禹贡》记载，雍州相当于今天陕西秦岭以北，甘肃大部分和青海一部分。

⑥荆：荆州，主要在今湖北、湖南、贵州北半部和四川东南部。扬：扬

州,在今江苏、安徽、江西、浙江、福建一带。

⑦幽辽:偏僻而辽远。

⑧没(mò):死。

⑨兹:此,此处指孔子本人。引文见《论语·子罕》。

⑩与:同"欤",语气词。

⑪卓殊:高超。

⑫唐勒、宋玉:都是战国时期楚国的文学家。

⑬论列:加以论述。

⑭华:华山。岱:泰山。岳:高山。古代认为华山、泰山、衡山、恒山四山最高,称它们为"四岳"。

⑮江、河为渎者:江,长江。河,黄河。渎,大水。古代认为江、河、淮、济四河最大,称它们为"四渎"。

⑯伯:古代以伯、仲、叔、季的顺序来排列兄弟的长幼。

⑰孟:"孟"与"伯"都是指老大。《礼纬》记载"嫡长称伯,庶长称孟",故二者又有区别。

⑱宗:崇拜,尊崇。

⑲记元:记年。

【译文】

　　前代有严忌,后有吴君高,近世有周长生。白色的野鸡从越地进贡而来,畅草从郁林郡进献而来,雍州出产玉石,荆州、扬州出产黄金。珍贵的东西出产在四方边远而偏僻的地方,这些地方不能说没有奇特的人才。孔子说:"周文王死后,仁义礼乐不是保存在我这里吗!"文王的仁义礼乐保存在孔子这里,孔子又将它们传给了董仲舒。董仲舒死后,仁义礼乐难道是传给了周长生这些人吗? 不然为什么他言论如此卓异,文章这样漂亮呢! 唐勒、宋玉,同样是楚国的文人,史书上却没有关于他们的记载,是因为屈原在他们之上。会稽郡的文才,难道只有周长生吗? 之所以没有记述其他的人,是因为周长生尤其突出的缘故。中国的山很多，但华山、泰山才称为岳；中国的河也很多，但长江、黄河才称为渎，是因为华山、泰山最高而长江、黄河最大的缘故。周长生就是州郡中文才最好的。自家的嫡长子贤能，却抛开他去赞誉别人家的庶长子，这是不对的。周长生就是论说文章的头号人物，是文人共同尊崇的人，单独把他记录下来，这就跟《春秋》以鲁国的年号来记年以表示尊重本国的道理相同。

　　俗好高古而称所闻①，前人之业，菜果甘甜②；后人新造，蜜酪辛苦③。长生家在会稽，生在今世，文章虽奇，论者犹谓稚于前人④。天禀元气⑤，人受元精⑥，岂为古今者差杀哉⑦？优者为高，明者为上，实事之人，见然否之分者，睹非，却前退置于后⑧；见是，推今进置于古⑨，心明知昭⑩，不惑于俗也。班叔皮续《太史公书》百篇以上⑪，记事详悉，义浃理备⑫，观读之者以为甲⑬，而太史公乙。子男孟坚为尚书郎⑭，文比叔皮，非徒五百里也⑮，乃夫周、召、鲁、卫之谓也⑯。苟可高古⑰，而班氏父子不足纪也。

【注释】

①好（hào）：喜好。高：推崇。称：称颂。
②菜果：菜瓜。果，果实。
③辛：辣。
④稚：幼稚，稚嫩。
⑤禀：给予，供给。元气：王充认为气是构成万物的元素，所以称其为"元气"。
⑥元精：即"精气"。王充认为气包括阳气、阴气两种，阳气构成人的精神，所以有时称为精气。参见《订鬼篇》。

⑦差杀：降低等级。杀，消减。

⑧却：退后。

⑨古：这里指前列。

⑩昭：明。

⑪班叔皮续《太史公书》百篇以上：据《后汉书·班彪列传》记载，班彪接续《史记》，又写了几十篇传记，与王充所讲的"百篇以上"有出入。班固在此基础上写了《汉书》。班叔皮（3—54），班彪，字叔皮，扶风安陵（今陕西咸阳东北）人。《太史公书》，即《史记》。

⑫浃（jiā）：底本作"浅"，章录杨校宋本作"浃"，据改。浃，透彻，完备。

⑬甲：此指排在第一位。

⑭子男：儿子。孟坚：班固，字孟坚，《汉书》的作者。尚书郎：官名。

⑮五百里：这里比喻大国。据《周礼·大司徒》记载：公，封地五百里；侯、伯、子、男，封地均在四百里之下。

⑯乃夫周、召、鲁、卫之谓也：周、召是周天子的卿，鲁、卫是周初的头等封国。周、召、鲁、卫比喻大国中的大国。周，指周公。召，指召公奭。鲁，周初封周公的儿子伯禽于鲁（在今山东西南部）。卫，周初封康叔于卫（在今河南北部）。

⑰苟：如果。

【译文】

　　世俗之人喜欢推崇古代并称颂道听途说的东西，古人的东西，就是瓜菜也认为是甘甜的；后人新造的东西，就是蜜酪也被认为是苦辣的。周长生家在会稽郡，生长在当代，文章虽然出众，但是评论的人还是认为比古人幼稚。天施放元气，人禀受元气，难道因为人有古今，今人就要差一等吗？不论古今，凡是优秀的人就是高等，贤明的人就是上级，实事求是的人，能明辨是非的人，看见错的，即使是古代的，也要降低它的地位，把它排在后面；看见对的，即使是当代的，也要提高它的地位，把它排在前面，心明智清，不被世俗之论所迷惑。班彪续写《史记》百篇以上，记事详尽，义理完备透彻，读了的人认为可以排在第一，而把太史公所写《史记》排在第二位。他的儿子班固是尚书郎，文章可以与班彪相比，用国家的大小来比喻，他们不仅是五百里的大国，而且是周、召、鲁、卫那样大国中的大国。如果只推崇古代，那么班氏父子就不值一提了。

　　周有郁郁之文者①，在百世之末也。汉在百世之后，文论辞说，安得不茂？喻大以小，推民家事，以睹王廷之义。庐宅始成②，桑麻才有，居之历岁，子孙相续，桃李梅杏，菴丘蔽野③。根茎众多，则华叶繁茂。汉氏治定久矣，土广民众，义兴事起，华叶之言，安得不繁？夫华与实，俱成者也，无华生实，物希有之。山之秃也，孰其茂也？地之泻也④，孰其滋也⑤？文章之人，滋茂汉朝者乃夫汉家炽盛之瑞也⑥。天晏⑦，列宿焕炳⑧；阴雨，日月蔽匿。方今文人并出见者，乃夫汉朝明明之验也。

【注释】

①郁郁：丰富，繁盛。

②庐宅：住宅。

③菴（ān）：覆盖。

④泻：通"潟"，盐碱地。

⑤滋：滋长草木。

⑥炽盛：兴盛。瑞：好的征兆。

⑦晏：无云，晴朗。

⑧宿：星宿。焕炳：明亮。

【译文】

　　周朝之所以有繁荣昌盛的文化,是因为处在百代的末尾。汉代在百代之后,文章学术,怎么能不繁荣呢?以小喻大,用老百姓的家事来推论,也可以看出朝政上的大道理。住宅才刚建成,桑麻才刚种上,居住多年之后,子孙继续栽种,桃树、李树、梅树、杏树,就会遮住山丘,盖满原野。植物的根茎很多,那么花叶就会茂密。汉朝治定天下已经很久了,国土广阔,人口众多,礼义盛行,事业兴旺,漂亮的文章,怎么会不多呢?花和果实是在一起生长的,无花而结果,这样的东西是很少的。山是秃的,怎么会繁茂呢?盐碱地上,怎么会生长草木呢?文人在汉朝大量地涌现出来,就是汉朝兴盛的证明。天空晴朗,群星灿烂;阴雨的时候,日月都被遮蔽。当今文人同时出现,这就是汉朝辉煌灿烂的证明。

　　高祖读陆贾之书,叹称万岁①;徐乐、主父偃上疏②,征拜郎中,方今未闻③。膳无苦酸之肴④,口所不甘味,手不举以啖人⑤。诏书每下,文义经传四科⑥,诏书斐然⑦,郁郁好文之明验也。上书不实核,著书无义指,"万岁"之声,"征拜"之恩,何从发哉?饰面者皆欲为好,而运目者希⑧;文音者皆欲为悲⑨,而惊耳者寡。陆贾之书未奏,徐乐、主父之策未闻,群诸嚣言之徒,言事粗丑,文不美润,不指所谓,文辞淫滑⑩,不被涛沙之谪⑪,幸矣!焉蒙征拜为郎中之宠乎?

【注释】

①叹称万岁:据《史记·陆贾列传》记载,汉高祖刘邦命陆贾写文章论述秦朝灭亡的原因,陆贾写的每一篇文章,刘邦看后都大加称赞,群臣也高呼"万岁",以示庆幸。万岁,当时表示庆幸的习惯用语。

②徐乐、主父偃：都是汉武帝时人，他们都曾因上书论事而受到赏识，被任命为郎中。

③方今未闻：意思是现在还没有听说过像陆贾、徐乐、主父偃那样受到皇帝重视的人。

④膳：饭食。肴：荤菜。

⑤啖（dàn）：给别人吃。

⑥文义经传四科：指按照文义经传四科来选拔人才。据应邵《风俗通义》记载，汉章帝建初八年（83）曾下诏书，决定以后按照四科（一曰德行高妙，志节清白；二曰经明行修，能任博士；三曰明晓法令，足以决疑，能按章覆问，文任御史；四曰刚毅多略，遭事不惑，明足照奸，勇足决断，才任三辅令：皆存孝悌清公之行）来选拔官吏。文义经传四科可能是王充根据诏书内容概括出来的。

⑦斐然：富有文采。

⑧运目：转动眼珠。

⑨文音：创作乐曲。悲：这里指使人感动。

⑩淫滑：华而不实。

⑪涛：波涛汹涌的地方，指边远的地区和孤岛。沙：边远的沙漠地区。谪（zhé）：发配，流放。

【译文】

高祖读陆贾的书，赞叹不已，群臣也高呼"万岁"；徐乐和主父偃上书呈奏，受到武帝的赏识，被任命为郎中，如今再也没有听说过这样的事了。准备饭食不会做又苦又酸的菜，因为自己觉得不好吃，就不会给别人吃。诏书每次下发，都按照文义经传四科选拔人才，诏书富有文采，就是汉朝重视文章的证明。如果上书不符合实际情况，著书又没有思想内容，群臣同呼"万岁"的庆幸之声，皇帝封赐官职的恩惠，又该怎样产生呢？修饰面容的人都想打扮得好看，但引人注目的却很少；创作乐曲的人都希望自己的乐曲能打动人心，但是真正值得一听的却很少。如今能与陆贾之书相比的著作未闻上奏,能与徐乐、主父偃的策论相比的文章很少上呈,那些闭眼瞎说的人,论说事情粗疏浅陋,写文章没有文采,不知道说的是什么意思,文辞华而不实,这样的人没受到流放荒岛或沙漠的惩罚,就算是幸运的了,怎么还能蒙受被封为郎中这样的恩宠呢?

卷第十四

状留篇第四十

【题解】

本篇中作者论述了"贤儒"为何长期沉沦下僚，不被重用、提拔，故名为《状留》。

王充认为，由于"贤儒"遵循礼义，把持节操，尽心于先王之道，半生都在钻研学问，没有贪图仕宦的心，所以才会长期沉沦下僚。由于他们胸怀古今，学问太多，受礼义的约束太重，不敢去钻营，所以不被任用。即使当了官，又因为非常纯洁、正直，所以不被提拔，因而长期处于低下的地位。只有像伯乐这样的人，才能够真正任用、提拔"贤儒"。而且由于当时地方长官昏暗不明，不但不能任用"贤儒"，甚至还有嫉贤妒能之人，这使得"贤儒"空有一身本领无法施展，还发出了免于刑罚就算幸运的哀叹。

论贤儒之才①，既超程矣②。世人怪其仕宦不进③，官爵卑细④。以贤才退在俗吏之后，信不怪也⑤。夫如是，而适足以见贤不肖之分，睹高下多少之实也。龟生三百岁大如钱⑥，游于莲叶之上。三千岁青边缘⑦，巨尺二寸⑧。蓍生七十岁生一茎⑨，七百岁生十茎。神灵之物也，故生迟留，历岁长久，故能明审⑩。实贤儒之在世也⑪，犹灵蓍、神龟也。

计学问之日,固已尽年之半矣⑫。锐意于道⑬,遂无贪仕之心⑭。及其仕也,纯特方正⑮,无员锐之操⑯。故世人迟取进难也⑰。针锥所穿,无不畅达。使针锥末方⑱,穿物无一分之深矣。贤儒方节而行⑲,无针锥之锐,固安能自穿⑳,取畅达之功乎㉑?

【注释】

① 贤儒:即是《效力篇》所说的"文儒",《别通篇》所说的"通人",《超奇篇》所说的"文人""鸿儒"。本篇侧重于论述他们的道德,所以称"贤儒"。

② 超程:超出一般标准,这里指出众。程,标准。

③ 仕宦:做官。不进:没有被提拔。进,进身,提拔。

④ 卑细:犹卑微。卑,卑贱。细,微小。

⑤ 信:诚,实。

⑥ 龟:乌龟,古代用它的甲来占卜吉凶,认为它是一种神物。大如钱:指有铜钱那么大。

⑦ 青边缘:指贝壳的边缘变成了青色。

⑧ 巨:同"距",距离。此处指龟甲两边缘间的长度。以上说法参见《史记·龟策列传》。

⑨ 蓍(shī):蓍草,多年生草本植物,古代用它的茎来占卜吉凶,认为它是一种神物。

⑩ 明审:明察。此处指占卜灵验。

⑪ 实:考查。

⑫ 固:本来,确实。

⑬ 锐意:集中精力,一心一意。道:先王之道。

⑭ 贪仕:贪图官位。

⑮纯特：纯一，非常纯洁。方正：非常正直。

⑯员锐：喻指圆滑钻营。员，圆滑。锐，尖锐，这里指善于钻营。操：
　行为。

⑰世人：这里指社会上有权势的人。

⑱末：末端，这里指尖端。

⑲方节：正直的操行。

⑳固：通"故"，所以。安：怎么。

㉑畅达：飞黄腾达。

【译文】

　　前文所论说关于贤儒的才能，已经很出众了。世人都为他们做官不能得到提拔，官职卑贱低微而感到奇怪。作为贤才而退居在俗吏的后面，实际并不奇怪。这样恰好足以显出贤与不贤的区别，看出才能高低大小的实际情况。乌龟活三百岁才长到像铜钱般大小，可以在莲叶上游玩。活到三千岁龟壳的边缘才会变青，才有一尺二寸这么长。蓍草每生长七十年才长一根茎，活七百年才长十根茎。因为它们是神奇灵验的东西，所以生长得很缓慢，因为它们经历的年岁长久，所以用来占卜非常灵验。考察贤儒在社会上，就像灵验的蓍草和神龟一样。计算他们钻研学问的日子，确实已经占了他们半辈子的时间。他们集中精力研究先王之道，于是没有了贪图仕进的思想。等他们做了官，就特别纯洁，非常正直，没有圆滑、钻营的行径。所以世上有权势的人很难录用和提拔他们。针和锥穿过的地方，没有不畅通的。假使针和锥的末端是方的，穿刺物体连一分这么深都刺不进去。贤儒本着正直的节操办事，没有针和锥的锐利，所以怎么能够自己亲自去钻营，达到飞黄腾达的功效呢？

　　且骥一日行千里者①，无所服也②，使服任车③，舆驽马同④。音骥曾以引盐车矣⑤，垂头落汗，行不能进。伯乐顾之⑥，王良御之⑦，空身轻驰，故有千里之名。今贤儒怀古今之学，负荷礼义之重，内累于胸中之知⑧，外劬于礼义之操⑨，不敢妄进苟取⑩，故有稽留之难⑪。无伯乐之友，不遭王良之将⑫，安得驰于清明之朝⑬，立千里之迹乎⑭？

【注释】

①骥：好马，千里马。

②服：负荷。

③任车：装载了重物的车子。

④舆：疑当作"与"，"舆"和"与"的繁体"與"形近而误。驽（nú）马：劣马。

⑤音：据文意，疑为"昔"字之讹。引：拉。

⑥伯乐：春秋时善于相马的人。顾：看，发现。

⑦王良：春秋时善于驾车的人。以上事参见《战国策·楚策四》。

⑧累：束缚。

⑨劬（qú）：劳苦，这里指约束。

⑩妄进苟取：指不按"礼义"的规定而随便谋求官位。妄，乱。苟，苟且。

⑪稽留：此处指不能当官或不能被提拔。稽，停滞。

⑫不：未，没有。将：泛指地方长官。

⑬驰：驰骋，这里比喻施展本领。朝：朝廷。

⑭迹：迹象。

【译文】

再说千里马之所以能日行千里，是因为它没有负荷重物啊，如果让它拉着装载了重物的车子，那它就和劣马一样了。之前千里马曾经被用来拉盐车，结果它奋拉着头，浑身冒汗，想往前走却一步也动不了。伯乐发现了它，将它交给王良来驾驭，身无负担轻快地奔跑，所以有了千里马的美名。而今贤儒胸怀古今的学问，担负着繁重的礼义，内心为所怀有的知识所束缚,行为又受礼义节操的约束,不敢违背道德礼义的要求而去随意地谋求官位,所以才会处于在仕途上沉沦不前的困难境地。没有像伯乐一样的朋友,不遇到王良这样的地方长官,怎么能在清明的朝廷上驰骋,表现出千里马的样子来呢?

且夫含血气物之生也^①,行则背在上而腹在下;其病若死^②,则背在下而腹在上。何则?背肉厚而重,腹肉薄而轻也。贤儒、俗吏,并在当世,有似于此。将明道行^③,则俗吏载贤儒,贤儒乘俗吏;将暗道废^④,则俗吏乘贤儒,贤儒处下位,犹物遇害,腹在上而背在下也。且背法天而腹法地,生行得其正^⑤,故腹背得其位^⑥;病死失其宜^⑦,故腹反而在背上。

【注释】

①含血气物:这里指动物。

②若:或。

③明:贤明。行:实行。

④暗:昏庸。废:废弃。

⑤生行得其正:指动物活着走路时,背和腹的位置符合天在上,地在下的原则。

⑥腹背得其位:腹在下,背在上。

⑦失其宜:违反正常状态。宜,适宜,正常。

【译文】

而且动物活着的时候,行走时总是后背朝上而腹部朝下;要是生病或者死去了,就变成后背在下而腹部朝上了。为什么呢?这是因为背部的肉厚而重,腹部的肉薄而轻的缘故。贤儒和俗吏同时生活在当今世上,就有点类似于这种情况。要是地方长官贤明能行先王之道,那么就是俗吏驭贤儒，贤儒乘俗吏；要是地方长官昏庸，先王之道被废弃，那么就是俗吏乘贤儒，贤儒处在低下的位置上，就像是动物遇害死亡，腹部在上而背在下一样。而且后背象征着天而腹部象征着地，动物活着行走的时候，背和腹部的位置符合天在上、地在下的原则，所以说此时后背与腹部处在它们正确的位置上；生病或者死去时，因为不在正常的状态，所以腹部反而在背的上面了。

　　非唯腹也，凡物仆僵者①，足又在上。贤儒不遇②，仆废于世，踒足之吏③，皆在其上。东方朔曰："目不在面而在于足，救昧不给④，能何见乎？"汲黯谓武帝曰⑤："陛下用吏如积薪矣，后来者居上⑥。"原汲黯之言⑦，察东方朔之语，独以非俗吏之得地⑧，贤儒之失职哉？故夫仕宦，失地难以观德，得地难以察不肖。名生于高官，而毁起于卑位。卑位，固常贤儒之所在也⑨。遵礼蹈绳⑩，修身守节，在下不汲汲⑪，故有沉滞之留⑫。沉滞在能自济⑬，故有不拔之扼⑭。其积学于身也多⑮，故用心也固⑯。俗吏无以自修，身虽拔进，利心摇动⑰，则有下道侵渔之操矣⑱。

【注释】

①仆僵：指死亡。仆，向前跌倒。

②不遇：不被赏识重用。遇，遇合，投合，指受到君主或长官的赏识和重用。

③踒足之吏：指地位低下的小吏。踒足，脚踒。

④昧：不明，这里指眼瞎。不给：供不上，来不及。给，供。

⑤汲黯：字长儒，西汉濮阳（今河南濮阳东南）人。武帝时历任东海太守、主爵都尉和淮阳太守。

⑥ "陛下用吏如积薪矣"二句：引文见《史记·汲郑列传》。积，堆
　　积。薪，柴。

⑦ 原：考察。

⑧ 独：岂。以非：据文意，疑当作"非以"。以，因为。地：地位。

⑨ 固：本来。

⑩ 蹈绳：遵守规矩。蹈，履行。绳，准绳，规矩。

⑪ 汲汲：形容心情迫切。

⑫ 沉滞之留：指长期得不到任用和提拔。沉，埋没。滞，停滞。

⑬ 在：据文意，疑当作"不"字，形近而误。自济：自救。济，救助。

⑭ 扼：通"厄"，苦难，困穷。

⑮ 也：表示停顿的语气词。

⑯ 用心也固：指遵守"礼义"，不积极钻营的意志更坚定。固，坚定。

⑰ 摇动：骚动，作怪。

⑱ 下：指违背，抛弃。侵渔：搜刮，敲诈。

【译文】

　　不仅仅是腹部朝上，凡是动物死了，脚也会朝上。贤儒不被赏识重
用，穷困潦倒于世，那些地位低下的小吏地位却都在他们之上。东方朔
说："眼睛如果不是长在脸上而是长在脚上，由于眼睛容易受到伤害，救
治眼瞎还来不及，哪里还能看见什么东西呢？"汲黯对武帝说："陛下任
用官员就像是堆柴一样，把后来的放在上面。"推究汲黯的说法，考察东
方朔的言论，难道不是因为俗吏得到了很高的地位，而贤儒却失去了应
得的官职吗？因此，做官没有到达一定的地位，就难以了解他的品德；到
达了一定的地位，又难以看出他的不贤。好名声来源于官高位显，受诽
谤源于位卑职低。而卑下的职位，本就是贤儒常处的位置。他们遵循礼
义，循规蹈矩，修养身心，坚守节操，处在卑下的地位而不急于向上爬，所
以长期得不到任用和提拔。长期处在下位而又不去自己钻营，所以才会
处于不被提拔的困境之中。贤儒自身积累了很多的学问，所以不去钻营

的意志也很坚定。俗吏没有什么用来休养自身的方法,人虽然被提拔,但由于贪图私利的心在作怪,就会做出违背道德搜刮敲诈百姓的行为。

　　枫桐之树,生而速长,故其皮肌不能坚刚。树檀以五月生叶①,后彼春荣之木②,其材强劲,车以为轴。殷之桑穀③,七日大拱④,长速大暴,故为变怪⑤。大器晚成,宝货难售者⑥。不崇一朝⑦,辄成贾者⑧,菜果之物也。是故湍濑之流⑨,沙石转而大石不移。何者?大石重而沙石轻也。沙石转积于大石之上,大石没而不见。贤儒俗吏,并在世俗,有似于此。遇暗长吏,转移俗吏超在贤儒之上,贤儒处下,受驰走之使⑩,至或岩居穴处⑪,没身不见。咎在长吏不能知贤⑫,而贤者道大,力劣不能拔举之故也。

【注释】

①树檀:檀树。以:于,在。

②彼:那些。

③殷:商朝。桑:桑树。穀(gǔ):落叶乔木。皮可制桑皮纸,又称"构"或"楮"。

④拱:两手合围的粗细。

⑤故为变怪:殷高宗时,朝堂上突然长出了桑树、楮树,七天就长到两手合围那么粗,被认为是殷朝将要灭亡的不祥之兆。变怪,灾变,灾异。

⑥者:疑为衍文。

⑦不崇一朝:不到一个早上。崇,终。朝,早晨。

⑧辄(zhé):就。成贾(gǔ):成交,做成买卖。贾,卖。

⑨湍濑(lài):急流。

⑩驰走：奔走。

⑪至：甚至。岩居穴处：指隐居在偏僻的地方。

⑫咎（jiù）：过错。

【译文】

　　枫树、桐树，生长的速度很快，所以它们的木质不可能很坚硬。檀树在五月份开始长叶子，晚于那些在春天就枝叶茂盛的树木，它的木质强韧坚固，所以车子都用它来做车轴。殷朝时期有一次在朝堂上长出桑树与穀树，七天就长到一抱粗，因为生长的速度太快，所以被认为是一种灾异。宏伟的器物要很慢才能制造成，宝贵的货物一般很难销售出去。不到一个早上就能售卖出去的东西，是菜果之类的东西。所以急流经过时，小的沙石被冲走，而大石头却一动不动。这是什么原因呢？是因为大石头很重而沙石很轻的缘故。沙石随着水流移动辗转堆积在大石头上面，大石头就被埋没而看不见了。贤儒、俗吏，同时生活在社会上，就有点类似于这种情况。如果遇到昏庸无能的地方长官，就会使俗吏升迁超越贤儒之上，贤儒却处在低下的地位，干些跑腿的差使，甚至有的人被迫隐居在偏僻的地方，终身无所表现。过错就在于地方长官不能了解贤儒，而贤儒怀有的道义广大，地方长官能力低劣，不能提拔、推举他们的缘故。

　　夫手指之物器也①，度力不能举②，则不敢动。贤儒之道，非徒物器之重也。是故金铁在地，焱风不能动③，毛芥在其间④，飞扬千里。夫贤儒所怀，其犹水中大石、在地金铁也。其进不若俗吏速者，长吏力劣，不能用也。毛芥在铁石间也，一口之气，能吹毛芥，非必焱风。俗吏之易迁⑤，犹毛芥之易吹也。故夫转沙石者，湍濑也；飞毛芥者，焱风也。活水洋风⑥，毛芥不动。无道理之将⑦，用心暴猥⑧，察吏不详，遭以好迁⑨，妄授官爵，猛水之转沙石，焱风之飞毛芥也。是故毛芥因异风而飞⑩，沙石遭猛流而转，俗吏遇悖将而迁⑪。

【注释】

①之：往。

②度（duó）：估计。

③焱风：当为"猋风"，暴风。焱，疑为"猋"字之讹，形近而误。下文同。

④毛芥：羽毛和芥子。喻极轻细之物。芥，小草。引申指细微之物。

⑤迁：升迁。

⑥活水：活，疑当作"恬"，形近而误。恬，安静。据文意，疑"水"字后脱"沙石不转"四字。洋风：和风。洋，通"祥"。

⑦道理：即"道"。

⑧暴：急躁。猥（wěi）：卑下，不正派。

⑨好：底本作"奸"，递修本作"好"，据改。好，指个人的好恶。

⑩异风：指猋风。异，异常。

⑪悖（bèi）：昏乱。

【译文】

用手去拿东西，如果估计自己的力气拿不起来的话，就不敢去动它。贤儒所遵循的先王之道，不仅仅是一件器物的重量所能比的。因此铜铁在地上，暴风都吹不动它，毛芥之物在铜铁的中间，就能被风吹起飞扬到千里之外了。贤儒胸怀的学问，就像是水中的大石头，地上的铜铁一样。他们的晋升不像俗吏那样快，是因为地方长官能力低下，不能重用他们的缘故。毛芥之物在铁与石头之间，一口气就能把它吹起来，不一定要用暴风。俗吏容易升迁，就像是毛芥之物容易被吹起来一样。所以说能移动沙石的，是急流；能吹飞毛芥之物的，是暴风。平静的水中，沙石不会移动;平和的风里,毛芥之物也吹不起来。不遵循先王之道的地方长官,用心急躁,作风卑下,考察官吏不周详,对待下属按照个人的好恶升迁,胡乱授予官爵,就像是急流使沙石移动,暴风使毛芥之物飞扬一样。因此毛芥之物靠暴风而飞扬,沙石遇到湍流而移动,俗吏碰到昏庸的地方官而得到升迁。

　　且圆物投之于地,东西南北,无之不可①,策杖叩动②,才微辄停。方物集地③,壹投而止,及其移徙④,须人动举。贤儒,世之方物也,其难转移者,其动须人也。鸟轻便于人,趋远⑤,人不如鸟,然而天地之性人为贵⑥。蝗虫之飞,能至万里,麒麟须献,乃达阙下⑦。然而蝗虫为灾,麒麟为瑞⑧。麟有四足,尚不能自致⑨,人有两足,安能自达!故曰:燕飞轻于凤皇,兔走疾于麒麟⑩,蛙跃躁于灵龟⑪,蛇腾便于神龙⑫。吕望之徒⑬,白首乃显⑭,百里奚之知⑮,明于黄发⑯,深为国谋,因为王辅,皆夫沉重难进之人也⑰。轻躁早成⑱,祸害暴疾⑲。故曰:其进锐者⑳,退速。阳温阴寒㉑,历月乃至㉒,灾变之气,一朝成怪。故夫河冰结合,非一日之寒;积土成山,非斯须之作㉓。干将之剑㉔,久在炉炭,铦锋利刃㉕,百熟炼厉㉖,久销乃见㉗,作留成迟㉘,故能割断。肉暴长者曰肿,泉暴出者曰涌,酒暴熟者易酸,醯暴酸者易臭㉙。由此言之,贤儒迟留,皆有状故㉚。状故云何?学多、道重,为身累也㉛。

【注释】

①之:去,往。

②策：持，拿。叩：碰，这里指阻挡。

③集：落。

④移徙：迁移。

⑤趋：奔，赴。

⑥性：性命，生命。

⑦阙（què）下：宫阙之下。借指帝王所居的宫廷。阙，皇宫门前。

⑧瑞：祥瑞，吉祥的征兆。

⑨尚：尚且。自致：凭主观努力而达到。致，达到。

⑩走：跑。

⑪躁：急疾，迅速。

⑫便：灵便。

⑬吕望：即姜太公。晚年助周武王伐纣，被封为齐侯。

⑭白首：白了头发，指晚年。显：显贵。

⑮百里奚：春秋时虞国人，晚年被秦穆公任用为相。知：同"智"，智慧。

⑯明：显，表露。黄发：此处指老年人。

⑰夫：那种。沉重：指才高德重。

⑱轻躁：轻浮而急于进取的人。早成：指很早就被任用提拔。

⑲暴疾：特别迅速。

⑳锐：迅速，快速。

㉑阳温阴寒：古人认为春夏属阳，气候暖和；秋冬属阴，气候寒冷。此处指季节的更替。

㉒乃：才。

㉓斯须：一会儿。

㉔干将：古代的宝剑。

㉕铦（xiān）锋：刚锐的锋芒。铦，锐利。锋，刃。

㉖百：多次，反复。熟：精细地。炼：冶炼。厉：同"砺"，磨。

㉗销：通"削"，

㉘留：滞留，迟缓。

㉙醢：疑为"醯"之讹，形近而误。醯（xī），醋。

㉚状故：缘故。状，情状。

㉛为身累：成了自己的负担。

【译文】

将圆形的物体投掷在地上，东南西北，没有滚不到地方，拿一根棍子阻挡它，才稍微一挡就停住了。方形的物体落在地上，一扔下去就停住了，至于要移动它，就需要人去搬动。贤儒，就像是世上方正的东西，他们不容易升迁，是因为他们升迁需要别人的帮助。鸟比人轻便，到很远的地方去，人比不上鸟，然而天地之间有生命的东西当中，人是最高贵的。蝗虫飞翔，能到达万里之外的地方，麒麟必须有人进献，才能到达皇宫门前。然而蝗虫是害虫，麒麟是祥瑞。麒麟有四只脚，尚且不能自己到达宫廷，人只有两只脚，怎么能自己到达朝廷之上呢？所以说：燕子飞得比凤凰轻盈，兔子跑得比麒麟疾速，青蛙跳得比灵龟爬行要快，蛇移动要比神龙灵便。姜太公之类，直到老了才显贵，百里奚的智慧，到年老才显露，他们能为国家深谋远虑，因此成了君主的辅佐，他们都是那种才高德重，很难被提拔任用的人啊。轻浮急进的人，能够早早地被提拔任用，但是祸害的到来也会特别地迅猛。所以说：那些前进快的人，退得也快。寒暑季节更替，需要经历几个月的时间才会完成，而带来灾变的邪气，一个早上就能改变寒暑。所以说河水结冰封冻起来，不是一天的寒冷所能形成的；将土堆积成山，不是一会儿就能完成的。干将宝剑，要在炉火中煅烧很久，锐利的锋刃，要经过无数次精细地冶炼磨砺，要经过长时间地割削才能显出它的锋利，因为制作慢完成迟，才能够锋利地割断东西。肉迅速地长大叫肿，泉水迅速地喷出来叫涌，酒成熟得太快的容易变酸，醋太快变酸的容易腐臭。照这样来说，贤儒在仕途上晋身缓慢，都是有原因的。原因是什么呢？他们怀有的学问太多，担负的道义太重，这些都成了他们的负担。

　　草木之生者湿^①，湿者重；死者枯^②。枯而轻者易举，湿而重者难移也。然元气所在，在生不在枯。是故车行于陆，船行于沟，其满而重者行迟，空而轻者行疾。先王之道，载在胸腹之内，其重不徒船车之任也。任重，其取进疾速^③，难矣。窃人之物，其得非不速疾也，然而非其有^④，得之非己之力也。世人早得高官，非不有光荣也，而尸禄素餐之谤^⑤，喧哗甚矣^⑥。且贤儒之不进，将相长吏不开通也^⑦。农夫载谷奔都^⑧，贾人赍货赴远^⑨，皆欲得其愿也^⑩。如门郭闭而不通^⑪，津梁绝而不过^⑫，虽有勉力趋时之势^⑬，奚由早至以得盈利哉^⑭？长吏妒贤，不能容善，不被钳赭之刑^⑮，幸矣，焉敢望官位升举^⑯，道理之早成也？

【注释】

①生者：活着的。

②死者枯：疑本句后脱"枯者轻"三字。上文"生者湿"与"死者枯"相对文，"湿者重"无文可对，下文"枯而轻者易举，湿而重者难移"可证。

③取进：任用和提拔。

④非：指责。

⑤尸禄素餐：占着官位不做事，白白享受俸禄。谤：批评，指责。

⑥喧哗甚矣：形容社会舆论非常强烈。喧哗，声音嘈杂。

⑦不开通：指不能推荐，提拔。

⑧奔：赴。都：都市。

⑨贾人：商人。赍（jī）：携带。

⑩得其愿：满足自己的愿望。

⑪门郭：此处指城门。郭，外城。

⑫津梁：渡口桥梁。津，渡口。梁，桥梁。绝：断。

⑬勉力：努力，尽力。趋：赶。势：劲头。

⑭奚由：何从。

⑮钳赭（zhě）之刑：泛指刑罚。钳，一种用铁圈套颈的刑罚。赭，赭衣，囚犯穿的衣服。

⑯焉：怎么。

【译文】

　　活着的草木含有水分，含有水分就重；死去的草木则是干枯的，干枯所以轻。干枯而轻的东西容易举起来，含水而重的东西难以被移动。然而元气存在于活着的草木而不是枯死的草木。因此车在陆地上行驶，船在河道中航行，装载货物满而重的走得慢，空而轻的走得快。先王之道，装载在贤儒的胸腹之中，它的重量不只是车、船所能承受的负担啊。负担重，还要被任用和提拔得快，这太困难了！偷窃别人的东西，这些东西得来不能说不快，然而别人指责他的这种占有，因为这些东西并不是依靠自己的努力得到的。社会上的人很早就能得到很高的官位，不是不光荣，但是对其当官不做事白拿俸禄的指责，在社会上也是非常的强烈。况且贤儒不被提拔任用，是因为地方长官不去推荐他们。农夫装了谷子到城里去，商人带着货物赶去远方，都是希望得到他们想要的东西。如果城门紧闭不能通过，渡口、桥梁断绝而不能过河，虽然有努力赶时间的劲头，又怎么能及早赶到市场而获得厚利呢？要是地方长官嫉贤妒能，不能容纳人才，贤儒不受刑罚，就算是万幸的了，哪里还敢奢望自己官位高升，早日施行先王之道呢？

寒温篇第四十一

【题解】

本篇旨在批判汉儒遵奉的天人感应学说。汉儒认为君主的喜怒可以影响天气的寒温。君主高兴行赏赐，天气就温暖；反之，发怒行刑罚，天气就寒冷。

王充认为"天道自然，自然无为"，"春温夏暑，秋凉冬寒"，是自然的变化，"水旱之至，自有期节"，与君主的喜怒、政治的好坏无关。王充指出这种说法的产生，一方面是君主情绪的变化正好与天气的变化碰在一起，于是汉儒将这种偶然的情形说成了必然；一方面是汉儒根据天气的寒温去推测君主的喜怒，由此编造出的辩解之词，并指出汉儒的这种说法是"妄处之"。

说寒温者曰[1]：人君喜则温，怒则寒。何则？喜怒发于胸中，然后行出于外，外成赏罚。赏罚，喜怒之效[2]。故寒温渥盛[3]，凋物伤人[4]。

【注释】

①说寒温者：这里指用"天人感应"论解释君主的喜怒可以影响天

气寒温的儒生。说,解说。

②效:效验,结果。

③渥(wò)盛:丰盛。渥,浓郁。

④凋:凋零,凋谢。

【译文】

以天人感应之说来解释天气寒温变化的人说:君主高兴的时候天气就温暖,发怒的时候天气就寒冷。这是为什么呢? 因为君主的喜怒从心胸中产生,然后通过行为表现于外界,在外界就通过奖赏与惩罚来表现。奖赏与惩罚是君主喜或怒的结果。所以天气极冷极热,使草木凋枯,人受损伤。

夫寒温之代至也①,在数日之间,人君未必有喜怒之气发胸中,然后渥盛于外。见外寒温,则知胸中之气也。当人君喜怒之时,胸中之气未必更寒温也②。胸中之气,何以异于境内之气③? 胸中之气,不为喜怒变,境内寒温,何所生起? 六国之时④,秦、汉之际,诸侯相伐,兵革满道⑤,国有相攻之怒,将有相胜之志,夫有相杀之气⑥,当时天下未必常寒也。太平之世,唐、虞之时⑦,政得民安⑧,人君常喜,弦歌鼓舞⑨,比屋而有⑩,当时天下未必常温也。岂喜怒之气,为小发,不为大动邪? 何其不与行事相中得也⑪?

【注释】

①代:交替。至:到来。

②更:改变。

③境:国境,辖境。

④六国之时:指战国时期。

⑤兵革:兵器、衣甲的总称,这里指战争。

⑥夫:成年男子,此处指士兵。

⑦唐、虞之时:尧舜之时。唐,尧。虞,舜。

⑧得:得当。

⑨弦歌鼓舞:在琴、鼓等乐器的伴奏下起舞,这里形容生活愉快,歌
    舞升平。

⑩比屋:挨家挨户。比,并列,紧靠。

⑪行事:成事,已有的事例。相中得:相一致。

【译文】

  寒冷与温暖的天气交替出现,在这变化的几天之间,君主不一定有
喜怒之气在心胸中产生,然后强烈地表现在外面而引起天气的变化。以
天人感应之说来解释天气寒温变化的人看见外界天气的寒温,这才以此
说法推测君主胸中的喜怒之气。当君主有喜怒的情绪时,心胸中的喜怒
之气不一定就会改变天气的寒温。君主胸中的气与国境内的气有什么不
同呢?胸中的气不会因为喜怒而有变化,那么国中天气的寒温,又怎么会
产生变化呢?战国时期与秦汉之际,诸侯之间相互征伐,到处都是战争的
烽烟,国家间有相互攻打的怒气,将领之间有相互制胜的志气,士兵之间
有相互厮杀的仇气,当时天下却未必经常是寒冷的。太平之世,尧舜之
时,政治得当百姓安宁,君主经常是欢喜的,弹琴唱歌击鼓起舞,家家户
户生活愉快,而当时天下却未必经常是温暖的。难道君主的喜怒之气只
为小事而发,不为大事而动吗?为什么与已有的事例如此不相一致呢?

  夫近水则寒,近火则温,远之渐微。何则?气之所加^①,
远近有差也。成事,火位在南,水位在北^②,北边则寒,南极
则热^③。火之在炉,水之在沟,气之在躯^④,其实一也。当人
君喜怒之时,寒温之气,闺门宜甚^⑤,境外宜微。今案寒温^⑥,

外内均等,殆非人君喜怒之所致⑦。世儒说称,妄处之也⑧。

【注释】

①气:指水火发出来的寒温之气。加:施放。

②"火位在南"二句:按照阴阳五行之说,木、火、土、金、水与四方相配,木配东、火配南、金配西、水配北、土配中央。

③极:边。

④躯:躯体,人体。

⑤闺门:寝室的门。

⑥案:考察。

⑦殆:大概。

⑧处:判断。

【译文】

靠近水就感到寒冷,靠近火就感到温暖,距离它们越远,冷热的感觉就越轻微。为什么呢? 因为水与火所扩散的寒温之气,根据距离的远近是有强弱变化的。已有的成例:代表火的方位是南方,代表水的方位是北方,所以北边气候寒冷,南边气候炎热。火在炉内,水在河里,喜怒之气在人身体里,它们的实质是一样的。当君主高兴或发怒的时候,相应地寒温之气对气候的影响,在卧室之中应当表现得最显著,对房间外的影响应当微弱。如今考察天气的寒温,室内室外的温度都是一样的,所以说天气寒温的变化大概不是由君主的喜怒引起的。俗儒的说法,是妄加论断。

王者之变在天下①,诸侯之变在境内,卿大夫之变在其位②,庶人之变在其家③。夫家人之能致变,则喜怒亦能致气。父子相怒,夫妻相督④,若当怒反喜⑤,纵过饰非,一室之中,宜有寒温。由此言之,变非喜怒所生,明矣。

【注释】

①变:引起的变化。

②在其位:指在他们的管辖范围内。

③庶人:百姓。

④督:责备。

⑤若:或。

【译文】

帝王行为引起的变化会对整个天下造成影响,诸侯行为引起的变化会对整个封地造成影响,卿大夫行为引起的变化会对他们职权范围内的事物造成影响,平民行为引起的变化会对他们的家庭造成影响。既然平民百姓的行为能影响到他们的家庭,那么他们的喜怒也应该能引起他们家中气温的变化。父子相互怨怒,夫妻相互指责,或者应该发怒却转怒为喜,放纵过失,掩盖错误,那么整个屋内,应该有冷暖的变化了。由此说来,天气的变化不是由人的喜怒所造成的,这是很明白的了。

或曰①:“以类相招致也②。喜者和温③,和温赏赐,阳道施予④,阳气温,故温气应之。怒者愠恚⑤,愠恚诛杀。阴道肃杀⑥,阴气寒,故寒气应之。虎啸而谷风至⑦,龙兴而景云起⑧。同气共类,动相招致。故曰:‘以形逐影⑨,以龙致雨。’雨应龙而来,影应形而去,天地之性,自然之道也。秋冬断刑⑩,小狱微原⑪,大辟盛寒⑫,寒随刑至,相招审矣⑬。”

【注释】

①或:有人。

②类：同类。招致：招来，此处指吸引、感应。

③和温：温和。

④道：这里指本质、特点。施予：施给，指使万物生长。

⑤愠恚（yùn huì）：怨恨恼怒。愠，怨恨。恚，恼怒，怨恨。

⑥肃杀：严酷，摧败，指使万物凋残。

⑦谷：山谷。

⑧景云：一种彩云，古人认为是吉祥的征兆。

⑨以形逐影：据文意，疑作"以刑逐暑"。形，通"刑"。影，同"景"，与"暑"字形近而讹。下文同。

⑩秋冬断刑：根据阴阳之说，秋冬阴气占主导地位，阴气主刑杀，因此要在此时审判罪案，处决犯人。断刑，审判罪案与处决犯人。

⑪狱：罪。微原：指寒气稍稍露头。原，疑为"凉"字之讹。

⑫大辟：死刑。

⑬审：清楚。

【译文】

有人说："是因为同类相互招引啊。君主欢喜时就态度温和，态度温和就会给臣民以奖赏恩赐，'阳'的特点是使万物生长，阳气温和，所以温和的气与喜气相感应而出现。发怒时，胸中充满怨恨与恼怒，因为怨恨恼怒就会惩罚杀人。'阴'的特点是凋残万物，阴气寒冷，所以寒冷的气与怒气相感应而出现。虎啸山谷就会有风来，龙腾天空就会出现彩云。凡是同气同类的事物，它们的一举一动都会互相招引。所以说：'以刑逐暑，以龙招雨。'雨感应龙而来，暑热随着刑罚而离去，这是天地中的本然特性，自然的规律。秋冬两季要审罪判案，判处小罪的时候，天气稍稍凉爽，执行死刑时，天气就变得非常寒冷，寒气随着施行刑罚而到来，可见同类相招引，这是再明白不过的了。"

夫比寒温于风云，齐喜怒于龙虎①，同气共类，动相招致,可矣。虎啸之时,风从谷中起;龙兴之时,云起百里内。他谷异境,无有风云。今寒温之变,并时皆然^②。百里用刑,千里皆寒,殆非其验。齐、鲁接境,赏罚同时,设齐赏鲁罚^③,所致宜殊^④,当时可齐国温、鲁地寒乎?

【注释】

①齐:等同。

②皆然:都是这样的。

③设:假设。

④殊:不同。

【译文】

拿寒温与风云相比,把喜怒与龙虎相比,同气同类的事物一举一动会相互招引,这是可能的。虎啸的时候,风从山谷中刮起;龙腾起的时候,祥云在百里之内兴起。而在其他的山谷和地域,就不会有风云兴起。如今气候寒温的变化,在同一时候都是一样的。在百里之内的地方施用刑罚,千里之内都会寒冷,这大概不是君主喜怒的作用。齐国和鲁国接壤,同时施行赏罚,假如齐国进行奖赏鲁国进行刑罚,就应该招致不同的结果,难道当时会齐国温暖而鲁国寒冷吗?

案前世用刑者,蚩尤、亡秦甚矣^①。蚩尤之民,涾涾纷纷^②;亡秦之路,赤衣比肩^③,当时天下未必常寒也。帝都之市,屠杀牛羊,日以百数,刑人杀牲,皆有贼心^④,帝都之市,气不能寒。

【注释】

①蚩(chī)尤:传说中古代部族首领,《尚书·吕刑》将其作为滥用

酷刑的典型。亡秦：指秦朝。

②湎湎（miǎn）纷纷：乱哄哄，形容社会秩序不安定，犯罪受刑的人多。湎湎，昏乱。纷纷，嘈杂。

③赤衣：古代囚犯穿赭色的衣服，这里指囚犯。比肩：一个挨着一个，形容犯人多。

④贼心：害人之心，邪曲之心。贼，杀害，残害。

【译文】

考察前代施用刑罚的情况，蚩尤和秦朝是最严重的。蚩尤的臣民惶恐不安，社会动荡不堪；秦朝的街道上，穿着赭衣的囚犯，一个挨着一个，可当时天下的天气未必经常是寒冷的。京城的市场上，宰杀牛羊的数量，每天要以百头来计算，杀犯人宰牲口，都怀有残杀之心，但是京城的市场上，气候并没有因此而变得寒冷起来。

或曰："人贵于物，唯人动气①。"

夫用刑者动气乎②？用受刑者为变也？如用刑者，刑人杀禽，同一心也。如用受刑者，人禽皆物也，俱为万物，百贱不能当一贵乎③？

【注释】

①动气：变动寒温之气。

②用：由于。

③贱：这里指牛羊。贵：指人。

【译文】

有人说："人比动物要尊贵，只有杀人才能变动寒温之气。"

那么是由于行刑的人变动了寒温之气了呢？还是由于受刑的人使天气变化呢？如果是行刑的人，那么处死犯人和宰杀牲口，是同一种心理状态，都应该引起气候的变化。如果是受刑的人，人和禽兽都是动物，同样属于万物,难道上百头牛羊还抵不上一个人吗?

　　或曰:"唯人君动气,众庶不能。"

　　夫气感必须人君,世何称于邹衍^①?邹衍匹夫,一人感气,世又然之。刑一人而气辄寒,生一人而气辄温乎^②?赦令四下,万刑并除,当时岁月之气不温。往年,万户失火,烟焱参天^③;河决千里,四望无垠^④。火与温气同,水与寒气类。失火河决之时,不寒不温。然则寒温之至,殆非政治所致。然而寒温之至,遭与赏罚同时^⑤,变复之家^⑥,因缘名之矣^⑦。

【注释】

①邹衍:战国时期齐国人。传说他曾经被燕惠王拘捕,因感到冤屈而仰天长叹,当时正是盛夏,天被他感动得降了霜。

②生:活,这里指赦免。

③烟焱:火苗。亦指烟和火焰。焱,火焰。

④无垠:无边际。垠,边。

⑤遭:适,刚好碰上。

⑥变复之家:指宣扬天人感应理论,把自然灾害与不正常现象说成是天降灾异,进行谴告,鼓吹君主要行先王之道,或进行祭祀祈祷,使灾异消除而恢复原状的儒生。

⑦因缘:根据。

【译文】

有人说:"只有君主能感动寒温之气,普通人不能。"

既然能够感动寒温之气的必须是君主,那么世人为什么还要称颂邹衍呢?邹衍只是一个普通人,他一个普通人能感动天气,世上的人又相信这是真的。处死一个人天气就变寒冷,那么赦免一个人天气就会变温暖吗？四处下放赦免令，上万的死囚被赦免，而当时的天气并没有变得温暖。往年，万户失火，火焰参天；黄河决堤，泛滥千里，洪水四望无边。火与温暖的气同类，水与寒冷的气同类。那么在失火与黄河决堤的时候，气候并没有变寒冷也没有变温暖。可见，寒温天气的到来，恐怕并不是政治造成的。这样说来，寒温天气的到来，是刚好与君主的赏罚同时发生，而那些变复之家，就根据这种偶然的现象，说君主的喜怒能造成天气的寒温变化。

　　春温夏暑，秋凉冬寒，人君无事^①，四时自然。夫四时非政所为，而谓寒温独应政治？正月之始，正月之后^②，立春之际，百刑皆断，囹圄空虚^③，然而一寒一温。当其寒也，何刑所断？当其温也，何赏所施^④？由此言之，寒温，天地节气，非人所为，明矣。

【注释】

①无事：没有什么事。

②正月之后：据文意，疑当在下句"一寒一温"前。

③囹圄（líng yǔ）：牢狱。

④赏：这里指赦免犯人。

【译文】

　　春天温暖、夏季炎热、秋天凉爽、冬天寒冷，君主没有做什么事，四季就自然地变化。四季的变化不是政治造成的，但是为何偏偏要说寒温的变化是应政治而产生的？从正月开始，到立春之际，所有的案件都处理完毕，监狱空虚，然而正月之后天气却乍冷乍暖。当天气寒冷时，是施行了哪种刑罚呢？当天气温暖的时候，是赦免了哪些罪犯呢？由此来说，天气的寒温，是天地节气所决定的，不是人所能影响的，这就很明白了。

人有寒温之病，非操行之所及也^①，遭风逢气，身生寒温。变操易行，寒温不除。夫身近而犹不能变除其疾，国邑远矣^②，安能调和其气？人中于寒，饮药行解^③，所苦稍衰^④；转为温疾，吞发汗之丸而应愈^⑤。燕有寒谷^⑥，不生五谷。邹衍吹律，寒谷可种^⑦。燕人种黍其中，号曰黍谷。如审有之，寒温之灾，复以吹律之事，调和其气，变政易行，何能灭除？是故寒温之疾，非药不愈；黍谷之气，非律不调。尧遭洪水，使禹治之。寒温与尧之洪水，同一实也，尧不变政易行，知夫洪水非政行所致^⑧。洪水非政行所致，亦知寒温非政治所招。

【注释】

①及：至，达到。

②国邑：指国家和封邑。

③行解：消解。

④衰：减弱。

⑤应愈：随即就治好了。

⑥寒谷：寒冷的山谷。

⑦"邹衍吹律"二句：传说燕国有个不生五谷的寒冷山谷，邹衍在那里吹律管，招致温气，使得那里气候变暖，并且可以种庄稼了。参见《艺文类聚》卷五引刘向《别录》。律，古代一种竹制的定音乐器。

⑧夫：那个。

【译文】

人有寒病热病，并不是人的操行品德所造成的，而是遇到风寒热气，身体便得了寒热之病。即使改变操行，寒病热病也不会消除。近至于自己的身体，尚且不能通过改变操行来消除疾病，国家和封邑离得那么远，

又怎么能调和它的天气呢？人受了寒气，通过吃药来驱除消解，痛苦就
会稍微减轻；要是转为热病，吞服发汗的药丸，随即就好了。燕国有一个
寒冷的山谷，不长五谷。邹衍一吹律管，那里气候就变得温暖，寒冷的山
谷便可以栽种庄稼。燕国人在这个山谷中种上了黍，于是将这里称为黍
谷。如果确有其事，寒温之气引起的灾变，也只能用吹律管的方式来调
和天气使灾害消除，那么改变政治和操行的方法，又怎么能消除呢？所
以寒病热病，不吃药就不能治好；黍谷中的气候，不吹律管就不能调和。
尧遇上洪水，派遣禹去治理。寒温的天气变化与尧时遭到的洪水，实质
是相同的，尧不通过改变政治与操行的方法来治理洪水，可以知道洪水
不是政治与操行所造成的。既然洪水不是政治与操行所造成的，就可以
知道天气的寒温变化也不是政治所招致的。

　　或难曰："《洪范》庶征曰[1]：'急[2]，恒寒若[3]；舒，恒燠
若[4]。'若，顺；燠，温；恒，常也。人君急，则常寒顺之；舒，则
常温顺之。寒温应急舒，谓之非政，如何？"

【注释】

①《洪范》：《尚书》中的一篇。庶征：《洪范》共论述九个问题，"庶
　征"是第八个问题，主要论说天人感应论的各种吉凶征兆。庶，
　众。征，征兆。

②急：指君主心情急躁。

③恒：经常。若：顺，指天气顺应君主的脾气。

④燠（yù）：温暖。

【译文】

　　有人责难说："《尚书·洪范》在论述各种征兆时说：'急，恒寒若；
舒，恒燠若。'若，是顺应的意思；燠，是温暖的意思；恒，是经常的意思。
君主心情急躁时，就经常有寒冷的天气顺应君主的心情而出现；君主心

情舒畅时,就经常有温暖的天气顺应君主的心情而出现。天气的寒温顺应心情的好坏,说这不是政治造成的,怎么行呢?"

夫岂谓急不寒、舒不温哉?人君急舒而寒温递至^①,偶适自然^②,若故相应,犹卜之得兆、筮之得数也^③。人谓天地应令问^④,其实适然。夫寒温之应急舒,犹兆数之应令问也,外若相应,其实偶然。何以验之?夫天道自然,自然无为^⑤。二令参偶^⑥,遭适逢会,人事始作^⑦,天气已有^⑧,故曰道也。使应政事^⑨,是有^⑩,非自然也。

【注释】

①递:交替。

②偶适:碰巧。

③卜:用龟甲占卜吉凶。兆:古代灼烧龟甲占卜吉凶,龟甲被灼烧后出现的裂纹叫"兆",占卜的人根据它来占测吉凶。筮(shì):用蓍草算卦。数:指算卦的人按照规定多次分配五十根蓍草,最终得出的构成卦象的数目。

④应:回答。令问:指卜筮者向天地鬼神提出的问题。

⑤无为:顺应自然的变化,无意识、无目的的活动。

⑥二令:指卜和筮。令,指令问。参偶:指人事、气候、兆数三者相一致。

⑦作:兴起,产生。

⑧天气:指雨、晴、温、寒等自然现象。已有:已经存在了。

⑨使:假使。

⑩是有:疑本句"有"字后脱一"为"字。本书《谴告篇》言:"如谴告人,是有为,非自然也。"可证。

【译文】

　　这哪里是说君主心情急躁时天气不会寒冷，心情舒畅时天气不会温暖呢？君主的心情急躁与舒畅而造成的天气温暖与寒冷的交替，是巧合，好像是寒温的变化故意应和着君主喜怒一样，就像是占龟时得到的兆，用蓍草算卦时得到的数一样。人们认为这是天地在回答卜筮者提出的问题，但其实兆与数只是偶然形成的。天气的寒冷与温暖正好应和着君主心情的急躁与舒畅，这就如同卜筮者得到的兆数应和着卜筮者提出的问题一样，从表面上看好像是相互应和的，实际上也是碰巧。怎么来证明呢？天道是自然的，自然是一种无意识、无目的活动的状态。卜筮时的令问和人事、兆数、气候三者的相和，是偶然碰在一起的，人和社会上的事情开始产生的时候，天气变化就已经存在，所以称之为"道"。假如天气的变化是应和着政事的，那就是说天道是有为的，而不是自然无为的了。

　　《易》京氏布六十四卦于一岁中①，六日七分②，一卦用事③。卦有阴阳，气有升降。阳升则温，阴升则寒。由此言之，寒温随卦而至，不应政治也。案《易》无妄之应④，水旱之至，自有期节。百灾万变，殆同一曲。变复之家，疑且失实。何以为疑？"夫大人与天地合德，先天而天不违，后天而奉天时⑤。"《洪范》曰："急，恒寒若；舒，恒燠若。"如《洪范》之言，天气随人易徙⑥，当先天而天不违耳，何故复言后天而奉天时乎？后者，天已寒温于前，而人赏罚于后也。由此言之，人言与《尚书》不合⑦，一疑也。京氏占寒温以阴阳升降，变复之家以刑赏喜怒，两家乖迹⑧，二疑也。民间占寒温，今日寒而明日温，朝有繁霜⑨，夕有列光⑩，旦雨气温⑪，旦旸气寒⑫。夫雨者阴⑬，旸者阳也；寒者阴，而温者阳也。雨旦旸反寒⑭，旸旦雨反温⑮，不以类相应，三疑也。三疑不定，"自然"之说，亦未立也。

【注释】

①京氏：指京房（前77—前37），本姓李，字君明，东郡顿丘（今河南清丰西南）人。习《周易》于焦延寿，好讲灾异。元帝时立为博士。是"京氏易"的开创者，著作今存《京氏易传》。布：分配。六十四卦：相传伏羲作八卦，文王衍为六十四卦。岁：年。

②六日七分：我国在战国时就已经测算出一年为三百六十五又四分之一日。京房利用这一成果，从六十四卦中提出离、坎、震、兑四卦分别对应东、西、南、北四方，然后用六十卦除三百六十日，每卦得六日。再将剩下的五又四分之一日，一日化为八十分，共四百二十分，用六十卦除，每卦得七分。所以每卦分得六日七分。

③用事：主事，起决定作用。

④无妄：《周易》卦名，意思是出人意料。

⑤"夫大人与天地合德"几句：《周易·乾·文言》作："夫大人与天地合德，与日月合明，先天而天不违，后天而奉天时。"文字略有不同。大人，指圣王。

⑥易徙：变动。

⑦人：据文意疑当作"易"字。

⑧迹：据文意，疑为"违"字之讹，形近而误。乖违，相互矛盾。

⑨繁霜：厚霜。

⑩夕：傍晚。列光：列星光耀，即天空晴朗。

⑪旦：早晨。

⑫旸（yáng）：晴天。

⑬阴：阴气。

⑭雨：疑为衍文。

⑮旸：疑为衍文。

【译文】

　　京房把《周易》中的六十四卦分配在一年之中，每六日七分，有一卦主事。卦有阴有阳，气有升有降。阳气上升时，天气就变得温暖；阴气上升时，天气就变得寒冷。按这样说，天气寒温的变化是随着卦的变化而到来的，与政治不相应。考察《周易》"无妄"卦中列举的各种应和的例子，水灾、旱灾的到来，都有各自的时间季节。各种各样的灾异，差不多都是同一个道理。那些宣扬天人感应论的儒生，我怀疑他们的说法不符合事实。根据什么来怀疑呢？《周易·乾·文言》说："圣王的德行与天地是相合的，在天示意之前先行动而不会违背天意，在天示意之后行动而符合天时。"《尚书·洪范》上说："君主心情急躁时，就经常有寒冷的天气顺应君主的心情而出现；君主心情舒畅时，就经常有温暖的天气顺应君主的心情而出现。"如果像《洪范》所说的，天气随着君主心情的喜怒而变化，那么应当只说"在天之前而不违背天"就好了，为什么又说"在天之后而符合天时"呢？说"后"，就是说天气已经出现寒温的变化，而人君的赏罚在其之后。由此说来，《周易》的说法与《尚书》不一致，这是第一个疑点。京房根据阴阳气的升降来预测天气的寒温，变复之家的根据则是君主的刑赏喜怒，两家的观点相互抵触，这是第二个疑点。民间预测天气的寒温，往往今天寒冷而明日温暖，早上有厚霜，傍晚天空晴朗，早上下雨天气温暖，早上天晴气候寒冷。雨属阴，晴属阳；寒属阴，而温属阳。早晨天晴，天气反而寒冷，早晨下雨，天气反而温暖，没有遵循同类相招的原则，这是第三个疑点。这三个疑点如果不能解决，寒温与君主喜怒相应的说法，也就不能成立了。

谴告篇第四十二

【题解】

本篇王充批判了汉儒信奉所谓"人君为政失道,天用灾异谴告之"的天人感应论,故名为《谴告》。

以董仲舒为代表的汉儒坚信自然灾异是上天用来告诫与惩罚君主不按照圣王之道治理国家的手段,认为"人君失政,天为异;不改,灾其人民;不改,乃灾其身也。先异后灾,先教后诛之义也"。

对于此种说法,王充首先指出天是无意识的实体,"天道自然也,无为"。自然灾害的发生是自然现象,有它自身的规律,就像人生病是因为"血脉不调"一样。儒生鼓吹的灾异谴告,是一种没有依据的说法。并且王充还指出这种说法的来源,就是因为:"六经之文,圣人之语,动言天者,欲化无道、惧愚者。欲言非独吾心,亦天意也。及其言天犹以人心,非谓上天苍苍之体也。变复之家,见诬言天,灾异时至,则生谴告之言矣。"也就是说儒家先辈为了劝说君主、戒惧平民,所以经常抬出天来,这种习惯发展到末流,就成了灾异谴告之说。

在结尾,王充还提出不应该"求索上天之意",而应该多听从圣贤之言,表现出对于天意谴告的全面否定。

论灾异①,谓古之人君为政失道②,天用灾异谴告之也。

灾异非一③，复以寒温为之效④。人君用刑非时则寒⑤，施赏违节则温⑥。天神谴告人君，犹人君责怒臣下也。故楚严王曰⑦："天不下灾异，天其忘予乎⑧！"灾异为谴告，故严王惧而思之也。曰：此疑也。

【注释】

①灾：灾变，指自然灾害。异：怪异，指异常的自然现象。本句"异"字后疑脱一"者"字。本书《寒温篇》云："说寒温者曰：人君喜则温，怒则寒。"与此同例。

②为政：治国。失道：违反先王之道。

③非一：不止一种。

④复：再。效：效验，验证。

⑤非时：违背时令。汉儒认为，秋天天气寒冷，万物凋散，春夏天气暖和，万物生长，这都是天意。君主施政应该符合天意，秋冬用刑，春夏行赏。

⑥节：节气。

⑦楚严王：即楚庄王（？—前591），春秋五霸之一。由于汉明帝叫刘庄，东汉人避讳，称楚庄王为楚严王。

⑧"天不下灾异"二句：引文见《春秋繁露·必仁且智》。予，我。

【译文】

谈论灾异的人，认为古代的君主治国理政违背了先王之道，上天就会降下灾异来谴责警告他。灾异不止一种，又用天气的寒温来作为君主违反先王之道的证明。君主用刑不合时宜，天就会降下寒气来谴告他；施赏违背节气，天就降下温气来谴告他。天神谴告君主，就好像君主责怒臣下一样。所以楚庄王说："上天不降下灾异，是上天忘记我了吧！"灾异是上天降下的谴告，所以楚庄王对灾异感到害怕，总是想着它。我认为：这种说法是值得怀疑的。

　　夫国之有灾异也,犹家人之有变怪也①。有灾异,谓天谴人君②;有变怪,天复谴告家人乎? 家人既明③,人之身中,亦将可以喻。身中病,犹天有灾异也。血脉不调,人生疾病;风气不和,岁生灾异。灾异谓天谴告国政,疾病天复谴告人乎? 酿酒于罂④,烹肉于鼎⑤,皆欲其气味调得也⑥。时或咸苦酸淡不应口者,犹人勺药失其和也⑦。夫政治之有灾异也,犹烹酿之有恶味也。苟谓灾异为天谴告,是其烹酿之误,得见谴告也⑧。占大以小⑨,明物事之喻,足以审天⑩。使严王知如孔子⑪,则其言可信。衰世霸者之才,犹夫变复之家也⑫,言未必信,故疑之。

【注释】

①家人:百姓。变怪:异常现象。

②谓天谴人君:本篇中"谴告"均连文,疑本句"谴"字后疑脱一"告"字。

③家人既明:百姓家遇到异常现象,并不意味着上天的谴告,这个道理已经很明白了。家人,老百姓。

④罂(yīng):大肚小口的坛子。

⑤烹:烧,煮。鼎:古代烹煮食物用的三足两耳的器皿,后演变为礼器。

⑥得:得当。

⑦勺药:犹作料,此作调和意。

⑧见:被。

⑨占:推断。

⑩审:知道,了解。

⑪使:假使。知:同"智"。

⑫夫:那些。

【译文】

国家有灾异,就像是老百姓家里有异常现象一样。发生灾异,就说是上天在谴告君主;那么百姓家里有异常,又能说是天在谴告老百姓吗?百姓家里遇到异常现象,并不是上天的谴告,这个道理已经很明白了,还可以用人的身体来做比喻。身体生病,就像是天降灾异一样。血脉不调和,人就会生病;气候失调,这一年中就会产生灾异。如果说发生灾异是上天对国家政治的谴告,那么感染疾病又是上天在谴告人吗?在坛子里酿酒,在鼎里煮肉,都希望把味道调和得当。有时咸苦酸淡不适合人的口味,是由于人们调和五味不得当。国家由于政治失道而发生灾异,就像是煮肉酿酒时出现不好的味道一样。如果说灾异是天降的谴告,这就是说煮肉酿酒失误也会被上天谴告了。用小事推断大事,懂得用具体事务来做比喻,就足以了解天了。假使楚庄王的智慧如孔子一样,那么他的话可以相信。但他仅有在衰乱的末世称霸的才能,就像是那些变复之家一样,他们说的话不一定可信,所以怀疑谴告之说不可信。

夫天道,自然也,无为①。如谴告人,是有为,非自然也。黄老之家②,论说天道,得其实矣。且天审能谴告人君③,宜变易其气以觉悟之。用刑非时,刑气寒④,而天宜为温;施赏违节,赏气温⑤,而天宜为寒。变其政而易其气⑥,故君得以觉悟,知是非。今乃随寒从温⑦,为寒为温,非谴告之意⑧,欲令变更之且⑨。太王亶父以王季之可立⑩,故易名为历。历者,適也⑪。太伯觉悟⑫,之吴、越采药⑬,以避王季。使太王不易季名,而复字之季,太伯岂觉悟以避之哉?今刑赏失法⑭,天欲改易其政,宜为异气,若太王之易季名。今乃重为同气以谴告之⑮,人君何时将能觉悟,以见刑赏之误哉?

【注释】

①无为:听其自然,无意识、无目的的活动。

②黄老之家:汉初盛行的学派,他们将黄帝与老子尊为道家的始祖,鼓吹黄老哲学,认为天是自然无为的,主张效法自然,实行无为而治。黄,黄帝。老,老子。

③审:果真。

④刑气寒:汉代儒生认为刑罚属阴,阴气寒,故刑人之气也属寒。

⑤赏气温:汉代儒生认为赏赐属阳,阳气温,故赏赐之气也属温。

⑥易其气:指改变君主施政时的天气,使它与刑赏时的寒温之气正相反,刑时温,赏时寒。

⑦乃:却。

⑧非:底本作"以",递修本作"非",据改。

⑨且:疑为"宜"字之讹误,形近而误。下文言:"非皇天之意,爱下谴告之宜。"可证。

⑩太王亶父:即古公亶父,周文王祖父。王季:季历,古公亶父的第三个儿子。立:立为君主。

⑪适(dí):同"嫡",按照周代宗法制度,王位必须传给嫡长子,古公亶父将王季改名为"历",即暗示要把王位传给他。

⑫太伯:古公亶父的长子。

⑬之:到,去。吴、越:在今江浙一带。

⑭失法:违反了法度。

⑮重:复,又。同气:指君主用刑不合时宜,上天就降下寒气;行赏不合时宜,上天就降下温气。

【译文】

天道是自然的,不会有意识地去有作为。如果天能谴告人,那就是有为,而不是自然的了。黄老学派论说天道,主张自然无为,是得到了天道之实啊。况且上天真能谴告人君的话,就应该改变天气来使君主觉悟。如果君主用刑不符合时令，刑罚之气属寒，那么上天就应该降下温和之气来谴告君主；如果君主施赏违背节气，赏赐之气属阳，那么上天就应该降下寒冷之气来谴告君主。上天要改变君主的施政方式，就应当通过改变天气的方式来达到目的，这样君主才能有所觉悟，知道他施政中的错误。现在上天却随着用刑的寒气与施赏的温气，继续降下寒气与温气，这不符合谴告的道理，也不是想叫君主改变施政方式的适当方法。太王亶父认为王季可以立为君主，所以给他改名叫"历"。"历"就是"嫡"的意思。太伯体会到太王亶父的用意，就以去吴、越采药的方式避开王季。假使太王不改王季的名为"历"，还叫他"季"的话，太伯怎么会有所觉悟而避开王季呢？现在君主的刑赏违背了法度，上天希望改变他施政的方式，就应该降下相反的气，就像太王改王季的名字一样。现在竟然用降下同类型的气来谴告人君，那么君主什么时候才会有所觉悟，发现自己刑赏非时呢？

鼓瑟者误于张弦设柱①，宫商易声②，其师知之，易其弦而复移其柱。夫天之见刑赏之误，犹瑟师之睹弦柱之非也。不更变气以悟人君③，反增其气以渥其恶④，则天无心意，苟随人君为误非也⑤。

【注释】

①鼓：弹奏。瑟（sè）：古代一种弦乐器。张弦设柱：上弦安柱。柱，瑟上架弦的枕木，瑟的每根弦有一个柱。
②宫商：古代音乐中的两个音阶。易声：走调。
③更：改。
④渥（wò）：增厚，助长。
⑤苟：胡乱。随：跟着。

【译文】

弹瑟的人上错了弦，安错了柱，五音走了调，他的老师知道了，会给他调整瑟弦，将弦安到正确的柱上。上天发现君主刑赏方面的错误，就像是弹瑟师看到瑟的弦与柱有不对的地方一样。上天不改变天气的寒温使君主觉悟，反而加重当时天气的寒温来助长君主的错误，那就说明天没有心意，只是胡乱地跟着君主为非作歹。

纣为长夜之饮①，文王朝夕曰②："祀兹酒③。"齐奢于祀④，晏子祭庙⑤，豚不掩俎⑥。何则？非疾之者⑦，宜有以改易之也。

【注释】

①长夜之饮：通宵达旦地喝酒。

②朝夕：整天，天天。

③祀兹酒：只有祭祀时才用酒。兹，斯，则。引文见《尚书·酒诰》。

④奢：奢侈。

⑤晏子：晏婴，春秋时齐国大夫。庙：祖庙。

⑥豚（tún）不掩俎（zǔ）：祭祀用的猪小到连俎都遮不住。豚，小猪。俎，古代盛放祭品的器具。引文见《礼记·杂记下》。

⑦非：反对。疾：痛恨。

【译文】

纣王总是通宵达旦地饮酒，周文王时时告诫说："只有在祭祀时才能用酒。"齐国人祭祀时很奢侈，而晏子祭祀祖庙时，供奉用的猪小到连盛放祭品的盘子都遮不住。为什么要这样做呢？对于自己反对和痛恨的事物，就应该用相反的事物来改变它。

子弟傲慢，父兄教以谨敬①；吏民横悖②，长吏示以和顺③。是故康叔、伯禽失子弟之道④，见于周公⑤，拜起骄悖，三见三笞⑥。往见商子⑦，商子令观桥梓之树⑧。二子见桥梓，心感觉悟，以知父子之礼。周公可随为骄，商子可顺为慢⑨，必须加之捶杖⑩，教观于物者，冀二人之见异，以奇自觉悟也⑪。夫人君之失政，犹二子失道也，天不告以政道⑫，令其觉悟，若二子观见桥梓，而顾随刑赏之误⑬，为寒温之报⑭，此则天与人君俱为非也。无相觉悟之感⑮，有相随从之气，非皇天之意，爱下谴告之宜也⑯。

【注释】

①谨敬：谨慎恭敬。

②横悖：蛮横不讲理。

③长吏：长官。示：晓喻，教导。和顺：和睦恭顺。

④康叔：周武王之弟，封于康，故称"康叔"。伯禽：周公的长子。失子弟之道：不遵守做弟弟与儿子所应遵守的礼节。

⑤见：拜见。

⑥三见三笞（chī）：多次拜见，多次受到鞭打。三，多次。笞，用鞭子或者板子打。

⑦商子：商容，商末周初的贤人。

⑧令观桥梓（zǐ）之树：据《说苑·建本》记载，商容引康叔和伯禽看桥树与梓树，并把南山坡上的高大桥树比作"父道"，把南山阴坡枝叶下垂的梓树比作"子道"，用来教导他们遵守弟子之道。后因称父子为"桥梓"。桥，通"乔"，一种高大的树木。梓，一种落叶乔木。

⑨慢：傲慢。

⑩捶：通"棰"，鞭子。杖：棍棒。

⑪以：通过，依靠。奇：异，不同。

⑫告：谴告。政道：正确的做法。政，通"正"。

⑬顾：却。

⑭报：报应，谴告。

⑮感：感动，作用。

⑯下：指君主。

【译文】

家里的子弟傲慢无礼，那么父兄就要用谨慎恭敬来教导他们；官吏与百姓蛮横不讲理，地方长官就要用和睦恭顺来引导他们。因此康叔和伯禽违背了子弟应遵守的礼节，拜见周公时，下拜和起立时态度显得骄矜傲慢，所以多次拜见多次遭受鞭笞。康叔和伯禽去见商子，商子叫他们去看桥树和梓树。二人看了桥树与梓树之后，心受感动而有所觉悟，由此懂得了父子之礼。周公可以随着他们的态度以骄矜相待，商子也可以顺着他们的态度以傲慢相待，之所以一定要鞭笞他们，通过观看桥树、梓树来教育他们，是希望他们二人看到与自己行为不一样的事物，通过这些不同的事物来让他们自己有所觉悟。君主施政上的错误，就如同康叔、伯禽违背子弟之道一样，上天不用正确的方式谴告君主，使君主有所觉悟，像是让康叔、伯禽去看桥树与梓树一样，而是随着君主刑赏方面的错误，以降下寒气与温气作为反应，这就是上天与人君一起犯错了。上天没有起到使君主觉悟的作用，反而降下顺从错误的寒气温气，这不是上天的意愿，也不是上天爱护君主而谴告君主的适当做法。

凡物能相割截者①，必异性者也②；能相奉成者③，必同气者也。是故离下、兑上曰革④。革，更也。火金殊气⑤，故能相革。如俱火而皆金，安能相成⑥？

【注释】

①相割截：相制，相克。

②异性：性质不同。

③奉：辅助。

④离下、兑上曰革：离，八卦之一，符号为"☲"，象征火。兑，八卦之一，符号为"☱"，象征泽。革，六十四卦之一，符号☱，离下兑上，意为泽中有火，意思是说二者相违背，必然相争，产生变革，或者是火胜水，或者是水胜火，所以叫"革"。

⑤火金殊气：根据五行相克的说法，火与金是两种不同的气，火能克金。

⑥成：据文意，疑当作"革"。上文云："火金殊气，故能相革。"可证。

【译文】

　　凡是能够相互克制的事物，必然是性质不同的东西；能够相辅相成的，一定是气类相同的。所以离下兑上是"革"卦。革，就是变更的意思。火与金是两种不同的气，所以二者能够相克。如果都是火或者都是金，怎么能够相克呢？

　　屈原疾楚之臭涊①，故称香洁之辞②；渔父议以不随俗③，故陈沐浴之言④。凡相溷者⑤，或教之熏隧⑥，或令之负豕⑦。二言之于除臭涊也，孰是孰非？非有不易⑧，少有以益⑨。夫用寒温，非刑赏也，能易之乎？

【注释】

①臭涊（chòu wū）：指楚国政治腐败。臭，臭。涊，污秽，不廉洁。

②称：称道。香洁之辞：屈原在他的著作中，常用香草、美人等词汇来比喻美好的东西，后人称之为"香洁之辞"。

③渔父：渔翁。议以不随俗：议，疑为"讥"字之讹。据《楚辞·渔

父》记载,屈原被放逐时,遇到一个渔翁,讥刺他固执己见,而不会随波逐流。议,议论。

④陈沐浴之言:指屈原回答渔翁的话,即"新沐者必弹冠,新浴者必振衣",大意是:人洗澡后,必须掸掉衣帽上的尘土,不让干净的身体受到污染。并表示宁愿投江喂鱼,也不与坏人同流合污。陈,陈述。

⑤相:看到。溷(hùn)者:指身上沾了猪圈中污物的人。溷,猪圈,这里指猪圈里的污物。

⑥或:有人。熏隧:焚香熏身。隧,通"燧"。

⑦负豕(shǐ):背着猪,意思是以猪身上的臭味来掩盖自己身上所沾的臭味。负,背。豕,猪。

⑧非:指责。有:通"又"。易:改变。

⑨以:所。

【译文】

屈原痛恨楚国政治的腐败,所以常用香草、美人比喻美好的东西;渔父劝他应该随波逐流,他就以"新沐者必弹冠,新浴者必振衣"来回答。凡是看到身上沾了猪圈中污物浑身脏臭的人,有人会教他焚香熏身,有人叫他背着猪掩盖臭味。这两种建议对于清除掉身上的脏臭来说,究竟谁对谁错呢?批评指责而又不加以改变,是很难有益处的。用增加寒温之气的方法来谴告君主刑罚失当,能使他们有所改易吗?

西门豹急,佩韦以自宽①;董安于缓,带弦以自促②。二贤知佩带变己之物,而以攻身之短。夫至明矣③,人君失政,不以他气谴告变易④,反随其误,就起其气,此则皇天用意,不若二贤审也⑤。

【注释】

①"西门豹急"二句:西门豹性子急躁,于是用佩戴皮带的办法,提

醒自己缓和一些。西门豹，战国时魏国人。急，指性子急。韦，有
韧性的皮带。参见《韩非子·观行》。

②"董安于缓"二句：董安于性子慢，于是用带弓弦的方法，提醒自
己紧张些。董安于，春秋时晋国人。缓，性子慢。弦，弓弦。参见
《韩非子·观行》。

③夫：据文意，疑为"天"字之讹，形近而误。

④他：别的。

⑤审：明悉，周密。

【译文】

西门豹性情急躁，就通过佩戴有韧性的皮带来提醒自己缓和一些；
董安于性子慢，于是用带弓弦的方法来提醒自己紧张些。这两位贤人懂
得通过佩戴改变自己性情的东西，来克服自己的缺点。天是最为英明的
了，君主施政有错误，不用相反的气谴告他使他有所改变，反而顺随君主
的错误，发出与君主错误相同的寒温之气，这就是说上天的用意还不如
西门豹、董安于这两位贤人精明了。

楚庄王好猎，樊姬为之不食鸟兽之肉①；秦缪公好淫
乐，华阳后为之不听郑、卫之音②。二姬非两主③，拂其欲而
不顺其行④。皇天非赏罚，而顺其操，而渥其气，此盖皇天之
德，不若妇人贤也。

【注释】

①"楚庄王好猎"二句：此事参见刘向《列女传·王妃》。樊姬，楚
庄王的妾。

②"秦缪公好淫乐"二句：此事参见刘向《列女传·王妃》。秦缪
公，即秦穆公（？—前621），春秋时秦国国君。华阳后，秦穆公的

夫人。郑、卫之音,原指春秋时期郑国、卫国的民间音乐,与贵族
听的雅乐不相同,被儒家称为"淫乐"。

③非:非难,不满意。

④拂:逆,违背。

【译文】

楚庄王喜好打猎,樊姬为此不吃鸟兽的肉;秦穆公喜欢听"淫乐",
华阳后为此不听郑、卫两国的音乐。两位姬妃不满意两位君主的行为,
就违背他们的欲望,不顺从他们的行为。上天谴告君主赏罚过失时,却
又顺应他的错误行为,发出君主失政时的寒温之气,这就说明上天的品
德还不如樊姬、华阳后两位妇人贤明。

　　故谏之为言[1],间也[2]。持善间恶,必谓之一乱[3]。周缪
王任刑[4],《甫刑篇》曰[5]:"报虐用威[6]。"威、虐皆恶也,用恶
报恶,乱莫甚焉。今刑失赏宽,恶也,夫复为恶以应之,此则
皇天之操,与缪王同也。

【注释】

①谏:古代称臣劝君、子劝父、下劝上为谏。

②间:隔,阻拦。

③一乱:平乱。一,均,整齐。乱,治。

④周缪王:即周穆王。任刑:滥用刑罚。

⑤《甫刑篇》:即《吕刑》,《尚书》中的一篇。

⑥威:暴力。

【译文】

　　所以说"谏"这个字,就是阻拦的意思。用善去劝阻恶,必定认为它
能止乱为治。周穆王滥用刑罚,《尚书·吕刑》说:"要用武力来对付残

暴。"武力、暴虐都是恶,以恶报恶,祸乱没有比这更厉害的了。现在刑罚失当,施赏无度,这是坏事,上天又用不好的方法来顺应这种恶,这就说明上天的操守与周穆王相同。

故以善驳恶①,以恶惧善,告人之理,劝厉为善之道也②。舜戒禹曰:"毋若丹朱敖③。"周公敕成王曰④:"毋若殷王纣⑤!"毋者,禁之也。丹朱、殷纣至恶,故曰"毋"以禁之。夫言"毋若",孰与言"必若"哉⑥?故"毋""必"二辞,圣人审之,况肯谴非为非⑦,顺人之过以增其恶哉?天人同道,大人与天合德⑧。圣贤以善反恶,皇天以恶随非,岂道同之效,合德之验哉?

【注释】

①驳:驳斥。

②劝厉:亦作"劝励",激励,勉励。劝,劝勉。厉,同"励",劝勉。

③毋:不要。丹朱:传说中尧的儿子,品行恶劣。敖(áo):同"傲",狂妄。引文见《尚书·皋陶谟》。

④敕(chì):告诫。成王:周成王。

⑤毋若殷王纣:不要像殷纣王那样残暴。参见《尚书·无逸》。

⑥必若:一定要像。

⑦况肯:岂能。

⑧大人与天合德:指圣贤的德行与上天的德行完全一致。这是儒家宣扬的"天人合一"的理论,原文为"大人者,与天地合其德"。大人,这里指圣人、贤人。合德,德行一致。参见《周易·乾卦·文言》。

【译文】

所以用好的驳斥坏的，用坏的去警惧好的，这才符合告诫人的道理，才是勉励人行善的方法。舜告诫禹说："不要像丹朱一样狂妄。"周公告诫成王说："不要像殷纣王那样残暴。""毋"，是禁止这样做的意思。丹朱、殷纣最恶，所以用"毋"来禁止禹和成王向他们学。说"毋若"，比起说"必若"来，哪一个更恰当呢？因此"毋""必"这两种说辞的含义，圣人很清楚，怎么能用错误来谴告错误，顺着别人的过失来加深他的罪恶呢？天和人遵循着同样的道理，圣人的德行与上天的德行一致。圣贤用好的来反对坏的，上天以恶事去顺从君主的错误，难道这就是天人同道、圣人与天道德相合的表现吗？

孝武皇帝好仙①，司马长卿献《大人赋》②，上乃仙仙有凌云之气③。孝成皇帝好广宫室④，扬子云上《甘泉颂》⑤，妙称神怪，若曰非人力所能为，鬼神力乃可。成皇帝不觉，为之不止。长卿之赋，如言仙无实效，子云之颂言奢有害，孝武岂有仙仙之气者，孝成岂有不觉之惑哉？然即天之不为他气以谴告人君⑥，反顺人心以非应之，犹二子为赋颂，令两帝惑而不悟也⑦。

【注释】

①孝武皇帝：汉武帝。

②司马长卿（前179—前118）：司马相如，西汉著名文学家。《大人赋》：据《史记·司马相如列传》记载，司马相如写《大人赋》献给汉武帝，本想讽刺他的好神仙之举，但由于过多地谈仙，反而助长了汉武帝好神仙的心理。

③上：指汉武帝。仙仙：形容飘飘然飞舞的样子。

④孝成皇帝：汉成帝（前51—前7），汉元帝之子，前33—前7年在位。广：扩充。

⑤扬子云（前53—18）：扬雄，西汉时期思想家、文学家。《甘泉颂》：据《汉书·扬雄传》记载，扬雄作《甘泉赋》献给汉成帝，其中描写甘泉宫构造十分巧妙，不是人力所能办到的，以讽刺成帝。

⑥然即：然则。

⑦令：使。

【译文】

孝武皇帝喜欢神仙，司马相如献上《大人赋》，武帝读了之后有飘飘然腾云上天的神气。成帝喜欢扩建宫室，扬雄献上《甘泉颂》，称赞甘泉宫的巧妙神奇，说它不是仅凭人力所能建成的，要鬼神的力量才能建成。成帝没有察觉到他的用意，反而不停地扩建宫殿。如果司马相如的赋，能直接说明神仙没有实际征验，扬雄的颂，能直接指出奢侈有害，武帝怎么会有飘飘然要上天的神气，成帝怎么会执迷不悟呢？那么上天不用相反的气来谴告君主，反而顺从君主的心意用错误来应和他的错误，这就如同司马相如、扬雄二人作赋颂，使得武帝、成帝执迷不悟一样。

窦婴、灌夫疾时为邪①，相与日引绳以纠缠之②。心疾之甚，安肯从其欲？太伯教吴冠带③，孰与随从其俗与之俱倮也④？故吴之知礼义也，太伯改其俗也。苏武入匈奴⑤，终不左衽⑥；赵他入南越⑦，箕踞椎髻⑧。汉朝称苏武而毁赵他⑨，之性习越土气⑩，畔冠带之制⑪。陆贾说之夏服雅礼⑫，风告以义⑬，赵他觉悟，运心向内⑭。如陆贾复越服夷谈⑮，从其乱俗，安能令之觉悟，自变从汉制哉⑯？

【注释】

①窦婴(？—前131)：字王孙。西汉外戚。汉景帝时拜大将军,平七国之乱有功,封魏其侯。汉武帝时为丞相,因得罪窦太后被免。为救门客灌夫,得罪孝景后,被杀。灌夫(？—前131)：字仲孺。本姓张,因父张孟得宠于灌婴,赐姓灌。以作战骁悍闻名。汉武帝时为太仆,迁燕相。为人刚直使酒,好任侠。因酒后骂丞相田蚡,被劾不敬,族诛。

②相与日引绳以纠缪(mò)之：据《史记·魏其武安侯列传》,窦婴失势之后,依附他的宾客都离开了他,唯有灌夫和他亲近如故。后来灌夫失势,宾客也都离去。他俩经常在一起咒骂那些过去阿谀奉承而现在又负恩弃交的人。相与,在一起。绳,绳墨,木工画直线的工具,这里引申为衡量人的标准。纠缪,这里是职责的意思。纠,矫正。缪,绳。

③教吴冠带：教给吴人穿衣戴帽。

④倮(luǒ)：赤体。

⑤苏武(？—前60)：汉武帝时出使匈奴被扣留,匈奴贵族多方威胁利诱,逼他投降,并将他流放到北海(今贝加尔湖)牧羊。他坚持了十九年,始终不屈。到昭帝时,因汉朝与匈奴交好,才被放回。

⑥终不左衽(rèn)：始终不穿匈奴的衣服。左衽,衣襟向左开,这是当时一些少数民族的风俗。衽,衣襟。

⑦赵他(tuó)：即赵佗(约前240—前137),秦汉之际,割据广东、广西一带,自称南越武王。南越：国名。秦末赵佗建立,汉武帝元鼎六年(前111)灭亡。疆土范围包括今广东、广西、海南三省区及越南北部地区。

⑧箕踞椎髻(jì)：这是当时越人的习俗。箕踞,坐时两足张开,形似簸箕。椎髻,像椎形的发髻。

⑨称：称赞。毁：诋毁,指责。

⑩之:疑当作"他"字。连上句"他"有重文,或写作"=",传写者遂
　误作"之"字。习:习染。

⑪畔:通"叛",违背,背离。

⑫陆贾(约前240—前170):汉高祖的重要谋臣,曾两次出使南越,
　说服赵佗归附汉朝。说(shuì):劝说。夏服:指当时中原一带人
　的服装。雅礼:指当时中原人习用的礼仪。

⑬风告:劝说,规劝。风,通"讽",劝说。

⑭运心:回心转意。运,转。内:指汉朝中央。

⑮夷:指越人。

⑯自变:自己转变。

【译文】

　　窦婴和灌夫痛恨当时的风气不正,经常在一起用为人的准则来指责
那些负恩弃交的人。心里非常痛恨他们,怎么还能顺从他们的心愿呢?
周太伯教给吴人穿衣戴帽,与顺从吴地习俗与他们一起赤身裸体相比,
究竟哪个好呢?所以吴人懂得礼义,是周太伯改变了他们习俗的结果。
苏武滞留匈奴十九年,始终不接受匈奴的习俗而穿衣襟向左开的衣服;
赵佗到了南越,却顺从南越人的习俗,坐下时叉开腿,束起椎形的发髻。
汉朝人称赞苏武而指责赵佗,是因为赵佗的习性,沾染了南越的风俗,违
背了华夏的礼法制度。陆贾用华夏的服饰礼仪去说服他,用道义去规劝
他,赵佗因此觉悟,回心转意归附汉朝。如果陆贾也穿南越人的衣服,说
南越当地的话,顺从当地落后的风俗,怎么能使赵佗觉悟,自动转变而顺
从汉朝的礼仪制度呢?

　　三教之相违①,文质之相反②,政失,不相反袭也③。谴
告人君误,不变其失而袭其非,欲行谴告之教,不从如何④?
管、蔡篡畔⑤,周公告教之至于再三。其所以告教之者,岂
云当篡畔哉?人道善善恶恶⑥,施善以赏,加恶以罪,天道宜

然⑦。刑赏失实⑧,恶也,为恶气以应之,恶恶之义,安所施哉? 汉正首匿之罪,制亡从之法⑨,恶其随非而与恶人为群党也。如束罪人以诣吏⑩,离恶人与异居,首匿亡从之法除矣。狄牙之调味也⑪,酸则沃之以水⑫,淡则加之以咸。水火相变易⑬,故膳无咸淡之失也。今刑罚失实⑭,不为异气以变其过,而又为寒于寒,为温于温,此犹憎酸而沃之以咸,恶淡而灌之以水也。由斯言之,谴告之言,疑乎? 必信也? 今燂薪燃釜⑮,火猛则汤热,火微则汤冷。夫政犹火,寒温犹热冷也。顾可言人君为政⑯,赏罚失中也,逆乱阴阳,使气不和,乃言天为人君为寒为温以谴告之乎⑰!

【注释】

①三教:指夏、商、周三代统治者所施行的不同教化。儒家认为夏朝注重"忠",结果"忠"的末流之弊是"野";商代以"敬"来救"野"之弊,结果"敬"的末流之弊是"鬼";周代以"文"来救"鬼"之弊,结果"文"的末流之弊是"僿"。参见《齐世篇》。相违:不同。

②文质之相反:儒家认为周以前各朝代对礼乐制度的重视是不同的,尧、舜时重质,夏代重文,商代重质,周代重文。文,文采,指礼乐制度。质,质朴。

③反:据文意,疑为衍文。袭:沿袭。

④"欲行谴告之教"二句:此处疑有脱误,据文意推论,大意应为:想要推行谴告这种说教,却不遵行"相违""相反"的原则,怎么行呢?

⑤管、蔡篡畔:据《史记·周本纪》记载,周武王死后,周公摄政,管叔、蔡叔伙同殷朝旧贵族武庚叛乱,被周公镇压。管,管叔鲜,周武王之弟,封于管(在今河南郑州),故称管叔。蔡,蔡叔度,周武王之弟,封于蔡(在今河南上蔡),故称蔡叔。

⑥善善恶恶：表扬好的，憎恶坏的。

⑦宜然：应当如此。

⑧失实：不当。

⑨"汉正首匿之罪"二句：正，治罪。首匿，汉朝的一种罪名，指窝藏罪犯的主谋者。汉朝律法中的"首匿罪"，主要是指藏匿"谋反""谋大逆"等危害皇权统治的严重犯罪。首，首犯，主谋。亡，通"无"。从（zòng），同"纵"，指放跑罪犯。

⑩束：捆。诣（yì）：到。

⑪狄牙：即易牙，春秋时齐桓公的宠臣，以善于烹调闻名。

⑫沃：浇，加。

⑬水火相变易：指酸与水，咸与淡，就如同水与火一样相互发生变化。

⑭罚：据文意，疑当作"赏"字。上文言"刑赏失实"，可证。

⑮熯（hàn）：烤，烧。薪：柴。釜（fǔ）：古代的一种锅。

⑯顾：只。

⑰乃：岂，怎么。

【译文】

　　夏、商、周三代政教各有差异，文质相互交替，这是因为前代政治上的过失，后代不再沿袭的缘故。上天谴告人君施政有误，不去纠正他的过失，而是沿袭君主所犯的错误，想要推行谴告这种说教，却不遵行"相违""相反"的原则，怎么行呢？管叔、蔡叔篡权叛乱，周公多次告诫教导他们。周公告诫教导他们的话，难道是说他们应当叛乱吗？做人的道理是赞扬好的，憎恶坏的，对好事加以奖赏，对坏事加以惩罚，天道也应当如此。君主刑赏不当，这就是恶，上天又用恶气去顺应他，那么憎恶坏事的原则，又应该运用在哪里呢？汉朝有惩治窝藏罪犯的主谋者的罪，制定了不准放跑罪犯的法律，这是因为痛恨人们跟着坏人为非作歹，与坏人成群结党。如果人人都能把罪犯捆起来交送官吏，离开坏人不与他一起住，那么"首匿""亡从"这样的法律就会废除了。易牙为菜肴调味，菜酸了就加水,淡了就加盐。就跟水火能相克变化一样,所以饭菜就不会过咸或过淡。如今赏罚不当,上天不用相反的气来改变君主的错误,又在寒气之中增加寒气,在温气之中增加温气,这就像是嫌菜酸却加了盐,嫌菜味淡却往里加水一样。由此说来,上天谴告君主的说法,是值得怀疑呢?还是必信无疑呢?现在点燃柴火来烧锅,火大锅中的水就热,火小锅中的水就凉。国家的政治就好像是火,天气的寒温就像是水的冷热一样。只能说君主处理政事时赏罚不当,扰乱了阴阳之气,使得气候失调,怎么能说是上天因为君主有错而降下寒气与温气来谴告他呢?

　　儒者之说又言:"人君失政,天为异;不改,灾其人民;不改,乃灾其身也。先异后灾,先教后诛之义也。"①曰:此复疑也。以夏树物②,物枯不生;以秋收谷,谷弃不藏③。夫为政教,犹树物收谷也。顾可言政治失时,气物为灾,乃言天为异以谴告之,不改,为灾以诛伐之乎!儒者之说,俗人言也。盛夏阳气炽烈④,阴气干之⑤,激射礕裂⑥,中杀人物⑦。谓天罚阴过⑧,外一闻若是⑨,内实不然。夫谓灾异为谴告诛伐,犹为雷杀人罚阴过也⑩,非谓之言⑪,不然之说也。

【注释】

①"儒者之说又言"几句:引文参见《汉书·董仲舒传》。

②以:于,在。树:种植。

③弃:遗失,丢弃。藏:储藏。

④炽(chì)烈:火、光等旺盛猛烈。炽,盛。

⑤干:干扰,触犯。

⑥激射:指阴阳二气互相冲击。礕(bié)裂:霹雳,指阴阳二气冲击时发出的响声,即雷鸣。

⑦中：击中。

⑧阴过：暗中的罪过。

⑨一：据文意，疑为衍文。

⑩为：谓，说。

⑪非谓：无谓，没有道理。

【译文】

儒家的学说中又讲："君主施政失误，上天就会降下异常现象；若不改正，上天就把灾祸降到他的百姓头上；若还不改正，就把灾祸降到君主自己身上。先降下异象然后才降下灾祸，这是先谴告后惩罚的道理。"我认为：这一说法同样值得怀疑。在夏天栽种作物，作物会枯死不能成活；在秋天收割谷物，谷物会因成熟而掉在地上，无法被储藏。从事国家的政治与教化，就像栽种作物，储藏谷物一样。只能说由于政治不合时宜，天气和万物就会出现灾害，怎么能说是上天用异象来谴告君主，君主不改正，上天就降下灾祸来惩罚他呢？儒家的这一说法，是平庸之辈的见解。夏天阳气炽烈，阴气干扰阳气，阴阳二气相互冲击，就会打雷闪电，有时会击中杀伤人与物。有人说这是上天在惩罚暗中犯了罪过的人，表面听起来好像是对的，其实不然。说灾异现象的出现是为了谴告与处罚君主，就好比说雷电击杀人是天在惩罚暗中犯罪的人一样，是没有道理、不正确的说法。

或曰："谷子云上书陈言变异①，明天之谴告②，不改，后将复有，愿贯械待时③。后竟复然④。即不为谴告⑤，何故复有？子云之言，故后有以示改也⑥。"

【注释】

①上书：向皇帝上奏章。陈言：陈述。

②明：指明。

③愿贯械待时：愿意戴上刑具等待灾异的到来。意为如果自己的说
　　法有错，宁愿受重刑。贯，穿。械，枷锁。

④竟：果然。

⑤即：若，如果。

⑥故：疑当作"知"字。"后"字承上文"后竟复然"而言。"示"即
　　为天示以变异，谷永能预知灾异，所以为"知后"。下文"子云识
　　微，知后复然"正与此文相应。

【译文】

有人说："谷永向皇帝上书陈述灾异，指明这是上天的谴告，若是君
主不加以改正，以后还会有灾异出现，并表示愿意戴上刑具等待灾异的
到来。后来果然出现了他所说的灾异。如果灾异不是上天对君主的谴
告，为什么还会再次出现呢？谷永这样说，就是知道此后上天还会降下
灾异以督促君主改正错误。"

　　曰：夫变异自有占候①，阴阳物气自有终始。履霜以知
坚冰必至②，天之道也。子云识微③，知后复然，借变复之
说，以效其言，故愿贯械以待时也。犹齐晏子见钩星在房、
心之间④，则知地且动也⑤。使子云见钩星，则将复曰："天
以钩星谴告政治，不改，将有地动之变矣。"然则子云之愿
贯械待时，犹子韦之愿伏陛下以俟荧惑徙处⑥，必然之验，故
谴告之言信也。予之谴告，何伤于义？损皇天之德⑦，使自
然无为转为人事⑧，故难听之也⑨。

【注释】

①占候：征兆，迹象。

②履：踩，踏。

③子云：此指谷永。微：小，这里指事物的苗头。

④钩星：水星的别名。房、心：指房宿、心宿，二十八星宿中的两宿。

⑤知地且动：古人认为钩星运行到房宿与心宿之间，是地震的征兆。有一次，齐国太史对齐景公说他能使地震动。晏子知道后，对太史说："我看到钩星运行到房宿与心宿中间，大概要地震了吧。"太史知道谎言已经被识破，便对齐景公说："不是我能使地震动，是地震本来就要来了。"且，将要。参见《变虚篇》。

⑥子韦之愿伏陛下以俟（sì）荧惑徙处：宋景公时，火星靠近心宿，宋景公非常害怕。子韦知道火星必会离开心宿，却故弄玄虚说这是天降灾异，由于宋景公说了三句符合仁义的话，子韦便说灾异将会解除，于是在宫殿的台阶下等待火星的移动，称火星若不移动，自己愿受重刑。子韦，春秋时宋国大夫，擅长观测星象。陛，宫殿的台阶。俟，等待。荧惑，火星的别名。徙处，离开原来的位置。参见本书《变虚篇》。

⑦皇天之德：天的本性，即自然无为。

⑧人事：人间的事情，指人类有目的、有意识的活动。

⑨难听：难以听信。

【译文】

我认为：灾异的发生自有征兆，阴阳万物寒温之气自有终始。脚踩到霜就能知道坚厚的冰一定要出现了，这是自然的规律。谷永能察觉到灾异的苗头，知道灾异以后还会再出现，就运用变复之家的理论，来证明他的话，所以愿意身戴枷锁等待灾异的出现。就像齐国晏子看见钩星在房宿、心宿之间，就知道将要发生地震一样。如果谷永看见了钩星，就会说："上天通过钩星来谴告君主施政的失误，如果不改正，就会发生地震了。"那么谷永表示愿意戴上刑具等待灾异的出现，就像是子韦愿意伏在宫殿的台阶下等待荧惑移动位置一样，是必然会被验证的，所以谴告这种说法也就被人信以为真了。把自然的变异说成是上天的谴告，对道义有什么伤害呢？它损害了上天的本性，将上天自然无为的本性转化为像人一样进行有意识地活动，所以难以信从。

称天之谴告，誉天之聪察也①，反以聪察伤损于天德。"何以知其聋也？以其听之聪也。何以知其盲也？以其视之明也。何以知其狂也？以其言之当也②。"夫言当视听聪明，而道家谓之狂而盲聋③。今言天之谴告，是谓天狂而盲聋也。

【注释】

①誉：赞美。聪察：犹明察。聪，听觉灵敏。察，目光锐利。

②以其言之当也：正因为他说话很得当。引文见《吕氏春秋·任教》，是法家申不害批评韩昭侯的六句话。大意为：君主不应该专凭自己的耳聪目明、能言善辩来进行统治，否则会在小事上聪明，大事上糊涂，得到相反的结果。当，得当，恰当。

③道家：在这里实际上指申不害。

【译文】

称上天能谴告君主，是想赞美上天听觉灵敏，目光锐利，结果反而因为说天听觉灵敏，目光锐利而损伤了天德。道家说："怎么知道他聋了呢？因为他的听觉灵敏。怎么知道他瞎了呢？因为他目光锐利。怎么知道他疯了呢？因为他说话得当。"说话得当、目光锐利、听觉灵敏，而道家却说他是疯子、盲人、聋人，现在说上天能谴告君主，这就等于说上天是疯子、盲人、聋人啊！

《易》曰："大人与天地合其德。"故太伯曰："天不言，殖其道于贤者之心①。"夫大人之德，则天德也；贤者之言，则天言也。大人刺而贤者谏②，是则天谴告也，而反归告于灾异^③,故疑之也。

【注释】

①殖:种植。

②刺:指责。

③告:谴告。

【译文】

《周易》说:"圣人的德行与天地是一致的。"所以太伯说:"上天不说话,而是把天道放在了圣贤的心里。"因此圣人的德行,就是上天的德行;圣人的言论,就是上天的言论。圣人的指责,贤人的规劝,这就是上天的谴告,然而反把灾异认为是上天的谴告,所以认为这种说法可疑。

　　六经之文,圣人之语,动言天者^①,欲化无道、惧愚者^②。欲言非独吾心^③,亦天意也。及其言天犹以人心,非谓上天苍苍之体也^④。变复之家,见诬言天^⑤,灾异时至,则生谴告之言矣。

【注释】

①动:动不动,动辄。

②化:教化。无道:指不奉行先王之道的统治者。愚者:平民。

③欲:底本作"之",递修本作"欲",据改。

④苍苍:深蓝色,青色。

⑤诬言:夸大失实的言论。

【译文】

　　六经的内容,圣人的话语,之所以动辄就谈论天,是想要以此教化无道的君主,戒惧愚昧的百姓。他们想说这些道理不仅是自己的意思,也是上天的意志。至于圣人所说的天,也还是根据人的心理进行描绘的,并不是指在上面的苍茫的天体本身。变复之家,看见经书里关于天的夸大失实的话,而灾异又不时发生,于是就编造出谴告的说法来。

验古以知今天以人①。受终于文祖②,不言受终于天,尧之心知天之意也。尧授之,天亦授之,百官臣子皆乡与舜③。舜之授禹,禹之传启④,皆以人心效天意⑤。《诗》之"眷顾"⑥,《洪范》之"震怒"⑦,皆以人身效天之意⑧。

【注释】

①验古以知今天以人:据文意,疑当作"验古以今,知天以人"。

②受终于文祖:指舜在尧的祖庙里举行仪式,继承尧的统治。终,尽,这里指尧的统治结束。文祖,指尧的始祖。见《尚书·尧典》。

③乡:通"向",向往。

④启:禹的儿子,夏朝的君主。

⑤效:验证,说明。

⑥《诗》之"眷顾":《诗经·大雅·皇矣》原文作"乃眷西顾",意为上天看中了西边的诸侯(周文王),让他来统治天下。眷顾,关爱,垂顾。

⑦《洪范》之"震怒":据《尚书·洪范》记载鲧治水方法不当,洪水泛滥得更加厉害,于是上天便发怒了。《洪范》,《尚书》中的一篇。震怒,发怒。

⑧身:据文意,疑当作"心"字。

【译文】

用当今之事来验证古代的事,根据人事推知天道。《尚书·尧典》说:"舜在尧的祖庙里继承尧的统治。"而没有说从上天那里继承,这就是说由尧的心思可以推知天意。尧传位于舜，也就是上天传位给他，所以百官群臣都归服拥戴舜。舜传位给禹，禹传位给启，这都是用人的思想去验证天意。《诗经·大雅·皇矣》里说的上天"眷顾"，《尚书·洪范》里说的上帝"震怒"，这也是用人心来验证天的意志。

　　文、武之卒①，成王幼少，周道未成，周公居摄②，当时岂有上天之教哉？周公推心合天志也。上天之心，在圣人之胸，及其谴告，在圣人之口。不信圣人之言，反然灾异之气，求索上天之意，何其远哉？世无圣人③，安所得圣人之言？贤人庶几之才④，亦圣人之次也。

【注释】

①文：周文王。武：周武王。卒：死。

②居摄：指皇帝年幼不能亲政，由他人代处帝位，处理政务。摄，摄政，代替君主执政。

③世：指当今。

④庶几：近似，差不多。

【译文】

　　周文王、周武王死了，成王还幼小，周朝的统治尚未巩固，周公摄政，当时难道有上天的教导吗？是周公根据自己的心意，认为这样做是符合天意的。上天的心意，在圣人的胸中，等到上天要谴告君主的时候，就通过圣人的口说出来。不相信圣人的话，反而相信灾异之气是对君主的谴告，以此来探求上天的意思，这两者相差得也太遥远了。当今没有圣人，到哪里去听圣人的话呢？贤人的才能与圣人差不多，也就是仅次于圣人而已。

变动篇第四十三

【题解】

本篇继续批判汉儒主张的天人感应论。前面《寒温篇》是从君主的喜怒和刑赏能不能引起寒温之变来进行批判的,《谴告篇》是从天降寒温之变指责君王政治得失来批判的,本篇则综合两者。

王充认为,自然的变化可以影响人和物,比如"天且雨,蝼蚁徙,丘蚓出,琴弦缓,固疾发"。但是,"人不能动地,而亦不能动天",是因为"寒暑有节,不为人变改也",无论君主政治清明与否,都不影响"春生而秋杀"的规律;无论人如何至诚,都不能使冬热夏寒。因此王充指出汉儒鼓吹的"以赏罚感动皇天,天为寒温以应政治"的论点是站不住脚的,所谓"邹衍呼天而降霜","杞梁之妻哭而崩城"等说法,都是"伪书游言",不可相信。

但王充过分夸大了自然的威力,强调"人物吉凶统于天",不免又失之偏颇,在论述自然对人的影响时,过度强调天对人的影响,这也是不可取的。

论灾异者,已疑于天用灾异谴告人矣①。更说曰②:"灾异之至,殆人君以政动天③,天动气以应之④。譬之以物击鼓,以椎扣钟⑤,鼓犹天⑥,椎犹政,钟鼓声犹天之应也。人主为于下⑦,则天气随人而至矣。"

【注释】

①疑:可疑,不可信。谴:谴责。告:告诫。

②说:解释。

③殆:大概是。动:感动。

④动:运用。应:应和。

⑤椎(chuí):捶击的工具。后亦为兵器。扣:敲。

⑥犹:好比。

⑦为:做,干,此处指施政。

【译文】

论说灾异的人,他们所主张的上天用灾异谴告君主的说法已经被怀疑了。便进一步解释说:"灾异的产生,大概是因为君主所施行的政治措施感动了上天,上天便变动阴阳之气来应和君主。以用东西敲鼓,用槌敲钟来做比喻,鼓就好像是天,鼓槌就像是政治措施,钟鼓的声音则好比是天的应和。君主在人间施政,天上的气就随着君主施政的好坏而出现了。"

曰:此又疑也。夫天能动物,物焉能动天①! 何则? 人、物系于天②,天为人、物主也。故曰:"王良策马③,车骑盈野④。"非车骑盈野,而乃王良策马也⑤。天气变于上,人、物应于下矣。故天且雨⑥,商羊起舞⑦,使天雨也⑧。商羊者,知雨之物也,天且雨,屈其一足起舞矣。故天且雨,蝼蚁徙⑨,丘蚓出⑩,琴弦缓⑪,固疾发⑫,此物为天所动之验也。故天且风,巢居之虫动⑬;且雨,穴处之物扰⑭,风雨之气感虫物也。故人在天地之间,犹蚤虱之在衣裳之内,蝼蚁之在穴隙之中。蚤虱、蝼蚁为逆顺横从^⑮，能令衣裳穴隙之间气变动乎？蚤虱、蝼蚁不能，而独谓人能，不达物气之理也^⑯。

【注释】

①焉：怎么，哪里。

②人、物系于天：王充认为人和万物都是承受天施放的气而产生的，天的变化决定着人和万物的变化。系，隶属。参见《自然篇》。

③王良策马：据《史记·天官书》记载，银河中有四颗星叫天驷，旁有一星叫王良，在王良和天驷之旁，还有一颗策星，策星闪动时，称为"王良策马"，预示地上将要发生战争。王良，指天上的王良星。策马，用鞭子赶马。策，马鞭子。

④车骑：车马。盈野：布满原野。盈，满，遍。野，原野。

⑤而：而后。乃：才。

⑥且：将要。

⑦商羊起舞：商羊是传说中的一种鸟，天将下雨的时候，它就不断地飞舞鸣叫。

⑧使天雨也：据文意，疑本句"使"字前脱"非商羊起舞"五字。

⑨蝼（lóu）蚁：蝼蛄和蚂蚁。蝼，蝼蛄。徙：迁徙，搬家。

⑩丘蚓：即蚯蚓。

⑪缓：松弛。

⑫固疾：经久不愈的病，旧病。固，同"痼"，经久难治的疾病。

⑬巢居之虫：指鸟类。

⑭穴处之物：指蝼蛄、蚂蚁之类的动物。扰：骚动。

⑮逆顺横从（zòng）：前后左右乱爬。从，同"纵"。

⑯达：通晓。

【译文】

我认为：这种说法又是值得怀疑的。上天能够影响万物，万物又怎么能使天有所变化呢？为什么这么说呢？因为人和万物都隶属于天，天是人和万物的主宰。所以说："天上的策星闪动，战车战马就遍布原野。"不是地上先发生战争，然后天上的策星才闪动。天的气在上面发生变化，人和物在下面应和着这种变化。因此天将要下雨，商羊鸟就会飞舞鸣叫，并不是商羊鸟起舞才使天下雨的。商羊鸟是一种能预知天要下雨的鸟，天要下雨的时候，它便会屈起自己的一只脚不断地飞舞鸣叫。所以说天将要下雨时，蝼蛄、蚂蚁就搬家，蚯蚓会爬出来，琴弦会松弛，旧病会复发，这就是万物受上天影响的证明。所以天将要刮风，鸟类便会飞舞；天将要下雨，穴居的蝼蛄、蚂蚁之类的动物就骚动起来了，这是风和雨的气影响了虫物的缘故。所以说人在天地之间，就如同跳蚤、虱子在衣裳里面，蝼蛄、蚂蚁在洞穴缝隙之中一样。跳蚤、虱子、蝼蛄、蚂蚁前后左右乱爬，能使衣裳、巢穴里的气变动吗？既然跳蚤、虱子、蝼蛄、蚂蚁不能改变衣服、洞穴里的气，而唯独说人能改变天地之间的气，这就是不明白物与气之间的关系。

夫风至而树枝动，树枝不能致风[1]。是故夏末蜻蛚鸣[2]，寒螀啼[3]，感阴气也[4]。雷动而雉惊[5]，发蛰而蛇出[6]，起阳气也[7]。夜及半而鹤唳[8]，晨将旦而鸡鸣[9]，此虽非变[10]，天气动物，物应天气之验也。顾可言寒温感动人君[11]，人君起气而以赏罚，乃言以赏罚感动皇天[12]，天为寒温以应政治乎？

【注释】

①致：招来。

②蜻蛚（jīng liè）：蟋蟀。

③寒螀（jiāng）：寒蝉。

④感阴气：按阴阳五行说，冬末春初阳气开始产生，夏末秋初阴气开

　　始产生,所以这里这样说。

⑤雷:春雷。雉(zhì):野鸡。

⑥发蛰(zhé):冬眠的动物到了春天开始活动。

⑦起阳气也:底本无"阳"字,《太平御览》卷二十二引《论衡》文"起"字后有一"阳"字,据补。

⑧鹤唳(lì):鹤鸣声。

⑨旦:天亮。

⑩变:指自然灾害与异常现象。

⑪顾:但,只。

⑫乃:岂,怎么。

【译文】

　　风吹过来树枝就会摇动,但树枝并不能招来风。因此夏末蟋蟀鸣,寒蝉叫,是受到了阴气的感动。春雷震动而使野鸡受惊,惊蛰到来使冬眠的蛇出洞,是受到了阳气的激发。到半夜三更的时候鹤就鸣叫,天将亮的时候就有公鸡啼唱,这些虽然不是灾异,但也是上天的气影响了万物,万物应和上天之气的证明。所以只能说寒温之气感动了君主,君主受寒温之气的激发而对人施行赏罚,怎么能说是君主通过赏罚感动了上天,上天用寒温之气来应和君主的施政措施呢?

　　六情风家言①:"风至,为盗贼者感应之而起。"非盗贼之人精气感天,使风至也。风至怪不轨之心②,而盗贼之操发矣③。何以验之?盗贼之人,见物而取,睹敌而杀,皆在徙倚漏刻之间④,未必宿日有其思也⑤,而天风已以贪狼阴贼之日至矣⑥。以风占贵贱者⑦,风从王相乡来则贵⑧,从囚死地来则贱。夫贵贱、多少,斗斛故也⑨。风至而籴谷之人贵贱其价⑩,天气动怪人物者也⑪,故谷价低昂,一贵一贱矣。

【注释】

①六情风家：指根据风向预言吉凶的人。他们认为风有东、西、南、北、上、下六个方向，并分别赋予人怒、喜、恶、好、乐、哀六种情感，认为根据时日风向就可以推测吉凶。参见《白虎通义·情性》《汉书·翼奉传》。

②怪：疑作"摇"字，"摇"俗写字"捊"，字形与"怪"相近。下文"怪"同此。不轨：不守法度，犯法。

③操：行为。

④徙倚漏刻之间：比喻时间短。徙倚，徘徊。漏刻，顷刻。

⑤宿日：往日，旧日。

⑥贪狼阴贼之日：六情风家认为，每逢申、子、亥、卯日，是贪狼阴贼当道的日子。贪狼，像狼一样贪狼。阴贼，像贼一样阴险。参见《汉书·翼奉传》。

⑦占：预测。贵贱：指物价贵贱。

⑧王相乡：指在一定的时间内表示兴旺的方位。王相，和下文的"囚死"，都是汉代阴阳五行说的专用概念，"王相"表示兴旺，"囚死"表示衰亡。参见《命禄篇》《难岁篇》。

⑨斛（hú）：古代容量单位，汉代以十斗为一斛。故：照旧。

⑩籴：据文意，当作"粜"字。粜（tiào），卖粮食。

⑪动怪：疑作"动摇"，影响。

【译文】

根据风向预测吉凶的人说："风吹来了，干偷盗的人受到风的感应而起来作案。"并非是盗贼的精气感动了天，才使风吹来的。而是风吹来了，动了盗贼犯法的心，于是盗窃的行为就发生了。怎么来验证这一说法呢？盗贼这种人，看见财物就偷取，看见仇敌就杀害，这些行为都发生在顷刻之间，不一定往日就有这种想法，而是天上的风在贪狼阴贼当道的日子里刮来了。通过风向来预测物价高低的人，认为风从王相乡吹来物价就变高,风从囚死地刮来物价就会降低。谷价有高有低,斗斛并没有改变。风吹来了,卖谷子的人随着风向的变化来抬高或者降低谷价,这是由于天上的气影响了人心和物价的缘故,所以谷价便有了高低变化,有时贵有时贱。

《天官》之书①,以正月朝②,占四方之风。风从南方来者旱,从北方来者湛③,东方来者为疫④,西方来者为兵⑤。太史公实道言以风占水、旱、兵、疫者,人物吉凶统于天也。使物生者,春也;物死者,冬也。春生而冬杀也天者⑥。如或欲春杀冬生,物终不死生,何也? 物生统于阳⑦,物死系于阴也。故以口气吹人,人不能寒;吁人⑧,人不能温。使见吹吁之人⑨,涉冬触夏⑩,将有冻旸之患矣⑪。寒温之气,系于天地,而统于阴阳。人事国政,安能动之?

【注释】

①《天官》:指《史记·天官书》。

②朝(zhāo):早晨。

③从北方来者湛(yín):今本《史记·天官书》上说,"北方,为中岁(平常年成)""东方大水",与王充说法不同。湛,大水,涝。

④疫:瘟疫。今本《史记·天官书》说"东南,民有疾疫"。

⑤兵:战乱。

⑥也天者:据文意,疑当作"天也"。

⑦阳:阳气。

⑧吁(xū):呵气。

⑨见:被。

⑩涉:经过。触:接触。

⑪旸（yáng）：晴，这里指太阳暴晒。

【译文】

《史记·天官书》上说，在夏历正月初一的早上，根据风向来占卜一年的吉凶。如果风从南方来，就预示着今年要发生旱灾；从北方来，就预示着会发生水灾；从东方来，就预示着会发生瘟疫；从西方来，就预示着要发生战乱。太史公的确说过可以根据风向来预测一年中水、旱、兵、疫的情况，就是说人、物的吉凶都受上天的支配。使万物生长的，是春季；使万物衰亡的，是冬季。万物春季生长而冬季衰亡这是天意。如果想要万物在春天衰亡冬天生长，那么万物最终既不会春死也不会冬生，为什么呢？万物的生长是由春天开始产生的阳气所决定的，万物的衰亡则是由冬天开始产生的阴气决定的。因此，用口气吹人，人不会感到寒冷；向人呵气，人也不会感到温暖。让被吹气和呵气的人经冬历夏，那他就要尝到受冻挨晒的苦头了。寒气和温气，归属于天地而受阴阳之气的支配。人事与国政，怎么能够影响它呢？

且天本而人末也①。登树怪其枝，不能动其株②。如伐株，万茎枯矣。人事犹树枝，能温犹根株也③。生于天④，含天之气⑤，以天为主，犹耳目手足系于心矣。心有所为，耳目视听，手足动作，谓天应人，是谓心为耳目手足使乎？旌旗垂斿⑥，斿缀于杆⑦，杆东则斿随而西。苟谓寒温随刑罚而至⑧，是以天气为缀斿也。钩星在房、心之间⑨，地且动之占也⑩。齐太卜知之⑪，谓景公⑫："臣能动地。"景公信之。夫谓人君能致寒温，犹齐景公信太卜之能动地。夫人不能动地，而亦不能动天⑬。

【注释】

①且：况且。

②株：树干。

③能：据文意，疑作"寒"字。

④生于天：据文意，疑本句"生"字前脱一"人"字。

⑤含天之气：王充认为人是承受天施放的气而生的，所以说人"含天之气"，参见《物势篇》。

⑥旌（jīng）旗：旗帜的通称。旌，古代旗子的通称。旒（liú）：旗上的穗带。

⑦缀：系。

⑧罚：据文意，疑当作"赏"字。

⑨钩星：水星的别名。房、心：指房宿和心宿，古代天文学上二十八宿中的两宿。

⑩地且动之占：古人认为钩星运行到房宿和心宿之间是将要发生地震的征兆。占，征兆。

⑪齐太卜知之：有一次，齐国太史对齐景公说他能使地震动。晏子知道后，对太史说："我看到钩星运行到房宿与心宿中间，大概要地震了吧。"太史知道谎言已经被识破，便对齐景公说："不是我能使地震动，是地震本来就要来了。"太卜，主管占卜的官。参见《变虚篇》。

⑫景公：齐景公，春秋时齐国君主。

⑬而亦：也就。而，则。

【译文】

　　况且天是根本而人是末节。爬上树摇动树枝，不能令树干动摇。如果把树干砍断，那么它所有的树枝都会枯死。人事好比树枝，寒温好比树根树干。人禀受天施放的气而生，蕴含了天的气，所以以天为根本，就如同耳目手足隶属于心一样。心里想要干什么，眼睛就会去看什么，耳朵就会去听什么，手脚就会随之有所动作，如果说天应和人，这么说来人的心理活动是受耳目手足支配的吗？旌旗上垂挂着穗带，穗带连缀在旗杆上，旗杆往东，穗带随即就往西飘。如果说寒温之气是随着君主的刑赏而来的，这是把上天的气当作系在旗杆上的穗带了。钩星运行到房宿与心宿之间，是将要发生地震的征兆。齐太卜看见了这一天象，对齐景公说："我能够使大地震动。"齐景公居然信以为真。如果认为君主能招来寒温之气，就如同齐景公相信太卜能令大地震动一样了。人不能使大地震动，也不能使天有所改变。

　　夫寒温，天气也。天至高大①，人至卑小。莛不能鸣钟②，而萤火不爨鼎者③，何也？钟长而莛短，鼎大而萤小也。以七尺之细形④，感皇天之大气，其无分铢之验⑤，必也。占大将且入国邑⑥，气寒，则将且怒；温，则将喜。夫喜怒起事而发，未入界⑦，未见吏民，是非未察，喜怒未发，而寒温之气已豫至矣⑧。怒喜致寒温，怒喜之后，气乃当至。是竟寒温之气使人君怒喜也⑨。

【注释】

①至：极，最。

②莛（tíng）：底本作"篙"，递修本作"莛"，据改。下文"莛"字同此。莛，小树枝。

③爨（cuàn）：烧火煮饭。

④细形：细小的身躯。细，小。形，形体，身躯。

⑤分铢（zhū）：形容微小，相当于"一丝一毫"。分，重量单位，十分为一钱。铢，古代重量单位，二十四铢为一两。

⑥大将：即"将"。东汉郡太守因兼管军事，故又称为"将"。国邑：

指郡的首府。

⑦界:这里指郡界。

⑧豫:预先,事先。

⑨是:此,指"气寒,则将且怒;温,则将喜"这样的说法。人君:指地方长官。

【译文】

寒气与温气是天上的气。天极为高大,人又极为卑小。小竹枝不能敲响钟,而萤火不能将鼎里的食物煮熟,这是为什么呢?原因是钟长大而小竹枝太短小,鼎高大而萤火微弱。凭着七尺长的细小身躯,想使皇天之气受到感动,它不会有丝毫的效验,这是必然的。占卜郡守准备进入郡府这件事,天气如果寒冷,就表明郡守将要发怒;天气倘若温和,就预示着郡守会高兴。喜怒是有感于事情而发生的,如今郡守还没有进入郡内,没有见到一郡的官吏和老百姓,没有明察是非,喜怒之情尚未发生,而寒温之气却预先到了。如果怒喜能导致寒温的话,那么应当在郡守怒喜之后,寒温之气才会到来。而"气寒,则将且怒;温,则将喜"这样的说法,竟是寒温之气引起郡守发怒或高兴啊。

或曰:"未至诚也①。行事至诚②,若邹衍之呼天而霜降,杞梁妻哭而城崩③,何天气之不能动乎?"

【注释】

①至诚:十分虔诚。

②行事:做事。

③杞梁妻哭而城崩:据《左传·襄公二十三年》记载,杞梁随齐庄公出征战死。齐庄公率军回来时,遇见杞梁妻子,向她表示吊唁。杞梁妻认为不合礼节而不接受。记载中并没有哭而城崩之说。杞梁(?—前550),春秋时齐国大夫。

【译文】

有人说："这是因为心没有十分虔诚的缘故。如果做事十分虔诚，就像邹衍因受到冤屈而仰天长叹使上天降霜，杞梁妻恸哭而令城墙崩塌一样，怎么天上的气就不能为之改变呢？"

夫至诚，犹以心意之好恶也①。有果蓏之物②，在人之前，去口一尺③，心欲食之，口气吸之，不能取也；手掇送口④，然后得之。夫以果蓏之细，员圌易转⑤，去口不远，至诚欲之，不能得也，况天去人高远，其气莽苍无端末乎⑥！盛夏之时，当风而立⑦；隆冬之月，向日而坐。其夏欲得寒而冬欲得温也，至诚极矣。欲之甚者，至或当风鼓箑⑧，向日燃炉，而天终不为冬夏易气⑨，寒暑有节，不为人变改也。夫正欲得之而犹不能致，况自刑赏，意思不欲求寒温乎？

【注释】

①以：谓。好：爱好。恶（wù）：憎恶。

②果蓏（luǒ）：瓜果的总称。蓏，瓜类植物的果实。

③去：距离。

④掇（duō）：拾取。

⑤员圌（chuán）：浑圆。员，同"圆"。圌，通"团"，圆形。

⑥莽苍：无边无际的样子。

⑦当风：迎风。当，对着。

⑧至：以至于。鼓箑（shà）：扇扇子。箑，扇子。

⑨易：改变。

【译文】

所谓至诚，还是就心意的好恶来说的。有瓜果这类东西，摆在人的面前,距离嘴只有一尺远,心里很想吃到它,可是只通过嘴吸气来吸它,是无法吃到的;用手拾取它以后送到嘴里,然后就能吃到它了。就像瓜果这种细小的东西,圆滚滚的容易转动,距离嘴又不远,虽然极为虔诚地想要吃到它,也吃不到,何况是离人又高又远的上天,它的气可是无边无际,没头没尾的呀!盛夏时节,迎风伫立,隆冬之际,面向太阳坐着。那是夏天想得到凉爽,而冬天想得到温暖,可谓虔诚至极了。那些最为心切的人,甚至有的迎风扇扇子,有的面对着太阳生炉子,然而上天终究不会为了他而改变寒温之气,寒来暑往自有规律,不会因人虔诚与否而改变。诚心想得到寒温之气尚且不能达到目的,更何况君主在施行刑赏时,本来并没有招致寒温之气的意思呢?

万人俱叹,未能动天,一邹衍之口,安能降霜?邹衍之状[1],孰与屈原?见拘之冤,孰与沉江?《离骚》《楚辞》凄怆[2],孰与一叹?屈原死时,楚国无霜,此怀、襄之世也[3]。厉、武之时[4],卞和献玉[5],刖其两足[6],奉玉泣出[7],涕尽续之以血[8]。夫邹衍之诚,孰与卞和?见拘之冤,孰与刖足?仰天而叹,孰与泣血?夫叹固不如泣[9],拘固不如刖,料计冤情[10],衍不如和,当时楚地不见霜。李斯、赵高谗杀太子扶苏[11],并及蒙恬、蒙骜[12],其时皆吐痛苦之言,与叹声同;又祸至死,非徒苟徙[13],而其死之地,寒气不生。秦坑赵卒于长平之下,四十万众,同时俱陷[14],当时啼号[15],非徒叹也。诚虽不及邹衍,四十万之冤,度当一贤臣之痛[16];人坑坎之啼[17],度过拘囚之呼。当时长平之下,不见陨霜[18]。《甫刑》曰[19]:"庶僇旁告无辜于天帝[20]。"此言蚩尤之民被冤[21],旁告无罪于上天也。以众民之叫,不能致霜,邹衍之言,殆虚妄也。

【注释】

①状：状况，处境。

②《离骚》：屈原的著作之一。《楚辞》：书名，西汉刘向辑，其中收集了战国和西汉人的辞赋。凄怆（chuàng）：凄凉悲伤。

③怀：楚怀王（？—前296），战国末楚国国君。襄：楚襄王（？—前263），战国时楚国君主。

④厉：楚厉王（？—前741），春秋时楚国君主。武：楚武王（？—前690），春秋时楚国君主。

⑤卞和：春秋时楚国的玉工。据《韩非子·和氏》记载，卞和在山中得到一块里面包着宝玉的石头，先后献给楚厉王和楚武王，都被认为是假的，以欺君罪被砍掉双脚。楚文王即位后，他抱着这块玉石哭于荆山之下，文王命人剖开，果真得到一块宝玉。

⑥刖（yuè）：古代一种断足的酷刑。

⑦奉：捧。泣：泪。

⑧涕：泪。

⑨固：本来，确实。

⑩料计：衡量。

⑪李斯、赵高谗杀太子扶苏：据《史记·李斯列传》《史记·蒙恬列传》记载，前210年，秦始皇病死，赵高伪造诏书拥立胡亥，害死了蒙恬和扶苏等人。李斯参与了赵高的阴谋。赵高（？—前207），赵国旧贵族的后代，秦始皇时，任中车府令。秦始皇死后，用阴谋手段窃取了朝廷大权。扶苏，秦始皇的大儿子。

⑫蒙恬（？—前210）：秦国将领。蒙骜（áo）：蒙恬的祖父。《史记·蒙恬列传》记载，蒙骜死于秦始皇七年（前240），这里应该是蒙恬的弟弟蒙毅。

⑬非徒苟徒：意思不可通，据下文"非徒叹也"例，疑当作"拘也"二字。

⑭"秦坑赵卒于长平之下"几句：前260年，秦将白起大破赵军于长

平,将降卒四十万人全部坑杀。坑,活埋。赵,战国时赵国,在今河北西部、山西北部与河套地区。长平,古地名,在今山西高平西北。陷,指被埋。

⑮啼号:哭喊。

⑯度:衡量,估计。当:抵得过。

⑰入坑坎:指被活埋。

⑱陨:降。

⑲《甫刑》:即《吕刑》,《尚书》中的一篇。

⑳庶:众民,百姓。僇(lù):通"戮",杀戮。旁:广,普遍。辜:罪过。

㉑蚩尤:传说中上古一个部族的首领,《尚书·吕刑》将他作为滥用酷刑的典型。

【译文】

万众一起叹息,尚且不能感动上天,邹衍一声长叹,怎么能使上天降霜呢?邹衍的处境又怎能与屈原相比?被拘囚的冤屈,哪能与投江相比?《离骚》《楚辞》的凄凉悲伤,又岂是一声长叹所能相比?屈原死的时候,楚国都未曾降霜,这是楚怀王、楚顷襄王时代的事情。楚厉王、楚武王时,卞和呈献宝玉,二人不识宝玉,以欺君之罪砍掉了卞和的双脚,卞和捧着玉哭泣,泪尽之后,接着哭出血来。邹衍表现出的虔诚,与卞和相比,又怎能同语?被囚禁的冤屈,岂能与被砍掉双足相比?仰天长叹,岂能与泣血相比?长叹实在比不上哭泣,拘囚实在比不上砍脚,衡量其中的冤情,邹衍不及卞和,可当时的楚国也不见霜降。李斯、赵高假造遗诏害死了太子扶苏,并祸及蒙恬、蒙毅等人,当时他们都倾吐了痛苦的心声,这与邹衍的长叹相同;更何况还因遭祸而导致被杀,这不仅仅是被拘囚所能相比的了,可在他们的被害之处,寒气也没有产生。秦将白起在长平坑杀赵国降卒,一共有四十万人之多,将他们同时活埋,当时他们的啼哭嚎叫,就不仅仅是一声长叹能相比的。他们表现出的虔诚虽然比不上邹衍,但四十万人的冤屈,应该抵得上一位贤臣的悲痛;他们被活埋时的哭喊，应该能超过被拘囚者的呼号。可是当时长平城下也不见降霜。《尚书·吕刑》上说："被杀害的百姓纷纷对天帝诉说自己的无辜。"这说的是在蚩尤统治之下的百姓纷纷受到冤屈，纷纷对上天诉说自己的无辜。凭千万民众的喊冤哭诉，都无法招致寒霜，邹衍长叹降霜的说法，不过是虚假荒诞之说。

　　南方至热，煎沙烂石①，父子同水而浴。北方至寒，凝冰坼土②，父子同穴而处。燕在北边③，邹衍时，周之五月④，正岁三月也⑤。中州内正月、二月霜雪时降⑥；北边至寒，三月下霜，未为变也。此殆北边三月尚寒，霜适自降，而衍适呼⑦，与霜逢会⑧。

【注释】

①煎：熔炼。

②坼（chè）土：把土冻裂。坼，裂开。

③燕：战国时燕国，在今河北北部、辽宁西南部。

④周：指周历，以十一月为岁首。

⑤正岁：指汉代的历法，以正月为岁首。

⑥中州：中原地区。

⑦适：恰巧。

⑧逢会：碰到一起。

【译文】

　　南方酷热，能使沙子融化石头酥烂，父子一同在水中沐浴。北方极寒，冻结的冰块能使土地裂开，父子同在土屋中居住。燕国地处北方，邹衍被拘之时，是周历的五月，夏历的三月。中原一带，正月、二月时常降霜；北方极冷，三月降霜，不足为怪。这大概是因为北方的三月还正属于寒冷之时,霜正好自天而降时,邹衍也恰好仰天长叹,与降霜正好碰在一起了。

　　传曰①:"燕有寒谷②,不生五谷。邹衍吹律③,寒谷复温④。"则能使气温⑤,亦能使气复寒。何知衍不令时人知己之冤,以天气表己之诚,窃吹律于燕谷狱⑥,令气寒而因呼天乎? 即不然者⑦,霜何故降?

【注释】

①传:泛指儒家经书以外和解释经书的书籍。

②谷:山谷。

③律:古代一种竹制的定音乐器。

④寒谷复温:引文参见《艺文类聚》卷五引刘向《别录》。

⑤则:若,如果。

⑥窃:偷偷地。谷:疑为衍文。

⑦即:如果。

【译文】

传记上说:"燕国有一个寒冷的山谷,不能生长五谷。邹衍吹响律管,寒谷便变得温暖了。"既然能使天气升温,也应该能使天气再变冷。怎么知道邹衍不是想令当时的人知道自己的冤情,希望通过天气来表明自己的诚意,偷偷地在燕国的监狱里吹响律管使天气变得寒冷,而后接着才向上天呼号的呢? 如果不是这样的话,霜是因何故而降下来的呢?

　　范雎为须贾所谗,魏齐僇之,折干折胁①。张仪游于楚,楚相掠之,被捶流血②。二子冤屈,太史公列记其状。邹衍见拘,雎、仪之比也③,且子长何讳不言④? 案衍列传⑤,不言见拘而使霜降。伪书游言⑥，犹太子丹使日再中、天雨粟也⑦。由此言之，衍呼而降霜，虚矣！则杞梁之妻哭而崩城，妄也！

【注释】

①"范雎为须贾所谗"几句：据《史记·范雎列传》记载，魏昭王时，范雎随须贾出使齐国，齐襄王派人送他黄金和酒肉，范雎没有接受。回国后，须贾向魏国的相魏齐诬告范雎受贿，出卖魏国，范雎因此被打伤肋骨和牙齿。范雎，战国时魏国人。须贾，战国时魏国大夫。魏齐，人名，魏国的相。僇（lù），施以刑戮，惩罚。折，折断。干，肢体。胁，肋骨。

②"张仪游于楚"几句：据《史记·张仪列传》记载，张仪曾和楚国的相一起喝酒，楚相丢了玉璧，怀疑是张仪偷的，把他鞭打了一顿。张仪（？—前310），战国政治家。掠，拷打。捶（chuí），用棍棒或拳头等敲打。

③比：类。

④且：而。子长：司马迁的字。讳：隐讳。

⑤案：考察。衍列传：指司马迁为邹衍写的传，附在《史记·孟子荀卿列传》内。

⑥游言：没有根据的说法。

⑦太子丹（？—前226）：燕国的太子，名丹。传说他在秦国做人质的时候，秦王政提出如果他能使偏西的太阳回到正中，天降粟，就放他回去。由于上天保佑，这些条件都实现了。

【译文】

范雎被须贾诬告，魏国的相魏齐惩罚他，打断了他的腰脊和肋骨。张仪到楚国去游说，楚国的相怀疑他偷了玉璧而拷打他，被打得流血。他们两人的冤屈，司马迁在《史记》中一一做了记载。邹衍被拘囚，与范睢、张仪是同一类的遭遇，司马迁有何避讳而不记载呢？考察《邹衍列传》，并没有记载他被拘囚而使天降霜的事。伪书上毫无根据的说法，就像是燕太子丹使偏西的太阳回到正中，天上降下谷子一样。由此说来，邹衍向苍天长呼而使得天降霜的事，是虚假的！那么杞梁的妻子恸哭使得城墙倒塌的事，也是虚妄之言了。

顿牟叛①，赵襄子帅师攻之②。军到城下，顿牟之城崩者十余丈，襄子击金而退之③。夫以杞梁妻哭而城崩，襄子之军有哭者乎？秦之将灭，都门内崩④；霍光家且败⑤，第墙自坏⑥。谁哭于秦宫，泣于霍光家者？然而门崩墙坏，秦、霍败亡之征也⑦。或时杞国且圮⑧，而杞梁之妻适哭城下，犹燕国适寒，而邹衍偶呼也。事以类而时相因⑨，闻见之者或而然之⑩。又城老墙朽，犹有崩坏。一妇之哭，崩五丈之城，是则一指摧三仞之楹也⑪。春秋之时，山多变。山、城，一类也。哭能崩城，复能坏山乎？女然素缟而哭河，河流通⑫，信哭城崩，固其宜也。案杞梁从军死，不归。其妇迎之，鲁君吊于途⑬，妻不受吊，棺归于家，鲁君就吊⑭，不言哭于城下。本从军死，从军死不在城中，妻向城哭，非其处也⑮。然则杞梁之妻哭而崩城，复虚言也。

【注释】

①顿牟：即中牟，春秋时晋国城邑，在今河南鹤壁西。据《淮南子·道应训》记载，春秋末中牟人归附齐国，赵襄子起兵伐中牟。

②赵襄子（？—前425）：春秋末晋国大夫。

③金：这里指钲（zhēng），一种金属乐器。古代打仗时，用金、鼓来

指挥军队进退，击鼓进军，鸣金收兵。

④都：国都，指秦朝的都城咸阳。

⑤霍光（？—前68）：汉昭帝时任大司马大将军，总揽朝政。死后家人谋反，被汉宣帝族灭。

⑥第：宅院。

⑦败亡之征：王充认为国家或者个人将发生凶祸，事先必有"妖气"构成的怪现象作为征兆出现。参见《订鬼篇》。

⑧或时：也许。杞（qǐ）国：古国名，西周时在今河南杞县，春秋时迁到今山东昌乐、安丘一带。圮（pǐ）：倒塌。

⑨事以类：这里指同属于不幸的事。因：连接。

⑩然：相信。

⑪仞（rèn）：古时的一种长度单位，七尺或者八尺为一仞。楹（yíng）：柱子。

⑫"女然素缟（gǎo）而哭河"二句：传说晋景公时，梁上崩，黄河被堵塞，景公接受了别人的建议，穿着丧服向河哭泣，河水就通了。女，通"汝"，你。素缟，穿丧服。河，黄河。

⑬鲁君：据《左传·襄公二十三年》记载，当作"齐君"。吊：吊唁。途：道路。

⑭就吊：到他家去吊唁。

⑮处：地方。

【译文】

颓牟反叛，赵襄子带兵前去讨伐。晋军兵临城下，颓牟的城墙崩塌了十多丈，赵襄子立即鸣金退兵。如果说杞梁的妻子恸哭使得城墙崩塌，那么赵襄子军队中有哭泣的人吗？秦国将要灭亡，咸阳城门向内倒塌；霍光家族即将衰败，家里的墙自己倒塌了。那么对着秦国宫殿和霍光家哭泣的人又是谁呢？然而城门崩垮院墙倒塌，是秦国、霍光家族败亡的征兆。也许是当时杞国的城墙刚好要倒塌，而杞梁的妻子又恰好在城墙下痛哭,一如燕国的天气正好变冷,而邹衍偶然对天呼号一样。同属一类的两件事,发生的时间恰好相连续,听说或者见到的人,有的也就相信二者之间有因果关系了。再说城老了,墙朽了,也就有自行倒塌的。一个妇人的啼哭,能使五丈高的城墙倒塌,这样说来,一根指头就能摧毁三仞高的柱子了。春秋时期,山峰多变化。山、城墙是同一类事物。恸哭能使城墙倒塌,还能使山崩塌吗? 你相信晋景公穿着孝服去哭黄河,被堵塞了的黄河就流通了的说法,那么相信杞梁妻子的哭泣能够使城墙倒塌,本来也是应该的了。考察杞梁是随军战死的,没能活着回家。他的妻子去迎候他的尸体时,齐庄公在途中吊唁,因不合礼,杞梁的妻子没有接受,棺材运回到家里,齐庄公前去他家里吊唁,并没有说她在城下哭泣。杞梁本是从军战死,随军战死并不是死在城中,他的妻子面对城墙哭泣,哭的不是地方。如此说来杞梁的妻子恸哭而使得城墙倒塌的事情,又是虚妄之言了。

　　因类以及,荆轲秦王[①],白虹贯日[②],卫先生为秦画长平之计[③],太白食昴[④],复妄言也。夫豫子谋杀襄子,伏于桥下,襄子至桥心动[⑤]。贯高欲杀高祖,藏人于壁中,高祖至柏人,亦动心[⑥]。二子欲刺两主,两主心动,实论之,尚谓非二子精神所能感也,而况荆轲欲刺秦王,秦王之心不动,而白虹贯日乎? 然则白虹贯日,天变自成,非轲之精为虹而贯日也。钩星在房、心间,地且动之占也。地且动,钩星应房、心。夫太白食昴,犹钩星在房、心也。谓卫先生长平之议,令太白食昴,疑矣! 岁星害鸟尾[⑦],周、楚恶之[⑧];绒然之气见[⑨],宋、卫、陈、郑灾[⑩]。案时周、楚未有非,而宋、卫、陈、郑未有恶也。然而岁星先守尾[⑪],灾气署垂于天[⑫],其后周、楚有祸,宋、卫、陈、郑同时皆然⑬。岁星之害周、楚,天气灾四国也。何知白虹贯日不致刺秦王,太白食昴使长平计起也⑭?

【注释】

①荆轲(?—前227):战国末期卫国人,为燕太子丹收买,刺杀秦王政失败,被处死。疑本句"秦"字前脱一"刺"字。秦王:秦始皇。

②白虹贯日:古代迷信说法认为,白虹象征兵器,日象征君主,白虹贯日象征君主要遭到凶杀。贯,贯穿。

③卫先生为秦画长平之计:秦将白起在长平之战战胜赵军后,打算乘胜灭赵,可能这是卫先生的建议。卫先生,战国时秦国人。画,谋划。

④太白食昴(mǎo):指金星侵犯昴宿。古代迷信说法,认为金星在西方,象征秦,昴宿是赵的分野,"太白食昴"是秦将要进攻赵国的征兆。太白,金星。昴,二十八宿之一。

⑤"夫豫子谋杀襄子"几句:豫让是晋大夫智伯的家臣,因为智伯被赵襄子杀掉,他为给智伯报仇,多次企图暗杀赵襄子,传说每次都是因为赵襄子事先心动察觉,未能达到目的。参见《史记·刺客列传》。

⑥"贯高欲杀高祖"几句:贯高(?—前198),西汉初年人,赵王张敖的相,曾阴谋暗杀汉高祖刘邦,传说因刘邦心动察觉,未能得逞。壁,夹墙。柏人,县名。战国赵置,后入秦,属邯郸郡,治所在今河北隆尧西北。参见《史记·张耳陈余列传》。

⑦岁星:即木星,它环绕太阳一周的时间是11.8622年,古人近似为十二年,用它来纪年,故称为"岁星"。这种纪年法每隔一定时间,就误差一年。害:侵害。古人把一周天分为十二等分,认为岁星每年运行一个等分。由于计算误差,到一定的时间,岁星不会到达应在的等分里,而是越过它,到下一个等分里。古人认为这

是一种不祥的征兆,说正对岁星的等分里的星宿受到了侵犯。鸟尾:指"朱雀"这一组星宿中形状像鸟尾的星宿。鸟,指南方的一组星宿"朱雀"。古人把二十八宿分为东、南、西、北四组,南方这组星宿排列的形状像一只鸟,且南方属火,所以称为"朱雀"。

⑧周、楚恶之:前544年,岁星越过应到的等分,所在的位置正对着朱雀尾部的星宿。古人认为天上星宿分别配属于地上的政治区域,雀尾的星宿配属于周、楚两国,象征着两个国家将会遭受灾祸,所以对此很憎恶。参见《左传·襄公二十八年》。

⑨綝(lín)然之气:指彗星。古代人认为彗星的出现,是人间要发生灾祸的征兆。綝然,这里指彗星拖长的尾巴。綝,綝缅(lí),形容衣裳和羽毛下垂的样子。

⑩宋、卫、陈、郑灾:据《左传·昭公十七年、十八年》记载,前525年,彗星出现在心宿附近,第二年,宋、卫、陈、郑同时发生了大火灾。宋、卫、陈、郑,春秋时期四个国家。宋国在今河南东部商丘一带,卫国在今河南北部滑县一带,陈国在今河南淮阳一带,郑国在今河南中部新郑一带。

⑪守:侵犯。尾:指"雀尾"。

⑫灾气:这里指彗星。署垂:垂现。署,部署,分布。

⑬同时皆然:同时都遭到灾祸。

⑭太白食昴使长平计起也:据文意,疑本句"使"字前脱一"不"字。

【译文】

以此类推,荆轲刺杀秦王的时候,出现了白虹贯日的现象,卫先生为秦国谋划长平之战后的策略时,出现了太白星侵犯昴宿的事情,这也是虚妄之言了。豫让谋杀赵襄子,潜伏在桥下,赵襄子到桥头心动察觉。贯高预谋杀害刘邦,将刺客藏在夹墙之中,刘邦到达柏人县时,也心动有所察觉。两人预谋刺杀两位君主,两位君主都心动觉察,据实而论,尚且不能说是豫让和贯高二人的精神触动了两位君主,何况荆轲想要刺杀秦王,秦王的心都没能触动,怎么能使天出现白虹贯日的景象呢? 这样看来,白虹贯日是由于天象变化而自然形成的,并不是荆轲的精神之气化为白虹穿过了太阳。钩星运行到房宿与心宿之间,是将要发生地震的征兆。如果大地将要震动,钩星就会相应地运行到房宿和心宿之间作为预兆。太白星侵犯昴宿,就如同钩星运行到房宿、心宿之间一样。说卫先生为秦国谋划长平之战后攻打赵国的计划,使得天上的太白星侵犯了昴宿,是值得怀疑的说法。岁星侵入“朱雀”的尾部,周和楚都很憎恶这种星象;彗星一出现,宋、卫、陈、郑四国同时遭到了灾祸。考察当时的周、楚两国并没有错误,而宋、卫、陈、郑四国也没有什么恶行。然而岁星先侵入了“朱雀”的尾部,彗星带来的灾气在天空垂现,在此之后,周、楚二国发生了灾祸,宋、卫、陈、郑四国同时都发生火灾。岁星降下灾害给周、楚两国,彗星带来的灾气使宋、卫、陈、郑四国同时发生火灾。怎么能知道不是白虹贯日导致了荆轲刺杀秦王,不是太白食昴使得卫先生在长平为秦国出谋划策呢?

招致篇第四十四

（阙）

明雩篇第四十五

【题解】

雩（yú）祭是古代专门为求雨而举行的祭祀，王充在本篇中阐明了自己对于雩祭的看法。汉儒认为旱灾是上天对于君主骄横的谴告，洪灾是对君主沉迷酒色的谴告，因此君主需要改过并且举行祭祀才能够消解灾祸。王充针对这种说法，提出"旸久自雨，雨久自旸"，水旱灾害是"天之运气，时当自然"的观点，他认为君主即使"恬居安处，不求己过"，天也仍旧会"沛然自雨……旷然自旸"。人不能用操行感动上天，天也不会因人的操行而降下谴告。

但是王充并不因此完全反对雩祭，他认为雩祭作为一种礼，是君主在久旱不雨时表示其畏惧惶恐的途径，也是"慰民之望"的一种方式。

变复之家，以久雨为湛①，久旸为旱②。旱应亢阳③，湛应沉溺④。

【注释】

①湛（yín）：大水，涝。

②旸（yáng）：晴。

③应：应和，这里指谴告。亢阳：阳气过盛，这里形容君主骄横。

亢,高。

④沉溺:这里指君主迷恋酒色。

【译文】

变复之家认为,雨下久了就成涝灾,天晴久了就成旱灾。旱灾是上天对君主骄横的谴告,涝灾是上天对君主迷恋酒色的谴告。

或难曰①:夫一岁之中,十日者一雨②,五日者一风。雨颇留③,湛之兆也。旸颇久,旱之渐也④。湛之时,人君未必沉溺也;旱之时,未必亢阳也。人君为政,前后若一,然而一湛一旱,时气也⑤。《范蠡·计然》曰⑥:"太岁在于水⑦,毁⑧;金,穰⑨;木,饥⑩;火,旱⑪。"夫如是,水旱饥穰,有岁运也。岁直其运⑫,气当其世⑬,变复之家,指而名之⑭。人君用其言,求过自改。旸久自雨,雨久自旸,变复之家,遂名其功,人君然之,遂信其术。试使人君恬居安处⑮,不求己过,天犹自雨,雨犹自旸。旸济雨济之时⑯,人君无事,变复之家,犹名其术。是则阴阳之气⑰,以人为主,不说于天也⑱。夫人不能以行感天⑲,天亦不随行而应人。

【注释】

①或:有的人,这里指王充本人。难:责难。

②者:句中表示停顿的语气词。

③颇:稍微。留:久。

④渐:苗头。

⑤气:这里指灾害之气。

⑥《范蠡·计然》:书名,据说是以范蠡提问,计然回答的形式写的一本书,已佚。范蠡(lí),春秋末期越王勾践的谋臣。计然,传说

是范蠡的老师。

⑦太岁在于水：指太岁运行到北方。太岁，古代天文学中把由西向东运转的木星叫"岁星"，用它纪年，但因为岁星的运行方向与十二地支的定位顺序相反，为方便又虚构了一个和"岁星"运转方向相反，即由东向西运转的假"岁星"来纪年。这颗"假岁星"就叫"太岁"。于，底本作"子"，疑为"于"之讹，形近而误。水，按五行说，北方为水，西方为金，东方为木，南方为火。

⑧毁：指庄稼被破坏。

⑨穰（ráng）：丰收。

⑩饥：饥荒。

⑪旱：以上引文参见《史记·货殖列传》。

⑫直：逢着，正好碰上。

⑬当：正当，正好碰上。

⑭名：说，做出解释。

⑮恬：安静。居：处。

⑯济：止。

⑰是则：这样说来，那么。阴阳之气：阴阳原本的意思是向日为阳，背日为阴，这里泛指太空。

⑱说：据文意，疑作"统"字，形近而误。

⑲夫：发语词。

【译文】

有人诘难说：一年之中，或十天下一次雨，或五天刮一次风。雨稍微下得久一点，就是涝灾的预兆。天晴得久一点，就是旱灾的苗头。发生涝灾的时候，君主未必就迷恋于酒色；发生旱灾的时候，君主未必就骄横。君主施政，前后表现一致，但是也不时会遇到涝灾、旱灾，都是因为碰上了当时形成涝或旱的灾害之气。《范蠡·计然》上说："太岁运行到北方，就会毁坏庄稼；运行到西方，就五谷丰登；运行到东方，就会发生饥荒;运行到南方,就会发生旱灾。"这样说来,水旱灾害饥荒丰收是和太岁运转相关联的。太岁恰好运行到某一方位,相应的灾害之气就在世上出现,变复之家就针对这种情况编造出一套说法。君主采用他们的说法,找出自己的过错加以改正。实际上天晴久了自然会下雨,雨下久了自然会转晴,变复之家于是就把晴雨的变化说成是他们的功劳,君主也认为他们是正确的,于是就相信了他们的说法。假如让君主安安静静地待在那里,不去寻求自己过错来改正,上天仍然会下雨,雨后仍然会天晴。晴止雨停的时候,君主并没有做什么特殊的事情,变复之家,仍然要自吹是他们的理论起了作用。这样说来,阴阳二气的变化是以人决定的,而不是统属于天的了。人不能用行为感动天,天也不会随从人的行为来应和谴告人。

《春秋》鲁大雩①,旱求雨之祭也。旱久不雨,祷祭求福,若人之疾病,祭神解祸矣,此变复也②。

【注释】

①《春秋》鲁大雩(yú):据《春秋》记载,鲁桓公五年(前707),鲁国举行大雩。《春秋》,儒家经书之一。雩,古代专门为求雨而举行的祭祀。

②变复:此处指"变复之道"。即用祭祀之法解除灾害变异,恢复原状。

【译文】

《春秋》记载鲁国举行雩祭的事情,这是因天旱而以祈雨为目的的祭祀。天旱了好长时间都不下雨,鲁桓公想通过雩祭求上天的福佑,就像人生了疾病,希望通过祭祀神灵的方法来解除灾祸一样,这就是所谓的变复之道。

《诗》云①："月离于毕②,比滂沱矣③。"《书》曰④："月之从星⑤,则以风雨⑥。"然则风雨随月所离从也。房星四表三道⑦,日月之行,出入三道。出北则湛⑧,出南则旱。或言出北则旱,南则湛。案月为天下占⑨,房为九州候⑩。月之南北,非独为鲁也。

【注释】

①《诗》:《诗经》,儒家经书之一。

②离:通"丽",附着,靠近。毕:星宿名,二十八宿之一。

③比:临近,马上。滂沱:形容雨大。引文见《诗经·小雅·渐渐之石》。

④《书》:《尚书》,儒家经书之一。

⑤从:随着,靠近。星:这里指箕宿和毕宿。

⑥则以风雨:意为月亮经过箕宿就会多风,靠近毕宿就会多雨。引文见《尚书·洪范》。

⑦房:星宿名,二十八宿之一。四表三道:房宿由四颗星组成,以这四颗星为标志,其间构成了三条通道。表,标志。

⑧北:指三条道北边的一条。

⑨月为天下占:月亮靠近毕宿、箕宿这种自然现象,被天下人用来预测风或雨的到来。占,占卜,预测。

⑩房为九州候:月亮运行经过房宿北道或南道这种自然现象,被天下人用作观测涝或旱的征兆。九州,泛指天下。候,观测天气。

【译文】

《诗经》上说:"月亮靠近毕宿,马上就有滂沱大雨。"《尚书》上说:"月亮靠近箕宿和毕宿,就会风雨交加。"如此说来,风和雨是随着月亮靠近箕宿和毕宿而来的了。房星以四颗星为标志构成三条通道,日月的运行，出入于此三道之间。出于北道就有水灾，出于南道就有旱灾。另一种说法是说出于北道就有旱灾，出于南道就有水灾。依据月亮靠近箕宿或毕宿这种自然现象作为天下风雨的征兆，月亮运行经过房宿北道或南道这种自然现象，被天下人用作观测涝旱的征兆。可见月亮经过房宿的南道或北道，不仅仅是为了鲁国啊。

孔子出，使子路赍雨具①。有顷②，天果大雨。子路问其故，孔子曰："昨暮月离于毕③。"后日，月复离毕④。孔子出，子路请赍雨具，孔子不听，出果无雨。子路问其故，孔子曰："昔日，月离其阴⑤，故雨。昨暮，月离其阳⑥，故不雨。"夫如是，鲁雨自以月离，岂以政哉？如审以政令⑦，月离于毕为雨占，天下共之。鲁雨，天下亦宜皆雨。六国之时⑧，政治不同，人君所行赏罚异时，必以雨为应政令月，离六七毕星，然后足也。

【注释】

①赍（jī）：携带。

②有顷：不久，一会儿。

③昨暮：昨天晚上。

④复：又。

⑤阴：指毕宿的北面。

⑥阳：指毕宿的南面。

⑦审：的确，确实。

⑧六国之时：指战国时期。六国，指战国时的齐、楚、燕、赵、韩、魏。

【译文】

有一次孔子外出，让子路携带雨具。过了一会儿，天果然下了大雨。

子路问孔子为何知道要下雨，孔子说："因为昨天晚上月亮靠近毕宿。"后来有一天，月亮又靠近毕宿。孔子外出，子路请求带雨具，孔子不听从，出去果然没有下雨。子路问这是什么缘故，孔子说："那天，月亮靠近毕宿的北面，所以下雨。昨天晚上，月亮靠近毕宿的南面，所以不下雨。"这样看来，鲁国下雨是因为月亮靠近了毕宿的缘故，哪里是政治造成的呢？如果确实是由于政令的缘故，那么月亮靠近毕宿预示天要下雨，这是天下所共通的预兆。鲁国下雨，天下也应该都下雨。战国时期，各国政治不同，君主施政，赏罚不在同一个时间，一定要把下雨说成是上天应和君主的政令，那么上天就要使月亮反复靠近毕宿六七次，然后才能满足这种情况。

　　鲁缪公之时①，岁旱。缪公问县子②："天旱不雨，寡人欲暴巫③，奚如④？"县子不听⑤。"欲徙市⑥，奚如？"对曰："天子崩⑦，巷市七日⑧；诸公薨⑨，巷市五日。为之徙市⑩，不亦可乎！"案县子之言，徙市得雨也。案《诗》《书》之文，月离星得雨。日月之行，有常节度⑪，肯为徙市故，离毕之阴乎？夫月毕天下占。徙鲁之市，安耐移月⑫？月之行天，三十日而周⑬。一月之中，一过毕星，离阳则旸。假令徙市之感，能令月离毕阳⑭，其时徙市⑮，而得雨乎⑯。夫如县子言，未可用也。

【注释】

①鲁缪公：即鲁穆公，战国时鲁国君主，前407—前377年在位。

②县子：人名。

③暴（pù）：晒。暴巫：古代的一种迷信，认为把巫放在太阳底下晒，可以使天下雨。本书《订鬼篇》作"焚巫"。巫，古代以侍奉鬼神、

替人消灾求福为职业的人。

④奚如：何如，怎么样。

⑤不听：不听从。

⑥欲徙市：按天人感应的说法，天旱是因为君主有过失。穆公提出
　　要徙市，就是要表示悔罪。徙市，迁移市集。古代遇到大的丧事
　　（如君主死），就停止正常的市集，只在小巷里做买卖。

⑦崩：古代皇帝死称为"崩"。

⑧巷市：在小胡同里做买卖。

⑨公：《礼记·檀弓下》作"侯"。薨（hōng）：死的别称。自周代始，
　　人之死亡，有尊卑之分，"薨"以称诸侯之死。

⑩之：指旱灾。

⑪有常节度：指日月运行有一定的规律。常，固定的。

⑫耐：同"能"，能够。

⑬周：一周天。

⑭阳：据文意，当作"阴"字。

⑮其时：指月亮靠近毕宿南面的时候。

⑯而：通"能"，能够。

【译文】

　　鲁穆公在位的时候，有一年遭遇旱灾。穆公问县子："久旱不雨，我
打算通过晒巫来求雨，怎么样？"县子不赞成他的做法。穆公又说："我
打算通过迁移集市来求雨，怎么样？"县子回答说："天子死，要在小巷里
集市七天；诸侯死，要在小巷里集市五天。因为天旱而迁移集市，不也是
可以的吗？"考察县子的这种说法，是想通过迁移集市来求雨。考察《诗
经》《尚书》上的记载，月亮靠近毕宿就会下雨。日月的运行，有一定的
规律，它们会因为鲁国迁移集市的缘故，就移动到靠近毕宿北面的地方
而使天下雨吗？月亮靠近毕宿的现象，天下人都用来预测涝旱。迁移鲁
国的集市，怎么能改变月亮运行的轨道呢？月亮在天空运行，三十日一

个周天。一个月之中,经过毕宿一次,靠近毕宿的南边就天晴。假使以迁移集市的行为去感动天,能使月亮靠近毕宿的北面,那么在月亮已经靠近毕宿南面的时候迁移集市,能够让月亮再靠近毕宿的北面而求得下雨吗?像县子的这种说法,是不可采用的。

　　董仲舒求雨,申《春秋》之义①,设虚立祀②。父不食于枝庶③,天不食于下地④。诸侯雩礼所祀,未知何神。如天神也,唯王者天乃歆⑤,诸侯及今长吏⑥,天不享也。神不歆享,安耐得神⑦?如云雨之气也⑧,云雨之气,何用歆享?触石而出,肤寸而合⑨,不崇朝而辨雨天下⑩,泰山也⑪。泰山雨天下,小山雨国邑。然则大雩所祭,岂祭山乎?假令审然,而不得也⑫。何以效之?水异川而居,相高分寸⑬,不决不流⑭,不凿不合。诚令人君祷祭水旁,能令高分寸之水流而合乎?夫见在之水,相差无几,人君请之,终不耐行,况雨无形兆,深藏高山,人君雩祭,安耐得之?

【注释】

①申:发挥。

②虚:同"墟",这里指祭坛。

③父:这里指死去的父亲。支庶:指嫡长子以外的儿子。

④下地:指诸侯国。

⑤歆(xīn):指所谓鬼神享用祭品。

⑥今长吏:指汉代的地方长官。

⑦得神:得到天神的恩惠。

⑧之:底本作"者",递修本作"之",据改。

⑨肤寸而合:形容云气密布。肤寸,古代度量单位,一个手指的厚度

叫一寸,四寸为一肤。这里比喻空隙极小。

⑩崇:终。朝(zhāo):早上。辨:通"遍"。

⑪泰山:山名,在今山东泰安北。

⑫而:疑为"亦"之讹,形近而误。

⑬相高:高低相差。

⑭决:挖开河岸。

【译文】

董仲舒向天求雨,发挥《春秋》阴阳灾变之义,设立土坛进行祭祀。父亲的亡灵不享用庶子所供的祭品,上天也不享用各诸侯国的祭品。诸侯各国雩礼所祭祀的,不知道是什么神灵。如果说祭祀的是天神,只有天子的祭品天神才肯享用,古时诸侯国以及如今郡守的祭品,天神是不享用的。天神不享用他们的祭供,他们又怎么能得到天神的恩惠呢?如果说是祭祀云雨之气的话,云雨之气用什么来享用祭品呢?云雨之气沿着石缝蒸发出来,紧密地接合在一起,不到一早上的时间,便雨及天下,这是泰山上的云雨之气。泰山的云雨之气形成的雨,能够遍及天下;小山形成的雨,只局限于一个地区。如此说来,大雩礼所祭祀的,难道是山吗?假使真的如此,也还是求不到雨的。用什么来证明呢?水聚集在不同的河道里,尽管高低只有分寸的差别,可是不挖开堤岸,水就不会流出来,不开通河道,两条河的水就不会汇合在一起。如果让君主在河水旁边祷告祭祀,能使相差分寸的水流汇合吗?这些能看见的河水,高低相差不多,君主向它祷告,终究不能使它们合流在一起,何况雨在降落之前无影无踪,深藏在高山上,君主举行雩祭,怎么能够求得它呢?

夫雨水在天地之间也,犹夫涕泣在人形中也①。或赍酒食,请于惠人之前②,未出其泣,惠人终不为之陨涕③。夫泣不可请而出,雨安可求而得?雍门子悲哭④,孟尝君为之流涕⑤。苏秦、张仪悲说坑中，鬼谷先生泣下沾襟⑥。或者傥可为雍门之声⑦，出苏、张之说以感天乎！天又耳目高远，音气不通。杞梁之妻，又已悲哭⑧，天不雨而城反崩。夫如是，竟当何以致雨？雩祭之家，何用感天？

【注释】

①涕泣：眼泪。形：身体。

②惠人：仁慈的人。

③陨（yǔn）涕：落泪，流泪。陨，落。

④雍门子：雍门高，战国时齐国人，以善哭闻名。参见《淮南子·览冥训》。

⑤孟尝君：田文，战国时期齐国贵族。

⑥"苏秦、张仪悲说坑中"二句：参见本书《答佞篇》注。

⑦傥（tǎng）：如果。

⑧已：已经，曾经。

【译文】

雨水在天地之间，好比眼泪在人体中一样。有人把酒食送到一个仁慈的人面前，请求他流出仁慈的眼泪，请求者没有先哭出来，那位仁慈的人终究不会为他流泪的。眼泪不可以通过请求而流出，雨怎么又可以通过雩祭而得到呢？雍门子悲痛地哭泣，孟尝君被感动得也哭了起来。苏秦、张仪在深谷中悲痛地诉说，说得鬼谷先生眼泪流下沾湿了衣襟。有人如果能发出雍门子那样的哭声，说出苏秦、张仪那样的话来，也许可以凭此感动上天吧？再说天的耳目又高又远，声音气息与人不相通。杞梁的妻子已经又悲哀地痛哭，天不下雨反而城墙因此倒塌了。如果是这样，究竟应当用什么才能招来雨呢？鼓吹通过雩祭求雨的人，是以什么办法来感动上天的呢？

1

案月出北道，离毕之阴，希有不雨。由此言之，北道，毕星之所在也。北道星肯为雩祭之故下其雨乎？孔子出，使子路赍雨具之时，鲁未必雩祭也。不祭，沛然自雨[①]；不求，旷然自旸[②]。夫如是，天之旸雨，自有时也。一岁之中，旸雨连属[③]。当其雨也，谁求之者？当其旸也，谁止之者？

【注释】

①沛然：形容雨大的样子。

②旷然：形容天气晴朗的样子。

③连属（zhǔ）：继续，连接。

【译文】

按规律，月亮出入于房宿的北道，靠近毕宿的北面，很少有不下雨的。因此说来，房宿的北道就是毕宿所在的位置。位于房宿北道的毕宿肯因为雩祭的缘故而下雨吗？孔子外出，让子路带雨具的时候，鲁国未必举行了雩祭。没有举行雩祭，仍旧有沛然大雨；不去祈求，自然会有晴朗的天气。如果是这样，天的晴雨，自有一定的时候。一年之中，晴天雨天交替出现。当天下雨的时候，是谁举行雩祭求雨的呢？当天晴朗的时候，是谁阻止上天不下雨的呢？

人君听请[①]，以安民施恩，必非贤也。天至贤矣，时未当雨，伪请求之[②]，故妄下其雨[③]，人君听请之类也。变复之家，不推类验之，空张法术[④]，惑人君。或未当雨，而贤君求之而不得；或适当自雨，恶君求之，遭遇其时。是使贤君受空责[⑤]，而恶君蒙虚名也[⑥]。

【注释】

①听请：听从别人的请求。

②伪：人为地。

③妄：随便地。

④空：凭空。张：夸张，炫耀。法术：这里指举行雩祭等行为。

⑤空责：无缘无故受到责备。

⑥蒙：受。

【译文】

君主听从别人的请求，用以安定民心与施予恩泽，那必定不是贤明的君主。天是最高明的，当在不应下雨的时候，人请求上天下雨，如果就因此随便地下起雨来，就好比君主随便听从别人的请求一样。鼓吹变复之道的人，不用类推的办法去验证它，凭空吹嘘法术，迷惑君主。或者这时不应当下雨，即使是贤良的君主祈求也不会下雨；或恰好上天正要下雨，让凶恶的君主祈雨，正好碰上下雨。这就使得贤良的君主无故受到责备，而凶恶的君主则获得虚假的名声。

世称圣人纯而贤者驳①，纯则行操无非，无非则政治无失。然而世之圣君，莫有如尧、汤。尧遭洪水，汤遭大旱。如谓政治所致，尧、汤恶君也；如非政治，是运气也②。运气有时，安可请求？世之论者，犹谓尧、汤水旱者③，时也，其小旱湛，皆政也。假令审然，何用致湛④？审以政致之，不修所以失之，而从请求⑤，安耐复之？世审称尧、汤水旱，天之运气，非政所致。夫天之运气，时当自然，虽雩祭请求，终无补益。而世又称汤以五过祷于桑林⑥，时立得雨。夫言运气，则桑林之说绌⑦；称桑林，则运气之论消。世之说称者，竟当何由⑧？救水旱之术，审当何用？

【注释】

①纯：纯正。驳：杂，不纯。

②运气：指自然运行的阴阳之气。运，运行。

③水旱：底本"水旱"二字重出，据文意删一处。

④何用致湛：据文意，疑本句"湛"字前脱一"旱"字。

⑤从：疑为"徒"字之讹。"从"（從）"徒"形近而误。

⑥汤以五过祷于桑林：本书《感虚篇》作"自责以六过"。参见《感虚篇》注。

⑦绌：通"黜"，排除。

⑧由：遵循。

【译文】

世人都声称圣人纯正而贤者杂驳，纯正则行为品德没有过失，没有过失则政治就不会失误。然而世间的圣明君主，没有一个比得上尧和汤的。尧执政时天下发生洪水，汤执政时天下发生大旱。如果说这是由于政治所带来的，那么尧、汤都是凶恶的君主了；如果不是政治带来的，那就是运行的阴阳之气引起的。阴阳之气的运行有一定的规律，怎么可以通过祭祀祷告而改变呢？世上论说此事的人，仍然说尧、汤时的洪水和大旱，是遇到了灾气的流行，那些小的旱涝灾害，都是政治造成的。假如果真如此，那么究竟是什么原因导致旱涝灾害的呢？确实是由于政治的原因导致了灾害，不去改正政治上造成的失误，而只是举行祭祀祷告，怎么能消除灾害而恢复常态呢？世人确实认为尧、汤时的洪水和大旱，是由于阴阳之气引起的，并不是由于政治失误导致的。天上的阴阳之气运行自有其规律，即使举行雩礼祭祀祷告，终究毫无补益。世人又说汤在桑林向上天因自己犯过的五个错误而悔过，当时立即就下了雨。如果说旱涝是自然运行的阴阳之气造成的，那么祈祷于桑林的说法就站不住脚了；肯定祈祷于桑林的说法，那么自然运行的阴阳之气造成旱涝的看法就得取消。世上论说这件事的人，究竟应当遵循哪一种说法呢？而救水旱灾害的办法,到底应当采用哪一种呢?

夫灾变大抵有二:有政治之灾,有无妄之变①。政治之灾,须耐求之。求之虽不耐得,而惠愍恻隐之恩②,不得已之意也。慈父之于子,孝子之于亲,知病不祀神③,疾痛不和药④。又知病之必不可治,治之无益,然终不肯安坐待绝⑤,犹卜筮求祟⑥,召医和药者,恻痛殷勤,冀有验也。既死气绝,不可如何,升屋之危⑦,以衣招复⑧,悲恨思慕,冀其悟也⑨。雩祭者之用心,慈父孝子之用意也。无妄之灾,百民不知,必归于主⑩。为政治者慰民之望⑪,故亦必雩。

【注释】

①无妄之变:意想不到的自然灾害。这里指君主德行纯厚、政治得当的情况下出现的自然灾害。

②惠愍(mǐn):仁慈。恻隐:怜悯。

③不:据文意,疑为"必"字之讹,形近而误。下文"不和药"同此。

④和药:配药。

⑤待绝:等死。

⑥卜筮(shì):古时预测吉凶,用龟甲称卜,用蓍草称筮,合称卜筮。求祟:求问是什么鬼神在作怪降祸。

⑦升屋之危:爬上屋脊。危,屋脊。

⑧以衣招复:按迷信说法,站在高处摇动衣服可以把死人的魂召回来。参见《礼记·丧大记》。

⑨悟:苏醒,活过来。

⑩归:归罪。主:君主。

⑪慰民之望:为了安抚民心。慰,安抚。望,怨恨,不满。

【译文】

灾变大致有两种：有由于政治导致的灾害，有意料不到的自然灾害。政治导致的灾害，应该进行祈祷。祈祷即使不能得到天的保佑，也表示了君主对百姓的一种仁慈怜悯的恩典，不得不那样做。慈父对于儿子，孝子对于双亲，知道有病必然祭祀神灵请求保佑，知道疾痛必然配药医治。即使知道是根本无法医治的病，治疗也是徒劳的，然而终究不肯让病人安坐家中等待死亡，还是要占卜求问是什么鬼神在作怪，请来医生配药，忧伤悲痛情意恳切，希望有所效验。亲人已经死亡气绝，无可奈何，还要爬上屋脊，摇动衣服招魂，悲哀悔恨思念不已，希望死者复活过来。雩祭者的用心，如同慈父孝子的用意一样。意料不到的自然灾害，老百姓不知道发生的原因，必然怪罪于君主。君主为了安抚民心，所以也必须举行雩祭。

问："政治之灾，无妄之变，何以别之？"曰：德酆政得①，灾犹至者，无妄也；德衰政失，变应来者②，政治也。夫政治则外雩而内改，以复其亏③；无妄，则内守旧政，外修雩礼，以慰民心。故夫无妄之变④，历世时至⑤，当固自一⑥，不宜改政。何以验之？周公为成王陈《立政》之言曰⑦："时则物有间之⑧。自一话一言，我则末⑨，维成德之彦⑩，以乂我受民⑪。"周公立政，可谓得矣。知非常之物⑫，不赈不至⑬，故敕成王自一话一言⑭，政事无非，毋敢变易。然则非常之变，无妄之气间而至也。水气间尧⑮，旱气间汤。周宣以贤⑯，遭遇久旱⑰。建初孟季⑱，北州连旱⑲，牛死民乏，放流就贱⑳。圣主宽明于上，百官共职于下㉑，太平之明时也㉒。政无细非㉓，旱犹有，气间之也。圣主知之，不改政行，转谷赈赡^㉔,损酆济耗^㉕。斯见之审明,所以救赴之者得宜也^㉖。鲁文公间岁大旱^㉗,臧文仲曰^㉘:"修城郭^㉙,贬食省用^㉚,务啬劝分^㉛。"文仲知非政,故徒修备^㉜,不改政治。变复之家,见变辄归于政,不揆政之无非^㉝。见异惧惑,变易操行,以不宜改而变,只取灾焉!

【注释】

①酆:引申为丰盛,纯厚。

②应:应和。

③亏:损失。

④变:底本作"气",递修作"变",据改。

⑤历世:历代。时:时长,经常。

⑥固:坚持。自:本来。

⑦《立政》:《尚书》有《立政篇》,内容是周公向成王陈述如何设立官职,如何任用官员。

⑧物:事,这里指水旱等灾祸。间(jiàn):干犯。之:焉,于此。

⑨末:无,这里指没有错误。

⑩维:同"唯",独。彦:有才德的人。

⑪乂(yì):治理。

⑫非常之物:异常的灾祸。

⑬赈(zhèn):救济。至:据文意,疑当作"去"字。

⑭敕(chì):告诫。

⑮水气:水灾。

⑯周宣:周宣王,前828—前782年在位。

⑰遭遇久旱:传说周宣王元年到六年连续大旱。

⑱建初:汉章帝年号,76—84年。季:疑为"秊"字之讹,形近而误。

季（nián），同"年"。孟季，初年。

⑲北州连旱：据《后汉书·章帝纪》记载，章帝即位之初，京师和兖、
　豫、徐三州干旱。

⑳流：流民，指因受灾而流离失所的人。就：到。贱：指粮价便宜的
　地方。

㉑共（gōng）职：忠于职守。共，通"恭"，恭敬。

㉒明时：盛世。

㉓细非：细小的错误。

㉔赈赡：谓以财物周济。赡，供给，救济。

㉕耗：凶年歉收。

㉖救赴：前去救济。

㉗鲁文公：春秋时鲁国君主，据《左传》记载，应为鲁僖公。间岁：隔
　年。间，隔。

㉘臧文仲（？—前617）：鲁国大夫。

㉙城郭：城墙。城指内城的墙，郭指外城的墙。

㉚贬：减，省。

㉛啬：通"穑"，稼穑，农业劳动。分：本分，本身的工作。参见《左
　传·僖公二十一年》。

㉜徒：仅仅。修备：此指加强预防灾害的措施。

㉝揆（kuí）：度量，揣度。

【译文】

有人问："政治失误引起的灾祸和意料不到的自然灾害，怎么来区别
它们呢？"我认为：君主德行纯厚政治得当，灾害仍然出现，这就是意料
不到的自然灾害；君主德行衰微政治失误，灾害应和这种状况出现，这就
是政治引起的灾害。如果是政治引起的灾害，那就在外举行雩祭而在内
改善政治，用这种办法来挽回它造成的亏损；如果是意料不到的自然灾
害，那就在内坚持原有的政治，在外举行雩祭，用这种办法来安抚民心。

意料不到的自然灾害,历代不时出现,应当坚持本身一贯的做法,不应该改变政治。用什么来验证这一点呢?周公为周成王陈述治理国家的道理,说:"有时灾祸会干扰政事。即使在一句话一个字上,我都没有错误,只是用有才德的人,治理好我承天命所拥有的百姓。"周公在用人理政方面,可算是很得当的了。知道异常的灾祸,不对百姓进行救济就不会消除,因此告诫周成王即使一句话一个字都不要犯错误,政事上没有过失,就不要轻易改变。然而异常的灾祸,由于意料不到的阴阳之气的干扰而出现。造成水灾的阴阳之气干扰尧,造成旱灾的阴阳之气干扰汤。周宣王作为一位贤君,却遭遇长时间的旱灾。汉章帝建初元年,北面三州接连大旱,耕牛死亡人民贫乏,于是发遣流民到谷价便宜的地方求生。圣主在朝廷宽厚英明,百官在地方忠于职守,就是太平盛世。政治上没有细小的过失,旱灾仍旧发生,是阴阳之气干扰造成的。圣主知道这种情况,不改变政治行事,调运谷物救济百姓,运送丰收地区的粮食去救济灾区。这种见解确实高明,救灾的方法是非常得当的。鲁文公在位时隔年一次大旱,臧文仲对鲁文公建议:"修理城墙,减少吃食节省费用,致力农业,奖励各人做好本职工作。"臧文仲知道灾祸不是由于政治失误引起的,所以仅仅是加强预防措施,不改变政治。鼓吹变复之道的人,见到灾变总是归罪于政治原因,不考察政治上有没有过失。见到怪异就惊惧疑惑,改变原有的操行,把不应当改变的也改变了,结果只能是自取灾祸!

何以言必当雩也?曰:《春秋》大雩,传家在宣、公羊、穀梁无讥之文[①],当雩明矣。曾皙对孔子言其志曰[②]:"暮春者[③],春服既成,冠者五六人[④],童子六七人,浴乎沂[⑤],风乎舞雩[⑥],咏而归[⑦]。"孔子曰:"吾与点也[⑧]!"鲁设雩祭于沂水之上。暮者,晚也;春谓四月也。春服既成,谓四月之服成也。冠者、童子,雩祭乐人也[⑨]。浴乎沂,涉沂水也[⑩],象龙之从水中出也⑪。风乎舞雩,风,歌也。咏而馈,咏歌馈祭也,歌咏而祭也。说《论》之家⑫,以为浴者,浴沂水中也,风干身也。周之四月,正岁二月也⑬,尚寒,安得浴而风干身?由此言之,涉水不浴,雩祭审矣。

【注释】

①传家:这里指解说《春秋》的人。在宣:疑当作"左丘"。左丘,左丘明,相传是春秋末期鲁国人,《春秋左氏传》的作者。公羊:公羊高,战国初期齐国人,相传是《春秋公羊传》的作者。穀梁:穀梁赤,战国初期鲁国人,相传是《春秋穀梁传》的作者。讥:讥刺。

②曾晳(xī):名点,孔子弟子。言其志:谈自己的志向。

③暮春:春末。

④冠者:成年人,古代男子二十岁时举行冠礼,表示成年。

⑤沂(yí):古水名。源出山东曲阜东南的尼山,西流至滋阳县合于泗水。

⑥舞雩:舞雩台,鲁国祭天求雨的场所,在今山东曲阜城南。

⑦归:通"馈",指用酒食祭祀。

⑧与:同意,赞成。引文见《论语·先进》。

⑨雩祭乐人:指雩祭时伴奏跳舞的人。

⑩涉:趟过。

⑪象:象征。

⑫说《论》之家:解释《论语》的人。

⑬正岁二月:周历以夏历的十一月为正月,二历相差两个月。王充认为孔子时使用周历,所以说周历的四月是夏历的二月。正岁,指东汉使用的夏历,即沿用至今的农历。

【译文】

为什么说一定要举行雩祭呢?我认为:《春秋》上有关于雩祭的记

载，为《春秋》作"传"的左丘明、公羊高、穀梁赤都对此没有讥刺的说法，所以说应当雩祭是很清楚的。曾晳对孔子谈自己的志向说："春末之时，春衣已经做好穿上，相约五六个成年人，六七个小孩子，趟涉沂水，在舞雩台上吹吹风，唱着歌用酒食祭祀上天。"孔子说："我赞同曾点的想法！"鲁国举行雩祭的场所在沂水旁。"暮"，是晚的意思；"春"，是四月。"春服既成"，讲的是四月的衣服已经做好了。"冠者""童子"，指的是雩祭伴奏、跳舞的人。"浴乎沂"，讲的是涉过沂水，象征龙从水中出来。"风乎舞雩"，"风"是讲唱歌。"咏而馈"，是讲唱着歌用酒食雩祭，歌唱咏诵而祭祀。解说《论语》的人，认为浴是在沂水中沐浴，风，是吹干身上的水。周历的四月，是夏历的二月，天气还很寒冷，怎么能在沐浴后让风吹干身体呢？由此说来，"浴"是涉水而不是沐浴，这很明确是在举行雩祭了。

　　《春秋左氏传》曰："启蛰而雩[1]。"又曰："龙见而雩[2]。"启蛰、龙见，皆二月也。春二月雩，秋八月亦雩。春祈谷雨，秋祈谷实[3]。当今灵星[4]，秋之雩也。春雩废，秋雩在，故灵星之祀，岁雩祭也。孔子曰："吾与点也！"善点之言[5]，欲以雩祭调和阴阳，故与之也。使雩失正，点欲为之，孔子宜非，不当与也。樊迟从游[6]，感雩而问[7]，刺鲁不能崇德[8]，而徒雩也[9]。

【注释】

①启蛰：惊蛰，二十四节气之一。

②龙：龙星，指二十八星宿中的角、亢二宿。见：同"现"，显现，显露。

③实：充实，饱满。

④灵星：星名，传说是主管农业的星。王充认为灵星即龙星。参见

《祭意篇》。

⑤善：称赞。

⑥樊迟：孔子弟子。

⑦感：感触。

⑧刺：讥刺，批评。崇：崇尚。

⑨而徒雩也：事见《论语·颜渊》。

【译文】

《春秋左氏传》上说："惊蛰时要举行雩祭。"又说："龙星出现时要举行雩祭。"惊蛰与龙星出现，都在二月。春天二月举行雩祭，秋天八月也举行雩祭。春雩是为谷苗祈求雨水，秋雩是祈求谷物长得饱满。现在祭祀灵星，就是过去秋天举行的雩祭。春雩废除了，秋雩还存在，所以现在对灵星的祭祀，就是每年的雩祭。孔子说："我赞同曾点的想法。"这是称赞曾点的说法，想通过雩祭来调和阴阳之气，所以赞同他的想法。假如雩祭不符合正道，曾点想那样做，孔子应当反对，而不该赞同。樊迟随孔子出游，对鲁国举行的雩祭有所感触而求问于孔子，这是批评鲁国不崇尚德行，而光知道一再举行雩祭。

夫雩，古而有之。故《礼》曰："雩祭，祭水旱也①。"故有雩礼，故孔子不讥，而仲舒申之。夫如是，雩祭，祀礼也。雩祭得礼②，则大水，鼓用牲于社③，亦古礼也。得礼无非，当雩一也。

【注释】

①"故《礼》曰"几句：引文参见《礼记·祭法》。《礼》，指《礼记》，儒家经书之一。

②得礼：符合礼。

③"则大水"二句：遇到大水，击鼓献牲，祭祀土地神。大水，水灾。

鼓,敲鼓。牲,牺牲,祭祀用的牲畜。社,古代祭祀土地神的地方。

【译文】

　　雩祭,自古就存在。所以《礼记》上说:"雩祭,是通过祭祀来解除水旱灾害的。"自古就有雩礼,所以孔子对此未加讥刺,而董仲舒进一步发挥了雩祭的大义。如果是这样,举行雩祭就已经是一种礼了。雩祭符合礼,发大水就击鼓献上牲畜祭祀土地神,这也是符合于古礼的。符合于礼就不会错,这是应当举行雩祭的第一条理由。

　　礼,祭社,报生万物之功。土地广远,难得辨祭,故立社为位,主心事之①。为水旱者,阴阳之气也,满六合②,难得尽祀,故修坛设位,敬恭祈求,效事社之义③,复灾变之道也。推生事死,推人事鬼。阴阳精气④,傥如生人能饮食乎?故共馨香⑤,奉进旨嘉⑥,区区惓惓⑦,冀见答享⑧。推祭社言之,当雩二也。

【注释】

①主:专注。

②满:充溢。六合:东、西、南、北、上、下六方,指天地之间。

③效:模仿。

④阴阳精气:王充认为,人与万物都是气构成的,而人是最尊贵的。阴气构成骨肉,阳气构成人的精神。"阴阳精气"即构成人的阴阳之气。

⑤共:通"供"。馨香:指芳香的祭品。

⑥旨嘉:指可口的祭品。旨,味道好。

⑦区区惓惓(quán):形容诚恳真挚的样子。惓惓,恳切貌。

⑧享:贡献祭品。

…

【译文】

按照礼的规定，祭祀土地神，是为了报答它生长万物的功德。土地宽广遥远，很难普遍祭祀到，因此建立一个社作为供奉土地神的场所，一心一意地供奉它。造成水旱灾害的是阴阳之气，它充满天地之间，很难全部祭祀到，所以修建祭坛设立牌位，恭恭敬敬地祈求，仿效祭祀土地神的道理，这是消除灾害，恢复正常状况的办法。把对待活人的办法推行于侍奉死人，把对待人的办法推行于侍奉鬼神。阴阳精气，也许像活人一样能饮食吧？所以供奉芳香可口的祭品，诚心诚意，希望能对自己的供奉给予报答。从推行祭祀社神方面说来，这是应当举行雩祭的第二条理由。

岁气调和①，灾害不生，尚犹而雩②。今有灵星，古昔之礼也。况岁气有变，水旱不时，人君之惧，必痛甚矣。虽有灵星之祀，犹复雩，恐前不备③，肜绎之义也④。冀复灾变之亏，获酆穰之报⑤，三也。

【注释】

①气：阴阳之气。
②尚犹：尚且。而：以。
③备：周到。
④肜绎（róng yì）：一祭再祭，殷代叫"肜"，周代叫"绎"。
⑤酆穰（ráng）：庄稼丰收。

【译文】

一年中阴阳之气调和，灾害不发生，尚且还要举行雩祭。现在祭祀灵星就是古代的雩祭之礼。何况一年中阴阳之气发生了变化，降雨天晴违背规律，君主的惊惧，必然是很痛切的。虽然有了对灵星祭祀，仍然要再举行雩祭,唯恐只有一次祭祀还不够周到,这就是一祭再祭的意义了。期望消除灾害带来的损失,获得庄稼丰收的报答,这是应当举行雩祭的第三条理由。

礼之心悃愊①,乐之意欢忻②。悃愊以玉帛效心③,欢忻以钟鼓验意④。雩祭请祈,人君精诚也。精诚在内⑤,无以效外,故雩祀尽己惶惧,关纳精心于雩祀之前⑥。玉帛钟鼓之义,四也。

【注释】

①悃愊(kǔn bì):至诚。

②欢忻(xīn):同"欢欣",高兴。忻,同"欣"。

③玉帛:祭祀用的玉器、丝帛。效心:表达心意。

④钟鼓:这里指祭祀用的乐器。

⑤内:内心。

⑥关纳:表达,献送。

【译文】

行礼的时候心是至诚的,奏乐的时候心情是欢快的。至诚可以用玉器丝帛来表达心意,欢快可以用钟鼓来检验诚意。雩祭祷告祈求,是表达君主真心诚意的。至诚的心意隐匿于内,无法表达出来,所以举行雩祭以尽量表达自己恐惧不安的心情,把自己的诚心献到雩祭台前。就像是用玉帛钟鼓来表达祭祀的诚意,这是应当举行雩祭的第四条理由。

臣得罪于君,子获过于父,比自改更①,且当谢罪惶惧②。于旱如政治所致,臣子得罪获过之类也。默改政治③,潜易操行④,不彰于外⑤,天怒不释⑥,故必雩祭。惶惧之义,五也。

【注释】

①比：等到。

②且：尚且。

③默：不声不响。

④潜：暗中。易：改。

⑤彰：显露。

⑥释：解除。

【译文】

臣子得罪了国君，儿子得罪了父亲，等到自己改正时，尚且应当向着君主、父亲对自己的罪过进行道歉且惶恐不安。如果旱灾是由政治所引起的，就好比大臣得罪君主和儿子得罪了父亲一样。不声不响地改变政治，暗中改变道德操行，不显露出来，上天的愤怒就不会解除，所以必须举行雩祭。为表达对旱灾惶恐不安的心意，这是应当举行雩祭的第五条理由。

汉立博士之官①，师弟子相诃难②，欲极道之深③，形是非之理也④。不出横难⑤，不得从说⑥；不发苦诘⑦，不闻甘对⑧。导才低仰⑨，欲求裨也⑩；砥石劘厉⑪，欲求铦也⑫。推《春秋》之义，求雩祭之说；实孔子之心⑬，考仲舒之意。孔子既殁⑭，仲舒已死，世之论者，孰当复问？唯若孔子之徒，仲舒之党，为能说之⑮。

【注释】

①博士：此处指五经博士，专门负责讲解传授五经的官职。

②诃（hē）难：诘难。诃，呵斥，指责。

③极：穷尽。

④形：显露。

⑤横难：横加责难。

⑥从（zòng）：直，引申为正确。

⑦诘（jié）：追问，查究。

⑧对：回答。

⑨导：选择。才：据文意，疑作"米"字。低仰：导米时一上一下地摇动簸箕。

⑩裨（pí）：据文意，疑作"粺"字。粺，精米。

⑪砥石：磨刀石。劘（mó）：磨。厉：同"砺"，磨。

⑫铦（xiān）：锋利。

⑬实：验证。

⑭歾（mò）：死。

⑮说：解释。

【译文】

汉代设立博士官，老师与学生互相责难，想要穷尽"道"的深意，弄清是非的道理。不进行横加责难，就得不到正确的看法；不进行一再地追问，就听不到绝妙的回答。摇动簸箕选择谷米，是想得到精米；用磨刀石磨刀，是想使刀刃锋利。以上这些议论，是为了推究《春秋》的原义，寻求关于雩祭的道理；证实孔子的想法，查考董仲舒的心思。孔子已经逝去，董仲舒已经亡殁，世间探究雩祭的人，又应当去问谁呢？唯有像孔子、董仲舒这样的人，才能去解释它了。

顺鼓篇第四十六

【题解】

"顺"为训诂、解释之意。本篇是为了解释《春秋》中记载的"大水，鼓用牲于社"这一仪式而作的，故名为《顺鼓》。

汉儒认为发生水灾是阴气胜过阳气的结果，因此要通过攻击土地神的方法来解除水灾。王充否认了这一说法，并指出"见有鼓文，则言攻矣"的解释是望文生义，并提出了自己的解释。王充认为"云积为雨，雨流为水"，雨、晴、水、旱都是阴阳之气自然运行变化所造成的。"旸极反阴，阴极反旸"，就如同冬夏昼夜一样，是自然本身的变化，因此妄图通过祭祀的手段去解除水患，就如同祈求冬变为夏，夜变为昼一样荒唐。对于水患正确的做法是像尧一样既不改变政治，也不祈求祷告，而是派遣禹去治理。

但同时王充认为击鼓祭祀不会解除水患，但是可以作为一种向土地神告急的手段，作为君主有"恻怛忧民之心"的一种表现，这也是应该进行的祭祀仪式。

《春秋》之义①，"大水，鼓用牲于社"②。说者曰："鼓者，攻之也。"或曰："胁之③。"胁则攻矣。阳胜④，攻社以救之⑤。

【注释】

①《春秋》：儒家经书之一。义：道理。

②鼓：击鼓。牲：牺牲，祭祀用的牲畜。社：祭祀土地神的地方。引文见《春秋·庄公二十五年》。

③胁：威胁。

④阳：据文意，疑当作"阴"字。阴胜，指阴气胜过阳气。

⑤攻社以救之：汉儒认为水属阴，火属阳，水灾是阴气胜过阳气造成的。天属阳，地属阴，天尊地卑，所以鼓吹用攻击土地神的方法来消除水灾。

【译文】

　　按照《春秋》经义，"发生水灾，应当击鼓献牲来祭祀土地神。"解释《春秋》的人说："击鼓，就表示攻击土地神。"又有人说："这是在威胁土地神。"威胁也就是攻击了。阴胜过阳，就以攻击土地神的方式来消除水灾。

　　或难曰①：攻社谓得胜负之义，未可得顺义之节也②。人君父事天③，母事地。母之党类为害④，可攻母以救之乎？以政令失道阴阳缪盭者⑤，人君也。不自攻以复之⑥，反逆节以犯尊⑦，天地安肯济⑧？使湛水害伤天⑨，不以地害天，攻之可也。今湛水所伤，物也。万物于地，卑也⑩。害犯至尊之体，于道违逆，论《春秋》者，曾不知难⑪。

【注释】

①或难曰：这是王充本人提出的责难。难，责难。

②顺义：顺从正义。顺，顺从，遵循。

③事：侍奉。

④党类：亲族。

⑤缪戾（miù lì）：错乱。缪，错误。戾，同"戾"，乖违，乖谬。

⑥复：指消除灾祸，恢复原状。

⑦逆：违背。犯：冒犯。尊：尊长，这里指社神。

⑧济：拯救，帮助。

⑨使：假如。湛（yín）水：大水。湛，大水，涝。

⑩卑：卑贱。

⑪曾：竟。

【译文】

　　有人责难说：攻击土地神这种说法，可以认为其符合争胜负的道理，但是并不符合礼义的规定。君主把天当作父亲来侍奉，把地当作母亲来侍奉。母亲的亲族为害作恶，可以通过攻击母亲来消除祸害吗？由于政令违犯了天道，致使阴阳错乱的人，是君主。不责备自己以消除阴阳错乱所造成的灾祸，反而违背礼义冒犯尊长，天地怎么肯帮助他呢？假如大水伤害的是天，从不该以地犯天的道理上说，攻击土地神是可以的。现在大水伤害的是万物。万物与大地相比，是卑贱的。因灾害而冒犯最尊贵的土地神，这是违背天道的，论述《春秋》的人，竟然不知道责难。

　　案雨出于山，流入于川，湛水之类，山川是矣。大水之灾，不攻山川。社，土也。五行之性①，水、土不同。以水为害而攻土，土胜水②，攻社之义，毋乃如今世工匠之用椎凿也③？以椎击凿，令凿穿木。今悦攻土令厌水乎④？且夫攻社之义，以为攻阴之类也。甲为盗贼，伤害人民，甲在不亡，舍甲而攻乙之家，耐止甲乎⑤？今雨者，水也。水在，不自攻水，而乃攻社。案天将雨，山先出云，云积为雨，雨流为水。然则山者，父母；水者，子弟也。重罪刑及族属⑥，罪父母子弟乎？罪其朋徒也？计山、水与社⑦，俱为雨类也，孰为亲者？社，土也。五行异气，相去远⑧。

【注释】

①五行：指金、木、水、火、土。

②土胜水：按五行相克说，土克水。

③椎（chuí）：用椎打击。

④傥（tǎng）：如果。厌（yā）：以迷信的方法，镇服或驱避可能出现的灾祸，或致灾祸于人。

⑤耐（néng）：通"能"。止：制止。

⑥刑：惩罚。族属：亲族。

⑦计：衡量。

⑧去：差别，距离。

【译文】

考究雨的来源，是产生于深山之中，流入于河川之中，大水这类东西，是山川造成的。可是遇到大水时，人们并不攻击山川。社神，是土地神。五行的性质，水与土是不相同的。因为大水为害而去攻击土地神，土克水，攻击土地神的意义，不就像当今世上的工匠（遵循金克木的原理）使用椎子锤打凿子的道理一样吗？用椎子敲击凿子，可以使凿子穿进木头。现在能说攻击土地神是想让其去克水吗？况且攻击土地神的意义，又被人解释为是在攻击同属于阴的一类事物。这就好比甲成了盗贼，伤害人民，甲留在原地并没有逃跑，官吏却略过甲而去攻击乙之家，这能制止甲继续为盗吗？现在雨，就是水。水还在，不去攻击水神，反倒去攻击土地神。考察天将要下雨，深山里先出现云，云聚集而变成雨，雨又流为水。这样看来，山，就好比是父母；水，就好比是子弟。对于犯了重罪的人，要连带惩罚他的亲族，是应该惩罚他的父母子弟呢？还是惩罚他的朋友徒弟？衡量山、水与社，虽然都同雨一样属于阴类，但是它们之间哪一个与雨的关系更为亲近呢？社，是土地神。五行中水、土分属不同的气,性质相距很远,所以攻击土地神是没有道理的。

　　殷太戊①,桑穀俱生②。或曰高宗③。恐骇,侧身行道④,思索先王之政⑤,兴灭国,继绝世,举逸民⑥,明养老之义⑦,桑穀消亡,享国长久⑧。此说者《春秋》所共闻也⑨。水灾与桑穀之变何以异?殷王改政,《春秋》攻社,道相违反,行之何从?

【注释】

①殷:殷朝,也叫商朝。太戊:殷朝的一个君主。

②桑穀俱生:相传在殷朝时,桑树和构树同时在宫廷里长了出来,七天就长得很粗,被认为是上天降下的谴告。桑,桑树。穀(gǔ),构树,也叫楮树。

③高宗:殷高宗,名叫武丁。

④侧身:倾侧身体,形容忧惧不安的样子。

⑤思索:考虑并努力施行。索,求。

⑥举:起用。逸民:隐士。

⑦明:阐明,发扬。

⑧享国:统治国家。

⑨者:据文意,疑"说"字后"者"字应在"所"字前。

【译文】

　　殷王太戊在位时,桑树和穀树忽然一齐从宫廷中生长出来。也有人说此事发生在殷高宗时。殷高宗惊恐害怕,忧惧不安地执行天道,考虑并努力使政治符合先王之道,复兴灭亡了的国家,接续断绝了的贵族世家,起用隐居的贤才,发扬敬养老人的道理,桑树穀树就自己消失了,使得商朝的统治得以长治。这是解释《春秋》的人所共同知道的事情。水灾与桑树榖树自生的异常有什么区别呢？殷王采用了改变政治的方法，《春秋》上采用了攻击土地神的方法来消除异常，两种方法南辕北辙，应当遵循哪一种做法呢？

　　周成王之时①，天下雷雨，偃禾拔木②，为害大矣。成王开金縢之书③，求索行事④，周公之功⑤，执书以泣遏⑥，雨止风反⑦，禾、大木复起⑧。大雨久湛，其实一也。成王改过，《春秋》攻社，两经二义⑨，行之如何？

【注释】

①周成王：周武王之子。

②偃：倒伏。

③金縢（téng）之书：传说周武王病重，周公向先祖祷告，请求代替武王去死，并把祷文藏在用金属封固的匣子里，叫金縢之书。縢，封固。

④求索：搜寻。行事：往事。

⑤周公之功：指从金縢之书中看到了周公的功绩。

⑥遏：疑当作“过”字。“过”的繁体“過”与“遏”形近而误。过，过错，指传说中周成王对周公的怀疑（今文家说是疑虑是否应该用天子之礼葬周公，古文家说是怀疑周公有异心）。

⑦风反：反向刮风。

⑧复起：又立了起来。上事见《尚书·金縢》。

⑨两经：指《尚书》与《春秋》。

【译文】

　　周成王的时候，天降大雷雨，大风吹得禾苗倒伏，大树被连根拔起，造成的灾害很大。周成王打开金縢之书，探究历年往事，看见了周公的功绩,手捧周公祈祷的册书流泪悔过,于是雨停了下来,风从反方向刮来,使得禾苗复原,大树又立了起来。大雨和久涝,其实是一回事。周成王采取改错悔过的办法,《春秋》上采取攻击土地神的方法,两种经书记载了两种说法,按照哪一种说法执行呢?

　　月令之家[①],虫食谷稼,取虫所类象之吏[②],笞击僇辱[③],以灭其变。实论者谓之未必真是[④],然而为之,厌合人意[⑤]。今致雨者,政也,吏也,不变其政,不罪其吏,而徒攻社[⑥],能何复塞[⑦]? 苟以为当攻其类[⑧],众阴之精,月也。方诸乡月[⑨],水自下来。月离于毕[⑩],出房北道[⑪],希有不雨。月中之兽,兔、蟾蜍也[⑫]。其类在地,螺与蚄也[⑬]。月毁于天[⑭],螺、蚄舀缺[⑮],同类明矣。雨久不霁[⑯],攻阴之类,宜捕斩兔、蟾蜍,椎破螺、蚄[⑰],为其得实。蝗虫时至,或飞或集[⑱]。所集之地,谷草枯索[⑲]。吏卒部民[⑳],堑道作坎[㉑],榜驱内于堑坎[㉒],杷蝗积聚以千斛数[㉓]。正攻蝗之身[㉔],蝗犹不止,况徒攻阴之类,雨安肯霁?

【注释】

①月令之家:用阴阳五行解释时令节气的人。月令,一年十二个月的节气时令。

②取:捕捉。虫所类象之吏:虫所象征的官吏。如红头的虫象征武官,黑头的象征文官,参见《商虫篇》。

③笞(chī):用鞭子或板子打。僇(lù)辱:侮辱。

④实论者:据实论事的人,这里指王充自己。是:对,正确。

⑤厌合:满足。厌,满足。

⑥徒:仅仅。

⑦能何：疑为"何能"之误倒。塞：止，制止。

⑧苟：假如。

⑨方诸：古代在月亮下承接露水用的器具。乡：通"向"。

⑩离（lì）：通"丽"，附着，靠近。毕：毕宿，二十八宿之一。

⑪房：房宿，二十八宿之一。北道：房宿由四颗星组成，四颗星组成三条道，古人认为是日月经过的道路，北面的叫北道。

⑫蟾蜍（chán chú）：癞蛤蟆。

⑬蚄：同"蚌"。

⑭月毁：月亮亏损。毁，坏，亏损。

⑮螺、蚄臽（xiàn）缺：按阴阳五行之说，月亮和螺蚌同为阴类，是相互感应的。月亮亏缺，螺蚌的肉就缩小。臽，底本作"舀"，疑为"臽"字之讹，形近而误。臽缺，消减。

⑯霁（jì）：雨止，天晴。

⑰破：底本作"被"，十五卷本作"破"，据改。

⑱集：落下。

⑲枯索：索：尽。

⑳部民：当地的百姓。

㉑堑（qiàn）道：在路上挖壕沟。堑，沟壕。坎：坑穴。

㉒榜：笞，扑打。驱：驱逐。内：同"纳"，使进入，放入。

㉓杷（pá）：农具名。一端有柄，一端有齿，用以聚拢、耙梳谷物或整地等。齿用竹、木或铁等制成。斛（hú）：古代容量单位，汉代以十斗为一斛。

㉔正：直接。

【译文】

按照月令之家的说法，害虫吃谷禾庄稼，就捕捉害虫所象征的官吏，加以鞭打污辱，用这种办法去消灭虫害。据实论事的人认为这种做法不一定真能起作用，然而还是应当这样做，因为可以满足人们的心愿。现在招致久雨的原因在于政治和官吏本身,不改变这种政治,不惩罚那些官吏,而仅仅去攻击土地神,怎么能够消除和制止久雨呢?假如认为应当攻击它的同类,那么阴类事物的精华,是月亮。把方诸向着月亮,露水自然会下来。月亮靠近毕宿,出入于房星北道,很少有不下雨的。月亮中的动物,是兔子和蟾蜍。它们在地下的同类,是螺和蚌。月亮在天空亏缺之时,螺、蚌的肉也会随着缩小,它们同属一类是很明白的。雨下了很久天不放晴,如果要攻击同属于阴类的东西,就应当捕捉斩杀兔子和蟾蜍,椎破螺、蚌的壳,这才符合它的道理。蝗虫经常出现,或飞舞或落下。蝗虫落下的地方,谷草全部枯败。官吏差役和当地的老百姓,在路上挖壕沟掏坑穴,扑打驱赶蝗虫到壕沟坑穴里,用杷子把蝗虫堆集在一起,多得要以千斛来计算。直接灭杀蝗虫本身,蝗灾还不能制止,何况仅仅去攻击阴类事物,雨怎么能够停止呢?

《尚书大传》曰①:"烟氛郊社不修②,出川不祝③,风雨不时④,霜雪不降,责于天公⑤;臣多弑主⑥,孽多杀宗⑦,五品不训⑧,责于人公⑨;城郭不缮⑩,沟池不修,水泉不隆⑪,水为民害,责于地公⑫。"王者三公,各有所主⑬;诸侯卿大夫,各有分职。大水不责卿大夫而击鼓攻社,何知不然?鲁国失礼,孔子作经,表以为戒也⑭。公羊高不能实⑮,董仲舒不能定,故攻社之义,至今复行之。使高尚生⑯,仲舒未死,将难之曰:"久雨湛水溢,谁致之者?使人君也,宜改政易行,以复塞之。如人臣也,宜罪其人,以过解天⑰。如非君臣,阴阳之气偶时运也⑱,击鼓攻社,而何救止⑲?"

【注释】

①《尚书大传》:汉初伏胜撰写的解释《尚书》的著作,早已残缺。

②烟氛:烟火气,指古代祭天地时烧柴火和祭品的一种仪式。郊社:
　　古代冬至祭天叫"郊",夏至祭地叫"社"。修:治。

③祝:祷告。

④不时:不合时节,失调。

⑤责于天公:汉代儒生根据天人感应说,认为太师是调和阴阳的,如
　　有天灾发生,就应该处罚他。天公,汉代有太师、太保、太傅三公,
　　天公指太师。

⑥弑:古代臣杀君,子杀父称为"弑"。

⑦孽:庶子。宗:嫡长子。

⑧五品:即"五常",指君臣、父子、兄弟、夫妇、朋友间的五种关系。
　　不训:不顺,紊乱。训,顺从。

⑨人公:指太保。

⑩城郭:城墙。缮:修治。

⑪隆:旺盛。

⑫地公:指太傅。

⑬主:主管。

⑭表:标明,指出。戒:警戒。

⑮公羊高:战国时期齐国人,《春秋公羊传》的作者。

⑯使:如果。高:公羊高。生:活着。

⑰解(jiè):古代下级向上级行文报告。此指通达,上闻。

⑱运:运行。

⑲而何:如何。救止:制止。

【译文】

《尚书大传》上说:"祭祀天地的时候不认真举行仪式,不向山川之
神祷告,风雨失调,霜雪不按时而降,就要对天公进行责罚;臣下杀君主,

庶子杀嫡长子，五常紊乱，就要对人公进行责罚；不修治城墙，不清理沟池，水泉不旺盛，水给百姓造成了灾害，就要对地公进行责罚。"君主设置三公，各有所主管的事务；诸侯卿大夫，各有分内的职责。大水成灾不去责罚卿大夫，而去击鼓攻击土地神，怎么知道这是不对的呢？因为鲁国这样做是违背了礼的，所以孔子修《春秋》才指明它，并以此作为警戒。公羊高不能正确加以解释，董仲舒也不能做出定论，所以攻击土地神的做法，到现在仍然在实行。假使公羊高还活着，董仲舒也没有死，我将要责问他们说："长时间下雨大水漫溢，这是谁引起的？如果是君主，应当改革政治改变操行，以此来消除制止灾害。如果是臣下，就应当惩罚那个人，把他的过失禀告上天。如果不是君主和臣下的过失，而是当时阴阳之气的运行偶然造成的，采用击鼓攻击土地神的办法，怎么能制止大水呢？"

《春秋》说曰："人君亢阳致旱①，沉溺致水②。"夫如是，旱则为沉溺之行，水则为亢阳之操③，何乃攻社？攻社不解④，朱丝萦之⑤，亦复未晓。说者以为社，阴；朱，阳也。水，阴也，以阳色萦之，助鼓为救。夫大山失火，灌以瓮水⑥，众知不能救之者，何也？火盛水少，热不能胜也⑦。今国湛水，犹大山失火也；以若绳之丝，萦社为救，犹以瓮水灌大山也。

【注释】

①亢阳：阳气过盛，这里是"骄横"的意思。亢，高。
②沉溺：指迷恋酒色。
③操：行为。
④不解：不能理解。
⑤朱丝萦（yíng）之：用红绳把社坛围起来。萦，回旋缠绕。这种说

　　法见《春秋公羊传·庄公二十五年》《春秋繁露·止雨》。

⑥瓮：底本作"罋"，疑当作"瓮"字，"罋"与"瓮"的繁体"甕"形近
　　而误。下文"瓮"同此。瓮（wèng），小口大腹的陶制汲水罐。

⑦热：疑为"势"字之讹，形近而误。

【译文】

　　关于《春秋》的解释说道："君主骄横就会招来旱灾，迷恋酒色就会引来水灾。"如此说来，遇到旱灾君主就去沉溺酒色，遇到水灾君主就行为骄横，为什么却要攻击土地神呢？攻击土地神的道理不能理解，用红绳把社坛围绕起来，这种做法，同样也不能理解。解释这件事的人认为社，属于阴；红色，属于阳。水，属于阴，用代表阳的红色围绕它，辅以击鼓可以救治水灾。如果大山上失火，用瓦罐装水去救火，众人都知道这样不能灭火，为什么呢？因为火势盛大而水极少，力量上不能相胜。现在一个国家发生水灾，好比大山失火一样；用像绳子一样的朱丝，围绕社坛来救治水灾，就好比用瓦罐装水去浇灭大山上的大火一样。

　　原天心以人意①，状天治以人事②。人相攻击，气不相兼③，兵不相负④，不能取胜。今一国水，使真欲攻阳⑤，以绝其气，悉发国人⑥，操刀把杖以击之，若岁终逐疫，然后为可。楚、汉之际，六国之时，兵革战攻，力强则胜，弱劣则负。攻社一人击鼓，无兵革之威，安能救雨？夫一旸一雨⑦，犹一昼一夜也；其遭若尧、汤之水旱⑧，犹一冬一夏也。如或欲以人事祭祀复塞其变，冬求为夏，夜求为昼也。何以效之？久雨不霁，试使人君高枕安卧，雨犹自止。止久至于大旱，试使人君高枕安卧，旱犹自雨。何则？旸极反阴，阴极反旸。故夫天地之有湛也，何以知不如人之有水病也⑨？其有旱也，何以知不如人有瘅疾也⑩？祷请求福，终不能愈；变操易

行,终不能救。使医食药,冀可得愈;命尽期至^⑪,医药无效。

【注释】

①原:考察。

②状:形容,比喻。

③兼:加倍。

④兵:兵力。负:通"倍"。

⑤阳:据文意,疑当作"阴"字。

⑥悉:全部。

⑦旸(yáng):晴。

⑧尧、汤之水旱:尧统治的时候天下发生了大洪水,成汤统治时天下
　　发生了旱灾。

⑨如:象。水病:水肿病。

⑩瘅(dàn)疾:中医病名,这里指湿热所致,身热口渴,色黄如橘的
　　一种黄疸病。瘅,通"疸"。

⑪命:王充称其为"天命",认为这是一种决定人的生死夭寿与贫贱
　　富贵的神秘力量,具体分为寿命与禄命两种,是人在母体时受上
　　天之气所形成的,每个人受到的气不同,所以命运也不同。参见
　　《气寿篇》。期:期数,期限。

【译文】

　　根据人的心意来推求天的心意,用人间的事情来比喻上天所治理
的事情。人们互相攻击,如果气力不超过别人一倍,兵力不超过别人一
倍,就不能取得胜利。现在一个国家发生水灾,如果真想要通过攻击阴
类事物,以断绝造成水灾的阴气的话,应该把全国人都发动起来,拿着刀
和棍子去攻击土地神,就像年终驱逐疫鬼那样,这样做了以后才是适合
的。楚、汉相争的时候,六国征战的时期,各国发兵战守攻防,力量强大
就获胜,力量弱小就失败。攻击土地神,只有一个人击鼓,没有军队的威

力,怎么能够救治大雨造成的灾害呢?一天晴一天雨,好比一昼一夜一样;国家如果遭到像尧、汤那时的洪水和久旱,就好比一冬一夏一样。如果有人想通过人的活动以及祭祀的办法去消除水旱灾害,就像想使冬天变成夏天,夜晚变成白天一样。用什么来证实这一点呢?久雨不晴的时候,试让君主在高枕上安心躺着,雨仍然会自行停止。雨停久了就出现大旱,试让君主在高枕上安心躺着,旱久了就仍然会自行下雨。为什么呢?天气晴、旱到了极点,就会转变成阴、雨;天气阴、雨到了极点就会转变成晴、旱。所以天地之间出现了大水,怎么知道不像是人得了水肿病呢?天地之间出现了久旱,怎么知道不像是人得了黄疸病一样呢?祷告祈求神灵赐福,病终究不会痊愈;改变操行,最终也不能够得救。请医生诊病吃药,才有希望痊愈;命里注定的寿限完了,死期到了,医药也就没有效果了。

　　尧遭洪水,《春秋》之大水也,圣君知之,不祷于神,不改乎政,使禹治之,百川东流。夫尧之使禹治水,犹病水者之使医也。然则尧之洪水,天地之水病也;禹之治水,洪水之良医也。说者何以易之?攻社之义,于事不得。雨不霁,祭女娲,于礼何见?伏羲、女娲,俱圣者也。舍伏羲而祭女娲,《春秋》不言。董仲舒之议,其故何哉[1]?夫《春秋经》但言鼓[2],岂言攻哉[3]?说者见有鼓文[4],则言攻矣。夫鼓未必为攻,说者用意异也。

【注释】

[1]故:理由。

[2]但:只是,仅仅。

[3]岂:何,哪里。

④文：字。

【译文】

尧在位时遭受洪水之灾，《春秋》上也提到过这次大水，圣君尧知道了此事，既不对神祷告，也不改变政治，而是派大禹去治理洪水，将所有的河流都疏通使之向东流去。尧派大禹治水，好比水肿病人求医治病。然而尧在位时的洪水，是天地的水肿病；大禹去治水，好比是洪水的良医。解释《春秋》的人怎么能改变这个道理呢？攻击土地神的做法，不符合于事理。久雨不止，祭祀女娲，在礼制上哪里见到过呢？伏羲、女娲，都是圣人。抛开伏羲而祭祀女娲，《春秋》上没有讲过这件事。董仲舒这种祭女娲的建议，其理由是什么呢？《春秋经》上只是说到"击鼓"，哪里说"攻击"呢？解释《春秋》的人见有"鼓"字，就认为是"攻击"了。讲到击鼓未必就是攻击，解释者的用意和《春秋》的本义有区别。

季氏富于周公①，而求也为之聚敛而附益之②。孔子曰："非吾徒也，小子鸣鼓攻之③，可也。"攻者，责也，责让之也④。六国兵革相攻，不得难此。此又非也。以卑而责尊，为逆矣。或据天责之也⑤。王者母事地，母有过，子可据父以责之乎？下之于上，宜言谏⑥。若事⑦，臣、子之礼也；责让，上之礼也。乖违礼意⑧，行之如何？

【注释】

①季氏：季孙氏，春秋末期鲁国大夫，这里指的是季康子。周公：这里指的是鲁国的公室（周初封周公于鲁，鲁国国君是周公的后代）。

②求：冉求，孔子学生，季康子的家臣。也：句中表示停顿的语气词。聚敛：搜刮财物。附益：增加。

③小子：这是孔子对其学生的称呼。鸣鼓：击鼓。引文见《论

语•先进》。

④责让：斥责。

⑤或据天责之也：据文意，疑本句"或"字后脱一"曰"字。

⑥谏：古时臣劝君、子劝父、下劝上叫"谏"。

⑦若事：这种事，指"谏"。若，此。

⑧乖违：违反。

【译文】

季孙氏比鲁国的公室还富裕，冉求却继续帮他搜刮聚敛财物来增加他的财富。孔子说："冉求不配做我的学生了，你们学生可以敲着鼓公开讨伐他。"这里"攻"的意思是责备，是斥责他。因此将"攻"训为"攻击"并以六国用兵相互攻战为例子，是不能用来责难攻社这件事的。这种说法又不对了。以卑下的身份去责备尊贵的人，是逆礼行事。也有人根据天意来谴责土地神。君主把土地当作母亲来侍奉，母亲有过错，儿子可以按照父亲的意志来谴责母亲吗？下对于上，应该用"谏"。这样做，是臣和子应遵守的礼节；斥责，是君主应遵守的礼节。违反礼的事，怎么能施行呢？

　　夫礼以鼓助号呼①，明声响也。古者人君将出，撞钟击鼓，故警戒下也②。必以伐鼓为攻此社，此则钟声鼓鸣攻击上也。

【注释】

①助：助长。

②故：本来。

【译文】

　　按照礼仪，击鼓是用来助长呐喊，使声音更响亮的。古时候，君主将要外出，就要撞钟击鼓，本来是用来警戒臣民的。一定要把击鼓说成是攻击土地神,这就等于把撞钟击鼓说成是攻击君主了。

大水用鼓,或时再告社①。阴之太盛,雨湛不霁,阴盛阳微,非道之宜②。口祝不副③,以鼓自助,与日食鼓用牲于社,同一义也。俱为告急,彰阴盛也④。事大而急者用钟鼓,小而缓者用铃狄⑤,彰事告急,助口气也。大道难知⑥,大水久湛,假令政治所致,犹先告急,乃斯政行⑦。盗贼之发,与此同操。盗贼亦政所致,比求阙失⑧,犹先发告。鼓用牲于社,发觉之也。社者,众阴之长,故伐鼓使社知之。说鼓者以为攻之,故"攻母""逆义"之难,缘此而至。今言告以阴盛阳微,攻尊之难,奚从来哉⑨!且告宜于用牲,用牲不宜于攻。告事用牲,礼也;攻之用牲,于礼何见?

【注释】

①或时:或者。

②道:天道。宜:适宜。

③不副:不相称,不够。

④彰:表明。

⑤狄:疑为"篍"字之讹,形近而误。篍(qiū),吹筒。中空可吹的竹管,古代用于警戒或督役的哨子。

⑥大:据文意,疑为"天"字之讹,形近而误。

⑦乃斯:这才。

⑧比:及,到。阙失:过失。阙,缺误,疏失。

⑨奚:何。

【译文】

大水时采用击鼓的方式,也许是为了进一步向土地神告急。阴气太盛,久雨成涝天不放晴,阴气过盛阳气衰微,这与天道不合。光凭嘴祷祝还不够,另外用击鼓的方式来辅助,这与日蚀时击鼓并用牲口祭祀土地神是同一个道理。都是向土地神告急,表明阴气过盛了。事情重大而紧急就使用钟鼓,事情不大不急就使用铃筴,表明事情紧急,用以辅助嘴上的祷告。天道难以明白,大水久不消退,如果是由于政治所引起的,仍然先要告急,这才修政改行。盗贼之事发生,与此同样办理。盗贼出现也是由于政治所造成的,等到寻求政治上的过失时,仍然是先发布文告。击鼓并用牲口祭祀土地神,是为了让他知道阴气过盛了。社,是所有阴类之首,所以击鼓使社知道阴气过盛了。解释"鼓"字的人认为击鼓是攻击土地神,所以"攻母""逆义"之类的非难,就由此产生了。现在说击鼓是为了告诉土地神阴气盛,阳气衰,那么攻击尊上的这种指责,还怎么会产生呢?而且祷告适宜于用牺牲,奉献牺牲与攻击并不相宜。祷告时奉献牺牲,是礼所规定的;用奉献牺牲进行攻击,这在礼制中哪儿见到过呢?

朱丝如绳①,示在旸也②。旸气实微,故用物微也。投一寸之针③,布一丸之艾于血脉之蹊④,笃病有瘳⑤。朱丝如一寸之针、一丸之艾也。吴攻破楚⑥,昭王亡走⑦,申包胥间步赴秦⑧,哭泣求救,卒得助兵,却吴而存楚⑨。击鼓之人,伐如何耳⑩;使诚若申包胥,一人击得。假令一人击鼓,将耐令社与秦王同感⑪,以土胜水之威,却止云雨。云雨气得与吴同恐,消散入山,百姓被害者得蒙霁晏⑫,有楚国之安矣。

【注释】

①如:或。

②旸:疑为"阳"字之讹。"旸"与"阳"字繁体"陽"形近而误,下句

"旸"字同此。

③针:指针灸用的针。

④布:施放。艾:艾叶,中医将艾叶晾干后制成艾绒,用来烧灼穴位治病。蹊(xī):小路,这里指经络穴位。

⑤笃病:重病。瘳(chōu):愈。

⑥吴攻破楚:前506年,吴王阖闾进攻楚国,占领了楚国的国都郢。吴,春秋后期吴国,在今江苏、安徽、浙江一带。楚,春秋后期楚国,在今湖北、湖南北部,河南南部以及安徽西南部一带。

⑦昭王:楚昭王,楚国君主,前515—前489年在位。亡走:逃走。

⑧申包胥:楚国大夫。间步:偷跑。秦:春秋时期秦国,在今陕西、甘肃一带。

⑨却:退,打退。参见《左传·定公四年》。

⑩伐:据文意,疑当作"诚"字。

⑪秦王:指秦哀公,前536—前501年在位。

⑫晏:晴朗。

【译文】

用红丝或红绳把社坛围绕起来,是表示阳气的存在。阳气实在太微弱了,所以只能用细微的东西来象征。在经络穴位上插入一寸长的针,放上一丸艾绒,重病也能治好。红丝好比一寸之针、一丸艾绒也能起作用。吴国攻破楚国都城,楚昭王逃奔出走,申包胥偷跑到秦国,向秦哀公哭泣请求救援,终于得到救兵,打退了吴军而保全了楚国。击鼓之人,就看他诚意怎么样了;假使诚意像申包胥一样,有一个人击鼓就可以了。假如让一个人击鼓,能让土地神同秦哀公一样受感动,以土能克水的威力,就能消退遏止云雨之气。云雨之气就会和吴国害怕秦国一样,消散退入山中,遭受水灾之害的老百姓,就会得到雨止天晴的好处,有像楚国一样的安全。

迅雷风烈，君子必变①，虽夜必兴②，衣冠而坐③，惧威变异也④。夫水旱，犹雷风也，虽运气无妄⑤，欲令人君高枕据卧⑥，以俟其时⑦，无恻怛忧民之心⑧。尧不用牲，或时上世质也⑨。仓颉作书⑩，奚仲作车，可以前代之时无书、车之事，非后世为之乎⑪？时同作殊，事乃可难；异世易俗，相非如何？

【注释】

①变：改变常态。

②兴：起。

③衣冠而坐：穿起衣服，正襟危坐。以上四句参见《礼记·玉藻》。

④威：畏惧，敬畏。

⑤运气：指自然运行的阴阳之气。无妄：即《明雩篇》所说的"无妄之变"，王充指的是一种意想不到的自然灾害，即在君主德行醇厚、政治得当情况下发生的灾害。

⑥据：底本作"㨿"，递修本作"据"，据改。据，安。

⑦俟（sì）：等待。

⑧恻怛（dá）：痛苦，伤痛。

⑨质：淳朴。

⑩书：文字。

⑪非：非难，指责。

【译文】

遇到迅猛的炸雷和猛烈的风，君子就要改变常态，即使在半夜里也要爬起来，穿戴好衣帽，正襟危坐，畏惧异常情况的发生。水旱灾害就像雷风一样，即使是阴阳之气造成的意外之灾，想让君主高枕安卧，等待晴天的到来，这就表明君主没有怜悯百姓的伤痛之心。尧不奉献牺牲，或许是因为古代的人纯朴的缘故。仓颉创造文字,奚仲制造车子,能因为前代之时没有文字、车子这样的东西,就非议后世制作这些东西吗? 时代相同而做法不一样,对这样的事才能进行非难;时代不同,风俗习惯有所改变,怎么能相互责难呢?

世俗图画女娲之象①,为妇人之形,又其号曰"女"。仲舒之意,殆谓女娲古妇人帝王者也②。男阳而女阴,阴气为害,故祭女娲求福祐也。传又言:"共工与颛顼争为天子,不胜,怒而触不周之山③,使天柱折④,地维绝⑤。女娲消炼五色石以补苍天⑥,断鳌之足以立四极⑦。"仲舒之祭女娲,殆见此传也。本有补苍天、立四极之神,天气不和,阳道不胜,傥女娲以精神助圣王止雨湛乎⑧!

【注释】

①世:底本无,递修本本句"俗"字前有一"世"字,据补。

②殆:大概。

③不周之山:即不周山。

④天柱:古代神话中撑天的柱子。折:断。

⑤地维:古代传说中系地的绳子。维,绳子。绝:断。

⑥消炼:熔炼。

⑦鳌(áo):传说中海中能负山的大鳖或大龟。立:树立,支撑。极:边。引文参见《淮南子·天文训》。

⑧傥(tǎng):也许。

【译文】

世俗之人图画女娲的像,把她画成妇人的形体,又号称她为"女"。董仲舒的原意,大概认为女娲是古代的女帝王。男属阳女属阴,阴气造成灾害,因此祭祀女娲求她给予福祐。传上又说:"共工与颛顼交战争做天子,不能取胜,愤怒地碰撞不周山,使得天柱折断,地的四角塌陷。女娲熔炼五色石来修补苍天,砍断鳌的四足来支撑大地的四边。"董仲舒之所以要祭祀女娲,大约是见到过这些传文。女娲本来就具有修补苍天、支撑大地四极的神通,天气不调和,阳气胜不过阴气,祭祀女娲,也许是认为女娲可以用她的精神帮助圣王止雨消涝吧!

乱龙篇第四十七

【题解】

　　这是一篇替董仲舒所宣传的置土龙能致雨的说法进行辩护的文章。王充认为历来人们对于董仲舒土龙求雨这一说法的理解都不够透彻，所以他专门写作此篇为此事做解释。"乱"意为总结，这里引申为透彻解释之意，"龙"即为设土龙求雨之意，故名为《乱龙》。

　　董仲舒以天人感应论为基础提出以土龙求雨的说法，这一说法受到汉儒的怀疑，王充根据一些生活常识和神话传说以及民间风俗，得出"同类相招致"的理论，即凡事物的同类或同类的虚像，都可以相互招致、感应。由此他认为以土龙求雨也是能得到实效的，并指出即使土龙不能招雨，但是它在礼制上也具有重大的意义，其存在是完全合理的。

　　董仲舒申《春秋》之雩①，设土龙以招雨②，其意以云龙相致③。《易》曰："云从龙，风从虎。"④以类求之⑤，故设土龙，阴阳从类，云雨自至。

【注释】

　　①申：发挥。雩（yú）：古代求雨的祭祀。

②土龙：用土做成的龙。

③致：招致。

④"《易》曰"几句：引文参见《周易·乾卦·文言》。

⑤类：同类。

【译文】

董仲舒发挥了《春秋》中记载的雩祭所包含的道理，通过摆设土龙的办法来求雨，他的意思是云和龙是同类之物，所以可以互相招致。《周易》上说："云气随龙而起，强风随虎而生。"根据同类相招致的道理，所以就设置土龙，由于阴气、阳气构成的万物是以类相感召的，所以和龙同类的云雨就自然来到了。

儒者或问曰：夫《易》言"云从龙"者，谓真龙也，岂谓土哉？楚叶公好龙①，墙壁槃盂皆画龙②。必以象类为若真是③，则叶公之国常有雨也。《易》又曰"风从虎"，谓虎啸而谷风至也。风之与虎，亦同气类。设为土虎，置之谷中，风能至乎？夫土虎不能而致风④，土龙安能而致雨？古者畜龙，乘车驾龙，故有豢龙氏、御龙氏⑤。夏后之庭⑥，二龙常在，季年夏衰⑦，二龙低伏⑧。真龙在地，犹无云雨，况伪象乎？礼，画雷樽象雷之形⑨，雷樽不闻能致雷，土龙安能而动雨？顿牟掇芥⑩，磁石引针⑪，皆以其真是，不假他类⑫。他类肖似⑬，不能掇取者，何也？气性异殊⑭，不能相感动也。刘子骏掌雩祭⑮，典土龙事，桓君山亦难以顿牟、磁石不能真是⑯，何能掇针取芥，子骏穷无以应。子骏，汉朝智囊⑰，笔墨渊海⑱，穷无以应者，是事非议误⑲，不得道理实也。

【注释】

①楚:春秋时楚国,在今湖北、湖南北部、河南南部以及安徽西南部一带。叶公(约前550—前470):楚国贵族,名诸梁,字子高,封于叶(在今河南叶县西南),自称叶公。好:喜好。

②樊(pán):通"盘",木盘。古代承水器皿。盂:盛水的器皿。上事参见《新序·杂事五》。

③若:如。真是:真实。

④能:疑为衍文,下句"能"字同。而:通"能"。

⑤豢(huàn)龙氏、御龙氏:因官职而得的姓氏。豢,饲养牲畜。御,驾驭。

⑥夏后:夏后氏,指夏朝。庭:朝廷。

⑦季年:末年。

⑧低伏:潜伏。

⑨雷樽(zūn):刻有雷、云图案的酒樽。樽,古代盛酒的器皿。

⑩顿牟掇(duō)芥:指玳瑁经过摩擦,能吸引小草一类细小的东西。顿牟,玳瑁。掇,拾取,吸取。芥,小草。

⑪磁石:吸铁石。引:吸引。

⑫假:假借,借用。他:别的。

⑬肖似:犹相似,相像。肖,相像。

⑭异殊:不同。

⑮刘子骏(约前50—23):刘歆(xīn),字子骏,后改名为秀,字颖叔。西汉末期学者,古文经学派的开创者。王莽执政,立古文经博士,他任国师。后因谋反,事泄自杀。

⑯桓君山(前23—56):桓谭,字君山,汉代朴素唯物主义思想家。难:责难。

⑰智囊:形容足智多谋。

⑱笔墨渊海:形容学问渊博,擅长写文章。

⑲是：这。非议：指责。

【译文】

儒者中有人发问说：《周易》上讲"云从龙"，说的是真正的龙，哪里是说的土龙呢？楚国叶公喜好龙，家中的墙壁上盘盂上到处都画有龙。如果一定要把相类似的东西当作和真实的东西一样，那么叶公的封地就应该经常有雨了。《周易》上又说"风从虎"，说虎呼啸一声，山谷中就会吹起风。风和虎，它们的气也同属一类。假设做一个土虎，把它放在山谷之中，风能够吹来吗？如果土虎不能招来风，土龙怎么能够招来雨呢？古代人能够畜养龙，乘车时驭龙拉车，所以有豢龙氏和御龙氏这两个因职位而得姓的家族。夏代的朝廷上，经常有两条龙在那里，夏朝末世衰败，两条龙就潜藏不见了。真正的龙在地上，尚且不能招来云雨，何况土龙呢？按照礼制，雷樽上面要刻画云雷的图案，没有听说雷樽能够引来雷，土龙怎么能够引来雨呢？玳瑁壳经摩擦能吸引细小的东西，磁石能够吸引铁针，都因为它们是真实的东西，不是别的东西代替的。别的东西即使很相似，也不能够吸引这些东西，这是为什么呢？因为构成它们的气所具有的性质不相同，所以也就不能互相感应了。刘歆掌管零祭，主持设置土龙的事情，桓谭也曾用玳瑁、磁石不是真的怎么能吸针取芥来责难过刘歆，刘歆理屈词穷无法回答。刘歆是汉朝足智多谋的人物，学识渊博，理屈词穷无法回答的原因，是由于桓谭用这种事例来加以指责是错误的，而自己却不懂得其中的真实道理。

曰：夫以非真难，是也；不以象类说①，非也。夫东风至②，酒湛溢③。鲸鱼死，彗星出④。天道自然，非人事也。事与彼云龙相从，同一实也。

【注释】

①说：解释。

②东风:春风。

③湛溢:满出来,这里指正在酿制中的酒发酵膨胀。

④彗星:俗称"扫把星"。古人认为扫把星出现是一种不吉祥的征
　　兆。参见《淮南子·览冥训》。

【译文】

我认为:用土龙不是真的作为理由提出责难,这是对的;但不用相类
似的东西可以相互招致的说法来解释,这是错误的。春风吹来了,酒发
酵膨胀溢出来了。鲸鱼死了,彗星出现了。这些都是天道的自然规律,
并不是人为的。这些事情跟那种云和龙相互感召是同一个道理。

日,火也;月,水也。水火感动,常以真气。今伎道之
家①,铸阳燧取飞火于日②,作方诸取水于月③,非自然也,而
天然之也。土龙亦非真,何为不能感天? 一也。

【注释】

①伎道之家:这里主要指方士。伎,技艺,指手工艺、医术等。道,道
　　术。指求仙、炼丹等。

②阳燧:古代利用阳光取火的凹面铜镜。

③方诸:古代在月亮下承接露水用的器具。

【译文】

太阳,属火;月亮,属水。水、火与它们的同类相感应,经常是通过其
原本形态表现出来的。现在的方士,炼铸阳燧从太阳那里取火,制作方
诸从月亮那里承接露水,阳燧与方诸都不是自然生成的东西,然而天还
是使它们取得了火和水。土龙也不是天然产生的,为何不能感动天而得
雨呢? 这是土龙能致雨的第一条理由。

阳燧取火于天,五月丙午日中之时①,消炼五石②,铸以为器,乃能得火。今妄取刀剑偃月之钩③,摩以向日④,亦能感天。夫土龙既不得比于阳燧⑤,当与刀剑偃月钩为比。二也。

【注释】

①五月:夏历五月,古人认为一年中五月时阳气最盛。丙午:古人将天干和地支相配纪日,按照阴阳五行的说法,天干与地支分别与金、木、水、火、土五行相配,丙与午都属火,"五月丙午"是阳气、火气最盛的日子。

②五石:指丹砂、雄黄、白矾、曾青、磁石。据说古代铸铜器须加五石。另一种说法认为王充此处讲的阳燧是一种玻璃制品。

③妄:胡乱,随便。刀剑偃月之钩:刀剑头部的弯曲部分。偃月,月牙形。

④摩:摩擦。向日:向着太阳。

⑤既:即,便。

【译文】

想要用阳燧从天上取火,要在五月丙午那天太阳正中的时候,熔炼五种矿石,用它们铸造成阳燧,才能够取得火。现在随便拿刀剑月牙形的弯曲部分,摩擦以后用它对着太阳,也能和天相感应而取得火。土龙即使不能和阳燧相比,也可与刀剑的月牙形弯钩相比。这是土龙能致雨的第二条理由。

齐孟尝君夜出秦关①,关未开,客为鸡鸣而真鸡鸣和之②。夫鸡可以奸声感③,则雨亦可以伪象致。三也。

【注释】

①齐孟尝君夜出秦关:据《史记·孟尝君列传》记载,孟尝君曾任秦昭王的相,后秦昭王要杀他,他便连夜跑到函谷关。秦国规定,鸡鸣才能开关,于是他的一名食客便学鸡叫,附近的鸡跟着叫了起来,秦国的守关官吏便打开关门,他就趁机逃走了。孟尝君,齐国贵族。秦关,指秦国东境的函谷关。

②客:指孟尝君手下的一名食客。和:应和。

③奸声:伪装的声音。奸,伪。

【译文】

齐国的孟尝君想连夜逃出秦国的函谷关,当时关门未开,他的食客学鸡叫而真的鸡也应和着叫了起来。鸡可以由伪装的叫声所感动,那么雨也可以由假的土龙所引来。这是土龙能致雨的第三条理由。

李子长为政①,欲知囚情②,以梧桐为人,象囚之形。凿地为坎③,以卢为椁④,卧木囚其中。囚罪正⑤,则木囚不动;囚冤侵夺⑥,木囚动出。不知囚之精神着木人乎⑦?将精神之气动木囚也⑧?夫精神感动木囚,何为独不应从土龙?四也。

【注释】

①李子长:人名。为政:治理政事。

②囚:囚犯。

③凿:掘。坎:坑穴。

④卢:通"芦",芦苇。椁(guǒ):古代套于棺外的大棺。

⑤罪正:判罚正确,罪有应得。

⑥冤:冤枉。侵夺:被逼迫,受陷害。

⑦着：附着。

⑧将：还是。

【译文】

　　李子长治理政事，想要了解囚犯的实情，就用梧桐木做成一个假人，代表囚犯的形象。在地上挖一个坑，用芦苇做成棺椁，把木做的囚犯躺着放在里面。如果囚犯罪有应得，那么木囚犯就不动；如果囚犯冤枉受害，木囚就会移动出来。不知是囚犯的精神附着在木头人身上了呢？还是囚犯的精神之气感动了木头人呢？如果囚犯的精神能感动木囚，云雨为什么偏偏不能受土龙的感应而到来呢？这是土龙能致雨的第四条理由。

　　舜以圣德，入大麓之野①，虎狼不犯，虫蛇不害。禹铸金鼎象百物，以入山林，亦辟凶殃②。论者以为非实③。然而上古久远，周鼎之神④，不可无也。夫金与土，同五行也，使作土龙者如禹之德，则亦将有云雨之验。五也。

【注释】

①麓（lù）：山脚。野：旷野。

②辟：排除。凶殃：灾祸，这里是指给人带来灾祸的东西。

③非实：不是真的。

④周鼎：传说中大禹所铸造的鼎，传到周朝。

【译文】

　　舜因为他的圣德，进入大山脚下的旷野中，虎狼不侵犯他，虫蛇不伤害他。禹铸造了刻画有百物图像的大铜鼎，人们凭借着对鼎上所刻画的生物的认识，进入山林，也能够避开灾祸之物。论说这件事的人认为这些传说都不是真的。然而上古距离现在很久远了，关于周鼎神奇的事，不能说没有。金与土同在五行之中，假使堆制土龙的人也有像禹那样的道德，那么也将有招致云雨的效验。这是土龙能致雨的第五条理由。

　　顿牟掇芥，磁石、钩象之石非顿牟也①，皆能掇芥。土龙亦非真，当与磁石、钩象为类。六也。

【注释】
①钩象之石：指象牙。

【译文】
　　玳瑁壳能吸引细小之物，磁石、象牙不是玳瑁壳，它们同样能够吸引细小之物。土龙也不是真的龙，应当能和磁石、象牙类比。这是土龙能致雨的第六条理由。

　　楚叶公好龙，墙壁盂樽皆画龙象，真龙闻而下之。夫龙与云雨同气，故能感动，以类相从。叶公以为画致真龙①，今独何以不能致云雨？七也。

【注释】
①为：通"伪"，假装，欺诈。

【译文】
　　楚国叶公喜好龙，在家里的墙壁、盂樽上都画有龙的图像，真正的龙听说了就下到叶公家里。龙与云、雨同属于一种气，所以能相互感动，因为是同类而相互应从。叶公因为画龙而招来了真的龙，现在设土龙为什么偏偏不能招致云雨呢？这是土龙能致雨的第七条理由。

　　神灵示人以象不以实①，故寝卧梦悟见事之象②。将吉,吉象来;将凶,凶象至。神灵之气,云雨之类也。神灵以象见实③,土龙何独不能以伪致真? 八也。

【注释】

①神灵:神奇灵异的东西,这里指鬼神。象:虚像,征兆。

②寝卧:睡觉。

③以象见实:通过虚像来预示将要出现的真实的事情。

【译文】

鬼神向人们显示的是虚像而不是实体,所以睡觉时在梦中见到的都是事物的虚像。如果有吉事要发生,吉祥的征兆就会出现;如果有凶事要发生,凶祸的征兆就会出现。神灵所具有的气,与云雨同属一类。神灵通过虚像预示将要出现的真实事情,为什么土龙偏偏不能以假的招致真的呢? 这是土龙能致雨的第八条理由。

上古之人,有神荼、郁垒者①,昆弟二人②,性能执鬼③,居东海度朔山上④,立桃树下,简阅百鬼⑤。鬼无道理,妄为人祸,荼与郁垒缚以卢索⑥,执以食虎⑦。故今县官斩桃为人⑧,立之户侧⑨,画虎之形,著之门阑⑩。夫桃人非荼、郁垒也,画虎非食鬼之虎也,刻画效象⑪,冀以御凶⑫。今土龙亦非致雨之龙,独信桃人、画虎,不知土龙。九也。

【注释】

①神荼(shū)、郁垒(lǜ):传说中的两个门神。

②昆弟:兄弟。

③执:捉拿。

④度朔山:传说中的山名。

⑤简阅:查看。

⑥缚:捆绑。卢索:即芦索,芦苇制的绳子。

⑦食(sì):供养,喂养。

⑧县官:古代称呼天子所居住的都城以及周围地区为县,所以称呼天子为县官,此处指汉代皇帝。斩桃为人:砍桃树做成木头人。斩,砍。

⑨户侧:门旁。

⑩著:附着。门阑:门框。

⑪效:仿效,模仿。

⑫冀:希望。御:抵御。

【译文】

上古时代有叫神荼、郁垒的人,兄弟二人具有捉拿恶鬼的本领,他们居住在东海度朔山上,站立在桃树之下查看天下的恶鬼。如果鬼不遵道理胡作非为给人造成灾祸,荼与郁垒就用芦索捆住它们,抓它们去喂虎。所以当今天子让人们砍桃树做成木头人,让桃人站立在门旁,画上虎的形状,把它贴在门框上。桃人并不是荼和郁垒,画的虎也不是吃鬼的那只虎,刻桃人,画老虎,以模仿它们的形状,希望借助它们来抵御凶祸。如今土龙也不是能招致雨的真龙,只相信桃人和画虎能御凶,却不知道土龙能招致云雨。这是土龙能致雨的第九条理由。

此尚因缘昔书①,不见实验。鲁般、墨子刻木为鸢②,蜚之三日而不集③,为之巧也。使作土龙者若鲁般、墨子,则亦将有木鸢蜚不集之类。夫蜚鸢之气,云雨之气也。气而蜚木鸢④,何独不能从土龙? 十也。

【注释】

①因缘:沿袭。昔:古。

②鸢（yuān）：老鹰。

③蜚（fēi）：通"飞"。集：降落。

④而（néng）：通"能"。

【译文】

这些还只是沿袭古书上的说法，没有见到过实际效验。鲁般、墨子用木头雕刻成老鹰，木鹰飞了三天都不落下，是因为做得很巧妙。假使堆制土龙的人像鲁般、墨子那样，那么也将会有木鹰高飞不落之类的事情。使木鹰飞起来的气，就是云雨之气。气能使木鹰飞起来，为什么偏偏不能与土龙相应从呢？这是土龙能致雨的第十条理由。

夫云雨之气也，知于蜚鸢之气①，未可以言。钓者以木为鱼，丹漆其身②，近之水流而击之③，起水动作，鱼以为真，并来聚会。夫丹木非真鱼也，鱼含血而有知，犹为象至。云雨之知，不能过鱼。见土龙之象，何能疑之？十一也。

【注释】

①知（zhì）：同"智"，聪明，智慧。

②丹：红。

③尽：靠近，贴近。击：拍打。

【译文】

假如形成云雨的气比使木鹰飞翔的气聪明，因而不能用这一事例来说明问题。那么钓鱼的人把木头雕刻成鱼，在鱼身上漆上红漆，将木鱼迎水飘浮并且在水面击打它，水被激起，木鱼浮动，游鱼以为它是真鱼，一齐集聚过来。红漆的木鱼不是真的鱼，鱼有血气而且有知觉，尚且被木鱼的形象所引来。云雨的知觉，不能超过鱼。见到土龙的形象，怎么能够怀疑它呢？这是土龙能致雨的第十一条理由。

此尚鱼也,知不如人。匈奴敬畏郅都之威^①,刻木象都之状,交弓射之^②,莫能一中。不知都之精神在形象邪?亡将匈奴敬鬼精神在木也^③?如都之精神在形象,天龙之神亦在土龙。如匈奴精在于木人,则雩祭者之精亦在土龙。十二也。

【注释】

①郅都:西汉人。执法不避贵戚,列侯宗室见他总是侧目而视,号曰"苍鹰"。景帝时任雁门太守,匈奴贵族都很怕他,在他的任期之内都不敢靠近雁门关。上事参见《史记·酷吏列传》。

②交弓:乱箭。

③亡将:还是。亡,选择连词。鬼:据文意,疑当作"畏"字。

【译文】

这还只是鱼类,它的知觉不如人。匈奴敬畏郅都的威严,于是刻一个木头人来代表郅都的形象,用乱箭射木像,没有一箭射中。不知是郅都的精神附着在木像上了呢?还是匈奴害怕郅都的心理附着在木像上了呢?如果郅都的精神附于木像上,天龙的精神也会附在土龙上。如果匈奴害怕的心理附在木像上,那么雩祭者的精神也就可以附在土龙上。这是土龙能致雨的第十二条理由。

金翁叔^①,休屠王之太子也^②,与父俱来降汉^③,父道死,与母俱来,拜为骑都尉^④。母死,武帝图其母于甘泉殿上^⑤,署曰"休屠王焉提"^⑥。翁叔从上上甘泉^⑦,拜谒起立^⑧,向之泣涕沾襟^⑨,久乃去。夫图画,非母之实身也,因见形象,涕泣辄下,思亲气感^⑩,不待实然也。夫土龙犹甘泉之图画也,云雨见之,何为不动?十三也。

【注释】

①金翁叔：金日磾（mì dī，前134—前86），字翁叔，匈奴人。汉武帝时降汉，官至车骑将军。昭帝年幼时，曾为辅政大臣之一。

②休屠：匈奴的一个部落，在今甘肃武威一带。

③与父俱来降汉：据《汉书·金日磾传》记载，休屠王因为跟匈奴单于有矛盾，害怕被杀，于是投降汉朝。

④骑都尉：汉代武官名。

⑤图：画。甘泉：指甘泉宫。

⑥署：题字。焉提：即"阏氏"，匈奴王后的称号。

⑦从上：跟随皇帝。

⑧拜谒（yè）：礼拜，瞻仰。谒，拜见。

⑨泣涕：眼泪。沾：沾湿。襟：衣襟。

⑩感：感动。

【译文】

　　金翁叔是休屠王的太子，他与父亲一同归降汉朝。父亲在路上死了，他与母亲一同来，汉朝拜他为骑都尉。他母亲死后，汉武帝在甘泉宫的殿上画了他母亲的像，像上题字"休屠王焉提"。金翁叔跟随皇帝到甘泉宫，瞻仰他母亲的画像后站立在像前，向着画像哭泣眼泪沾湿了衣襟，很久才离开。图画上的像，不是他母亲的真实身体，他是因为见到母亲的形象，眼泪就自然流下来了，被思念母亲的情绪所激动，用不着他母亲真的出现。土龙好比是甘泉宫中的画像，云雨见到它，怎么会不受感动呢？这是土龙能致雨的第十三条理由。

　　此尚夷狄也①。有若似孔子②，孔子死，弟子思慕，共坐有若孔子之座③。弟子知有若非孔子也，犹共坐而尊事之④。云雨之知，使若诸弟子之知，虽知土龙非真，然犹感动,思类而至。十四也。

【注释】

①夷狄:古代中原人对于周边少数民族的称呼。

②有若:孔子的学生。

③坐:使某人就座,推举。座:座位。

④事:侍奉。

【译文】

以上还只是在夷狄发生的事情。有若的相貌酷似孔子,孔子死后,弟子们思慕他,共同推有若坐在孔子的座位上。弟子们知道有若并不是孔子,还要共同推他坐在孔子的位置上而且尊敬地侍奉他。云雨的智慧,假使和孔子弟子们的智慧一样,即使知道土龙不是真龙,然而仍会受感动,因思慕同类而到来。这是土龙能致雨的第十四条理由。

有若,孔子弟子疑其体象①,则谓相似。孝武皇帝幸李夫人②,夫人死,思见其形。道士以术为李夫人③,夫人步入殿门,武帝望见,知其非也,然犹感动,喜乐近之④。使云雨之气,如武帝之心,虽知土龙非真,然犹爱好感起而来。十五也。

【注释】

①疑:通“拟”,比较。

②幸:宠爱。

③道士:指以求仙、炼丹为职业的人,即秦汉时期的儒生。

④喜乐近之:上事参见《史记·封禅书》,其中“李夫人”作“王夫人”。

【译文】

有若，孔子的弟子们把他的形体、容貌和孔子相比较，就说是很相似。孝武皇帝宠爱李夫人，李夫人死后，武帝很想见到她。道士以法术变出了一个李夫人，李夫人走入殿门，武帝望见她，知道她不是真实的李夫人，然而还是很激动，高兴地想亲近她。假使云雨之气像武帝的心一样，即使知道土龙不是真龙，仍然会因爱好真龙，受到感应兴起而到来。这是土龙能致雨的第十五条理由。

既效验有十五，又亦有义四焉。立春东耕[①]，为土象人，男女各二人，秉耒把锄[②]；或立土牛，未必能耕也，顺气应时[③]，示率下也[④]。今设土龙，虽知不能致雨，亦当夏时以类应变[⑤]，与立土人土牛同义。一也。

【注释】

①立春东耕：古代在立春这天，百官都要到东郊去举行耕田仪式，叫"东耕"。

②秉：扶，持。耒（lěi）：古代一种可以脚踏的木制翻土农具。

③气：节气。时：时令。

④率：表率，榜样。下：指百姓。

⑤变：灾变，指旱灾。

【译文】

前面已经列举了十五个例证，这里还可以再举出四条理由。立春举行耕田仪式，用土堆成人像，男女各二人，手中拿着耒和锄；或者堆塑土牛，堆塑的土人、土牛未必能够耕地，只是要顺应节气时令，表示给老百姓做个榜样。现在设置土龙，即使知道不能招致云雨，也应当在夏季的时候，用与真龙类似的土龙来应付旱灾出现，这与堆塑土人、土牛是同一个道理。这是第一条理由。

　　礼，宗庙之主^①，以木为之，长尺二寸，以象先祖。孝子
入庙，主心事之^②，虽知木主非亲，亦当尽敬，有所主事。土
龙与木主同，虽知非真，亦当感动，立意于象^③。二也。

【注释】

①宗庙：祭祀祖先的庙。主：神主，祖宗的牌位。

②主：专注。

③象：指土龙。

【译文】

　　按照礼制，宗庙里的神主牌位，用木板做成，长一尺二寸，用来象征
先祖。孝子进入宗庙，一心一意地侍奉它，即使知道木牌位不是祖宗，也
应当尽力孝敬，表示出虔诚侍奉的意思。土龙与木牌位相同，即使知道
不是真龙，也应当受到感动，对土龙表示自己的心意。这是第二条理由。

　　涂车、刍灵^①，圣人知其无用，示象生存，不敢无也。夫
设土龙，知其不能动雨也，示若涂车、刍灵而有致^②。三也。

【注释】

①涂车、刍（chú）灵：泛指模拟的殉葬品。涂车，用泥做的车子。
　涂，泥。刍灵，用草做的人马。刍，草。

②致：尽心。

【译文】

　　涂车、刍灵这类东西，圣人知道它们没有什么作用，为了表示祖先像
还活着一样，不敢缺少这些东西。设置土龙，明知道它是不能招致云雨

的,但就像用涂车、刍灵殉葬一样,是为了表示尽心而已。这是第三条理由。

天子射熊①,诸侯射麋②,卿大夫射虎豹,士射鹿豕③,示服猛也④。名布为侯⑤,示射无道诸侯也。夫画布为熊麋之象,名布为侯,礼贵意象,示义取名也。土龙亦夫熊麋布侯之类。四也。

【注释】

①熊:指画着熊头的箭靶子。下文的麋、虎、豹、鹿、豕也都是指的箭靶。

②麋:麋鹿。

③豕(shǐ):猪。

④示服猛也:上文参见《礼记·乡射礼》。

⑤名:取名。

【译文】

天子射画有熊头的箭靶,诸侯射画有麋头的箭靶,卿大夫射画有虎头、豹头的箭靶,士人射画有鹿头、猪头的箭靶,以表示征服凶猛的东西。把画着熊、麋、虎、豹、鹿、猪的布靶子取名为"侯",是表示要射杀暴虐的诸侯之意。画熊、麋等物的头像在布靶上,把布靶取名为"侯",说明礼是注重含有深意的形象,为了显示寓意而取名的。土龙也就同画上熊麋的布侯一样。这是第四条理由。

夫以象类有十五验,以礼示意有四义。仲舒览见深鸿①,立事不妄,设土龙之象,果有状也②。龙暂出水③,云雨乃至。古者畜龙、御龙,常存,无云雨。犹旧交相阔远④,卒然相见⑤,欢欣歌笑,或至悲泣涕,偃伏少久⑥,则示行各恍忽矣⑦。《易》曰"云从龙",非言龙从云也。云樽刻雷云之象⑧,龙安肯来? 夫如是,传之者何可解⑨? 则桓君山之难可说也,则刘子骏不能对,劣也。劣则董仲舒之龙说不终也。《论衡》终之⑩,故曰"乱龙"。乱者⑪,终也。

【注释】

①览见:见识。鸿:博大。

②果:果真,确实。状:依据。

③暂:仓促,突然。

④阔远:阔别,久别。

⑤卒然:突然。卒,同"猝",突然。

⑥偃伏:俯仰,这里指生活在一起。偃,仰卧。伏,俯,趴着。

⑦示:据文意,疑为"亦"字之讹,形近而误。行:将。恍忽:模糊,淡漠。

⑧云樽:即雷樽。

⑨传之者:即本篇第二段对设土龙求雨提出疑问的人。何可解:还有什么可说的呢?

⑩终:尽,这里是透彻理解的意思。

⑪乱者:《意林》卷三引《论衡》文"者"字前有一"乱"字,据补。乱,辞赋的篇末总括全文要旨的一段文字叫"乱",这里是透彻解释的意思。

【译文】

上文以土龙形象似于龙而能招致云雨列出了十五个例证,以礼制的方面表示设置土龙的含义有四条理由。董仲舒阅历深见识广,不会随便确定某事,设置土龙,确实有他的根据。龙突然跃出水面,云雨才会到来。古时候饲养龙、驾御龙，龙经常存在，就没有云雨了。就像老朋友分别久了，突然遇见，心情愉快欢歌谈笑，甚至激动得流泪，相处的时间稍久一点，也就各自淡漠了。《周易》上说"云从龙"，没有说"龙从云"。雷樽上刻画雷云的图像，龙怎么肯下来呢？如果是这样，提出疑问的人还有什么可说的呢？那么桓谭提出的责难也可以解答了，而刘歆不能回答，是因为他才学低劣的缘故。刘歆的才学低劣，使董仲舒设土龙求雨的理论得不到透彻的解释。《论衡》对它进行了透彻的解释，所以此篇称作《乱龙篇》。乱，就是进行透彻地解释的意思。

遭虎篇第四十八

【题解】

汉儒宣称老虎吃人是天降灾异,是对功曹为非作歹发出的谴告,王充在此篇中针对此观点进行了批驳。王充指出老虎是"山林之兽""禀性狂勃",人走进山林之中,碰巧碰到"贪叨饥饿"的老虎而被吃掉,就像是人碰到蛇、蜂被咬死、蜇伤,遇到水、火而被淹死、烧死一样,并没有什么好奇怪的。老虎吃人与功曹为奸是不相干的两回事。老虎经常出没于"山林草泽",如果"必以虎食人应功曹之奸,是则平陆广都之县,功曹常为贤;山林草泽之邑,功曹常伏诛也"。实际上"案世清廉之士,百不能一。居功曹之官,皆有奸心,私旧故可以倖,苟苴赂遗,小大皆有。必谓虎应功曹,是野中之虎常害人也"。由此可见,"虎害人于野,不应政"。儒生的说法,不过是利用了"虎适食人,长吏遭恶"这样一种巧合事件罢了。但是王充却又认为野生动物进城是一种征兆,人被老虎吃掉是命中注定的,这又带有宿命论的色彩了。

变复之家,谓虎食人者,功曹为奸所致也[1]。其意以为,功曹众吏之率[2],虎亦诸禽之雄也[3]。功曹为奸,采渔于吏[4],故虎食人以象其意。夫虎食人,人亦有杀虎。谓虎食人，功曹受取于吏⑤，如人食虎，吏受于功曹也乎？案世清廉之士，百不能一。居功曹之官⑥，皆有奸心，私旧故可以倖⑦，苞苴赂遗⑧，小大皆有。必谓虎应功曹，是野中之虎常害人也。夫虎出有时，犹龙见有期也。阴物以冬见⑨，阳虫以夏出⑩。出应其气，气动其类。参、伐以冬出⑪，心、尾以夏见⑫。参、伐则虎星⑬，心、尾则龙象⑭。象出而物见⑮，气至而类动，天地之性也。动于林泽之中，遭虎搏噬之时⑯，禀性狂勃⑰，贪叨饥饿⑱，触自来之人⑲，安能不食？人之筋力，羸弱不适⑳，巧便不知㉑，故遇辄死。使孟贲登山，冯妇入林㉒，亦无此害也。

【注释】

①功曹：郡县属官，主管官吏的任免奖惩。致：招致。

②率：同"帅"，首领，长。

③诸禽：各种禽兽。雄：长。

④采：榨取。渔：侵夺。

⑤受取：指受贿榨取。

⑥居：当。

⑦私：指亲戚。旧：故旧，指朋友。倖：侥幸。

⑧苞苴（jū）：这里指赠送或者贿赂的物品。赂遗（wèi）：赠送财物。赂，贿赂。遗，赠送。

⑨阴物以冬见：按阴阳五行的说法，阴气秋天开始出现，到冬天极盛，所以把冬天出现的动物叫阴物。

⑩阳虫以夏出：按阴阳五行的说法，阳气春天开始出现，到夏天极盛，所以把夏天出现的动物叫阳虫。

⑪参（shēn）：参宿，二十八宿中的西方七宿之一。伐：伐星，参宿中

央的三颗小星。

⑫心、尾：心宿、尾宿，二十八宿中东方七宿中的两宿。

⑬虎星：古代天文学家把西方七宿的形状描绘成虎，称为"白虎"。

⑭龙象：古代天文学家把东方七宿的形状描绘成龙，称为"苍龙"。

⑮象：星象。

⑯搏噬（shì）：搏击吞噬。搏，捕捉。噬，咬。

⑰狂勃：狂悖，凶猛。

⑱贪叨：贪求，贪得。叨，同"饕"，贪食。

⑲触：接触，碰上。

⑳羸（léi）弱：瘦弱。適（dí）：通"敌"，匹敌，相当。

㉑知：据文意，疑为"如"字之讹，形近而误。

㉒冯妇：人名。《孟子·尽心下》："晋人有冯妇者，善搏虎。"

【译文】

变复之家认为老虎吃人是功曹为非作歹造成的。他们以为：功曹是众官吏的首领，老虎也是各种禽兽的首领。如果功曹有为非作歹，侵榨下级官吏的行为，那么老虎就会吃人，以象征功曹为非作歹的行为。老虎吃人，人也有杀老虎的。说老虎吃人是因为功曹受贿榨取下级官吏所导致的，那么如果人吃老虎，是因为下级官吏对功曹索贿榨取所导致的吗？考察世间清正廉洁的人，一百个人里面也挑不出一个。身居功曹这样的官职，都会怀有奸心，亲戚朋友都可以通过他侥幸得利或免罪，索贿受贿之事，不论大小都是存在的。一定要说老虎吃人是应和功曹的为非作歹，这就是说山野中的老虎时时刻刻都在伤害人了。老虎的出没有一定的时节，好比龙的隐现有一定的节期一样。阴物在冬天出现，阳虫在夏天出现。阴物或阳虫的出现是应和阴气或阳气的，阴气和阳气能够分别感动它们的同类。参宿中的伐星在冬季出现，心宿、尾宿在夏季出现。参、伐位于"白虎"，心、尾位于"苍龙"。天上的星象出现了，地上和它相应的东西也就现身了，阴阳之气到来，同类的事物就会产生感应，这是天地的本性。人行动于山林草泽之中，正遇上老虎在捕捉食物的时候，老虎本性凶暴，饥饿的时候尤其贪婪，碰到自己走上来的人，怎么能不吃掉呢？人的筋力，瘦弱不敌老虎，灵巧敏捷也不如老虎，所以遇到老虎往往只有死路一条。如果是孟贲登上山，冯妇进入森林，也就不会遭到这样的祸害了。

　　孔子行鲁林中①，妇人哭，甚哀，使子贡问之："何以哭之哀也？"曰："去年虎食吾夫，今年食吾子，是以哭哀也。"子贡曰："若此，何不去也？"对曰："吾善其政之不苛、吏之不暴也②。"子贡还报孔子。孔子曰："弟子识诸！苛政暴吏，甚于虎也。"③夫虎害人，古有之矣。政不苛，吏不暴，德化之足以却虎④，然而二岁比食二人⑤，林中兽不应善也。为廉不应，奸吏亦不应矣。或曰⑥："虎应功曹之奸，所谓不苛政者，非功曹也。妇人，廉吏之部也⑦，虽有善政，安耐化虎⑧？"夫鲁无功曹之官，功曹之官，相国是也⑨。鲁相者殆非孔、墨，必三家也⑩，为相必无贤操。以不贤居权位，其恶，必不廉也。必以相国为奸，令虎食人，是则鲁野之虎常食人也。

【注释】

①鲁：春秋时鲁国，在今山东西南部。

②善：赞许，爱。

③"孔子曰"几句：事参见《礼记·檀弓下》。识（zhì），记住。

④德化：道德教化。却：退却。

⑤岁：年。比：接连。

⑥或：有人。

⑦部：部民，统属的百姓。

⑧耐（néng）：同"能"，能够。化：感动。

⑨相国：官名。战国时期各国先设相，称为相国、相邦，或称丞相
（楚国称令尹），为百官之长。

⑩殆：大概。三家：指叔孙氏、季孙氏、孟孙氏。

【译文】

孔子行走在鲁国的山林之中，有位妇人在啼哭，哭得很悲哀，孔子让子贡去问妇人："为什么事哭得这么悲哀？"妇人说："去年老虎吃了我的丈夫，今年又吃了我的儿子，因此哭得很伤心。"子贡说："既然如此，为什么不离开这里呢？"妇人回答说："我喜欢这里的政令不严苛，官吏不贪暴。"子贡回来告诉了孔子。孔子说："学生们要记住这件事情！严苛的政令和贪暴的官吏，比老虎更可怕！"老虎伤害人，自古就有。政令不繁酷，官吏不贪暴，这样的道德教化应该可以使老虎退却了，然而两年中老虎连吃两个人，这说明山林中的猛兽是不会应和善政的。既然对廉吏不应和，那么对奸吏也就不会应和了。有人说："老虎吃人只是应和功曹为非作歹，这里所说的政令不严酷，不是指功曹说的。妇人，是廉吏治下的百姓，即使有善政，怎么能使老虎有所感应呢？"鲁国没有功曹这样的官职，功曹相当于鲁国的相国。鲁国的"相"，大概不是孔子、墨子这样的人，而一定是孟孙氏、叔孙氏、季孙氏三家的人，他们做相国，必不会有贤良的行为。让一个不贤良的人居于有权势的地位，他恶劣的道德，使得他一定不会是廉洁的。如果一定要说由于"相国"作恶而使得老虎吃人，这就是说，鲁国山野中的老虎一定经常吃人了。

水中之毒，不及陵上①，陵上之气，不入水中，各以所近，罹殃取祸②。是故渔者不死于山③，猎者不溺于渊④。好入山林⑤，穷幽测深⑥，涉虎窟寝⑦，虎搏噬之，何以为变？鲁

公牛哀病化为虎⑧,搏食其兄,同变化者,不以为怪。入山林草泽,见害于虎⑨,怪之,非也。蝮蛇悍猛⑩,亦能害人。行止泽⑪,中于蝮蛇⑫,应何官吏?蜂虿害人⑬,入毒气害人,入水火害人。人为蜂虿所螫⑭,为毒气所中,为火所燔⑮,为水所溺,又谁致之者?苟诸禽兽乃应吏政⑯,行山林中,麋鹿、野猪、牛、象、熊、罴、豺、狼、蜼、蠼皆复杀人⑰。苟谓食人乃应为变,蚤、虱、闽、虻皆食人⑱,人身强大,故不至死。仓卒之世⑲,谷食乏贵⑳,百姓饥饿,自相啖食㉑,厥变甚于虎㉒。变复之家,不处苛政㉓。

【注释】

①及:达到。陵:丘陵。

②罹(lí):被,遭受。取:受。

③是故:因此。

④溺:淹死。渊:深水。

⑤好:喜好。

⑥穷:尽。幽:深。

⑦涉:进入。

⑧公牛哀:姓公牛,名哀,春秋时鲁国人。传说他病了七天后,化为老虎。

⑨见:被。

⑩蝮蛇:一种毒蛇。悍:凶猛。

⑪止:据文意,疑为“山”字之讹,形近而误。

⑫中:遭受。

⑬虿(chài):蝎子一类的毒虫。

⑭螫(shì):毒虫或蛇咬刺。

⑮燔（fán）：烧。

⑯苟：如果。诸：据文意，疑为"谓"字之讹，形近而误。

⑰麋鹿：鹿的一种，俗称四不像。黑（pí）：熊的一种。蜼（wèi）：一种长尾猴。蠼（jué）：同"玃"，大母猴。

⑱闽（wén）：同"蚊"。虻（méng）：牛虻一类吸血的昆虫。

⑲仓卒：动乱。

⑳乏：底本作"之"，章录杨校宋本作"乏"，据改。贵：疑为"匮"字之讹。乏匮，缺乏。

㉑啖（dàn）食：吃。

㉒厥：其。

㉓处：判断，归结。

【译文】

　　水中的阴毒之气，不会扩散到丘陵之上；丘陵上的阴毒之气，也不会浸入到水中，人们各自在他们靠近的地方，遭殃受害。因此渔民不会死在山上，猎户不会溺毙在水中。喜欢进入山林，探测山林的幽深之处，进入老虎居住的洞穴，老虎扑咬他，这怎么就成了灾变呢？鲁国的公牛哀因病变成了老虎，捕吃了他的兄长，因为他已经变得和老虎完全相同，人们也就不以为怪了。进入山林草泽，被老虎所害，把这当成怪事，这就不对了。蝮蛇凶猛强悍，也能伤害到人。走过山林草泽之中，如果被蝮蛇所咬伤，那么此事应该同哪一个官吏为非作歹相应和呢？蜂、蝎会伤害人，进入毒气中，毒气会伤害人，进入水火中，水火会伤害人。人被蜂蝎所螫，被毒气侵害，被火烧，被水淹，这又是因谁而起的呢？如果说只有禽兽才应和官吏的苛政，在山林中行走，麋鹿、野猪、牛、象、熊、黑、豺、狼、蜼、蠼等同样都会伤害人。如果说只有吃了人才是应和苛政，才能算成灾变，那么蚤、虱、蚊、虻都吸人血，只因人的身体强大，所以不至于丧命。在动乱的年代，粮食匮乏，百姓饥饿，互相残食，这种灾变比老虎吃人更可怕。变复之家却不把它归结为是由苛政所招致的。

且虎所食,非独人也,含血之禽,有形之兽,虎皆食之。人谓应功曹之奸^①,食他禽兽,应何官吏? 夫虎,毛虫;人,倮虫^②。毛虫饥,食倮虫,何变之有? 四夷之外^③,大人食小人,虎之与蛮夷,气性一也^④。平陆广都^⑤,虎所不由也^⑥;山林草泽,虎所生出也。必以虎食人应功曹之奸,是则平陆广都之县,功曹常为贤;山林草泽之邑,功曹常伏诛也^⑦。夫虎食人于野,应功曹之奸,虎时入邑^⑧,行于民间,功曹游于闾巷之中乎^⑨? 实说,虎害人于野,不应政,其行都邑,乃为怪。

【注释】

①人谓应功曹之奸:据文意,疑本句"人"字前脱一"食"字。

②倮(luǒ)虫:没有羽毛鳞甲的动物。倮,赤体。

③四夷:古代汉族对四方少数民族的称呼。

④气性:气质特性。

⑤平陆:平原。广都:大的都市。

⑥由:经过。

⑦伏诛:依法处死。

⑧时:有时。邑:城镇。

⑨闾巷:街巷。

【译文】

况且老虎所吃的,不仅仅是人,有血肉形体的飞禽走兽,老虎都会吃。老虎吃人,说是应和功曹的为非作歹,那么老虎吃其他的禽兽,是应和哪些官吏为非作歹呢? 老虎,是毛虫;人,是倮虫。毛虫饿了,去吃倮虫,这有什么反常呢? 四夷以外的偏僻地区,大人吃小孩,老虎与蛮夷,血气本性是一样的。平原和大都市,老虎不会经过这些地方;山林草泽,是老虎生活出没的地方。一定要把老虎吃人说成是应和功曹为非作歹,这样说来,平原大都市这些地方,当地功曹经常是贤明的;山林草泽这些地方,当地功曹经常因罪被诛了。如果说老虎在山野吃人,是应和功曹为非作歹,那么老虎有时窜入城镇,在百姓间行走,这是在应和功曹在大街小巷走来走去吗?照实说来,老虎在野外伤害人,不应和政治的得失,老虎行走在城镇,才是怪事。

　　夫虎,山林之兽,不狎之物也①,常在草野之中,不为驯畜②,犹人家之有鼠也,伏匿希出③,非可常见也。命吉居安④,鼠不扰乱;禄衰居危⑤,鼠为祅变⑥。夫虎亦然也,邑县吉安,长吏无患⑦,虎匿不见;长吏且危⑧,则虎入邑,行于民间。何则?长吏光气已消⑨,都邑之地与野均也⑩。推此以论,虎所食人,亦命时也⑪。命讫时衰⑫,光气去身,视肉犹尸也,故虎食之。天道偶会⑬,虎适食人⑭,长吏遭恶,故谓为变应上天矣⑮。

【注释】

①狎(xiá):驯顺。

②畜:豢养。

③匿:藏。希:少。

④命:王充称其为"天命",认为这是一种决定人的生死夭寿与贫贱富贵的神秘力量,具体分为寿命与禄命两种,是人在母体时受上天之气所形成的,每个人受到的气不同,所以命运也不同。参见《命义篇》《命禄篇》。

⑤禄:指禄命。

⑥祅变:灾变。王充认为国家或个人将逢吉凶,就一定会有某种奇异现象作为征兆出现。参见《订鬼篇》。

⑦长吏：指郡、县长官。

⑧且：将要。

⑨光气：这里指精气，即精神之气。王充认为人的精神是由阳气构成的，骨肉是由阴气构成的。参见《订鬼篇》。

⑩均：同，一样。

⑪时：时势，时运。王充认为一个人的遭遇是由"命"决定的，是碰到一定的外在条件偶然实现的。参见《偶会篇》。

⑫讫（qì）：完结。

⑬天道偶会：即《偶会篇》所说的"自然之道，适偶之数"。意为吉凶的出现是自然而然的，是构成吉凶的几个方面偶尔碰到一起造成的。天道，即自然之道。偶会，偶合，碰巧凑在一起。

⑭适：正好。

⑮上：这里指功曹。天：据文意，疑为"失"字之讹，形近而误。失，过失，这里指苛政。

【译文】

老虎是山林中的野兽，是不可驯服的东西，它常生活在草野之中，不是人们驯服和豢养的牲畜，好比人家里有了老鼠，老鼠隐藏起来很少被人看见。当房主命运吉利又处于平安之时，老鼠不会出来扰乱房主；禄命衰微，又处于倒霉之时，老鼠出现就会成为灾变。老虎也同样如此，如果郡县城邑吉祥安定，长官没有祸患，老虎就隐藏不出现；如果长官将要遭受祸患，那么老虎就会窜进城镇，在百姓中行走。为什么呢？长官的精神之气已经离开形体而消失了，他所在的都市城镇，在老虎看来，已经变得和旷野山林一样了。以此推论，老虎所吃的人，也是他的禄命与时运所决定的了。当一个人命运终结，时运衰微，精神之气离开了身体，这个人的肉体看起来就和死尸一样，所以老虎要吃他。天道的各方面因素偶然凑在一起，老虎正好吃人，长官正好遭到灾祸，所以就把老虎吃人说成是应和功曹为非作歹的灾变了。

古今凶验，非唯虎也，野物皆然。楚王英宫楼未成①，鹿走上阶②，其后果薨。鲁昭公且出③，鸜鹆来巢④，其后季氏逐昭公⑤，昭公奔齐，遂死不还。贾谊为长沙王傅⑥，鵩鸟集舍⑦，发书占之⑧，曰："主人将去。"其后迁为梁王傅⑨。怀王好骑，坠马而薨，贾谊伤之，亦病而死⑩。昌邑王时⑪，夷鸜鸟集宫殿下⑫，王射杀之，以问郎中令龚遂⑬，龚遂对曰："夷鸜野鸟，入宫，亡之应也。"其后昌邑王竟亡⑭。卢奴令田光与公孙弘等谋反⑮，其且觉时，狐鸣光舍屋上，光心恶之，其后事觉坐诛⑯。会稽东部都尉礼文伯时⑰，羊伏厅下，其后迁为东莱太守⑱。都尉王子凤时⑲，麏入府中⑳，其后迁丹阳太守㉑。夫吉凶同占，迁免一验，俱象空亡㉒，精气消去也。故人且亡也，野鸟入宅；城且空也，草虫入邑㉓。等类众多㉔，行事比肩㉕，略举较著㉖，以定实验也。

【注释】

①楚王英：汉光武帝的儿子刘英，被封为楚王，后因谋反自杀。

②走：跑。阶：指宫殿的台阶。

③鲁昭公（前560—前510）：春秋时期鲁国君主。出：出奔，逃亡。

④鸜鹆（qú yù）来巢：据《左传·昭公二十五年》记载，鲁昭公二十五年（前517），有鸜鹆飞到鲁国境内筑巢。有人认为这是鲁国君主将被赶走而死在国外的预兆。同年鲁国大夫季平子赶走了鲁昭公。鸜鹆，鸟名，俗称"八哥"。巢，做窝。

⑤季氏：指季平子（？—前505）。

⑥长沙王：吴差（？—前157），是西汉初分封的长沙王吴芮（ruì）的后代。傅：太傅，诸侯王的辅佐。

⑦鹏（fú）鸟：鸟名，古人认为这是一种不吉利的鸟。集：停落。

⑧发：打开。书：指占卜用的书。

⑨迁：调动官职，一般指升官。梁王：指梁怀王刘揖（？—前168），西汉诸侯王。

⑩亦病而死：上事参见《史记·屈原贾生列传》。

⑪昌邑王（？—前59）：汉武帝的孙子刘贺。

⑫夷鸹鸟：即鹈鹕，水鸟名。

⑬郎中令：官名，负责警卫宫殿门户的长官。龚遂：人名。

⑭昌邑王竟亡：据《汉书·武五子传》记载，汉昭帝死后无子，大将军霍光等辅政，大臣以昭帝皇后的名义，迎立昌邑王刘贺为帝，因其荒淫无度，仅二十七天就被废掉，昌邑王的爵位也被撤销，降为海昏侯。竟，果然。

⑮卢奴：西汉置，为中山国治，治所即今河北定州。令：县令。田光：人名。公孙弘：东汉人。曾为幽州从事，参与楚王英谋反。参见《后汉书·虞延传》。

⑯坐：坐罪，定罪。

⑰会稽：郡名。秦始皇二十五年（前222）置，治所在吴县（今江苏苏州）。都尉：汉代辅佐郡太守并掌管军事的长官。礼文伯：人名。

⑱东莱：郡名。汉高帝分齐郡置，治所在掖县（今山东莱州）。

⑲王子凤：人名。

⑳麕（jūn）：同"麇"，獐子。

㉑丹阳：郡名。西汉元狩二年（前121）改鄣郡置，治所在宛陵县（今安徽宣城）。

㉒亡（wú）：无，没有。

㉓草虫：泛指野兽。

㉔等类：诸如此类。

㉕行事：已有的事例。比肩：肩挨肩，形容很多。

㉖略:略微。较著:显著。较,明。

【译文】

　　从古至今灾祸的征兆,不仅仅是老虎,凡野生动物都是能够体现的。楚王刘英的宫楼尚未修完,野鹿跑到了宫殿的台阶上,这之后刘英果然死了。鲁昭公将要出奔,鹳鹆飞来鲁国来筑窝,此后季平子驱逐了鲁昭公,昭公逃到齐国,最后客死他乡也没能回来。贾谊做长沙王太傅时,鹏鸟飞进他的住宅,他打开策书占卜此事,书上说:"主人将要死亡。"事后他调任为梁怀王太傅。怀王喜欢骑马,不幸坠马而死,贾谊很悲伤,也忧郁病死了。昌邑王之时,夷鸽鸟停落在宫殿下,昌邑王用箭射杀这些鸟,并以此事询问郎中令龚遂,龚遂回答说:"夷鸽是野鸟,飞入宫中,是败亡的征兆。"事后,昌邑王果然被废。卢奴县令田光与公孙弘等人策划谋反,谋反事将被发觉时,有狐狸在田光的屋顶上鸣叫,田光心里很厌恶,之后谋反之事被发觉,田光获罪被诛。礼文伯任会稽郡东部都尉时,羊伏在他的官厅下,此后他升迁为东莱郡太守。王子凤任都尉时,獐子跑进都尉府中,此后他升迁为丹阳太守。同样是野物来临,征兆却有吉有凶,同属一类的占验,结果有人升官有人免职,都象征人去屋空,精神之气离开了人体。所以人将要死的时候,野鸟飞进住宅;城将要空的时候,野兽就窜进都邑。诸如此类实在太多,已有的事例数不胜数,略微列举较为显著的事例,用以断定作为变异现象的野物实际上验证的是什么。

商虫篇第四十九

【题解】

本篇针对变复之家"虫食谷者,部吏所致"的说法加以辩驳。变复之家认为部吏侵夺百姓,害虫就会应此事而生,破坏五谷,并认为"身黑头赤"的虫象征武官,"头黑身赤"的虫象征文官。

王充认为虫子的种类繁多,吃的东西也多种多样,有的吃谷,有的吃草,有的害人,有的害物,那么这些虫子又是象征着哪一些官吏为非作歹呢?同时,虫子产生的时节也不相同,有的虫子年年月月不断生出,有的则只在特定的季节出现,那么是否也应和着官吏有时会贪赃枉法,有时又会清廉奉公呢?王充指出"天道自然,吉凶偶会,非常之虫适生,贪吏遭署"。虫灾与贪吏正好碰在一起,这不过是一种巧合,不是什么天人感应的灾变谴告。

黄晖认为篇名中的"商"应据《太平御览》卷九百九十四所引改为"適",形近而误,正好与篇末王充提出的"天道自然,吉凶偶会,非常之虫适生,贪吏遭署"的结论相呼应。马宗霍认为"商"应改为"啇",形近而误。《说文·口部》云:"啇,一曰:啇,谪也。"《言部》云:"谪,理也。""商"即为"啇"的隶省。《商虫》即为《审虫》,意为审实虫之所由生也。

变复之家，谓虫食谷者，部吏所致也①。贪则侵渔②，故虫食谷。身黑头赤，则谓武官；头黑身赤，则谓文官。使加罚于虫所象类之吏③，则虫灭息，不复见矣④。夫头赤则谓武吏，头黑则谓文吏所致也。时或头赤身白、头黑身黄，或头身皆黄，或头身皆青，或皆白若鱼肉之虫，应何官吏？时或白布豪民、猾吏被刑乞贷者⑤，威胜于官，取多于吏，其虫形象何如状哉？虫之灭也，皆因风雨。案虫灭之时⑥，则吏未必伏罚也⑦。陆田之中时有鼠⑧，水田之中时有鱼、虾、蟹之类，皆为谷害。或时希出而暂为害⑨，或常有而为灾，等类众多⑩，应何官吏？

【注释】

①部吏：地方官吏。部，西汉分全国为十三部，设置刺史十三人，分别负责本部所属各郡和王国的监察工作，后用来泛指地方。致：招致。

②侵渔：敲诈勒索。侵，侵夺。渔，渔利。

③象类：类似，象征。

④复：再。见：同“现”，显现，显露。

⑤白布：凶横跋扈。猾吏：狡猾奸诈的官吏。被刑：义不明，或为衍文。乞贷者：放高利贷的人。

⑥案：考察。

⑦伏罚：受到惩罚。

⑧陆田：旱田。

⑨或：有的。暂：短时。

⑩等类：种类。

【译文】

变复之家认为虫子吃谷物是地方官吏盘剥人民造成的。因为他们贪婪无比，所以就会敲诈勒索百姓，这就会引起虫子吃谷物。身黑头赤的虫为灾，就称是头戴红巾的武官招致的；头黑身赤的虫为灾，就称是头戴黑帽的文官造成的。如果惩办这些虫子所对应的官吏，那么虫子就会消失，不再出现。如果头赤的虫为灾就说是武官招致的，头黑的虫为灾就说是文官造成的。有时为灾的虫或头赤身白，或头黑身黄，或头身都黄，或头身都青，或头身都白得像鱼、肉上生的蛆一样，它们对应的是哪一类官吏呢？有时，那些凶横的地方豪强、奸诈的官吏和放高利贷的人，他们的淫威胜过官吏，榨取的财物比官吏更多，应和这些人的虫子又应该是什么样子呢？虫子的消失，都是由于风雨的影响。考察虫子消失之时，那些官吏未必就受到了惩罚。旱田中经常有田鼠，水田中经常有鱼、虾、蟹之类的动物，它们对于谷子来说都是有害的。有的虫子很少出现，只是在短时间内为害，有的经常出现而造成灾害，种类众多的害虫，它们又是应和什么样的官吏呢？

鲁宣公履亩而税^①，应时而有蝝生者^②，或言若蝗。蝗时至，蔽天如雨，集地食物，不择谷草^③。察其头身，象类何吏？变复之家，谓蝗何应？建武三十一年^④，蝗起太山郡^⑤，西南过陈留、河南^⑥，遂入夷狄^⑦。所集乡县，以千百数，当时乡县之吏，未皆履亩。蝗食谷草，连日老极^⑧，或蜚徙去^⑨，或止枯死^⑩。当时乡县之吏，未必皆伏罪也^⑪。夫虫食谷，自有止期，犹蚕食桑，自有足时也。生出有日，死极有月，期尽变化，不常为虫。使人君不罪其吏，虫犹自亡。夫虫，风气所生，苍颉知之^⑫，故"凡""虫"为"风"之字^⑬。取气于风，故八日而化^⑭。生春夏之物，或食五谷，或食众草。

食五谷,吏受钱谷也,其食他草⑮,受人何物?

【注释】

①鲁宣公:春秋时鲁国君主,前608—前591年在位。履亩而税:按田亩收税。履亩,用步子丈量土地。履,踏。税,收税。

②蝝(yuán):未生翅的幼蝗。

③"蝝时至"几句:鲁宣公十五年(前594),鲁国实行"初税亩",一律按照占有土地的亩数收税,遭到儒家的批评。汉儒董仲舒、刘向等认为当时出现的蝗灾是上天因此事而发出的谴告。蔽,遮蔽。集,停落。参见《汉书·五行志》。

④建武三十一年:55年。建武,汉光武帝的年号。

⑤太山郡:即泰山郡。楚汉之际刘邦改博阳郡置,治所在博县(今山东泰安东南)。因境内泰山得名。

⑥陈留:郡名。西汉元狩元年(前112)置,治所在陈留(今河南开封东南)。河南:郡名。西汉高帝二年(前205)置,治所在雒阳县(今河南洛阳东北)。

⑦夷狄:古代汉族对周边少数民族的称呼。这里指西北少数民族地区。

⑧极:衰弱。

⑨蜚:通"飞"。徙:迁移。

⑩止:停留。枯死:老死。

⑪伏罪:受到惩罚。

⑫苍颉:也作"仓颉"。传说是黄帝的史官,文字的创造者。

⑬故"凡""虫"为"风"之字:"风"繁体作"風"。

⑭八日而化:指虫子经过八天就要变成别的东西。化,变化。参见《大戴礼记·易本命》。

⑮他:别的。

【译文】

鲁宣公时施行按田亩多少收税的制度,与此事相应,马上就有蟓虫产生,也有人说是蝗虫。蝗虫飞来的时候,遮天蔽日像下大雨一样,停落在地上吃东西,不论是谷还是草都吃。观察蝗虫的头和身体的颜色,应当象征哪一种官吏呢? 变复之家该说蝗灾的出现是应和什么事情呢? 建武三十一年,太山郡发生蝗灾,从西南面风卷陈留、河南两郡后,最终进入西北夷狄地区。蝗虫到过的乡县,要以千百计,当时那些乡县的官吏,并没有都施行按亩收税的政策。蝗虫吃了谷草后,一天天衰老下去,有的飞走了,有的停留下来老死了。当时乡县的官吏,也未必都被降罪惩罚了。蝗虫吃谷物,自然有它停止的时候,好比蚕吃桑叶,自然会有饱足的时候一样。蝗虫的出生有一定的时日,死掉有一定的月份,期限满了就会产生变化,不会永远是虫子。即使君王不惩罚他下面的官吏,蝗虫仍然会自行消亡的。虫子是承受风中的气而生的,苍颉了解了这一点,所以把"凡"和"虫"字合在一起作为"风"(風)字。虫从风中禀气而生,所以经过八天就会发生变化。出生在春、夏的虫类,有的吃五谷,有的吃各种草。如果认为虫吃五谷,是应和了官吏搜刮钱财,那么虫吃别的草,又是应和了官吏收受别人的什么东西呢?

"倮虫三百,人为之长。"①由此言之,人亦虫也。人食虫所食,虫亦食人所食,俱为虫而相食物,何为怪之? 设虫有知,亦将非人曰:"女食天之所生②,吾亦食之,谓我为变,不自谓为灾。"凡含气之类所甘嗜者③,口腹不异。人甘五谷,恶虫之食④;自生天地之间,恶虫之出⑤。设虫能言,以此非人,亦无以诘也⑥。夫虫之在物间也,知者不怪;其食万物也,不谓之灾。

【注释】

①"倮(luǒ)虫三百"二句:参见《大戴礼记·易本命》。倮虫,没有
　毛羽鳞甲的动物。倮,赤体。

②女(rǔ):通"汝",你,你们。

③含气之类:泛指活着的动物。甘嗜(shì):嗜好。

④恶(wù):厌恶,憎恨。

⑤出:生。

⑥诘(jié):反驳。

【译文】

"倮虫共有三百种,人类是它们的首领。"因此说来,人也是虫了。
人吃虫所吃的东西,虫也吃人所吃的东西,都是虫类而又彼此吃对方吃
的东西,这有什么奇怪的呢? 假设虫有智慧,也会责备人说:"你们吃天
所生的东西,我也吃这些东西,说我吃就是灾变,却不说你们自己吃是灾
变。"凡是动物特别喜欢吃的东西,口味没有什么不同。人喜吃五谷,却
憎恨虫吃五谷;自己出生在天地之间,却憎恨虫的出生。假设虫能说话,
以此来责备人,人也毫无理由反驳。虫生活在万物之间,有见识的人不
以为怪;它们吃各种东西,也不会说这是灾异。

甘香渥味之物①,虫生常多,故谷之多虫者,粢也②。稻
时有虫,麦与豆无虫③。必以有虫责主者吏,是其粢乡部吏
常伏罪也。

【注释】

①渥(wò):浓厚,优厚。

②粢(zī):谷物名。即粟。

③麦与豆无虫:王充认为麦、豆是味道不好的粮食,所以这么说。参
　见《艺增篇》。

【译文】

味道甘甜浓郁的东西,生虫常常多一些,所以五谷中生虫最多的是粟。稻子有时生虫,麦与豆不生虫。如果一定要以庄稼生虫而责备主管的官吏,那么产粟之地的官吏就经常要受惩罚了。

《神农》《后稷》藏种之方①,煮马屎以汁渍种者②,令禾不虫。如或以马屎渍种,其乡部吏鲍焦、陈仲子也③。是故《后稷》《神农》之术用,则其乡吏何免为奸④。何则?虫无从生,上无以察也。

【注释】

①《神农》《后稷》:古代的两部农书,已佚。

②渍(zì):腌渍,浸泡。

③鲍焦:传说是周代一个廉洁的人。陈仲子:又名田仲。战国时齐国贵族,儒家认为他是一个廉洁的人。参见《刺孟篇》。

④何:据文意,疑为"可"字之讹。

【译文】

《神农》《后稷》两书中记载的收藏种子的方法,是把马屎煮沸,用它的汁水浸泡种子,这样就可以使禾苗不生虫。如果有的地方用马屎煮的汁浸种,以此使庄稼不生虫子,那么那里的地方官就都成了鲍焦、陈仲子一类的人了。所以说,如果《后稷》《神农》上的方法被采用,那么那些地方官就可以免除为非作歹的罪名了。为什么呢?虫无从产生,君王和上司也就无法对他们进行考察了。

虫食他草,平事不怪①,食五谷叶,乃谓之灾。桂有蠹②,桑有蝎③,桂中药而桑给蚕④,其用亦急⑤,与谷无异。

蠹、蝎不为怪,独谓虫为灾,不通物类之实⑥,暗于灾变之情也⑦。谷虫曰蛊⑧,蛊若蛾矣。粟米馈热生蛊⑨。夫蛊食粟米,不谓之灾,虫食苗叶,归之于政。如说虫之家⑩,谓粟轻苗重也。

【注释】

①平事:平常之事。

②桂:肉桂树。蠹(dù):蛀虫。

③蝎(hé):木中蛀虫。

④中:适合。给:供给。

⑤急:要紧。

⑥通:通晓,懂得。

⑦暗:愚昧,不明白。

⑧蛊(gǔ):谷类中蛀虫所化的蛾。

⑨馈(yì):事物腐臭变味。热:发热。

⑩说虫之家:通过天人感应说解释虫灾的人。

【译文】

虫吃别的草,被认为是平常的事情而不以为怪,只有吃五谷的叶子,才被认为是灾异。肉桂树上会生蛀虫,桑树上也会生蛀虫,肉桂树适合做药材而桑叶可以喂蚕,它们的作用也很重要,与谷子没有什么差别。肉桂树、桑树上生虫不把它当作怪事,偏偏说庄稼生虫就是灾变,这是不懂得物类相推的道理,不明白灾变的情况。陈谷所生的虫叫蛊,蛊长得就像蛾子一样。粟米腐臭发热就会生蛊。蛊吃粟米,不说是灾变,虫吃禾苗的叶子造成灾害,却把原因归结于政治。按照说虫之家的看法,这就是说粟不重要而禾苗重要了。

虫之种类，众多非一。鱼肉腐臭有虫，醢酱不闭有虫①，饭温湿有虫，书卷不舒有虫②，衣襞不悬有虫③，蜗、疽、蟠、蝼、蟥、蝦有虫④。或白或黑，或长或短，大小鸿杀⑤，不相似类，皆风气所生，并连以死。生不择日，若生日短促，见而辄灭。变复之家，见其希出，出又食物，则谓之灾。灾出当有所罪，则依所似类之吏，顺而说之。人腹中有三虫⑥，下地之泽⑦，其虫曰蛭⑧，蛭食人足，三虫食肠。顺说之家⑨，将谓三虫何似类乎？

【注释】

①醢（xī）：醋。闭：封闭，盖严。

②卷：卷起来。古代书籍是写在竹简或丝帛上的，可以捆扎或卷起来。舒：展开。

③襞（bì）：折叠衣服。悬：挂。

④蜗：通"瘑（guō）"，一种毒疮。疽（jū）：痈疽，恶性毒疮。蟠：用同"疮"。蝼（lóu）：用同"瘘"，长在颈部的一种恶疮。蟥：当作"癥（zhēng）"，一种腹中结硬块的病。蝦：用同"瘕（jiǎ）"，腹中生长寄生虫。

⑤鸿：大，这里指粗。杀：消减，这里指细。

⑥三虫：指蛲虫、蛔虫、绦虫。

⑦下地：低洼的地方。

⑧蛭（zhì）：水蛭，即蚂蟥。

⑨顺说之家：即顺着虫子头赤、头黑象征武官，文官这种说法而加以解释的人。

【译文】

虫的种类众多，不止一种。鱼、肉腐臭会生虫，醋、酱没密封好会生虫,饭受温湿变质会生虫,书经常卷起不打开会生虫,衣服折压不挂起来会生虫,蜗、疽、蜻、蝼、癥、瘕这些病也有虫。这些虫或白或黑,或长或短,或大或小,或粗或细,它们各不相似,但都是禀风之气而产生的,并随着风的消失而死亡。虫子产生并不会选择出生时间,有的寿命很短,出生不久便死了。变复之家看到这些虫子很少出现,一旦出现了又吃五谷,就说它们是灾变。他们认为灾变的出现一定要具体怪罪到某些人身上,于是就根据虫子所象征的官吏,顺着加以解释。人的腹中有三种寄生虫,低洼之处的水泽有一种虫叫蛭,蛭吸食人脚上的血,三种寄生虫吃人肠子中的血。顺说之家会说三种虫子是象征哪一类的官吏呢?

凡天地之间,阴阳所生,蚑蛲之类①,蜫蠕之属②,含气而生,开口而食。食有甘不③,同心等欲,强大食细弱,知慧反顿愚④。他物小大连相啮噬⑤,不谓之灾,独谓虫食谷物为应政事,失道理之实,不达物气之性也⑥。

【注释】

①蚑蛲(qí náo):多足的蚑虫和没脚的蛲虫。常用以指代低等动物。蚑,底本作"蛟",形近而误。

②蜫蠕(kūn rú):泛指各种无足而蠕动前行的小虫子。蜫,同"昆",虫的总名。蠕,蠕动。

③不:同"否"。

④反:疑当为"饭"字之讹,与上文"食"字相应。饭,吃。顿:通"钝",愚笨。

⑤啮噬(niè shì):残食,咬嚼。

⑥达:通达,懂得。

【译文】

凡是在天地之间,由阴阳之气所生成的虫类,有用足爬行的小虫,有通过蠕动爬行的小虫，它们承受气而产生，开口就要吃东西。食物有可口的和不可口的，心思相同，欲望相等，强大的吃弱小的，聪明的吃愚笨的。别的动物以大吃小交相残食，不称之为灾变，偏偏说虫吃谷物是应和政事，这就违背了道理的实质，不懂得构成事物的气的本性了。

　　然夫虫之生也，必依温湿。温湿之气，常在春夏。秋冬之气，寒而干燥，虫未曾生。若以虫生罪乡部吏，是则乡部吏贪于春夏，廉于秋冬。虽盗跖之吏，以秋冬署^①，蒙伯夷之举矣^②。夫春夏非一^③，而虫时生者，温湿甚也，甚则阴阳不和。阴阳不和，政也，徒当归于政治^④，而指谓部吏为奸^⑤，失事实矣。

【注释】

①署：任职做官。

②蒙：受。

③春夏非一：指年年都有春季、夏季。非一，不止一个。

④徒当：只能。徒，仅仅，只。

⑤指：指斥。

【译文】

　　然而虫子的产生，必须依靠一定的温度和湿度。温暖潮湿之气，常常产生于春夏两季。秋冬两季的气，寒冷而干燥，虫子没有产生的条件。如果因为虫子的出现而惩罚地方官吏，这样就是说地方官吏只是在春夏两季贪赃，而在秋冬两季就变得廉洁了。即使像盗跖那样的官吏，如果在秋冬两季任职做官，也会受到如伯夷那般的称颂了。春夏连年都有，而有时发生虫灾，是因为天气太热，太潮湿了，温度湿度太高，就会导致阴阳之气不调和。阴阳之气不调和，这是因政治而产生的，只能够归结于政治,然而却指责说是地方官吏为非作歹,这就失去了事实依据。

　　何知虫以温湿生也?以蛊虫知之。谷干燥者,虫不生;温湿饐餲①,虫生不禁②。藏宿麦之种③,烈日干暴④,投于燥器⑤,则虫不生。如不干暴,闸喋之虫⑥,生如云烟⑦。以蛊闸喋,准况众虫⑧,温湿所生,明矣。

【注释】

　　①饐餲(yì ài):食物腐臭变质。饐、餲,食物经久而腐臭变味。

　　②禁:止。

　　③宿(sù)麦:冬小麦。

　　④暴(pù):晒。

　　⑤燥器:干燥的容器。

　　⑥闸喋之虫:指蛊。闸喋,形容虫子吃谷物的声音。

　　⑦云烟:形容虫子非常多。

　　⑧准况:类推。

【译文】

　　怎么知道虫子的产生要依靠一定的温度和湿度呢?根据蛊虫的产生就可以推论出这个道理。干燥的谷子,不会生出虫子;温湿腐臭变味的谷子,虫子会不停地从中产生。收藏冬小麦的种子,要在烈日下晒干,并把麦种存放在干燥的容器里,这样就不会产生虫子了。如果不晒干种子,吃种子的虫,就会如云烟般涌现。从蛊虫吃谷子的事例,类推其余的虫子也是依靠一定的温度湿度而产生,这个道理就很明了了。

　　《诗》云:“营营青蝇①,止于藩②。恺悌君子③,无信谗言④。”谗言伤善,青蝇污白,同一祸败⑤,《诗》以为兴⑥。昌邑王梦西阶下有积蝇矢⑦，明旦召问郎中龚遂⑧。遂对曰：
"蝇者，谗人之象也。夫矢积于阶下，王将用谗臣之言也。"
由此言之，蝇之为虫，应人君用谗。何故不谓蝇为灾乎？如
蝇可以为灾，夫蝇岁生，世间人君常用谗乎？

【注释】

①营营：形容往来不绝的样子。青蝇：苍蝇。

②藩：藩篱，篱笆。

③恺悌（kǎi tì）：和乐平易。恺，和顺。悌，和易。

④无信：不要相信。引文参见《诗经·小雅·青蝇》。

⑤祸败：祸害。

⑥兴：作诗时借别的事物引出主题，叫"兴"。

⑦矢：通"屎"。

⑧明旦：明日早晨。郎中：官名，负责警卫官殿门户。龚遂：人名。

【译文】

《诗经》上说："飞来飞去的苍蝇，停留在篱笆上。和乐平易的君子，
不要相信谗佞小人的言语。"毁谤的言语伤害善良的人，苍蝇会玷污洁
白的东西，它们同是一样的祸害，《诗经》以苍蝇寄兴抒怀。昌邑王梦见
西阶下有一堆苍蝇屎，第二天早上，便召见并询问郎中令龚遂。龚遂回
答说："苍蝇，是谗佞小人的象征。苍蝇屎堆积在台阶下，是君王将要任
用奸臣的预兆。"由此说来，苍蝇这种虫子出现，应和着君王任用奸臣。
为什么不说苍蝇的出现是灾变呢？如果说苍蝇可以造成灾变，那么苍蝇
年年出生在世上，难道是君王经常任用谗臣吗？

　　案虫害人者，莫如蚊虻①，蚊虻岁生。如以蚊虻应灾，
世间常有害人之吏乎？必以食物乃为灾，人则物之最贵者

也，蚊虻食人，尤当为灾。必以暴生害物乃为灾②，夫岁生而食人，与时出而害物③，灾孰为甚④？人之病疥⑤，亦希非常，疥虫何故不为灾？

【注释】

①虻（méng）：牛虻一类吸食人血、畜血的昆虫。

②暴生：突然出现。

③时出：有时出现。

④孰：哪一个。

⑤疥（jiè）：疥虫。生长在人体的皮肤下引起疥疮的寄生虫。

【译文】

考察虫子祸害人，没有像蚊虻这样厉害的了，而蚊虻也是年年都出生。如果认为蚊虻出现是应和灾异，难道说世间经常有祸害人的官吏吗？如果一定要以虫子吃掉食物才算作灾变，那么人是万物中最尊贵的，蚊虻吸人血，更应当算作灾异了。如果一定要以虫子突然出现祸害人、物才算作灾异，那么年年出生，而且吸人血的虫子，与有时出现而祸害人、物的虫子，所造成的灾害哪一个更严重呢？人生疥虫也是少有的，疥虫的产生为什么不视为灾变呢？

　　且天将雨，蚁出蚋蜢①，为与气相应也②。或时诸虫之生③，自与时气相应④，如何辄归罪于部吏乎？天道自然，吉凶偶会⑤，非常之虫适生⑥，贪吏遭署。人察贪吏之操，又见灾虫之生，则谓部吏之所为致也。

【注释】

①蚋（ruì）：蚊类害虫。体形似蝇而小，吸人畜血液。

②为：谓，认为。

③或时：也许。

④时：当时。

⑤"天道自然"二句：意为吉凶的出现是自然而然的，是构成吉凶的各方元素偶然碰到一起造成的。参见《偶会篇》。

⑥适：恰好。

【译文】

　　而且天将要下雨时，蚂蚁出洞，蚋虫飞舞，人们认为这是与当时的气相应和的缘故。也许各种虫的产生，是它们自己与当时的气相应和而生的，怎么动不动就归罪于地方官吏呢？天道运行自有法则，吉凶因素偶然会合，不常见的虫子恰好出生，贪官污吏正好在那里做官。人们考察贪官污吏的行为，又发现造成灾害的虫子产生，就说虫害是由于地方官吏为非作歹造成的了。

讲瑞篇第五十

【题解】

王充在《须颂篇》中说："古今圣王不绝,则其符瑞亦宜累属。符瑞之出,不同于前,或时已有,世无以知,故有《讲瑞》。"本篇的重点就是讲述如何识别凤凰、麒麟等祥瑞的问题。

汉儒为古是崇,声称按照经书上的记载便可以识别出祥瑞,如《春秋》记载麒麟的外形为"有麕而角",就认为"獐而角者,则是骐麟矣",并且认为"凤凰、麒麟,生有种类,若龟、龙有种类矣。龟故生龟,龙故生龙,形色小大,不异于前者也"。王充则指出祥瑞作为鸟兽中的圣者,古今圣人的骨相各不相同,因此古今祥瑞的外表也应该各不相同。正因为古今出现的祥瑞外形都不尽相同,所以王充认为即使现今存在有祥瑞,儒生也是不能辨别出来的。虽然不能依据形状来辨别,但是王充认为祥瑞是应"和气"产生的,"和气"又是应政治安定,天下太平而生成的,因此就可以依据当时政治的清明安定来判断当时出现的祥瑞是否为真。王充根据这一原则指出汉朝政治清明安定,所以出现的祥瑞必定都是真的。

本篇属于《论衡》中集中论述"宣汉"这一主题的文章,其实际表达的意思就是汉朝政治清明,已致太平,祥瑞已经出现,以此反驳那些认为汉朝没有祥瑞出现,因此未达太平的儒生。

儒者之论，自说见凤皇、骐驎而知之[①]。何则？案凤皇、骐驎之象[②]。又《春秋》获麟文曰[③]："有麕而角[④]。"麕而角者，则是骐驎矣。其见鸟而象凤皇者，则凤皇矣。黄帝、尧、舜、周之盛时皆致凤皇[⑤]。孝宣帝之时[⑥]，凤皇集于上林[⑦]，后又于长乐之宫东门树上[⑧]，高五尺，文章五色[⑨]。周获麟[⑩]，麟似麕而角。武帝之麟[⑪]，亦如麕而角。如有大鸟，文章五色；兽状如麕，首戴一角，考以图象，验之古今，则凤、麟可得审也[⑫]。

【注释】

① 骐驎（qí lín）：即"麒麟"，古代传说中一种象征吉祥的瑞兽。

② 案：考察。象：形状。

③《春秋》获麟文：据《春秋公羊传·哀公十四年》记载，鲁哀公十四年（前481），在鲁国西部捕获到一只野兽，形状似麕有角。孔子认为这就是"麟"。《春秋》，指《春秋公羊传》。

④ 麕（jūn）：即"麕"，一种似鹿但体型稍小的动物。

⑤ 致：招致，招来。

⑥ 孝宣帝（前91—前49）：汉宣帝，前74—前49年在位。

⑦ 集：停落。上林：指上林苑，秦及西汉时期专供皇帝游猎的园林，在今陕西西安西。

⑧ 长乐之宫：即长乐宫，在今陕西西安西北郊汉长安故城东南隅。

⑨ 文章：花纹。上事参见《汉书·宣帝纪》。

⑩ 周获麟：指鲁哀公十四年获麟，因为当时是春秋时期，名义上还尊东周君主为"天子"，所以称"周获麟"。

⑪ 武帝之麟：据《史记·封禅书》记载，汉武帝元狩元年（前122）曾捕获过一只麒麟。武帝，汉武帝。

⑫审：识别。

【译文】

根据儒生们的说法，他们称看见凤凰、麒麟就能认出它们。怎么来识别呢？通过观察凤凰、麒麟的外形来识别出来。又《春秋公羊传》上关于捕获麒麟记载中说："形状似獐，但是长着角。"外形像獐而又长角，那么就是麒麟了。他们看见鸟的形状像凤凰，那只鸟便是凤凰了。在黄帝、尧、舜、周朝的兴盛之时，都曾招来过凤凰。宣帝时，凤凰停落在上林苑中，后来又停落在长乐宫东门的树上，这只凤凰身高五尺，身上有五彩的花纹。东周时鲁国捕获的麒麟，形状似獐但长有角。汉武帝时捕获的麒麟，同样像獐而长有角。如果有一只大鸟，身上有五彩的花纹；有一只野兽形状像獐，头上长有一只角，按照画上的凤凰、麒麟的样子来考察，根据古今的历史记载来验证，那么凤凰和麒麟是可以识别出来的。

　　夫凤皇，鸟之圣者也；骐驎，兽之圣者也；五帝、三王、皋陶、孔子①，人之圣也。十二圣相各不同②，而欲以獐戴角则谓之骐驎，相与凤皇象合者谓之凤皇，如何？

【注释】

①五帝：指黄帝、颛顼（zhuān xū）、帝喾（kù）、尧、舜。三王：指夏、商、周三代的帝王夏禹、商汤、周文王和武王。皋陶（gāo yáo）：传说是虞舜时的司法官。

②十二圣：指五帝、三王、皋陶、周公、孔子。相：相貌，骨相。

【译文】

凤凰，是鸟中的圣者；麒麟，是兽中的圣者；五帝、三王、皋陶、孔子，是人中的圣者。十二圣的骨相各不相同，而想把形状似獐而长角的野兽称之为麒麟，把长相与凤凰的样子相符合的鸟称之为凤凰，这怎么行呢？

　　夫圣鸟兽毛色不同，犹十二圣骨体不均也①。戴角之相，犹戴干也②。颛顼戴干，尧、舜未必然③。今鲁所获麟戴角，即后所见麟未必戴角也④。如用鲁所获麟求知世间之麟，则必不能知也。何则？毛羽骨角不合同也⑤。假令不同⑥，或时似类⑦，未必真是。虞舜重瞳⑧，王莽亦重瞳；晋文骈胁⑨，张仪亦骈胁。如以骨体毛色比，则王莽，虞舜；而张仪，晋文也。有若在鲁⑩，最似孔子。孔子死，弟子共坐有若，问以道事⑪，有若不能对者⑫，何也？体状似类，实性非也。今五色之鸟，一角之兽，或时似类凤皇、骐驎，其实非真，而说者欲以骨体毛色定凤皇、骐驎，误矣！是故颜渊庶几⑬，不似孔子；有若恒庸⑭，反类圣人。由是言之，或时真凤皇、骐驎，骨体不似，恒庸鸟兽，毛色类真，知之如何？

【注释】

①均：同，一样。

②戴干：形容人的前额宽阔，像戴着一个盾牌似的。干，盾牌。

③未必：底本作"必未"，递修本作"未必"，据改。然：如此。

④即：则。

⑤合同：相同。

⑥不：据文意，疑当作"合"字。

⑦或时：或者，或许。

⑧虞舜：即舜帝。重瞳：指眼睛中有两个重叠的瞳仁。

⑨骈（pián）胁：指肋骨连成一片。

⑩有若：孔子弟子。

⑪道：指"先王之道"。事：指具体的礼仪制度。

⑫对：回答。

⑬颜渊庶几：指颜渊的道德学问和孔子差不多。庶几，差不多。

⑭恒庸：平常，一般。

【译文】

　　圣鸟、圣兽的毛色不相同，好比十二圣人的骨相体形各不相同一样。野兽头上长角的形象，就如同颛顼面额高满的形象是一样的。颛顼面额高满，尧、舜不一定也是这样。现在鲁国捕获的麒麟头上长角，以后见到的麒麟头上不一定长角。如果依照鲁国捕获的麒麟的形状去识别世间的麒麟，那是肯定不能识别清楚的。为什么呢？因为每只凤凰、麒麟的毛羽骨角都是不同的。即使有鸟兽的毛羽骨角与凤凰、麒麟相同，那也许只是外形类似，而不一定真的就是凤凰、麒麟。舜目生重瞳，王莽也目生重瞳；晋文公的肋骨连成一片，张仪的肋骨也连成一片。如果因为骨相、体态、毛色相同就是同类人，那么王莽就应该是虞舜那样的圣人了；而张仪，也就应该是晋文公那样的霸主了。鲁国的有若，相貌最像孔子。孔子死后，弟子们一起推有若坐在孔子的座位上，向他请教问题，有若不能回答，是什么原因呢？有若的体形相貌与孔子相似，而实际上禀性和孔子并不相同。现在有身披五彩的大鸟，长有一角的野兽，也许与凤凰、麒麟形状相似，但实际上并不是真的凤凰、麒麟，而论说者想根据骨相、体态、毛色的相似来推定凤凰和麒麟，这就错了！所以颜渊的道德学问与孔子差不多，但相貌却不像孔子；有若很平庸，相貌反而像孔圣人。因此说来，也许真的凤凰、麒麟，它们的骨相、体态并不与书中记载的一样，而一般的鸟兽，毛色反而与书中记载的凤凰、麒麟的一样，用那些儒生的办法怎么能识别它们呢？

　　儒者自谓见凤皇、骐驎辄而知之①，则是自谓见圣人辄而知之也。皋陶马口②，孔子反宇③，设使辄有知而绝殊④，马口、反宇，尚未可谓圣。何则？十二圣相不同，前圣之相，难以照后圣也⑤。骨法不同⑥,姓名不等,身形殊状,生出异土,虽复有圣,何如知之⑦? 桓君山谓扬子云曰:"如后世复有圣人,徒知其才能之胜己,多不能知其圣与非圣人也。"子云曰:"诚然。"夫圣人难知,知能之美若桓、扬者,尚复不能知,世儒怀庸庸之知,赍无异之议⑧,见圣不能知,可保必也。

【注释】

①而(néng):通"能",能够。

②马口:形容嘴像马嘴。

③反宇:形容头顶中央凹周围围高,像翻过来的屋檐。宇,屋檐。

④设使:假使。使,底本作"后",递修本作"使",据改。知:同"智",聪明,智慧。

⑤照:比照,鉴定。

⑥骨法:骨相。

⑦何如:如何。

⑧赍(jī):抱着,怀着。

【译文】

　　儒生自称见到凤凰、麒麟就能认得,那就是自称见到圣人就能识别出来。皋陶的嘴像马嘴,孔子的头顶凹陷,像是倒扣着的屋檐,假如就是出现了智慧超群,并且嘴像马嘴,头顶凹陷的人,也还不能称他们为圣人。为什么呢? 十二个圣人的形相各不相同,前代圣人的形相,难以比照后世圣人的形相。骨相不同,姓名不同,体态不同,出生在不同的地方,即使再有圣人出现,怎么识别呢? 桓君山对扬子云说:"如果后世再有圣人出现,人们只知他的才能超过了自己,但大多不能确定他究竟是不是圣人。"扬子云说:"的确如此。"圣人难以识别,像桓君山、扬子云这样才智高超的人,尚且不能识别,世儒仅有平凡的才智,秉持着圣人的骨相没有差别这种认识，见了圣人识别不出来，可以保证必然是这样的。

　　夫不能知圣，则不能知凤皇与骐驎。世人名凤皇、骐驎，何用自谓能之乎^①？夫上世之名凤皇、骐驎，闻其鸟兽之奇者耳。毛角有奇，又不妄翔苟游^②，与鸟兽争饱，则谓之凤皇、骐驎矣。世人之知圣，亦犹此也。闻圣人人之奇者，身有奇骨，知能博达^③，则谓之圣矣。及其知之，非卒见暂闻而辄名之为圣也^④，与之偃伏^⑤，从文受学，然后知之。何以明之？子贡事孔子，一年自谓过孔子；二年，自谓与孔子同；三年，自知不及孔子。当一年、二年之时，未知孔子圣也；三年之后，然乃知之。以子贡知孔子，三年乃定，世儒无子贡之才，其见圣人，不从之学，任仓卒之视^⑥，无三年之接^⑦，自谓知圣，误矣！

【注释】

①何用：何以。

②妄：胡乱。翔：飞翔。苟：随便。游：走动。

③知能：智慧才能。

④卒：同"猝"，突然。暂：匆忙。

⑤偃（yǎn）伏：俯仰，这里指相处。偃，仰卧，安卧。

⑥任：凭借。

⑦接：接触。

【译文】

　　不能识别出圣人，那就不能认出凤凰与麒麟。世人称某些动物为凤凰和麒麟，他们是根据什么而自以为能识别出它们呢？古人称它们为凤凰、麒麟，只是听说它们是鸟兽中珍奇的种类罢了。它们的毛和角都有奇异之处，又不胡乱飞翔随便走动，不与一般鸟兽争抢食物，就称它们为凤凰、麒麟了。世人识别圣人，也是如此。听说圣人是人中出奇的人，骨相奇异，才智广博通达，就称他为圣人了。待他们去识别圣人的时候，并不是仓猝见一面，或匆匆忙忙地听到一句半句话，就把他称作圣人的，与圣人生活在一起，跟他学习文化，然后才知道他是不是圣人。怎么来证明这一点呢？子贡侍奉孔子，一年，自称才能超过孔子；两年，自认才能与孔子相同；三年，自知才能不及孔子。当子贡侍奉孔子一两年时，不知道孔子是圣人；三年之后，这才知道孔子是位圣人。从子贡知道孔子是圣人，需要三年才能确定，世儒没有子贡的才能，他们见到圣人，不跟随他学习，凭借仓猝之间的观察，又没有三年的接触，自称知道了圣人，这是错误的！

少正卯在鲁①，与孔子并②。孔子之门，三盈三虚③，唯颜渊不去，颜渊独知孔子圣也。夫门人去孔子归少正卯，不徒不能知孔子之圣，又不能知少正卯，门人皆惑。子贡曰："夫少正卯，鲁之闻人也④。子为政⑤，何以先诛之⑥？"孔子曰："赐退⑦，非尔所及⑧。"夫才能知佞若子贡⑨，尚不能知圣。世儒见圣，自谓能知之，妄也！

【注释】

①少正卯：相传为春秋时期鲁国的大夫，曾在鲁国聚徒讲学，影响很大。后孔子任鲁国司寇，将之诛杀。此事始见于《荀子·宥作》记载，后来《吕氏春秋》《说苑》《史记》《孔子家语》等书都有采录。在我国现代思想史上，曾一度把少正卯奉为法家，以与孔子相对立，认为这是早期的儒法斗争。历史上是否真有孔子诛少正卯一事，甚可怀疑，很可能是战国末期法家编造的故事。

②并：齐名。

③三盈三虚：意思是孔子讲学时，门徒多次满堂又多次走光，跑到少正卯那里去了。三，表示多次。盈，满。虚，空。

④闻人：有名望的人。

⑤子：你，指孔子。为政：执政，指孔子在鲁国当司寇。

⑥何以先诛之：底本无"诛"字，《荀子·郁坐》"先"字后有一"诛"字，据补。

⑦赐：指子贡。

⑧非尔所及：这不是你能懂得的。尔，你。及，达到，这里指懂得。

⑨才：指资质。能：指能力。知：同"智"，智慧。佞（nìng）：才能。

【译文】

少正卯在鲁国，与孔子齐名。孔子的门徒几次满堂，又几次跑光，归向少正卯，只有颜渊不离开孔子，唯独颜渊知道孔子是圣人。弟子们离开孔子归附少正卯，说明他们不仅不能识别孔子是圣人，同时也不能识别少正卯是奸佞，门人们都是糊涂的。子贡说："少正卯，是鲁国有名望的人。您执政以后，为什么首先要诛杀他呢？"孔子说："端木赐，你退下吧，这不是你所能懂得的事。"像子贡那样一位有才能有智慧的人，尚且不能识别圣人。儒生见到圣人，自称能够识别出来，这真是太荒诞了！

夫以不能知圣言之，则亦知其不能知凤皇与骐骥也。使凤皇羽翮长广①，骐骥体高大，则见之者以为大鸟巨兽耳，何以别之？如必巨大别之②，则其知圣人亦宜以巨大。春秋之时，鸟有爱居③，不可以为凤皇；长狄来至④，不可以为圣人。然则凤皇、骐骥与鸟兽等也，世人见之，何用知之？如以中国无有⑤，从野外来而知之⑥，则是鹳鹆同也⑦。鹳鹆，非中国之禽也；凤皇、骐骥，亦非中国之禽兽也。皆非中国之物,儒者何以谓鹳鹆恶,凤皇、骐驎善乎?

【注释】

①羽翮(hé):羽翼。翮,鸟羽毛的茎,中空透明。

②如必巨大别之:据文意,疑本句"必"字后脱一"以"。

③爰(yuán)居:古代传说中一种形似凤凰的大海鸟。

④长狄:传说中古代的一个少数民族,身材十分高大。

⑤中国:指中原地区。

⑥野外:这里指边远地区。

⑦鹳鹆(qú yù):俗名"八哥"。鲁国本来没有八哥,鲁昭公二十五年(前517)发生了鹳鹆飞到鲁国筑巢的事件,同年鲁昭公被季平子逐出鲁国,因此有人把"鹳鹆来巢"说成是不祥之兆。

【译文】

从儒生不能识别圣人说来,也就知道他们不能识别凤凰与麒麟了。假如凤凰的翅膀又长又宽,麒麟的身体又高又大,那么见到它们的人只会以为它们不过是大鸟巨兽罢了,怎么能识别它是凤凰、麒麟呢?如果一定要以形体巨大为标准来辨别鸟兽是不是凤凰、麒麟,那么他们识别圣人也应该用身材是否高大为标准了。春秋之时,有一种叫爰居的大鸟,不能把它当作凤凰;长狄人来了,也不能把他们当作圣人。然而凤凰、麒麟与一般鸟兽是相同的,世人见了它们,用什么去识别呢?如果以中原一带没有,是从边远地区到来为标准来识别它们,那么这就和鹳鹆一样了。鹳鹆,不是中原一带的飞禽;凤凰、麒麟,也不是中原一带的鸟兽。它们都不是中原一带的动物,儒生为什么认为鹳鹆出现是灾异,而凤凰、麒麟出现是祥瑞呢?

或曰:"孝宣之时,凤皇集于上林,群鸟从上以千万数。以其众鸟之长①,圣神有异,故群鸟附从。如见大鸟来集,群鸟附之,则是凤皇。凤皇审则定矣②。"

【注释】

①长:首领。

②凤凰审则定矣:据文意,疑本句"定"字前脱"麒麟"两字。

【译文】

有人说:"汉宣帝的时候,凤凰停落在上林苑,跟随着在它上头飞翔的鸟要以千只、万只来计算。因为凤凰是所有鸟的首领,圣明神奇与众鸟不同,所以无数的鸟随从着它。如果看见大鸟飞来停下,无数的鸟跟随着它,那么这就是凤凰了。凤凰可以如此识别,那么麒麟也可据此而识别了。"

夫凤皇与骐驎同性,凤皇见,群鸟从;骐驎见,众兽亦宜随。案《春秋》之麟,不言众兽随之。宣帝、武帝皆得骐驎,无众兽附从之文。如以骐驎为人所获,附从者散,凤皇人不获,自来蜚翔①,附从可见。《书》曰:"《箫韶》九成,凤皇来仪。"②《大传》曰③:"凤皇在列树④。"不言群鸟从也。岂宣帝所致者异哉?

【注释】

①蜚(fēi):通"飞"。

②"《书》曰"几句:引文见《尚书·益稷》。《箫韶》,传说是舜时的乐曲名称。凤凰来仪,凤凰飞来,翩翩起舞,仪态优美。

③《大传》:指《尚书大传》,是西汉时伏胜解释《尚书》的作品。

④列树:大树。列,大。

【译文】

凤凰与麒麟的天性相同,凤凰出现,有无数的鸟跟随着它;麒麟出现时,各种野兽也应该跟随着它。考察《春秋》有关于麒麟的记载,并没有群兽跟随着它的说法。宣帝、武帝时都曾捕获过麒麟,没有群兽跟随着它的记载。如果是因为麒麟被人所捕获,所以跟随它的野兽逃散了,那么凤凰并非是人所捕获的,而是自己飞来的,跟随着它的鸟应该看得见。《尚书》上说:“《箫韶》之乐演奏了九次,凤凰飞来翩翩起舞。”《尚书大传》上说:“凤凰栖息在大树上。”其中并没有记载群鸟跟随它这件事。难道宣帝时所招来的凤凰同古代的有差异吗?

或曰:“记事者失之^①。唐、虞之君^②,凤皇实有附从。上世久远,记事遗失,经书之文,未足以实也。”

【注释】

①失:遗漏。
②唐、虞之君:指尧、舜。

【译文】

有人说:“这是记事的人遗漏了这一点。尧、舜的时候,凤凰飞来时确实有群鸟跟随着它。过去的时代太过久远,所以记事难免有遗漏,经书上的文字,不能完全用来证实凤凰飞来时没有群鸟跟随。”

夫实有而记事者失之,亦有实无而记事者生之^①。夫如是,儒书之文,难以实事,案附从以知凤皇,未得实也。且人有佞猾而聚者^②,鸟亦有佼黠而从群者^③。当唐、虞之时^④,凤悫愿^⑤,宣帝之时佼黠乎? 何其俱有圣人之德行,动作之操不均同也^⑥? 无鸟附从,或时是凤皇;群鸟附从,或时非也。

【注释】

①生：凭空捏造。

②佞（nìng）猾：奸邪狡诈。佞，奸诈。

③佼黠（jiǎo xiá）：狡猾奸诈。佼，奸诈。黠，狡猾。

④当：同"倘"，倘若。

⑤悫（què）愿：谨慎老实，谨慎善良。悫，恭谨，朴实，诚实。愿，忠厚。

⑥动作之操：行为。操，操守。

【译文】

既然存在实际上发生过而记事者漏记的事，也就会存在实际上不存在而记事者凭空编造出来的事。如果是这样，儒家典籍的记载，很难用它来证明什么事情，根据有众鸟跟随这一点来识别凤凰，也同样得不到实证了。况且人有凭着奸诈狡猾而聚集徒众的，鸟也有凭着狡诈使群鸟跟从的。难道是尧、舜时出现的凤凰忠厚老实，宣帝时出现的凤凰奸诈狡猾呢？不然，为什么它们都有圣人的品德，而行为却大不相同呢？没有群鸟跟从的，也许是凤凰；有群鸟跟随的，也许并不是凤凰。

君子在世，清节自守，不广结从①，出入动作，人不附从。豪猾之人，任使用气②，往来进退，士众云合③。夫凤皇，君子也，必以随多者效凤皇④，是豪黠为君子也。歌曲弥妙⑤，和者弥寡；行操益清，交者益鲜。鸟兽亦然，必以附从效凤皇，是用和多为妙曲也。龙与凤皇为比类⑥。宣帝之时，黄龙出于新丰⑦，群蛇不随。神雀、鸾鸟⑧，皆众鸟之长也，其仁圣虽不及凤皇，然其从群鸟亦宜数十。信陵、孟尝，食客三千，称为贤君。汉将军卫青及将军霍去病，门无一客，亦称名将。太史公曰："盗跖横行，聚党数千人。伯夷、叔齐，隐处首阳山。"鸟兽之操，与人相似。人之得众，不足以别贤。以鸟附从审凤皇，如何？

【注释】

①从：随从，党徒。

②使：据文意，疑为"侠"字之讹，形近而误。

③云合：像云一样地聚集在一起，形容人很多。

④效：验证，证明。

⑤弥：愈。

⑥比类：同等的东西。

⑦新丰：县名。西汉置，治所在今陕西临潼东北。

⑧神雀：传说中的神鸟。鸾鸟：传说中凤凰一类的鸟。

【译文】

　　君子生活在世间，坚持清高的节操，不广泛聚集党羽，出入行动，不用人应和随从。强横狡诈的人，骄横傲慢，往来进退，有很多人跟随。凤凰是鸟中的君子，如果一定要以随从的鸟多来识别凤凰，那么狂放狡诈的人就是君子了。歌曲越是美妙动听，跟着唱的人就愈少；行为道德越清高，和他交往的人就愈少。鸟兽的情况也是如此，一定要用随从的多少来识别凤凰，这就等于把跟唱的人多的歌曲说成是美妙的歌曲一样。龙与凤凰是属于同一类的。宣帝的时候，新丰出现了一条黄龙，并没有各种蛇跟随它。神雀和鸾鸟，都是众鸟的首领，它们的仁义圣明虽然赶不上凤凰，但跟随它们的鸟起码也应有数十只。信陵君、孟尝君豢养三千食客，被称为贤君。汉将军卫青和霍去病，门下没有一个食客，也被称为名将。太史公说："盗跖横行天下，聚集党徒数千人。伯夷、叔齐，却隐居在首阳山中。"鸟兽的操行，与人相类似。人即使得到许多徒众，也不足以用来分辨他是否贤良。以鸟跟随的多少来识别凤凰，又怎么行得通呢？

或曰:"凤皇、骐驎,太平之瑞也。太平之际,见来至也[①]。然亦有未太平而来至也。鸟兽奇骨异毛,卓绝非常,则是矣,何为不可知? 凤皇、骐驎,通常以太平之时来至者,春秋之时,骐驎尝嫌于王孔子而至[②],光武皇帝生于济阳,凤皇来集。"

【注释】

①见:递修本作"则"。

②尝:曾经。嫌:怀疑,猜想。

【译文】

有人说:"凤凰、麒麟,是太平盛世的祥瑞。天下太平之时,它们则到来。但是它们也有在不是太平盛世的时候到来的。鸟兽有奇骨异毛,卓绝不凡,这就是凤凰、麒麟了,为什么不能够识别呢? 凤凰、麒麟,通常是在太平盛世到来,春秋的时候,麒麟曾怀疑孔子为素王而出现过,光武帝在济阳出生,凤凰飞来停落在那里。"

夫光武始生之时,成、哀之际也[①],时未太平而凤皇至。如以自为光武有圣德而来,是则为圣王始生之瑞,不为太平应也[②]。嘉瑞或应太平,或为始生,其实难知。独以太平之际验之,如何?

【注释】

①成:汉成帝(前51—前7),前32—前7年在位。哀:汉哀帝(前25—前1),前7—前1年在位。

②应:瑞应,征兆。

【译文】

光武皇帝出生的时候,正是成帝、哀帝在位的时期,当时并非太平盛世然而凤凰飞来。假如凤凰是因为光武皇帝有圣德而来的,这就是应圣王出生的祥瑞,并不是天下太平的征兆。祥瑞有时应太平盛世,有时应圣王出生,它实在难于预知。单凭祥瑞出现于太平之世这一条件去检验它,怎么行呢?

或曰:"凤皇、骐驎,生有种类,若龟、龙有种类矣。龟故生龟①,龙故生龙,形色小大,不异于前者也。见之父②,察其子孙③,何为不可知?"

【注释】

①故:固,必。

②之:其。

③察:明了。

【译文】

有人说:"凤凰、麒麟,是因固定的族类生出的,像龟和龙有族类一样。龟一定会生龟,龙一定会生龙,形状色彩大小,后者与前者没有什么差别。看见它的父亲,就可以了解它子孙的状况,为什么说不能识别呢?"

夫恒物有种类①,瑞物无种适生②,故曰"德应"③,龟、龙然也。人见神龟、灵龙而别之乎④? 宋元王之时⑤,渔者网得神龟焉⑥,渔父不知其神也。方今世儒,渔父之类也。以渔父而不知神龟,则亦知夫世人而不知灵龙也。

【注释】

①恒物:平常的东西。恒,平常。

②适:偶然。

③德应：吉祥的征兆，此处指上文所说的"太平之时"或"圣王始生"的征兆。德，恩德，好处。

④而（néng）：通"能"。别：识别。

⑤宋元王：即宋元公，春秋末期宋国君主，前531—前517年在位。

⑥渔者网得神龟：据《庄子·外物》记载，宋元公梦见一个人，自称是水神，被渔夫余且捉住了，请求搭救。占卜的人说，这是一只神龟。查问渔夫余且，他果真捕到了一只大白龟，但并不知道是神龟。网，用网捕捉。

【译文】

平常的东西都有族类，但是祥瑞之物没有族类，而是偶然出现的，所以称它们"应德而生"，龟、龙就是这样的德应。人们见了神龟、灵龙能识别它们吗？宋元王的时候，一个渔夫用网捕捉到一只神龟，渔夫并不知道它是神龟。现在的儒生，跟渔夫是一类人。根据渔夫不能识别神龟的情况，也就知道一般人不能识别灵龙了。

龙或时似蛇，蛇或时似龙。韩子曰①："马之似鹿者千金②。"良马似鹿，神龙或时似蛇。如审有类③，形色不异。王莽时，有大鸟如马，五色龙文④，与众鸟数十集于沛国蕲县⑤。宣帝时，凤皇集于地，高五尺，与言"如马"，身高同矣；文章五色，与言"五色龙文"，物色均矣⑥；众鸟数十，与言"俱集""附从"等也。如以宣帝时凤皇体色、众鸟附从案知凤皇，则王莽所致鸟，凤皇也。如审是，王莽致之，是非瑞也。如非凤皇，体色、附从何为均等？

【注释】

①韩子：韩非。

②马之似鹿者千金：引文见《韩非子·外储说右上》。

③审：确实。

④文：花纹。

⑤沛国：东汉建武二十年（44）改沛郡置，治所在相县（今安徽淮北市西北相山区）。蕲（jī）县：县名。秦置，治所在今安徽宿州东南。

⑥物色：指大鸟的颜色。

【译文】

龙有时像蛇，蛇有时像龙。韩非说："长得像鹿的马价值千金。"良马有像鹿的，神龙有时长得像蛇。如果祥瑞确实有族类的话，那么形状、颜色就不应当有差别。王莽的时候，有只鸟像马一样大，羽毛五色有像龙一样的花纹，与数十只鸟停落在沛国的蕲县。宣帝时，有凤凰停落在地上，身高五尺，与上面讲的"如马"的大鸟身高是相同的；羽毛五色纹彩，与上面讲的"五色龙文"颜色是完全一样的；数十只鸟跟随，与前面讲的"俱集""附从"是同样的。如果根据宣帝时凤凰的形体、颜色以及众鸟跟随这种情况来考察识别凤凰，那么王莽所招致的鸟，就是凤凰了。如果确实是凤凰，那么因为它是王莽招致的，就不应该是祥瑞了。如果不是凤凰，那么它在形体、颜色、有鸟跟随这些特征上为什么又都与凤凰相同呢？

且瑞物皆起和气而生①，生于常类之中，而有诡异之性②，则为瑞矣。故夫凤皇之至也，犹赤乌之集也③。谓凤皇有种，赤乌复有类乎？嘉禾、醴泉、甘露④，嘉禾生于禾中，与禾中异穗⑤，谓之嘉禾；醴泉、甘露，出而甘美也，皆泉、露生出，非天上有甘露之种，地下有醴泉之类，圣治公平，而乃沾下产出也⑥。蓂荚、朱草亦生在地⑦，集于众草⑧，无常本根，暂时产出，旬月枯折⑨，故谓之瑞。

【注释】

①和气：王充指的是一种阴气、阳气协调和谐的气，认为它具有道德属性。参见《气寿篇》《率性篇》。

②诡异：奇特。诡，怪。

③赤乌：红乌鸦。传说武王伐纣时，有一团火降在他的屋顶上，后变成红色的乌鸦。

④嘉禾：生长苗壮的禾苗。醴（lǐ）泉：甜的泉水。甘露：甜的露水。以上均为汉儒认定的祥瑞之物。

⑤中：疑为衍文。

⑥沾：浸润。下：降落。

⑦蓂（míng）荚：传说中的一种叶子按日长落，一看便可知道日子的草。

⑧集：杂。

⑨旬月：一个月。旬，十日为一旬。

【译文】

况且祥瑞都是应天地间的"和气"产生的，它出生于平常的事物之中，却具有奇特的本性，就成为祥瑞了。所以凤凰的到来，就如赤乌的降落一样。说凤凰有族类，赤乌同样有族类吗？嘉禾、醴泉、甘露三种东西，嘉禾诞生于一般的禾之中，与一般禾的穗不同，就称之为嘉禾；醴泉、甘露，出现就特别甘美，但也是从一般的泉水、露水中产生出来的，并不是天上有甘露之种，地下有醴泉之类，圣王公平地治理天下，醴泉、甘露才能浸润、降落而产生出来。蓂荚、朱草也生长在地上，夹杂在众草之中，没有固定的根茎，暂时产生出来，一个月就枯折了，所以称之为祥瑞。

夫凤皇、骐驎亦瑞也，何以有种类？案周太平，越常献白雉①。白雉，生短而白色耳②，非有白雉之种也。鲁人得戴角之獐，谓之骐驎，亦或时生于獐，非有骐驎之类。由此言之，凤皇亦或时生于鹄鹊③，毛奇羽殊，出异众鸟，则谓之凤

皇耳,安得与众鸟殊种类也? 有若曰:"骐骥之于走兽,凤皇
之于飞鸟,太山之于丘垤,河海之于行潦,类也。"④然则凤
皇、骐骥都与鸟兽同一类,体色诡耳,安得异种? 同类而有
奇,奇为不世⑤,不世难审,识之如何?

【注释】

①越常:又称为"越裳",周时南方的一个民族。雉:野鸡。

②耳:而已,罢了。

③鹄(hú):天鹅。

④"有若曰"几句:引文参见《孟子·公孙丑上》。太山,泰山。丘
垤(dié),小土堆,小山丘。行潦(lǎo),小水沟,积水。

⑤不世:世上不常有的。

【译文】

　　凤凰、麒麟也是祥瑞之物,为什么说它们有种类呢? 考察周朝太平
之时,越常贡献白雉。白雉,只是生得短小而毛是白色的罢了,并非专有
白雉这一种类的鸟。鲁国人捕获长有角的獐,称之为麒麟,也许它是獐
生出来的,并不是有麒麟这一种类。由此说来,凤凰也许是天鹅喜鹊生
出来的,只是羽毛奇异特殊,与众鸟不同,就称它为凤凰罢了,怎么与众
鸟是不同的种类呢? 有若说:"麒麟对于一般走兽,凤凰对于一般飞鸟,
泰山对于一般土堆,河海对于一般溪流水洼,都是同类的事物。"那么,
凤凰、麒麟与一般鸟兽同属一类,只不过形体、颜色奇异罢了,怎么会是
不同的种类呢? 同一族类中比较奇异的,奇异之物是世上不常有的,世
上不常有就很难弄清楚,又怎能识别它呢?

　　尧生丹朱①,舜生商均②。商均、丹朱,尧、舜之类也③,
骨性诡耳④。鲧生禹⑤,瞽瞍生舜⑥。舜、禹,鲧、瞽瞍之种

也,知德殊矣。试种嘉禾之实⑦,不能得嘉禾。恒见粢粱之粟⑧,茎穗怪奇。人见叔梁纥⑨,不知孔子父也;见伯鱼⑩,不知孔子之子也。张苍之父五尺⑪,苍长八尺,苍孙长六尺。孝宣凤皇高五尺,所从生鸟或时高二尺,后所生之鸟或时高一尺,安得常种⑫?

【注释】

①丹朱:传说是尧的儿子,品行恶劣。

②商均:传说是舜的儿子,品行恶劣。

③类:种类,这里指后代。

④骨:骨相。性:禀性。

⑤鲧(gǔn):传说中禹的父亲,因治水失败,被舜处死。

⑥瞽瞍(gǔ sǒu):传说中舜的父亲,屡次计划杀掉舜而没有成功。

⑦实:种子。

⑧粢(zī)粱之粟:泛指谷物。粢,稷。粱,通"梁"。粱,品种较好的粟。

⑨叔梁纥(约前622—约前549):名纥,字叔梁。孔子的父亲。

⑩伯鱼:孔鲤(前532—前483),字伯鱼,孔子的儿子。

⑪张苍:底本作"张汤",据《史记·张丞相列传》改。下文同此。张苍,汉文帝时期丞相。

⑫常种:固定不变的种。

【译文】

尧生丹朱,舜生商均。商均、丹朱,是尧、舜的后代,但是骨相情性不同。鲧生禹,瞽瞍生舜。舜、禹,是鲧、瞽瞍的后代,才智德性大不相同。试种下嘉禾的种子,不一定能够长出嘉禾。经常见到的稷、梁这类一般的谷物,茎穗也有生得很奇异的。人们见了叔梁纥,不会知道他是孔子的父亲；见了伯鱼，不会知道他是孔子的儿子。张苍的父亲身高五尺，张苍身高八尺，张苍的孙子身高六尺。宣帝时的凤凰身高五尺，生出这只凤凰的鸟也许只有二尺高，后面所生的鸟也许才只有一尺高，哪会有固定不变的种类呢？

　　种类无常，故曾皙生参[1]，气性不世；颜路出回[2]，古今卓绝。马有千里，不必骐骥之驹[3]；鸟有仁圣，不必凤皇之雏[4]。山顶之溪，不通江湖，然而有鱼，水精自为之也[5]。废庭坏殿，基上草生，地气自出之也。按溪水之鱼，殿基上之草，无类而出，瑞应之自至，天地未必有种类也。

【注释】

①曾皙（xī）：曾参的父亲，孔子的弟子。参：曾参，孔子弟子。

②颜路（前545—？）：颜回的父亲，孔子弟子。回：颜回，即颜渊。

③不必：不一定。骊：据文意，疑为"骥"字之讹，形近而误。驹：小马。

④雏（chú）：幼鸟。泛指幼禽或幼兽。

⑤精：精气。

【译文】

种类不会是固定不变的，所以曾皙生下曾参，曾参的气质性格世上少有；颜路生下颜回，颜回是古今卓绝的人物。千里马，不一定是骐骥的后代；有仁圣之鸟，它不一定是凤凰的后代。山顶上的溪流，与江湖不相连接，然而溪中有鱼，这是水中的精气自然产生的。废弃朽坏了的殿庭，殿基上长了草，这是地中的精气自然产生的。察看溪水中的鱼，殿基上的草，都是没有种类而自然产生的，祥瑞之物应时而来，天地之间未必有它的种类。

　　夫瑞应犹灾变也。瑞以应善，灾以应恶，善恶虽反，其应一也。灾变无种，瑞应亦无类也。阴阳之气，天地之气也，遭善而为和①，遇恶而为变②，岂天地为善恶之政，更生和变之气乎？然则瑞应之出，殆无种类，因善而起，气和而生。亦或时政平气和，众物变化，犹春则鹰变为鸠③，秋则鸠化为鹰，蛇鼠之类辄为鱼鳖，虾蟆为鹑④，雀为蜃蛤⑤。物随气变，不可谓无。黄石为老父⑥，授张良书，去复为石，世儒知之⑦。或时太平气和，獐为骐驎，鹄为凤皇。是故气性随时变化⑧，岂必有常类哉？褒姒⑨，玄鼋之子⑩，二龙漦也⑪。晋之二卿⑫，熊罴之裔也⑬。吞燕子、薏苡、履大迹之语⑭，世之人然之，独谓瑞有常类哉？以物无种计之⑮，以人无类议之⑯，以体变化论之，凤皇、骐驎生无常类，则形色何为当同？

【注释】

①遭：遇到。善：政治安定。和：和气。

②恶：政治动荡。变：灾变之气。

③鸠：斑鸠一类的鸟。

④虾蟆：蛤蟆。鹑：鹌鹑。

⑤蜃蛤（shèn gé）：大蛤蜊。

⑥黄石为老父：张良年轻时曾在桥上遇见一个老人，自称是一块黄石变的，送给他一部兵书。老父，老人。参见《纪妖篇》。

⑦世儒：底本作"也儒"，据文意，"也"疑为"世"字之讹，形近而误。

⑧气性：气质特性。

⑨褒姒（bāo sì）：周幽王的妃子。

⑩玄鼋（yuán）之子：传说夏朝末年，两条龙出现在宫廷中，留下一

涎唾液，被收藏在了匣子里。周厉王时打开匣子，唾液流出来变成了一只黑色的蜥蜴跑入后宫，碰到一个宫女，宫女因此生下了褒姒。参见《史记·周本纪》。玄，黑色。鼋，通"蚖"，蜥蜴。子，古代儿女都称为"子"，这里指女儿。

⑪螴（chí）：鱼、龙之类的唾沫。

⑫晋之二卿：指范氏与中行氏。

⑬熊罴（pí）之裔：传说赵简子在梦中射死一熊一罴，后来有神告诉他，被射死的熊、罴是范氏与中行氏的祖先。罴，熊的一种。裔，后代。参见《纪妖篇》。

⑭燕子：燕子卵。传说商的祖先契是其母亲吞了燕卵而生下的。薏苡（yì yǐ）：一种草本植物，果实可以食用，传说夏禹的母亲是吃了薏苡而生下的禹。大迹：巨人的脚印。传说周的祖先稷是其母亲踩了巨人的脚印之后生下来的。

⑮计：判断。

⑯议：分析。

【译文】

祥瑞的出现和灾异的出现道理是相同的。祥瑞与善政相应，灾变与恶政相应，善政与恶政虽然相反，但是在作为征兆这一点上却是相同的。灾变之物没有种类，祥瑞之物同样也没有种类。阴气与阳气，都是天地产生的气，遇到善政就成为祥和之气，遇到恶政就成为变异之气，哪里是天地有意识地根据政治的善恶，另外制造出祥和之气与灾变之气呢？然而祥瑞之物的出现，恐怕也没有什么种类，由于遇到善政而兴起，遇到祥和之气而产生出来。也有时政治安定阴阳之气和谐，但众物自身发生变化，像是在春天，就有鹰变成鸠；在秋天，就有鸠变化为鹰，蛇鼠一类的东西变为鱼鳖，蛤蟆变为鹌鹑，雀变成大蛤蜊等等。万物随着阴阳之气变化，不能说没有这种事。黄石变成老翁，传授兵书给张良，后又离去变为黄石，这些事当世的儒生是知道的。有时天下太平阴阳之气和谐，獐变成了麒麟，天鹅变成了凤凰。所以一种东西的气质特性总是随时发生变化的，怎么能断定有固定不变的种类呢？褒姒，是黑蜥蜴的女儿，是由两条龙的唾液产生而来。晋国的范氏、中行氏，是熊罴的后代。吞吃燕卵而生契、吃薏苡而生禹、踩巨人足印而生稷的传说，世上的人都相信这种说法，怎么却偏偏说祥瑞之物有固定不变的种类呢？根据万物没有固定不变的种类这一点来判断，根据人没有固定不变的种类这一点来分析，根据形体经常发生变化这一点来议论，凤凰、麒麟的产生不因着固定不变的种类，那么它们的形体、色彩为什么一定要相同呢？

案《礼记·瑞命篇》云①："雄曰凤，雌曰皇。雄鸣曰即即②，雌鸣足足③。"《诗》云④："梧桐生矣，于彼高冈⑤。凤皇鸣矣，于彼朝阳⑥。菶菶萋萋⑦，噰噰喈喈⑧。"《瑞命》与《诗》俱言凤皇之鸣，《瑞命》之言"即即、足足"，《诗》云"噰噰、喈喈"，此声异也。使声审，则形不同也。使声同⑨，《诗》与《礼》异。世传凤皇之鸣，故将疑焉。

【注释】

①《礼记·瑞命篇》：指《大戴礼记》中的《瑞命篇》，今已亡佚。

②即即：形容凤的叫声。

③足足：形容皇的叫声。

④《诗》：《诗经》。

⑤彼：那个。

⑥朝阳：向着太阳的一面。

⑦菶菶（běng）萋萋（qī）：形容梧桐树叶长得很茂盛。菶菶、萋萋，皆指草木茂盛貌。

⑧噰噰（yōng）喈喈（jiē）：形容凤和皇的叫声。引文参见《诗经·大

雅•卷阿》。

⑨声：底本作"审"，递修本作"声"，据改。

【译文】

　　根据《大戴礼记•瑞命篇》里说："雄的叫凤，雌的叫凰。凤的鸣叫声是'即即'，凰的鸣叫声是'足足'。"《诗经》里说："那高高的山冈上长着梧桐树。向着太阳的一面凤凰在鸣叫。梧桐树叶茂盛，凤凰叫声喈喈嗜嗜。"《瑞命篇》与《诗经》都记载了凤凰的鸣叫声，《瑞命篇》的记载是"即即、足足"，《诗经》上的说法是"喈喈、嗜嗜"，这两种鸣叫声并不相同。如果《瑞命篇》《诗经》所记载的凤和凰的叫声确实不同，那么它们的外形就应该不一样。如果凤和凰的叫声确实相同，《诗经》与《大戴礼记》里形容它们的叫声却不相同。那么历代都把它们当作凤和凰的叫声，这种记录就值得怀疑了。

　　案鲁之获麟云"有獐而角"。言"有獐"者，色如獐也。獐色有常，若鸟色有常矣。武王之时①，火流为乌，云其色赤。赤非乌之色，故言其色赤。如似獐而色异，亦当言其色白若黑②。今成事色同③，故言"有獐"。獐无角，有异于故，故言"而角"也。夫如是，鲁之所得麟者，若獐之状也。武帝之时，西巡狩④，得白麟，一角而五趾。角或时同，言五趾者，足不同矣。鲁所得麟，云"有獐"，不言色者，獐无异色也。武帝云"得白麟"，色白不类獐，故言有獐⑤，正言"白麟"⑥，色不同也。孝宣之时，九真贡⑦，献麟，状如鹿而两角者⑧，孝武言一角，不同矣。《春秋》之麟如獐，宣帝之麟言如鹿。鹿与獐小大相倍，体不同也。

【注释】

①武王:周武王。

②若:或。

③成事:既成事实。

④巡狩:古代称君主离开都城外出视察或巡游叫"巡狩"。

⑤故言有獐:据文意,疑本句"故"字后脱一"不"字。

⑥正言:确切地说。

⑦九真:郡名。西汉吕后、文帝时南越赵佗置,元鼎六年(前111)归汉,治所在胥浦县(在今越南清化省东山县杨舍村)。贡:进贡。

⑧鹿:底本作"獐",据下文"宣帝之骍言如鹿"改。

【译文】

考察鲁国捕获麒麟的记载,说"形状像獐而长着角"。说"形状像獐",是它的毛色像獐。獐的毛色是固定不变的,就像鸟的毛色固定不变一样。周武王的时候,火落下来变成了乌鸦,说"它的毛色是红的"。红不是乌鸦本来的颜色,因此说"它的毛色是红的"。如果像獐但毛色不同,也应当讲清它的颜色是白的或是黑的。现在事实上鲁国捕获的麒麟与獐的颜色相同,所以说成"形状像獐"。獐没有长角,不同于本来的样子,所以说"长着角"。如果是这样,鲁国所捕获的麒麟,外形就像獐一样。武帝的时候,到西部巡狩,捕获到一只白色的麒麟,头上长一只角,每只蹄子上有五个脚趾。长着角也许与鲁国捕获的麒麟相同,说有五个脚趾,表明蹄子是不同了。鲁国捕获的麒麟,只讲"形状像獐",不讲毛色,因为与獐的毛色没有什么不同。武帝时讲"捕获白麟",因为毛色是白的与獐不同,所以不讲"形状像獐",因而确切地讲出"白色的麒麟",是毛色与獐不相同。宣帝的时候,九真郡进贡,献上一只麒麟,形状像鹿但长有两只角,这就和武帝时所说的一只角的麒麟不相同了。《春秋》所说的麒麟像獐,宣帝时的麒麟像鹿。鹿与獐的大小相差一倍,体态也根本不相同。

　　夫三王之时^①，骐毛色、角趾、身体高大，不相似类。推此准后世^②，骐出必不与前同，明矣。夫骐骐，凤皇之类，骐骐前后体色不同，而欲以宣帝之时所见凤皇高五尺，文章五色，准前况后^③，当复出凤皇，谓与之同，误矣！后当复出见之凤皇、骐骐，必已不与前世见出者相似类，而世儒自谓见而辄知之，奈何？

【注释】

①三王：这里指鲁哀公、汉武帝、汉宣帝。

②准：衡量。

③准：依据。况：比拟。

【译文】

　　鲁哀公、武帝、宣帝的时候，捕获的麒麟毛色、角趾、身体大小各不相同。由此情况去衡量后世，出现的麒麟必定与前世出现的不同，这是很清楚的了。麒麟是凤凰一类的东西，既然前后出现的麒麟形体毛色各不相同，那么想以宣帝时所见到的高有五尺，羽毛有五彩花纹的凤凰作为标准，依据前面的标准去比较后面的，倘若再出现凤凰，就说它与宣帝时所见的凤凰相同，这就错了！以后倘若再出现凤凰、麒麟，必定不会和以前出现的相类似，然而儒生自称见到它们就能识别出来，这怎么可能呢？

　　案鲁人得骐，不敢正名骐，曰"有獐而角"者，时诚无以知也。武帝使谒者终军议之^①，终军曰："野禽并角^②，明天下同本也^③。"不正名"骐"而言"野禽"者，终军亦疑无以审也。当今世儒之知，不能过鲁人与终军，其见凤皇、骐骐，必从而疑之非恒之鸟兽耳，何能审其凤皇、骐驎乎？

【注释】

①谒（yè）者：汉代官名。终军（约前140—前112）：字子云，济南（今山东章丘西）人。汉武帝时人。曾任谒者给事中、谏大夫之职。议：鉴定。之：指汉武帝捕获的白麟。

②野禽：野兽。并角：两只角合并长成一只。

③明天下同本：象征天下都会归附西汉。明，表明。

【译文】

考察鲁国人捕获的麒麟，不敢明确地称其为"麒麟"，而说其"像獐而长有角"，是因为当时确实无法辨别清楚。武帝让谒者终军鉴定捕获的麒麟，终军说："野兽的角合并长在一起，象征着天下都将归附。"不能确切地名其为"麒麟"，而说其为"野兽"，是因为终军也怀疑它是否为麒麟而又无法加以确定的缘故。现在儒生的才智，不能超过鲁国人与终军，他们见到凤凰、麒麟，肯定也只是怀疑这种禽兽不是一般的鸟兽罢了，怎么能确定它们是凤凰、麒麟呢？

以体色言之，未必等。以鸟兽随从多者①，未必善。以希见言之，有鹳鹆来。以相奇言之，圣人有奇骨体②，贤者亦有奇骨。圣贤俱奇，人无以别。由贤圣言之，圣鸟、圣兽，亦与恒鸟、庸兽俱有奇怪。圣人贤者亦有知而绝殊③，骨无异者；圣贤鸟兽亦有仁善廉清，体无奇者。世或有富贵不圣，身有骨为富贵表④，不为圣贤验⑤。然则鸟亦有五采，兽有角而无仁圣者。夫如是，上世所见凤皇、骐驎，何知其非恒鸟兽？今之所见鹊、獐之属，安知非凤皇、骐驎也？

【注释】

①以鸟兽随从多者：据文例，本句"者"字后疑脱"言之"两字。

②骨体：骨架躯体。

③绝殊：卓绝。

④表：象征。

⑤验：证明。

【译文】

从形体、毛色方面来考察，不一定相同。从随的鸟兽多少来判断，不一定准确。从很少出现这方面来说，又有鹳雀飞来筑巢这种事。从骨相奇特来说，圣人有奇特的骨架躯体，贤者也有奇特的骨相。圣人贤人的骨相都奇特，人们就无法区别他们谁圣谁贤。就圣、贤这一点来说，圣鸟、圣兽和一般鸟兽相比也都各有奇特之处。然而圣人贤人之中也有智慧卓绝，然而骨相却没有什么特殊的；圣鸟贤兽之中也有仁慈、善良、廉洁、清高，然而形体并不奇特的。世上有的富贵之人，并不是圣人，身上有奇骨只是作为富贵的征象，而不是作为圣人、贤人的证明。那么鸟中也有毛色五彩的，兽中有长一角的，但并不是仁圣的鸟兽。如果是这样，前代所见到的凤凰、麒麟，怎么能知道它就不是一般的鸟兽呢？现在所见到的鹊、獐这类的鸟兽，又怎么能知道它们不是真的凤凰和麒麟呢？

方今圣世，尧、舜之主①，流布道化，仁圣之物，何为不生？或时以有凤皇、骐驎乱于鹄、鹊、獐、鹿②，世人不知。美玉隐在石中，楚王、令尹不能知，故有抱玉泣血之痛③。今或时凤皇、骐驎以仁圣之性，隐于恒毛庸羽④，无一角、五色表之，世人不之知，犹玉在石中也，何用审之？为此论草于永平之初⑤，时来有瑞，其孝明宣惠⑥，众瑞并至。至元和、章和之际⑦，孝章耀德⑧，天下和洽⑨，嘉瑞奇物，同时俱应，凤皇、骐骥，连出重见，盛于五帝之时。此篇已成，故不得载。

【注释】

①尧、舜之主：像尧、舜那样的君主，这里指东汉君主。

②以：通"已"，已经。乱：混杂。

③"楚王、令尹不能知"二句：据《韩非子·和氏》记载，春秋时期，楚国著名的玉工卞和得到一块包在石头里的宝玉，献给楚厉王与楚武王。但是厉王、武王都不能识别，认为卞和欺骗君主，先后砍掉他的双脚。楚文王即位卞和抱着玉石在山下哭泣，眼睛里哭出血来，文王才令人剖开玉石，里面果真是一块宝玉。楚王，指楚厉王和楚武王。令尹，楚国称丞相为令尹。

④恒毛庸羽：这里是指一般的鸟兽。

⑤草：起草。永平：汉明帝的年号，58—75年。

⑥孝明：汉明帝刘庄，57—75年在位。宣惠：布施恩惠。

⑦元和：汉章帝的年号，84—87年。章和：汉章帝的年号，87—88年。

⑧孝章：汉章帝刘炟（dá），75—88年在位。

⑨洽：融洽。

【译文】

当今为圣人在位之世，像尧、舜那样的君王，广泛地施行道德教化，仁圣的祥瑞，为什么不产生呢？也许已经有凤凰、麒麟混杂在天鹅、喜鹊、獐、鹿之中，而世上的人没能辨认出来罢了。美玉隐藏在石头中，楚王、令尹不能识别出来，所以造成卞和抱玉泣血的悲痛。现在或许已经存在具有仁圣情性的凤凰、麒麟，隐藏在一般的鸟兽之中，因为没有只长一只角或身披五色毛羽这样的特征把它们标志出来，因此世上的人不能辨别出它们，就好比宝玉隐藏在石头中，用什么方法去识别它们呢？因为这篇文章起草于永平初年，当时正有祥瑞出现，由于明帝布施恩惠，所以各种祥瑞都一起出现了。到了元和、章和年间，章帝发扬德教，天下太平，嘉瑞奇物，同时都应和而出，凤凰、麒麟，连接反复出现，比五帝之时出现得还要多。由于这篇文章已经写完，所以就没有记载这些事情。

或问曰："《讲瑞》谓凤皇、骐驎难知，世瑞不能别①。今孝章之所致凤皇、骐驎，不可得知乎？"

【注释】

①瑞：据文意，当作"儒"字，形近而误。下文"世瑞"同。

【译文】

有人问道："《讲瑞篇》中说凤凰、麒麟难以识别，世儒对祥瑞是不能辨识的。现在章帝所招致的凤凰、麒麟，也是不可能识别的吗？"

曰："五鸟之记①，四方中央，皆有大鸟。其出，众鸟皆从，小大毛色类凤皇。"实难知也，故夫世瑞不能别。别之如何？以政治、时王之德②。不及唐、虞之时，其凤皇、骐驎，目不亲见，然而唐、虞之瑞必真是者，尧之德明也。孝宣比尧、舜③，天下太平，万里慕化④，仁道施行，鸟兽仁者感动而来，瑞物小大、毛色、足翼必不同类。以政治之得失，主之明暗，准况众瑞，无非真者。事或难知而易晓，其此之谓也⑤。又以甘露验之。甘露，和气所生也。露无故而甘，和气独已至矣⑥。和气至，甘露降，德洽而众瑞凑⑦。案永平以来，讫于章和⑧，甘露常降，故知众瑞皆是，而凤皇、骐驎皆真也。

【注释】

①五鸟：指所谓东、西、南、北、中央五方的神鸟。参见《说文·鸟

部》及《续汉书·五行志二》。

②时王:在位的皇帝。

③比:类。

④慕化:向慕归化。慕,仰慕。化,归化。

⑤其:在此用于表示推测的语气。

⑥独:这里用来加强肯定的语气。

⑦洽:沾润,普施。

⑧讫(qì):通"迄",到,至。

【译文】

回答说:"根据有关五鸟的记载:在东、南、西、北以及中央,各有大鸟。大鸟出来时,众鸟都跟随着,它的大小毛色都类似凤凰。"这确实很难辨别,所以世儒不能够辨识。以什么标准才能识别呢? 根据政治、在位君王的道德来识别。我虽然没有赶上尧、舜在位的时代,那些凤凰、麒麟没有亲眼见到,然而尧、舜时代的祥瑞必然是真的,是因为尧的道德圣明的缘故。宣帝类似尧、舜,天下太平,边远之民都向凤慕义接受教化,普遍地施行仁道,鸟兽中的仁者,感动仁政而来,祥瑞之物的大小、毛色、足翼必然不会相同。用政治的好坏、君王的贤明或昏庸作标准,来检验汉宣帝时众多的祥瑞,没有一个不是真的。有的事情表面上看来难懂实际上却很容易理解,大概就是指这种情况说的吧。再用甘露的产生来检验这一理论。甘露,是由和气产生的。露水无故地变甜,是因和气已经来到了。和气来到,甘露降临,普施仁德,所以各种祥瑞都凑集来了。考察永平以来直到章和年间,甘露经常降临,所以知道各种祥瑞都是真的,而凤凰、麒麟也都是真的。

卷第十七

指瑞篇第五十一

【题解】

本篇意在解释凤凰、麒麟等祥瑞是怎样出现的。儒生认为凤凰、麒麟这些祥瑞都是上天有意降生的，而且它们是有意志的，能够自觉执行上天赋予的任务，即"中国有道则来，无道则隐"。王充认为这种说法十分荒谬。他认为祥瑞是通过和气所产生的，是自然界存在的"常有之物"，具体象征什么，完全在于人们的解释。祥瑞与人间的治世相遇，是因为它们凑巧碰到了一起，并非上天有意的安排。

王充在《讲瑞篇》中教给世人如何分辨祥瑞，最终以政治与时王之德作为分辨祥瑞的标准。在本篇中又强调祥瑞的出现与政治关系并不密切。前后矛盾的说法其实是为了反驳《宣汉篇》中汉儒认为的"方今无凤鸟、河图，瑞颇未至悉具，故谓未太平"的说法，《讲瑞篇》提出世有祥瑞而儒生不能知，《指瑞篇》提出祥瑞的出现与时王执政关系不大，都是为此开脱而作。

儒者说凤皇、骐驎为圣王来^①，以为凤皇、骐驎仁圣禽也^②，思虑深，避害远，中国有道则来^③，无道则隐。称凤皇、骐驎之仁知者^④，欲以褒圣人也^⑤，非圣人之德不能致凤皇、骐驎⑥。此言妄也。

【注释】

①来：出现。

②禽：在古文中，鸟兽可统称为禽。

③中国：指中原地区。

④知：同"智"。

⑤褒：嘉奖，称赞。

⑥致：招来。

【译文】

儒生说凤凰、麒麟是应圣人而出现的，认为凤凰、麒麟是仁圣的禽兽，它们思虑深远，能远远地避开祸害，中国政治清明就出现，政治昏暗就隐藏不出。称颂凤凰、麒麟如此仁智，是想借它们来颂扬圣人，因为不具备圣人的道德，就不能招致凤凰、麒麟。这种说法是荒谬的。

夫凤皇、骐驎圣，圣人亦圣。圣人恓恓忧世①，凤皇、骐驎亦宜率教②。圣人游于世间③，凤皇、骐驎亦宜与鸟兽会④，何故远去中国，处于边外⑤？岂圣人浊⑥，凤皇、骐驎清哉？何其圣德俱而操不同也？如以圣人者当隐乎⑦，十二圣宜隐⑧；如以圣者当见，凤、驎亦宜见。如以仁圣之禽，思虑深，避害远，则文王拘于羑里⑨，孔子厄于陈、蔡⑩，非也。文王、孔子，仁圣之人，忧世悯民，不图利害，故其有仁圣之知，遭拘厄之患。凡人操行，能修身正节⑪，不能禁人加非于己。案人操行，莫能过圣人，圣人不能自免于厄，而凤、驎独能自全于世，是鸟兽之操⑫，贤于圣人也。

【注释】

①恓恓（qī）：惶惶不安，凄凉。这里指东奔西走。

②宜：应该。率教：遵从圣人的教化，按圣人的模样去做。率，遵循，顺从。

③游：交游，来往。

④会：会和，聚集在一起。

⑤边外：边远地区。

⑥岂：难道。浊：混浊，这里指道德低下。

⑦隐：隐藏。乎：表示停顿的语气词。

⑧十二圣：指黄帝、颛顼、帝喾、帝尧、帝舜、夏禹、商汤、周文王、周武王、周公、皋陶、孔子。

⑨文王：周文王。羑（yǒu）里：古地名，在今河南汤阴北，传说周文王曾被商纣王囚禁在这里。

⑩孔子厄于陈、蔡：前489年，孔子游历到陈、蔡之地，正碰到吴出兵伐陈。楚救陈之危，军队驻扎在城父。听说孔子在陈、蔡之间，楚昭王便派人去聘请他。陈、蔡两国的大夫知孔子贤能，又反对他们的主张，一旦到了楚国，将对自己构成威胁，故派人把孔子围困起来，不让他到楚国去。孔子行动不得，缺粮断炊达七天。厄，被困，受苦。陈，春秋时诸侯国，在今河南淮阳一带。蔡，春秋时诸侯国，在今河南新蔡一带。参见《荀子·郁坐》。

⑪正节：端正节操。正，端正。节，操行。

⑫是：这。

【译文】

　　凤凰、麒麟是仁圣之物，圣人是仁圣之人。圣人东奔西走为天下忧心，凤凰、麒麟也应当按照圣人的方式去做。圣人游走在人世间，凤凰、麒麟也应当与鸟兽聚集在一起，为什么要远远离开中国，远遁到边远地区呢？难道是圣人的道德不高尚，凤凰、麒麟的道德才清高吗？为什么

它们的品德相同而行为却大相径庭呢？如果认为圣人应当隐藏起来，那
么十二圣就应当隐居不出；如果认为圣人应当现身于世间，那么凤凰、
麒麟也就应当出现在世间。如果认为凤凰、麒麟是仁圣的禽兽，思虑深
远，能远远地避开祸害，那么周文王被拘禁在羑里，孔子在陈国、蔡国间
遭受厄难，就不应该了。周文王和孔子，都是仁圣之人，操心天下爱惜百
姓，不计较个人得失，正因为他们具有仁圣的才智，所以才遭受拘禁困穷
的祸患。大凡个人修养操行，只能够修身养性端正节操，却不能够阻止
别人把非议加在自己的头上。考察人的道德行为，谁也超不过圣人，圣
人都不能使自己免遭困厄，而凤凰、麒麟偏偏能自我保全在世上，这样说
来，鸟兽的操行要超过圣人了。

　　且鸟兽之知，不与人通，何以能知国有道与无道也？人
同性类，好恶均等，尚不相知；鸟兽与人异性，何能知之？
人不能知鸟兽，鸟兽亦不能知人，两不能相知，鸟兽为愚于
人，何以反能知之？儒者咸称凤皇之德，欲以表明王之治^①，
反令人有不及鸟兽，论事过情，使实不著^②。且凤、骓岂独
为圣王至哉？孝宣皇帝之时^③，凤皇五至，骓骓一至，神雀、
黄龙、甘露、醴泉，莫不毕见，故有五凤、神雀、甘露、黄龙之
纪^④。使凤、骓审为圣王见^⑤，则孝宣皇帝圣人也；如孝宣帝
非圣，则凤、骓为贤来也。为贤来，则儒者称凤皇、骓骓，失
其实也。凤皇、骓骓为尧、舜来，亦为宣帝来矣。夫如是，为
圣且贤也。儒者说圣太隆^⑥，则论凤、骓亦过其实。

【注释】

①表：表彰。明王：圣王。

②著：显著。

③孝宣皇帝：汉宣帝。

④五凤、神雀、甘露、黄龙：这些都是汉宣帝的年号。纪：纪年，年号。

⑤审：确实。

⑥隆：高。

【译文】

　　鸟兽的思想，不与人相通，凭什么能知道中国政治的好坏呢？人与人的禀性和种类是相同的，好恶也是相同的，尚且不能相互了解；鸟兽与人的禀性不同，怎么能够了解人呢？人不能了解鸟兽，鸟兽也不能了解人，双方不能互相了解，鸟兽比人愚笨，为什么反而能够了解人呢？儒生都称赞凤凰的品德，想用它来彰显圣王治理下的太平安定，反而使人有圣王不及鸟兽的感觉，这就是论事超过实情，反而使事实不明显了。而且凤凰、麒麟难道是只应圣王才出现的吗？孝宣皇帝的时候，凤凰出现过五次，麒麟出现过一次，神雀、黄龙、甘露、醴泉，全都出现过，所以才有五凤、神雀、甘露、黄龙这些年号。假如凤凰、麒麟确实是只应圣王而出现的，那么孝宣皇帝也是圣人了；如果孝宣皇帝不是圣人，那么凤凰、麒麟是应贤人而出现的了。凤凰、麒麟应贤人而出现，那么儒生称赞凤凰、麒麟，就超出它的实际情况了。凤凰、麒麟应尧、舜而出现，同样应为孝宣皇帝而出现。如此说来，凤凰、麒麟既应圣王出现也应贤人而出现。儒生颂扬圣人太过分，因此称赞凤凰、麒麟的言论也言过其实了。

　　《春秋》曰："西狩获死麟①。人以示孔子，孔子曰：'孰为来哉②？孰为来哉？'反袂拭面③，泣涕沾襟④。"儒者说之⑤，以为天以麟命孔子，孔子不王之圣也。夫麟为圣王来，孔子自以不王，而时王、鲁君无感麟之德⑥，怪其来而不知所为，故曰："孰为来哉？孰为来哉？"知其不为治平而至⑦，为己道穷而来，望绝心感⑧，故涕泣沾襟。以孔子言"孰为来哉",知骐为圣王来也。

【注释】

①西狩获死骐:据《春秋》记载,前481年,有人在鲁国西部打猎,猎
　得一头死麒麟。西,指鲁国的西边。狩,狩猎。

②孰为来哉:为谁而来。

③袂(mèi):衣袖。拭:擦。

④沾:湿。襟:衣襟。引文参见《春秋公羊传·哀公十四年》。

⑤说:解释。

⑥时王:指周敬王。时,当时。鲁君:指鲁哀公。感:感召。

⑦治平:政治贤明,社会安定。

⑧望绝心感:希望灭绝,内心感伤。

【译文】

《春秋》上说:"有人在鲁国西部打猎,捕得一头死麒麟。有人把它带给孔子看,孔子说:'它为谁而来啊! 它为谁而来啊!'于是用衣袖擦拭眼泪,泪水打湿了衣襟。"儒生解释这件事,认为是上天用麒麟来授命于孔子,因为孔子是没有当君王的圣人。麒麟是应圣王出现的,孔子因为自己不是君王,而当时的周敬王和鲁哀公又都没有能招致麒麟的德行,对麒麟的出现感到奇怪而不知道它为什么会出现,所以就说:"它为谁而来啊? 它为谁而来啊?"孔子知道它不是应政治贤明而出现,是应自己的主张到了穷途末路而出现,希望破灭内心伤感,因此泪水打湿了衣襟。从孔子说"它为谁而来啊"这句话,可知麒麟是应圣王而出现的。

曰:前孔子之时,世儒已传此说。孔子闻此说而希见其物也①,见骐之至,怪所为来。实者,骐至无所为来,常有之物也,行迈鲁泽之中②,而鲁国见其物,遭获之也③。孔子见

骥之获，获而又死，则自比于骥，自谓道绝不复行，将为小人所傒获也④。故孔子见骥而自泣者，据其见得而死也，非据其本所为来也。然则骥之至也，自与兽会聚也。其死，人杀之也。使骥有知，为圣王来，时无圣王，何为来乎？思虑深，避害远，何故为鲁所获杀乎？夫以时无圣王而骥至，知不为圣王来也；为鲁所获杀，知其避害不能远也。圣兽不能自免于难，圣人亦不能自免于祸。祸难之事，圣者所不能避，而云凤、骥思虑深⑤，避害远，妄也。

【注释】

①其物：这种动物，指麒麟。

②行迈：行走。泽：山泽。

③遭：遇，碰上。

④傒（xī）获：捕获，拘禁。傒，通"系"。

⑤云：说。

【译文】

我认为：在孔子以前，儒生已经流传着关于麒麟是应圣王而出现的这种说法了。孔子听闻了这种传说，而又很少见到这种动物，所以见到麒麟出现，就奇怪它为什么到来。实际上，麒麟出现是没有任何目的的，它也是一种常见的动物，它行走在鲁国的草泽之中，鲁国人见到它，就捕杀它了。孔子看见麒麟被捕捉，捉到后又死了，就以麒麟自比，自认为治世的主张到了穷途末路不能再继续施行，将会被小人所掣肘。所以孔子见到麒麟而自己哭起来，是由于见到麒麟被捉住并且死了，并不是因为它原本是为谁来而哭的。然而麒麟的出现，是它自己要与兽类相聚。它的死，是人杀了它。假如麒麟有神智，是应圣王而出现，当时并没有圣王，它为什么出现呢？它们既然思虑深远，能远远地避开祸害，为什么还会被鲁国人捕杀呢？从当时没有圣王而麒麟出现来看，可知麒麟不是应圣王而出现的；从它被鲁国人捕杀来看，可知它并不能远远地避开祸害。圣兽不能自免于灾难，圣人也就不能自免于祸患。灾祸困厄，圣人不能避开，而说凤凰、麒麟能思虑深邃，远避祸害，这太荒诞了。

　　且凤、骥非生外国也^①，中国有圣王乃来至也。生于中国，长于山林之间，性廉见希，人不得害也，则谓之思虑深，避害远矣。生与圣王同时，行与治平相遇^②，世间谓之圣王之瑞，为圣来矣。剥巢破卵^③，凤皇为之不翔；焚林而畋^④，漉池而渔^⑤，龟、龙为之不游。凤皇，龟、龙之类也，皆生中国，与人相近。巢剥卵破，屏窜不翔^⑥；林焚池漉，伏匿不游^⑦。无远去之文，何以知其在外国也？龟、龙、凤皇，同一类也。希见不害，谓在外国，龟、龙希见，亦在外国矣。孝宣皇帝之时，凤皇、骐骥、黄龙、神雀皆至，其至同时，则其性行相似类^⑧，则其生出宜同处矣。龙不生于外国，外国亦有龙。凤、骥不生外国，外国亦有凤、骥。然则中国亦有，未必外国之凤、骥也。人见凤、骥希见，则曰在外国；见遇太平，则曰为圣王来。

【注释】

①外国：泛指边远地区。也：表示停顿的语气词。

②行：活动，出现。

③剥（pū）：通"扑"，击。

④畋（tián）：打猎。

⑤漉（lù）池：把池水放干。漉，使水干涸。渔：捕鱼。

⑥屏（bǐng）窜：躲避。屏，隐。窜，匿。

⑦伏匿：隐藏。

⑧性行：本性和行为。

【译文】

　　而且凤凰、麒麟并不是出生在边远地区，等中原有了圣王才到来的。它们生于中原，长于山林，性情清高很少出现，人们不能够伤害它们，就说它们思虑深远，能远远地避开祸害了。它们的出生与圣王同时，出来活动正好碰到政治清明的时期，世上的人就说它们是应圣王而出的祥瑞，是因为圣王才出现的。捣毁凤凰巢，打破凤凰卵，凤凰就会藏逃而不飞来；焚烧森林打猎，放干池水捕鱼，龟、龙因此不会游来。凤凰，是龟、龙的同类，都产生在中原，与人相接近。巢被毁卵被打破，凤凰就藏逃而不飞来；林被焚烧，池被放干，龟、龙就隐藏起来不会游来。并没有它们因此远远离去的文字记载，怎么知道它们生长在边远地区呢？龟、龙、凤凰、麒麟，同属一类。凤凰、麒麟很少出现而不会受到伤害，就说它们生长在边远地区，龟、龙很少出现，那么也生长在边远地区了。孝宣皇帝的时候，凤凰、麒麟、黄龙、神雀都出现过，它们能同时出现，那么它们的本性和行为也应当相似，同样它们出生也应当在同一个地区了。龙不生长于边远地区，边远地区也有龙。凤凰、麒麟不生长在边远地区，边远地区也有凤凰、麒麟。这样看来，中原也有的凤凰、麒麟，未必就是边远地区的凤凰、麒麟。人们见凤凰、麒麟很少出现，就说它们存在于边远地区；看到它们正巧在太平的时候出现，就说它们是应圣王而出现的。

　　夫凤皇、骐驎之至也，犹醴泉之出、朱草之生也①。谓凤皇在外国，闻有道而来，醴泉、朱草何知，而生于太平之时？醴泉、朱草，和气所生②，然则凤皇、骐驎，亦和气所生也。和气生圣人，圣人生于衰世③。物生为瑞，人生为圣，同

时俱然,时其长大④,相逢遇矣。衰世亦有和气,和气时生圣
人。圣人生于衰世,衰世亦时有凤、骐也。孔子生于周之末
世,骐骥见于鲁之西泽。光武皇帝生于成、哀之际⑤,凤皇集
于济阳之地⑥。圣人圣物,生于盛、衰世⑦。圣王遭见圣物,
犹吉命之人逢吉祥之类也,其实相遇,非相为出也。

【注释】

①朱草:一种茎、叶都是红色的草。

②和气:王充指的是一种阴阳和谐的气。

③衰:据文意,疑当作"盛"字,涉下文"衰世"而讹。

④时:通"伺",等待。

⑤光武皇帝:光武帝。成:汉成帝。哀:汉哀帝。

⑥集:停落。济阳:县名。战国秦置,属砀郡,治所在今河南兰考北。
　汉光武帝在哀帝建平元年(前6)出生于此。

⑦生于盛、衰世:据文意,疑本句"盛"字后疑脱"世亦生"三字,或
　"盛"为衍字。

【译文】

　　凤凰、麒麟的出现,就和醴泉涌出、朱草长出是一样的。说凤凰生长
在边远地区,听说中原的政治清明而出现,那么醴泉、朱草知道些什么,
怎么会产生在太平之时呢? 醴泉、朱草,是由和气所生的,同样,凤凰、
麒麟也是由和气所生的。和气生出圣人,圣人出生在盛世。遇和气而生
的动物就是祥瑞,遇和气而生的人就是圣人,他们同时产生而本性相同,
等到他们长大后,自然就相遇在一起了。衰世也有和气,和气有时也生
圣人。圣人在衰世出生,衰世中也不时会有凤凰、麒麟出现。孔子出生
在周代的末世,麒麟就在鲁国的西部水泽中出现。光武帝出生在成、哀
之际,就有凤凰在济阳停落。圣人圣物,会在盛世出生也会在衰世出生。

圣王恰好遇到圣物,好比有好命的人遇上吉祥之物一样,他们实际上是偶然碰在一起了,并不是互相为了应和对方才出现的。

　　夫凤、骐之来,与白鱼、赤乌之至^①,无以异也。鱼遭自跃,王舟逢之;火偶为乌,王仰见之。非鱼闻武王之德,而入其舟;乌知周家当起集于王屋也^②。谓凤、骐为圣王来,是谓鱼、乌为武王至也。王者受富贵之命,故其动出见吉祥异物,见则谓之瑞。瑞有小大,各以所见定德薄厚。若夫白鱼、赤乌,小物,小安之兆也;凤皇、骐骐,大物,太平之象也。故孔子曰:"凤鸟不至,河不出图^③,吾已矣夫^④!"不见太平之象,自知不遇太平之时矣。

【注释】

①白鱼、赤乌:据《史记·周本纪》记载,相传周武王伐纣渡黄河的时候,一条白鱼跳进船中,渡河后,一团火落在了他的屋顶上,变成一只红色的乌鸦。这被认为是武王受命之符。

②周家:指周朝。起:兴起。王屋:周武王住的房屋。

③河:黄河。图:河图。传说上古的伏羲时代,黄河中有图出现,相传就是八卦。

④吾已矣夫:我的道路已经走向尽头了。已,停止,完结。矣夫,表示感叹的语气词。引文参见《论语·子罕》。

【译文】

　　凤凰、麒麟的出现,与白鱼、赤乌的出现一样,并没有什么可奇怪的。白鱼正好自己往上跳,武王的船正好碰上它;火偶然变成乌鸦,武王抬头就看见了它。并不是白鱼知道了武王的德行,而跳入他的船中;赤乌知道周朝要兴起,才停落在武王的屋顶上。说凤凰、麒麟应圣王而出现,这就是说白鱼、赤乌也是应武王才出现的了。当君王的人禀受了富贵之命，所以他行动外出时总会看到些吉祥珍奇的东西，看见了就称之为祥瑞。祥瑞之物有小有大，各人以见到的瑞物的大小来判断它所象征的功德的大小。白鱼、赤乌，是小瑞物，是小安的征兆；凤凰、麒麟，是大瑞物，是天下太平的征兆。所以孔子说："凤鸟不飞来了，黄河也没有图出现，我的道路已经走向尽头了。"孔子看不到太平盛世的征兆，自知遇不上天下太平的时候了。

　　且凤皇、骐驎何以为太平之象？凤皇、骐驎，仁圣之禽也，仁圣之物至，天下将为仁圣之行矣。《尚书大传》曰①："高宗祭成汤之庙②，有雉升鼎耳而鸣③。高宗问祖己④，祖己曰：'远方君子殆有至者。'"祖己见雉有似君子之行，今从外来，则曰"远方君子将有至者"矣。

【注释】

①《尚书大传》：书名，是秦末汉初伏胜所作的解释《尚书》的著作。

②高宗：殷高宗。成汤：商朝第一个君主。

③雉（zhì）：野鸡。耳：鼎两旁的把手。

④祖己：底本作"祖乙"，据《异虚篇》"问祖己"改。下文同此。

【译文】

　　而且凤凰、麒麟为什么能作为太平盛世的征兆呢？因为凤凰、麒麟是仁圣的禽兽，这种仁圣之物的出现，象征着天下将要行仁圣之政了。《尚书大传》上说："殷高宗祭祀成汤的庙宇，有野鸡飞到鼎的把手上鸣叫。高宗问祖己这预兆着什么，祖己回答说：'远方的君子大概有要来朝贡的。'"祖己看到野鸡的性情具有和君子的操行相类似之处，现在又从外面飞来，就说"远方的君子将有要来朝贡了"。

　　夫凤皇、骐骥犹雉也，其来之象^①，亦与雉同。孝武皇帝西巡狩^②，得白麟，一角而五趾^③，又有木，枝出复合于本^④。武帝议问群臣，谒者终军曰："野禽并角，明同本也^⑤；众枝内附，示无外也。如此瑞者，外国宜有降者。是若应，殆且有解编发、削左衽、袭冠带而蒙化焉^⑥。"其后数月，越地有降者^⑦，匈奴名王亦将数千人来降^⑧，竟如终军之言。终军之言，得瑞应之实矣。推此以况白鱼、赤乌，犹此类也。鱼，水精^⑨；白者，殷之色也^⑩。乌者，孝鸟^⑪；赤者，周之应气也^⑫。先得白鱼，后得赤乌，殷之统绝^⑬，色移在周矣。据鱼、乌之见以占武王，则知周之必得天下也。世见武王诛纣，出遇鱼、乌，则谓天用鱼、乌命使武王诛纣，事相似类，其实非也。

【注释】

①象：征兆。

②孝武皇帝：汉武帝。巡狩：古代君主离开都城外出视察或巡游叫"巡狩"。

③一角：头上长着一只角。五趾：每个蹄子上有五个脚趾。

④本：树干。

⑤明同本也：象征天下统一，意思是天下都归附于汉朝。明，表明，象征。

⑥且：将要。编发：将头发编成辫子，这是当时少数民族的一种风俗。左衽（rèn）：衣襟向左开，是当时少数民族的风俗。衽，衣襟。袭冠带：头上戴帽子，腰间系带子。这是当时汉民族的习俗。袭，穿戴。带，腰带。蒙化：接受教化。

⑦越地：汉代南方少数民族地区。

⑧匈奴：汉代北方少数民族。名王：匈奴有尊贵名号的王叫"名王"。将：率领。

⑨水精：水中的精气。水，底本作"木"，据《讲瑞篇》"然而有鱼，水精自为之也"改。

⑩"白者"二句：按照天人感应说，古代改朝换代要易服色，表示旧王朝的灭亡与新王朝的兴起是应天的行为。商朝按三统说，应该尚白。色，服色，指一个王朝尊崇的颜色。主要表现在帝王使用的车马上。

⑪"乌者"二句：古人认为幼乌能哺养老乌，所以称之为孝鸟。

⑫"赤者"二句：这里指周朝的服色，按三统说，周朝尚赤。应，瑞应，祥瑞。

⑬统：国统，帝位。

【译文】

凤凰、麒麟同野鸡一样，它们出现时的征兆，也与野鸡相同。武帝到西部巡狩，获得一头白麟，长有一只角，每个蹄子上有五个脚趾，又有一棵树，树枝长出来又合并到树干上。武帝向群臣询问这两件东西的寓意，谒者终军说："野兽的两只角合并长成一只，象征天下归附汉朝；所有的枝条内附到树干上，象征没有背离的人。像这种祥瑞，代表着应该有从边远地区来归附的人。这个祥瑞如果应验的话，大概将会有解散发辫、换掉向左开襟的衣服，头上戴帽腰间系上带子而来接受教化的人了。"此事后的几个月内，越地就有前来归降的，匈奴的名王也率领数千人来归降，最终和终军所说的相符合。终军所说的话，得到了祥瑞的实质。用这种事实来推论白鱼、赤乌的出现，仍然属于这一类情况。鱼，是水中精气所生；白色，是殷朝的服色。乌鸦，是孝鸟；红色，是应周朝祥瑞之气的颜色。武王先得白鱼，后得赤乌，殷朝世代相传的国统已经断绝，服色已经移到周朝崇尚的红色上来了。根据白鱼、赤乌的出现，以此推测武王的命运，就知道周朝必然统治天下了。世人看到武王诛灭纣王，出行时遇上白鱼、赤乌,就说上天用白鱼、赤乌来授命武王诛灭纣王,事情有点像是祥瑞应圣王而出,但实际上并不是这么回事。

春秋之时①,鹳雀来巢,占者以为凶②。夫野鸟来巢,鲁国之都且为丘墟③,昭公之身且出奔也④。后昭公为季氏所攻⑤,出奔于齐,死不归鲁。贾谊为长沙太傅⑥,服鸟集舍⑦,发书占之⑧,云:"服鸟入室,主人当去⑨。"其后贾谊竟去⑩。野鸟虽殊,其占不异。夫凤、骥之来,与野鸟之巢、服鸟之集,无以异也。是鹳雀之巢,服鸟之集,偶巢适集,占者因其野泽之物⑪,巢集城宫之内,则见鲁国且凶、传舍人不吉之瑞矣⑫。非鹳雀、服鸟知二国祸将至,而故为之巢集也。

【注释】

①春秋之时:这里具体指的是鲁昭公二十五年,即前517年。

②占者:占卜的人。

③丘墟:废墟。

④昭公:鲁昭公。

⑤季氏:季平子(?—前505)。

⑥贾谊(前200—前168):西汉初期政治家、文学家。长沙:指长沙王吴差,西汉异姓诸侯王吴芮的后代。太傅:官名,诸侯王的辅佐。

⑦服鸟:即"鹏鸟",古人认为是一种不吉利的鸟。舍:房屋。

⑧发:打开。书:指占卜用的书。

⑨去:离去。

⑩贾谊竟去:指贾谊被调离长沙国,改任梁怀王太傅。竟,果然。

⑪野泽之物:生长在山野沼泽中的飞禽。

⑫见:看出。传舍人:此处指贾谊。传舍,客舍。

【译文】

春秋的时候,有鹢鹆飞到鲁国来筑巢,占卜的人认为是凶兆。野鸟飞来筑巢,预兆鲁国的都城将要变成废墟,鲁昭公将要离开国土去逃难。后来,昭公被季氏所驱逐,逃难到齐国,至死也没有回到鲁国。贾谊任长沙王太傅时,鹏鸟停落在他的房舍上,他打开策书占卜这件事,书上说:"鹏鸟飞入房内,主人应当离去。"事后,贾谊果然离开长沙国了。野鸟的种类虽然不同,但占卜的结果并没有什么两样。凤凰、麒麟的出现,与野鸟的筑巢,鹏鸟的停落,并没有什么不同。因此鹢鹆筑巢,鹏鸟停落,只是偶然来鲁国搭窝和恰巧停在贾谊的屋顶上,占卜的人因为它们是生长在野泽中的飞禽,筑巢停落在都城宫室里面,就看出鲁国将有凶险、贾谊将遇凶事的征兆了。并不是鹢鹆、鹏鸟知道长沙国和鲁国的灾祸将要发生,而故意前来筑巢,停落在这里的。

王者以天下为家。家人将有吉凶之事,而吉凶之兆豫见于人①,知者占之②,则知吉凶将至。非吉凶之物有知,故为吉凶之人来也。犹蓍龟之有兆数矣③。龟兆蓍数,常有吉凶,吉人卜筮与吉相遇④,凶人与凶相逢,非蓍龟神灵,知人吉凶,出兆见数以告之也⑤。虚居卜筮⑥,前无过客,犹得吉凶。然则天地之间,常有吉凶,吉凶之物来至,自当与吉凶之人相逢遇矣。或言天使之所为也⑦。夫巨大之天,使细小之物,音语不通⑧,情指不达⑨,何能使物?物亦不为天使,其来神怪⑩,若天使之,则谓天使矣。

【注释】

①吉凶之兆豫见于人:王充认为国家或个人将遇到祸福,事先一定会出现祥瑞或灾变作为预兆。豫见,预先表现出来。豫,预先,事

先。参见《订鬼篇》。

②知者：有才能的人。

③蓍（shī）：俗名"锯齿草"，古人用它的茎来算卦。龟：乌龟，古人用它的壳来占卜。兆：古人灼烧龟甲占卜吉凶，龟甲被灼烧后出现的裂纹叫兆。数：古人算卦时将一定数目的蓍茎多次排列组合后得出的构成卦象的数，是形成卦象以便占卜吉凶的依据。

④筮（shì）：用蓍草占卜。

⑤出兆：显出龟兆。见数：出现蓍数。

⑥虚居：空设。

⑦或：有的人。使：指使。

⑧音语：声音言语。

⑨情指：思想感情。指，旨意，意向。达：通。

⑩其：指吉凶之物。神怪：神奇，神秘。

【译文】

王者以天下为家。家里人将要遭吉遇凶，吉凶的征兆会预先在人的面前表现出来，有才智的人通过对它的占卜，就知道吉凶将要到来。并不是吉凶之物事前有知，故意应吉凶之人而来的。好比蓍草有数，龟甲有兆一样。龟兆蓍数预示的，经常有吉兆有凶兆，运吉的人去占卜，正好碰上吉兆，运凶的人去占卜，正好遇到凶兆，并不是蓍草龟甲有神灵，知道人的吉凶，显出龟兆出现蓍数用以告知人们。空设占卜之位，面前没有来求占卜的客人，仍然会得出凶兆或吉兆。然而天地之间，经常有吉有凶，吉凶兆物的出现，自然应当跟命运吉凶之人相遇到一起了。有人说这是上天授意它们这么做的。巨大无比的天，指使细小的东西，声音言语不相通，思想感情无法表达，怎么能授意吉凶之物呢？吉凶兆物也不会被天所指使，它出现的神奇怪异，好像是上天授意它的，那么就说它是上天授意的了。

夏后孔甲畋于首山①。天雨晦冥②，入于民家，主人方乳③。或曰："后来，之子必大贵④。"或曰："不胜⑤，之子必有殃。"夫孔甲之入民室也，偶遭雨而荫庇也⑥，非知民家将生子，而其子必凶，为之至也。既至，人占则有吉凶矣。夫吉凶之物，见于王朝，若入民家⑦，犹孔甲遭雨入民室也。孔甲不知其将生子，为之故到。谓凤皇诸瑞有知，应吉而至，误矣。

【注释】

①后：君主。孔甲：夏朝后期的一个君主。畋（tián）：打猎。首山：古山名，传说在今河南襄城南。

②晦冥（míng）：天色阴暗。

③方：正。乳：生孩子。

④之：这个。

⑤不胜：指孩子承受不了君主到来的这种福气。

⑥荫庇：隐蔽，这里指躲雨。

⑦若：或者。

【译文】

夏王孔甲在首山打猎。遇上大雨，天色阴暗，便跑到一户人家里躲雨，这家主人正在生孩子。有人说："君王到来，这个孩子将来必定会大富大贵。"也有人说："不能承受这种福气，这个孩子将来必有祸殃。"孔甲进入老百姓的家里，是偶然遇雨而去躲雨，并不知道老百姓家将要生孩子，而他家孩子将来必定有凶，才为此到他家的。既来之后，人们对此事加以预测就会出现吉凶两种不同的说法了。吉凶兆物在国家中出现，或者进入老百姓家，好比孔甲遇雨躲进百姓家一样。孔甲不知道他家将要生小孩，为此才到他家的。说凤凰等各种瑞物有先见之明，是应和吉祥而出现的，这就错了。

是应篇第五十二

【题解】

王充在《须颂篇》中说："俗儒好长古而短今，言瑞则渥前而薄后。《是应》实而定之，汉不为少。"指出了写作本篇是为了对于上古传说中的瑞应加以核实与判断。"是"有直、正之义，"是应"意为对祥瑞的说法加以核实、判断。汉儒厚古薄今，认为上古时期为太平盛世，所以关于上古时期记载的奇异之物，汉儒都视其为祥瑞。王充认为汉儒宣扬的瑞应，例如"五日一风，十日一雨"，"男女异路"，都是一些溢美之词。至于能指出佞人的"屈轶"，能辨别罪犯的"觟䚦"等，世间本无此物，只是上古圣王利用"人畏怪奇"的心理编造出的东西，目的在于"威众"以帮助教化的推行。

但是王充并没有完全否认祥瑞，他在《指瑞篇》与《讲瑞篇》中明确承认凤凰、麒麟的存在。王充驳斥的，只是随着汉代经学日益琐碎之后，汉儒通过天人感应强行附会古代记载中的奇异怪物所形成的祥瑞，其实根本是在批评汉儒厚古薄今的思想。

儒者论太平瑞应^①，皆言气物卓异，朱草、醴泉、翔风、甘露、景星、嘉禾、蓂脯、萐荚、屈轶之属^②。又言山出车^③，泽出马^④，男女异路，市无二价^⑤，耕者让畔^⑥，行者让路，颂白不提挈⑦,关梁不闭⑧,道无虏掠,风不鸣条⑨,雨不破块⑩,五日一风,十日一雨,其盛茂者,致黄龙、骐骥、凤皇⑪。

【注释】

①太平瑞应:天下太平时出现的吉祥征兆。瑞应,祥瑞,是吉祥的征兆。

②翔风:好风。翔,通"祥",善,好。风,底本作"凤",《艺文类聚》卷九十八引《论衡》文作"风",据改。景星:指一种亮度不定的变星。儒生宣扬它的出现象征吉祥。嘉禾:指生长得特别茁壮的禾苗。蓂脯(shà fǔ):即"萐莆",古代传说中一种表示吉祥的神异的草。蓂(míng)荚:儒生捏造的一种叶子按日长落,一看便可知道日子的草。屈轶(yì):儒生捏造的一种能自动指出伪善者的草。

③山出车:儒生捏造说太平之世深山里会出现一种神奇的车子。

④泽出马:儒生捏造说太平之世水泽里会出现神马。泽,聚水的洼地。马,底本作"舟",递修本作"马",据改。

⑤市无二价:买卖很公平,没有讨价还价的现象。

⑥畔:田界。

⑦颁白:指头发花白的老人。颁,通"斑",须发半白。挈(qiè):提。

⑧关梁不闭:指不设关卡限制行人。关梁,泛指水陆交通要道。关,关口,要塞。梁,桥梁。

⑨鸣条:风很大,吹树枝发出声音。条,树枝。

⑩破块:冲坏土块。

⑪致:招来,出现。黄龙:古代传说中四方神龙的首领。骐骥:即"麒麟"。

【译文】

儒生谈论太平之时的祥瑞,都认为祥气瑞物与平常的时候相比卓越异常,如朱草、醴泉、祥风、甘露、景星、嘉禾、萐莆、蓂荚、屈轶这类瑞物,都会出现。又说山里出现神车，水泽出现神马，男女异道而行，买卖公平，不讨价还价，农夫礼让田界，行人谦让道路，老年人不用提着重物，关口桥梁不设关卡，路上没有歹徒抢劫，风柔和得不让树枝发出声音，雨水不会冲坏土块，五天刮一次风，十天下一次雨，到了太平至极时，还会招来黄龙、麒麟、凤凰。

　　夫儒者之言，有溢美过实①。瑞应之物，或有或无。夫言凤皇、骐驎之属，大瑞较然②，不得增饰③，其小瑞征应，恐多非是④。夫风气雨露，本当和适。言其风祥、露甘，风不鸣条，雨不破块⑤，可也；言其五日一风、十日一雨，褒之也⑥。风雨虽适，不能五日、十日正如其数。言男女不相干⑦，市价不相欺，可也；言其异路，无二价，褒之也。太平之时，岂更为男女各作道哉？不更作道，一路而行，安得异乎？太平之时，无商人则可，如有，必求便利以为业⑧，买物安肯不求贱？卖货安肯不求贵？有求贵贱之心，必有二价之语。此皆有其事，而褒增过其实也。若夫蓂脯、萐莢、屈轶之属，殆无其物。何以验之⑨？说以实者，太平无有此物。

【注释】

①溢：过分。

②较然：显然，明显。较，明显，显著。

③增饰：增补修饰，此指夸大其辞。增，夸大。饰，文饰，修饰。

④是：对。

⑤风祥、露甘：底本作"凤翔、甘露"，《艺文类聚》卷九十八引《论衡》文作"风祥露甘"，据改。

⑥褒（bāo）：夸张。

⑦干：侵，犯。

⑧便利：利润。

⑨验：证明。

【译文】

　　儒生的话，有些未免称美过分超出了实际情况。他们说的瑞应之物，有的存在有的却不存在。说凤凰、麒麟这类瑞物，因为这些是很明显的大祥瑞，不能再加以夸大修饰，那些小瑞物的征兆，恐怕很多不是事实。风、气、雨、露调和适时，这是本来就应有的现象。说柔风祥和露水甘甜，微风不会让树枝出声，雨水不会冲坏土块，是可以的；说它五天一次风、十天一场雨，就言过其实了。即使风调雨顺，风雨也不能完全按五天、十天这样的规律到来。说男女互不相犯，买卖互不相欺，是可以的；说男女异道而行，不讨价还价，就言过其实了。太平之时，难道还会给男女各修一条路吗？不另外修路，男女在一条路上行走，怎么能够异路呢？太平之时，没有商人则罢，如果有，必然会把赚钱图利作为经商的目的，买东西怎么会不想买到便宜的呢？卖东西怎么会不想卖高价呢？有想要卖贵买贱的心思，必然就有讨价还价的说法。这些都是实有其事，而儒生夸大得超过实际了。如蓂荚、萐莆、屈轶这类东西，大概是没有的。用什么来证明呢？说句实话，太平之时并不存在这些东西。

　　儒者言萐脯生于庖厨者①，言厨中自生肉脯②，薄如萐形③，摇鼓生风④，寒凉食物，使之不臰⑤。夫太平之气虽和，不能使厨生肉萐，以为寒凉。若能如此，则能使五谷自生，不须人为之也。能使厨自生肉萐，何不使饭自蒸于甑⑥，火自燃于灶乎？凡生萐者，欲以风吹食物也，何不使食物自不臰，何必生萐以风之乎⑦？厨中能自生萐，则冰室何事而复伐冰以寒物乎⑧？人夏月操萐⑨，须手摇之，然后生风。从手握持⑩,以当疾风,萐不鼓动⑪。言萐脯自鼓,可也,须风乃鼓,不风不动。从手风来,自足以寒厨中之物,何须萐脯?世言燕太子丹使日再中⑫,天雨粟⑬,乌白头,马生角,厨门木象生肉足⑭,论之既虚⑮,则萐脯之语,五应之类⑯,恐无其实。

【注释】

①庖(páo)厨:厨房。

②肉脯:即"萐脯"。

③萐(shà):扇子。

④鼓:动。

⑤不臭(chòu):不腐烂。臭,臭。

⑥甑(zèng):古代蒸饭用的陶器。

⑦风(fèng):吹。

⑧冰室:贮藏和供应宫廷用冰的冰窖。复:还要。伐:采。

⑨操:拿着。

⑩从(zòng):放松。

⑪不:据文意,疑为"亦"字之讹,形近而误。

⑫燕太子丹(? —226):战国末期燕国太子。传说他在秦国做人质的时候,秦王提出,如果他能使"日在中""天雨粟""乌头白""马生角""厨门木象生肉足",就放他回燕国。后来由于上天保佑,这些情况都出现了。日再中:西斜的太阳再回到中午时候的位置。

⑬雨(yù):像下雨一样降落。

⑭木:底本无,据《感虚篇》"厨门木象生肉足"补。

⑮论之既虚:王充在《感虚篇》中曾批评过这种说法,认为它是一种虚妄的说教。

⑯五应之类:指"日在中"等五种感应。

【译文】

儒生说蓂荚生长在厨房中这件事,是说厨房中自己长出了蓂荚,薄得像扇子一样,它自己能够摇动生风,将食物冷却,使它不腐烂变味。太平之时即使阴阳之气调和,也不能使厨房里长出蓂荚,并通过它来让食物冷却。如果能够这样的话,那么就能使五谷自己生长出来,不需要人去栽种它们了。厨房里能自己长出蓂荚,为何不让饭自己在甑子中蒸熟,火在灶里自己燃烧起来呢? 凡是长出蓂荚,是想要用它扇风吹冷食物,为何不干脆让食物自己不腐烂变味呢? 何必要长出蓂荚来吹冷食物呢? 厨房中能自己长出蓂荚,那么冰室为什么还要采冰用来冷藏食物呢? 人们在夏天拿着扇子,必须用手摇动扇子,然后才能产生风。用手轻轻拿着扇子,迎着大风,扇子也会摇动。那么说蓂荚自己会摇动,是可以的,但是要有风它才会摇动;没有风,它就不会摇动。既然把手放松要等风来扇子才会摇动,那么这风本身就足以吹凉厨房里的食物了,何必还要蓂荚来扇风呢? 世上传说燕太子丹使西斜的太阳再回到天空正中,天上下粟雨,乌鸦的头变成白色,马长出了角,厨房门上雕刻的木象生出肉脚来,这些说法已经在《感虚篇》中辨析过,证明这些是虚妄的说法,那么关于蓂荚的传说,也就如上述五种感应的说法同属一类,恐怕并没有这种事情。

儒者又言:"古者蓂荚夹阶而生①,月朔②,日一荚生,至十五日而十五荚,于十六日,日一荚落,至月晦③,荚尽。来月朔,一荚复生。王者南面视荚生落④,则知日数多少,不须烦扰案日历以知之也⑤。"夫天既能生荚以为日数,何不使荚有日名⑥,王者视荚之字则知今日名乎? 徒知日数,不知日名,犹复案历然后知之,是则王者视日则更烦扰不省⑦,蓂荚之生,安能为福?

【注释】

①阶：台阶。

②朔：夏历每月初一。

③晦：夏历每月的最后一天。

④南面：面向南，古代帝王的座位朝南。

⑤烦扰：麻烦。案：考察。

⑥日名：日子的名称，如"甲子""乙丑"等。

⑦省（xǐng）：明白，清楚。

【译文】

　　俗儒又说："古代的蓂荚沿着台阶的两旁生长，从每月初一开始，每天长一片荚，到十五天就有十五片荚，从十六日起，每天落一片荚，至月底荚全部落完。第二个月的初一，再长出来一片荚。帝王南面而坐，看荚生长脱落的情况，就知道已经到了这个月的哪一天，不必费事去查看日历来弄清日期。"上天既能够让荚长出来作为记日数的东西，为什么不让每片荚上有每日的名称，帝王看到荚上的字就知道今天是什么日子呢？只知道是第几天，不知道日子的名称，还是需要再查看日历然后才能知道，这样帝王察看日期不就更麻烦不清楚了，蓂荚的生长，怎么能为帝王带来福呢？

　　夫蓂，草之实也，犹豆之有荚也，春夏未生，其生必于秋末。冬月隆寒①，霜雪霣零②，万物皆枯，儒者敢谓蓂荚达冬独不死乎？如与万物俱生俱死，荚成而以秋末，是则季秋得察蓂③，春、夏、冬三时不得案也④。且月十五日生十五荚，于十六日荚落，二十一日六荚落，落荚弃殒⑤，不可得数，犹当计未落荚以知日数，是劳心苦意，非善祐也⑥。使荚生于堂上⑦，人君坐户牖间⑧，望察荚生以知日数，匪谓善矣⑨。

今云"夹阶而生",生于堂下也。王者之堂,墨子称尧、舜高三尺,儒家以为卑下[10]。假使之然,高三尺之堂,蓂荚生于阶下,王者欲视其荚,不能从户牖之间见也,须临堂察之,乃知荚数。夫起视堂下之荚,孰与悬历日于扆坐[11],傍顾辄见之也[12]? 天之生瑞,欲以娱王者,须起察乃知日数,是生烦物以累之也。

【注释】

①隆寒:非常寒冷。

②霣(yǔn)零:降落。霣,坠落。零,落。

③季秋:深秋,秋季最后一个月。得:能。

④案:考察。

⑤殒(yǔn):消亡。

⑥善:有益的。祐:天助。

⑦堂:殿堂。

⑧户牖(yǒu):门窗。户,门。牖,窗。

⑨匪:通"彼",那,那个。递修本作"岂"。

⑩卑下:低下。

⑪扆(yǐ)坐:君主的座位。古代君主的座位设在户牖之间。扆,门窗之间的屏风。

⑫傍顾:向旁边一看。顾,看。

【译文】

　　蓂荚,是草的果实,如豆有豆荚一样,春夏季不结豆荚,豆荚的产生必定是在深秋之时。冬天非常寒冷,霜坠雪落,万物都枯萎了,儒生能说唯独蓂荚到了冬天不会死吗? 蓂荚如果与万物一起生长一起死亡,荚要在深秋才能长成,这样就只能在秋末察看蓂荚,春、夏、冬三个季节就不能考察了。而且十五天生十五片荚，在第十六天开始落荚，第二十一天落六片荚，落下的荚已散弃消亡了，不可能得到它的数目，还需要计算没有落下的荚才能知道日子的多少，需要这样劳苦心思，说明这并不是什么福佑。假使蓂荚生在殿堂上，君王坐在门窗之间，观察蓂荚的生长情况以此知道日子的多少，那才可以说是有益的。现在说蓂荚"沿着台阶生长"，就是长在殿堂之下了。君王的殿堂，墨子说尧、舜的殿堂高出地面三尺，儒家认为这还说得太低了。假使殿堂就是这样吧，殿堂高出地面三尺，蓂荚长在台阶下，君王想看到这些蓂荚，是不能够从门窗之间看到的，必须到堂前才能看见它，才会知道有多少片荚。起身去看殿堂下的蓂荚，这和把日历挂在君王座位附近，君王向旁一看就能见到相比，哪一个更方便些呢？天生祥瑞之物是想以此来使君王欢愉，必须起身查看才知道日子多少，这是上天生出麻烦的东西给帝王添累赘啊。

　　且荚，草也，王者之堂，旦夕所坐①，古者虽质②，宫室之中，草生辄耘③，安得生荚而人得经月数之乎？且凡数日一二者，欲以纪识事也④。古有史官典历主日⑤，王者何事而自数荚？尧候四时之中⑥，命曦和察四星以占时气⑦，四星至重⑧，犹不躬视⑨，而自察荚以数日也⑩？

【注释】

①旦夕：早晚。

②质：朴实。

③耘：锄草。

④纪识（zhì）：记录。纪，通"记"，记载，记录。识，记载。

⑤典历：主管历法。主日：负责记日。

⑥候：观测天气。四时之中：指春分、夏至、秋分、冬至。这里泛指节

气。四时,四季。

⑦曦和:指曦仲、曦叔、和仲、和叔四人,传说他们在尧时负责掌管天文,测定四时。四星:指二十八宿中的心宿、虚宿、星宿、昴宿,古人分别通过观察它们在天空中的位置来判断节气。占时气:测定四时和节气。

⑧至重:非常重大。

⑨躬视:亲自观察。

⑩而:却。

【译文】

况且蓂荚是一种草,君王的殿堂是他早晚要坐的地方,古代的人虽然生活朴实,宫室里面长草了也要马上锄掉,怎么能够长出蓂荚来并让人可以从月初到月底都去数它呢?而且所有计算日期的目的,都是为了用来记事。古代专门有史官主管历法负责记日,君王为什么要亲自去数荚片呢?尧要测定四季的分至之日,就授命曦和四人去观测四座星宿据以测定四时和节气,观察四星的出现事关重大,君王尚且不亲自去观察,反倒会亲自去察看荚片来计算日子吗?

儒者又言:"太平之时,屈轶生于庭之末①,若草之状,主指佞人②。佞人入朝,屈轶庭末以指之,圣王则知佞人所在。"

【注释】

①庭之末:指殿堂的台阶下。

②佞(nìng)人:以巧言献媚的人,伪善者。佞,花言巧语,谄媚奉承。

【译文】

儒生又说:"太平之时,屈轶生长在殿堂的台阶下,形状像草一样,专主指明谁是佞人。佞人进入朝廷,屈轶就在殿堂的台阶下把他指出来,圣王就知道佞人在什么地方了。"

夫天能故生此物以指佞人^①，不使圣王性自知之，或佞人本不生出，必复更生一物以指明之，何天之不惮烦也^②？圣王莫过尧、舜，尧、舜之治，最为平矣。即屈轶已自生于庭之末^③，佞人来，辄指知之，则舜何难于知佞人，而使皋陶陈知人之术^④？经曰^⑤："知人则哲^⑥，惟帝难之^⑦。"人含五常^⑧，音气交通^⑨，且犹不能相知。屈轶，草也，安能知佞？如儒者之言，是则太平之时，草木逾贤圣也^⑩。

【注释】

①故：有意识。

②不惮（dàn）：不怕。惮，怕。

③即：如果。

④陈：陈述。

⑤经：这里指《尚书》。

⑥哲：明智。

⑦帝：指舜。引文见《尚书·皋陶谟》。

⑧五常：指仁、义、礼、智、信五种道德规范。这里指"五常之气"。

⑨音：语言。气：气息。交通：互相沟通。指人生活在一起，思想感情能互相沟通。

⑩逾：超过。

【译文】

上天能够有意识地生长这种东西来指出佞人，何不让圣王天生就有能识别佞人的能力，或者使佞人根本不能出生，而一定要再另外生出一种东西来指出佞人，为什么上天如此不嫌麻烦呢？圣王中没有谁能超过尧和舜，尧、舜当政之时，天下最为太平。如果屈轶已经自己长在殿堂的台阶下，佞人来了，就指出来让人知道他，那么舜对于识别佞人还有什么

困难,需要让皋陶陈述识别好人坏人的方法呢?《尚书·皋陶谟》上说:
"能了解人就是明智的,连舜都很难做到这一点。"人都含有五常之气,
语言气息互相沟通,尚且还不能互相了解。屈轶,不过是一种草,怎么能
够了解谁是佞人呢? 如果儒生的这种说法是对的,那么太平之时,草木
的智慧就超过圣贤了。

　　狱讼有是非①,人情有曲直,何不并令屈轶指其非而不
直者,必苦心听讼,三人断狱乎②? 故夫屈轶之草,或时无有
而空言生③,或时实有而虚言能指,假令能指,或时草性见
人而动。古者质朴,见草之动,则言能指,能指则言指佞人。
司南之杓④,投之于地,其柢指南⑤。鱼肉之虫,集地北行⑥,
夫虫之性然也⑦。今草能指,亦天性也。圣人因草能指,宣
言曰:"庭末有屈轶,能指佞人。"百官臣子怀奸心者,则各
变性易操⑧,为忠正之行矣,犹今府廷画皋陶、觟𧣾也⑨。

【注释】

①狱讼:诉讼,打官司。

②人:据文意,疑当作"日"字。三日断狱,传说上古司法官判案以
　后,还要等三天,才能执行。参见《说文解字》卷七上"叠"字引
　扬雄说、《国语·齐语》。

③或时:或许。

④杓(biāo):勺子柄。

⑤柢(dǐ):柄。

⑥集地:落地。

⑦夫:那种。

⑧变性易操:改变品性和操行。

⑨府廷:衙门。獬豸(xiè zhì):古代传说中的一种独角神羊,古人认
　为它能用角去抵触有罪的人。

【译文】

打官司总有对有错,就人的情理来说也有理亏与理直,为什么上天
不让屈轶直接指出那个有错而理亏的人,而一定要费尽心思去听取双方
的申诉,判决以后还要等三天才定罪呢? 所以屈轶这种草,或许根本没
有而是凭空捏造出来的,或许真有这种草而捏造说它能指出佞人,假定
这种草能指人,也可能是这种草生来见了人就会动。古人思想单纯,看
见草动了,就说它能指人,能指人,就说它能指出佞人。司南之杓,把它
放在地上,它的柄能指向南方。鱼肉腐烂后生的小虫,落在地上后就向
北爬行,这是虫的本性如此。现在草能指人,也是天性如此。圣人因为
草能指人,就宣扬说:"殿堂阶下有屈轶,能够指出佞人。"百官臣子中有
怀奸诈之心的人,就各自改变品性和操行,修养为忠诚正直的品行,好比
现在衙门里画着皋陶和獬豸来威吓罪人一样。

儒者说云:"獬豸者,一角之羊也,性知有罪①。皋陶治
狱②,其罪疑者,令羊触之,有罪则触,无罪则不触。斯盖天
生一角圣兽③,助狱为验,故皋陶敬羊,起坐事之④。此则神
奇瑞应之类也。"

【注释】

①有罪:指有罪的人。

②治狱:审理案件。

③斯:这。盖:大概。

④起坐:时刻。

【译文】

儒生说道:"獬豸是一只角的羊,天生就能识别有罪的人。皋陶审理

案件,对那些有嫌疑却难以断罪的人,就让獬豸去触他,如有罪獬豸就触碰,无罪獬豸就不触碰。这大概是天有意降生的独角怪兽,帮助法官检验疑案,所以皋陶很敬重羊,时刻都要侍奉它。这就是神妙奇特的瑞应一类的东西。"

曰:夫獬豸则复屈轶之语也。羊本二角,獬豸一角,体损于群,不及众类,何以为奇? 鳖三足曰"能",龟三足曰"贲"。案能与贲,不能神于四足之龟鳖,一角之羊何能圣于两角之禽①? 狌狌知往②,乾鹊知来③,鹦鹉能言,天性能一,不能为二。或时獬豸之性徒能触人,未必能知罪人,皋陶欲神事助政,恶受罪者之不厌服④,因獬豸触人则罪之⑤,欲人畏之不犯,受罪之家没齿无怨言也⑥。夫物性各自有所知,如以獬豸能触谓之为神,则狌狌之徒皆为神也⑦。巫知吉凶,占人祸福,无不然者⑧。如以獬豸谓之巫类,则巫何奇而以为善? 斯皆人欲神事立化也⑨。

【注释】

①禽:禽兽。这里指羊。

②狌狌(xīng)知往:据《淮南子·氾论训》高诱注,猩猩见人走过,就能叫出他的名字,这叫"知往"。狌狌,同"猩猩"。往,过去的事。

③乾(gān)鹊知来:据《淮南子·氾论训》高诱注,人将有喜事,喜鹊就会叫起来,这叫"知来"。乾鹊,由于喜鹊叫声清脆而响亮,故名之曰"乾鹊"。乾,形容声音清脆响亮。来,未来的事。

④恶(wù):讨厌,憎恨。厌服:心服。

⑤因:凭借,依靠。

⑥没齿:至死,一辈子。

⑦徒：类。

⑧无不然者：一般人没有不这样看的，没有人加以否定。

⑨立：施行。化：教化。

【译文】

我认为：有关獬豸的传闻仍旧是重复着屈轶的说法。羊本来有两只角，獬豸只有一只角，形体上与一般的羊相比有所残缺，还不及同类，有什么神奇呢？三只足的鳖叫"能"，三只足的龟叫"赑"。考察能与赑并不比四只足的龟和鳖神奇，一只角的羊怎么会比两只角的更神圣呢？猩猩能知过去的事，喜鹊能知未来的事，鹦鹉能学人言，这些禽兽天生各有一种本领，不能再有第二种本领。也许獬豸的天性只能触人，不一定能分辨谁是罪人，皋陶想把事情神化来帮助他处理政务，又讨厌被判刑的人不心服，就借助獬豸用角触人来判人的罪，意思是让人畏惧它而不犯法，判了刑的人终生不会有怨言。动物的天性各自有所知道的东西，如果认为獬豸能触人就说它神奇，那么猩猩之类都是神奇的东西了。巫师能知道吉凶，是替人预测祸福的，没有人不是这样看的。如果把獬豸也说成是巫的一类，那么巫有什么神奇之处值得赞美呢？这都是人们想把事情神化以便施行教化啊。

师尚父为周司马①，将师伐纣②，到孟津之上③，杖钺把旄④，号其众曰："仓兕⑤！"仓兕者，水中之兽也，善覆人船。因神以化，欲令急渡，不急渡，仓兕害汝，则复獬豸之类也。河中有此异物，时出浮扬，一身九头，人畏恶之，未必覆人之舟也。尚父缘河有此异物⑥，因以威众。夫獬豸之触罪人，犹仓兕之覆舟也，盖有虚名，无其实效也。人畏怪奇，故空褒增⑦。

【注释】

①师尚父(fǔ)：指吕尚，也叫姜太公，周武王以他为太师，尊称为"师尚父"。司马：周代掌管军事的高级官吏。

②将：率领。

③孟津：黄河南岸的一个渡口，在今河南洛阳孟津区东。

④钺(yuè)：古代一种兵器，形状像大斧。旄(máo)：用牦牛尾装饰杆顶的大旗。

⑤仓兕(sì)：传说是水中的一种怪兽。兕，底本作"光"，《艺文类聚》卷九十五引《论衡》作"兕"，据改。下文"兕"字同此。

⑥缘：因为。

⑦襃增：夸大。

【译文】

师尚父任周的司马，率领军队讨伐纣王，到达孟津渡口上，执钺握旗，号令他的部下说："河中有仓兕！"仓兕是水中的一种怪兽，擅长弄翻人乘坐的船。师尚父要借助神力来威震将士，叫他们尽快渡河，说不快渡河，便要受仓兕的祸害，这也是重复鮭鮔一类的说法。河中有这么一种奇异的动物，有时浮出水面扬起身子，身上有九个头，人们又害怕又厌恨它，但是它不一定会弄翻人坐的船。尚父因为河中有这种奇异的动物，就借它来威慑众将士。鮭鮔能触有罪的人，如同仓兕能弄翻船一样，大概徒有虚名，并没有什么实际例证。人们畏惧怪奇之物，所以就凭空把它夸大。

又言太平之时有景星①。《尚书中候》曰②："尧时景星见于轸③。"夫景星，或时五星也④。大者，岁星、太白也。彼或时岁星、太白行于轸度，古质不能推步五星⑤，不知岁星、太白何如状⑥，见大星则谓景星矣。《诗》又言："东有启明⑦,西有长庚⑧。"亦或时复岁星、太白也。或时昏见于西,或时晨出于东,诗人不知,则名曰启明、长庚矣。然则长庚与景星同,皆五星也。太平之时,日月精明⑨。五星,日月之类也,太平更有景星,可复更有日月乎?诗人,俗人也;《中候》之时,质世也,俱不知星。王莽之时,太白经天⑩,精如半月,使不知星者见之,则亦复名之曰景星。

【注释】

①又言:指儒者又说。

②《尚书中候》:纬书名。《隋书·经籍志》记载有《尚书中候》五卷,汉代郑玄注,今已亡佚。

③轸(zhěn):星宿名,二十八宿之一。

④五星:指金(太白)、木(岁星)、水(辰星)、火(荧惑)、土(镇星)。

⑤推步:推算日月星辰运行的度数。

⑥何如状:是什么样子。

⑦启明:启明星,天刚亮时出现在天空东边最亮的一颗星,实际上就是金星。

⑧长庚:长庚星,傍晚时出现在天空西边最亮的一颗星,实际上是金星。引文参见《诗经·小雅·大东》。

⑨精明:分外明亮。

⑩经天:横贯天空。

【译文】

　　儒生又说太平之时有景星出现。《尚书中候》上说:"尧的时候曾经有景星出现于轸宿所在的位置。"景星,或许就是五星。五星中最大的就是岁星和太白星。或许那个时候正是岁星、太白星运行到了轸宿所在的位置上,古人头脑质朴不能推算出五星运行的度数,也不知道岁星和太白星是什么样子,出现大而亮的星就说是景星了。《诗经》上又说:"东边有启明星,西边有长庚星。"这可能也是岁星或太白星。或是黄昏时出现在西边,或是清晨出现在东边,诗人不明白,就叫启明星、长庚星了。这样来说长庚星与景星相同,都是五星中的星了。太平之时,日月分外明亮。五星,与日月同属一类,如果太平之时会另外出现景星,那么还可以再另外出现日月吗? 诗人,只是平常的人;《尚书中候》所记的时代,是质朴的时代,还都不明白星辰的运行。王莽的时候,太白星横贯天空,明亮得如同半弦月,假如不明白太白星运行规律的人看见它,就又会称它做景星。

《尔雅·释四时章》曰①:"春为发生,夏为长嬴②,秋为收成,冬为安宁。四气和为景星。"夫如《尔雅》之言,景星乃四时气和之名也,恐非着天之大星③。《尔雅》之书,五经之训故④,儒者所共观察也⑤,而不信从,更谓大星为景星,岂《尔雅》所言景星与儒者之所说异哉?

【注释】

①《尔雅·释四时章》:指《尔雅·释天》。《尔雅》,古代的字书,后成为儒家经书之一。

②嬴:盈余,旺盛。

③着:附着。

④训故:即"训诂",解释古文音义。

⑤观察:仔细阅读和研究。

【译文】

《尔雅·释四时章》上说:"春天万物开始生长,夏天万物兴盛,秋天是收获之时,冬天万物安定宁静。四季之气调和就称为景星。"按照《尔雅》上的说法，景星是四季之气调和的名称，恐怕不是指依附在天空的大星。《尔雅》这本书，是用来训诂五经的，是儒者共同钻研的书，反而不信服它，另外称大星为景星，难道《尔雅》上说的景星与儒者说的景星不同吗！

《尔雅》又言："甘露时降①，万物以嘉②，谓之醴泉。"醴泉乃谓甘露也。今儒者说之，谓泉从地中出，其味甘若醴，故曰醴泉。二说相远，实未可知。案《尔雅·释水泉章》："一见一否曰瀸③。槛泉正出④。正出，涌出也。沃泉悬出⑤。悬出，下出也。"是泉出之异，辄有异名。使太平之时，更有醴泉从地中出，当于此章中言之，何故反居《释四时章》中，言甘露为醴泉乎？若此，儒者之言醴泉从地中出，又言甘露其味甚甜，未可然也⑥。

【注释】

①时：适时，及时。

②嘉：美，益处。

③瀸（jiān）：泉水时流时止。

④槛泉：喷泉。槛，通"滥"。正出：指泉水从地下往上喷出。正，直。

⑤沃泉：从上往下流的泉水。悬出：从上往下流。

⑥未可然：不可信。然，是。

【译文】

《尔雅》上又说："甘露及时降下，万物因此得到好处，称其为醴泉。"醴泉说的是甘露。现在儒生的说法，称泉水从地中出来，它的味道像甜酒一样，因此叫醴泉。两种解释相差甚远，确实不容易弄明白。翻看《尔雅·释水泉章》："泉水一会儿出现一会又消失叫'瀸'。槛泉正出。

正出,就是喷涌出来的意思。沃泉悬出。悬出,就是从上而下流出的意思。"泉水流出的方式不同,就有不同的名称。如果太平之时,另外有醴泉从地中流出来,应当在这一章中说到它,为什么反而记载在《释四时章》中,说甘露是醴泉呢? 如果这样,儒生说醴泉从地中流出,又说甘露的味道很甜,就不可信了。

　　儒曰:"道至大者①,日月精明,星辰不失其行,翔风起,甘露降。"雨济而阴一者谓之甘雨②,非谓雨水之味甘也。推此以论,甘露必谓其降下时,适润养万物,未必露味甘也。亦有露甘味如饴蜜者③,俱太平之应④,非养万物之甘露也。何以明之? 案甘露如饴蜜者,着于树木,不着五谷。彼露味不甘者,其下时,土地滋润流湿,万物洽沾濡溥⑤。由此言之,《尔雅》且近得实⑥。缘《尔雅》之言,验之于物,案味甘之露下着树木,察所着之树,不能茂于所不着之木。然今之甘露⑦,殆异于《尔雅》之所谓甘露。欲验《尔雅》之甘露,以万物丰熟,灾害不生,此则甘露降下之验也。甘露下,是则醴泉矣。

【注释】

①至:最。

②济:止。一:通"暟(yì)",天阴有小风。《艺文类聚》卷二引《论衡》文作"暟"。

③饴(yí)蜜:饴糖,蜜糖。

④应:瑞应,祥瑞。

⑤洽:浸润,浸透。濡(rú):滋润。溥(pǔ):周遍。

⑥且:将。

⑦今之甘露：指儒生讲的甘露。

【译文】

儒生说："道德最为淳厚的君主当政时，日月分外明亮，星辰不偏离运行的轨道，祥风吹来，甘雨普降。"雨停后天阴刮小风，这种雨有利于庄稼生长，所以叫甘雨，并不是说雨水的味道是甜的。据此推论，甘露必然是说它降下的时候，恰好滋润养育了万物，不一定露水的味道是甜的。也有露水甜得像蜜糖一样，这也是应太平而出现的祥瑞，并不是《尔雅》上说的那种滋养万物的甘露。用什么来证明呢？考察一下像蜜糖一样甜的露水，都是附在树木上，而不附在谷物上，这就可以证明了。那些味道不甜的露水，它们降下时，土地全都滋润，万物沾蒙恩泽，普遍受惠。据此说来，《尔雅》上的解释比较接近实际。根据《尔雅》上的解释，对实物进行验证，考察味甜的露水降下时附着在树木上，察看甘露附着过的树木，并不比未附着甘露的树木长得更加茂盛。这样来看，儒者现在所说的甘露大概不同于《尔雅》上所说的甘露。要想验证《尔雅》上所说的甘露，就用农作物饱满成熟，灾害没有发生作为标准，只要符合这个标准就是甘露降下的证明。甘露降下来，这也就是醴泉了。

治期篇第五十三

【题解】

　　本篇旨在阐述"治有时,乱有期"(《须颂篇》)的观念。"期"意为"命期",是一种循环往复而人类无法抗拒的自然力量,它主宰着人世间的治乱祸福。故此篇名有"治乱有命期"之意。

　　王充认为国家的治乱,世事的变迁是由自然"命期"决定的,这与统治者的德行并无关系。因此他指出:"世之治乱,在时不在政;国之安危,在数不在教。贤不贤之君,明不明之政,无能损益。"他认为粮食的丰歉,取决于天时。天时好,粮食丰收,天下就太平,反之就会天下动乱,因此社会的治乱是由于"命期自然",与统治者的好坏没有关系。那些将治乱同"贤君"或"无道之君"联系起来的说法,只是"明于善恶之外形,不见祸福之内实也"。

　　王充在此篇文章中之所以明确反对汉儒的天人感应学说,实际上是在为章帝建初元年时所遭受的严重的旱灾开脱责任。汉儒依据天人感应的观念,认为统治者奉行天意,就会"功成治安",反之上天就会降下灾异,使得国家衰败。儒生依据天人感应学说,指责章帝无道所以导致旱灾,使得章帝"受以自责,愁神苦思,撼动形体,而危乱之变终不减除。空愤人君人心,使明知之主虚受之责"。王充在此明确反对天人感应的灾异学说,就是在为章帝辩解,将治乱兴衰全部归责于"命期",体现出了他的宣汉思想。

世谓古人君贤则道德施行^①，施行则功成治安^②；人君不肖则道德顿废^③，顿废则功败治乱。古今论者，莫谓不然。何则^④？见尧、舜贤圣致太平，桀、纣无道致乱得诛^⑤。如实论之，命期自然^⑥，非德化也。

【注释】

①世：世俗，一般人。谓：认为。人君：君主。

②功成：政事办得好。功，事情，事业。治安：社会秩序安定。

③不肖：不贤，不成材。顿：损伤，败坏。

④何则：为什么。

⑤桀：夏代最后一个君主。纣：商代最后一个君主。两人是有名的昏庸暴戾之君。得诛：被杀。

⑥命：这里指王充认为的决定人贫富贵贱的神秘力量，也叫"禄命"，是人尚在胚胎时便承受上天之气所形成的。参见《命禄篇》。期：时期，期数。自然：自然而然，本来如此。

【译文】

一般人认为古代的君王贤明，所以道德教化得以施行，施行道德教化就能使政事得以办理，社会治安稳定；君王不贤明，那么道德教化的推行就会受阻而被废弃，废弃道德教化就会使得政事办理受阻，社会动荡混乱。古今论述治乱太平的人，没有人认为这种说法是错的。为什么呢？因为他们看到尧、舜圣贤能够招致太平，桀、纣无道招致动乱最终被诛杀。不过按照实际情况来说，他们治国或兴或亡，都是因为命运的期数本来如此，并不是君王的道德教化在起作用。

吏百石以上若升食以下^①，居位治民，为政布教^②，教行与止，民治与乱，皆有命焉。或才高行洁，居位职废；或智浅操涛③,治民而立④。上古之黜陟幽明⑤,考功⑥,据有功而加赏,案无功而施罚。是考命而长禄⑦,非实才而厚能也⑧。论者因考功之法,据效而定贤,则谓民治国安者,贤君之所致;民乱国危者,无道之所为也。故危乱之变至,论者以责人君,归罪于为政不得其道。人君受以自责,愁神苦思,撼动形体⑨,而危乱之变终不减除。空愤人君人心,使明知之主虚受之责⑩,世论传称,使之然也。

【注释】

①吏百石以上若升食以下:这里泛指所有的官吏。百石,汉代俸禄级别之一,指月俸十六斛(汉制与石同)的官吏。石,古代容量单位,一石为十斗。若,及。升,疑作为"斗"字之讹,"斗"隶书写法与"升"形近而误。斗食以下,泛指小吏。斗食,指月俸十一斛的官吏。

②为政:办理政事。布教:施行教化。

③操涛(wū):操行不好。涛,污秽,不廉洁。

④而:通"能"。立:成功。

⑤黜(chù):指降职或罢免。陟(zhì):提拔,升迁。幽明:指善恶,智愚。幽,暗。

⑥考功:考察官吏的功过。以上两句参见《尚书·尧典》,原文是:"三载考绩,三考黜陟幽明。"

⑦是:这。考:考察。长:崇尚。禄:即"禄命"。

⑧实:核实。厚:重视。

⑨撼动:摇动,操劳。

⑩知:同"智"。

【译文】

那些俸禄为"百石"以上和"斗食"以下的各级官吏,位居一定的职位治理百姓,处理政事施行教化,教化能否风行,百姓治乱与否,都是由"命"决定的。有的人才智高超操行廉洁,当官却没有取得成效;有的人才智浅薄品行不正,却能在治理百姓方面取得成功。上古时期不论是罢免昏庸的官吏,还是提拔贤明的官吏,都要考核官吏的政绩,根据政绩而加以奖赏,也根据没有政绩而施加惩罚。其实这是在考察他们的"命"而推崇他们的"禄",并不是核实他们的才干,重视他们的能力。那些讨论治乱的人,因循着考功之法的思路,认为考核官吏是根据治乱功效来评定官吏的贤与不贤,就认为百姓安定国家太平,是贤君的治理所招致的;百姓动乱国家危亡,是无道的君王所造成的。所以象征着国家将要遭受危乱的灾变出现时,论事者就据此责备君王,把罪过归结到君王施政不符合天道上来。君王接受了他们的责备并自我反思,神思愁苦,身心劳顿,而象征着国家将要遭受危乱的灾变最终也没有减少或消失。白白地使君王的心情沉痛烦闷,让明智的君王平白无故地受到那种责备,这是社会舆论和流言造成的结果。

　　夫贤君能治当安之民①,不能化当乱之世。良医能行其针药,使方术验者②,遇未死之人,得未死之病也。如命穷病困③,则虽扁鹊末如之何④。夫命穷病困之不可治,犹夫乱民之不可安也。药气之愈病⑤,犹教导之安民也,皆有命时⑥,不可令勉力也。公伯寮诉子路于季孙⑦,子服景伯以告孔子⑧,孔子曰:"道之将行也与,命也! 道之将废也与,命也!"⑨由此言之,教之行废,国之安危,皆在命时,非人力也。

【注释】

①当安之民:"命期"注定该当安定的老百姓。

②方:处方,药方。术:医术。验:产生效果。

③命：这里指寿命。王充认为它是一种主宰人生命长短的"命"。
　　参见《气寿篇》。穷：尽，完结。

④虽：即使。末如之何：无可奈何，没有办法。

⑤药气：药力。

⑥命：指"禄命"和"寿命"。时：时势，时运。王充认为一个人的遭
　　遇是由"命"决定的，是碰到一定的条件偶然表现出来的。参见
　　《偶会篇》。

⑦公伯寮（liáo）诉子路于季孙：公伯寮是孔子学生，曾在季桓子处
　　议论过孔子的得意门生子路。诉，议论，诽谤。

⑧子服景伯：姓子服，名何，鲁国大夫。

⑨"孔子曰"几句：引文参见《论语·宪问》。与，表示感叹的语气词。

【译文】

　　贤君能够治理命当安定的百姓，而不能够改变命当危乱的世道。良医能够通过他的针药，使药方医术产生疗效，是因为他本就是未到死期的人，所患的是不会致死的病。如果寿命已经到头，病已无法医治，那么即使扁鹊也没有什么办法了。寿命到了尽头病已无法医治，就如同动乱的百姓不可能安定一样。药力能治好病，就如同教化疏导能安定百姓一样，这都受它的命数和时运的主宰，不能全靠人的主观努力去改变。公伯寮在季孙那里说子路的坏话，子服景伯把这件事告诉了孔子，孔子说："我的政治主张能够实行，这是天命决定的！我的政治主张没法实行，这也是天命决定的啊！"据此说来，教化能否通行，国家是否安定，这都是由命数时运所决定的，并不取决于人的力量。

　　夫世乱民逆①，国之危殆灾害②，系于上天③，贤君之德不能消却④。《诗》道周宣王遭大旱矣⑤。《诗》曰："周余黎民，靡有孑遗。"⑥言无有可遗一人不被害者。宣王贤者，嫌于德微，仁惠盛者，莫过尧、汤⑦，尧遭洪水，汤遭大旱。水

旱,灾害之甚者也,而二圣逢之。岂二圣政之所致哉?天
地历数当然也⑧。以尧、汤之水旱,准百王之灾害⑨,非德所
致。非德所致,则其福祐非德所为也⑩。

【注释】

①逆:造反。

②危殆(dài):危险。殆,危亡,危险。

③系于:决定于。上天:即"天",王充认为天是物质实体。参见《谈
　天篇》。

④消却:消除。

⑤道:叙述。周宣王:西周后期君主。

⑥"《诗》曰"二句:引文参见《诗经·大雅·云汉》。黎民,庶民,
　老百姓。靡(mǐ),无。孑(jié)遗,遗留,残余。孑,单独,单个。

⑦汤:成汤,商朝第一个君主。

⑧历数:即"期数"。

⑨准:衡量。

⑩福祐:这里指风调雨顺等。

【译文】

　　世道动乱百姓叛逆,国家所受的危机与灾祸,都决定于上天,贤君的
德行并不能使它们消退。《诗经》上说周宣王时曾遭受大旱灾。其记载
为:"周朝留下的百姓,没有一人不受害的。"这里说没有一个人可以幸
存而不受害。如果认为周宣王只是个贤君,在道德上还嫌不足的话,那
么论仁爱完美的君王,不会有人超过尧和汤,然而尧在位时却遭遇洪水,
汤在位时却遭受旱灾。洪水与干旱是灾害中最严重的,然而两位圣王却
遇上了。难道灾害是由于两位圣王的政治无道所招致的吗?这是天地
间的期数决定了应当出现这样的灾害。用尧和汤遭受水旱灾害的例子,
权衡历代帝王所遭受的自然灾害,说明灾害不是由于君王的道德败坏所

造成的。既然受灾不是君王的德行败坏造成的,那么国家受到上天的福祐也不是君王的品德高尚所招致的。

贤君之治国也,犹慈父之治家。慈父耐平教明令①,不耐使子孙皆为孝善②。子孙孝善,是家兴也;百姓平安,是国昌也。昌必有衰,兴必有废。兴昌非德所能成,然则衰废非德所能败也③。昌衰兴废,皆天时也。此善恶之实,未言苦乐之效也④。家安人乐,富饶财用足也⑤。案富饶者命厚所致,非贤惠所获也。人皆知富饶居安乐者命禄厚,而不知国安治化行者历数吉也。故世治非贤圣之功,衰乱非无道之致。国当衰乱,贤圣不能盛;时当治,恶人不能乱。世之治乱,在时不在政;国之安危,在数不在教。贤不贤之君,明不明之政,无能损益⑥。

【注释】

①耐(néng):同"能",能够。

②不耐使子孙皆为孝善:底本无"不",《意林》卷三引《论衡》文"耐"字上有一"不"字,据补。

③败:坏。

④效:效验。

⑤财用:财物。足:丰足。

⑥损益:增减,改变。

【译文】

贤君治理国家,好比慈父管理家庭一样。慈父虽然能对后代进行正确的教育和明确的告诫,但是也不能使子孙都成为孝善的人。子孙孝善,是家庭兴旺的表现;百姓平安,是国家昌盛的表现。国家昌盛到一定的时候就必定会衰微,家庭兴旺到一定的时候必定会废败。兴旺昌盛不是君父的道德高尚所能成就的,那么同样地,衰微废败也不是君父的道德低劣所能影响的。昌衰兴废,都是由天时决定的。以上说的只是关于道德善恶方面的实际情况,还没有谈到贫苦和富乐方面的效验。家庭安乐,是因为家庭富饶财用丰足的缘故。考察他们富有,是因为他的“命禄”优厚带来富贵,并不是因为他德行贤惠的原因。人们都知道家境富足生活安乐的人“命禄”优厚,却不知道国家安定,教化施行,是由于国家的“历数”吉利。所以天下太平不是贤圣之君的功劳,天下衰微动乱也不是无道之主造成的。国家该当衰乱,即使是贤圣也不能使它昌盛;时势该当太平,即使是恶人也不能使它动乱。天下的治乱,决定于时运而不决定于政治;国家的安危,取决于气数而不关乎教化。君王贤与不贤,政治清不清明,对国家的治乱都不能产生影响。

　　世称五帝之时,天下太平,家有十年之蓄,人有君子之行。或时不然①,世增其美,亦或时政所致②。何以审之③?夫世之所以为乱者,不以贼盗众多,兵革并起④,民弃礼义,负畔其上乎⑤?若此者,由谷食乏绝,不能忍饥寒。夫饥寒并至而能无为非者寡,然则温饱并至而能不为善者希。传曰:“仓廪实,民知礼节;衣食足,民知荣辱。”⑥让生于有余,争起于不足。谷足食多,礼义之心生;礼丰义重⑦,平安之基立矣⑧。故饥岁之春,不食亲戚⑨;穰岁之秋⑩,召及四邻⑪。不食亲戚,恶行也;召及四邻,善义也。为善恶之行,不在人质性⑫,在于岁之饥穰。由此言之,礼义之行,在谷足也。

【注释】

①或时:或许。

②亦或时政所致：底本无"所"，递修本"致"字前有一"所"字，据补。

③审：明白，知道。

④兵革：指战争。兵，兵器。革，铠甲。

⑤负畔：背叛。畔，通"叛"。上：指君主。

⑥"传曰"几句：引文参见《管子·牧民》。廪（lǐn），粮仓。实，充足。

⑦礼丰义重：礼义隆盛，讲究礼义的人很多。

⑧基：基础。

⑨食（sì）：拿东西给人吃。

⑩穰（ráng）岁：丰年。穰，庄稼丰熟。

⑪召：召请。以上四句参见《韩非子·五蠹》。

⑫质性：本性。

【译文】

世人称颂五帝在位的时候，天下太平，家家都有十年的积蓄，人人都具有君子的操行。也许事实不是这样，是人们夸大了那时的美好情况，也或许是由于当时政治清明所造成。用什么来说明这一点呢？社会之所以混乱，不就是因为盗贼众多，战争并起，百姓背弃礼义，反叛他们的君王而造成的吗？其实这类事情的发生，根源是由于粮食缺乏，人们不能忍受饥饿寒冷所造成的。在饥寒交迫的情况下而能不做坏事的人是很少的，以此推论，在衣食充足的情况下不去做好事的人也是很少的。传记上说："谷仓充实，百姓自然就会知道礼节；衣食富足，百姓自然就会知道荣辱。"谦让产生于衣食有余，争斗缘起于衣食不足。粮食充足食物丰富，礼义之心就会产生；讲究礼义的人很多，国家安定的基础就因此奠定了。因此，荒年的春天，人们都不会拿东西分给亲戚吃；丰年的秋天，人们都会邀请四邻参加宴饮。不拿东西分给亲戚吃，是恶劣的行为；邀请四邻参加宴饮，是善良的义举。做出善恶行为的原因，并不是因为人的本性有别，而是取决于年岁的丰歉。由此说来，人们按照礼义的标准行事，是因为粮食充足的缘故。

案谷成败①，自有年岁。年岁水旱，五谷不成，非政所致，时数然也。必谓水旱政治所致②，不能为政者莫过桀、纣③，桀、纣之时，宜常水旱④。案桀、纣之时，无饥耗之灾⑤。灾至自有数⑥，或时返在圣君之世⑦。实事者说尧之洪水⑧，汤之大旱，皆有遭遇，非政恶之所致。说百王之害⑨，独谓为恶之应，此见尧、汤德优，百王劣也。审一足以见百，明恶足以照善。尧、汤证百王，至百王遭变⑩，非政所致。以变见而明祸福，五帝致太平，非德所就⑪，明矣。

【注释】

①成败：指收成好坏。

②必谓：一定要说。

③不能为政者：不善于治理国家的人。能，善于。

④宜：应该。

⑤饥耗：饥荒。

⑥数：时数。

⑦返：犹"反"，反而。

⑧实事者：实事求是的人。

⑨害：自然灾害。

⑩至：至于，关于。变：灾变，灾害。

⑪就：成，造成。

【译文】

考察粮食收成的好坏，本来是由年岁决定的。在发生水灾或旱灾的年头，庄稼便没有收成，这并不是由于政治所造成的，而是"时数"本该如此。如果一定认为水旱灾害是因为政治所造成的，不善于治理国家的人莫过于桀和纣了，那么桀、纣当政之时，应该经常发生水灾和旱灾。

考察桀、纣当政之时，却没有发生饥荒灾害的记载。可见灾害的出现自有一定的"时数"，也许反而会在圣君在位之世出现。据实论事的人解释尧时遇洪水、汤时遇大旱的原因，都认为是国家碰巧遇到这样的"时数"，并不是因为政治不好而造成的。儒生解说历代帝王遭遇灾害的原因，却偏偏说是恶政之应，这种说法只是为了表明尧、汤道德高尚，历代帝王都低劣而已。了解了一件事就能够以此推论从而了解一百件事，明白了什么叫恶就足以比照什么是善。根据尧、汤的遭遇来论证历代帝王，历代帝王遇到的灾害，都不是由于政治无道所造成的。根据灾变的出现，就能明辨祸福的根源不在于君王的德行，五帝时的太平之世，并不是由于君主道德高尚所成就的，这一点就很清楚了。

　　人之温病而死也①，先有凶色见于面部②。其病，遇邪气也。其病不愈，至于身死，命寿讫也③。国之乱亡，与此同验。有变见于天地，犹人温病而死，色见于面部也。有水旱之灾，犹人遇气而病也④。灾祸不除，至于国亡，犹病不愈，至于身死也。论者谓变征政治⑤，贤人温病色凶，可谓操行所生乎？谓水旱者无道所致，贤者遭病，可谓无状所得乎⑥？谓亡者为恶极⑦，贤者身死，可谓罪重乎？夫贤人有被病而早死⑧，恶人有完强而老寿⑨，人之病死，不在操行为恶也⑩。然则国之乱亡，不在政之是非。恶人完强而老寿，非政平安而常存。由此言之，祸变不足以明恶，福瑞不足以表善，明矣。

【注释】

①温病：即热病。温，中医称热病为"温"。

②色:气色。见:同"现"。

③讫(qì):完结。

④气:指"邪气"。

⑤征:象征。

⑥无状:行为恶劣。

⑦亡:国家灭亡。恶极:败坏到极点。

⑧被病:得病,患病。

⑨完强:体格健壮。

⑩为恶:作恶。

【译文】

当人患热病将死的时候,事先在面部会出现带有病态的气色。生这种病,是因为遇到了邪气。这种病如果治不好,就会导致死亡,寿命就会终结。国家的危乱衰亡,与人生病是同样的效验。天地间有灾变出现,就如同人患热病将死的时候,病态的气色出现在面部一样。出现水旱灾害,就如同人遇到邪气而生病一样。灾害不消除,就会导致国家灭亡,就如同病治不好,会引起人死亡一样。论说治乱的人认为灾变象征着政治无道,贤人患了热病气色呈现病态,可以认为是由于他的操行不端所产生的吗?认为水旱灾害是由于君王无道所造成的,那么贤人生了病,可以认为是因为他的品行恶劣所以患病的吗?认为国家灭亡是政治坏到了极点所导致的,那么贤人死去,可以认为是因为他的罪行深重所引起的吗?贤人有患病而早夭的,恶人有强健而长寿的,病死的人,不在于他的品行恶劣。那么国家的动乱危亡,也不在于政治的得失。恶人强健而长寿,政治无道的国家也能平安而长期地延续下去。由此说来,祸变的产生不足以说明政治无道,福瑞的出现也不足以说明政治清明,这就很清楚了。

在天之变,日月薄蚀①,四十二月日一食,五月六月②,

月亦一食。食有常数，不在政治。百变千灾，皆同一状，未
必人君政教所致。岁害鸟帑③，周、楚有祸④；緰然之气见⑤，
宋、卫、陈、郑皆灾⑥。当此之时，六国政教未必失误也⑦。
历阳之都⑧，一夕沉而为湖，当时历阳长吏未必诳妄也⑨。成
败系于天，吉凶制于时⑩。人事未为，天气已见⑪，非时而
何！五谷生地，一丰一耗⑫；谷粜在市⑬，一贵一贱。丰者未
必贱，耗者未必贵。丰耗有岁，贵贱有时。时当贵，丰谷价
增；时当贱，耗谷直减⑭。夫谷之贵贱不在丰耗，犹国之治乱
不在善恶。

【注释】

①日月薄蚀：指日蚀、月蚀。王充关于日蚀、月蚀的看法参见《说日
　篇》。薄，遮掩。

②月：底本作"十"，递修本作"月"，据改。

③岁：岁星，即木星。它公转的周期是11.8622年，古人误认为是十
　二年，用它来纪年，故称为"岁星"。这种纪年法，每隔一定的时
　间就会有一年的误差。害：侵害。古人把一周天分为十二等分，
　认为岁星每年运行一个等分。由于计算误差，岁星在一定时间以
　后就会有越过一个等分，直接到下一个等分的情况。古人认为
　这是一种不祥之兆，说正对岁星的等分里的星宿受到了"冲犯"。
　鸟帑（nú）：指朱雀这一组星宿的尾部。鸟，指南方的一组星宿朱
　雀。古人把二十八宿分为四组，南方的这组星宿排列像是一只
　鸟，南方属火，所以称之为"朱雀"。帑，通"孥"，鸟尾。

④周、楚有祸：前545年，岁星越过应到的等分，所在的位置正对着
　朱雀尾部的星宿。当时人认为天上的星宿分别配属于地上的政
　治区域，而雀尾的星宿配属于周、楚两国，所以这两个国家将遭

受灾祸。周，指东周王畿，在今河南洛阳一带。楚，春秋时楚国，在今湖北、湖南北部、河南南部以及安徽西南部一带。参见《左传·襄公二十八年》。

⑤綝（lín）然之气：指彗星。古人认为彗星出现是人间将要发生灾祸的象征。綝然，这里指彗星拖长的尾巴。綝，綝缡（shī），形容衣裳和羽毛下垂的样子。

⑥宋、卫、陈、郑：春秋时期的四个国家，都在今河南境内。宋在河南商丘一带，卫在河南北部滑县一带，陈在河南淮阳一带，郑在河南中部新郑一带。据《左传·昭公十七年、十八年》记载，前525年，彗星出现在心宿附近，第二年宋、卫、陈、郑同时出现火灾。

⑦六国：指周、楚、宋、卫、陈、郑六国。

⑧历阳：县名。秦置，治所在今安徽和县。

⑨长吏：指地方长官。诳（kuáng）妄：欺诈诬妄。诳，惑乱，欺骗。妄，胡作非为。

⑩制于时：决定于"时数"。

⑪天气：指上天的征兆。

⑫一：或，有时。

⑬粜（tiào）：卖出谷物。

⑭直：价值，代价。

【译文】

在天上出现的灾变，是发生日食、月食这一类的现象，每四十二个月会发生一次日食，每五六个月会发生一次月食。日食、月食的发生，都有一个固定的期数，不受政治好坏的影响。千百种的灾变，都是同一种情况，不一定是由于君王施政设教不当所造成的。岁星冲犯朱雀的尾部，周、楚两国将遭遇灾祸；彗星出现在心宿附近，宋、卫、陈、郑四国都遭受了火灾。当时这六个国家的施政设教，不一定有什么失误。历阳县城，在一个晚上就沉陷下去成为湖泊，当时的历阳地方官吏，不一定犯有欺诈妄为的罪过。成败决定于上天,吉凶决定于时数。人还没有做出具体行动,天上的征兆就已经出现,这不是时数又是什么呢?五谷生长在田地里,收成时好时坏;在市场上出售的粮食,价格时高时低。丰收年景谷物不一定便宜,歉收年头谷价不一定高。丰收歉收各有一定的年头,价高价低各有一定的时数。时数注定谷价应当高,即使丰收时谷物价格也会大增;时数注定谷价应当低,歉收时谷物价格也会大减。谷物的价格高低,不在于收成好坏,如同国家的治乱不在于政治的好坏一样。

　　贤君之立,偶在当治之世①,德自明于上,民自善于下,世平民安,瑞祐并至,世则谓之贤君所致。无道之君,偶生于当乱之时,世扰俗乱②,灾害不绝,遂以破国亡身灭嗣③,世皆谓之为恶所致。若此,明于善恶之外形④,不见祸福之内实也。祸福不在善恶,善恶之证不在祸福。长吏到官⑤,未有所行,政教因前⑥,无所改更,然而盗贼或多或寡,灾害或无或有,夫何故哉?长吏秩贵⑦,当阶平安以升迁⑧;或命贱不任,当由危乱以贬黜也⑨。以今之长吏,况古之国君⑩,安危存亡,可得论也。

【注释】

①偶:恰巧。

②扰:混乱。

③遂:竟。以:以至于。嗣:子孙,后代。

④外形:表面。

⑤到官:上任。

⑥因:因袭,遵循。前:前任的官吏。

⑦秩:官吏的俸禄,这里指禄命。

⑧阶：凭借。

⑨贬黜（chù）：贬退，罢黜。贬，降职。黜，通"黜"，贬黜，贬退。

⑩况：推论。

【译文】

贤君即位，只是刚巧遇到注定该当安定的时代，在上的君王本就道德高尚，在下的百姓本就亲和良善，天下太平百姓安乐，祥瑞福祐一齐到来，世人就认为这一切都是贤君所带来的。无道的君王，刚巧生逢注定该当变乱的时代，世道混乱社会不安定，灾害接连不断地发生，最终国破身亡后嗣断绝，世人都认为这是君主为恶所造成的。诸如此类的说法，只看到善恶的表面现象，没有看到祸福的内在实情。国家的祸福并不在于君主的善恶，君主善恶的验证也不在于国家遭祸还是受福。地方官上任，并不有意做什么，施政教化完全因袭前任的做法，没有什么更改变动，然而盗贼或许多或许少，灾害或许有或许无，这是什么缘故呢？如果地方官禄命厚，就该当借助安定局面而得到升迁提拔；如果他的命禄薄，没有福气位居当前的职位，就该因辖区的危乱而被降职罢免。用现在的地方官的任免升降，去比照古代的国君的遭遇，国家的安危存亡，就可以论定了。

卷第十八

自然篇第五十四

【题解】

本篇依据道家天道无为的观念驳斥儒家天道有为之说。儒家认为天有意志,"生五谷以食人,生丝麻以衣人",还可以向不好的君主降下谴告。但王充依据道家学说,认为天是无为的,体现在"天道无为,故春不为生,而夏不为长,秋不为成,冬不为藏"。万物的生、长、成、藏皆出于自然,并认为所谓的天降谴告只是以人道去揣测天道,是"末世衰微,上下相非"的背景下人们假造的,并不符合天道无为的观念。

天地合气①,万物自生②,犹夫妇合气,子自生矣。万物之生,含血之类③,知饥知寒。见五谷可食,取而食之;见丝麻可衣,取而衣之。或说以为天生五谷以食人④,生丝麻以衣人⑤。此谓天为人作农夫、桑女之徒也,不合自然⑥,故其义疑,未可从也。试依道家论之⑦。

【注释】

①天地合气:指天所施放的阳气和地所施放的阴气相互交合。气,又称元气,王充认为它是构成人和万物的物质元素,是天地星宿

这种物质实体在不断地运动中自然而然释放出来的。

②自：自然而然。

③含血之类：有血气的动物，这里指人。

④或说：有的说法。或，有的。食（sì）：供养，喂养。

⑤衣（yì）人：给人穿。衣，穿。

⑥自然：自然之道。

⑦道家：先秦诸子之一，崇尚自然，主张清静无为，反对斗争。

【译文】

天地阴阳二气交合，万物便自然产生，就如同夫妇的精气交合，子女就自然生出来一样。万物被生出来，其中含有血气的人类，都会感觉到饥饿寒冷。他们发现五谷可以食用，就取五谷作为食物；发现丝麻可以做衣服，就取丝麻做成衣服穿。有的说法以为天有意生出五谷供给人们吃，生出丝麻供给人们穿。这是说天在给人类充当农夫和桑女之类，这不符合天道自然的道理，所以这种说法是值得怀疑的，不可信从。试按照道家的观点来辨析一下这个问题。

天者，普施气万物之中①，谷愈饥而丝麻救寒②，故人食谷、衣丝麻也。夫天之不故生五谷丝麻以衣食人③，由其有灾变不欲以谴告人也④。物自生而人衣食之，气自变而人畏惧之。以若说论之⑤，厌于人心矣⑥。如天瑞为故⑦，自然焉在⑧？无为何居⑨？

【注释】

①普施气万物之中：天普遍地散布气，万物是承受这种气而生成的。施，散布。

②愈饥：充饥。救寒：御寒。

③夫：发语词。故：故意，有意识。

④由：通"犹"，就像。其：这里指天。谴告：谴责，告诫。

⑤若说：这样的说法。

⑥厌：满意。

⑦天瑞：王充认为祥瑞是由气自然形成的，所以称之为"天瑞"。这与汉儒普遍推崇的祥瑞是上天有意降生的观念有一定的区别。但王充同样认为祥瑞是圣人降生、天下太平的征兆。瑞，祥瑞，吉祥的征兆。参见《讲瑞篇》。

⑧焉：何。

⑨无为：指听其自然，无意识、无目的地进行活动。

【译文】

　　天普遍地散布气于万物之中，谷物能充饥而丝麻能御寒，所以人类吃谷物、穿丝麻。但天并不是有意识地生出五谷丝麻来给人类提供衣食的，就像天出现了灾变并不是天想以此来谴告人一样。五谷丝麻自然而然地产生出来而人穿丝麻，吃五谷，灾异之气自然地产生灾变而人畏惧它。以这样的解释来论述它，就能使人心服了。如果祥瑞是上天有意安排的，那么，天道自然的道理表现在哪里呢？天道无为的道理又在何处起作用呢？

　　何以天之自然也①？以天无口目也。案有为者②，口目之类也③。口欲食而目欲视，有嗜欲于内④，发之于外⑤，口目求之，得以为利，欲之为也⑥。今无口目之欲，于物无所求索⑦，夫何为乎⑧！何以知天无口目也？以地知之。地以土为体，土本无口目。天地，夫妇也，地体无口目，亦知天无口目也⑨。使天体乎⑩？宜与地同。使天气乎，气若云烟，云烟之属，安得口目？

【注释】

①何以天之自然也：据文意，疑本句"以"字后脱一"知"字。

②案：考察。

③口目之类：具有口、目这一类器官的生物。

④嗜欲：嗜好和欲望。

⑤发：表现。

⑥之：所。

⑦求索：追求。

⑧夫：彼，它。

⑨无：底本无，据递修本补。

⑩使天体平：参见《谈天篇》。

【译文】

　　根据什么知道天是自然无为的呢？根据天没有口目这一点就可以知道。考察凡是有意识有目的地去作为的东西，都具有口目这一类器官。嘴巴要吃东西而眼睛要看东西，内心里有了嗜好欲望，就会在行动上表现出来，想要去吃想要去看，直到得到才会满足，这是欲望所起的作用。现在天既然没有口目所产生的欲望，对事物无所追求和索取，它怎么会有意识地行动呢？根据什么知道天没有口目呢？根据地的情况便能知道。地以土为形体，土原本就没有口目。天地，如同夫妇，地体没有口目，也就知道天没有口目了。如果认为天是物质实体呢？那天就该与地相同。如果认为天是气呢？气就像云烟一样，云烟这类东西，哪里会有口目呢？

　　或曰："凡动行之类，皆本无有为①。有欲故动，动则有为。今天动行与人相似，安得无为？"曰：天之动行也，施气也②，体动气乃出，物乃生矣。由人动气也③，体动气乃出，子亦生也。夫人之施气也，非欲以生子，气施而子自生矣。

天动不欲以生物,而物自生,此则自然也;施气不欲为物,而物自为,此则无为也。谓天自然无为者何? 气也。恬澹无欲^④,无为无事者也,老聃得以寿矣。老聃禀之于天^⑤,使天无此气,老聃安所禀受此性! 师无其说而弟子独言者,未之有也。

【注释】

①无:据文意,疑为衍文。

②施:施放。

③由:同"犹"。动:疑当作"施"字。

④恬澹:清净。

⑤禀:承受。之:指气。

【译文】

有人说:"凡是运动行走之类的行为,都是以欲有为作为其行动的根本。有了欲望就会有意识地行动,有行动就是有为。现在天的动作行为与人的动作行为相类似,怎么会是无为的呢?"我认为:天的动作行为就是散布气,天运动起来气才会散布出去,万物才能产生。就如同人施放精气,人体有了动作精气才出来,子女也就产生了。人施放精气,并不是想借此生子女,然而精气一施放,子女就自然产生了。天的运动并不是想借此创生万物,然而万物自己就产生了,这就叫"自然";上天施气并不是想要创造万物,而万物却承受气自己形成了,这就叫"无为"。所谓天是自然无为的,到底是怎样表现出来的呢? 是通过施气表现出来的。气是清静而没有什么欲望,无为无事的东西,老聃禀受了气而长寿。老聃从上天禀受了气,如果上天没有这种气,老聃所禀受的清静无为的天性又是从哪里来的呢? 老师没有讲过的东西,学生却能独自讲解出来,这样的事情从来没有过。

　　或复于桓公^①，公曰："以告仲父^②。"左右曰："一则仲父，二则仲父，为君乃易乎^③？"桓公曰："吾未得仲父，故难；已得仲父，何为不易^④！"夫桓公得仲父，任之以事，委之以政^⑤，不复与知^⑥。皇天以至优之德与王政而谴告人^⑦，则天德不若桓公，而霸君之操过上帝也^⑧。

【注释】

①复：复命，报告。桓公（？—前643）：齐桓公，春秋时期齐国君主。

②仲父：即管仲（？—前645），仲父为齐桓公对他的尊称。

③易：容易。

④何为不易：引文参见《韩非子·难二》。

⑤委：委托。

⑥与：参与。

⑦皇：大。以：凭借。人：疑为"之"字之讹。

⑧霸君：指春秋时期的霸主，这里指齐桓公。操：操行。

【译文】

　　有人向齐桓公报告工作，齐桓公说："把这事向仲父报告。"左右的臣子说："一次有人来报告，说去找仲父；两次有人来报告，又说去找仲父，做君主那么容易吗？"齐桓公说："我未曾得到仲父的时候，的确感到国君难做；得到仲父以后，还有什么难做的呢！"齐桓公得到管仲，任用他掌管国家大事，委托他主持政务，自己不再过问。皇天以它至高的道德把政权授予君主而后又要谴告他，那么皇天的道德还不如齐桓公，而齐桓公这位霸主的品行却超过上天了。

　　或曰："桓公知管仲贤，故委任之；如非管仲，亦将谴告之矣。使天遭尧、舜^①，必无谴告之变^②。"曰：天能谴告人君,则亦能故命圣君③。择才若尧、舜,受以王命④,委以王事,勿复与知。今则不然,生庸庸之君⑤,失道废德,随谴告之,何天不惮劳也⑥!曹参为汉相⑦,纵酒歌乐,不听政治,其子谏之⑧,笞之二百⑨。当时天下无扰乱之变⑩。淮阳铸伪钱⑪,吏不能禁,汲黯为太守⑫,不坏一炉,不刑一人,高枕安卧,而淮阳政清⑬。夫曹参为相,若不为相;汲黯为太守,若郡无人。然而汉朝无事,淮阳刑错者⑭,参德优而黯威重也⑮。计天之威德⑯,孰与曹参、汲黯?而谓天与王政⑰,随而谴告之,是谓天德不若曹参厚,而威不若汲黯重也。蘧伯玉治卫⑱,子贡使人问之⑲:"何以治卫?"对曰:"以不治治之⑳。"夫不治之治,无为之道也。

【注释】

①遭:遇到。

②变:灾变。

③故:故意地,有意识地。

④受:通"授"。

⑤庸庸:昏庸无能。

⑥不惮(dàn)劳:不怕麻烦。惮,畏难,畏惧。

⑦曹参(?—前189):字敬伯。西汉开国功臣,汉惠帝时继萧何为丞相。

⑧谏:古代臣劝君、子劝父、下劝上为"谏"。

⑨笞(chī):用鞭子或板子打。

⑩变:事变。上事参见《史记·曹相国世家》。

⑪淮阳:郡名。汉惠帝元年(前194)改淮阳国置,治所在陈县(今河南淮阳)。此后或郡、或国。

⑫汲黯(?—前112):字长孺。汉武帝时曾任东海太守、淮阳太守。

好黄老之术,常直言切谏。

⑬而淮阳政清:上事参见《史记·汲郑列传》。

⑭刑错:刑罚废弃不用。错,通"措",废弃。

⑮威:威望。

⑯计:衡量。

⑰与:给予,授予。

⑱蘧(qú)伯玉:名瑗,春秋时卫国大夫。卫:春秋时卫国,在今河南北部滑县一带。

⑲子贡:孔子学生。

⑳以不治治之:上事参见《淮南子·主述训》。

【译文】

　　有人说:"齐桓公知道管仲贤良,所以委任他以国事;如果不是管仲,上天也将要谴告齐桓公的。如果上天遇到尧、舜这样的君主,必定不会出现谴告他们的灾变。"我认为:如果天能够谴告君主,那么就能有意识地任命圣明的君主。选择才智像尧、舜这样的人物,授予他君主之位,委任以君主之事,然后就不再参与过问人间的政事了。现在却不是这样,生出昏庸无道的君主,不行天道抛弃仁德,然后又降下灾异去谴告他,天为何如此不怕麻烦呢? 曹参任丞相时,纵情饮酒,欢歌享乐,不过问政事,他的儿子规劝他,反而被打了二百板。当时天下并没有因此发生扰乱的事变。淮阳地方铸造假钱,官吏无法禁止,汲黯任淮阳太守,没有毁坏一座铸钱炉,没有惩罚一个铸造假钱的人,每天高枕安卧,而淮阳的政治却很安定。曹参任丞相,好像没有担任丞相一样;汲黯当太守,就好像淮阳郡没有太守一样。所以说,汉朝当时没有发生什么事变,淮阳郡废弃刑罚不用,是因为曹参的道德好而汲黯的威望高的缘故。衡量天的威望与德行,跟曹参、汲黯相比,哪个高呢? 那些认为天授予了君主政权,随后又谴告君主的人,这是说天的道德不如曹参的好,而威望不及汲黯的高了。蘧伯玉治理卫国,子贡让人向他请教:"先生是用什么方法治理

卫国的呢?"蘧伯玉回答说:"用不治的方法去治理它。"这种不治而治的
方法,就是无为之道。

　　或曰:"太平之应①,河出图,洛出书②。不画不就,不为
不成,天地出之,有为之验也。张良游泗水之上③,遇黄石
公授太公书④,盖天佐汉诛秦⑤,故命令神石为鬼书授人⑥,
复为有为之效也。"曰:此皆自然也。夫天安得以笔墨而为
图书乎?天道自然,故图书自成。晋唐叔虞、鲁成季友生⑦,
文在其手,故叔曰"虞",季曰"友"。宋仲子生⑧,有文在其
手,曰"为鲁夫人"。三者在母之时,文字成矣,而谓天为文
字⑨,在母之时,天使神持锥笔墨刻其身乎?自然之化,固疑
难知,外若有为,内实自然。是以太史公纪黄石事,疑而不
能实也。赵简子梦上天⑩,见一男子在帝之侧⑪,后出,见人
当道⑫,则前所梦见在帝侧者也⑬。论之以为赵国且昌之状
也⑭。黄石授书,亦汉且兴之象也。妖气为鬼⑮,鬼象人形,
自然之道,非或为之也⑯。

【注释】

①应:瑞应,吉祥的征兆。

②"河出图"二句:始见于《周易·系辞》,是汉儒宣称天命论、天人
　感应论的重要依据。河出图,传说伏羲之时,黄河中有图出现,伏
　羲因其而创造八卦。河,黄河。参见《汉书·五行志上》。洛出
　书,传说夏禹治水时,洛水中有书出现。洛,洛水,即今洛河,在河
　南西部。参见《汉书·五行志上》。

③泗水:河名,在今山东中部,古代泗水东南流经今苏北入淮河。

④遇黄石公授太公书：传说张良早年在泗水的桥上，遇到一个叫黄石公的老人，送给他一部《太公兵法》。后来张良凭借这部书辅助刘邦统一天下。参见本书《纪妖篇》。

⑤盖：发语词。诛：灭。

⑥神书：指黄石公，传说他是一块黄石变的。鬼书：指《太公兵法》。

⑦晋唐叔虞：周武王的儿子，名虞，封于唐，后因唐改为晋，所以称晋唐叔虞。据《左传·昭公元年》记载，他生下来，手上就有"虞"的字样。鲁成季友：春秋时鲁国君主鲁桓公的小儿子，名友，字成季。据《左传·昭公三十二年》记载，他生下来，手上就有"友"的字样。

⑧宋仲子：春秋时宋国君主宋武公的女儿。据《左传·隐公元年》记载，她生下来时，手上就有"为鲁夫人"的字样，后来嫁给了鲁惠公。

⑨而：如。

⑩赵简子（？—前476）：赵鞅，春秋时晋国大夫。

⑪帝：指上帝。

⑫当道：挡路。当，挡。

⑬则前所梦见在帝侧者也：上事参见《纪妖篇》。

⑭且：将。昌：兴起。状：形状，征兆。

⑮妖气为鬼：王充认为人死后精神不能为鬼，但他并不否定鬼的存在，并且说鬼神是由气自然形成的，是吉凶的一种征兆。参见《订鬼篇》。

⑯或：有谁。

【译文】

有人说："太平盛世的瑞应，是黄河出图，洛水出书。图不画便不成图，书不写便不成书，天地出示了河图、洛书，这便是上天有意识活动的证明。张良曾经在泗水旁交游，遇到一个叫黄石公的老人，授予他《太公兵法》,这大约是上天要佐汉灭秦,故意让神石化为鬼神,写成兵书授予张良,这又是上天有意识活动的证明。"我认为:这些都是自然发生的事情。上天怎么会用笔墨来写成图书呢?天道自然无为,所以图书是自己生成。晋唐叔虞、鲁成季友出生之时,有文字在他们的手上,所以叔的名字叫"虞",季的名字叫"友"。宋仲子出生之时,有字在她的手上,写的是"为鲁夫人"。这三个人在母体里的时候,手上的文字就已经形成了,如果说这些字是天写成的,难道是他们还在母体里的时候,上天命令神拿锥子笔墨把文字刻写在他们身上的吗?自然的变化,本来就难以断定难以弄清,在外像是有意识的行为,在内实际上是自然而然形成发生的。因此司马迁在《留侯世家》中记载黄石公授书这件事时,也感到疑惑而不能加以证实。赵简子做梦到了天上,看见一位男子在天帝的旁边,后来赵简子外出,看见有人拦在路上,就是前面所梦见的在天帝旁边的那个人。议论这件事的人认为这是赵国将要兴起而出现的征兆。黄石公授兵书给张良,也是汉朝将要兴盛的征兆。妖气形成鬼,鬼像人的形状,这是自然的道理,不是谁有意识地把它创造出来的。

　　草木之生,华叶青葱①,皆有曲折②,象类文章。谓天为文字③,复为华叶乎?宋人或刻木为楮叶者④,三年乃成。列子曰⑤:"使天地三年乃成一叶⑥,则万物之有叶者寡矣⑦。"如列子之言,万物之叶自为生也。自为生也,故能并成。如天为之,其迟当若宋人刻楮叶矣⑧。观鸟兽之毛羽,毛羽之采色,通可为乎⑨?鸟兽未能尽实。春观万物之生,秋观其成,天地为之乎?物自然也?如谓天地为之,为之宜用手,天地安得万万千千手,并为万万千千物乎?诸物在天地之间也,犹子在母腹中也。母怀子气,十月而生,鼻口耳目,发肤毛理⑩,血脉脂腴⑪,骨节爪齿⑫,自然成腹中乎?母为之也？偶人千万[13]，不名为人者[14]，何也？鼻口耳目，非性自然也[15]。武帝幸王夫人[16]，王夫人死，思见其形。道士以方术作夫人形[17]，形成，出入宫门，武帝大惊，立而迎之，忽不复见。盖非自然之真，方士巧妄之伪[18]，故一见恍忽，消散灭亡。有为之化，其不可久行，犹王夫人形不可久见也。道家论自然，不知引物事以验其言行，故自然之说未见信也[19]。

【注释】

①华：花。

②曲折：指花和叶子上曲折的脉络。

③文字：此处是指上文中唐叔虞等人出生手中就有的文字。

④宋：春秋时期宋国，在今河南东部商丘一带。楮（chǔ）：楮树。

⑤列子：底本作"孔子"，据《韩非子·喻老》改。下同。列子，即列御寇。战国时期道家，郑国人。《庄子》中有许多对于他的记载。相传著有《列子》一书。今本《列子》可能是晋代人假托的著作。

⑥使天地三年乃成一叶：疑本句"地"字前脱一"天"字，据《韩非子·喻老》补。

⑦则万物之有叶者寡矣：引文见《韩非子·喻老》。

⑧迟：缓慢。

⑨通：都。

⑩理：皮肤的纹理。

⑪血脉：人体内血液运行的脉络。血，血液。脉，脉络。脂腴（yú）：犹油脂。脂，脂肪。腴，人或其他动物腹下的肥肉。

⑫骨：骨骼。节：关节。

⑬偶人：木人、泥人之类的假人。

⑭名：称。

⑮性：天生的特质。

⑯武帝：汉武帝。幸：宠爱。王夫人：汉武帝的妃子。

⑰道士：指以求仙、炼丹、卜筮等为职业的人。方术：法术。

⑱方士：即上文的道士。

⑲见：被。

【译文】

　　草木生长的时候，花叶苍翠茂盛，都有曲折的纹脉，像文字图案一样。要说那些人手上的文字是上天写成的，那么花叶上的脉络也是上天造的吗？宋国有人用木头刻成楮树的树叶，三年才刻成。列子说："如果天地三年才生成一片叶子，那么万物中有叶子的就会很少了。"正如列子所说的，万物的叶子是自然而然地生出来的。因为是自己生出来的，所以才能同时长出许多叶子。如果说叶子是天有意识创造的，那么叶子的生长就会像宋人刻楮树的叶子那样缓慢了。观察鸟兽的毛羽，毛羽上的各种纹理色彩，难道也是天有意识地创造出来的吗？只用鸟兽做比喻，还不能完全证实这个道理。春天观察万物生长，秋天观察万物成熟，这是天地有意识创造的吗？还是万物自然生成的呢？如果认为是天地制造的，那么进行制造应当用手，天地怎么会有千千万万只手，同时制造出千千万万种物呢？千种万物在天地之间，如同子女在母亲的腹中。母亲承受了孕育孩子的气，十个月后就生下孩子，孩子的鼻口耳目，头发皮肤汗毛肌理，血液脉络脂肪肥肉，骨骼关节指甲牙齿，是在母腹中自然长成的呢？还是母亲有意制造的呢？木人、泥人虽然成千上万，不能称之为人，为什么呢？因为它们的鼻口耳目，并不是天生自然如此的。武帝宠爱王夫人，王夫人死后，汉武帝思慕想见到她的形体。道士用法术做出了王夫人的形象，形象做成后，让她在宫门内外出入，武帝见到后很惊异，站起来去迎接她，忽然又不见了。因为这不是自然产生的真实形象，而是道士弄虚作假搞出来的假象，所以刚一出现还来不及识别清楚，就立即消散灭亡了。可见人为的变化，是不能长久存在的，就如同王夫人的形象不可能长时间出现一样。道家论述自然的道理，不知道去引用具体的事例来证明自己的言行，因而他们所讲的自然之道没有被人们所信从。

然虽自然，亦须有为辅助。耒耜耕耘①，因春播种者②，人为之也。及谷入地，日夜长大③，人不能为也。或为之者，败之道也④。宋人有闵其苗之不长者，就而揠之，明日枯死⑤。夫欲为自然者⑥，宋人之徒也。

【注释】

①耒耜（lěi sì）：古代一种翻土农具。耘（yún）：锄草。

②因：顺，趁着。

③大：底本作"夫"，递修本作"大"，据改。

④败：损害。

⑤"宋人有闵（mǐn）其苗之不长者"几句：参见《孟子·公孙丑上》。闵，忧虑。就而，从而。揠（yà），拔，拔起。

⑥欲为自然：代行自然的职责。

【译文】

然而万物虽说是自然而然生成的，但也还需要人为去辅助。比如用耒耜耕地除草，顺应春时节令播种，这就是人有意识的行动。等到谷种播入地中，一天天长大，这就是人不能参与改变的了。如果有人想通过人为的方式来帮助它生长，那么这就是对其有损害的做法了。宋国有个人担忧他的庄稼长得不快，就到地里去拔高它，第二天那些庄稼就全枯死了。那些想要代行自然职能的人，就同宋人这种人一样。

问曰："人生于天地，天地无为。人禀天性者，亦当无为，而有为，何也？"曰：至德纯渥之人①，禀天气多，故能则天②,自然无为。禀气薄少,不遵道德,不似天地,故曰不肖。不肖者,不似也。不似天地,不类圣贤,故有为也。天地为炉,造化为工③,禀气不一,安能皆贤!贤之纯者,黄、老是也。黄者,黄帝也;老者,老子也。黄、老之操,身中恬澹④,其治无为。正身共己而阴阳自和⑤,无心于为而物自化,无意于生而物自成。

【注释】

①至德:最高的道德。渥(wò):浓厚,优厚。

②则:效法。

③造化:创造化育万物,这里指自然变化。

④恬澹(dàn):清净淡泊。

⑤正身共(gōng)己:形容端庄严肃的样子。正,端正。共,通"恭",庄严,恭敬。

【译文】

有人问:"人生在天地之间,天地是无为的。人禀受天性而生,也应当是无为的,而人却能有意识地进行活动,这是什么道理呢?"我认为说:道德最为高尚、淳厚的人,禀受天的气最多,所以能够效法天,达到自然无为的境界。禀受天的气薄而少的人,不能遵从道德规范,与天地不相似,所以称其"不肖"。不肖,就是不相似。不似天地的自然,不像圣贤的无为,所以就是有为了。天地就像熔炉,自然的变化就像工匠,禀受天的气不一样,怎么能人人都是圣贤呢?圣贤中最纯笃的人,是黄、老。黄,是指黄帝;老,是指老子。黄帝、老子的操行,表现为身心清静无所追求。端庄严肃而阴阳之气自然调和,无心于有意识的活动而万物自然变化,无意于万物的生成而万物自己长成。

　　《易》曰:"黄帝、尧、舜垂衣裳而天下治。"①垂衣裳者,垂拱无为也②。孔子曰:"大哉,尧之为君也! 惟天为大,惟尧则之。"又曰:"巍巍乎! 舜、禹之有天下也,而不与焉。"③周公曰:"上帝引佚。"④上帝,谓舜、禹也⑤。舜、禹承安继治,任贤使能,恭己无为而天下治。舜、禹承尧之安,尧则天而行,不作功邀名⑥,无为之化自成,故曰"荡荡乎民无能名焉"⑦。年五十者击壤于涂⑧,不能知尧之德,盖自然之化也。《易》曰:"大人与天地合其德。"⑨黄帝、尧、舜,大人也,其德与天地合,故知无为也。天道无为,故春不为生,而夏不为长,秋不为成⑩,冬不为藏⑪。阳气自出⑫,物自生长;阴气自起⑬,物自成藏。汲井决陂⑭,灌溉园田,物亦生长。霈然而雨⑮,物之茎叶根垓⑯,莫不洽濡⑰。程量澍泽⑱,孰与汲井决陂哉? 故无为之为大矣。本不求功,故其功立;本不求名,故其名成。沛然之雨,功名大矣,而天地不为也,气和而雨自集⑲。

【注释】

①"《易》曰"二句:引文参见《周易·系辞下》。

②垂拱无为:垂衣拱手,谓不虑政务,无为而治。拱,拱手。两手相合以示敬意。谓帝王不亲理事物。

③"孔子曰"几句:引文参见《论语·泰伯》。巍巍,崇高的样子。与,参与,干预。

④"周公曰"二句:引文参见《尚书·多士》。引,长。佚(yì),安逸,安乐。

⑤舜、禹:《语增篇》作"虞舜"。此处不应改为"虞舜",上文"巍巍

乎！舜、禹之有天下也，而不与焉"，王充顺引文而写为"舜、禹"。

⑥邀：追求。

⑦荡荡乎民无能名焉：原意是指尧的功德如此广大，百姓竟不知道该怎样来称赞他了。王充的意思是，尧的统治体现的是自然无为的原则，不故意追求名声，所以没有人能说出他的功德。荡荡，形容广大的样子。引文参见《论语·泰伯》。

⑧年五十者击壤于涂：相传尧的时候，有五十多岁的老人在道上做击壤游戏。旁观的人说："伟大啊！尧的德政。"老人说："我在太阳出来时种地，太阳落山就休息，凿井而饮，耕田而食，这有尧的什么功劳呢？"击壤，古代的一种游戏，把一块木片放在地上，在规定的距离外，用另一块木片去投掷它，投中的就算得胜。涂，道路。

⑨"《易》曰"二句：引文参见《周易·乾卦》。大人，指所谓圣王、圣人。

⑩成：成熟。

⑪藏：隐藏。

⑫阳气：这里指春夏温暖之气。

⑬阴气：这里指秋冬寒冷之气。

⑭汲井：从井里打水。决陂（bēi）：掘开池塘。陂，池塘。

⑮霈（pèi）然：形容雨大的样子。

⑯垓：通"荄"（gāi），草根。递修本作"荄"。

⑰洽濡（rú）：湿润，滋润。

⑱程量：衡量。澍（shù）泽：滋润。亦指滋润万物的时雨。澍，雨水滋润。亦比喻恩泽。泽，滋润。

⑲集：鸟停落在树上叫"集"，这里是落下的意思。

【译文】

《周易》上说："黄帝、尧、舜只需要垂衣拱手，不必有所作为，就能达到天下大治的地步。"所谓垂衣裳，就是垂衣拱手无为而治的意思。孔子说:"真伟大啊,尧这样的君主! 只有天最伟大,只有尧能够效法它。"孔子又说:"多么崇高啊! 舜和禹享天下而他们却觉得好像与自己不相干似的。"周公说:"上帝长享安逸。"上帝,指的是舜、禹。舜、禹继承了尧时的太平安治之世,任用贤能之人,恭敬自持顺应自然而天下大治。舜、禹承继了尧的安治之法,尧遵循天道自然无为的原则行事,不有意去创立功业,不存心去追求名誉,无为而治,教化却自然获得成功,所以说,"尧治理天下自然无为,没有一个人能说得出他的功德"。五十多岁的老人在道路上做击壤游戏,而没有意识到这是尧的德政的功劳,这就是自然教化的结果。《周易》上说:"圣君的德行与天地相合。"黄帝、尧、舜,就是圣君,他们的德行与天地相合,所以知道以"无为"来进行治理。天道原本是无为的,所以春天来临并不是天有意要生出万物,夏天来临并不是天有意要万物成长,秋天来临并不是天有意要万物成熟,冬天来临并不是天有意要收藏万物。阳气自然产生,农作物就自然开始生长了;阴气自然产生,农作物就自然成熟收藏了。从井中打水掘开池塘引水来灌溉田园,农作物也会生长。下了大雨,植物的茎叶根,没有不湿润的。比较一下雨水滋润植物与汲取井水决开池塘浇灌植物哪一个的功效更大呢? 因此无为的作用更大些。本来不想追求功业,反而建立了功业;本来不想追求名声,反而获得了名声。滋润万物的大雨,它获得的功业美名是很大的了,而天却不是有意要下雨的,阴阳之气和顺,大雨就自然落下来了。

　　儒家说夫妇之道取法于天地[①]。知夫妇法天地,不知推夫妇之道以论天地之性,可谓惑矣。夫天覆于上[②],地偃于下[③],下气烝上[④],上气降下,万物自生其中间矣。当其生也,天不须复与也[⑤],由子在母怀中,父不能知也[⑥]。物自生,子自成,天地父母,何与知哉? 及其生也,人道有教训之义⑦。天道无为，听恣其性⑧，故放鱼于川，纵兽于山，从其性命之欲也。不驱鱼令上陵⑨，不逐兽令入渊者，何哉？拂诡其性⑩，失其所宜也。夫百姓，鱼兽之类也，上德治之⑪，若烹小鲜⑫，与天地同操也。商鞅变秦法，欲为殊异之功，不听赵良之议⑬，以取车裂之患⑭，德薄多欲，君臣相憎怨也⑮。道家德厚，下当其上⑯，上安其下，纯蒙无为⑰，何复谴告？故曰："政之适也⑱，君臣相忘于治⑲，鱼相忘于水，兽相忘于林，人相忘于世，故曰天也⑳。"孔子谓颜渊曰："吾服汝，忘也；汝之服于我，亦忘也。"㉑以孔子为君㉒，颜渊为臣，尚不能谴告，况以老子为君，文子为臣乎㉓！老子、文子，似天地者也。淳酒味甘㉔，饮之者醉不相知；薄酒酸苦，宾主嚬蹙㉕。夫相谴告，道薄之验也。谓天谴告，曾谓天德不若淳酒乎㉖？

【注释】

①取法：效法。

②覆：覆盖。

③偃（yǎn）：仰卧。

④烝（zhēng）：指气体上升。

⑤与：干预。

⑥知：主管，过问。

⑦人道：人世间的道理。

⑧听：听任。恣：放纵。

⑨陵：丘陵。

⑩拂（fú）诡：违背。

⑪上德：指具有最高道德的人。

⑫若烹小鲜：就像煮鱼不要搅动以免弄碎一样，意思是不要加以干预。烹，烧，煮。小鲜，鱼。参见《老子》第六十章。

⑬赵良：战国时秦国儒生。提出"恃德者昌，恃力者亡"的观念以反对商鞅变法，遭到商鞅的拒绝。

⑭车裂：古代一种残酷的刑罚，用几辆车将人拉裂而死。

⑮君：指秦惠文王。

⑯当：适合，符合。

⑰纯蒙：纯朴。蒙，浑厚。

⑱适：适当，完美。

⑲君臣相忘于治：指在无为之治下，君臣彼此忘怀，各不相扰，逍遥自得。

⑳天：自然。

㉑"孔子谓颜渊曰"几句：引文参见《庄子·田子方》，原文为："吾服汝也，甚忘；汝服吾也，亦甚忘。"服，思念，回想。

㉒君：古代对尊长的统称，这里指老师。

㉓文子：传说是老子的学生。

㉔淳酒：味道醇正的酒。淳，深厚，浓厚。

㉕嚬蹙（pín cù）：皱眉蹙额。形容忧愁不乐。嚬，同"颦"，皱眉。

㉖曾：岂，难道。

【译文】

儒家认为夫妇间的关系，是效法于天地的。知道夫妇效法天地，却不知道用夫妇间的关系推论天地的本性，可以说是够糊涂的了。天覆盖在上，地仰卧在下，地上的气向上蒸发，天上的气向下降落，万物就在天地之气的交合中自然产生在天地之间了。当万物产生的时候，天就不再去干预它了，就像胎儿孕育在母亲腹中，父亲不能过问一样。万物自然产生，胎儿自然形成，天地父母何须干预过问啊！等到子女生下以后，才按人世间的道理对他进行教育。天道原本是无为的,所以听任放纵万物的本性,因此把鱼放在河里,把兽放在山中,顺从它们性命的需求。不驱赶鱼类强使它们上丘陵,不驱赶兽类强使它们入深水,是什么缘故呢?因为这样做就违背了它们的本性,使它们失去了适宜的生存环境。老百姓,如同鱼类兽类一样,具有至高道德的人来治理他们,就好像烹煮小鱼那样,不烦不扰,与天地具有同样的操行。商鞅在秦国变法,想建立卓越的功勋,不听从赵良的建议,因此自取车裂而死之祸,道德低下而又多欲,君臣之间必然相互憎恶怨恨。道家道德淳厚,臣民能上应君主之意而行,君主能顺下民之心而治,纯朴浑厚顺应自然,上天怎么再谴责告诫它呢?所以说:"政治完美时,君臣彼此忘怀于无为之治,鱼类彼此忘怀于水中,兽类彼此忘怀于林中,人类彼此忘怀于世间,因而称为自然。"孔子对颜渊说:"我所思念的过去的你,全都忘记了;你所思念的过去的我,也全都不存在了。"以孔子为老师,颜渊为学生,孔子尚且不能谴告颜渊,更何况以遵循自然无为之道的老子为老师,文子为学生呢!老子和文子,就如同天与地一样。醇酒的味道甜美,饮酒的人醉了之后互不相识;薄酒的味道酸苦,宾主饮了都皱眉头。相互谴告,是道德衰微的证明。说天谴告,难道天的道德还不如醇酒吗!

　　"礼者,忠信之薄,乱之首也。"①相讥以礼②,故相谴告。三皇之时③,坐者于于④,行者居居,乍自以为马⑤,乍自以为牛。纯德行而民瞳矇⑥,晓惠之心未形生也⑦。当时亦无灾异。如有灾异,不名曰谴告。何则?时人愚蠢,不知相绳责也⑧。末世衰微,上下相非,灾异时至,则造谴告之言矣。夫今之天,古之天也。非古之天厚,而今之天薄也,谴告之言生于今者,人以心准况之也⑨。诰、誓不及五帝⑩,要盟不及三王⑪,交质子不及五伯⑫。德弥薄者信弥衰⑬。心险而行诐⑭,则犯约而负教⑮。教约不行,则相谴告。谴告不改,举兵相灭。由此言之,谴告之言,衰乱之语也,而谓之上天为之,斯盖所以疑也。

【注释】

①"礼者"几句:引文参见《老子》第三十八章。薄,衰微。

②讥:指责。

③三皇:传说中的上古三个帝王,一般指燧人氏、伏羲氏、神农氏。

④于于:和下文的"居居"都是形容悠然自得的样子。

⑤乍:忽然,时而。

⑥纯德:纯朴的道德。行:风行。瞳曚(tóng méng):愚昧无知。瞳,无知直视貌。曚,蒙昧无知。

⑦晓惠:聪明,这里指机巧奸诈。惠,通"慧",聪慧。形:形成。

⑧绳责:责备。

⑨准况:比照,推论。

⑩诰、誓:《尚书》中的两类文告,内容都是君主对臣子百姓的告诫与誓约。

⑪要(yāo)盟:以势力威逼对方订立盟约。要,强迫,威胁。三王:指夏、商、周三代的开国君主禹、汤、文王和武王。

⑫交:相互。质子:古代君主把儿子派往别国作人质。这种方法在战国时期很普遍。质,抵押。五伯(bà):一般指齐桓公、晋文公、楚庄王、秦穆公、宋襄公五位春秋时期的霸主。伯,通"霸"。

⑬弥:愈。

⑭诐(bì):邪僻,谄佞。

⑮约:盟约。负:违背。教:教令,这里指诰、誓。

【译文】

"礼起源于忠信不足,是祸乱的开端。"互相用礼来进行指责,甚者互相谴告。三皇的时代，人们不论是在家还是在路上，都显得悠闲自在，时而觉得自己是马，时而觉得自己是牛。纯朴的道德风行于世而老百姓愚昧无知，机巧奸诈之心还没有产生。当时也没有什么灾异。即使有灾异，也不称它是上天的谴告。为什么呢？因为当时的人愚蠢，不知道相互约束谴责。末世道德衰微，君臣互相指责，灾异经常到来，就制造出上天谴告的说法。现在的天，就是古时的天。并不是古时候的天德厚，而现在的天德薄，谴告的说法产生于现在，是人们以自己的心理来推论天的缘故。诅、誓在五帝时是没有的，强迫订盟在三王时代是没有的，交换儿子作人质的做法在五霸时期是没有的。道德愈不高尚的人就愈不讲信用。心怀阴险而行为不正的人，就会违犯盟约，违背教令。教令、盟约行不通，就相互谴告。谴告后又不改正，就发兵相互消灭。由此说来，谴告的说法，是在衰乱时代出现的，反而认为谴告是天有意识做的，这就是谴责告诫之说为什么值得怀疑的原因。

　　且凡言谴告者，以人道验之也①。人道，君谴告臣，上天谴告君也，谓灾异为谴告。夫人道，臣亦有谏君，以灾异为谴告，而王者亦当时有谏上天之义②，其效何在？苟谓天德优③，人不能谏，优德亦宜玄默④，不当谴告。万石君子有过⑤，不言，对案不食⑥，至优之验也⑦。夫人之优者犹能不言，皇天德大，而乃谓之谴告乎！夫天无为，故不言。灾变时至，气自为之。夫天地不能为，亦不能知也。腹中有寒，腹中疾痛，人不使也，气自为之。夫天地之间，犹人背腹之中也，谓天为灾变，凡诸怪异之类，无小大薄厚，皆天所为乎？牛生马，桃生李，如论者之言，天神入牛腹中为马，把李实提桃间乎⑧？牢曰⑨：“子云：‘吾不试⑩，故艺。’”又曰：“吾少也贱，故多能鄙事⑪。”人之贱不用于大者，类多伎能⑫。

天尊贵高大,安能撰为灾变以谴告人⑬!且吉凶蜚色见于面⑭,人不能为,色自发也。天地犹人身,气变犹蜚色。人不能为蜚色,天地安能为气变!然则气变之见,殆自然也。变自见,色自发,占候之家因以言也⑮。

【注释】

①人道:人世间的道理。

②而:则,那么。义:合理的行为。

③苟:如果。

④玄默:沉默。

⑤万石君(?—前124):即石奋,西汉人。"万石君"是景帝给他的称号,因为他和四个儿子都做过二千石的官,因此称他为"万石君"。过:过失,错误。

⑥案:木制的盛食物的矮脚托盘。

⑦至优之验也:上事参见《史记·万石张叔列传》。

⑧把:握,拿着。

⑨牢:子牢,孔子学生。

⑩试:被任用为官。

⑪鄙事:指一般百姓所从事的职业。以上两处引文参见《论语·子罕》。

⑫类:大都,一般。伎:指其他各种技艺。

⑬撰:制造。

⑭蜚(fēi)色:指脸部突然出现的气色。蜚,通"飞"。此指突然出现。

⑮占候之家:以看天象变化来预测吉凶的人。

【译文】

况且,凡是宣扬谴告之说的人,都是用人世间的道理来验证的。依照人世间的道理，君主可以谴告臣下，上天便可以谴告君主，并且说灾异就是谴告。依照人世间的道理，臣下也有劝谏君主的，把灾异看作谴告，那么君主也应当时常有劝谏上天的这种合理行为了，它的表现又在哪里呢？如果认为天的道德异常高尚，人不可能劝谏它，那么具有高尚道德的天也应当是沉默的，不应该谴告人类。万石君的子孙有了过错，他并不说话，只是对着食盘不吃饭，这便是道德极高尚的证明。道德极高尚的人，都能沉默不语，皇天的道德至高无比，而竟认为它会谴告人吗！天本来是无为的，所以不言语。灾变时常到来，是气自然形成的。天地不能造出灾变，也不能知道灾变的发生。腹中有了寒气，腹中就会患病疼痛，不是人使它疼痛的，是气自然使它疼痛的。天地之间，如同人的背腹之中一样，认为天有意造成灾变，凡是各种怪异的东西，不管大小厚薄，都是天有意造成的吗？牛生马和桃生李这些怪事，按照谴告论者的说法，难道是天神钻入牛肚子里造出马来，把李子放到桃树中的吗？子牢说："孔子说过：'我没有被任用做官，所以懂得一些技艺。'"孔子又说："我小时候由于贫穷卑贱，所以学会了许多卑贱的技艺。"地位低贱不被重用的人，一般都有很多技能。天如此尊贵高大，怎么能选择造成灾异来谴告人类的做法呢？况且人遇到吉事或凶事，预示吉凶的颜色突然出现在面部，这不是人为的，是颜色自己出现的。天地如同人的身体一样，气形成的灾变就同面部突然出现的颜色一样。人不能有意使脸变色，天地怎么能有意使气形成灾变呢？那么气形成的灾变的出现，大约是自然而然的变化了。灾变突然自己出现，脸色突然自己变化，占候之家就借此来预言吉凶。

　　夫寒温、谴告、变动、招致，四疑皆已论矣^①。谴告于天道尤诡^②，故重论之，论之所以难别也^③。说合于人事，不入于道意^④。从道不随事，虽违儒家之说，合黄、老之义也。

【注释】

①四疑皆已论矣：王充针对汉儒所说的寒温、谴告、变动、招致这四种说法，分别写了《寒温篇》《谴告篇》《变动篇》《招致篇》四篇文章进行驳斥。其中《招致篇》已佚。四疑，四个方面的疑问。论，论述。

②诡：违背。

③难：责难。别：辨别。

④入：符合。

【译文】

关于寒温、谴告、变动、招致，四个方面的疑问都已经论述了。谴告说违背自然之道最远，所以再次对它进行论述，评论它是为了进一步责难它，辨析它。谴告说符合于人世间的事情，却不符合自然的道理。服从自然的道理，不迁就人世间的事情，虽然违反了儒家的学说，但它符合黄、老的理论。

感类篇第五十五

【题解】

"感类"是对同类事物有所感触的意思，指人们由于碰到客观出现的事物就会产生与此相关的联想。在本篇中，王充围绕汤时遭旱，"汤自责，天应以雨"和成王狐疑于下葬周公时所应用的礼节，因而"天大雷雨，动怒示变"的说法，对感类之说展开了讨论。王充认为天是无意识，无目的的。"天道无为"，自然灾变的出现，是因为阴阳之气不协调所造成的，是一种客观的自然现象，"旱不为汤至，雨不应自责""千秋万夏，不绝雷雨"。如果"雷为天怒，雨为恩施"，那么天怒成王不以天子之礼下葬周公，就应该只打雷不下雨，可是却"今雨俱至，天怒且喜乎"？并且"圣人与天地同德"，周公不会会认同违背礼制的行为，上天难道反而会命令成王违反礼制吗？并且自然灾变如果是上天的谴告，那么被谴告的人还未觉悟，灾变就不该消除，可是"今天怒为雷雨，以责成王，成王未觉，雷雨之息，何其早也"？可见儒生宣扬的灾异谴告之说是不足信的。

王充认为君主之所以对自然灾变感到恐惧，这和"以见鸟迹而知为书，见蜚蓬而知为车"，"华臣自杀华吴而左师惧，国人自逐瘈狗而华臣自走"一样，是人对于客观事物产生的主观反映，与上天无关。

阴阳不和^①，灾变发起^②，或时先世遗咎^③，或时气自然。

贤圣感类④，慊惧自思⑤，灾变恶征，何为至乎？引过自责⑥，恐有罪，畏慎恐惧之意，未必有其实事也。何以明之⑦？以汤遭旱自责以五过也⑧。圣人纯完⑨，行无缺失矣⑩，何自责有五过？然如《书》曰："汤自责，天应以雨⑪。"汤本无过，以五过自责，天何故雨？以无过致旱，亦知自责不能得雨也。由此言之，旱不为汤至，雨不应自责。然而前旱后雨者，自然之气也。此言⑫，《书》之语也。

【注释】

①阴阳：指阴气和阳气。

②灾变：因自然现象反常而引起的灾害。灾，灾害。变，变异，不正常现象。发起：产生。

③或时：或许。先世：前代。咎（jiù）：凶祸。

④感类：对同类的事物有所感触，即由客观出现的事物，联想到与此同类或有关的事物。感，感触。类，指同类的事物。

⑤慊（xián）：嫌疑。思：思量。

⑥引过：把过失归到自己头上。

⑦明：证明。

⑧汤遭旱自责以五过：传说成汤时连年大旱，成汤便把自己的头发剪掉，手足捆绑起来，当作祭天的牺牲，自责有五大过失，但据《荀子·大略篇》记载，实际上是自责以六过，分别是"政不节与？使民疾与？宫室荣与？妇谒盛与？苞苴行与？谗夫兴与？"成汤以此六过自责之后，天立即就下起了雨。汤，成汤，商朝开国君主。

⑨纯：德行纯正。完：完美。

⑩缺：缺点。失：过失。

⑪应:应和。引文不见于今本《尚书》,当为佚文。

⑫此言:指上文的"汤自责,天应以雨"。

【译文】

阴阳二气不调和,灾变就会发生,或许是前代遗留下来的凶祸,或许是由于灾气自然而然形成的。贤人圣人对与灾变同类的事物有所感触,心怀疑惧而自我反思,灾变这种凶兆,是因为什么而出现的呢?于是归过于自己,同时自我责备,害怕自己有罪过,这是一种戒慎恐惧的心理,自己并不一定真有那样的罪过。用什么来证明这一点呢?用成汤遭受大旱灾,用五大过失自责这件事来证明。圣人的道德纯粹完美,行为没有丝毫缺点和过失,为什么要用五大过失来自责呢?然而《尚书》记载:"成汤责备自己,上天便下雨来应和。"成汤本来没有过失,却用五大过失自责,天为什么要下雨呢?因为没有过失而招致旱灾,那么也应当知道自责过失并不能求得上天下雨。由此说来,旱灾并不是因为成汤犯了过失而出现的,雨也不是应成汤自责过失而降下的。然而先遭旱灾而后又下雨,是由于自然之气不和谐造成的。"汤自责,天应以雨"的说法,不过是《尚书》里的一句话罢了。

难之曰①:"《春秋》大雩②,董仲舒设土龙③,皆为一时间也④。一时不雨,恐惧雩祭,求阴请福,忧念百姓也。汤遭旱七年,以五过自责,谓何时也?夫遭旱一时,辄自责乎?旱至七年,乃自责也?谓一时辄自责,七年乃雨,天应之诚,何其留也⑤?始谓七年乃自责⑥,忧念百姓,何其迟也?不合雩祭之法,不厌忧民之义⑦。《书》之言,未可信也。"

【注释】

①难之曰:以下是王充对于"汤自责,天应以雨"之说的责难。难,

　　责难。

②雩（yú）：古代求雨的祭祀。

③董仲舒设土龙：参见《乱龙篇》。

④一时间：短时间之内。

⑤留：滞留，迟缓。

⑥始：据文意，疑为"如"字之讹，形近而误。

⑦厌：符合。

【译文】

　　现在对这种说法提出责难："《春秋》上记载的雩祭，董仲舒设土龙来求雨，都是为了一时出现的旱灾。一时不下雨，君王心里就恐惧而举行雩祭，用以求雨并祈求福祐，这是君王为百姓担忧啊。成汤时遭受七年的大旱，用五大过失来自责，指的是在什么时候呢？是一遇到旱灾就自责过失呢？还是大旱了七年之后，才开始自责过失呢？如果说成汤一遇到旱灾就自责过失，七年后天才下雨，上天应他的诚意，为什么会这样迟缓呢？如果说大旱了七年成汤才自责过失，那么成汤担忧百姓的心，为什么产生得这样晚呢？这记载既不符合雩祭的规定，又不符合君王为百姓担忧的道理。《尚书》上的话，是不可全信的。"

　　由此论之，周成王之雷风发①，亦此类也。《金縢》曰②："秋大熟未获③。天大雷电以风④，禾尽偃⑤，大木斯拔⑥，邦人大恐⑦。"当此之时，周公死。儒者说之⑧，以为成王狐疑于周公⑨。欲以天子礼葬公，公人臣也；欲以人臣礼葬公，公有王功⑩。狐疑于葬周公之间，天大雷雨，动怒示变，以彰圣功⑪。古文家以武王崩⑫，周公居摄⑬，管、蔡流言⑭，王意狐疑周公，周公奔楚⑮，故天雷雨，以悟成王。

【注释】

①周成王:周武王之子。

②《金縢》:《尚书》中的一篇。

③获:收割。

④电:据下文"天大雷雨",疑当作"雨"字。以:和。

⑤偃(yǎn):倒伏。

⑥斯:尽。

⑦邦人:即"国人"。

⑧儒者:根据下文,此处指今文经学家。说:解释。

⑨以为成王狐疑于周公:据下文"狐疑于葬周公之间",疑本句"周"字前脱一"葬"字。狐疑,犹豫不决。

⑩王功:指在创立与巩固西周王朝过程中所建立的功绩。功,功绩。

⑪彰:明,显示。圣:指周公。

⑫古文家:指古文经学家。崩:古代称皇帝、皇后死为"崩"。

⑬居摄:代君主执掌政权。摄,代理。

⑭管、蔡流言:周公代成王居摄时,管、蔡二人散布流言,说周公要篡权,同时二人勾结纣王的儿子武庚叛乱,最终被周公镇压。管,管叔鲜,周武王之弟。蔡,蔡叔度,周武王之弟。

⑮奔:出奔,逃亡。楚:西周初楚国,在今湖北西部。上事参见《史记·鲁周公世家》。

【译文】

据上述情况来推论,周成王时雷雨狂风暴发,也应当与成汤时的旱灾是一类的事件。《尚书·金縢》记载:"秋天庄稼成熟还没有收割。天上雷雨大作,同时刮起了大风,吹得庄稼都倒伏了,大树全都被连根拔起,国人大为惊恐。"这些灾难正好发生在周公去世的时候。今文家解释这件事,认为是因为周成王在用什么礼节葬周公的问题上犹豫不决引起的。周成王想以天子之礼葬周公,可周公只是臣子;想以臣子之礼葬周公，但周公又有王者之功。成王犹豫在用什么礼节葬周公的时候，上天就降下大雷雨，以灾变来表示上天动怒，以此来彰显周公的功绩。古文家则解释为武王死后，周公代成王执政，管叔、蔡叔散布流言，导致成王内心怀疑周公，周公因此出奔到楚国，所以上天降下雷雨，以使成王醒悟过来。

　　夫一雷一雨之变^①，或以为葬疑，或以为信谗，二家未可审^②，且订葬疑之说^③。秋夏之际，阳气尚盛，未尝无雷雨也，顾其拔木偃禾^④，颇为状耳^⑤。当雷雨时，成王感惧，开金縢之书^⑥，见周公之功，执书泣过，自责之深。自责适已^⑦，天偶反风，《书》家则谓天为周公怒也^⑧。千秋万夏，不绝雷雨，苟谓雷雨为天怒乎？是则皇天岁岁怒也^⑨。正月阳气发泄^⑩，雷声始动，秋夏阳至极而雷折^⑪。苟谓秋夏之雷为天大怒，正月之雷天小怒乎？雷为天怒，雨为恩施。使天为周公怒，徒当雷，不当雨。今雨俱至^⑫，天怒且喜乎？"子于是日也，哭则不歌。"^⑬《周礼》"子、卯稷食菜羹"^⑭，哀乐不并行。哀乐不并行，喜怒反并至乎？

【注释】

①一：同一。

②二家：指今文家与古文家。审：清楚。

③且：姑且。订：考订，评议。

④顾：只是。

⑤颇：稍微，略。状：貌，指特殊的样子。

⑥金縢（téng）之书：传说周武王病重，周公向祖先祈祷，说自己比

武王更多才多艺，能更好地侍奉祖先，请求代替武王去死，并把祷文放在用铜封固的匣子里，叫金縢之书。縢，缄，封固。

⑦适：恰好。已：停止，完毕。

⑧《书》家：研习、解释《尚书》的儒生。

⑨皇：大。

⑩正月：夏历正月，这里指初春。

⑪折：断。

⑫今雨俱至：据文意，疑本句"雨"字前脱一"雷"字。

⑬"子于是日也"二句：引文见《论语·述而》。子，指孔子。也，句中表示停顿的语气词。

⑭子、卯稷食菜羹：传说夏桀死于乙卯日，商纣死于甲子日，所以周朝的君主每逢子日和卯日只吃稷米饭和菜汤，不吃荤食，表示戒惧，警惕自己不要重蹈亡国的覆辙。子、卯，古代用子、丑、寅、卯十二地支计日，子、卯指逢到子和卯的日子。稷，粟，谷子。引文不见于今本《周礼》，参见《礼记·玉藻》。

【译文】

　　这雷雨俱至的灾变，今文家认为是由于成王在葬周公时犹豫于所应用的礼而引起的，古文家认为是成王听信了谗言引起的，两家的说法谁是谁非还弄不清楚，姑且先考订一下今文家的说法。秋夏时节，阳气还很旺盛，未必没有雷雨发生，只是这次能拔起大树，使庄稼倒伏，稍微有一点特殊罢了。正当雷雨大作的时候，成王感到恐惧，开启了金縢中的册书，了解到周公的功绩，手捧周公的册书，一边哭泣一边自责过失，表现得极为深刻。成王刚结束自责，天正好刮起相反方向的风，解释《尚书》的人就认为上天是为周公的事而发怒了。千万个秋天与夏天，雷雨从未断绝过，难道能认为所有的雷雨都是上天发怒的表现吗？这样的话，那么皇天年年都在发怒了。正月阳气开始散发，开始出现雷声，到秋夏时节，阳气旺盛到极点，所以雷电能够击断树木。如果说秋夏时节的雷是天大怒的表现的话，那么正月的雷是天小怒的表现吗？如果说雷是天发怒的表现，那么下雨就是天施恩的表现。假如天为周公发怒，只应当打雷，不应当下雨。现今雷雨一齐来，难道上天是在发怒的同时又欢喜吗？"孔子在吊丧的这天哭泣过，这天就不再唱歌了。"《周礼》上说"每逢子日、卯日，周朝的君臣就只吃稷米饭和菜汤"，这表明哀伤和欢乐的心情是不能同时产生的。既然哀伤和欢乐的心情是不能同时产生，那么上天喜和怒的心情反而能同时产生吗？

　　秦始皇帝东封岱岳①，雷雨暴至②。刘媪息大泽③，雷雨晦冥④。始皇无道，自同前圣，治乱自谓太平，天怒可也。刘媪息大泽，梦与神遇，是生高祖⑤，何怒于生圣人而为雷雨乎？尧时大风为害，尧激大风于青丘之野⑥。舜入大麓，烈风雷雨⑦。尧、舜世之隆主⑧，何过于天，天为风雨也？大旱，《春秋》雩祭，又董仲舒设土龙，以类招气⑨。如天应雩、龙，必为雷雨。何则？秋夏之雨，与雷俱也。必从《春秋》、仲舒之术，则大雩、龙，求怒天乎？师旷奏《白雪》之曲⑩，雷电下击；鼓《清角》之音⑪，风雨暴至⑫。苟为雷雨为天怒⑬，天何憎于《白雪》《清角》，而怒师旷为之乎？此雷雨之难也。

【注释】

①封岱岳：即封禅，登泰山祭天。岱岳，泰山。

②雷雨暴至：上事参见《史记·秦始皇本纪》。

③刘媪（ǎo）：指刘邦的母亲。媪，对老年妇女的称呼。息：休息。

④晦冥：昏暗。上事参见《史记·高祖本纪》。

⑤是：于是。

⑥激：疑为"缴"字之讹，形近而误。《淮南子·本经训》作"缴"。

缴(zhuó),系在箭上的绳子,这里是射的意思。大风:这里指风
伯,传说中主管风的神。青丘:传说中的古地名。上事参见《淮
南子·本经训》。

⑦"舜入大麓"二句:传说尧准备禅位于舜,于是让舜去深山老林接
受考验。舜遇到烈风雷雨而不迷路。大麓,指深山老林。麓,山
脚。上事参见《尚书·尧典》。

⑧隆:盛,这里指道德非常高尚。

⑨以类招气:指利用以类相招的原则,用土龙招来阴气。

⑩师旷:春秋时晋国的乐师。《白雪》之曲:古乐曲名。

⑪《清角》:古乐曲名。

⑫风雨暴至:上事参见《感虚篇》《纪妖篇》。

⑬苟为雷雨为天怒:第一个"为",通"谓",认为。

【译文】

秦始皇登泰山筑坛祭天,雷雨突然袭来。刘媪在大泽休息,雷雨交
加,天色昏暗。秦始皇是无道之君,却自比前世的圣人,国家动乱却自
认为太平,上天为此发怒还可以说得过去。刘媪在大泽中休息,梦中与
神人交合,于是生下了高祖,为什么上天对于圣人降生也要发怒而降下
雷雨呢?尧的时候大风造成了许多灾害,于是尧在青丘的郊外射杀了风
伯。舜进入深山老林,也遇到了狂风雷雨。尧和舜都是世间道德高尚的
君王,对上天有什么过错,上天要对他们降下狂风暴雨呢?天下大旱,
《春秋》上记载鲁国举行雩祭,又有董仲舒设置土龙,想通过同类相招的
理论原理求来云雨之气。如果上天应和雩祭和土龙,必定会降下雷雨。
为什么呢?秋夏时节的雨,是与雷同时出现的。假若听从《春秋》和董
仲舒的主张,那么举行雩祭和设置土龙,难道是以求激怒上天吗?师旷
演奏《白雪》之曲,雷电轰鸣;演奏《清角》之曲,风雨突然来到。如果认
为降下雷雨是上天在发怒,那么上天为什么憎恨《白雪》《清角》两曲,
而恼怒师旷演奏它们呢?这就是我对雷雨是上天发怒的表现这一说法

的责难。

又问之曰^①："成王不以天子礼葬周公，天为雷风，偃禾拔木。成王觉悟，执书泣过，天乃反风^②，偃禾复起^③，何不为疾反风以立大木^④，必须国人起筑之乎^⑤？"应曰："天不能。"曰："然则天有所不能乎？"应曰："然。"难曰："孟贲推人^⑥，人仆^⑦；接人而起^⑧，接人立^⑨。天能拔木，不能复起，是则天力不如孟贲也。秦时三山亡，犹谓天所徙也。夫木之轻重，孰与三山？能徙三山，不能起大木，非天用力宜也^⑩。如谓三山非天所亡，然则雷雨独天所为乎？"问曰^⑪："天之欲令成王以天子之礼葬周公，以公有圣德，以公有王功。经曰^⑫：'王乃得周公所自以为功代武王之说^⑬。'今天动威，以彰周公之德也。"

【注释】

①又问之曰：本篇从这里开始用一问一答的方式进行，发问的人是王充，回答的人是主张天人感应的儒生。

②反风：向相反的方向刮风。

③复：再，重新。

④疾：急，猛烈。

⑤国人起筑之：据《尚书·金縢》记载，当时被刮倒的树木是命令老百姓扶起来并用土堆筑结实的。

⑥孟贲（bēn）：古代传说中的大力士。

⑦仆：跌倒。

⑧接：扶持。

⑨接人立：被扶的人就站住了。

⑩非天用力宜也：据文意，疑本句"宜"字前脱一"之"字。宜，合理。

⑪问：据文意，疑当作"应"字。

⑫经：此处指《尚书》。

⑬所：底本作"死"，递修本作"所"，据改。自以为功代武王：自认为比武王多才多艺，能更好地侍奉祖先，情愿代替武王去死。功，功夫，本事。

【译文】

又对此发出责问："周成王不用天子之礼安葬周公，上天就降下雷风，吹倒庄稼拔起大树。待到成王觉悟，捧着周公的册书哭泣着自责过失，于是天就刮起相反方向的风，倒伏的庄稼又重新立起来，那么为什么不猛烈地刮起反方向的风而将大树重新立起，必须要百姓去扶起来并用土筑实大树呢？"回答说："天不能做到这一点。"问："那么天也有不能做到的事吗？"回答说："是的。"责难说："孟贲推人，人就会跌倒；扶人起来，被扶的人就站立起来了。天能拔起大树，却不能重新扶起大树，这样的话天的力量就不如孟贲了。秦时有三座山消失了，儒生还说是天搬走的。树木和三座山相比，谁轻谁重呢？能搬走三座山，不能扶起大树，这不符合上天用力的道理。如果认为三座山不是上天搬掉的，然而雷雨单单是上天降下的吗？"回答说："上天想叫周成王用天子之礼安葬周公，因为周公有圣人之德，因为周公有王者之功。《尚书》中说：'周成王这才看到了周公自认为比武王有才艺并愿替武王去死的祝词。'现在上天动了威怒，以彰显周公的功德。"

难之曰："伊尹相汤伐夏①，为民兴利除害，致天下太平。汤死，复相大甲②。大甲佚豫③，放之桐宫④，摄政三年，乃退复位⑤。周公曰：'伊尹格于皇天⑥。'天所宜彰也。伊尹死时，天何以不为雷雨？"应曰："以《百两篇》曰⑦：'伊尹死,大雾三日。'"大雾三日,乱气矣⑧,非天怒之变也。东海张霸造《百两篇》⑨,其言虽未可信,且假以问:"天为雷雨以悟成王,成王未开金匮雷止乎⑩? 已开金匮雷雨乃止也?"应曰:"未开金匮雷止也。开匮得书,见公之功,觉悟泣过,决以天子礼葬公。出郊观变⑪,天止雨反风,禾尽起。"由此言之,成王未觉悟,雷雨止矣。难曰:"伊尹⑫,雾三日。天何不三日雷雨,须成王觉悟乃止乎⑬? 太戊之时⑭,桑穀生朝⑮,七日大拱⑯。太戊思政,桑穀消亡⑰。宋景公时⑱,荧守心⑲,出三善言⑳,荧惑徙舍㉑。使太戊不思政,景公无三善言,桑穀不消,荧惑不徙。何则? 灾变所以谴告也,所谴告未觉,灾变不除,天之至意也。今天怒为雷雨,以责成王,成王未觉,雨雷之息,何其早也?"

【注释】

①相:辅佐。

②复:又。大甲:也作"太甲",成汤的孙子。

③佚(yì)豫:犹佚乐。佚,安乐,安逸。豫,安乐,顺适。

④桐宫:商代桐地的宫室,相传为汤葬地,伊尹曾放太甲于此。故址在今河北临漳。

⑤复位:指恢复太甲的王位。上事参见《史记·殷本纪》。

⑥格:通,达。引文参见《尚书·君奭》。

⑦《百两篇》:指一百零二篇本《尚书》,是西汉人张霸分散二十九篇《尚书》为一百篇,并加入《书序》与《左传》编写出来的。

⑧气:指阴气和阳气。

⑨东海:东海郡。秦置,治所在郯县(今山东郯城北)。

⑩成王未开金匮雷止乎：据上文"天为雷雨"，疑本句"雷"字后脱一"雨"字。金匮，指周公装祷文并用铜封固的匣子。

⑪郊：古代帝王到南郊祭天称"郊"。

⑫伊尹：据上文"伊尹死，大雾三日"，疑本句"尹"字后脱一"死"字。

⑬须：等待。

⑭太戊：商代的君主。

⑮穀（gǔ）：构树，也叫楮树。朝：朝廷。

⑯拱：两手合围。

⑰"太戊思政"二句：据说"桑穀生朝"在当时被认为是灾异，太戊因此反省并履行圣王之政，这种灾异便自己消除了。

⑱宋景公：春秋时宋国君主。

⑲荧守心：据文意，疑本句"荧"字后脱一"惑"字。荧惑守心，古代认为火星靠近心宿是一种凶兆，象征着地上与心宿相对应的国家要遭受灾祸。荧惑，火星。守，迫近，侵犯。心，心宿，二十八宿之一。

⑳三善言：三句良善的话。

㉑荧惑徙舍：据说因为宋景公"出三善言"，火星就离开了心宿，宋国就因此避开了灾难。舍，星次，这里指荧惑星的位置。

【译文】

对此说法责难道："伊尹辅佐成汤讨伐夏桀，为百姓兴利除害，使天下太平。成汤死后，又辅佐太甲。太甲游乐无度，伊尹将他放逐到桐宫，代他执政三年，才退下恢复太甲的王位。周公说：'伊尹的功德能够通达上天。'上天也应当彰显他的功德。然而伊尹死的时候，上天为什么不降下雷雨呢？"回答说："依据《百两篇》上说的'伊尹死的时候，天大雾了三天。'"大雾三天，是阴阳之气错乱造成的，并不是上天发怒显示出来的灾变。东海郡的张霸伪造《百两篇》，书中的话虽然不可信，姑且借他的说法来提出问难："天降下雷雨以使成王觉悟，是成王还未打开金匮雷雨就停止了呢？还是已经打开了金匮雷雨才停止的呢？"回答说："还未打开金匮雷雨就停止了。打开金匮，得到册书，了解了周公的功绩，觉悟过来而哭泣悔过，决心用天子之礼来安葬周公。之后到南郊祭天观察灾变，上天止住了雨刮起了相反方向的风，倒伏的庄稼全都立起来了。"据此说来，成王尚未觉悟，雷雨就停止了。责难说："伊尹死的时候，天大雾了三天。上天为什么不降三天的雷雨，直到成王觉悟后才停止呢？太戊的时候，桑树、穀树生长在朝廷上，七天就长到一抱粗。太戊反省自责并实行圣王之政，桑树、穀树就消失了。宋景公的时候，荧惑迫近心宿，景公说了三句良善的话，荧惑就离开了心宿所在的位置。假如太戊不反思并实行圣王之政，宋景公没有讲出三句良善的话，桑树、穀树就不会消失，荧惑星就不离开心宿。为什么呢？因为灾变是上天用来谴告人的，被谴告的人还没有觉悟，灾变是不会消除的，这是上天最深刻的用意。现今上天既然发怒而降下雷雨，以此谴告成王，成王尚未醒悟，雨雷便已停息，雷雨为什么停息地这样早呢？"

又问曰："礼，诸侯之子称公子，诸侯之孙称公孙，皆食采地①，殊之众庶②。何则？公子公孙，亲而又尊，得体公称③，又食采地，名实相副④，犹文质相称也⑤。天彰周公之功，令成王以天子礼葬，何不令成王号周公以周王，副天子之礼乎？"应曰："王者，名之尊号也，人臣不得名也。"难曰："人臣犹得名王⑥，礼乎？武王伐纣，下车追王大王、王季、文王⑦。三人者，诸侯，亦人臣也，以王号加之。何为独可于三王，不可于周公？天意欲彰周公，岂能明乎？岂以王迹起于三人哉⑧？然而王功亦成于周公。江起岷山⑨，流为涛濑⑩。相涛濑之流⑪，孰与初起之源？秬鬯之所为到⑫，白雉之所为来⑬，三王乎？周公也？周公功德盛于三王，不加王号,岂天恶人妄称之哉?周衰,六国称王^⑭,齐、秦更为帝^⑮,当时天无禁怒之变^⑯。周公不以天子礼葬,天为雷雨以责成王,何天之好恶不纯一乎^⑰?"

【注释】

①采地:封地。

②殊:区别。众庶:百姓。

③体:接纳,享有。

④副:符合。

⑤文:文采,这里指表现出来的东西。质:质地,本质,这里指内在的东西。

⑥名王:以王为名号。

⑦下车:一下了战车,指战争刚刚结束。大王:指古公亶父。王季:指王季历。文王:指周文王。

⑧王迹:王业。

⑨江:长江。岷山:岷山山脉,绵延于四川、甘肃两省边界,古人认为长江就起源于岷山。

⑩涛濑(lài):波涛与急流。涛,波涛。濑,急流。

⑪相(xiàng):察看。

⑫秬鬯(jù chàng):这里指酿造祭祀用酒的两种原料。秬,黑黍。鬯,鬯草,指郁金草。

⑬白雉(zhì):白色的野鸡。传说周公摄政时,南方的越裳献来白雉,东方倭人上贡鬯草。雉,野鸡。

⑭六国:指齐、楚、燕、韩、赵、魏。这里指战国时期。

⑮齐、秦更为帝:前288年,齐湣王称东帝,秦昭襄王称西帝。更,轮番,交相。为,称。

⑯禁:禁止。

⑰纯一：纯粹专一。一，专一。

【译文】

又发问说："按周朝礼制，诸侯的儿子称为公子，诸侯的孙子称为公孙，他们都享有封地，不同于百姓。为什么呢？公子公孙，是诸侯的亲属，因而地位尊贵，并且能够享有'公'的称号，同时又享有封地，名称与实际相符合，如同表里相配适一样。上天彰显周公的功绩，让成王用天子之礼安葬周公，为什么不让成王封周公以周王的称号，以符合安葬时所用的天子之礼呢？"回答说："王，是名号中最尊贵的，臣子不能以王为号。"责难说："人臣也有称王的，这符合礼吗？周武王讨伐纣王，战争刚一结束，就追尊他的先人为大王、王季、文王。这三个人，是诸侯，也是王的臣子，却用王号加封他们。为什么只有三王可以加封王号，周公又不可以呢？上天想彰显周公的功德，难道这样就能彰显出来吗？难道是因为周朝王业开创于他们三个人吗？然而周朝的王业也是由周公成就的。长江发源于岷山，逐渐发展为波涛汹涌的大江。察看波涛汹涌的大江，与发源处的细流相比，哪一个重要呢？秬鬯之所以贡到，白雉之所以献来，是由于三王的功德呢？还是由于周公的功德呢？周公的功德比三王要大，但没有加封王号，难道是由于上天憎恶人们随便称王的缘故吗？周朝衰败，六国相继称王，齐国、秦国甚至称为帝，当时上天并没有显示出要禁止他们而发怒的灾变。成王不用天子之礼安葬周公，上天却降下雷雨用以谴责成王，为什么上天的好恶如此得不纯粹专一呢？"

又问曰："鲁季孙赐曾子箦①，曾子病而寝之。童子曰②：'华而睆者③，大夫之箦④。'而曾子感惭，命元易箦⑤。盖礼⑥，大夫之箦，士不得寝也。今周公，人臣也，以天子礼葬，魂而有灵⑦，将安之不也⑧？"应曰："成王所为，天之所予，何为不安？"难曰："季孙所赐大夫之箦，岂曾子之所自制乎？何独不安乎⑨？子疾病⑩，子路遣门人为臣⑪。病间⑫，曰：'久矣哉，由之行诈也⑬！无臣而为有臣⑭，吾谁欺？欺天乎⑮？'孔子罪子路者也⑯。己非人君⑰，子路使门人为臣，非天之心，而妄为之，是欺天也。周公亦非天子也，以孔子之心况周公⑱，周公必不安也。季氏旅于太山⑲，孔子曰：'曾谓泰山不如林放乎⑳？'以曾子之细㉑，犹却非礼㉒，周公至圣，岂安天子之葬？曾谓周公不如曾子乎？由此原之㉓，周公不安也。大人与天地合德㉔，周公不安，天亦不安，何故为雷雨以责成王乎？"

【注释】

①季孙：季孙氏，鲁国大夫。曾子：曾参，孔子学生。箦（zé）：竹席。

②童子：侍童。

③华：华丽。睆（huǎn）：美好，漂亮。

④大夫之箦：大夫等级的人才能使用的席子。周朝，大夫的地位比士高一个等级，按礼的规定，士是不能够使用大夫用的东西的。

⑤命元易箦：据《礼记·檀弓上》记载，曾参听到童子的话以后，立马就叫曾元换席子，但是刚换好还没躺下，曾参就死了。元，曾元，曾子的儿子。易，更换。

⑥盖：发语词。

⑦而：如果。

⑧不（fǒu）：同"否"。

⑨独：偏偏。

⑩子：指孔子。

⑪子路遣门人为臣：按周代礼制，只有大夫才能有家臣。孔子当时已经不是大夫，没有家臣，子路叫门人当孔子的家臣，是准备以大

夫之礼安葬他。子路（前542—前480），孔子弟子。臣，家臣。

⑫病间：指病情转轻。间，间隙。

⑬由：仲由，子路的字。

⑭为：通"伪"，假装。

⑮欺天乎：上事参见《论语·子罕》。

⑯罪：责备。

⑰人君：统治者的通称，这里指大夫。

⑱况：比照，推断。

⑲季氏：指季康子。旅：古代祭山称"旅"。太山：即泰山。

⑳曾谓泰山不如林放乎：根据周朝礼制，只有天子与诸侯才有资格祭祀山川，季孙氏为大夫，所以孔子对此加以讽刺，说季孙氏居然认为泰山之神还不如林放知礼。曾，竟。谓，以为。林放（前552—前480），鲁国人，曾向孔子问礼。上事参见《论语·八佾》。

㉑细：指地位低下。

㉒却：拒绝。

㉓原：推究。

㉔大人与天地合德：指圣人的德行与上天相一致。大人，这里指圣贤。合德，德行一致。参见《周易·乾卦·文言》。

【译文】

又发问说："鲁国季孙氏赠给曾子一张席子，曾子病了就睡在这张席子上。侍童说：'华丽漂亮的席子，是大夫才能享用的。'曾子听后感到惭愧，叫曾元将这张席子撤换掉。按礼制，大夫专用的席子，士是不能使用的。而今周公，只是臣子，用天子的礼节安葬他，他的魂魄如果有知，他会感到安心还是会不安呢？"回答说："成王这样做，是上天授意的，为什么会感到不安呢？"责难说："季孙氏赠给曾子大夫才能使用的席子，难道席子是曾子自己制造的吗？为什么曾子偏偏会感到不安呢？孔子病重，子路派门人充当孔子的家臣。孔子病好转后说：'很久了啊，仲由

干这种弄虚作假的事！我本来没有家臣，却硬装作有家臣，我是在欺骗
谁呢？欺骗上天吗？'孔子这段话是责备子路的。自己不是大夫，子路派
门人充当家臣，这不合天的心意，随便这样做，是欺骗上天。周公也不是
天子，用孔子的心意揣测周公，周公一定会感到不安。季孙氏祭祀泰山，
孔子说：'季氏竟然认为泰山之神还不如林放知礼啊！'以曾子这样地位
低微的人，尚且拒绝做违背礼制的事，周公是大圣人，怎么能够安心于成
王用天子之礼来安葬自己呢？难道认为周公不如曾子吗？据此推究这
件事，周公心里会感到不安的。圣人的德行与天地完全一致，周公感到不
安，上天也会感到不安，为什么要故意降下雷雨来谴责成王呢？"

　　又问曰："'死生有命，富贵在天①。'武王之命，何可代
乎？"应曰："九龄之梦②，天夺文王年以益武王③。克殷二
年之时④，九龄之年未尽，武王不豫⑤，则请之矣。人命不可
请，独武王可。非世常法，故藏于金縢；不可复为，故掩而不
见。"难曰："九龄之梦，武王已得文王之年未⑥？"应曰："已
得之矣。"难曰："已得文王之年，命当自延。克殷二年，虽
病，犹将不死，周公何为请而代之？"应曰："人君爵人以官，
议定，未之即与⑦，曹下案目⑧，然后可诺。天虽夺文王年以
益武王，犹须周公请，乃能得之。命数精微⑨，非一卧之梦所
能得也。"难曰⑩："九龄之梦，文王梦与武王九龄，武王梦帝
予其九龄，其天已予之矣⑪，武王已得之矣，何须复请？人且
得官⑫，先梦得爵⑬，其后莫举⑭，犹自得官⑮。何则？兆象先
见，其验必至也。古者谓年为龄，已得九龄，犹人梦得爵也。
周公因必效之梦⑯，请之于天，功安能大乎？"

【注释】

①"又问曰"几句：参见《论语·颜渊》。

②九龄之梦：指武王做了上天增加他九年寿命的梦。参见《礼记·文王世子》。

③益：增加。

④克殷二年之时：指推翻殷朝后的第二年。传说武王病重，《金縢》所说的周公欲代武王死，就在这一年。克，战胜，消灭。殷，商朝。

⑤不豫：古代指帝王生病。豫，安乐，顺适。

⑥未：否。

⑦即：立刻。

⑧曹：这里指尚书各曹。尚书在东汉等于皇帝的秘书机构，"曹"是下面的分门办事机构，等于各部。下：下达。案目：经办公文的文吏。

⑨命数：指寿命长短。

⑩难曰：此之前尚有"应曰：'九龄之梦能得也。'"黄晖认为此九字不当有。本篇以一难一应为文，此以两"应曰"相次，文殊不通。故删去。

⑪其：表示推断的语气助词。

⑫且：将要。

⑬得爵：得到雀。"爵"与"雀"相通，得雀就意味着得爵。

⑭举：举荐。

⑮犹自得官：也还是会得到官爵的。犹自，也还是。

⑯因：凭借。

【译文】

又发问说："'死生取决于命运，富贵决定于上天。'武王的命，怎么可以由周公代替呢？"回答说："武王梦见上天给他增加了九年的寿命，上天通过减损文王的寿数用以加给武王。推翻商朝后的第二年，武王增加的九年寿数还没有用完,武王生了病,周公就请求上天愿代武王去死。一般人的寿命是不可以请求上天延长的,唯独武王的可以。这不是世上常用的方法,因此将册书藏在金縢中;这种事不可能再做第二次,所以掩藏起来不让人看见。"责难说:"武王做'九龄之梦'时,已得到文王的寿数了吗?"回答说:"已经得到文王九年的寿数。"责难说:"已经得到文王的寿数,武王的命自当延长。推翻商朝后的第二年,武王即使病了也不会死,周公为什么请求代武王去死呢?"回答说:"君王用官爵授予人,议定之后,并不立刻给他官爵,还要通过主管部门把决定下达给经办文书的官吏,然后才能正式授予官爵。上天虽然减损文王的寿数用来加给武王,但仍然必须经过周公请求,武王才能得到它。人的寿命长短是极其精深微妙的,不是做一个梦所能得到的。"责难说:"九龄之梦,讲的是文王梦到给武王九年的寿数,武王梦见上天给予他九年寿数,这么说来,上天已经给予他了,武王已经得到它了,何必要再行请求呢?一个人将要得官时,事先会梦见得到一只雀,以后即使没有人推荐,他还是会得到官爵的。为什么呢?预兆事先出现,其效验一定会实现。古人称年为龄,已经做了得到九年寿命的梦,就如同人梦见得雀一样。周公凭借武王所做的必然会有效验的梦,对天请求代死,他的功劳能算得上大吗?"

又问曰:"功无大小,德无多少,人须仰恃赖之者①,则为美矣。使周公不代武王,武王病死,周公与成王而致天下太平乎②?"应曰:"成事③,周公辅成王而天下不乱。使武王不见代④,遂病至死,周公致太平何疑乎?"难曰:"若是,武王之生无益,其死无损,须周公功乃成也。周衰,诸侯背畔⑤,管仲九合诸侯⑥,一匡天下⑦。孔子曰:'微管仲⑧,吾其被发左衽矣⑨。'使无管仲,不合诸侯,夷狄交侵⑩,中国绝灭⑪。此无管仲有所伤也⑫。程量有益⑬,管仲之功,偶于周公^⑭。管仲死，桓公不以诸侯礼葬，以周公况之，天亦宜怒，微雷薄雨不至，何哉？岂以周公圣而管仲不贤乎？夫管仲为反坫^⑮，有三归^⑯，孔子讥之，以为不贤^⑰。反坫、三归，诸侯之礼，天子礼葬，王者之制，皆以人臣，俱不得为。大人与天地合德，孔子，大人也，讥管仲之僭礼^⑱，皇天欲周公之侵制，非合德之验。《书》家之说，未可然也。"

【注释】

①仰恃：依赖，依靠。仰，仰仗。恃，依靠。赖：依赖。

②而（néng）：通"能"。

③成事：已有的事例。

④见：被。

⑤畔：通"叛"。

⑥九：形容次数多。合：会盟。

⑦一匡天下：纠正天下诸侯的错误，使其行动一致。管仲辅佐齐桓公，名义上是要诸侯服从于周天子。匡，纠正。

⑧微：如果没有。

⑨被（pī）发左衽：这是当时部分少数民族的习俗。被，同"披"。左衽，衣襟向左开。引文参见《论语·宪问》。

⑩夷狄：古代汉族对少数民族的称呼。交侵：交相侵入。

⑪中国：指中原地区的诸侯国。

⑫伤：损害。

⑬程量：衡量。

⑭偶：相匹配。

⑮反坫（diàn）：古代君主招待别国君主时，献酒后放置空杯子的土台。坫，土筑的平台。

⑯三归：对于"三归"，历来有不同的解释。大概有管仲娶三姓之女、管仲拥有三处庄园、管仲庄园的名称、管仲藏钱的府库以及市租等说法。较为可信的说法是桓公称霸后，就以齐国市租的一定比例赏赐管仲，称为"三归"，所以孔子认为管仲不是清廉之士。

⑰"孔子讥之"二句：上事参见《论语·八佾》。

⑱僭（jiàn）礼：超出礼的规定。僭，超过本分。

【译文】

又发问说："功绩无论大小，德行无论多少，只要别人必须仰仗依靠他，那这个人就是完美的了。假使周公不祈求代替武王去死，武王病死了，周公与成王能致天下太平吗？"回答说："据已有的事例，周公辅佐成王而天下没有变乱。假使武王不被周公替代，最终病死，周公照样能致太平，这有什么可怀疑的呢？"责难说："如果是这样，武王活着没有什么益处，他死了，也没有什么损失，只要有周公，致太平的功业就能达成了。周朝衰微，诸侯背叛，管仲多次会盟诸侯，纠正天下诸侯的行动。孔子说：'如果没有管仲，恐怕我们都会披散头发，衣襟向左开了。'假使没有管仲，不会盟诸侯，边远的夷狄交相侵入，中原各诸侯国都会被消灭。这就是没有管仲会带来的危害。衡量带来的益处，管仲的功劳，可以和周公并列。管仲死后，齐桓公不用诸侯之礼安葬他，与周公相比较，天也应当发怒，却连小雷小雨都没有出现，这是什么原因呢？难道是由于周公是圣人而管仲不是贤人吗？管仲造反坫，拥有三归，孔子因此讥讽他，认为他不够贤良。反坫、三归是诸侯才能享受的礼仪，用天子之礼安葬，只有天子才有资格享受，他们都是臣子，都不能享受此等礼节。圣人的德行与天地一致，孔子是圣人，讥讽管仲超越了礼的规范，皇天却想让周公违反礼的规定，这不是圣人与天地德行一致的证明。解释《尚书》者的说法，不能认为是正确的。"

以见鸟迹而知为书①，见蜚蓬而知为车②。天非以鸟

迹命仓颉，以蜚蓬使奚仲也。奚仲感蜚蓬③，而仓颉起鸟迹
也④。晋文反国⑤，命彻麋墨⑥，舅犯心感⑦，辞位归家⑧。夫
文公之彻麋墨，非欲去舅犯⑨，舅犯感惭，自同于麋墨也。宋
华臣弱其宗⑩，使家贼六人⑪，以铍杀华吴于宋命合左师之
后⑫。左师惧曰："老夫无罪。"其后左师怨咎华臣⑬，华臣备
之⑭。国人逐瘈狗⑮，瘈狗入华臣之门，华臣以为左师来攻己
也，逾墙而走⑯。夫华臣自杀华吴而左师惧，国人自逐瘈狗
而华臣自走。成王之畏惧，犹此类也。心疑于不以天子礼
葬公，卒遭雷雨之至⑰，则惧而畏过矣。夫雷雨之至，天未必
责成王也。雷雨至，成王惧以自责也。夫感则苍颉、奚仲之
心，惧则左师、华臣之意也。怀嫌疑之计，遭暴至之气⑱，以
类之验见⑲，则天怒之效成矣。见类验于寂漠⑳，犹感动而畏
惧，况雷雨扬轩辕之声㉑，成王庶几能不怵惕乎㉒？

【注释】

①以：因为。迹：足迹。为：做，创造。

②蜚（fēi）蓬：蓬草枯后断根，遇风飞旋，所以叫"飞蓬"。蜚，通
　　"飞"。以上说法见《淮南子·说山训》。

③感：有感于，受启发。

④起：受启发。

⑤晋文反国：因骊姬之乱，晋文公在外流亡十九年，后由秦国护送回
　　晋。反，同"返"。

⑥命彻麋（mí）墨：晋文公回到晋国国境时，曾命令那些面色变黑了
　　的人排到队伍后边去。彻，退，向后撤。麋墨，指面色黧黑的人。
　　这里指长期跟随晋文公流亡在外，面色变黑的人。

⑦舅犯：晋文公的舅舅咎犯，是晋文公流亡时的主要随从之一。

⑧辞位归家：上事参见《韩非子·外储说》。

⑨去：去掉，摒弃。

⑩华臣弱其宗：指华臣要杀死他的侄子华吴，侵占他的财产。华臣，春秋时宋国将军华元的儿子。弱，削弱。宗，宗族。

⑪家贼：指藏在家里的刺客。

⑫铍（pī）：一种短剑。华吴：华皋比的管家。命：疑为衍文。合：宋国地名，向戌的封邑。左师：官名，当时向戌任左师。后：屋后。

⑬怨咎：埋怨，责备。咎，憎恨，厌恶。

⑭备：防备。

⑮国：都城。瘈（zhì）狗：疯狗。瘈，疯狂。

⑯逾：越过。走：跑。上事参见《左传·襄公十七年》。

⑰卒（cù）：同"猝"，突然。

⑱暴至：突然来到。

⑲见：同"现"。

⑳寂漠：同"寂寞"，冷清，平静。漠，同"寞"。递修本作"寞"。

㉑轩：疑为"轷"之讹，形近而误。轷輠（pēng kē），车声，这里形容雷雨的声音。

㉒庶几：差不多，这里表示推测语气。怵（chù）惕：形容惊恐的样子。怵，害怕。惕，敬畏，恐惧。

【译文】

　　因为看到鸟的足迹而知道创造文字，看到飞旋的蓬草而知道制造车子。上天并没有用鸟的足迹来叫仓颉创造文字，用飞旋的蓬草来叫奚仲发明车子。奚仲有感于飞旋的蓬草，而仓颉受鸟的足迹启发。晋文公返回晋国，命令面目变黑的人撤到队伍后边去，舅犯有感于此事，辞去官位回到家里。晋文公命令面目变黑的人撤到队伍后边去，并不是想去掉舅犯，可是舅犯感到惭愧，把自己等同于那些皮肤变黑了的人。宋国的华

臣要杀死他的侄子华吴,侵占他的财产,派六个刺客藏于家中,用钺把华
吴杀死在宋国合地左师向戍的屋后。左师害怕地说:"我没有什么罪。"
事后左师怨恨华臣,华臣时刻防备着他。都城的人驱逐疯狗,疯狗跑进
了华臣家的大门,华臣以为左师来攻打自己,就翻墙逃跑了。华臣只是
杀了华吴而使左师感到害怕,都城的人只是驱逐疯狗而华臣自己却逃走
了。看来成王的畏惧心理,同上述情况一样。心里对不用天子礼节安葬
周公这件事情犹豫不决,遇到雷雨突然到来,就因为恐惧而害怕自己有
什么过错了。雷雨的到来,不一定是上天在责备成王。雷雨到来,成王
因恐惧而责备自己。看见一种现象而有所感受,这是仓颉、奚仲的心理;
有所畏惧,这是左师、华臣的心理。抱着怀疑的心理,遇上突然到来的灾
变之气,认为与自身有关的事物的应验出现了,于是雷雨是天发怒的表
现这种想法就形成了。在平静的环境中看到与自身有关的事物得到了
应验,尚且会有所感动而畏惧,何况雷雨轰鸣,成王怎么能不惊恐呢?

　　迅雷风烈,孔子必变[1]。礼,君子闻雷,虽夜,衣冠而
坐,所以敬雷惧激气也[2]。圣人君子于道无嫌[3],然犹顺天变
动,况成王有周公之疑,闻雷雨之变,安能不振惧乎[4]?然则
雷雨之至也,殆且自天气[5];成王畏惧,殆且感物类也[6]。

【注释】

①变:改变常态。上事参见《论语·乡党》。

②激气:互相冲击的阴气、阳气,这里指雷。

③无嫌:问心无愧。嫌,疑。

④振:通"震"。

⑤且:还是。

⑥感物类:即感类。

【译文】

遇到迅雷烈风，孔子必定会改变常态。依照礼制，君子听到打雷，即使是在半夜，也要穿好衣服，戴上帽子，正襟危坐，来表示对阴阳之气激起的雷的敬畏。圣人君子对于道是问心无愧的，然而还是顺应天的变动，何况成王心中有用什么礼葬周公的疑问，听到雷雨突变，怎么能不震惊害怕呢？然而雷雨的到来，大概还是由于天上气的变化引起的；成王畏惧雷雨，大概还是由于感触类似的事物引起的。

夫天道无为①，如天以雷雨责怒人，则亦能以雷雨杀无道。古无道者多，可以雷雨诛杀其身，必命圣人兴师动军，顿兵伤士②，难以一雷行诛，轻以三军克敌③，何天之不惮烦也④？

【注释】

①无为：听其自然，无意识、无目的地活动。

②顿：通"钝"。兵：兵器。

③三军：泛指一国的军队。

④不惮：不怕。惮，怕。

【译文】

天本来是无为的，如果天能用雷雨来责怒人类，就能以雷雨诛杀无道的人。自古以来无道的人众多，上天可以用雷雨诛杀他们，却偏要授命圣人出动大军，弄得兵器钝折，士卒伤亡去讨伐他们，上天难以用雷去诛杀无道的人，却能轻易地出动三军去讨伐无道的人，为什么上天如此不怕麻烦呢？

或曰："纣父帝乙①，射天殴地②，游泾、渭之间③，雷电击而杀之。斯天以雷电诛无道也④。"帝乙之恶，孰与桀、纣^⑤? 邹伯奇论桀、纣恶不如亡秦^⑥，亡秦不如王莽，然而桀、纣、秦、莽之死^⑦，不以雷电。孔子作《春秋》，采毫毛之善^⑧，贬纤介之恶^⑨，采善不逾其美，贬恶不溢其过^⑩。责小以大，夫人无之^⑪。成王小疑，天大雷雨。如定以臣葬公，其变何以过此？《洪范》稽疑^⑫，不悟灾变者，人之才不能尽晓，天不以疑责备于人也。成王心疑未决，天以大雷雨责之，殆非皇天之意。《书》家之说，恐失其实也。

【注释】

①帝乙：纣的父亲。《史记·殷本纪》作"武乙"，纣的曾祖父。

②射天：据《史记·殷本纪》记载，帝乙做了一个代表天神的假人，同它搏斗，还用皮囊盛血代表上天，亲自用箭射它。殴：击。

③泾、渭：泾河、渭河，均在今陕西中部。

④斯：这。

⑤桀：夏朝最后一位君主。

⑥邹伯奇：东汉人，王充多次在《论衡》中提到他，事迹不详。

⑦死：底本作"地"，递修本作"死"，据改。

⑧采：采取，这里是表彰的意思。毫毛：形容细微。

⑨纤介：形容细微。纤，纤细。介，通"芥"，小草。比喻细微或微末的事物。

⑩溢：超出。

⑪夫人：人人，众人。

⑫《洪范》：《尚书》中的一篇。稽疑：分析解决疑难大事。稽，考核，分析解决。

【译文】

有人说："纣的父亲帝乙，曾用箭射天又击打大地，当他在泾河、渭河之间游乐时，雷电诛杀了他。这是上天用雷电诛杀无道之人的证明。"
帝乙的罪恶，与桀、纣相比哪一个更大呢？邹伯奇评论桀、纣的罪恶比不
上秦始皇，秦始皇又比不上王莽，然而桀、纣、秦始皇、王莽的死亡，并不
是由于雷电诛杀了他们。孔子作《春秋》，表彰极小的善举，贬斥极细的
恶行，表彰善举不夸大他的美德，贬斥恶行也不夸大他的过错。用重罚
处理小错，一般人都不会这样做。成王稍有犹豫，天就降下大雷雨。如
果成王决定按照臣子之礼安葬周公，上天将会降下什么比这更严重的灾
变呢？《洪范》中分析解决疑难大事，并没有讲到要用灾变来使人对疑难
之事省悟，这是因为人的才智不能什么都通晓，上天不会由于人有了犹
豫就对他加以责备。成王心里犹豫不决，上天用大雷雨责备他，大概不
是皇天的本意。《书》家的解释，恐怕有失真实吧。

齐世篇第五十六

【题解】

本篇主要论述了古今社会齐同，当今不比古代差的观点。汉儒宣扬上古帝王的功德、社会风俗，甚至古人的体魄都优于当代人。

王充认为这一说法都是荒谬之言。人与物一样，都是承受着天施放的气生出的，古今的天是一样的，所以"天不改易，气不改更"，所以古今之人都应该是一样的，古今帝王的功德、社会的风俗与人的体魄并没有不同。人们之所以认为古代优于当今，是当时人"好襃古而毁今，少所见而多所闻"造成的，而产生这种认识的原因，其一是"增贤圣之美"的儒家经书，其二是汉朝宏伟的功业仍旧保存在档案文书之中，未经整理以供当世人了解。在这两种原因的作用之下，造成了儒生好"是古非今"的风尚。

语称上世之人^①，侗长佼好^②，坚强老寿，百岁左右；下世之人^③，短小陋丑，夭折早死。何则？上世和气纯渥^④，婚姻以时^⑤，人民禀善气而生^⑥，生又不伤，骨节坚定，故长大老寿，状貌美好。下世反此^⑦，故短小夭折，形面丑恶。此言妄也^⑧。

【注释】

①语：一般说法。上世：古代。

②佹（tǒng）长：高大。佹，长大，直。佼（jiǎo）：美好。

③下世：后代。

④和气：王充认为这是一种阴气、阳气协调和谐的气。参见《气寿篇》《讲瑞篇》。渥（wò）：浓厚，优厚。

⑤以：按照。时：指年龄。

⑥禀：承受。善气：指和气。

⑦反此：与此相反。

⑧妄：荒谬，错误。

【译文】

　　一般的说法是认为古代的人，身材高大面目姣美，身体强健，高寿命长，能活百岁左右；后代的人，身材矮小面目丑陋，短命早死。为什么呢？因为古代和气纯厚，在适当的年龄成婚，人民禀受上天的和气而出生，生下来以后又没有受到伤害，骨节坚强稳定，所以身材高大而长寿，体形相貌美好。后代与此相反，所以身材矮小短命早死，体形面貌丑陋。这种说法太荒谬了。

　　夫上世治者①，圣人也；下世治者，亦圣人也。圣人之德，前后不殊②，则其治世，古今不异。上世之天③，下世之天也，天不变易④，气不改更⑤。上世之民，下世之民也，俱禀元气。元气纯和，古今不异，则禀以为形体者，何故不同？夫禀气等，则怀性均⑥；怀性均，则形体同；形体同，则丑好齐；丑好齐，则夭寿适⑦。一天一地⑧，并生万物。万物之生，俱得一气。气之薄渥⑨，万世若一。帝王治世，百代同道⑩。人民嫁娶，同时共礼⑪，虽言"男三十而娶，女二十而嫁"⑫,法制张设⑬,未必奉行。何以效之⑭? 以今不奉行也。礼乐之制,存见于今,今之人民,肯行之乎? 今人不肯行,古人亦不肯举⑮。以今之人民,知古之人民也。

【注释】

①夫:发语词。治者:把社会治理得很好的人。

②殊:差异,不同。

③天:王充认为天是一种无意识的物质实体,与汉儒认为的有意识能行赏罚的天不同。参见《自然篇》《谈天篇》。

④变易:改变,变化。

⑤气:王充认为世间万物全是由气构成的,是天地星宿在不断地运动中,自然而然施放出来的。参见《自然篇》。

⑥怀:持有,具有。性:特性。

⑦適(dí):齐等。

⑧一:同一,同样。

⑨薄渥(wò):指万物禀受气的多少。

⑩道:道理,方法。

⑪同时:同样的年龄。共礼:举行相同的礼仪。

⑫"男三十而娶"二句:参见《周礼·地官·媒氏》。

⑬法制:法令礼制。张设:制定。

⑭效:验证。

⑮举:行。

【译文】

古代的统治者,是圣人;后代的统治者,也是圣人。圣人的道德,前后没有什么差异,那么他们治理天下的手法,古今也没有什么不同。古代的天,就是后代的天,天没有变化,气也没有变化。古代的老百姓,和后代的老百姓一样,同样禀受天的元气。元气纯厚和谐,古今没有差别,那么禀受元气所形成的形体，为什么会不相同呢？禀受的元气相同，那么具有的本性就相同；具有的本性相同，那么形体也应该相同；形体相同，那么美丑就一样；美丑一样，那么寿命的长短也应该一样。古今是同一个天同一个地，同样地生育万物。万物的产生，都是禀受了同样的气。气的厚薄，千万年都是一个样。帝王治理天下，百代以来都遵循着一个道理。百姓的嫁娶，都在同样的年龄举行相同的礼仪，虽说古代规定"男子三十岁娶妻，女子二十出嫁"，但这只是法令礼制上的规定，百姓未必全部遵照执行。用什么来证明这一点呢？用如今的人也不奉行法令礼制的规定就可以证明了。古代的礼乐制度，有些在今天仍然存在，今天的百姓肯遵行它吗？今天的百姓不肯遵行，古代的百姓也不肯执行。根据今天百姓的情况，就可以类比得知古代百姓是怎样的了。

物①，亦物也。人生一世，寿至一百岁。生为十岁儿时，所见地上之物，生死改易者多。至于百岁，临且死时②，所见诸物，与年十岁时所见，无以异也。使上世下世民③，人无有异，则百岁之间足以卜筮④。六畜长短⑤，五谷大小⑥，昆虫草木，金石珠玉，蜎蜚蠕动⑦，跂行喙息⑧，无有异者，此形不异也。古之水火，今之水火也。今气为水火也⑨，使气有异，则古之水清火热，而今水浊火寒乎？

【注释】

①物：据本书《论死篇》"人，物也；物，亦物也"，疑本句"物"字前脱"人，物也"三字。

②且：将要。

③使：如果。

④百岁：据文意，疑当作"百世"。卜筮（shì）：这里是推断的意思。

　卜,用龟甲占卜。筮,用蓍草算卦。

⑤六畜:马、牛、羊、鸡、狗、猪。这里泛指牲畜。

⑥五谷:稻、黍、稷、麦、菽,这里泛指谷物。

⑦蜎蜚(xuān fēi):飞翔。这里泛指用翅膀飞翔的昆虫。蜎,轻柔地飞。蜚,通"飞"。蠕(rú)动:指爬行的昆虫。蠕,虫子一屈一伸地慢慢爬行。这里泛指用身体爬行的虫类。

⑧跂(qí)行:这里泛指用脚行走的动物。跂,脚。喙(huì)息:这里泛指用嘴呼吸的人和一切动物。喙,鸟兽等的嘴。息,呼吸。

⑨为:构成。

【译文】

　人,是物;万物,也是物。人生在世,寿命可以达到一百岁。从出生到十岁时,所看到的地上的各种东西,认为生死变迁的现象很多。等活到一百岁,临到将死的时候,所见到的各种东西,与十岁时所见到的,实际上并没有什么不同。如果古代和后代的人没有什么差别,那么通过上百代的经历就可以推断出古今万物都没有什么变化了。六畜的高矮,五谷的大小,昆虫草木,金石珠玉,飞禽爬虫,以及用脚行走用嘴呼吸的各种动物,并没有什么差异,所以说人古今的外形也没有什么不同。古代的水与火,和现在的水与火一样。现在是气构成了水与火,假使认为古今的气不相同,那么古代的水是清的,火是热的,难道现在的水是浊的,火则是冷的吗?

　人生长六七尺①,大三四围②,面有五色③,寿至于百④,万世不异。如以上世人民,伭长佼好,坚强老寿,下世反此,则天地初立,始为人时,长可如防风之君⑤,色如宋朝⑥,寿如彭祖乎⑦? 从当今至千世之后,人可长如荚英⑧,色如嫫母⑨,寿如朝生乎⑩? 王莽之时,长人生长一丈,名曰霸⑪。

建武年中,颍川张仲师长二尺二寸⑫,张苍八尺有余⑬,其父
不满五尺。俱在今世,或长或短,儒者之言,竟非误也⑭。语
称上世使民以宜⑮,伛者抱关⑯,侏儒俳优⑰。如皆侗长佼
好,安得伛、侏之人乎⑱?

【注释】

①尺:汉代一尺约合22.99厘米。

②围:古代一种计算长度的单位,一围就是两手拇指与拇指相对,食
　指与食指相对所围成圆圈的长度。

③五色:黑、白、黄、赤、青。这里指人的面部肤色及由于健康情况或
　情绪的变化而产生不同的气色。

④寿至于百:王充认为正常情况下,人的寿命是一百岁。参见《气
　寿篇》。

⑤防风之君:传说禹时防风氏的君主身材十分高大,一节骨头就装
　满一车。参见《国语·鲁语下》。

⑥宋朝:子姓,名朝,为宋公子,故又称"公子朝"。春秋时宋国贵
　族,当时被认为是美男子。参见《论语·雍也》。

⑦彭祖:古代人名,传说活到了八百岁。

⑧荚荚:这里用来比喻人的身材十分矮小。荚,豆荚之类。荚,花瓣。

⑨嫫(mó)母:传说是黄帝的妃子,相貌极丑。

⑩朝(zhāo)生:一种朝生暮死的昆虫。

⑪名曰霸:底本"霸"后有"出"字,疑为衍文,据《汉书·王莽传》
　删。霸,巨毋霸,人名。据传说身材十分高大。

⑫颍川:郡名。秦王政十七年(前230)置,治所阳翟县(今河南禹
　州)。张仲师:东汉人。二尺:底本作"一丈",《太平御览》卷三百
　七十八引《纂文》言"汉光武时,颍川张仲师长二尺二寸",据改。

⑬张苍:底本作"张汤",据《史记·张丞相列传》改。张苍,西汉人,文帝时任丞相。据《史记》记载"张苍父长不满五尺""苍长八尺余"。

⑭竟:终究,归根到底。非误:错误。

⑮宜:适宜,合理。

⑯伛(yǔ)者:驼背的人。抱关:守门,这里指当守门的人。

⑰侏儒:身材异常矮小的人。俳(pái)优:古代表演曲艺的艺人,这里指让他当俳优。

⑱安得:怎么会有。

【译文】

　　人的身高可以长到六七尺,胸围能有三四围,面部有五种不同的气色,寿命可达到一百岁,这是万代也不会变化的。如果认为古代的人,身材高大面貌美好,强健长寿,后代的人与此相反,那么天地最初创立,人类刚出现的时候,身高可以达到防风氏的君王那样高,面色像宋国的公子朝那样美好,寿命像彭祖那样长吗?从今到千代以后,那时人大约只像英英那样高,像嫫母那样丑,像朝生那样短命吗?王莽的时候,有个高大的人身长一丈,名叫霸。建武年间,颍川的张仲师身高只有二尺二寸,张苍身高八尺有余,他的父亲却身高不足五尺。这些都是当世之人,有的高有的矮,儒生的说法,终究是错误的。一般还讲到古代根据人的生理特点合理地役使老百姓,驼背的让他去守门,侏儒就让他当俳优。如果人人都高大貌美,怎么会有驼背、侏儒这样的人呢?

　　语称上世之人,质朴易化①,下世之人,文薄难治②。故《易》曰:"上古之时,结绳以治③,后世易之以书契④。"先结绳,易化之故⑤;后书契,难治之验也⑥。故夫宓牺之前⑦,人民至质朴,卧者居居⑧,坐者于于,群居聚处⑨,知其母不识其父。至宓牺时，人民颇文，知欲诈愚⑩，勇欲恐怯，强欲凌弱，众欲暴寡⑪，故宓牺作八卦以治之⑫。至周之时⑬，人民文薄，八卦难复因袭⑭，故文王衍为六十四首⑮，极其变⑯，使民不倦。至周之时⑰，人民久薄⑱，故孔子作《春秋》，采毫毛之善⑲，贬纤介之恶，称曰："周监于二代⑳，郁郁乎文哉㉑！吾从周㉒。"孔子知世浸弊㉓，文薄难治，故加密致之罔㉔，设纤微之禁㉕，检狎守持㉖，备具悉极。此言妄也。

【注释】

①质朴：单纯朴实。易化：容易接受教化。

②文薄：浮华轻薄。难治：难于治理。

③结绳：上古时期还没有文字，人们就在绳子上系扣来记事。

④易：改换。书契：泛指文字。契，刻。引文参见《周易・系辞上》。

⑤故：缘故。

⑥验：证明。

⑦宓牺：即"伏羲"，传说中的上古帝王。

⑧居居：与下文的"于于"都是形容悠然自得的样子。

⑨处：居住。

⑩知：同"智"，指聪明人。

⑪暴：施加暴力。寡：少数人。

⑫八卦：即乾、坎、艮、震、巽、离、坤、兑，分别代表天、水、山、雷、风、火、地、泽八种自然事物。

⑬周之时：这里指周朝建立之前。

⑭因袭：沿用。

⑮衍：推演，发展。六十四首：指六十四卦，传说周文王将八卦两两相配，发展出六十四卦。

⑯极：穷尽，充分发挥。

⑰周之时：指春秋时期。周，这里指东周。

⑱久薄：文薄已久。

⑲采：采取，这里指表彰。毫毛：这里指细微。

⑳监（jiàn）：通"鉴"，借鉴。二代：指夏、商。

㉑郁郁：形容繁盛、丰富的样子。乎：句中语气词。文：文采，这里指典章制度。

㉒从：信从，赞成。引文参见《论语·八佾》。

㉓浸：逐渐。弊：衰败。

㉔加：增添，提出。密致：细密，致密。罔：这里指礼法制度。

㉕纤微：形容很细致。禁：禁令。

㉖检狎（xiá）：同"检柙"，矫正，纠正。守持：保持，维护。

【译文】

一般说法讲到古代的人，认为单纯朴实易于教化，后代的人，浮华轻薄，难于治理。所以《周易》上说："上古时代，结绳记事就能治理天下，后代则用书契文字来治理天下。"早先结绳记事，是古人容易接受教化的缘故；后来使用书契，是后代人难于治理的证明。所以在伏羲氏之前，百姓极其单纯朴实，躺着的坐着的，都是悠然自得的样子，一群人居住在一起，只知他们的母亲而不认识他们的父亲。到了伏羲氏的时代，百姓逐渐变得浮华，聪明的想欺诈愚笨的，勇敢的想恐吓怯懦的，强健的想欺凌弱小的，人多的想强暴人少的，所以伏羲创制了八卦用来治理百姓。到了周朝建立之前，百姓变得浮华轻薄，八卦这种简单的治理方式很难再继续使用下去，因此周文王将其推演为六十四卦，极尽了八卦的一切变化，使百姓不再懈怠。到了春秋时期，百姓已经变得轻浮很久了，因此孔子编写《春秋》，表彰极细小的善行，贬斥极细微的恶举，并称赞说："周朝的礼制是依据夏、商两代的礼制制定的，所以如此丰富多彩呀！我拥护周朝的礼制。"孔子知道社会在逐渐衰败，百姓浮华轻薄难于治理，因此提出了周密的礼法制度,设置了细苛的各种禁令,纠正什么维护什么,规定得极为完备详尽。这种说法太荒谬了。

　　上世之人所怀五常也①,下世之人亦所怀五常也。俱怀五常之道,共禀一气而生,上世何以质朴?下世何以文薄?彼见上世之民,饮血茹毛②,无五谷之食,后世穿地为井③,耕土种谷,饮井食粟④,有水火之调⑤;又见上古岩居穴处,衣禽兽之皮⑥,后世易以宫室,有布帛之饰⑦,则谓上世质朴,下世文薄矣。

【注释】

①五常:指仁、义、礼、智、信五种品德。

②饮血茹(rú)毛:连毛带血地生食鸟兽。言远古时不知熟食。茹,吃。

③穿:挖掘。

④粟:这里泛指粮食。

⑤调:烹调。

⑥衣(yì):穿。

⑦帛(bó):丝织品。饰:衣饰,服装。

【译文】

　　古代的人心中怀有五常,后代的人心中也怀有五常。同样都怀有五常,都是禀受了同样的气而生出来的人,古代的人为什么单纯朴实?后代的人为什么浮华轻薄呢?那些见到古代的人喝禽兽的血吃带毛的生肉,没有五谷之类的食物,后代挖地掘井,耕作土地播种谷物,饮用井水食用谷物,懂得用水火来烹调食物;又见到上古的人居住在岩洞里,穿的是禽兽的皮,后代的人用宫室取代岩洞,穿布帛缝制的衣服,就说上古的人单纯朴实,后代的人浮华轻薄了。

夫器业变易①，性行不异②。然而有质朴文薄之语者，世有盛衰③，衰极久有弊也④。譬犹衣食之于人也，初成鲜完，始熟香洁，少久穿败⑤，连日臭茹矣⑥。文质之法⑦，古今所共。一质一文，一衰一盛，古而有之，非独今也。何以效之？传曰⑧："夏后氏之王教以忠⑨。上教以忠⑩，君子忠，其失也⑪，小人野⑫。救野莫如敬⑬。殷王之教以敬⑭。上教用敬，君子敬，其失也，小人鬼⑮。救鬼莫如文⑯，故周之王教以文。上教以文，君子文，其失也，小人薄⑰。救薄莫如忠⑱。"承周而王者⑲，当教以忠。夏所承唐、虞之教薄⑳，故教以忠；唐、虞以文教，则其所承有鬼失矣。世人见当今之文薄也，狎侮非之㉑，则谓上世朴质，下世文薄，犹家人子弟不谨㉒，则谓他家子弟谨良矣。

【注释】

①器业：指生产工具和劳动方式。

②性行：本性与行为。性，本性。行，操行。

③世有盛衰：王充认为国家的兴衰，社会的治乱是命中注定的。参见《治期篇》。

④衰：疑为衍文。

⑤少久：指日子稍微长久一点。穿败：破旧。

⑥臭：气味。茹：腐臭。

⑦文质之法：一种认为朝代变迁，治国的文质倾向也随之改变的说法。

⑧传：指解释经书旨意的书籍。

⑨夏后氏之王：指夏朝的君主。教：倡导。忠：忠厚，淳朴。

⑩上：指君主。

⑪失：缺点，弊病。

⑫小人：指一般民众。野：粗野。

⑬救：补救，纠正。敬：指敬奉天神与祖先，即以神权加以统治。

⑭殷王之教以敬：据上文"夏后氏之王教以忠"，疑本句"王之"当为
"之王"之误倒。

⑮鬼：迷信鬼神。

⑯文：典章制度。

⑰薄：浮华轻薄。

⑱救薄莫如忠：以上引文参见《史记·高祖本纪》。

⑲王（wàng）：统治天下。

⑳唐：尧。虞：舜。

㉑狎（xiá）侮：蔑视。非：反对。

㉒谨：规规矩矩。

【译文】

　　古今使用的器物与所从事的劳作有所不同，但人的本性与操行不会
有什么不同。然而出现古人质朴，今人文薄这种说法的原因，是由于国
家和社会注定有盛有衰，时间太久就会出现弊病。比如衣食对于人，衣
服刚做成时漂亮完整，食物刚做好时清香洁净，衣服稍穿久一点就破旧
了，食物放几日就腐臭了。倡导礼仪与倡导质朴相交替的治理法则，古
今是一样的。有时侧重于"质"，有时侧重于"文"，社会有时衰败，有时
兴盛，自古以来就是如此，不独今天是这样。用什么来证明这一点呢？
传上说："夏后氏的君王倡导忠厚。君王倡导忠厚，君子都变得忠厚，但
它的弊病是会导致民众粗野。纠正粗野什么也比不上用敬奉天神和祖
先的办法。商代的君王倡导敬奉天神和祖先。君王倡导用敬，君子都敬
奉天神和祖先，但它的弊病是导致民众迷信鬼神。纠正迷信鬼神的做法
莫过于提倡典章制度，所以周代的君王倡导典章制度。君王倡导典章制
度，君子都遵循典章制度，但它的弊病是导致民众浮华轻薄。纠正浮华

轻薄的做法莫过于提倡忠厚。"继承周代而统治天下的君王,就应当倡导忠厚。夏代所继承的尧、舜时代的教化产生了浮华轻薄的弊病,所以才倡导忠厚;尧、舜倡导典章制度,那么他们所承袭的前一代的教化,肯定存在着迷信鬼神的弊病。世俗之人见到当今世道浮华轻薄,就轻视它反对它,说古代朴实单纯,后代浮华轻薄,好比自家的子弟不规矩,就认为别人家的子弟规矩忠厚了。

　　语称上世之人,重义轻身①,遭忠义之事②,得己所当赴死之分明也③,则必赴汤趋锋④,死不顾恨⑤。故弘演之节⑥,陈不占之义⑦,行事比类⑧,书籍所载,亡命捐身⑨,众多非一。今世趋利苟生⑩,弃义妄得⑪,不相勉以义,不相激以行,义废身不以为累⑫,行隳事不以相畏⑬。此言妄也。

【注释】

①重:重视。轻:轻视。

②遭:遇到。

③分(fèn):本分。

④赴汤趋锋:跳入开水之中,扑向锋利的刀刃。这里形容不怕死。锋,兵器的锋刃。

⑤顾:顾惜。恨:悔恨。

⑥弘演之节:据《吕氏春秋·忠廉》记载,卫懿公时,弘演出使外国。狄人攻卫,杀死卫懿公,吃尽他的肉,把肝扔在地上。弘演回国,对着卫懿公的肝汇报出使情况之后,就剖腹装入卫懿公的肝而死。弘演(?—前660),春秋时卫国大夫。

⑦陈不占之义:据《太平御览》卷四百一十八引《韩诗外传》记载,陈不占听到齐庄公被崔杼杀死的消息,为了尽忠,不顾劝阻,赶到

出事地点，被战斗的声音吓死。陈不占（？—前548），春秋时齐
国人。

⑧行事：以往的事例。比类：类似的。

⑨亡：丧失。捐：抛弃。

⑩趋：贪求。

⑪妄得：追求非分的利益。

⑫累：害。

⑬隳（huī）：毁，败坏。畏：害怕。

【译文】

　　一般说法讲到古代的人，认为他们重视道义而看轻生死，当遇到应
该竭尽忠义之事时，能够清楚地认识到为此而死是自己应尽的本分，那
么，他们必然会奋不顾身，即使丢掉性命也不会顾惜悔恨。所以弘演展
现出的节操，陈不占表现出的忠义，以及与此相似的事情，都于书籍中有
所记载，不顾性命抛弃躯体的人，很多很多，远不止一个。而如今的人却
贪求私利，遇事苟且偷生，捐弃礼义而过分地追求利益，不以道义相劝
勉，不用高行相激励，道义被自己废弃而不认为有害处，自己的操行被所
做的事败坏了也不会因此感到后怕。这些说法都是荒谬的。

　　夫上世之士，今世之士也，俱含仁义之性①，则其遭事
并有奋身之节②。古有无义之人，今有建节之士③，善恶杂
厕④，何世无有？述事者好高古而下今⑤，贵所闻而贱所
见⑥。辨士则谈其久者⑦，文人则著其远者⑧。近有奇而辨
不称⑨，今有异而笔不记。若夫琅邪儿子明⑩，岁败之时⑪，
兄为饥人所食，自缚叩头，代兄为食，饿人美其义⑫，两舍不
食。兄死，收养其孤⑬，爱不异于己之子。岁败谷尽，不能两
活，饿杀其子⑭，活兄之子。临淮许君叔亦养兄孤子⑮，岁仓

卒之时[16]，饿其亲子，活兄之子，与子明同义。会稽孟章父英为郡决曹掾[17]，郡将抶杀非辜[18]，事至覆考[19]，英引罪自予，卒代将死[20]。章后复为郡功曹[21]，从役攻贼，兵卒比败[22]，为贼所射，以身代将[23]，卒死不去。此弘演之节、陈不占之义何以异？当今著文书者，肯引以为比喻乎？比喻之证，上则求虞、夏，下则索殷、周[24]。秦、汉之际，功奇行殊，犹以为后[25]，又况当今在百代下，言事者目亲见之乎[26]？

【注释】

①含：具有。

②奋身之节：奋不顾身的节操。

③建节：树立节操。

④杂厕：混杂在一起。

⑤述事者：记载历史的人。高：推崇。下：贬低。

⑥所闻：指听到的古代的传说。所见：指看到的现在的事实。

⑦辨士：善于议论的人。辨，通"辩"，议论。久：古老。

⑧著：记录，写。远：时代久远。

⑨奇：突出的事迹。称：说。

⑩琅邪：郡名。秦置，治所在开阳县（今山东胶南市西南）。兒（ní）
　子明：即兒萌，西汉末年人。

⑪岁败：灾荒年头。

⑫美：赞赏。

⑬孤：父亲死去的孩子。

⑭饿杀：饿死。

⑮临淮：郡名。西汉置，治所在徐县（今江苏泗洪南）。许君叔：东汉
　初年人。

⑯岁仓卒:灾荒年头。

⑰会稽:郡名。秦置,汉因之,治所吴县(今江苏苏州)。孟章:东汉
　　时会稽郡人。英:孟英。决曹掾(yuàn):官名,郡的属吏,主管刑
　　事案件。

⑱郡将:郡守。挝(zhuā):拷打。非辜:无罪的人。

⑲覆考:审查。

⑳卒:最终。

㉑功曹:郡的属吏,掌管对官吏的考核任免。

㉒比败:接连打败仗。

㉓代:掩护。

㉔索:寻求。

㉕犹:尚且。后:近。

㉖言事者:叙述历史的人。

【译文】

　　古代的士和今天的士一样,都具有仁义的本性,那么他们遇上应当竭尽忠义的事情都会表现出奋不顾身的节操。古代也有无义的人,当代也有树立节操的人,善与恶混杂在一起,哪一代没有这样的事情呢?记载历史的人好推崇古代而贬低现代,重视所听到的古代传说而轻视所看到的现实。善辩的人则谈论那些古老的事情,写文章的人则写那些时代久远的事情。当代那些突出的事迹,善辩的人不说它;现实存在卓异的事,写文章的人不去记录它。就像琅琊郡的儿子明,灾荒发生的时候,哥哥将被饥饿的人吃掉,他捆上自己向饥饿的人叩头,请求代替哥哥被吃掉,饥饿的人赞美他的义气,将他们俩都放掉,没有吃他们。哥哥死后,他收养了哥哥的遗孤,对孤儿的爱护与自己的孩子没有丝毫差别。灾荒年谷物吃完了,不能同时养活两个孩子,他的孩子被饿死,而让哥哥的孩子活了下来。临淮郡的许君叔也收养了哥哥的孤儿,岁月荒乱的时候,他的亲生孩子被饿死,而让他哥哥的孩子活了下来,这与兒子明是同样

的义气。会稽郡孟章的父亲孟英任郡的决曹掾,郡守拷打杀害了无罪的人,这件案子到朝廷复查的时候,孟英把罪过归于自己,最终代替郡守被处死。孟章后来又当了郡的功曹,参加了攻击贼人的战斗,军队连吃败仗,自己被贼人用箭射中,还用身体掩护郡守,到死也不离开。这与弘演具有的节操、陈不占表现的忠义有什么区别呢?当今撰文写书的人,愿意用他们的事迹来作为重义轻身的比喻吗?比喻用的事例,最早到虞、夏时代寻找,最晚也到商、周时代寻找。秦、汉时期,即使有突出功绩与高尚节操的人,尚且认为时代太近,又何况当今社会处在百代之后,都是些叙述历史的人亲眼所见的事情呢?

　　画工好画上代之人,秦、汉之士,功行谲奇①,不肯图②。今世之士者③,尊古卑今也。贵鹄贱鸡④,鹄远而鸡近也。使当今说道深于孔、墨⑤,名不得与之同⑥;立行崇于曾、颜⑦,声不得与之钧⑧。何则?世俗之性,贱所见贵所闻也。有人于此,立义建节,实核其操⑨,古无以过。为文书者,肯载于篇籍,表以为行事乎⑩?作奇论,造新文,不损于前人⑪,好事者肯舍久远之书,而垂意观读之乎⑫?扬子云作《太玄》,造《法言》,张伯松不肯壹观⑬。与之并肩⑭,故贱其言。使子云在伯松前,伯松以为金匮矣⑮!

【注释】

①谲(jué)奇:卓异,突出。

②图:绘画。

③今世之士者:据文意,疑本句"今"字前脱"不肯图"三字。

④鹄(hú):天鹅。

⑤深:深刻,精辟。孔:孔子。墨:墨子。

⑥同：相等。

⑦立行：表现出来的操行。崇：高。曾：曾参。颜：颜回。

⑧钧：通"均"。

⑨实核：核实，考核。

⑩表：表彰。

⑪损：减，逊色。

⑫垂意：留意，留心。

⑬张伯松：张竦，西汉末年人，被王莽封为淑德侯。壹：同"一"。

⑭并肩：这里意为同时代。

⑮金匮：金属制的藏书匣，这里指十分珍贵的文献。

【译文】

　　画工喜欢画古代的人，秦汉时期的人，即使功绩操行很突出，画工也不肯画他们。不肯画当世的人，是因为画工尊古卑今的缘故。认为天鹅贵重而鸡轻贱，是因为天鹅离得远而鸡挨得近的缘故。即使现在有人论说道理比孔子、墨子还精深，名望也不可能与他们相等；表现出来的操行高过曾参、颜回，声望也不可能跟他们一样。为什么呢？因为世俗的本性就是轻视所见的事实而看重所听来的传闻。假使有人，树立起忠义的节操，考核他的操行，古人没有能超过他的。撰文写书的人，肯把他的事迹记载在书籍里，把他当作和以往的事例一样来表彰吗？他们提出奇特的论点，写出新的文章，不比古人逊色，好事的人肯舍弃时代久远的古书，而留心阅读这些文章吗？扬子云写《太玄》，著《法言》，张伯松不愿意读一下。因为他与扬子云生活在同一时代，所以就轻视扬子云的言论。假如扬子云的时代在张伯松之前，张伯松就会把他的书当作珍贵的文献了。

　　语称上世之时，圣人德优，而功治有奇①，故孔子曰："大哉，尧之为君也！唯天为大，唯尧则之②。荡荡乎民无能名焉^③！巍巍乎其有成功也^④！焕乎其有文章也^⑤！"舜承尧，不堕洪业^⑥，禹袭舜，不亏大功^⑦。其后至汤，举兵伐桀，武王把钺讨纣^⑧，无巍巍荡荡之文，而有动兵讨伐之言。盖其德劣而兵试^⑨，武用而化薄^⑩。化薄，不能相逮之明验也^⑪。及至秦、汉，兵革云扰^⑫，战力角势^⑬，秦以得天下。既得天下，无嘉瑞之美^⑭，若"叶和万国""凤皇来仪"之类^⑮，非德劣不及，功薄不若之征乎？此言妄也。

【注释】

①奇：卓越。

②则：效法。

③荡荡：形容广大的样子。名：形容，称赞。

④巍巍：形容高大的样子。

⑤焕：光辉灿烂。文章：指典章制度。引文参见《论语·泰伯》。

⑥堕（huī）：败坏。洪：大。

⑦亏：损坏。

⑧把：握，拿着。钺（yuè）：古代的一种兵器。

⑨试：使用。

⑩武用：使用武力。化：教化。薄：薄弱，差。

⑪逮（dài）：及。

⑫兵革：指战争。云扰：形容战争频繁。

⑬战力：以武力互斗。角势：较量势力强弱。角，较量。

⑭嘉瑞：祥瑞，指吉祥的征兆。

⑮叶和万国：使上万个国家和睦相处。这是歌颂尧的话，见《尚书·尧典》。叶合：同"协和"，和睦，和合，和谐。叶，同"协"，和洽，相合。凤皇来仪：凤凰来朝。这是歌颂舜的话，参见《尚

书·益稷》。来仪,来朝。仪,礼。

【译文】

　　一般说法讲到上古时代,圣人道德高尚,而治理国家又有卓越的功绩,所以孔子说:"真伟大啊,尧这样的君王! 唯有天最为高大,只有尧能够效法它。他的功德浩大无际,百姓都不知道要怎样称颂他才好! 他的功业太崇高了! 他的礼乐制度多么光辉灿烂呀!"舜继承尧,没有败坏前代的功业;禹承袭舜,没有损害前代的功绩。自此以后到了商汤,发兵讨伐夏桀,周武王高举大钺讨伐商纣,人们对他们不再用"巍巍""荡荡"这种歌颂的言辞了,却用了发兵讨伐的言辞。这是因为他们的道德比尧舜差,所以才使用武力,使用了武力教化就薄弱了。教化薄弱,就是商汤、周武王不及尧、舜的明证。到了秦代,战争频繁各国以武力相斗,较量国势的强弱,秦国得以通过武力统一了天下。即使统一了天下,但没有吉祥的征兆,就像是"使所有的诸侯国和睦相处""凤凰来朝"这一类的征兆都没有出现,这不正是道德、功绩不多,赶不上尧、舜的证明吗?这种说法太荒谬了。

　　夫天地气和即生圣人,圣人之治即立大功。和气不独在古先,则圣人何故独优! 世俗之性,好褒古而毁今,少所见而多所闻①。又见经传增贤圣之美②,孔子尤大尧、舜之功③,又闻尧、舜禅而相让④,汤、武伐而相夺,则谓古圣优于今,功化渥于后矣。夫经有褒增之文,世有空加之言⑤,读经览书者所共见也。孔子曰:"纣之不善,不若是之甚也⑥。是以君子恶居下流⑦,天下之恶皆归焉⑧。"世常以桀、纣与尧、舜相反,称美则说尧、舜,言恶则举纣、桀。孔子曰"纣之不善,不若是之甚也",则知尧、舜之德,不若是其盛也。尧、舜

之禅,汤、武之诛,皆有天命⑨,非优劣所能为,人事所能成
也。使汤、武在唐、虞,亦禅而不伐;尧、舜在殷、周,亦诛而
不让。盖有天命之实,而世空生优劣之语。经言"叶和万
国",时亦有丹水⑩;"凤凰来仪",时亦有有苗⑪。兵皆动而
并用,则知德亦何优劣而小大也⑫?

【注释】

①少:轻视,贬低。多:重视,赞扬。

②增:夸张。美:指美德。

③尤:特别。大:夸大。

④禅:禅让。让:推让。

⑤空加:凭空夸张。

⑥是:这样。

⑦是以:因此。恶(wù):厌恶。下流:这里指处于众恶所归的地位。

⑧焉:于此,指处于"下流"地位的人。引文参见《论语·子张》。

⑨天命:即"命"。王充认为这是一种决定人生死、寿夭、富贵的力
　量,具体分为寿命与禄命两种,是人在母体时就承受了天施放的
　气形成的,所以称为"天命"。参见《命义篇》。

⑩丹水:底本作"丹朱",据《儒增篇》"尧伐丹水"改。丹水,古河
　名,即今丹江,流经陕西、河南、湖北。传说尧在此与少数民族有
　过战争。

⑪有苗:传说是舜时期的一个少数民族,与舜发生过战争。

⑫而:与。

【译文】

　天地施放的气协调和谐就产生圣人,由圣人来治理天下就能建立大
的功绩。和气不只是古代才存在,那么为什么只有古代的圣人才特别好

呢？世俗的本性，喜好推崇古代而毁谤现代，轻视所见到的事实而重视
听到的传闻。又看见经传上被夸张后的贤圣的美德，孔子特别夸大了尧
和舜的功德，又听说尧禅让帝位给舜而相互推让，商汤、周武王却是通过
讨伐而与桀、纣争夺君王之位，就说古代的圣人比现在的圣人好，功业教
化比后代纯厚了。经书上有赞美夸张的文辞，世间有凭空夸大的言论，
这是读经览书的人都共同见到的。孔子说："纣王的坏，不像传说中的那
么厉害。所以君子很厌恶自己处于众恶所归的地位，因为天下的坏事都
会归到处于下流地位的人身上。"世人经常把桀、纣与尧、舜看成是相反
的人物，称美时就以尧、舜为比，贬斥时就举桀、纣为比。孔子说过"纣
王的坏，不像传说中的那么厉害"，那么就可知尧、舜的功德，也不像传
说中的那样盛大。尧、舜的禅让，商汤、周武王的诛伐，都是由天命注定
的，不是道德的好坏所能决定的，也不是人力所能做到的。假如商汤、周
武王生活在尧、舜那个时代，也会禅让而不用讨伐；尧、舜生活在殷、周时
代，同样也会诛讨而不禅让。既然是天命注定的事实，而世人却凭空捏
造出所谓道德好坏的说法。经书上说尧"使所有的诸侯国和睦相处"，
但当时也在丹水发生过战争；舜时"凤凰来朝"，但当时也发生了与有苗
的战争。既然古今帝王都用兵动武，就可以知道当今帝王与他们的道德
没有什么好坏的差别，功业也没有什么大小的不同吧？

　　世论桀、纣之恶，甚于亡秦①，实事者谓亡秦恶甚于桀、
纣②。秦、汉善恶相反，犹尧、舜、桀、纣相违也。亡秦与汉
皆在后世，亡秦恶甚于桀、纣，则亦知大汉之德不劣于唐、虞
也。唐之"万国"③，固增而非实者也④。有虞之"凤皇"⑤，
宣帝已五致之矣⑥。孝明帝符瑞并至⑦。夫德优故有瑞，瑞
钧则功不相下。宣帝、孝明如劣不及尧、舜，何以能致尧、舜
之瑞？光武皇帝龙兴凤举⑧，取天下若拾遗⑨，何以不及殷

汤、周武？世称周之成、康不亏文王之隆⑩，舜巍巍不亏尧之盛功也。方今圣朝⑪，承光武，袭孝明，有浸酆溢美之化⑫，无细小毫发之亏⑬，上何以不逮舜、禹⑭！下何以不若成、康！世见五帝、三王事在经传之上，而汉之记故尚为文书⑮，则谓古圣优而功大，后世劣而化薄矣。

【注释】

①亡秦：指秦朝。

②实事者：实事求是的人。

③万国：指上文的"协和万国"。

④固：本来。

⑤凤皇：指上文的"凤皇来仪"。

⑥宣帝：汉宣帝（前90—前49）。

⑦孝明帝：汉明帝（28—75）。符瑞：祥瑞。

⑧光武：光武帝（前6—57）。龙兴凤举：指帝王兴起。

⑨拾遗：捡起掉在地上的东西，形容极其容易。

⑩成：周成王。康：周康王。隆：指盛大的功业。

⑪方今：当今。圣朝：指当时在位的汉章帝。

⑫浸酆（fēng）：更加兴盛。浸，逐渐，更加。酆，丰盛。溢美：非常美好。

⑬亏：缺点。

⑭上：往上追溯。

⑮记故：对过去发生的事情的记载。尚为：还是。文书：指一般的档案文件，尚未整理成书。

【译文】

世人认为桀、纣的罪恶超过了秦朝，实事求是的人认为秦朝的罪恶比桀、纣更为严重。秦朝与汉朝善恶相反,如同尧、舜与桀、纣善恶相反一样。秦朝与汉朝都在后世,秦朝的罪恶超过桀、纣,也就可以知道大汉的功德不比尧、舜差。赞美唐尧"叶和万国",这一说法本来就是夸大而不符合实际的。赞美虞舜"凤皇来仪",宣帝时就已经五次招来了凤凰。明帝时祥瑞一齐出现。圣王道德高尚所以有祥瑞出现,既然祥瑞一样多,那么功业就不相上下。宣帝、明帝如果道德不好,赶不上尧、舜的话,为什么能招来与尧、舜同样的祥瑞呢?光武帝受命兴起,夺取天下就像捡起路边的东西一样容易,为什么功德比不上商汤和周武王呢?世人讲到周代的周成王和周康王没有亏损周文王创下的盛大功业,舜的品德崇高没有损害尧的盛大功业。当今章帝,继承了光武帝、明帝的事业,进行了更加兴盛美好的统治教化,没有细小如毫发的缺点,往上追溯,为什么不及舜、禹呢?往下为什么不如周成王、周康王呢?世人见到五帝、三王的事迹记载在经传上,而关于汉朝发生过的事情,还只是档案文书,人们还没有见到,就说古代的圣人道德高功业大,后代的道德不好而教化薄弱了!

卷第十九

宣汉篇第五十七

【题解】

"宣汉"即是宣扬汉代的功德。王充在《恢国篇》中说:"《宣汉》之篇,高汉于周,拟汉过周。"在《须颂篇》说:"《宣汉》之篇,论汉已有圣帝,治已太平。"可见王充作此篇的目的就是要围绕太平这一主题,宣扬汉朝已经太平从而鼓吹汉朝的功德。

汉儒认为的太平之世只存在于古代,因为古代才有"圣人",以及"河图""凤凰"这些祥瑞。王充认为"圣人"也是禀气而生的,"天之禀气,岂为前世者渥,后世者泊哉?"上天施气,古今无别,所以"圣人"古今都有,只是"世儒不知圣"。至于祥瑞,王充认为汉代祥瑞并不少,只是"帝王之瑞,众多非一","今瑞未必同于古,古应未必合于今",但是汉儒一定认为古今祥瑞是同一的,实际上是一种"守株待兔"的愚蠢行为。

王充认为社会安定,百姓安居乐业就是太平盛世的标准。根据这一标准,他将汉代与周对比,认为汉代疆域广大,四海混一,百姓安宁,所以"周不如汉"。只是汉代的史事还只是存在于档案之中,只要有"弘文之人"能够记录汉事,供学者钻研讽颂,则汉代的太平之世也会成为无法否认的事实。儒生认为汉未太平,实际上是儒生对于古代圣王与太平之世的描述过于夸大,使得其标准在世上难以实现所造成的结果。

儒者称五帝、三王致天下太平,汉兴已来^①,未有太平。彼谓五帝、三王致太平^②,汉未有太平者,见五帝、三王圣人也,圣人之德,能致太平;谓汉不太平者,汉无圣帝也,贤者之化,不能太平。又见孔子言"凤鸟不至,河不出图,吾已矣夫"^③,方今无凤鸟、河图^④,瑞颇未至悉具^⑤,故谓未太平。此言妄也^⑥。

【注释】

①已:通"以"。

②彼:他们,指儒生。

③"又见孔子言"几句:引文参见《论语·子罕》。凤鸟,凤凰,传说中象征吉祥的神鸟。河,黄河。图,传说伏羲时,黄河中有图出现,伏羲因之作八卦。汉儒认为河出图是天命,是天下太平或圣王将出的征兆。已,停止,完结。夫,表示感叹的语气词。

④方今:当今,指汉代。

⑤颇:稍微。悉具:齐备。

⑥妄:荒谬,错误。

【译文】

儒生认为五帝、三王时期治理天下至于太平,而汉代兴起以来,却未能招致太平。他们认为五帝、三王时期达到天下太平而汉代没有达到太平的原因,是由于他们认为五帝、三王是圣人,圣人的德行,可以治天下于太平;汉代不太平,是由于汉代没有圣帝的原因,贤人的教化,是不能致天下于太平的。又见孔子说过"凤鸟不飞来了,黄河中也没有图出现,我这一生可能是完了",当今没有凤鸟、河图,这些祥瑞尚未齐备,所以说汉代不太平。这种说法太荒谬了。

　　夫太平以治定为效①,百姓以安乐为符②。孔子曰:"修己以安百姓③,尧、舜其犹病诸④!"百姓安者,太平之验也。夫治人以人为主。百姓安,而阴阳和⑤;阴阳和,则万物育⑥;万物育,则奇瑞出。视今天下,安乎? 危乎? 安则平矣⑦,瑞虽未具,无害于平⑧。故夫王道定事以验⑨,立实以效⑩,效验不彰⑪,实诚不见⑫。时或实然⑬,证验不具,是故王道立事以实⑭,不必具验。圣主治世,期于平安⑮,不须符瑞⑯。

【注释】

①效:效验,这里指吉祥的征兆。

②符:符瑞,吉祥的征兆。

③修己:指君主修养本身的道德,认真尽到做君主的职责。安百姓:使百姓安居乐业。

④其:表示推测语气,相当于"大概"。犹:尚且,还。病:感到困难。诸:"之""乎"的合音。引文参见《论语·宪问》。

⑤而:则。阴阳和:指气候正常,风调雨顺。阴阳,指阴气与阳气。和,协调。

⑥育:滋生。

⑦平:太平。

⑧害:妨害。

⑨王道:先王之道,指古代圣王的治国之道。定:确定,判断。事:事实,治理国家的实际情况,此处指天下太平。验:效验,这里指祥瑞。

⑩立:确立,判断。实:事实,治理国家的实际情况,此处指天下太平。效:效验,这里指祥瑞。

⑪彰:显著。

⑫实诚：真实情况，指天下已经太平。见：同"现"。

⑬实然：确实。指天下已经太平。

⑭实：事实。

⑮期：盼望。平安：指天下太平，百姓安乐。

⑯须：盼望。

【译文】

天下太平是以社会安定作为吉祥征兆的，百姓是以安居乐业作为吉祥征兆的。孔子说："君主修养自身以使百姓安居乐业，就是尧、舜大概也还难于完全做到这一点吧！"百姓安居乐业，就是天下太平的证验。君主治理百姓，就应该以百姓为主。百姓安居乐业，就会使阴阳之气和谐；阴阳之气和谐，就能使万物滋生；万物滋生，就会有奇瑞出现。看看当今的天下，百姓是安居乐业呢？还是危惧动乱呢？既然老百姓安居乐业，那么天下就是太平的，祥瑞即使不齐备，并不妨害称当今为太平盛世。所以根据圣王之道，要用祥瑞是否出现作为判断的根据，如果祥瑞不显著，那就是天下太平的事实还没有出现。但是有时天下确实太平了，祥瑞却还不齐备，因此圣王之道又是以事实作为判断天下太平的依据，不一定要求祥瑞齐备。圣王治理天下，只是盼望天下太平，百姓安乐，并不期待符瑞的出现。

　　且夫太平之瑞，犹圣主之相也①。圣王骨法未必同②，太平之瑞何为当等③？彼闻尧、舜之时，凤皇、景星皆见④，河图、洛书皆出⑤，以为后王治天下，当复若等之物⑥，乃为太平。用心若此，犹谓尧当复比齿⑦，舜当复八眉也⑧。夫帝王圣相前后不同，则得瑞古今不等。而今王无凤鸟、河图⑨，为未太平，妄矣。孔子言凤皇、河图者，假前瑞以为语也⑩，未必谓世当复有凤皇与河图也。夫帝王之瑞，众多非一，或以凤鸟、麒麟，或以河图、洛书，或以甘露、醴泉⑪，或以阴阳和调，或以百姓乂安⑫。今瑞未必同于古，古应未必合于今⑬，遭以所得，未必相袭⑭。何以明之？以帝王兴起，命佑不同也⑮。周则乌、鱼⑯，汉斩大蛇⑰。推论唐、虞⑱，犹周、汉也。初兴始起，事效物气⑲，无相袭者。太平瑞应，何故当钧⑳？以已至之瑞，效方来之应，犹守株待兔之蹊㉑，藏身破置之路也㉒。

【注释】

①相：骨相。王充认为从一个人的相貌特征可以看出他命的好坏。参见《骨相篇》。

②骨法：骨相特征。

③等：同。

④景星：星名，指一种出没无常、形体不定的变星。汉儒将其视为祥瑞。

⑤洛书：传说禹时洛水之中有书出现，汉儒认为洛水出书是天下太平或圣王将出的征兆。

⑥若：这。等：类。

⑦比齿：即"骈齿"，牙齿不分开，长成一片。传说帝喾即是骈齿。

⑧八眉：即《骨相篇》所说的"眉八采"。传说尧的眉毛有八种颜色。

⑨而：如果。

⑩假：借用。

⑪甘露：甜的露水。醴泉：甜的泉水。

⑫乂（yì）安：太平，安定。乂，安定。

⑬应：瑞应，祥瑞。

⑭袭：沿袭。

⑮命佑:王充认为帝王禀承的是吉命,兴起时必然会遇到吉兆。祥瑞是多种多样的,而碰到的祥瑞具有偶然性,所以帝王兴起时的祥瑞各不相同。佑,福佑,这里指祥瑞。佑,底本作"祜",递修本作"佑",据改。参见《初禀篇》。

⑯乌:赤乌。鱼:白鱼。传说武王伐纣带兵渡黄河时,有一条白鱼跳入船中。渡河后,有一团火降落在他的屋顶,变成红色的乌鸦。儒生认为这是上天降下的吉兆。参见《史记·周本纪》。

⑰汉斩大蛇:传说汉高祖醉酒夜行,遇到一条大白蛇拦住道路,便将其斩断。儒生认为这是刘邦受天命的征兆。参见《史记·高祖本纪》。

⑱唐:尧。虞:舜。

⑲事:指统一天下的事业。效:功效。物气:这里泛指祥瑞。

⑳钧:通"均"。

㉑守株待兔:传说宋国有人在耕地时捡到一只撞死在树桩上的兔子,于是便放下农具,守在树桩旁边,希望再捡到撞死的兔子,结果不但没捡到,还成了宋国人讥笑的对象。参见《韩非子·五蠹》。蹊(xī):路,这里指方法。

㉒藏身破罝(jū):此典故不知出处,大意与守株待兔相近。罝,捕捉兔子的网。

【译文】

况且象征太平的祥瑞,好比是圣王的骨相。圣王的骨相特征未必都相同,象征太平的祥瑞为什么就应当相同呢?儒生听说尧、舜在位时,凤凰、景星都曾出现过,河图、洛书也都出现过,就认为以后的帝王治理天下时,也应当出现这一类的祥瑞,世间才能称为太平。依照这种想法,好比说尧应当像帝喾那样牙齿长成一片,舜也应当像尧那样眉毛有八种颜色。既然帝王的圣相前后不相同,那么他们遇到的祥瑞自然也是古今不同。如果因为当今的帝王没有遇到凤鸟、河图一类的祥瑞,便认为当今天下还没有太平,这就错了。孔子说到凤凰、河图这类东西,是要借用从前出现过的祥瑞来抒发自己的感慨,未必是说世上应当再有凤凰与河图出现。帝王遇到的祥瑞,多种多样并非一种,或许是凤鸟、麒麟,或许是河图、洛书,或许是甘露、醴泉,或许是阴阳之气调和,或许是百姓安居乐业。现在的祥瑞未必与古代的相同,古代的祥瑞未必与现在的相合,遇上什么就以什么为祥瑞,古今不一定相沿袭。用什么证明这一点呢?用帝王兴起时,遇到的祥瑞各不相同就可以证明。周武王遇到赤乌、白鱼,高祖则斩白蛇。推论唐尧、虞舜时的祥瑞,也应当如同周和汉的祥瑞不相承袭一样。帝王刚刚兴起的时候,象征着其统一天下的祥瑞,没有沿袭前代的。那么象征天下太平的祥瑞,为何要相同呢?用已经出现过的祥瑞作为标准,去规定将来出现的祥瑞,要求它们必须相同,这就与"守株待兔""藏身破置"一样不知变通了。

天下太平,瑞应各异,犹家人富殖①,物不同也。或积米谷,或藏布帛,或畜牛马,或长田宅②。夫乐米谷不爱布帛,欢牛马不美田宅③,则谓米谷愈布帛④,牛马胜田宅矣。今百姓安矣,符瑞至矣,终谓古瑞河图、凤皇不至⑤,谓之未安,是犹食稻之人入饭稷之乡⑥,不见稻米,谓稷为非谷也。实者,天下已太平矣。"未有圣人,何以致之?未见凤皇,何以效实?"问世儒不知圣⑦,何以知今无圣人也?世人见凤皇,何以知之?既无以知之,何以知今无凤皇也?委不能知有圣与无⑧,又不能别凤皇是凤与非,则必不能定今太平与未平也。

【注释】

①家人:百姓。富殖:富裕。

②长（zhǎng）：增长，添置。

③欢：喜欢。美：羡慕。

④愈：胜过。

⑤终：竟。

⑥是：这。食：吃。稷（jì）：黍类，谷子。乡：地区。

⑦问：对上述议论的责问。世儒不知圣：王充认为儒生既不能识别圣人，也不能识别祥瑞。知，识别。参见《讲瑞篇》。

⑧委：确实。

【译文】

天下太平，出现的祥瑞各不相同，就如同百姓发财致富，收藏的财物各不相同。有的积蓄米谷，有的收藏布帛，有的畜养牛马，有的添置田宅。喜欢米谷的不喜欢布帛，喜欢牛马的不美慕田宅，就会说米谷胜过布帛，牛马胜过田宅了。当今百姓安乐，符瑞也已经出现，竟然还说古时的祥瑞河图与凤凰没有到来，认为天下还未太平，这就好比习惯吃稻米的人去到吃谷子的地区，没有看见稻米，就认为稷不属于谷类不能果腹一样。实际上，天下已经太平了。有人问："世间没有圣人，怎么能致天下于太平呢？没有见到凤凰，怎么能证明天下已经太平呢？"质问儒生，他们并不能识别圣人，凭什么知道当今世上没有圣人呢？一般人见到了凤凰，又怎么能识别它呢？既然不能识别它，凭什么知道当今没有凤凰呢？既然确实不能识别有没有圣人，又不能识别凤凰是不是凤凰，那么必然不能确定当今天下是太平还是不太平了。

孔子曰："如有王者，必世然后仁①。"三十年而天下平。汉兴，至文帝时二十余年②，贾谊创议③，以为天下洽和④，当改正朔、服色、制度⑤，定官名，兴礼乐。文帝初即位，谦让未遑⑥。夫如贾生之议⑦，文帝时已太平矣。汉兴二十余年,应孔子之言"必世然后仁"也^⑧。汉一代之年数已满^⑨,太平立矣,贾生知之。况至今且三百年^⑩,谓未太平,误也。且孔子所谓一世^⑪,三十年也。汉家三百岁,十帝耀德^⑫,未平如何? 夫文帝之时,固已平矣^⑬,历世持平矣^⑭。至平帝时^⑮,前汉已灭,光武中兴^⑯,复致太平。

【注释】

①世:三十年为一世。引文参见《论语·子路》。

②文帝:汉文帝。

③创议:首先建议。

④洽和:协和,太平。

⑤改正朔:古代新王朝建立时,要颁布新的历法。正朔,正月初一。正,指正月。朔,指每月初一。服色:指一个王朝推崇的颜色,主要表现在帝王使用的车马、服饰与器物上。按天人感应的观念,改朝换代的时候一定要改变服色,表示新王朝是受命于天。

⑥未遑(huáng):没有时间顾及,来不及。遑,闲暇,空闲。

⑦如:按照。

⑧应:适应,符合。

⑨代:据文意,疑当作"世"字。

⑩且:将近。

⑪且:况且。

⑫十帝:汉朝从高祖到章帝,实际已经有十四位皇帝,这里以三十年为一世,举其大数。耀德:功德显耀。

⑬固:本来。

⑭持:持守,维持。平:太平。

⑮平帝:汉平帝。

⑯光武中兴：指刘秀建立东汉。光武，光武帝。中兴，一个王朝衰败之后再度复兴。

【译文】

孔子说："如果有圣人兴起治理天下，必须经过三十年才能使仁政大行。"经过三十年天下就可以太平了。自汉朝兴起，到文帝时已经二十多年了，贾谊首先建议，认为天下太平，应改正朔，变服色与各种制度，确定官爵名称，兴立礼乐朝仪。文帝刚即位，谦逊推让，说还来不及顾到这些改革。按照贾谊的建议，文帝时就已经天下太平了。汉朝兴建二十多年，正应孔子"必须经过三十年才能使仁政大行"的话。文帝时，汉朝立国三十年的年数已满，太平的局面已经形成，贾谊是清楚这一点的。何况汉朝建立至今已将近三百年了，说天下还未太平，这就错了。况且孔子所说的一世，是三十年。汉家天下已经历了三百年，十位皇帝功德显耀，说天下还没有太平，怎么行呢？文帝的时候，就已经天下太平了，此后历代帝王都维持了太平的局面。到了平帝时，前汉已经灭亡，光武中兴汉朝，再次致天下于太平。

问曰："文帝有瑞，可名太平①，光武无瑞，谓之太平，如何？"曰：夫帝王瑞应，前后不同。虽无物瑞，百姓宁集②，风气调和，是亦瑞也。何以明之？帝王治平，升封太山③，告安也④。秦始皇升封太山，遭雷雨之变⑤，治未平，气未和。光武皇帝升封，天晏然无云⑥，太平之应也，治平气应。光武之时，气和人安，物瑞等至⑦。人气已验⑧，论者犹疑。孝宣皇帝元康二年⑨，凤皇集于太山，后又集于新平⑩。四年，神雀集于长乐宫⑪，或集于上林⑫，九真献麟⑬。神雀二年⑭，凤皇、甘露降集京师⑮。四年，凤皇下杜陵及上林⑯。五凤三年⑰，帝祭南郊⑱，神光并见，或兴子谷⑲，烛耀斋宫⑳，十有余刻㉑。明年，祭后土㉒，灵光复至，至如南郊之时。甘露、神雀降集延寿、万岁宫㉓。其年三月，鸾凤集长乐宫东门中树上㉔。甘露元年㉕，黄龙至，见于新丰㉖，醴泉滂流㉗。彼凤皇虽五六至，或时一鸟而数来㉘，或时异鸟而各至。麒麟、神雀、黄龙、鸾鸟、甘露、醴泉，祭后土天地之时，神光灵耀，可谓繁盛累积矣㉙。孝明时虽无凤皇㉚，亦致麟、甘露、醴泉、神雀、白雉、紫芝、嘉禾㉛，金出鼎见㉜，离木复合㉝。五帝、三王，经传所载瑞应㉞，莫盛孝明。如以瑞应效太平，宣、明之年倍五帝、三王也。夫如是，孝宣、孝明可谓太平矣。

【注释】

①名：称。

②宁集：安定。

③升封太山：古代君主去泰山祭天叫"封"，在泰山下的梁父山祭地叫"禅"。升，登。封，封禅。太山，即泰山。

④告：祭告上天。

⑤变：灾变。上事参见《史记·秦始皇本纪》。

⑥晏：晴朗。然：这里用作词尾，表示状态。

⑦等：表示复数。

⑧人：指"人安"。气：指"气和"。

⑨孝宣皇帝：汉宣帝。元康二年：前64年。元康，汉宣帝年号，前65—前62年。

⑩新平：古地名，在今陕西彬州。

⑪神雀：传说中的神鸟。长乐宫：在今陕西西安西北郊汉长安故城东南隅。

⑫上林：指上林苑，秦汉时期供皇帝游猎的园林，在今陕西西安以西

至鄠邑区、周至一带。

⑬九真:郡名。汉元鼎六年(前111)置,治所胥浦(今越南北部清化西北)。麟:麒麟。

⑭神雀二年:前60年。神雀,即"神爵",汉宣帝年号,前61—前58年。

⑮京师:指长安。

⑯杜陵:县名。西汉元康元年(前65),以杜县改名,故治在今陕西西安东南。

⑰五凤三年:前55年。五凤,汉宣帝年号,前57—前54年。

⑱南郊:古代天子在都城的南郊祭天。

⑲子:疑为"于"字之讹,形近而误。谷:山谷。

⑳烛:照。斋宫:帝王祭祀之前举行斋戒(指忌荤腥、戒酒、沐浴更衣等)的地方。

㉑刻:底本作"日",据《汉书·宣帝纪》改。刻,古代计时单位,一昼夜分为一百刻。

㉒后土:指土地神。

㉓延寿:指延寿宫,在今陕西淳化西北甘泉山上。万岁宫:在今陕西万荣西南。

㉔鸾(luán):鸾鸟,传说中凤凰的一种。

㉕甘露元年:前53年。甘露,汉宣帝年号,前53—前50年。

㉖新丰:县名。西汉置,治所在今陕西临潼东北。

㉗滂流:涌流,这里形容流量极大。

㉘或时:或许。

㉙累积:堆积,层出不穷。

㉚孝明:汉明帝(28—75),57—75年在位。

㉛白雉:白色的野鸡。紫芝:紫色的灵芝草。

㉜金出:指汉明帝时濂湖中发现十余斤黄金。鼎见:汉明帝时,在庐江郡挖出了一个铜鼎。鼎,古代煮东西用的三足两耳器物,后用

作礼器。上事参见《后汉书·明帝纪》以及本书《验符篇》。

㉝离木复合：伸出去的树枝又长回到树干上。参见《指瑞篇》。

㉞经传：这里泛指书籍。经，指经书。传，指经书以外的或者解释经书的著作。

【译文】

有人问道："文帝时有祥瑞出现，天下可称为太平，光武帝时没有祥瑞出现，称天下为太平，怎么行呢？"回答说：帝王得到的祥瑞，古今历代都不相同。即使没有具体的祥瑞出现，但是百姓安居乐业，风调雨顺，这些也都可认为是祥瑞。用什么证明这一点呢？帝王治理天下达到太平后，就要登泰山封禅，向上天报告天下已经太平。秦始皇上泰山封禅，遇到了雷雨的异变，是因为天下还没有治理到太平的阶段，阴阳之气尚未调和。光武帝登泰山封禅，天气晴朗万里无云，这就是天下太平的应验，天下太平，和气就自然与太平相应和。光武帝的时候，阴阳之气调和，百姓安居乐业，祥瑞都开始出现。"人安""气和"都已应验，然而论事的人却还不肯相信。宣帝元康二年，凤凰停落在泰山上，后来又停落在新平。元康四年，神雀停落在长乐宫，有的停落在上林苑，同时九真郡进献麒麟。神爵二年，凤凰、甘露降落在京城长安。神爵四年，凤凰落在杜陵县及上林苑。五凤三年，汉宣帝在南郊祭天，神光一齐出现，有的出现在山谷中，照耀斋宫达十余刻。第二年，宣帝祭祀土地神，灵光再次出现，情形和在南郊祭天时一样。同时，甘露、神雀降落在延寿宫和万岁宫。这年三月，鸾凤停落在长乐宫东门中间的树上。甘露元年，黄龙来到，出现在新丰，同时，醴泉涌流不息。那些凤凰虽然来了五六次，或许是同一只凤凰来了几次，或许是不同的凤凰分别到来。麒麟、神雀、黄龙、鸾鸟、甘露、醴泉先后出现，祭祀土地神和天地的时候，神光显灵照耀，可以说是祥瑞繁盛层出不穷了。明帝时候，虽然没有出现凤凰，也招致了麒麟、甘露、醴泉、神雀、白雉、紫芝、嘉禾、漅湖出黄金，庐江郡挖出铜鼎，长出去的树枝又收回到树干上。五帝、三王时代，经传上所记载的祥瑞，没有一个能比明帝更多的。如果以祥瑞来判断天下是否太平，那么宣帝、明帝时的瑞应已多过五帝、三王一倍了。如果是这样，宣帝、明帝时可以称作天下太平了。

　　能致太平者，圣人也，世儒何以谓世未有圣人？天之禀气①，岂为前世者渥②，后世者泊哉③？周有三圣，文王、武王、周公④，并时猥出⑤。汉亦一代也，何以当少于周？周之圣王，何以当多于汉？汉之高祖、光武⑥，周之文、武也。文帝、武帝、宣帝、孝明、今上⑦，过周之成、康、宣王。非以身生汉世⑧，可褒增颂叹⑨，以求媚称也⑩。核事理之情⑪，定说者之实也⑫。俗好褒远称古，讲瑞上世为美⑬，论治则古王为贤，睹奇于今，终不信然。使尧、舜更生⑭，恐无圣名。

【注释】

①禀气：天赋的气性。禀，供给。

②渥（wò）：厚，多。

③泊：通"薄"，少。

④文王：周文王。武王：周武王。

⑤并时：同时。猥（wěi）出：纷纷出现。猥，众，多。

⑥高祖：汉高祖。

⑦今上：指汉章帝。

⑧身：自己。

⑨褒增：夸大。颂叹：称赞。

⑩媚：喜爱，宠幸。称：赞赏。

⑪核：考察。

⑫定：判断。

⑬讲瑞上世为美：据下文"论治则古王为贤"，疑本句"上"字前脱
一"则"字。

⑭更生：再生。

【译文】

能够招致太平的，是圣人，儒生凭什么说当代没有圣人呢？上天禀
授的气，难道会给前代的人多些，后代的人就少些吗？周代有三位圣人，
周文王、周武王和周公旦，他们同时出现。汉朝也是一个朝代，为什么圣
人少于周代呢？周代的圣王，为什么多于汉代呢？汉代的高祖、光武，可
与周代的文王、武王相比。文帝、武帝、宣帝、明帝以及当今皇上，都超过
了周代的成王、康王和宣王。并不是因为自己生活在汉代，就随意夸大
赞美汉代，以博得君王的宠幸、赞赏啊。是为了考察事理的真情，判断论
者所说的实际情况。世俗喜好赞美称颂远古时代，说祥瑞就认为古代的
为好，论治理天下就认为古代的帝王贤明，见到当今卓绝的帝王，始终不
相信其为圣君。即使尧、舜生于当今，恐怕也不会获得圣王之名。

　　猎者获禽①，观者乐猎，不见渔者，之心不顾也②。是故
观于齐不虞鲁③，游于楚不欢宋。唐、虞、夏、殷同载在二尺
四寸④，儒者推读⑤，朝夕讲习，不见汉书，谓汉劣不若⑥。亦
观猎不见渔，游齐、楚不愿宋、鲁也⑦。使汉有弘文之人⑧，
经传汉事，则《尚书》《春秋》也。儒者宗之⑨，学者习之，将
袭旧六为七⑩，今上上王至高祖皆为圣帝矣⑪。观杜抚、班
固等所上汉颂⑫，颂功德符瑞，汪濊深广⑬，滂沛无量，逾唐、
虞⑭，入皇域⑮，三代隘辟⑯，厥深洿沮也⑰。

【注释】

①禽：泛指禽兽。

②之：其。

③虞：通"娱"，喜欢。

④载：记载。二尺四寸：汉代经书书写在二尺四寸长的竹简上。

⑤推读：认真研读。推，推求。

⑥若：等同。

⑦愿：羡慕。

⑧弘文之人：学识渊博，擅长写文章的人。

⑨宗：尊崇。

⑩袭：承袭，继续。六：六经，指《易》《书》《诗》《礼》《乐》《春秋》。

⑪王：疑为衍文。

⑫杜抚：字叔和，东汉人，以门徒众多著称。班固（32—92）：东汉学
　者。擅长辞赋，著有《汉书》。汉颂：指歌颂汉代功德的赋。

⑬汪濊（huì）深广：形容帝王的功德深厚。汪濊，形容水又深又广。

⑭逾：超过。

⑮皇：指三皇。

⑯隘：狭隘。辟：偏僻，鄙陋。

⑰厥：其，指夏、商、周三代。洿（wū）：污秽。沮（jù）：沮洳（rù），低
　湿地带。

【译文】

　　打猎的人捕获了猎物，旁观的人就对打猎感兴趣，这是由于没有看
到捕鱼的人，观者的心理就不会向往捕鱼。所以在齐国观光就不会喜欢
鲁国，在楚国游览就不会喜欢宋国。尧、舜、夏、殷的事情都记载在经书
上，读书人认真钻研，早晚互相讨论学习，由于经书上看不到有关于汉代
的记载，就说汉代不好，比不上尧、舜、夏、殷几代。就像观看打猎没有看
见捕鱼，游览齐国、楚国就不喜欢宋国、鲁国一样。假使汉代有擅长写文
章的人，把汉代的历史写成经传，那就会和《尚书》《春秋》一样受重视
了。读书人尊崇它，学者研习它，将会接续原来的六经而成为七经，从当

今的皇帝往上推到高祖,他们都是圣王。看杜抚、班固等献上的歌颂汉代功德的辞赋,颂扬汉代的功德与祥瑞,都表明汉代帝王的功德像汪洋一样又深又广,像急流一样永无止息,超过了尧、舜时代,可以与三皇相提并论了,夏、商、周三代与汉相比也显得很浅陋,他们功德的深度只不过像低洼的泥塘罢了。

　　殷监不远①,在夏后之世②。且舍唐、虞、夏、殷③,近与周家断量功德④。实商优劣⑤,周不如汉。何以验之?周之受命者文、武也,汉则高祖、光武也。文、武受命之降怪⑥,不及高祖、光武初起之祐;孝宣、明之瑞⑦,美于周之成、康、宣王。孝宣、孝明符瑞,唐、虞以来,可谓盛矣。今上即命⑧,奉成持满⑨,四海混一⑩,天下定宁。物瑞已极⑪,人应订隆⑫。唐世黎民雍熙⑬,今亦天下修仁⑭,岁遭运气⑮,谷颇不登⑯,迥路无绝道之忧⑰,深幽无屯聚之奸⑱。周家越常献白雉⑲,方今匈奴、鄯善、哀牢贡献牛马⑳。周时仅治五千里内,汉氏廓土㉑,收荒服之外㉒。牛马珍于白雉,近属不若远物㉓。古之戎狄㉔,今为中国;古之裸人㉕,今被朝服㉖;古之露首,今冠章甫㉗;古之跣跗㉘,今履商舄㉙。以盘石为沃田㉚,以桀暴为良民㉛,夷坎坷为平均㉜,化不宾为齐民㉝,非太平而何?夫实德化则周不能过汉㉞,论符瑞则汉盛于周,度土境则周狭于汉㉟,汉何以不如周?独谓周多圣人,治致太平!儒者称圣泰隆㊱,使圣卓而无迹㊲;称治亦泰盛,使太平绝而无续也。

【注释】

①监:通"鉴",借鉴。

②夏后之世:夏朝。后,君主。上文参见《诗经·大雅·荡》。

③且:姑且。舍:抛开。

④周家:周代。断量:衡量。

⑤商:商榷,评定。

⑥降:降临,出现。怪:怪异,指祥瑞。

⑦孝宣、明之瑞:本句"明"字前疑脱一"孝"字。

⑧即命:即位。

⑨奉成持满:形容继承了前代功业,各方面都非常完善。奉,捧。
　持,握。

⑩混一:统一。

⑪已极:已经多到极点。

⑫人应:表现在人事方面的瑞应,指上文的"人安"。订:并,均。
　隆:兴隆,旺盛。

⑬黎民:庶民,百姓。雍熙:谓和乐升平。雍,和睦。熙,融洽。

⑭修仁:讲求仁义道德。修,讲求。

⑮运气:指自然运行的灾害之气,即《恢国篇》中的"无妄气"。运,
　运行。

⑯不登:歉收。登,成熟。

⑰迥(jiǒng):边远。

⑱深幽:指偏僻的地方。屯聚:聚集。奸:坏人。

⑲越常:亦作"越裳"或"越尝",周时南方少数民族。献:进贡。

⑳匈奴:汉代北方少数民族。鄯(shàn)善:汉代西北少数民族建立
　的国家,在今新疆东南部。哀牢:汉代西南少数民族建立的国家,
　在今云南西部。

㉑廓(kuò):扩大,开拓。

㉒收：疑为"牧"字之讹，据本书《别通篇》言"汉世廓土，牧万里之外"。牧，治理，控制。荒服：据《尚书·禹贡》记载，古代统治者以王都为中心，把王都以外的地区按远近分为甸服、侯服、绥服、要服、荒服，称为五服。"服"意为应尽的义务。荒服最远，这里指边远地区。

㉓属（zhǔ）：托付，缴纳。

㉔戎狄：古代汉族对西北少数民族的称呼。

㉕裸人：指文明落后，还不具备穿衣条件的民族。

㉖被（pī）：同"披"，穿。朝服：朝见皇帝时穿的礼服。

㉗冠：戴。章甫：一种成年男子戴的帽子。

㉘跣跗（xiǎn fū）：赤脚。跣，赤脚。跗，脚背。

㉙履：穿鞋。商：据文意，疑为当作"高"字之讹。舄（xì）：厚底鞋。

㉚盘石：扁而厚的大石，这里指石头地。

㉛桀暴：强悍不驯。

㉜夷：铲平。坎坷：高低不平的土地。

㉝不宾：不臣服，不归顺。宾，臣服。齐民：平民，百姓。

㉞实：根据事实判断。

㉟度（duó）：估量，计算。

㊱泰：过分。

㊲卓：卓越，高超。无迹：无法仿效。迹，追寻踪迹。

【译文】

《诗经》上说：殷代的借鉴不必到很远的时代去寻找，在夏代可以找到。姑且抛开尧、舜、夏、殷几代不谈，就近和周代比较功德。实事求是地评定优劣，周代比不上汉代。用什么来证明这一点呢？周代的受命之主是周文王和周武王，汉代则是高祖和光武帝。周文王和周武王受命时出现的祥瑞，赶不上高祖和光武帝兴起时出现的祥瑞；宣帝和明帝时出现的祥瑞，好于周代成王、康王、宣王时代。宣帝和明帝时出现的祥瑞，从尧、舜以来,可以说是最盛的了。当今皇帝即位,继承前代的功业,各方面都很完善,天下统一,国泰民安。祥瑞的出现已经达到了极盛,表现在人事上的瑞应也同样兴盛。唐尧时代百姓和睦融洽,当今天下同样讲求仁义道德,虽然有的年岁遇上了灾害之气,谷物略有歉收,可是出远门没有被拦路抢劫的忧虑,偏僻的地方也没有坏人聚集。周代有越常进贡白野鸡,当今有匈奴、鄯善、哀牢贡献牛马。周朝所统辖的区域范围不超过五千里,汉朝开拓疆域,最边远的荒服之外也能够控制到。牛马比白野鸡珍贵,近处的贡品不如远方的贡物珍贵。古代西北的戎狄,现在已经服从教化变为了中国人;古代不穿衣服的少数民族,现在已经穿上了朝服;古代光着头的民族,现在戴上了帽子;古代赤足的民族,现在穿上了厚底鞋。将沙石地开垦成肥沃的农田,把强悍不驯的人教化成良民,把高低不平的土地铲为平地,教化不臣服的人成为归顺的良民,这不是天下太平的景象又是什么呢?依据事实判断,在道德教化方面则周代不可能超过汉代,若讲到祥瑞的出现则汉代比周代兴盛,估量国土面积则周代比汉代狭小,汉代为什么不如周代呢?偏说周代圣人多,治理天下达到太平。儒生称颂圣人过高,使得圣人卓越到无法被仿效;称颂天下太平也太过分,使得太平之世断绝而无法延续下去。

恢国篇第五十八

【题解】

　　本篇旨在论述汉代的功德超过了五帝、三王。题目《恢国》,是弘扬汉朝功德之意。王充在《须颂篇》中写道,"《宣汉》之篇,论汉已有圣帝,治已太平。《恢国》之篇,极论汉德非常,实然乃在百代之上",即是说《恢国篇》是对汉代的功业进一步展开论述,以驳斥汉儒厚古薄今的观念。

　　王充认为汉代的国力与功德远超以往各代,在疆域的扩大,周边民族的归顺方面,都是前所未有的功业。并认为汉朝皇帝对罪人、仇敌也极端宽恕,施以恩德。即使是在遭受重大灾难的时候,也能"以危为宁,以困为通",前代所不能比。王充将汉代提升到了高于历代圣王的地位,这与当时普遍将汉代延续入历代圣王谱系以宣扬汉朝功德的做法相比,显得十分特别。

　　颜渊喟然叹曰①:"仰之弥高②,钻之弥坚③。"此言颜渊学于孔子,积累岁月,见道弥深也。《宣汉》之篇,高汉于周,拟汉过周④,论者未极也⑤。恢而极之⑥,弥见汉奇⑦。夫经熟讲者⑧,要妙乃见⑨;国极论者,恢奇弥出⑩。恢论汉国,在百代之上,审矣⑪。何以验之?

【注释】

①颜渊:孔子学生。喟(kuì)然:感叹、叹息貌。

②仰:仰慕。之:代词,指孔子的学问。弥:更加,越。

③钻:钻研。坚:结实,艰深。引文参见《论语·子罕》。

④拟:比拟。

⑤论者:论述的人,指王充本人。极:尽。

⑥恢:弘大,这里指充分发挥。

⑦奇:杰出的功业。

⑧经:指经书。者:语助词。

⑨要妙:精妙的道理。

⑩恢奇:杰出。

⑪审:清楚,明白。

【译文】

颜渊感叹说:"仰慕老师的学问崇高无比,越钻研就越觉得高深。"这是说颜渊向孔子学习,经过长时间的积累钻研,对于道的认识就更加深刻了。《宣汉篇》把汉代的地位放在周代之上,把汉代比拟得超过了周代,但论述的人还没有把话说得透彻。如果充分论述把话说尽,就更能看到汉代功业的杰出。将经书反复熟读,其中精微的道理才能被发现;对一个朝代越是充分论述,它的杰出之处才能显著地体现出来。对汉代的优越性充分加以论述,那么它的地位处在百代之上,这一点便非常清楚了。怎样来证明这一点呢?

黄帝有涿鹿之战①;尧有丹水之师②;舜时有苗不服③;夏启有扈叛逆④;高宗伐鬼方⑤,三年克之⑥。周成王管、蔡悖乱⑦,周公东征。前代皆然,汉不闻此。高祖之时⑧,陈狶反⑨,彭越叛⑩,治始安也。孝景之时⑪,吴、楚兴兵⑫,怨晁错也[13]。匈奴时扰[14]，正朔不及[15]，天荒之地[16]，王功不加兵[17]，今皆内附[18]，贡献牛马。此则汉之威盛，莫敢犯也。

【注释】

① 黄帝有涿鹿之战：传说黄帝曾与蚩尤在涿鹿山附近交战。涿鹿，古山名，在今河北涿鹿东南。参见《史记·五帝本纪》。

② 尧有丹水之师：传说尧曾在丹水流域与南方的少数民族交战。丹水，古河名，即今丹江，由陕西东南流经河南，至湖北入汉水。参见《吕氏春秋·召类》。

③ 舜时有苗不服：传说舜曾派兵攻打有苗。有苗，古代南方的部族。有，词头，无义。参见《荀子·议兵》。

④ 夏启有扈（hù）叛逆：传说启即帝位，有扈不满，启兴兵攻打有扈。启，禹的儿子，夏朝君主。有扈，有扈氏，古国名，在今陕西铜川至西安鄠邑区一带。参见《史记·夏本纪》。

⑤ 高宗：商朝君主武丁。鬼方：商代西北方的一个部族，在今陕西西北部、山西北部以及内蒙古一带。

⑥ 克：战胜，消灭。

⑦ 管、蔡悖（bèi）乱：据《史记·周本纪》记载，周成王时，管、蔡二人因不满周公摄政，勾结纣王的儿子武庚叛乱，后周公东征，将其平定。管、蔡，指管叔与蔡叔，周成王的两个叔父。悖乱，叛乱。

⑧ 高祖：汉高祖。

⑨ 陈狶（xī，？—前196）：即陈豨（xī），西汉初赵王张敖的相，后起兵反叛，被刘邦镇压。

⑩ 彭越（？—前196）：原是项羽的部下，后归附刘邦，被封为梁王，后因谋反被镇压。

⑪ 孝景：汉景帝（前188—前141），前157—前141年在位。

⑫ 吴、楚兴兵：据《史记·吴王濞列传》记载，景帝时吴王濞、楚王戊

  勾结其他诸侯国叛乱,被迅速平定。吴、楚,西汉时分封的两个同姓诸侯王国。

⑬怨:怨恨,不满。晁错:景帝时任御史大夫,建议减少或取消诸侯王的封地,借以巩固加强中央集权,引起诸侯王不满,被陷害而死。

⑭匈奴:汉代北方少数民族。

⑮正朔:正月初一。古代新王朝建立时,要颁布新的历法,重新确定每年的岁首,叫"定正朔"。因遵从一个政权的历法,成为对该政权表示臣服的标志。正,指正月。朔,指每月初一。及:达到。

⑯天荒:边远荒僻。

⑰加兵:使用武力。

⑱内附:归顺。

【译文】

  黄帝与蚩尤交战于涿鹿山;尧时在丹水流域兴师;舜时派兵征服有苗;夏启时有扈氏发生叛乱;殷高宗讨伐鬼方,三年才征服它。周成王时管叔、蔡叔发动叛乱,周公为平叛而东征。前代都发生了这一类的事情,唯有汉朝没有听说过有这类事情发生。高祖时,虽然有陈豨举兵反汉,彭越策划谋反,但这是因为汉朝统治刚刚安定下来的缘故。景帝时,虽有吴、楚七国之乱,但这是因为诸侯王怨恨晁错的缘故。过去匈奴经常侵扰边境,不奉行汉朝历法,那些边远荒僻的地区,君王建功立德并没有使用武力去征伐他们,现在全都归顺了汉朝,向汉朝贡献牛马。这是因为汉朝的威力盛大,没有谁敢来侵犯的缘故。

  纣为至恶①,天下叛之。武王举兵②,皆愿就战③,八百诸侯,不期俱至④。项羽恶微,号而用兵⑤,与高祖俱起,威力轻重,未有所定,则项羽力劲⑥。折铁难于摧木⑦,高祖诛项羽,折铁;武王伐纣,摧木。然则汉力胜周多矣。

【注释】

①至：最。

②举兵：起兵。

③就战：参战。

④期：约会。

⑤而（néng）：通"能"，能够，善于。

⑥劲：强。

⑦摧：折断。

【译文】

　　殷纣王罪大恶极，天下人都背叛了他。周武王起兵讨伐他，各诸侯国都自愿参战，八百诸侯事先并没有约定便都来了。项羽的罪恶比纣轻微，号称善于用兵打仗，与高祖同时起兵，当时群雄声威的大小，力量的强弱，还没有形成定局，而项羽的势力要稍强些。折铁比断木困难，高祖消灭项羽，好比折铁；周武王讨伐纣王，好比断木。这样说来汉朝的威力大大超过了周代。

　　凡克敌①，一则易，二则难。汤、武伐桀、纣，一敌也；高祖诛秦杀项，兼胜二家，力倍汤、武。武王为殷西伯②，臣事于纣，以臣伐周③，夷、齐耻之④，扣马而谏⑤，武王不听，不食周粟，饿死首阳⑥。高祖不为秦臣⑦，光武不仕王莽，诛恶伐无道，无伯夷之讥⑧，可谓顺于周矣。

【注释】

①凡：大凡，一般来说。

②西伯：西方诸侯的首领。

③周：据文意，疑作"君"字。

④夷、齐:指伯夷、叔齐,殷商末年人。以武王伐纣是以臣反君,因反
　对武王,殷商灭亡后,不肯吃周朝的粮食,饿死在首阳山。参见
　《史记·伯夷叔齐列传》。

⑤扣马而谏:牵住马笼头不放,极力劝阻前行。扣,牵住。

⑥首阳:古山名,在今山西永济南。

⑦为:做。

⑧讥:规劝。

【译文】

　　一般说来,战胜一个敌人容易,战胜两个敌人就困难。成汤、周武王
分别讨伐夏桀、殷纣,战胜的只是一个敌人;高祖灭亡秦朝消灭项羽,是
同时战胜两个敌人,所以说高祖的力量超过成汤、周武王一倍。周武王
本是殷代西方诸侯的领袖,以臣子的身份侍奉纣王,作为一个臣子而去
讨伐君王,伯夷、叔齐认为这是可耻的,牵住周武王的马进行规劝,周武
王不听他们的劝告,因此他们不吃周朝的粮食,饿死在首阳山上。高祖
不是秦朝的臣子,光武帝没有在王莽的手下做官,他们诛杀的是恶人,讨
伐的是无道的君王,没有伯夷这类人来规劝,可以说比周武王讨伐纣更
名正言顺了。

　　丘山易以起高①,渊洿易以为深②。起于微贱,无所
因阶者难③;袭爵乘位④,尊祖统业者易。尧以唐侯入嗣帝
位⑤,舜以司徒因尧授禅⑥,禹以司空缘功代舜⑦,汤由七十
里,文王百里,武王为西伯⑧,袭文王位。三郊五代之起⑨,
皆有因缘,力易为也。高祖从亭长提三尺剑取天下⑩,光
武由白水奋威武帝海内⑪。无尺土所因,一位所乘,直奉天
命⑫,推自然。此则起高于渊洿,为深于丘山也。比方五代,
孰者为优⑬?

【注释】

①起高:增高。

②渊:潭。洿(wū):指停滞不流的水。

③因:依靠。阶:阶梯,指凭借。

④乘:因,凭借。

⑤唐侯:指尧,传说尧在当君主前被封于唐地。唐,古地名,在今山
　西临汾一带。嗣:继承。

⑥司徒:古代管理人事的大臣。因:凭借,通过。禅:以帝位让人。

⑦司空:古代管理营造的大臣。缘:因,凭借。功:指禹治水的功绩。
　代:接替。

⑧为西伯:疑此三字应在"文王百里"后。《文选·石阙铭》注引《论
　衡》文作:"文王百里为西伯,武王袭文王位。"

⑨三郊:据《礼记·祭法》记载,舜与夏、商、周都举行郊祭,这里的"三
　郊",可能是指夏、商、周三代,也可能与下文的"五代"是一个意思。
　郊,古代帝王在都城南面祭天叫"郊"。五代:指尧、舜、夏、商、周。

⑩亭长:秦代的地方小吏。

⑪白水:白水乡,又叫"春陵乡",在今湖北枣阳南,是刘秀的家乡,
　当时属于南阳郡蔡阳县。帝:底本无,《艺文类聚》卷十二引《论
　衡》文"海"前有一"帝"字,据补。

⑫直:仅仅,只不过。

⑬孰:谁,哪一个。

【译文】

　　在山丘上就容易到达更高的地方,在潭池底就容易到达更深的地
方。出身微贱毫无依靠凭借的人,要取得天下就很难;承袭封爵,凭借官
位,尊奉继承祖先基业的人取得天下就容易。尧以唐侯的身份继承了帝
位,舜以司徒的官位接受尧的禅让,禹以司空的职位凭借治水的功绩接
替舜当了君王,商汤从七十里的辖地起家,周文王从百里的封地发展,是

西方诸侯的首领，武王继承了文王的爵位，凭此取得天下。尧、舜、夏、商、周，都有所承袭和凭借，他们取得天下是人力所容易做到的。汉高祖从一个亭长手提三尺剑夺取天下，光武帝从白水乡奋发威力而一统海内。他们没有一寸封地可以因袭，没有一官半职可以凭借，仅仅是接受天命，顺其自然而最终成功。这就好比从潭池的底下往上加高，从山丘上去向下挖深。和唐、虞、夏、商、周五代相比，谁的条件更优越呢？

传书或称武王伐纣①，太公《阴谋》食小儿以丹②，令身纯赤，长大，教言"殷亡"。殷民见儿身赤，以为天神，及言"殷亡"，皆谓商灭③。兵至牧野④，晨举脂烛⑤。奸谋惑民，权掩不备⑥，周之所讳也⑦，世谓之虚。汉取天下，无此虚言。《武成》之篇⑧，言周伐纣，血流浮杵⑨。以《武成》言之，食儿以丹，晨举脂烛，殆且然矣⑩。汉伐亡新⑪，光武将五千人，王莽遣二公将三万人⑫，战于昆阳⑬，雷雨晦冥⑭，前后不相见。汉兵出昆阳城，击二公军，一而当十⑮，二公兵散。天下以雷雨助汉威敌，孰与举脂烛以人事谲取殷哉⑯？

【注释】

①传书：指一般记载。传，泛指儒家经书之外或解释经书的书籍。或：有的。

②太公：姜太公吕尚。《阴谋》：书名，相传是吕尚所著，今已亡佚。食（sì）：拿东西给人吃。丹：朱砂。

③谓：以为。

④兵：指武王的军队。牧野：古地名，在今河南淇县南，是商、周两国决战的地方。

⑤晨：指天将亮的时候。脂烛：浇上油脂的火把。

⑥权：权术，阴谋。掩：偷袭。

⑦讳：隐瞒。

⑧《武成》之篇：古文《尚书》中的《武成篇》，今已亡佚。

⑨血流浮杵（chǔ）：形容战争残酷，血流成河，把杵都漂了起来。杵，古代舂米用的木棒。

⑩殆且：大概。

⑪新：即新朝（9—24）。

⑫二公：指王莽派去镇压起义军的大司徒王寻与大司空王邑。

⑬昆阳：古地名，在今河南叶县。

⑭晦冥：天色昏暗。

⑮而（néng）：通"能"。

⑯谲（jué）：欺诈。

【译文】

传书上有的记载周武王伐纣这件事，说姜太公《阴谋》这部书上记载有：用朱砂喂小孩，使小孩的身体完全变成红色，等其长大以后，教他说"殷朝要灭亡了"。殷朝的老百姓看到小孩全身发红，认为他是天神，等到小孩说"殷朝要灭亡了"，大家就都认为商朝真要灭亡了。周武王的军队到达牧野，清晨就点燃火把去袭击敌人。使用诡计迷惑百姓，玩弄阴谋偷袭毫无准备的人，这是周朝忌讳别人提起的事，世上的人也说这些都是谣传。汉朝取得天下，却没有这一类谣言。《尚书·武成》篇，记载周武王讨伐殷纣王时，血流成河杵都能漂起来了。根据《武成》篇的记载来说，用朱砂喂小孩吃，清晨点燃火把袭击敌人，大概是确有其事了。汉朝讨伐新莽，光武帝率领五千人，王莽派遣王寻、王邑率领三万人，在昆阳决战，当时雷雨大作，天色昏暗，前后的人互相看不见。汉兵冲出昆阳城，一人能抵得上十人，王寻、王邑的军队被冲散。天用降下雷雨的方式帮助汉军威慑敌人，这与周武王点燃火把袭击敌人，靠人为的欺诈取代殷朝相比，哪一个优越呢？

或云:"武王伐纣,纣赴火死,武王就斩以钺①,悬其首于大白之旌②。"齐宣王怜衅钟之牛③,睹其色之觳觫也④。楚庄王赦郑伯之罪⑤,见其肉袒而形暴也⑥。君子恶⑦,不恶其身。纣尸赴于火中,所见凄怆⑧,非徒色之觳觫⑨,袒之暴形也。就斩以钺,悬乎其首⑩,何其忍哉!高祖入咸阳⑪,阎乐诛二世⑫,项羽杀子婴⑬,高祖雍容入秦⑭,不戮二尸⑮。光武入长安⑯,刘圣公已诛王莽⑰,乘兵即害⑱,不刃王莽之死⑲。夫斩赴火之首,与贯被刃者之身⑳,德虐孰大也?岂以羑里之恨哉㉑?以人君拘人臣,其逆孰与秦夺周国、莽鸩平帝也㉒?邹伯奇论桀、纣之恶不若亡秦㉓,亡秦不若王莽。然则纣恶微而周诛之痛㉔,秦、莽罪重而汉伐之轻,宽狭谁也?

【注释】

①就:去,往。钺:古代一种形状像大斧的兵器。

②旌(jīng):旗帜。

③齐宣王怜衅钟之牛:据《孟子·梁惠王上》记载,齐宣王看见用来衅钟的牛瑟瑟发抖的样子,觉得很可怜,就令人用羊来代替牛。齐宣王(?—前301),战国时齐国君主。怜,怜悯。衅钟,古代新钟铸成后,要杀牛或羊祭钟,并把祭品的血涂在钟的缝隙处。衅,血祭。

④睹:看到。色:神情。觳觫(hú sù):恐惧战栗貌。

⑤楚庄王赦郑伯之罪:据《左传·宣公十二年》记载,前597年,楚庄王攻打郑国,郑襄公赤膊牵羊,出城投降。楚庄王可怜他,让他继续当郑国的君主。楚庄王(?—前591),春秋时楚国君主,前613—前591年在位。郑伯,指郑襄公(?—前587),春秋时郑国

君主，前604—前587年在位。

⑥肉袒：赤膊。古代谢罪时多肉袒以表示恭敬或惶恐。形：形体。暴（pù）：显露，暴露。

⑦君子恶：据文意，疑本句"恶"字后脱一"恶"字。

⑧凄怆：凄惨。

⑨非徒：不仅仅。

⑩乎：递修本作"辜"。

⑪咸阳：秦代都城，在今陕西咸阳东北。

⑫阎乐（？—前206）：赵高的女婿。秦二世时任咸阳令。受赵高之令，率千余兵卒入望夷宫逼杀秦二世。二世：秦二世（前230—前207），即始皇子胡亥，前210—前207年在位。

⑬子婴（？—前206）：胡亥的侄子。胡亥被杀后，赵高命子婴即位，复称秦王。

⑭雍容：从容不迫地。入秦：指进入秦都咸阳。据《史记》记载，刘邦先于项羽入秦，项羽杀死子婴是在刘邦入秦之后。上事参见《史记·秦始皇本纪》《史记·高祖本纪》。

⑮戮：杀戮，残害。

⑯长安：西汉都城，在今陕西西安西北。

⑰刘圣公：刘玄，字圣公，西汉皇族，被起义军立为皇帝，年号"更始"。

⑱乘：胜。害（hé）：通"曷"，阻止。

⑲刃：杀，伤害。死：通"尸"。

⑳贳（shì）：赦免，宽纵。

㉑羑（yǒu）里：古地名，传说周文王曾被纣王囚禁在这里。

㉒秦夺周国：指秦昭王灭"西周"，秦庄襄王灭"东周"。周，指战国后期周王室分裂成的"东周"和"西周"。鸩（zhèn）：以毒酒杀人。平帝：指汉平帝。

㉓邹伯奇：东汉初年人。

㉔痛：甚，重。

【译文】

有的记载说："周武王伐纣，纣王投入火中自焚而死，周武王战后用钺把纣王的头砍了下来，并把纣王的头悬挂在大白旗的杆上。"齐宣王可怜将要用来衅钟的牛，是因为看到牛恐惧战栗的神情。楚庄王赦免了郑襄公的罪，是因为看到他赤膊而暴露了形体。君子痛恨恶人，并不痛恨他的躯体。纣王的尸体倒在火中，呈现出的是一片凄惨的情景，这不是神情恐惧战栗，赤膊暴露形体能相比的。武王用钺去砍纣王的头，把纣王的头割下挂起来，这是何等残忍啊！高祖进入咸阳城时，阎乐已杀了秦二世，项羽杀了子婴，高祖从容不迫地进入秦都咸阳，不残害二世和子婴两人的尸体。光武帝进入长安，刘圣公已杀了王莽，他在得胜后就适可而止，不伤害王莽的尸体。砍下投火自焚者的头，同饶过被杀者的尸体相比，谁的恩德大，谁更残暴呢？难道是周武王因为父亲曾被囚禁在羑里而对纣王怨恨太深的缘故吗？纣王作为君王而囚禁他的臣下周文王，纣王的倒行逆施，与秦国消灭周朝和王莽毒死平帝相比，哪个罪轻，哪个罪重呢？邹伯奇论定桀、纣的罪恶比不上秦朝，秦朝的罪恶比不上王莽。既然如此那么纣王的罪恶轻而周武王惩罚他过重，秦朝、王莽的罪恶重而汉朝惩罚得却很轻，这样看来，谁宽宏大量，谁心胸狭窄呢？

高祖母妊之时①，蛟龙在上，梦与神遇②。好酒贳饮③，酒舍负雠④。及醉留卧，其上常有神怪。夜行斩蛇⑤，蛇妪悲哭⑥。与吕后俱之田庐⑦，时自隐匿，光气畅见⑧，吕后辄知⑨。始皇望见东南有天子气⑩。及起⑪，五星聚于东井⑫。楚望汉军⑬，云气五色。光武且生⑭，凤皇集于城⑮，嘉禾滋于屋⑯。皇妣之身⑰，夜半无烛，空中光明⑱。初者⑲，苏伯阿望春陵气^⑳，郁郁葱葱^㉑。光武起，过旧庐^㉒，见气憧憧上属于天^㉓。五帝、三王初生始起，不闻此怪。尧母感于赤龙^㉔，及起，不闻奇祐^㉕。禹母吞薏苡^㉖，将生^㉗，得玄圭^㉘。契母咽燕子^㉙；汤起，白狼衔钩^㉚。后稷母履大人之迹^㉛，文王起，得赤雀^㉜，武王得鱼、乌^㉝。皆不及汉太平之瑞^㉞。

【注释】

①妊（rèn）：怀孕。

②遇：交配。

③贳（shì）：底本作"贯"，递修本作"贳"，据改。贳，赊欠。

④酒舍：酒店。负：通"倍"，加倍。雠（chóu）：售。

⑤夜行斩蛇：传说汉高祖醉酒夜行，遇到一条大白蛇拦住道路，便将其斩断。儒生认为这是刘邦受天命的征兆。

⑥蛇妪（yù）悲哭：传说高祖斩蛇后，有一个老妪在蛇死的地方哭泣，说她的儿子是白帝的儿子，因为变成蛇挡住了道路，被赤帝的儿子杀死了。妪，老妇。参见《史记·高祖本纪》。

⑦吕后：吕雉（？—前180），刘邦的妻子。之：往。田庐：田间的茅屋。

⑧光气：象征吉祥的光和气。见：同"现"。

⑨辄：往往。

⑩始皇：秦始皇。东南：指刘邦的家乡丰、沛地区（今江苏丰县、沛县一带），处于秦朝都城的东南方。上事参见《史记·高祖本纪》。

⑪及：等到。起：指刘邦兴起进入咸阳。

⑫五星聚于东井：古代的说法，天上的星宿与地上的国家行政区域是相配属的，天象的变化直接预示着政治的变化。前206年，刘邦入咸阳，正好遇到五星聚于东井这一天象，东井是秦国的分野，所以这一天象被汉代人认为是刘邦受命的象征。五星，指金、木、

水、火、土五颗行星。东井,二十八宿之一。参见《史记·张耳陈余列传》。

⑬楚:指项羽的军队。汉:指刘邦的军队。

⑭且:将。生:诞生。

⑮集:停落。城:指济阳城,在今河南兰考北,刘秀在此出生。

⑯滋:生长。

⑰皇妣(bǐ):古代称死去的母亲为"妣"或"皇妣",这里指刘秀的母亲。身:怀孕,这里指分娩。

⑱空中光明:本书《吉验篇》作"室内自明"。

⑲初者:起初,当初。

⑳苏伯阿:西汉末年人。

㉑郁郁葱葱:茂盛的样子。

㉒旧庐:旧居。

㉓憧憧(chōng):形容摇曳不定的样子。属(zhǔ):连接。上事参见《太平御览》卷八百七十二引《东观汉记》。

㉔尧母感于赤龙:参见《淮南子·修务训》。

㉕祐:福佑,这里指祥瑞。

㉖薏苡(yì yǐ):一种草本植物,果实可供食用亦可入药。传说禹的母亲因为吃了薏苡而怀孕生禹。

㉗生:当作"王",据文意改。

㉘玄:青色。圭(guī):一种玉制的礼器。

㉙契(xiè)母咽燕子:传说契的母亲因为吞下燕子卵而怀孕生下契。契,传说是商的祖先。咽,吞。燕子,燕卵。

㉚"汤起"二句:传说汤当王的时候,有天神手牵白狼,狼口衔着金钩,进入汤的宫廷。参见《艺文类聚》卷九十九。

㉛后稷母履大人之迹:传说后稷的母亲因为踩了巨人的脚印而怀孕生了后稷。后稷,传说是周朝的祖先。履,踩。大人之迹,巨人的

脚印。参见《史记·周本纪》。

㉜"文王起"二句：周文王在殷商末年是一个诸侯，传说他将要兴起
时，有一只赤雀衔着朱砂写的天书飞到他的门口，书中内容是周
当兴，殷将亡。参见《太平御览》卷二十四引《尚书中候》。

㉝武王得鱼、乌：传说武王伐纣，带兵到孟津。在渡黄河时，一条白
鱼跳到他的船中。渡河后，一团火降到他的屋顶，变成红色的乌
鸦。参见《史记·周本纪》。

㉞不及：不如。

【译文】

高祖的母亲怀孕的时候，有条蛟龙伏在她的身上，她在梦中与神交
配。高祖喜欢喝酒常去赊酒喝，每逢高祖去喝酒，酒店出售的酒就会翻
倍。等到喝醉了留在酒店中躺卧，他的身上经常有神怪现象出现。一次
高祖在晚上斩了一条白蛇，白蛇的母亲因此悲哭。高祖与吕后一起到乡
下去居住，有时他独自隐藏在山野之中，会有光气很明显地出现，所以
吕后往往知道他隐藏在哪里。秦始皇望见东南方有天子气出现。等到
高祖兴起攻入咸阳之时，五星正好聚集在东井这一方。项羽的军队望见
高祖的军队，有五色云气围绕。光武帝将要出生的时候，凤凰停落在济
阳城，嘉禾生长在庭院中。光武帝的母亲分娩时，半夜里没有点烛，天空
中却出现光亮。当初，苏伯阿望见春陵乡的云气，极为旺盛。光武帝兴
起后，路过旧居，看见云气摇曳上浮与天相接。五帝、三王在出生和兴起
时，并没有听说过有这类怪象。尧的母亲与赤龙交配而生尧，等到尧兴
起之时，再没有听说有什么奇异的祥瑞出现。禹的母亲因为吃了薏苡而
怀孕，禹将要降生时，得到了一块青色的玉圭。契的母亲因为吞食了燕
卵而怀孕生了契；商汤将兴起的时候，有天神率着衔着金钩的白狼进入
他的宫廷。后稷的母亲因为踩了巨人的脚印而怀孕生了稷，周文王将兴
起的时候，得到赤雀衔来的天书，周武王将伐纣，遇到了白鱼和赤乌的祥
瑞。以上这些都不如汉代太平盛世出现的祥瑞繁盛。

　　黄帝、尧、舜凤皇一至。凡诸众瑞,重至者希①。汉文帝黄龙、玉棓②。武帝黄龙、麒麟、连木③。宣帝凤皇五至④,麒麟、神雀、甘露、醴泉、黄龙、神光⑤。平帝白雉、黑雉⑥。孝明麒麟、神雀、甘露、醴泉、白雉、黑雉、芝草、连木、嘉禾⑦,与宣帝同,奇有神鼎、黄金之怪⑧。一代之瑞,累仍不绝⑨,此则汉德丰茂,故瑞祐多也。孝明天崩⑩,今上嗣位⑪,元二之间⑫,嘉德布流⑬。三年⑭,零陵生芝草五本⑮。四年,甘露降五县。五年,芝复生六本⑯;黄龙见,大小凡八⑰。前世龙见不双,芝生无二,甘露一降,而今八龙并出,十一芝累生,甘露流五县,德惠盛炽⑱,故瑞繁夥也⑲。自古帝王,孰能致斯?

【注释】

①重:重复,接二连三地。希:少。

②黄龙、玉棓(bēi):据《史记·孝文本纪》记载,汉文帝十五年(前165),有象征祥瑞的黄龙出现在成纪。十七年(前163),新垣平献玉杯,刻有"人主延寿"四字。棓,同"杯"。

③武帝:汉武帝(前156—前87)。连木:异株而枝干相连之树。旧以为吉祥之物。

④宣帝:汉宣帝(前91—前48)。

⑤神雀:一种象征吉祥的神鸟。神光:传说汉宣帝于前55年祭天与前54年祭地的时候,有白色的祥光出现。

⑥雉:野鸡。

⑦孝明:汉明帝(28—75)。

⑧奇(jī):余,剩余。神鼎、黄金之怪:指汉明帝时在庐江郡挖出了

一个铜鼎,在濠湖中发现十余斤黄金。

⑨累:屡次。仍:频繁。

⑩崩:古代皇帝去世称为"崩"。

⑪今上:指汉章帝。

⑫元二之间:指汉章帝建初元年到二年(76—77)。

⑬嘉:美。

⑭三年:指建初三年(78)。

⑮零陵:郡名。西汉元鼎六年(前111)置,治所在零陵县(今广西全州西南)。东汉移治泉陵县(今湖南零陵)。五本:五棵。

⑯本:底本作"年",据《后汉书·章帝纪》、本书《验符篇》"芝草复生泉陵男子周服宅上六本"改。

⑰凡:共计。

⑱盛炽(chì):昌盛。

⑲繁夥(huǒ):繁多,甚多。夥,多。上事参见《宣汉篇》《验符篇》。

【译文】

黄帝、尧、舜在位的时候,凤凰只出现过一次。一般说来,各种祥瑞重复出现的情况很少。文帝时出现了黄龙、玉杯。武帝时出现了黄龙、麒麟、连木。宣帝时凤凰五次出现,麒麟、神雀、甘露、醴泉、黄龙、神光也都出现过。平帝时出现了白雉、黑雉。明帝时出现了麒麟、神雀、甘露、醴泉、白雉、黑雉、芝草、连木、嘉禾等与宣帝时同样的奇瑞,又另有挖出神鼎、湖水产出黄金的怪异之事出现。一个朝代的祥瑞,接连不断地出现,这是因为汉代功德美盛,所以出现的祥瑞就多。明帝死后,当今皇上继承帝位,在建初元年二年之间,皇帝的美德惠及天下。建初三年,零陵郡长了五棵芝草。建初四年,甘露降及五个县。建初五年,芝草又生出了六棵;黄龙出现,大小共计八条。前代有龙出现但不会成双,芝草不会一次长出两棵,甘露只降下一次,而现在八条龙同时出现,十一棵芝草先后长出来,甘露遍及五个县,这是因为皇帝的功德恩惠昌盛,所以祥瑞极多。自古以来的帝王，谁能招来这样多的祥瑞呢？

　　儒者论曰："王者推行道德，受命于天。"《论衡·初秉》以为王者生秉天命①。性命难审②，且两论之③。酒食之赐，一则为薄④，再则为厚⑤。如儒者之言⑥，五代皆一受命，唯汉独再⑦，此则天命于汉厚也。如审《论衡》之言⑧，生秉自然⑨，此亦汉家所秉厚也。绝而复属⑩，死而复生。世有死而复生之人，人必谓之神。汉统绝而复属⑪，光武存亡⑫，可谓优矣。

【注释】

①秉：通"秉"。递修本作"秉"。

②性命：王充指人的生命和决定人生死夭寿与富贵贫贱的命。性，指生命。审：弄清楚。参见《初秉篇》。

③且：姑且。

④一：指给一次。

⑤再：指给两次。

⑥如：按照。

⑦唯汉独再：汉朝两次受命。指刘邦与刘秀各受命一次。

⑧审：确实。

⑨生秉自然：指人的"性命"是承受了气自然形成的。

⑩绝：断。属：接续。

⑪统：世代相传的帝位。

⑫存亡：指恢复已经灭亡的朝代。

【译文】

　　儒生议论说："王者因为提倡和奉行道德，所以能从上天承受当帝王的'命'。"《论衡·初禀》篇中认为统治天下的人生来就承受了天命。关于"性"和"命"的问题很难弄清楚,姑且把上述两种不同的说法都论述一下。赏赐酒食,给一次显得微薄,给两次就算是丰厚。按照儒生的说法,尧、舜、夏、商、周五代都只受了一次天命,唯独汉朝两次受天命,这就是天命对于汉朝优厚的了。如果确实像《论衡》所说的那样,人的"性命"是禀受了气而自然形成的,这也说明汉朝禀受的气是特别优厚的。断了的帝系又重新接续下去,这和人死了之后又重新活过来是一样的。世上如果有死而复生的人,人们一定认为他是神。汉朝的帝位断绝了又重新接续下去,光武帝恢复保存了已经灭亡了的朝代,可以说禀受的气是特别优厚的了。

　　武王伐纣,庸、蜀之夷①,佐战牧野②。成王之时,越常献雉③,倭人贡畅④。幽、厉衰微⑤,戎狄攻周⑥,平王东走⑦,以避其难。至汉,四夷朝贡⑧。孝平元始元年⑨,越常重译献白雉一、黑雉二⑩。夫以成王之贤,辅以周公,越常献一,平帝得三。后至四年⑪,金城塞外羌良桥桥种良愿等献其鱼盐之地⑫,愿内属汉,遂得西王母石室⑬,因为西海郡⑭。周时戎狄攻王,至汉内属,献其宝地。西王母国在绝极之外⑮,而汉属之。德孰大?壤孰广⑯?方今哀牢、鄯善、诸降附归德⑰。匈奴时扰,遣将攘讨⑱,获虏生口千万数。夏禹倮入吴国⑲,太伯采药⑳,断发文身㉑。唐、虞国界,吴为荒服㉒,越在九夷㉓,䑸衣关头㉔,今皆夏服㉕,褒衣履舄㉖。巴、蜀、越嶲、郁林、日南、辽东、乐浪㉗,周时被发椎髻㉘,今戴皮弁㉙。周时重译,今吟《诗》《书》㉚。

【注释】

①庸：古国名，在今湖北竹山西南。蜀：古国名，都城在今四川成都郫都区一带。夷：古代汉族对少数民族的称呼。

②佐战：协助作战。

③越常：即"越裳"，古代南方的一个民族。

④倭人：古代东方的一个民族。畅：畅草，指郁金草，古代用它作为酿造祭祀用酒的配料。

⑤幽、厉：周幽王与周厉王。

⑥戎狄：古代汉族对西北少数民族的称呼。

⑦平王东走：周幽王被戎族杀死后，平王从镐京（今陕西西安西南）迁都雒邑（在今河南洛阳东北），史上称其为东周。平王，周平王，东周的第一个君主，前770—前720年在位。东走，向东迁徙。

⑧四夷：四方的少数民族。

⑨孝平元始元年：1年。孝平，汉平帝。元始，汉平帝的年号，1—5年。

⑩重译：指语言不通，要经过多种语言辗转翻译。

⑪四年：指元始四年（4）。

⑫金城：郡名。西汉元六年（前81）置，治所允吾县（今甘肃永靖西北）。塞：边界上的险要地区。羌良桥桥种良愿等：疑本句有衍误，《汉书·王莽传》作"羌豪良愿等种"，可参。羌豪，羌族的首领。良愿，人名，可能是羌族首领之一。种，种族，部族。

⑬西王母：传说是西方的女仙人。石室：用石头建造的官殿。

⑭西海郡：郡名。西汉元始四年（4）置，治所在龙耆城（今青海海晏）。

⑮绝极之外：指最边远的地区。

⑯壤：疆域。

⑰哀牢：汉代西南少数民族建立的国家，在今云南西部。鄯（shàn）善：古西域国名，本名楼兰。故址在今新疆鄯善县东南。汉昭帝

时改称鄯善。诺:《汉书·西域传》作"婼羌"。婼(ruò)羌,汉西域国名。在今新疆若羌县境。归德:服从汉朝的统治。

⑱攘讨:抗击。

⑲夏禹倮(luǒ)入吴国:传说夏禹到了吴国,为了适应当地的风俗,赤身不穿衣物。王充意思是连夏禹都无法使少数民族接受教化,更加突出汉代高于前代。倮,裸体。吴国,古国名,在今江苏、浙江一带。

⑳太伯:周文王的伯父。据《史记·吴太伯世家》记载,周文王的祖父太王有三个儿子——太伯、仲雍、季历。太王想传位给季历,太伯与仲雍得知后,借口为父亲采药,逃往吴越地区。

㉑断发文身:剪短头发,身刺花纹。这是当时南方少数民族的风俗。

㉒荒服:此指边远地区。

㉓越:古国名,在今浙江。九夷:指居住在我国东部沿海地区的少数民族。

㉔屩(jì)衣关头:据《后汉书·东夷传》记载,东南地区的一些少数民族穿的衣服像被单,中间挖一个孔,穿衣时把头套进去。屩衣,毛织品做的衣服。关头,即"贯头",把头套进去。

㉕夏服:指中原一带的服装。

㉖褒衣:指宽袍大袖的衣服。履:穿。舄(xì):鞋。

㉗巴:郡名。战国秦惠文王后元九年(前316)灭巴国置,治所在江州县(今重庆江北区,三国蜀汉移置南岸区)。蜀:郡名。周赧王元年(前314)秦惠王置,治所在成都县(今四川成都)。越巂(xī):郡名。西汉元鼎六年(前111)以邛都国置,治所在邛都县(今四川西昌东南)。郁林:郡名。西汉元鼎六年(前111)置,治所在布山县(今广西桂平西南)。日南:郡名。西汉元鼎六年(前111)平南越置,治所在西卷县(今越南广治省甘露河与广治河合流处)。辽东:郡名。原为东胡地,战国燕将秦开破东胡后

置郡,因在辽水之东,故名。秦、汉因之,治襄平(今辽宁辽阳)。

辽东:郡名。西汉元封三年(前108)置,治所在朝鲜县(今朝鲜
平壤南大同江南岸上城洞,一说是今平壤)。

㉘被(pī)发:披头散发。被,同"披"。椎髻(jì):盘成椎形的发髻。

㉙皮弁(biàn):皮帽。

㉚吟:朗读。

【译文】

周武王伐纣时,庸国、蜀国的这些夷人,也来到牧野协助作战。周
成王的时候,越常人进献野鸡,倭人进贡畅草。幽王、厉王时周朝国势衰
弱,戎狄侵犯周地,平王只得往东迁徙,以避开戎狄入侵带来的灾难。到
了汉代,四方部族都来朝见贡礼。平帝元始元年,越常辗转翻译进献一
只白野鸡、两只黑野鸡。凭周成王的贤明,又有周公辅佐,越常才进献一
只野鸡,而平帝却得了三只。后来到了元始四年,金城郡塞外的羌族首
领良愿等部族,贡献了他们的鱼盐之地,愿意内附归属汉朝,于是汉朝得
到了西王母的石室,因此而设置了西海郡。周代时戎狄进攻周幽王,到
了汉代却愿意内附归属汉朝,献出他们的宝地。西王母国在极边远的地
方,而汉朝能够统辖这里。周代与汉代相比,功德哪一个大呢?疆域哪一
个的宽广呢?当今哀牢、鄯善、婼羌这些边远的国家都来降服归顺汉
朝。匈奴经常侵扰,汉派遣将领防御讨伐,活捉俘虏以千万计。夏禹到
了吴国,入乡随俗赤裸身体,太伯逃往吴越地区采药,也要剪短头发,身
刺花纹。尧、舜时代的疆域,吴还在荒服之列,越还是九夷居住的地方,
穿的还是贯头的毛织的衣服,当今都换上了中原一带的服装,宽袍大袖
并穿上了鞋子。巴、蜀、越嶲、郁林、日南、辽东、乐浪诸郡的人,在周代还
在披散头发或盘成椎形发髻,当今都戴上了皮帽。周代那些语言不通,
要经过辗转翻译才能沟通的部族,现在他们已经能够吟诵《诗经》《尚
书》了。

《春秋》之义，君亲无将①，将而必诛。广陵王荆迷于蘖巫②，楚王英惑于狭客③，事情列见，孝明三宥④，二王吞药⑤。周诛管、蔡，违斯远矣⑥。楚外家许氏与楚王谋议⑦，孝明曰："许氏有属于王⑧，欲王尊贵，人情也。"圣心原之⑨，不绳于法。隐强侯傅悬书市里⑩，诽谤圣政，今上海恩⑪，免夺爵土⑫。恶其人者，憎其胥余⑬。立二王之子⑭，安楚、广陵，强弟员嗣祀阴氏⑮。二王，帝族也⑯，位为王侯，与管、蔡同。管、蔡灭嗣，二王立后，恩已褒矣⑰。隐强，异姓也，尊重父祖⑱，复存其祀。立武庚之义⑲，继禄父之恩⑳，方斯赢矣㉑。何则？并为帝王，举兵相征，贪天下之大，绝成汤之统，非圣君之义，失承天之意也。隐强，臣子也，汉统自在，绝灭阴氏，无损于义，而犹存之，惠滂沛也㉒。故夫雨露之施，内则注于骨肉㉓，外则布于他族。唐之晏晏㉔，舜之烝烝㉕，岂能逾此㉖！

【注释】

①君：君主。亲：指父母。将：将要做的事，这里指犯上作乱的企图。

②广陵王荆（？—67）：指刘荆，刘秀的儿子，封为广陵王，封地在今江苏北部。汉明帝时企图谋反，事情败露后自杀。迷：迷惑。蘖（niè）：同"孽"，妖，邪。巫：古代以侍奉鬼神、替人消灾祈福为职业的人。

③楚王英（？—71）：指刘英，刘秀的儿子，封为楚王，封地在今江苏北部。汉明帝时，企图谋反，事情败露后自杀。狭：通"侠"。

④三宥（yòu）：再三地赦免他们的死罪。宥，宽恕。

⑤二王：指广陵王刘荆与楚王刘英。吞药：服毒自杀。

⑥违:离。上事参见《后汉书·光武十王列传》。

⑦外家:外祖父母家。与:参与。

⑧氏:底本作"民",递修本作"氏",据改。

⑨原:原谅,宽恕。

⑩隐强:即滰(yīn)强,县名。西汉置,属汝南郡,治所在今河南临颍东南。傅:阴姓,名傅,汉明帝时封为隐强侯。悬书市里:在街市上悬挂文书。悬,挂,张贴。

⑪恩:底本作"思",递修本作"恩",据改。

⑫免:底本作"犯",递修本作"免",据改。

⑬胥余:奴婢。

⑭立二王之子:指封广陵王的儿子刘元寿为广陵侯,封楚王刘英的儿子刘种(chóng)为楚侯。

⑮员:阴员,隐强侯阴傅的弟弟。嗣祀:继承爵位,延续阴氏祖先的祭祀。

⑯帝族:皇帝的宗族。

⑰褒:大。

⑱父祖:这里指隐强侯的前辈。

⑲武庚:商纣王的儿子。武王灭商后,封给武庚一片土地,让他延续商代的宗祀。

⑳禄父(fǔ):商纣王的儿子,一般史籍中认为武庚字禄父。王充根据《尚书大传》的说法,认为他们是两个人。

㉑方:比较。嬴:瘦弱,这里指差得多。

㉒惠:恩惠。滂沛:形容雨势盛大,这里指恩惠深厚。

㉓骨肉:亲属。

㉔唐:指尧。晏晏:形容十分宽和。

㉕烝烝(zhēng):纯一宽厚貌。

㉖逾:超过。

【译文】

　　按照《春秋》的道理，对于君王和父母，作为臣子不能有犯上作乱的企图，有犯上作乱的企图，一定要被诛杀。广陵王刘荆曾受妖巫迷惑，楚王刘英曾受侠客迷惑，谋反的事情一件件明摆着，虽然明帝一再赦免他们的死罪，但广陵王和楚王还是服毒自杀了。周公诛灭管叔、蔡叔，与明帝的做法相比差得太远了。楚王刘英的外家许氏参与了楚王反叛的阴谋，明帝说："许氏与楚王有亲属关系，希望楚王更加尊贵，这是人之常情。"明帝宽恕了这件事，没有用法律来惩罚他们。隐强侯阴傅在街市上悬挂文书，诽谤朝政，当今皇帝恩德如海，免去了剥夺他的爵位和封地的惩罚。怨恨一个人，就连他家的奴婢也怨恨。可是当今天子封刘荆、刘英的儿子为侯，让他们仍然安享楚和广陵的封地，让隐强侯阴傅的弟弟阴员继承爵位，延续阴氏的宗祀。广陵王和楚王，是皇帝的宗族，被封为王侯，与管叔、蔡叔相同。管叔和蔡叔灭绝了后代，广陵王和楚王的后人却被封立，帝王的恩德真是广大啊！隐强侯阴傅只是异姓，皇帝为了尊重他的先辈，所以又延续了阴氏祖先的宗祀。当年周武王封武庚的恩义，让禄父继承殷祀恩德，和汉朝相比较就差得多了。为什么呢？周武王与殷纣王同是帝王，派兵互相征讨，贪图天下之大，绝灭商汤建立起来的帝统，这不是圣君应做的事情，违反了承受天命的本意。隐强侯只是一个臣子，汉朝的帝统本来就存在，绝灭了阴氏的宗祀，在道义上没有什么损害，然而仍旧延续了阴氏，说明汉朝的恩惠是很深厚的。所以帝王的恩惠就像普施的雨露一样，对内倾注于自己的亲属，对外则遍施于别的家族。尧是那么温和，舜是那么淳厚，但怎么能超过汉朝的这种恩德呢？

　　驩兜之行[①]，靖言庸回[②]，共工私之[③]，称荐于尧[④]。三苗巧佞之人[⑤]，或言有罪之国。鲧不能治水[⑥]，知力极尽[⑦]。罪皆在身，不加于上[⑧]，唐、虞放流[⑨]，死于不毛[⑩]。怨恶谋上[⑪]，怀挟叛逆，考事失实[⑫]，误国杀将，罪恶重于四子[⑬]。孝明加恩,则论徙边⑭;今上宽惠,还归州里。开辟以来⑮,恩莫斯大。

【注释】

①驩(huān)兜:相传为尧、舜时的部落首领,"四凶"之一。

②靖言庸回:同"靖言庸违"。言语巧饰而行动乖违。靖言,花言巧
　语。靖,恭敬。庸,用,做事。回,邪恶。

③共(gōng)工:传说中尧的臣子。私之:和他有私交。

④称荐于尧:在尧的面前称赞推荐他。据今本《尚书·尧典》记载,
　是驩兜在尧的面前赞美推荐共工,与王充的说法不同。

⑤三苗:传说是尧、舜时的诸侯。巧佞(nìng):善于阿谀逢迎。巧,
　善于,擅长。佞,指花言巧语,谄媚奉承。

⑥鲧(gǔn):传说是尧的臣子,禹的父亲。

⑦知:同"智"。

⑧上:君主。

⑨放流:指流放驩兜、共工、三苗、鲧四人。

⑩不毛:不长庄稼,这里指荒凉的边远地区。

⑪谋上:图谋犯上。

⑫考事:审理案件。

⑬四子:指驩兜、共工、三苗、鲧。

⑭论:定罪。徙边:流放到边远地区。

⑮开辟:天地开辟。

【译文】

　　驩兜的操行,就是花言巧语阳奉阴违,共工和他有私交,所以在尧
的面前赞美推荐他。三苗是个巧言令色、谄媚奉承的人,有人又说它是
一个有罪的诸侯国。鲧没能治理好洪水,而自己的才智和力量却已耗尽
了。他们都将罪恶归于自身,并没有犯罪的行为加到君主的身上去,尧、
舜却流放了他们,让他们死在荒远的地方。那些心怀怨恨阴谋犯上,怀

有仇恨企图叛乱,审理案件不顾事实,危害朝廷杀害郡将者,罪恶比骓兜、共工、三苗、鲧更重。明帝施以恩德,只是定罪把他们流放到边远地区;当今皇帝更是宽大为怀,施加恩惠,又把他们释放回家乡。自从开天辟地以来,帝王的恩惠没有比这个更大的了!

晏子曰①:"钩星在房、心之间②,地其动乎③!"夫地动,天时④,非政所致⑤。皇帝振畏⑥,犹归于治,广征贤良,访求过阙⑦。高宗之侧身⑧,周成之开匮⑨,廧能逮此⑩。

【注释】

①晏子:晏婴,春秋时齐国大夫。

②钩星:古代天文学上称水星为"钩星"。房:房宿,二十八宿之一。心:心宿,二十八宿之一。

③其:表示推测的语气词。上事参见《变虚篇》。

④天时:指自然变化的时序。

⑤致:造成。

⑥皇帝:这里指汉章帝。振:震动。畏:畏惧。

⑦过阙(quē):过失,错误。阙,缺误,疏失。

⑧高宗之侧身:传说殷高宗武丁时期,朝堂上突然长出了桑树、穀树,七天就长到两手合围那么粗,被认为是殷朝将要灭亡的不祥之兆。武丁就"侧身而行道",改正自己的错误。不久树就消失了。侧身,侧着身体,形容小心谨慎。

⑨周成之开匮(guì):据《尚书·金縢》与《感类篇》记载,传说周成王曾对周公有所怀疑(今文家认为是成王犹疑于是否该用天子之礼下葬周公,古文家认为是怀疑周公有异心),天大雷雨,成王在畏惧中打开周公收藏册书的金匮,发现周公自愿替武王去死的祷词,于是恸哭悔过。匮,此指收藏文书的匣子。

⑩廑(jǐn):底本作"勵",递修本作"廑",据改。廑,通"仅"。逮:及。

【译文】

晏子说:"钩星运行到房宿与心宿之间,大概就要地震了吧?"地震,是自然运行到一定时序的必然变化,不是政治所造成的。皇帝自己震动畏惧,还是将其归罪于自己统治得不好,广泛征召贤良人才,要求臣民指出自己的过失。殷高宗谨慎行道,周成王开金匮悔过,他们也仅仅能做到这些。

谷登岁平①,庸主因缘以建德政②;颠沛危殆③,圣哲优者④,乃立功化。是故微病恒医皆巧⑤,笃剧扁鹊乃良⑥。建初孟年⑦,无妄气至⑧,岁之疾疫也⑨,比旱不雨⑩,牛死民流⑪,可谓剧矣!皇帝敦德⑫,俊乂在官⑬,第五司空⑭,股肱国维⑮,转谷振赡⑯,民不乏饿,天下慕德,虽危不乱。民饥于谷,饱于道德,身流在道,心回乡内⑰。以故道路无盗贼之迹,深幽迥绝无劫夺之奸⑱。以危为宁,以困为通⑲,五帝、三王孰能堪斯哉⑳?

【注释】

①登:丰收。平:太平。

②因缘:凭借。

③颠沛:动荡。危殆:危险。

④圣哲:圣贤。

⑤恒:平常,一般。

⑥笃(dǔ)剧:病情严重。

⑦建初孟年:即建初元年,76年。建初,汉章帝年号。孟年,初年。

⑧无妄气:又称"无妄之变",指在君主德行优良、政治清明的时候发生的自然灾害。参见《明雩篇》。

⑨岁之疾疫:指影响年成的灾害。

⑩比:连年。

⑪流:流亡。

⑫敦:淳厚。

⑬俊乂:贤能的人。在官:居官任职。

⑭第五司空:即第五伦。字伯鱼,京兆长陵(治今陕西咸阳东北)人。任职奉公尽节。

⑮股肱(gōng):得力的辅佐。国维:国家的栋梁。

⑯转谷:调运粮食。振赡(shàn):救济和赡养灾民。振,救济。赡,供养。

⑰乡:通"向",向往。

⑱深幽:偏僻的地方。迥(jiǒng)绝:指最边远的地方。迥,指僻远的地方。

⑲通:顺利。

⑳堪:比得上。

【译文】

谷物丰收年岁太平,即使是平庸的君主也可以借此树立德政;国家动荡不安,只有圣明杰出的君主才能建立功业。因此,遇到小病,即使是一般的医生都能成为良医,碰上重病才能显示出扁鹊是名医。建初初年,自然灾变出现,严重影响收成,连年大旱不下雨,耕牛死亡百姓流亡他乡,可以说是很严重的灾害了。皇帝道德淳厚,贤能的人居官任职,司空第五伦,是皇帝的得力辅佐,国家的栋梁,调运粮食救济灾民,百姓没有遭受困乏饥饿,天下都仰慕朝廷的恩德,国家虽然处于危急之中但是不至于发生动乱。百姓虽然不能饱食粮食,但对皇帝的恩德却很满意,人虽然在道路上流亡,心却向往着朝廷。所以道路上没有盗贼的踪迹,最偏僻、边远的地方也没有拦路抢劫的坏人。把危乱变为安宁,把困窘化为顺利,五帝、三王哪一个能赶得上这样的功德啊!

验符篇第五十九

【题解】

本篇主要是通过颂扬汉代的符瑞来颂扬汉代的功德。王充在本篇中列举了汉明帝、汉章帝两代出现的祥瑞，以证明"汉德丰雍"，超越了以往各代。王充的这一看法虽然具有批判当时汉儒厚古薄今的意义，但是主要目的还是颂扬和美化汉代的皇帝。

篇末还指出，汉代祥瑞的出现，不仅是皇帝圣明，而且还有赖于众多的贤臣，从而表达了王充希望皇帝能够提拔岩穴之士，包括他自己，以为辅佐的愿望。

永平十一年^①，庐江皖侯国民际有湖^②。皖民小男曰陈爵、陈挺^③，年皆十岁以上，相与钓于湖涯^④。挺先钓，爵后往。爵问挺曰："钓宁得乎^⑤？"挺曰："得。"爵即归取竿纶^⑥，去挺四十步所^⑦，见湖涯有酒樽^⑧，色正黄^⑨，没水中。爵以为铜也，涉水取之^⑩，滑重不能举。挺望见，号曰^⑪："何取？"爵曰："是有铜^⑫，不能举也。"挺往助之，涉水未持^⑬，樽顿衍更为盟盘^⑭，动行入深渊中^⑮，复不见。挺、爵留顾^⑯，见如钱等正黄数百千枚^⑰，即共掇撷^⑱，各得满手，走归示其家^⑲。

爵父国⑳，故免吏㉑，字君贤，惊曰："安所得此？"爵言其状㉒，君贤曰："此黄金也。"即驰与爵俱往㉓，到金处，水中尚多，贤自涉水掇取。爵、挺邻伍并闻㉔，俱竞采之㉕，合得十余斤。

【注释】

①永平十一年：68年。永平，汉明帝年号，58—75年。

②庐江：郡名。楚汉之际分秦九江郡置，因庐江水而得名。汉武帝后治舒县（今安徽庐江县西南）。皖侯国：汉代分封的诸侯国，在今安徽潜山一带。民：当为衍文，《太平广记》卷四百引《论衡》文无"民"字。际：边际，边境。湖：指潡湖。

③小男：男孩。

④相与：共同，一起。涯：岸边。

⑤宁：岂。

⑥纶（lún）：粗丝线。多指钓丝。

⑦去：距离。所：表示大概的数目。

⑧酒樽：古代的一种盛酒器。

⑨正：纯。

⑩涉：入。

⑪号（háo）：大声喊叫。

⑫是：这里。

⑬未持：还没有抓住。

⑭顿：立刻。衍更：演变。盟盘：古代诸侯举行结盟仪式时用的盘子。

⑮动行：活动，下沉。

⑯留：守候。顾：四下观看。

⑰等：等同，一样。枚：底本作"枝"，《太平广记》卷四百引《论衡》文作"枚"，据改。

⑱掇摝（duō lù）：捞取。掇，拾取。摝，捞取。

⑲走:跑。示:让……看。

⑳国:陈国,人名。

㉑故:过去。免吏:被免职的官吏。

㉒状:情况。

㉓驰:奔跑。

㉔邻伍:邻居。并:都。

㉕竞:争。

【译文】

明帝永平十一年,庐江郡皖侯国边境上有个大湖。皖侯国百姓家有两个男孩叫陈爵和陈挺,年龄都在十岁以上,他们一起到湖边去钓鱼。陈挺先钓,陈爵后到。陈爵问陈挺:"钓着鱼了吗?"陈挺说:"钓着了。"陈爵立马回去取钓竿和钓线,走到离陈挺四十步左右的地方,看见湖边有个酒樽,颜色纯黄,淹没在水中。陈爵以为是铜器,就到水中去取它,可是那东西又滑又重搬不动。陈挺看见了,大声问:"你捞什么东西?"陈爵说:"这里有一个铜器,我一个人搬不起来。"陈挺就前去帮他,当陈挺刚走到水中还没有抓住铜器时,酒樽立刻变成一个盟盘,下沉到深水之中,再也看不见了。陈挺和陈爵守候在湖边四下观看,看到了数百上千枚像钱一样纯黄的东西,就一同捡取,两人手里捡得满满的,跑回家拿给家里人看。陈爵的父亲陈国,是被免职的官吏,字君贤,他惊讶地问道:"是从什么地方得到这些东西的?"陈爵说明了情况,君贤说:"这些都是黄金呀。"于是立即与陈爵一起前往那个地方,等到了出现金子的地方,水中还有很多,君贤亲自下水去拾取。陈爵和陈挺的邻居们都听说了,都一齐来争着捡拾黄金,合计有十多斤。

贤自言于相①,相言太守②。太守遣吏收取,遣门下掾程躬奉献③,具言得金状④。诏书曰⑤:"如章则可⑥。不如章,有正法⑦。"躬奉诏书,归示太守,太守以下,思省诏书⑧,

以为疑隐⑨，言之不实，苟饰美也⑩，即复因却上得黄金实状如前章⑪。事寝⑫。十二年⑬，贤等上书曰："贤等得金湖水中，郡牧献⑭，讫今不得直⑮。"诏书下庐江上不畀贤等金直状⑯。郡上贤等所采金自官湖水，非贤等私渎⑰，故不与直。十二年，诏书曰："视时金价⑱，畀贤等金直。"汉瑞非一⑲，金出奇怪，故独纪之。

【注释】

①相：汉代诸侯王国均设相，由汉朝中央委派。王国相地位相当于太守，侯国相地位相当于县令或县长。这里指皖侯国的相。

②太守：郡的最高行政长官。这里指庐江郡太守。

③门下掾（yuàn）：此处指庐江太守门下的属官。掾，古代属官的通称。程躬：人名。奉献：指献给皇帝。

④具：备，详尽。

⑤诏书：指汉明帝下的诏书。

⑥章：奏章。这里指庐江太守上呈说出黄金一事的奏章。

⑦正法：依法惩处。

⑧省（xǐng）：领悟，觉悟，醒悟。

⑨疑：怀疑。隐：隐瞒。

⑩苟：苟且，不正当地。饰：粉饰。美：美化。

⑪却：通"隙"，间隙，机会。上：呈报。

⑫寝：止息。

⑬十二年：指永平十二年，即69年。

⑭郡牧：即郡太守。

⑮讫（qì）：通"迄"，到。直：代价，报酬。

⑯畀（bì）：给。

⑰私渎：私家所有的沟渠。渎，沟渠。

⑱视：比照。

⑲瑞：祥瑞，吉祥的征兆。非一：不止一种，多种多样。

【译文】

　　君贤亲自把这件事告诉了侯国相，相又告诉了庐江太守。太守派官吏收取捡到的黄金，派门下属官程躬将黄金献给皇帝，详细地讲述了捡到黄金的情况。明帝下诏书说："如果实际情况像奏章所说的那样，那还可以。如果不像奏章所说的那样，就要依法惩办。"程躬拿了诏书，回到郡里给太守看，自太守以下各级官吏思索领悟诏书的意思，认为明帝怀疑奏章上有隐瞒的地方，说的情况不符合实际，对此事做了不正当的粉饰美化，就找机会再一次向明帝报告得到黄金的真实情况，内容和上次的奏章一样。这件事就此搁置下来了。永平十二年，君贤等人给明帝上书说："君贤等人从湖水中捡得黄金，郡长官把黄金献给了皇帝，我们至今没有得到报酬。"明帝下诏书令庐江郡呈报不给陈君贤等人献出黄金所得的报酬的具体情况。庐江郡呈报说陈君贤等人所捡拾的黄金出自官家的湖水，不是出于他们的私家沟渠，所以没有给报酬。永平十二年，明帝下诏书说："按照当时黄金的价格，给陈君贤等人献金的报酬。"汉代的祥瑞不止一种，由于此次黄金出现得特别怪异，所以单独记载了这件事。

　　金玉神宝，故出诡异①。金物色先为酒樽②，后为盟盘，动行入渊，岂不怪哉！夏之方盛③，远方图物④，贡金九牧⑤，禹谓之瑞，铸以为鼎⑥。周之九鼎⑦，远方之金也。人来贡之，自出于渊者，其实一也，皆起盛德⑧，为圣王瑞。金玉之世⑨，故有金玉之应⑩。文帝之时⑪，玉桮见⑫。金之与玉，瑞之最也⑬。金声玉色⑭，人之奇也。永昌郡中亦有金焉⑮，纤靡大如黍粟⑯，在水涯沙中，民采得日重五铢之金⑰，一色正黄。土生金^⑱,土色黄^⑲。汉,土德也^⑳,故金化出^㉑。金有三品^㉒,黄比见者^㉓,黄为瑞也。圯桥老父遗张良书^㉔,化为黄石^㉕,黄石之精,出为符也^㉖。夫石,金之类也,质异色钧^㉗,皆土瑞也。

【注释】

①诡:奇怪。

②物色:形状,样子。

③夏:夏朝。方:正当。

④图:画。

⑤金:这里指铜。牧:官名。传说古代天下分为九州,各州的长官称为"牧"。

⑥铸以为鼎:传说禹把九州贡献的铜铸成九个鼎,世代相传。

⑦周之九鼎:传说禹铸造的九鼎代代相传,最终流传到了周朝。

⑧起:由于。

⑨金玉之世:形容盛世。

⑩应:瑞应,祥瑞。

⑪文帝:汉文帝。

⑫棓:同"杯"。据《史记·孝文本纪》记载,汉文帝时新垣平献上玉杯,刻有"人主延寿"四字。见:同"现"。

⑬最:极,无比。

⑭金声玉色:比喻人坚贞的品格与操守。

⑮永昌郡:郡名。东汉永平十二年(69)哀牢内属,以其地并析益州郡西部六县合置,治所在巂唐县(今云南云龙西南)。

⑯纤靡(mǐ):细小。

⑰铢:古代重量单位,二十四铢为一两。

⑱土生金：按五行相生说，土生金。

⑲土色黄：按五行说，与土相配属的颜色是黄色。

⑳"汉"二句：按五德终始说，政权的更迭是根据五行生胜顺序循环的。按五行相胜说，秦为水德，土克水，所以代秦而起的汉为土德。

㉑金化出：按五行相生说，土生金，汉为土德，所以黄金作为瑞应就不断化生出来了。化，产生。

㉒金有三品：指黄金、白金（银）、赤金（铜）。品，等。

㉓黄：指黄金。比：屡屡。

㉔圯（yí）桥老父遗（wèi）张良书：传说张良年轻时在圯桥遇到一个老人，送给张良一部《太公兵法》，张良靠此书辅佐刘邦夺得天下。圯桥，古桥名，在今江苏邳州附近。老父，老人。遗，赠送。

㉕化为黄石：传说这个老人名叫"黄石公"，是一块黄石变的，后又复原为石头。参见《史记·留侯世家》。

㉖符：符瑞，祥瑞。

㉗钧：通"均"，相同。

【译文】

金与玉是神奇的珍宝，所以它们出现的方式都奇怪异常。那个金物的形状先是酒樽，后来变成盟盘，游动沉入深水中，这难道不奇怪吗！夏朝正当兴盛的时候，边远地区把当地的特产与神怪之物绘成图画献给朝廷，九州的牧守向夏朝贡献黄铜，禹认为这是祥瑞，便将铜铸成大鼎。周朝的九鼎，便是由远方贡奉的铜铸成的。远方之人进贡的金和自然出现在水中的金，实质是一样的，都是因为帝王有盛德，而应圣王出现的祥瑞。如金玉般的盛世，所以就有金玉出现的瑞应。文帝的时候，就曾有玉杯出现。金和玉是祥瑞中无与伦比的。具有金玉般坚贞的品格与操守的人，也是人中的极品。永昌郡中也曾有黄金出现，细小得像粟粒一样，分布在水边的沙中，百姓每天可以采得五铢重的金，都是纯黄的颜色。土生金，土配属黄色。因为汉朝是土德，所以黄金就化生出来了。

金有三个等级，黄金一再出现，是因为黄色是汉朝祥瑞的标志。坯桥上的一位老人授给张良一部兵书，后来老人又变成黄石，黄石之精变成老人出现，这就是汉朝受命的符瑞。黄石，也是金一类的东西，质地虽然不同，颜色却一样，都是代表土德的祥瑞。

建初三年①，零陵泉陵女子傅宁宅②，土中忽生芝草五本③，长者尺四五寸④，短者七八寸，茎叶紫色，盖紫芝也⑤。太守沈酆遣门下掾衍盛奉献⑥，皇帝悦怿⑦，赐钱衣食。诏会公卿，郡国上计吏民皆在⑧，以芝告示天下。天下并闻，吏民欢喜，咸知汉德丰雍⑨，瑞应出也。四年，甘露下泉陵、零陵、洮阳、始安、泠道五县⑩，榆柏梅李，叶皆洽薄⑪，威委流漉⑫，民嗽吮之⑬，甘如饴蜜。五年，芝草复生泉陵男子周服宅上六本⑭，色状如三年芝，并前凡十一本⑮。

【注释】

①建初三年：78年。建初，汉章帝的年号，76—84年。

②零陵：郡名。西汉元鼎六年（前111）分桂阳郡置，治所在零陵县（今广西全州西南）。东汉移治泉陵县（今湖南永州北）。泉陵：县名。东汉以泉陵侯国改置，是零陵郡治，治所在今湖南永州北。傅宁：人名。

③芝草：灵芝草。本：株。

④长：高大。

⑤盖：发语词。

⑥沈酆（fēng）：即沈丰，字圣达，东汉人。衍盛：人名。

⑦悦怿（yì）：欢乐，愉快。怿，喜悦，快乐。

⑧郡：指地方各郡。国：指分封的诸侯国。上计吏：指年终代表郡国

上京报告户口、垦田、钱谷等情况的官员。民：这里指没有担任官职的豪绅地主。

⑨咸：都。丰雍：隆盛。

⑩零陵：县名。秦置，属长沙郡，治所在今广西全州西南。洮（táo）阳：县名。西汉置，属零陵郡，治所在今广西全州西北。始安：县名。西汉元鼎六年（前111）置，属零陵郡，治所即今广西桂林。泠（líng）道：县名。秦置，属长沙郡，治所在今湖南宁远东南。

⑪洽（qià）：浸润。薄：递修本作"溥"。溥（pǔ），普遍。

⑫葳委：即"葳蕤（ruí）"，形容树木茂盛，枝叶下垂的样子。漉（lù）：液体往下渗流。

⑬嗽吮：即"漱吮"，吸饮。嗽，通"漱"。吮，用嘴吸。

⑭周服：人名。

⑮并：连同。

【译文】

建初三年，零陵郡泉陵县女子傅宁的家里，土中忽然长出五棵芝草，大的有一尺四五寸，小的有七八寸，茎叶全是紫色，大概就是紫芝。郡太守沈丰派门下属官衍盛把紫芝奉献给皇帝，皇帝非常喜欢，赐给钱财衣食。皇帝下令召集三公九卿、地方各郡、各诸侯国、上计吏、豪绅地主等，把紫芝出现的事向全国公布。天下人都闻知此事，官民欢呼喜庆，都知道汉朝的功德隆盛，所以祥瑞便出现了。建初四年，甘露降下在泉陵、零陵、洮阳、始安、泠道五个县，当地榆、柏、梅、李各种树木的叶子都得到了滋润，甘露从茂盛的树叶向下滴落，百姓吸饮甘露，觉得甘露甜得像饴蜜一样。建初五年，芝草又在泉陵县男子周服的家中长出六棵，颜色形状与建初三年出现的一样，连同之前长出的共计有十一棵之多。

湘水去泉陵城七里①，水上聚石曰燕室丘，临水有侠山，其下岩唅②，水深不测。二黄龙见，长出十六丈③，身大于马,举头顾望,状如图中画龙,燕室丘民皆观见之。去龙可数十步④,又见状如驹马,小大凡六,出水遨戏陵上⑤,盖二龙之子也。并二龙为八,出移一时乃入⑥。宣帝时⑦,凤皇下彭城⑧,彭城以闻。宣帝诏侍中宋翁一⑨,翁一曰:"凤皇当下京师,集于天子之郊,乃远下彭城,不可收⑩,与无下等。"宣帝曰:"方今天下合为一家,下彭城与京师等耳,何令可与无下等乎⑪?"令左右通经者语难翁一⑫,翁一穷⑬,免冠叩头谢。宣帝之时,与今无异。凤皇之集,黄龙之出,钧也。彭城、零陵,远近同也。帝宅长远⑭,四表为界⑮,零陵在内,犹为近矣。鲁人公孙臣⑯,孝文时言汉土德,其符黄龙当见。其后,黄龙见于成纪⑰。成纪之远,犹零陵也。孝武、孝宣时⑱,黄龙皆出。黄龙比出,于兹为四⑲,汉竟土德也。

【注释】

①湘水:即今湘江。

②岩:山崖。唫(yín):通"崟(yín)",形容高耸的样子。唫,底本作"淦",递修本作"唫",据改。

③出:超过。

④可:大约。

⑤遨(áo):游玩。陵:丘陵。

⑥时:时辰,一个时辰相当于两个小时。上事参见《后汉书·孝章帝纪》

⑦宣帝:汉宣帝。

⑧下:降落。彭城:郡名。西汉地节元年(前69)以楚国改置,治所在彭城县(今江苏徐州)。

⑨侍中:官名。侍从皇帝的文官。宋翁一:宋畸,一作"宋畴",字翁

壹,东海(治今山东郯城西)人。曾参与废嗣帝昌邑王刘贺,迎立宣帝,以功赐爵关内侯。

⑩不可收:指不能将凤凰落在彭城之事视为祥瑞。收,取,这里指采用、采纳。

⑪令:使。可:能够。

⑫通经者:通晓经书的人。语难:反驳,责难。

⑬穷:指理屈词穷。

⑭帝宅:帝王居住的地方,这里指统辖的国土。

⑮四表:四方极边远的地区。

⑯公孙臣:汉文帝时人。

⑰成纪:县名。西汉置,故治在今甘肃静宁西南。

⑱孝武:汉武帝。

⑲兹:这。

【译文】

湘江距泉陵城七里远,江水中有一座石头堆成的小岛名叫燕室丘,江边有座山叫侠山,山下是陡峭的悬崖,水深不可测。两条黄龙出现在这里,长度超过了十六丈,身体比马要大,抬着头四处观望,形状与图画中的龙一样,燕室丘附近的百姓都望见了这两条龙。距离两条龙大约数十步远的地方,又看见形体像马驹一样大的龙,大大小小一共六条,从水中出来在丘陵上游玩,大概是那两条龙的子女。连同两条大龙一起共为八条龙,出水经过一个时辰才进入水中。宣帝时,凤凰降落在彭城郡,彭城郡将这件事报告给了宣帝。宣帝下诏询问侍中宋翁一,翁一说:"凤凰应当降落在京城,停落在天子附近的地方,现在竟远远地降落在彭城,不可将其视为祥瑞,这凤凰与没有停落一样。"宣帝说:"当今天下统一共成一家,降落在彭城和降落在京师是一样的,怎么能把它看作和没有降落是一样呢?"宣帝命令左右通晓经书的人反驳宋翁一,翁一理屈词穷,取下头冠向宣帝叩头谢罪。宣帝的时候,与现在没有什么区别。凤凰的停落,黄龙的出现,都是同样的。彭城和零陵距都城远近差不多。皇帝所统辖的疆域辽远,以四方之外作为疆界,零陵郡在四表之内,仍然是很近的了。鲁人公孙臣,在文帝时说汉朝应属土德,其符应当是黄龙出现。之后,黄龙出现于成纪县。成纪县距离京城的距离,和零陵是一样的。武帝和宣帝时,黄龙都曾出现过。黄龙接连出现,加上这次总共有四次了,可见汉朝终究是土德啊。

　　贾谊创议于文帝之朝①,云:"汉色当尚黄②,数以五为名③。"贾谊,智囊之臣④,云色黄数五,土德审矣⑤。芝生于土,土气和,故芝生土。土爱稼穑⑥,稼穑作甘⑦,故甘露集。龙见,往世不双,唯夏盛时二龙在庭⑧,今龙双出,应夏之数,治谐偶也⑨。龙出往世,其子希出,今小龙六头并出遨戏,象乾坤六子⑩,嗣后多也⑪。唐、虞之时,百兽率舞⑫,今亦八龙遨戏良久。芝草延年,仙者所食,往世生出不过一二,今并前后凡十一本,多获寿考之征⑬,生育松、乔之粮也⑭。甘露之降,往世一所⑮,今流五县⑯,应土之数,德布濩也⑰。皇瑞比见⑱,其出不空,必有象为,随德是应。

【注释】

①创议:首先建议。

②汉色当尚黄:意思是汉为土德,土色黄,所以汉朝应该以黄色作为服色。色,服色,指一个王朝所崇尚的颜色,主要表现在帝王使用的车马的颜色上。按照阴阳五行说,古时改朝换代,一定要改变服色,表示旧王朝的灭亡,新王朝的兴起。尚,崇尚。

③数以五为名:按照阴阳五行说,五行中的"土"和数字中的"五"是相配属的。汉是土德,所以汉朝应当崇尚"五",制定礼仪制度

时,应当以"五"作为标准数。名,称,这里指标志。

④智囊:形容足智多谋。

⑤审:确实。

⑥爰:曰,为。稼穑(sè):耕种和收获。此句参见《尚书·洪范》。

⑦稼穑作甘:土在五味中配属甘。此句参见《尚书·洪范》。

⑧二龙在庭:据说夏朝时曾有两条龙出现在宫廷里。

⑨谐偶:和合。

⑩乾坤六子:根据《周易·说卦》的解释,八卦中除乾卦为父,坤卦为母外,坎、艮、震三卦象征三男,巽、离、兑三卦象征三女,合称乾坤六子。

⑪嗣后:子孙后代。

⑫百兽率舞:谓音乐和谐之声感动群兽相率起舞。见《尚书·舜典》。

⑬寿考:长寿。征:象征。

⑭松、乔:传说中的仙人赤松子和王子乔。粮:据说仙人以芝草为粮。

⑮所:处,地区。

⑯流:散布。

⑰布濩(hù):遍布,布散。

⑱皇:大。

【译文】

贾谊在文帝朝首先建议,说:"汉朝的服色应当尚黄色,礼仪制度应当以五作为标准数。"贾谊是足智多谋的臣子,他论说汉朝应当崇尚黄色和五这个数字,可见汉朝确实是土德了。芝草生长在土中,土气调和,所以才有芝草生长。土的性质是适合耕种与收获,土在五味中与甘配属,所以就有甘露降落。龙,以往朝代没有成双出现的,只有夏朝兴盛时有两条龙出现在朝廷,当今龙成双出现,与夏朝时龙出现的数目相合,说明汉朝的统治与夏朝同样和谐。以往出现龙时,其子女极少出现,当今六条小龙一起出现游玩,象征着乾坤六子,预示着汉朝子孙后代繁多。尧、舜的时候，百兽一齐欢舞，如今也有八条龙游玩嬉戏了很长时间。芝草可以延年益寿，是仙人吃的东西，以往芝草生出不过一两棵而已，当今之世前后长出的总共有十一棵，这是很多人将会获得长寿的征兆，因为芝草是养育赤松子、王子乔一类仙人的食粮啊。甘露降落，以往只降落在一个地区，当今散布于五个县，符合土德所崇尚的数字，这正是由于汉朝的功德遍布的缘故。大的祥瑞连接出现，它们的出现不是平白无故的，必然是有所象征的，是密切应合了汉朝的功德的。

孔子曰："知者乐，仁者寿。"①皇帝圣人②，故芝草寿征生。黄为土色，位在中央③，故轩辕德优④，以黄为号。皇帝宽惠⑤，德侔黄帝⑥，故龙色黄，示德不异。东方曰仁⑦，龙，东方之兽也⑧，皇帝圣人，故仁瑞见⑨。甘者⑩，养育之味也，皇帝仁惠爱黎民，故甘露降。龙，潜藏之物也，阳见于外⑪，皇帝圣明，招拔岩穴也⑫。瑞出必由嘉士⑬，祐至必依吉人也⑭。天道自然，厥应偶合⑮。圣主获瑞，亦出群贤。君明臣良，庶事以康⑯。文、武受命⑰，力亦周、邵也⑱。

【注释】

①"孔子曰"几句：引文参见《论语·雍也》。知，同"智"。

②人：通"仁"。

③位在中央：按照阴阳五行说，五行中的土是和五方中的中央相配属的。

④轩辕：轩辕氏，即黄帝。

⑤皇帝：指汉代的皇帝。

⑥侔（móu）：等同。

⑦东方曰仁：以董仲舒为代表的汉儒，按阴阳五行的说法，把儒家提倡的五种道德规范与五方相配属，以东方配仁，西方配义，北方配

礼,南方配智,中央配信。参见《春秋繁露·五行相生》。

⑧东方之兽:按阴阳五行说,"鳞"是和东方相配属的,龙是"鳞虫"之长,所以为东方之兽。参见《吕氏春秋·孟春纪》。

⑨仁瑞:指龙,因为龙与仁都配属东方,所以称龙为仁瑞。

⑩甘:底本作"仁",递修本作"甘",据改。

⑪阳:公开。

⑫招拔:招来并加以擢用。招,引来,收罗。拔,选用。岩穴:岩穴之士,指隐居的人才。

⑬由:因。嘉士:和下句的"吉人",都指贤臣。

⑭祐:福佑,祥瑞。

⑮厥应:指祥瑞与人事相应和。厥,其,这种。应,应和。偶合:偶然碰在一起。

⑯庶事:众多的事情。庶,众。康:安。

⑰文、武:指周文王、周武王。

⑱周、邵:指周公姬旦与邵公姬奭(shì)。

【译文】

孔子说:"聪明的人会快乐,仁爱的人会长寿。"汉代皇帝圣明仁爱,所以作为长寿象征的芝草就出现了。黄色是与土相配属的颜色,土配属五方的中央,所以轩辕氏功德高尚,就用"黄"字作为名号称"黄帝"。汉代皇帝宽厚仁惠,功德与黄帝相等,所以出现的龙也是黄色,表示汉代皇帝的功德和黄帝没有不同。东方属仁,龙,是东方之兽,皇帝圣明仁爱,所以仁瑞就出现了。甘味,是滋养万物的味,皇帝仁惠,爱护老百姓,所以甘露就降下来了。龙,本是潜藏着的神物,如今却公开出现,说明皇帝圣明,能够收罗选用隐居的人才。祥瑞出现一定是因为有了贤臣,福佑到来必定是因为有了良臣。天道自然无为,祥瑞与人事的应合是偶然的。圣主遇到祥瑞,同样会遇到很多贤良的人才。君王圣明臣下贤良,所有的事情因此都办理得很好。周文王和周武王承受天命,也是得力于周公和邵公的辅佐。